本书为

国家社会科学基金资助项目（06BKG003）

———————

本书出版得到

国家重点文物保护专项补助经费资助

陕西省考古研究院田野考古报告　第53号

华县泉护村

——1997年考古发掘报告

陕西省考古研究院
渭南市文物旅游局　编著
华 县 文 物 旅 游 局

文物出版社

北京·2014

封面设计　周小玮
责任印制　陈　杰
责任编辑　杨新改

图书在版编目（CIP）数据

华县泉护村：1997年考古发掘报告 / 陕西省考古研究院，渭
南市文物旅游局，华县文物旅游局编著. —北京：文物出版社，
2014.11

ISBN 978-7-5010-4165-7

Ⅰ. ①华… Ⅱ. ①陕… ②渭… ③华… Ⅲ. ①文化遗址—
考古发掘—发掘报告—华县—1997　Ⅳ. ①K878.05

中国版本图书馆CIP数据核字（2014）第273362号

华 县 泉 护 村

——1997年考古发掘报告

陕西省考古研究院
渭南市文物旅游局　编著
华县文物旅游局

*

文 物 出 版 社 出 版 发 行
（北京东直门内北小街2号楼）

http://www.wenwu.com

E-mail: web@wenwu.com

北京鹏润伟业印刷有限公司印刷
新 华 书 店 经 销
889×1194　1/16　印张：57.75　插页：6
2014年11月第1版　2014年11月第1次印刷
ISBN 978-7-5010-4165-7　定价：600.00元（全二册）

The Quanhucun Site in Huaxian County

A Report of the 1997-Year Excavation

By

Shaanxi Provincial Institute of Archaeology

Weinan Municipal Administration of Cultural Relics and Tourism

Huaxian County Administration of Cultural Relics and Tourism

Cultural Relics Press

Beijing · 2014

目　录

插图目录

庙底沟文化一期

庙底沟文化二期

其他时期遗存

插表目录

庙底沟文化一期

庙底沟文化二期

庙底沟文化三期

动物遗存

彩版目录

图版目录

第一章 概 况

第一节 自然环境与历史沿革

陕西省的地势南北高，中部低。自然地理自北而南可分为三个地形区：铜川、韩城一线以北为陕北高原，处于黄土高原的中部，海拔约1000米，深厚的黄土被流水切割成黄土丘陵、沟、川和塬、峁、梁等地形，其北端长城沿线有风沙地貌；关中平原，又称渭河平原、关中盆地，号称八百里秦川，东起潼关，西至宝鸡，长300千米，海拔约400米；陕南秦巴山区，包括秦岭、大巴山及其间的汉水河谷和汉中、安康盆地。秦岭横贯陕西中部，为长江、黄河的分水岭，是我国南北方地理的分界线。

陕西的气候基本为大陆性季风气候。但由于省境的南北纵深约千里，加上地形上的差异，决定了其在气候上会存在较大的差异。全省由北至南有温带半干旱地区、暖温带半干旱地区、暖温带半湿润地区和亚热带湿润地区四个热量—水分地带。

上述地形、气候等方面的地域差异，使陕西境内形成了陕北高原、关中盆地和陕南山地三个各具显著特征的自然区。

关中盆地自古就是中国政治、经济中心，它基本是由渭河干支流冲积而成的平原组成。关中盆地南缘的秦岭山脉呈东西走向，山势西高东低，自西向东由太白山、终南山、华山组成，自秦岭从南向北流出的水系，河谷短而直；盆地北侧的北山，包括黄土高原边缘的一些低山丘陵，呈东西向排列。整个盆地的南北地势是南高北低中间洼，盆地南半部即渭河南岸为秦岭山前冲积倾斜平原，北半部为渭河流域高阶地组成的黄土台塬，台塬呈阶梯状分布。盆地的东西地势是西高东低，宝鸡一带海拔为800米，西安一带海拔为400米，盆地东缘延伸到三门峡地区，这里的海拔仅为300米。渭河在宝鸡一带发育有5级阶地，往下游逐渐减至3级，绵延至华阴一带则阶地缺失。渭河各阶地，纵向不连贯、横向不对称，一般北岸阶地较宽，南岸阶地除西安外，其他地段都较窄。

华县位于关中盆地的东南部，因位于华山的姊妹山少华山脚下而得名，面积1127平方千米。其地势南高北低，海拔334~2646米。华县的南部是秦岭山区，峰峦叠嶂，占全县面积约63%，少华山、龙凤山等耸立其间；北部靠渭河处为平川区，占全县面积的30%；中部是台塬区，塬面平缓，由南向北倾斜，面积仅90平方千米，受源于秦岭北流渭河的沟峪、罗纹、石堤等十余条河川切割，呈大小不等的若干单元。该地区的气候属暖温带半湿润气候区，年平均气温17.2℃，降水量532毫米，无霜期283天。粮食作物以小麦、玉米为主，山区一年一熟，川、塬一年两熟，是陕西重要的粮食产区之一，地带性植被是落叶阔叶混交林。

据《水经注》引《世本》的记载，商人的祖先契曾在这里居住过。周宣王时，封其庶弟友于此，是为郑国。秦汉隋唐等世，这里都是京畿要地。秦设郑县，唐设华州，1914年改华州为华县。1955年考古工作者对华县境内的古代文化遗存进行了初次普查，发现多处仰韶时代及龙山时代遗址，可知早在新石器时代，先民就活动生息在这里。1958～1959年，华县考古队在华县和渭南两地秦岭与渭河之间的区域所进行的杰出考古工作，不仅基本搞清这一地区西周以前古遗址的分布情况，而且建立起我国第一个史前考古学文化的序列，发现并确认的老官台文化表明，至少在距今约7000年前，这里的居民已经创造出灿烂的文化[1]。陕西省1987～1989年的第三次全省文物普查工作，在渭南、华县、华阴和潼关四个县市中共发现109处新石器时代遗址，其中大部分分布在秦岭与渭河之间的区域内[2]。上述说明在新石器时

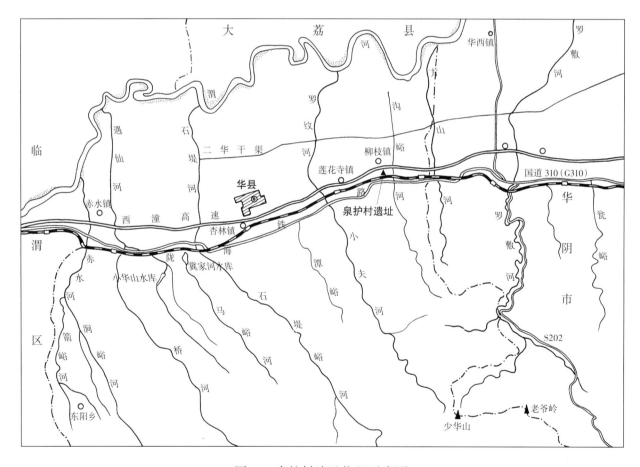

图一　泉护村遗址位置示意图

① 北京大学考古教研室华县报告编写组：《华县、渭南古代遗址调查与试掘》，《考古学报》1980年第3期。

② 国家文物局主编：《中国文物地图集·陕西分册》，西安地图出版社，1998年。

代，这里的环境极其适合人类的生存和发展。

泉护村是华县柳枝镇东南约1千米的一个小村落，北距渭水约6千米，地理坐标是北纬34°31′53″，东经109°51′40″。柳枝镇西距华县县城约8千米，据《华县志》记述，柳枝原名"柳子"，为后人追念唐朝右拾遗柳怀素为城隍庙撰写碑文而命名，今柳枝镇政府所在地柳枝街，在明代即为一大集镇，柳枝街现在仍为华县东部集市贸易的中心（图一）。第四纪以来，在秦岭造山带强烈隆升和渭河断陷盆地持续沉降的演化过程中，秦岭北缘山前过渡带接受了大量的来自西伯利亚的黄土堆积和来自秦岭的山地粗碎屑堆积，形成了分布广泛的黄土台塬和山前洪积扇。泉护村就位于秦岭北坡洪积扇前的黄土台塬上，在台塬的大部分断面可见全新世黄土发育，村子以南的洪积扇主要由不规整的砾石和砂砾组成，以北是以黄土状砂土构成的渭河一级阶地及高河漫滩。遗址所在的阶地最北端高出渭河河面约20米，地势呈阶梯状，由北向南逐渐抬高，南依少华山北麓。泉护村的村东紧临沟峪河，河面较窄，河床浅缓，河水不时干涸，仅在夏秋山洪暴发时有较大的流量，在河床上沉积有大量的河卵石。近年来，由于三门峡水库使黄河河水流速减慢，河床中新的堆积不断沉积，导致渭河及其支流河床抬高，目前的沟峪河在泉护村与元君庙附近几乎变成了悬河。泉护村的村西是老峪沟（也称西沟），沟面宽约10余米，仍然可以见到小股的泉水，两侧断崖上遍布泥沙砾石的河床，从一个侧面显现出了这条沟曾经的水量。从这些环境信息看，泉护村两侧邻水，古代又无水患之忧，是一个非常适合古人类聚居的场所（彩版一、二）。

第二节　工作概况

泉护村遗址是1955年黄河水库考古队考古调查时发现的。当时确认遗址的总面积约60万平方米，主要文化堆积分布在南端及西端，这些地区现今皆为耕地，地表不时可以发现新石器时代的陶片等遗物。另外，从泉护村住宅周围断崖上暴露的陶片看，当今居民的村落下面也应该是遗址的中心区域之一。

1958、1959年，黄河水库考古工作队陕西分队华县队两次在这里进行了大规模发掘，当时的主要工作集中在遗址西部的Ⅰ、Ⅲ、Ⅳ工区和南部的Ⅱ、Ⅸ工区，发掘总面积约4700平方米。当时的发掘成果除两次先后在《考古》发表的简报外，主要收录在2003年出版的《华县泉护村》一书中[①]。

1997年7～12月，为了配合国家重点工程临渭（临潼至渭南）高速公路建设，陕西省考古研究所（2006年12月更名为陕西省考古研究院）再次对泉护村遗址进行了发掘。这次发掘主要集中在高速公路征地范围内，即村北由东到西一条40米宽的区域内，正好处于第一次发

[①] 黄河水库考古队华县队：《陕西华县柳枝镇考古发掘简报》，《考古》1959年第2期；黄河水库考古队华县队：《陕西华县柳枝镇第二次发掘的主要收获》，《考古》1959年第11期；北京大学考古学系著，中国社会科学院考古研究所编：《华县泉护村》，科学出版社，2003年。

0 ————— 5厘米

图二　南关村采集陶罐

掘Ⅰ、Ⅳ与Ⅲ工区之间，同时还在第一次发掘的Ⅱ工区附近，即南台地上也进行了小范围的发掘。发掘总面积为2497.25平方米（彩版三）。参加发掘的有王炜林、邢福来、李岗、孙周勇、李增社、韩生等，以及技工牛新龙、贺军虎、金鹏功、张龙、刘占龙、薛春明、董步顺、马平志、吕俊耀、魏少龙（厨师）等，西北大学考古系研究生刘瑞及1994级本科生罗华平、丁岩、郑红莉、崔飞燕等也参加了发掘。发掘期间，在遗址附近沟峪河右岸的南关村公路施工地段采集到一件老官台文化时期的小平底陶罐，夹砂褐陶，通体饰绳纹。口径8.6、底径4.5、高8厘米（图二）。这件器物可能与元君庙遗址当年发现的老官台文化遗存有一定关系[1]。

近年来，由于公路、铁路等基本建设项目不断对泉护村遗址构成威胁，在这种形势下，为了对将来实施的大遗址保护项目提供依据，我们用全站仪对泉护村遗址进行了系统测量，测量数据显示，泉护村遗址现在确切的面积是93.5万平方米（图三）。

泉护村遗址发掘期间，韩伟所长、吴镇锋书记及尹申平、王占奎、曹玮副所长等所领导及渭南市文物旅游局崔景贤副局长、渭南市文物保护研究所王文学同志、华县文物管理委员会孙仲光主任及陕西省考古研究所基本建设考古办公室的李刚、李恭等曾亲临发掘现场解决工作中遇到的困难，石兴邦、巩启明、魏京武、张天恩、杨亚长及北京大学考古学系副主任李水城等先生先后来工地指导工作，并且就新发现的"地穴"进行了现场讨论。9月12、13日，张忠培先生与时任国家文物局考古处处长的宋新潮博士在曹玮副所长的陪同下到工地指导工作，张先生一行为了观摩更多的陶片，晚上就下榻于考古队在泉护村租用的条件非常简陋的民宅中，这情景使当年参加过泉护村发掘的考古队员们至今难以忘怀（彩版四）。

1997年12月，泉护村遗址的发掘工作因天气寒冷等因素草草收场。先是将发掘的一部分文物拉往陕西省考古研究所设在咸阳国际机场的临时工作站，后因那里地方狭小，无法进行陶片拼对工作，又将全部文物集中存放在陕西省考古研究所设在临潼的秦陵工作站。泉护村陶片的拼对与修复工作在发掘进行的同时就开始了，但大部分是在其后的数年间，断断续续于秦陵工作站修复拼对的。其间，技工马平志、牛新龙、陈小军等付出了辛勤的劳动，陕西省考古研究所秦陵工作站张占民、王望生两位站长在工作和生活上给我们提供了许多方便。

在秦陵工作站修复期间，北京大学李伯谦、赵辉教授分别在1999年11月观摩了泉护村的考古标本并且对我们的工作给予了指导。2000年2月27日，张忠培先生应韩伟所长的邀请，在陕西省考古研究所作完一周的学术讲演后，重返泉护村，并且在秦陵工作站督察我们的修复整理工作。

2005年，陕西省考古研究所泾渭基地基本落成，根据所里的统一安排，泉护村所有文物运至基地存放。

---

[1] 北京大学历史系考古教研室：《元君庙仰韶墓地》，文物出版社，1983年。

图三　泉护村遗址地形平面图

　　2006年3月，应半坡博物馆之邀，张忠培先生率陈雍、朱延平、杨晶等先生在西安考察半坡遗址新发现的"祭祀"遗存。其间，诸位先生们在陕西省考古研究所泾渭基地观摩了泉护村的标本，对泉护村考古报告的编写工作提出了许多具体的要求。2006年5月27日，"河套地区先秦两汉时期的文化、生业与环境研究"中期成果汇报会在陕西省考古研究所泾渭基地召开，张忠培先生、国家文物局文物保护司关强副司长及与会的朱延平、乔梁、杨晶、马昇、曹建恩等先生在会议间隙再次观摩了泉护村的标本，并就相关问题提出了意见和建议。这些意见对报告最后编写体例等的形成起了非常重要的指导作用。

由于繁忙的配合基本建设考古任务以及其他一些原因，泉护村的修复和资料整理工作断断续续持续了整整10年，期间，王炜林、邢福来、李岗、孙周勇、胡松梅、张小虎、郭小宁、孙安娜、马明志、杨利平、韩生、王文学、孙仲光及技工马平志等为整理工作付出了辛勤的劳动。

泉护村两次发掘的成果引起了中国考古界的高度重视，它已经被国家文物局出版的《中华人民共和国重大考古发现（1949～1999）》[①]一书收入中国20世纪最重要的考古发现之中。

---

① 《中华人民共和国重大考古发现》编辑委员会编，宿白主编：《中华人民共和国重大考古发现（1949～1999）》，文物出版社，1999年。

第二章 遗址的发掘与文化堆积

第一节 发掘工作

泉护村1997年的发掘工作是为了配合西潼（西安—潼关）高速公路建设而进行的，所以工作重点主要是对公路施工范围所涉及的遗址区域进行抢救性发掘。在发掘工作开展之前，我们按象限法对整个遗址进行了理论上的分区和布方，以高速公路的1520号界桩（GPS坐标为北纬34°32′03.0″，东经109°51′38.0″）作为坐标系的原点，将泉护村遗址分为四区，依次为Ⅰ、Ⅱ、Ⅲ和Ⅳ区，各区探方的"T"前分别加上了区号，ⅠT代表Ⅰ区探方、ⅡT代表Ⅱ区探方、ⅢT代表Ⅲ区探方、ⅣT代表Ⅳ区探方（图四）。发掘区基本集中在Ⅰ、Ⅱ和Ⅲ区，同时对Ⅳ区南端因施工取土破坏的南台地部分区域进行了抢救性的清理。

现对该遗址的发掘布方情况介绍如下。

Ⅰ区发掘了四个相对独立的部分。即A：ⅠT0201~T0601、T0202~T0702（11个5米×5米探方），发掘面积275平方米，加上扩方7.5平方米，小计282.5平方米；B：ⅠT0806、T0906、T0807、T0907（4个5米×5米探方），发掘面积100平方米（图五）；C：ⅠT1406、T1506、T1407~T1807、T1308~T1808（13个5米×5米探方），发掘面积325平方米，加上扩方12.5平方米，小计337.5平方米；D：ⅠT2108~T2608、T2109~T2609（12个5米×5米探方），发掘面积300平方米，加上扩方31平方米，小计331平方米（图六）。Ⅰ区发掘探方共40个，发掘面积1000平方米，加上扩方43.5平方米，总计1051平方米。

Ⅱ区发掘了两个相对独立的部分。即A：ⅡT0701~T0901（3个5米×5米探方），发掘面积75平方米，加上扩方34平方米，小计109平方米；B：ⅡT1301~T2401（11个5米×5米及1个4米×5米探方）、T1602~T2402（8个5米×5米及1个4米×5米探方）、T2103~T2303（3个5米×5米探方）、T2104~T2304（3个2.5米×5米探方），发掘面积627.5平方米，加上扩方24平方米，小计651.5平方米。Ⅱ区发掘面积总计760.5平方米。

Ⅲ区发掘了ⅢT1301~T2401（11个5米×5米及1个4米×5米探方）、T1502~T1802（4个5米×5米探方）、T2202~T2402（3个5米×5米探方），加上扩方15.75平方米，总计485.75平方米（图七）。

在Ⅳ区南台地公路施工取土场共布8个5米×5米探方，即A：ⅣT3273、T3274、T3373、

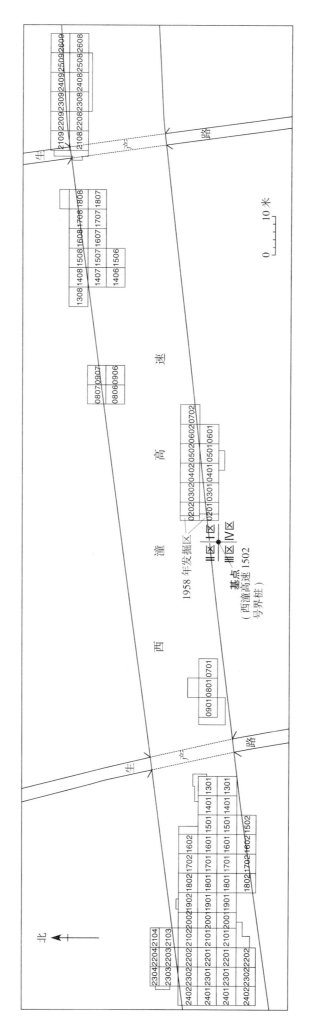

图四 1997年泉护村遗址探方分布图

（注：图上数字为探方号）

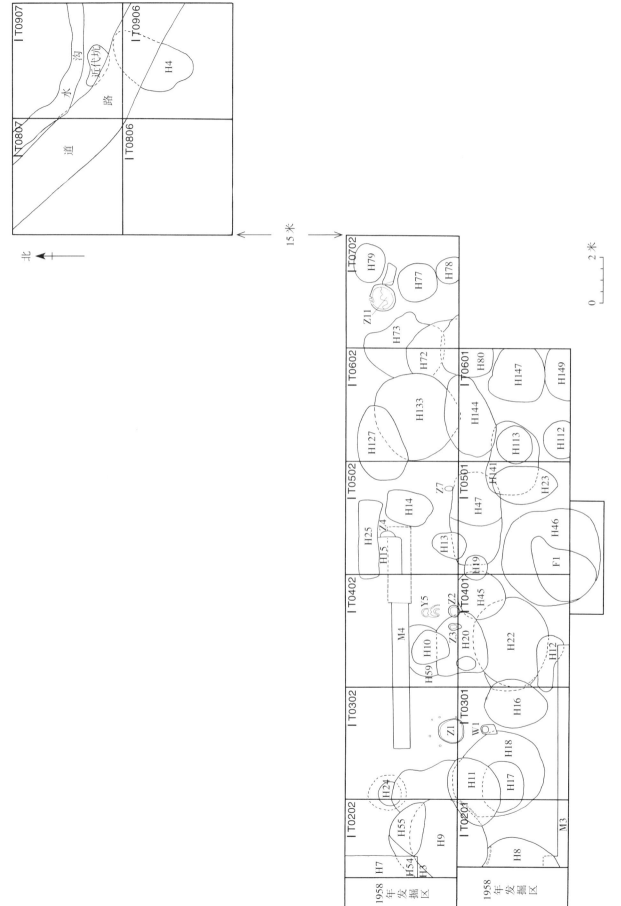

图五 ⅠT0201~T0601，T0202~T0702，T0806~T0906，T0807~T0907遗迹分布平面图

T3374，B：ⅣT3971、T3972、T4071、T4072，发掘面积总计200平方米（图八）。

泉护村1997年发掘探方总计97个，加上扩方部分，发掘总面积2497.25平方米。

第二节　文化堆积

泉护村遗址各发掘区的文化层堆积并不一致，现分区介绍如下。

Ⅰ区：遗迹间的层位关系较复杂，以ⅠT0401、T0501、T0601，T1407、T1507、T1607、T2309、T2409等探方的北壁剖面为例进行介绍（表一）。

表一　Ⅰ区探方地层关系对应表

地层 编号	第①层	第②层	第③层	第④层
Ⅰ T0201	①	②	③	
Ⅰ T0202	①	②	③	
Ⅰ T0301	①	②	③a、③b	
Ⅰ T0302	①	②	③a、③b	
Ⅰ T0401	①	②	③	④
Ⅰ T0402	①	②	③	④
Ⅰ T0501	①	②	③	
Ⅰ T0502	①	②	③a、③b	④
Ⅰ T0601	①	②	③	④a、④b
Ⅰ T0602	①	②	③	④a、④b
Ⅰ T0702	①	②	③	④
Ⅰ T0806	①	②		
Ⅰ T0807	①	②		
Ⅰ T0906	①	②	③	④
Ⅰ T0907	①	②	③	④
Ⅰ T1308	①			
Ⅰ T1406	①			
Ⅰ T1407	①			
Ⅰ T1408	①			
Ⅰ T1506	①			
Ⅰ T1507	①			
Ⅰ T1508	①			
Ⅰ T1607	①			
Ⅰ T1608	①			

地层 编号	第①层	第②层	第③层	第④层
ⅠT1707	①			
ⅠT1708	①			
ⅠT1807	①			
ⅠT1808	①			
ⅠT2108	①	②		
ⅠT2109	①	②		
ⅠT2208	①	②		
ⅠT2209	①	②		
ⅠT2308	①	②		
ⅠT2309	①	②		
ⅠT2408	①	②		
ⅠT2409	①	②		
ⅠT2508	①	②		
ⅠT2509	①	②		
ⅠT2608	①	②		
ⅠT2609	①	②		

ⅠT0401、T0501、T0601北壁剖面

第①层：土质疏松，土色为黄色偏灰黑。厚0.05~0.2米。该层出土了现代瓷片、瓦片等。

第②层：土质较硬，土色偏黄，其中夹杂黑色小炭粒。厚0.7~1米。内含现代的砖瓦、铁片等。

第③层：土质偏硬，土色灰色。厚0.25~0.7米。内含庙底沟文化的泥质红陶片、夹砂红陶片等。H19开口于此层下。

第④层：土质较软，深灰色。厚约0.26~0.7米。内含庙底沟文化的夹砂红陶、灰陶及泥质红陶、灰陶等陶器残片。H20、H22、H45、H47、H144、H80（H148）等开口于此层下（图九）。

ⅠT1407、T1507、T1607北壁剖面

仅有一层，厚0.3~0.6米。土质较硬，为黄褐色土，其中出土有青、白瓷片及铁钉等，并夹杂一些植物根茎。H107、H122、H123、H138开口于此层下（图一○）。

ⅠT2309、T2409北壁剖面

第①层：土质坚硬，为黄灰色土。厚0.55~0.6米。出土有石块和近代砖块。

第②层：土质松散，为浅灰色土。厚0.1~0.15米。内含少量庙底沟文化陶片。H156开口

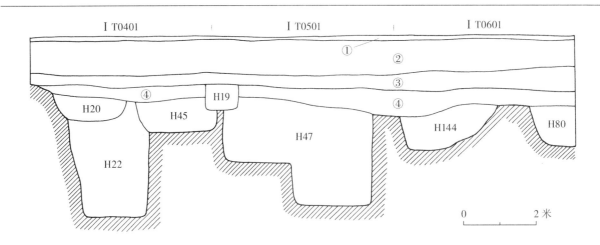

图九　ⅠT0401、T0501、T0601北壁剖面图

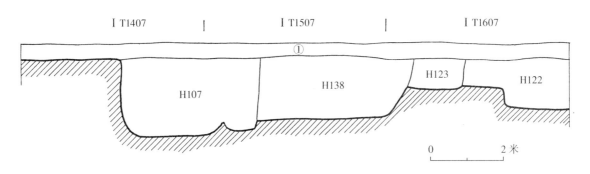

图一〇　ⅠT1407、T1507、T1607北壁剖面图

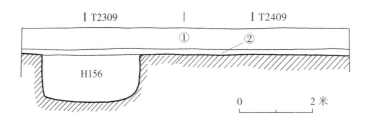

图一一　ⅠT2309、T2409北壁剖面图

于此层下（图一一）。

　　Ⅱ区：地层简单，多数探方只有第一层，其下即为不同时期的遗迹。以ⅡT2103、T2203、T2303等探方的南壁剖面及ⅡT0701的北壁剖面为例进行介绍（表二）。

　　ⅡT2103、T2203、T2303南壁剖面

　　第①层：为路面垫土，土质较硬，黄色泛灰。厚0.25~0.6米。内含庙底沟文化陶片、现代砖瓦等物。H64、H68、H76、H92、H93、H94开口于此层下（图一二）。

表二 Ⅱ、Ⅲ区探方地层关系对应表

编号＼地层	第①层	第②层	第③层	第④层
Ⅱ T0701	①	②		
Ⅱ T0801	①	②		
Ⅱ T0901	①	②		
Ⅱ T1301	①	②	③	④a、④b
Ⅱ T1401	①	②	③	
Ⅱ T1501	①	②	③	
Ⅱ T1601	①	②		
Ⅱ T1602	①	②		
Ⅱ T1701	①	②	③	
Ⅱ T1702	①	②		
Ⅱ T1801	①	②		
Ⅱ T1802	①	②		
Ⅱ T1901	①	②		
Ⅱ T1902	①	②		
Ⅱ T2002	①	②		
Ⅱ T2101	①a、①b	②		
Ⅱ T2102	①	②		
Ⅱ T2103	①	②		
Ⅱ T2104	①a、①b	②		
Ⅱ T2201	①			
Ⅱ T2202	①			
Ⅱ T2203	①	②		
Ⅱ T2204	①			
Ⅱ T2301	①	②		
Ⅱ T2302	①			
Ⅱ T2303	①	②	③	
Ⅱ T2304	①			
Ⅱ T2401	①	②	③	
Ⅱ T2402	①	②		
Ⅲ T1301	①	②	③	④a、④b
Ⅲ T1401	①	②		
Ⅲ T1501	①	②		
Ⅲ T1601	①	②		
Ⅲ T1701	①	②		

编号 ＼ 地层	第①层	第②层	第③层	第④层
Ⅲ T1801	①	②	③	
Ⅲ T1802	①	②	③	
Ⅲ T1901	①	②		
Ⅲ T2001	①	②		
Ⅲ T2101	①	②		
Ⅲ T2201	①	②	③	
Ⅲ T2202	①			
Ⅲ T2301	①	②		
Ⅲ T2302	①			
Ⅲ T2401	①			
Ⅲ T2402	①			

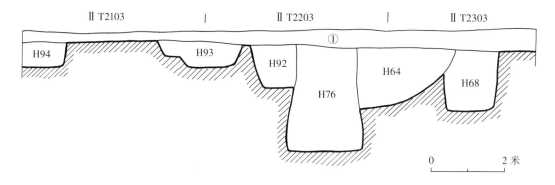

图一二　ⅡT2103、T2203、T2303南壁剖面图

ⅡT0701北壁剖面

第①层：土质较硬，为灰色土。厚0.4~0.55米。内含陶片及植物根系等。

第②层：土质坚硬，土色为黄灰色。厚0.2~0.4米。内含少量庙底沟文化陶片。H108、H119开口于此层下（图一三）。

Ⅲ区：地层较简单。以ⅢT1401、T1501等探方的北壁剖面为例予以介绍（见表二）。

ⅢT1401、T1501北壁剖面

第①层：土质较硬，土色为浅黄色。厚0.25~0.3米。其中出土了石块、近现代瓷片等。H129开口于此层下。

第②层：土质较软，土色为灰色。厚0.4~0.5米。该层出有庙底沟文化陶片及小块烧土等。H66、H130、H140开口于此层下（图一四）。

Ⅳ区：发掘工作因受一些人为因素影响，半途而止，地层情况不清（表三）。

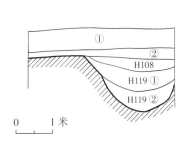

图一三　ⅡT0701北壁剖面图

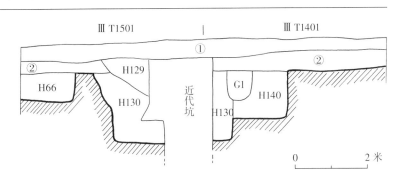

图一四　ⅢT1401、T1501北壁剖面图

表三　Ⅳ区探方地层关系对应表

地层 编号	第①层	第②层	第③层	第④层
Ⅳ T3971	①	②		
Ⅳ T3972	①	②		
Ⅳ T4071	①	②		
Ⅳ T4072	①	②		

各区地层中均有遗物出土，多为陶器，复原器较少，现将部分地层的出土物作如下介绍。需要说明的是，为了便于描述，这里提前使用了后文中对器物分型定式的标准。

Ⅰ T0601④层出土遗物

陶尖底瓶　均残。

Ⅳ式

标本ⅠT0601④：6，泥质红陶。器表饰线纹。口径5、残高6厘米（图一五，4）。

Ⅴ式

标本ⅠT0601④：1，质略粗，含细砂，褐陶。口微敞。颈部饰斜线纹。口部显见慢轮修制的痕迹。口径6、残高7.6厘米（图一五，5）。

陶罐　均残。

Aa型Ⅲ式

标本ⅠT0601④：18，夹砂褐陶。器表通饰交错细绳纹。口径30、残高8厘米（图一五，3）。

C型Ⅲ式

标本ⅠT0601④：15，泥质黄褐陶。素面。口沿内外显见慢轮修制的痕迹。口径27.2、残高7.6厘米（图一五，1）。

陶盆　均残。

Aa型Ⅲ式

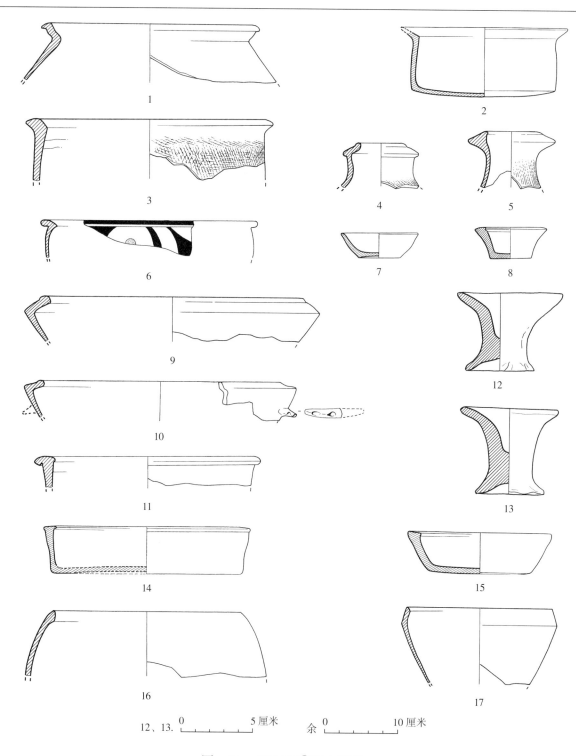

图一五　ⅠT0601④出土陶器

1. C型Ⅲ式罐（ⅠT0601④:15）　2. 浅腹盆（ⅠT0601④:10）　3. Aa型Ⅲ式罐（ⅠT0601④:18）　4. Ⅳ式尖底瓶
（ⅠT0601④:6）　5. Ⅴ式尖底瓶（ⅠT0601④:1）　6. Aa型Ⅲ式盆（ⅠT0601④:17）　7、8、15. 碗（ⅠT0601④:8、
ⅠT0601④:12、ⅠT0601④:9）　9. Ⅱ式瓮（ⅠT0601④:16）　10. Ⅲ式瓮（ⅠT0601④:19）　11. 缸（ⅠT0601④:13）
12、13. A型杯（ⅠT0601④:3、ⅠT0601④:4）　14. 盘（ⅠT0601④:11）　16. 盂（ⅠT0601④:7）　17. C型Ⅲ式盆
（ⅠT0601④:14）

标本ⅠT0601④：17，泥质红陶，器表饰白衣。敛口，圆唇外卷，弧曲腹，下腹及底部残缺。唇沿经刮修，唇部有一周黑彩，器表白衣上以红褐彩绘有圆点纹，以黑彩绘有弧三角纹等图案。口径25.2、残高4.8厘米（图一五，6）。

C型Ⅲ式

标本ⅠT0601④：14，泥质红陶，略泛黄。素面。器表及器内有明显的刮修痕迹。口径18.8、残高11厘米（图一五，17）。

陶浅腹盆　复原1件。

标本ⅠT0601④：10，泥质黑陶。宽沿上翘，沿略残，直腹略外斜，平底。素面。器表器内较为光滑。口径22.8、底径19.5、高8.4厘米（图一五，2）。

陶碗　复原3件。

标本ⅠT0601④：8，夹砂红陶。敞口，圆唇，腹部斜收，凹底。素面。器表抹光，近器底部经刮修。口径10.4、底径5.5、高3.4厘米（图一五，7）。

标本ⅠT0601④：9，夹砂灰陶。敛口，沿面斜平，圆唇，腹部斜收，平底。素面。器表有明显的刮修痕迹。口径19.6、底径13.8、高5.4厘米（图一五，15）。

标本ⅠT0601④：12，泥质灰陶。敞口，圆唇，沿内有一周凹槽，腹部内收呈反弧状，平底。素面。口径7.7、底径5.6、高4.2厘米（图一五，8）。

陶瓮　均残。

Ⅲ式

标本ⅠT0601④：19，夹细砂褐陶。素面。口径32、残高5厘米（图一五，10）。

Ⅱ式

标本ⅠT0601④：16，夹细砂褐陶。素面。口沿内外显见刮修痕迹。口径33.6、残高5.8厘米（图一五，9）。

陶缸　残。

标本ⅠT0601④：13，夹细砂灰陶。微敛口，圆唇，沿内有一周凸棱，斜直腹。素面。口径25.6、残高4厘米（图一五，11）。

陶盂　残。

标本ⅠT0601④：7，泥质红陶。敛口，方圆唇，鼓腹。素面。沿内有明显刮修痕迹。口径25.2、残高8.6厘米（图一五，16）。

陶盘　残。

标本ⅠT0601④：11，泥质灰陶。敛口，沿面斜内收，圆唇，器外壁微曲，内壁较直，平底。素面。口径25.2、底径26、高6.2厘米（图一五，14）。

陶杯　复原2件。

A型

标本ⅠT0601④：3，夹砂褐陶。素面。喇叭形口，圆唇，腹部斜收，凹底外撇，底部捏成花边状。口径7、高5.2厘米（图一五，12）。

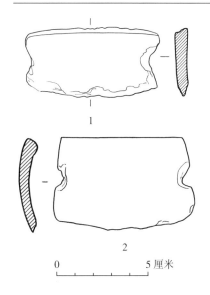

图一六　Ⅰ T0601④出土A型陶刀
1. Ⅰ T0601④：2　2. Ⅰ T0601④：5

标本Ⅰ T0601④：4，夹砂红陶。喇叭形口，腹部内收，凹底外撇。素面。手工捏制。口径6、高5.7厘米（图一五，13）。

陶刀　2件完整。

A型

标本Ⅰ T0601④：2，系泥质灰陶片打制而成。平面大体呈圆角长方形，背部略经打磨平直，两端各打制一三角形缺口，刃部双面打制，较为锋利。长7.3、宽3.6厘米（图一六，1）。

标本Ⅰ T0601④：5，系泥质灰陶钵的口部残片加工而成。背部保留陶钵口部原状，两侧各打制有一三角形缺口，刃部单面打制。素面。长7.7、宽4.8厘米（图一六，2）。

Ⅱ T0901②层出土遗物

陶盆　复原1件。

Aa型Ⅱ式

标本Ⅱ T0901②：4，泥质陶，暗红色顶，褐色腹。敛口，唇沿外卷，圆唇，曲腹，凹底。唇部饰有一周黑彩，沿面仅残留有一黑彩弧三角纹，器表以黑彩绘有圆点纹、"勿"字形纹、勾连纹，图案下部以黑彩带纹绕器一周，整器仅残留一部分图案。该器口沿内外有慢轮修制的痕迹，器表磨光。口径33.7、底径11.8、高13.1厘米（图一七，1）。

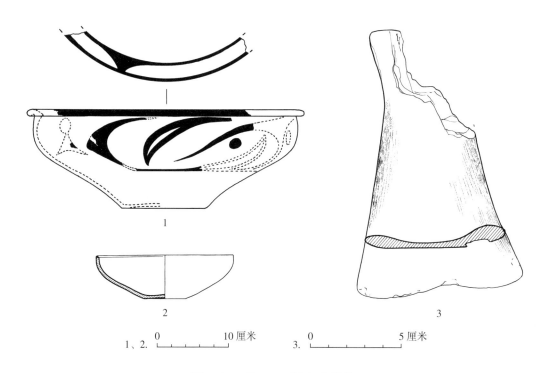

图一七　Ⅱ T0901②出土器物
1. Aa型Ⅱ式陶盆（Ⅱ T0901②：4）　2. A型Ⅰ式陶钵（Ⅱ T0901②：3）　3. 骨铲（Ⅱ T0901②：1）

陶钵　复原1件。

标本ⅡT0901②：3，泥质褐陶。口较直，圆唇，腹部斜收，底部微凹。素面。器表显见刮修痕迹，器底略见使用的磨痕。口径19、底径5.8、高5.8厘米（图一七，2）。

骨铲

标本ⅡT0901②：1，系动物肩胛骨制成。柄部一边残缺，单面刃、较为锋利，刃中部有使用的凹痕。器身长14.2、刃部宽9.1厘米（图一七，3）。

ⅡT1901②层出土遗物

陶尖底瓶　均残。

Ⅴ式

标本ⅡT1901②：5，质略粗，微含细砂，黄褐陶。直口微敞，双唇明显。口沿内外抹光。口径5.8、残高3.8厘米（图一八，6）。

Ⅵ式

标本ⅡT1901②：6，微含细砂，黄褐陶。敞口，双唇不明显。口沿内外抹光。口径6、残高3.2厘米（图一八，5）。

陶葫芦口瓶　均残。

A型Ⅲ式

标本ⅡT1901②：3，泥质褐陶。小口，圆唇，颈腹交接处折角明显。器表饰斜线纹。口沿内外抹光。口径4.6、残高9厘米（图一八，2）。

B型Ⅲ式

标本ⅡT1901②：4，泥质红陶。口沿内外抹光，器内有明显的泥条盘筑痕迹。口径4、残高7.4厘米（图一八，3）。

陶盆　复原1件。

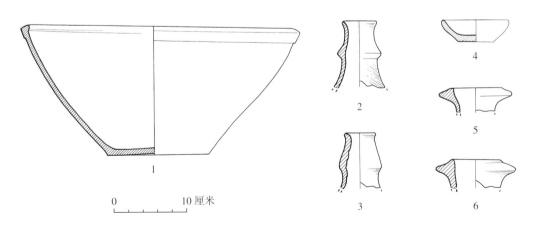

图一八　ⅡT1901②出土陶器

1. D型Ⅲ式盆（ⅡT1901②：1）　2. A型Ⅲ式葫芦口瓶（ⅡT1901②：3）　3. B型Ⅲ式葫芦口瓶（ⅡT1901②：4）
4. 碗（ⅡT1901②：2）　5. Ⅵ式尖底瓶（ⅡT1901②：6）　6. Ⅴ式尖底瓶（ⅡT1901②：5）

D型Ⅲ式

标本ⅡT1901②：1，泥质红陶。敞口，窄沿，沿内有一周凹槽，方唇，腹部斜收，底部微凹。素面。唇沿内外有慢轮修制的痕迹，器表明显经刮修。口径35.8、底径14、高17厘米（图一八，1）。

陶碗　复原1件。

标本ⅡT1901②：2，泥质红陶。敞口，圆唇，腹部斜收，平底。素面。器表磨光。口径9.2、底径4.7、高3厘米（图一八，4）。

Ⅲ T2101②层出土遗物

陶尖底瓶　残。

Ⅴ式

标本ⅢT2101②：2，夹细砂黄褐陶。口沿内外抹光。口径5.2、残高3.4厘米（图一九，2）。

陶盆　残。

Aa型Ⅲ式

标本ⅢT2101②：4，泥质红陶。敛口，唇沿外卷，圆唇，弧曲腹。口沿内外显见慢轮修制的痕迹，唇部和沿面内侧均有一周黑彩，器表以黑彩绘有弧三角纹、勾连纹等图案。口径25、残高5厘米（图一九，1）。

陶钵　残。

C型Ⅲ式

标本ⅢT2101②：3，泥质陶，褐色顶，暗红色腹。唇沿及器表明显经刮修。口径18.6、残高5厘米（图一九，3）。

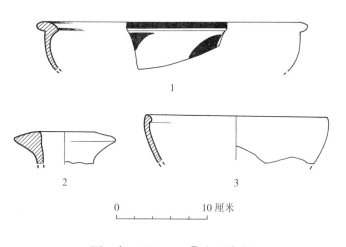

图一九　ⅢT2101②出土陶器

1. Aa型Ⅲ式盆（ⅢT2101②：4）　2. Ⅴ式尖底瓶（ⅢT2101②：2）
3. C型Ⅲ式钵（ⅢT2101②：3）

第三节　遗址的基本概况

1997年发掘情况表明，泉护村遗址的文化内涵非常丰富，从新石器时代的庙底沟文化开始，延续到汉、唐时期。共发掘出各个时期的各类遗迹单位219个，其中庙底沟文化时期的遗迹单位190个（灰坑171、房址2、窑址4、灶坑13个），东周瓮棺葬3座、土坑墓1座，汉代遗迹单位24个（墓葬16座、围沟5条、井3眼）及唐墓1座。

遗址的文化内涵从早到晚依次是：庙底沟文化、两周及汉、唐遗存等。1958年发现的泉护二期文化及泉护三期文化遗存在这次发掘的区域中基本没有发现。

第三章　庙底沟文化遗存

第一节　层位关系与文化分期

一　层位关系

泉护村遗址以庙底沟文化遗存为主，发现该时期的遗迹单位190个，多为灰坑（171个）。出土了大量各类质地的遗物，遗迹间打破关系较多，出土陶器型和式的变化也较大。为了更清楚地展现这一时期遗存的变化，以下通过六组层位关系明显的遗迹单位进行比较分析，同时参考其他资料对这一时期遗存进行分期。

第一组：H64→H68

H64和H68均位于ⅡT2303之中，开口于第①层下。H64打破H68，并被H76打破。因H76出土可供分期的陶器极少，缺少与H64、H68相比较的陶器，故这组关系仅体现H64与H68的陶器比较。

H64与H68坑内的堆积均可分为3层，但各层间陶器并无明显变化，主要有尖底瓶、罐、盆、钵、瓮、灶等（图二〇）。

从两单位出土陶器看，部分陶器有细微的不同，如H64的尖底瓶上、下唇的斜度均较H68尖底瓶大，但两单位尖底瓶上下两唇间的台棱都比较明显，且多数陶器基本无大的变化。所以，H64和H68间尽管存在打破关系，按类型学的原理，它们的年代应该相去不远，两单位为同一时段的遗存。

第二组：H67→H91

H67位于ⅢT2201的东北部，开口被②层叠压，汉代墓葬M8打破它的东部，同时该坑打破H91、F2。H91位于ⅡT2101西南角，一小部分伸入到ⅡT2201和ⅢT2101隔梁内，开口被该方②层叠压，同时打破Y3及生土。Y3出土物极少，故这组层位主要体现H67与H91的关系。

H91出土陶片的可辨器形主要有尖底瓶、罐、盆、钵等。

H67出土陶片的可辨器形主要有尖底瓶、葫芦瓶、罐、盆、钵、瓮等（图二一）。

两单位出土的陶器存在着比较大的差别。如尖底瓶，H91：16与H67：13虽均为泥质红陶，但前者双唇明显，器表饰横斜向线纹，而后者双唇痕迹基本消失，器表饰较细密斜线

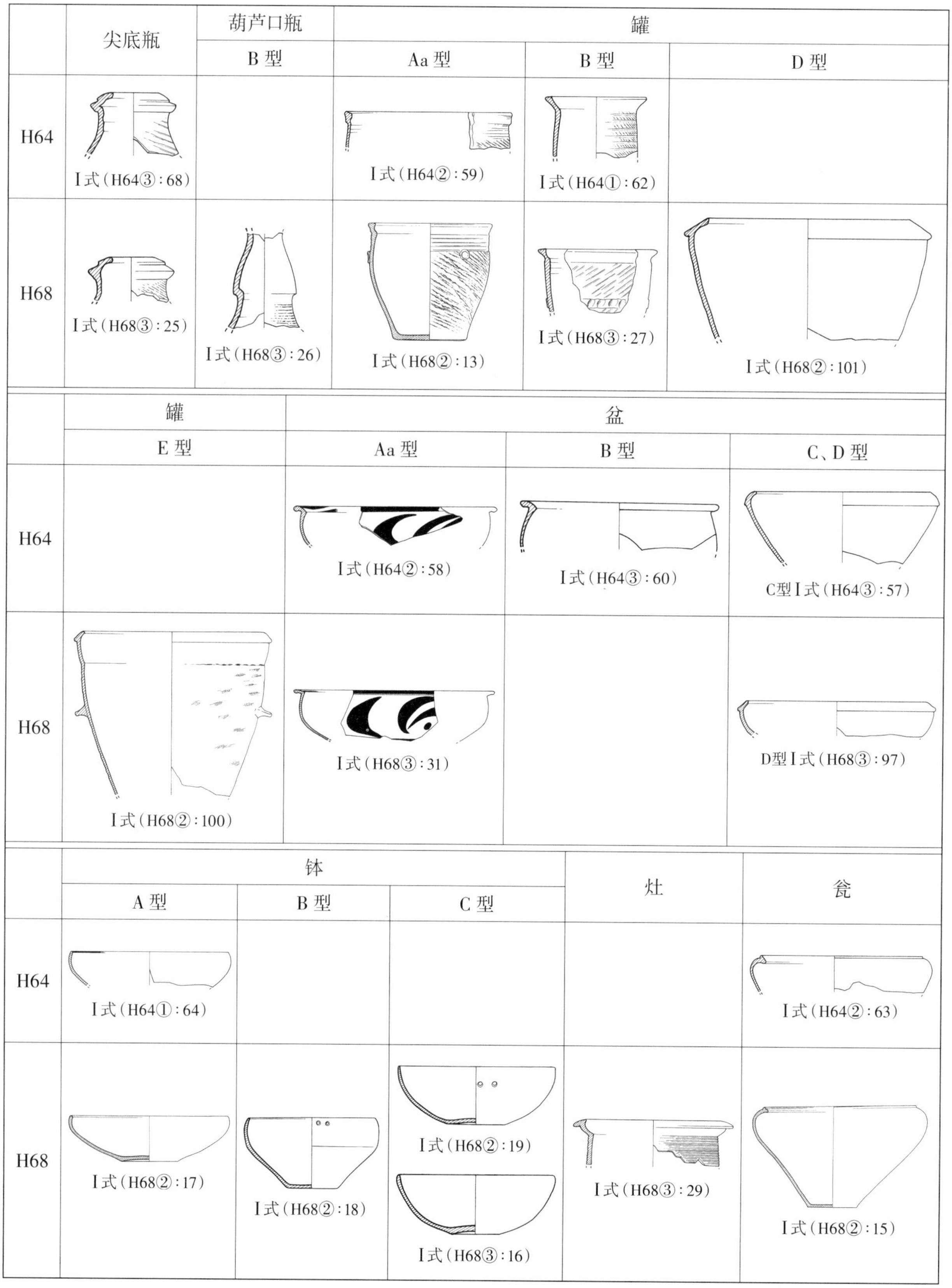

	尖底瓶	葫芦口瓶	罐		
		B 型	Aa 型	B 型	D 型
H64	I式（H64③：68）		I式（H64②：59）	I式（H64①：62）	
H68	I式（H68③：25）	I式（H68③：26）	I式（H68②：13）	I式（H68③：27）	I式（H68②：101）

	罐	盆		
	E 型	Aa 型	B 型	C、D 型
H64		I式（H64②：58）	I式（H64③：60）	C型I式（H64③：57）
H68	I式（H68②：100）	I式（H68③：31）		D型I式（H68③：97）

	钵			灶	瓮
	A 型	B 型	C 型		
H64	I式（H64①：64）				I式（H64②：63）
H68	I式（H68②：17）	I式（H68②：18）	I式（H68②：19） I式（H68③：16）	I式（H68③：29）	I式（H68②：15）

图二〇　H64和H68出土陶器比较图

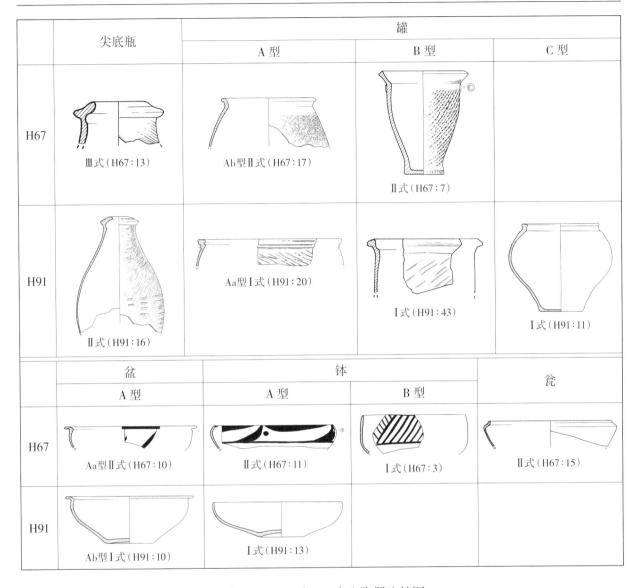

	尖底瓶	罐		
		A 型	B 型	C 型
H67	Ⅲ式（H67：13）	Ab型Ⅱ式（H67：17）	Ⅱ式（H67：7）	
H91	Ⅱ式（H91：16）	Aa型Ⅰ式（H91：20）	Ⅰ式（H91：43）	Ⅰ式（H91：11）
	盆	钵		瓮
	A 型	A 型	B 型	
H67	Aa型Ⅱ式（H67：10）	Ⅱ式（H67：11）	Ⅰ式（H67：3）	Ⅱ式（H67：15）
H91	Ab型Ⅰ式（H91：10）	Ⅰ式（H91：13）		

图二一　H67和H91出土陶器比较图

纹；罐，H91：20与H67：17都是夹砂褐陶，不同的是前者沿内有一周凹槽，沿外有一周凸棱，器表饰较粗疏斜绳纹，而后者沿内略弧，器表饰较细密交错绳纹；钵，H91出土陶钵直口微敛，腹较浅，而H67出土陶钵口敛的程度较大，腹较深，下腹有内曲之势。

H91出土陶器与H64、H68很相似，可认为这三单位同时；而H67打破H91，故在相对年代上H67晚于H91、H64、H68。

第三组：H107→H138→H123→H122

H107打破H138及生土，H138打破H123，H123打破H122及生土。上述4个灰坑的开口均被各自探方的①层所叠压。

H107坑内堆积分为5层，其中①、②、③、④层出土有大量陶片，而最底层（⑤层）出土物较少。各层出土陶器无明显区别，主要器形有尖底瓶、葫芦口瓶、罐、盆、钵、灶、瓮等，此外还出土1件漏斗和1件器座。

H138坑内堆积可分两层，各层出土陶器无明显区别，主要器形有尖底瓶、罐、盆、钵等，并出有1件隼形陶饰。

H123出土有较多陶片，器形主要有罐、钵等。

H122坑内堆积可分为三层，各层间陶器无明显变化，主要有尖底瓶、罐、盆、钵等（图二二）。

总体上看，H107、H138出土陶器虽有一些细微的变化，但具有较多相近的特征，基本可以认定为同时期遗存，H122、H123出土的同类陶器比较接近，也应该为同期遗存。同时，H107、H138与H122、H123的出土陶器差别相对较大，如尖底瓶，H107①:116唇沿较短，

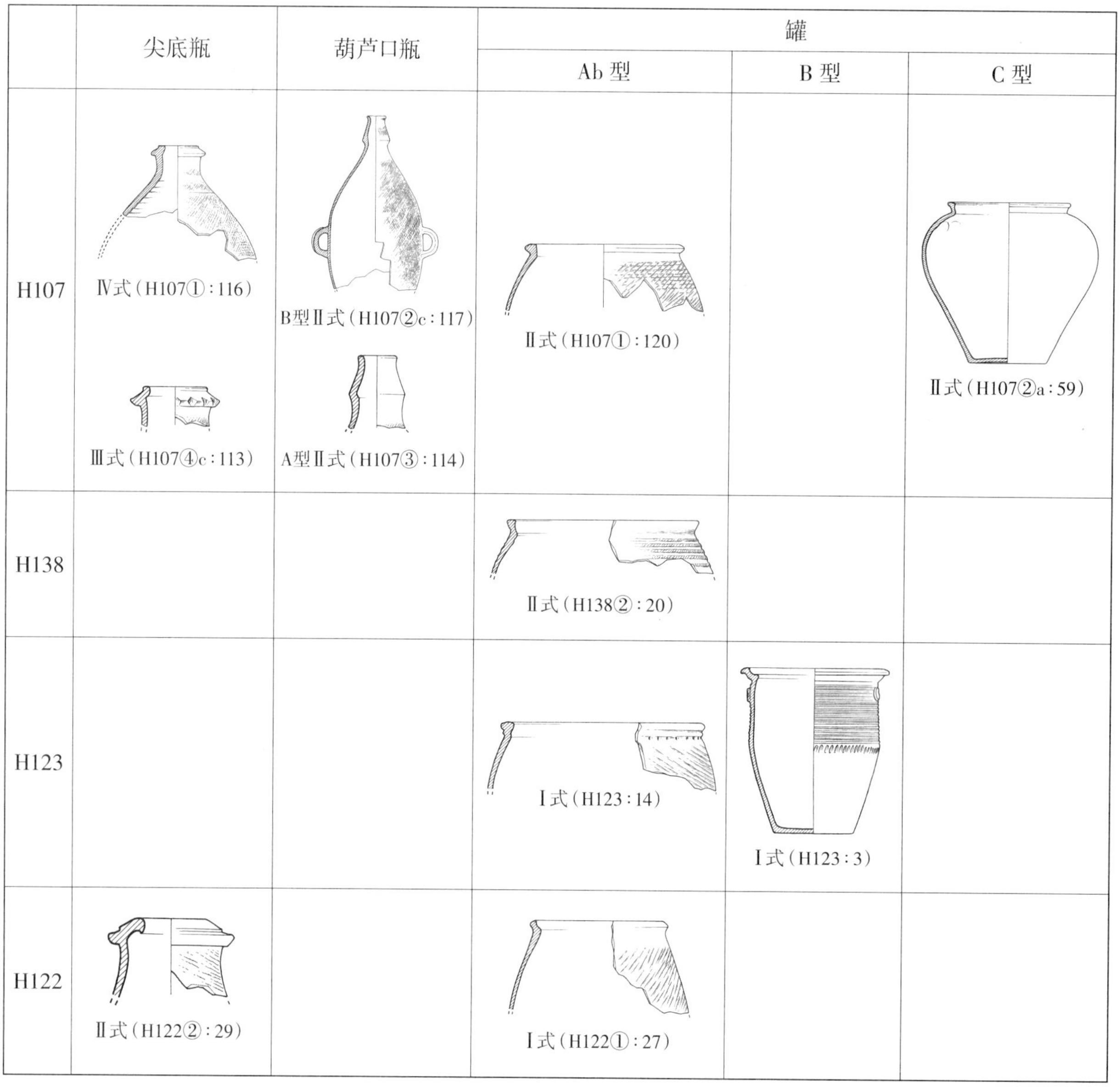

	尖底瓶	葫芦口瓶	罐		
			Ab 型	B 型	C 型
H107	Ⅳ式（H107①:116） Ⅲ式（H107④c:113）	B型Ⅱ式（H107②c:117） A型Ⅱ式（H107③:114）	Ⅱ式（H107①:120）		Ⅱ式（H107②a:59）
H138			Ⅱ式（H138②:20）		
H123			Ⅰ式（H123:14）	Ⅰ式（H123:3）	
H122	Ⅱ式（H122②:29）		Ⅰ式（H122①:27）		

图二二　H107、H138、H123及H122

保留有双唇痕迹，器表饰较细密线纹，而H122②：29双唇明显，上唇较长，器表饰较粗疏斜线纹；罐，H107①：120口微侈，器表饰较细密交错绳纹，H138②：20沿内一周微内弧，而H123：14沿内有一周凹槽，沿外有一周凸棱，器表饰较粗疏斜绳纹；盆，H107②b：64腹最大径在该器的上部，下腹内曲，而H122②：28腹最大径在该器的中部偏上；钵，H107①：47腹较深，而H122①：1腹相对较浅。

第四组：H109→H118→H105

这三个单位均位于ⅡT0901之中，开口均被③层叠压。

H109坑内堆积分为2层，各层陶器变化不明显，主要有尖底瓶、罐、盆、钵等。

H118坑内堆积分为6层，其中①、②层与③、④、⑤、⑥层出土陶器有较大区别，但基

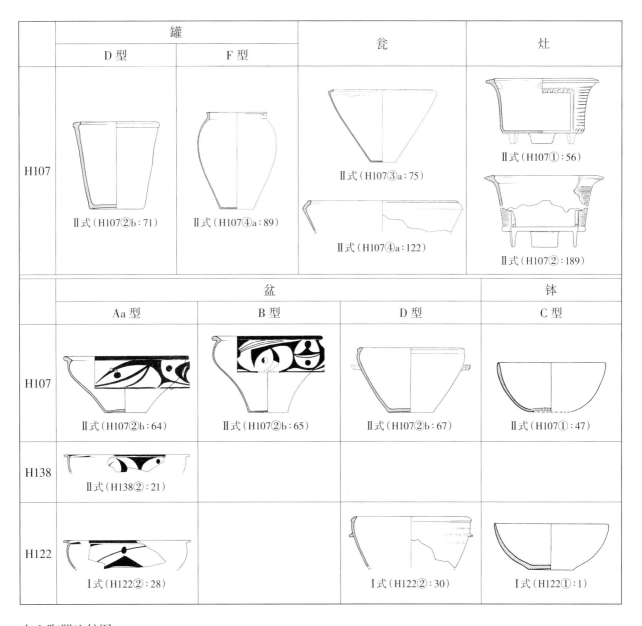

出土陶器比较图

本器形没有变化，主要有尖底瓶、罐、盆、钵、瓮等。

H105坑内堆积分为4层，主要器形有尖底瓶、葫芦口瓶、罐、盆、钵等（图二三）。

从层位关系看，H109在相对年代上要晚于H118和H105。观察各单位出土物，发现H118与H105比较接近，而与H109差别较大，如尖底瓶，H109②：28为泥质褐陶，敞口，而H105②：215为泥质黄褐陶，敛口；罐，H109②：29为夹砂褐陶，沿外撇，沿内微弧，器表饰较细密交错绳纹，上腹饰两鸡冠耳，而H118①：42为夹细砂红陶，沿稍外撇，沿内一周内弧，器表饰斜绳纹；盆，H109②：30与H105②：13均为泥质红陶，不同的是前者下腹内收程度较后者甚，有向曲腹发展的趋势。

而H118、H105出土陶器，如瓶、罐、盆、钵等，与第三组单位H107、H138中的同类器比较接近，由此可认为这几个单位处于同一时段。

第五组：H144→H133

H144和H133均位于ⅠT0601之中，开口被④b层叠压，H144打破H133。

H144出土陶片较少，器形主要有尖底瓶、罐、盆、钵等。

H133包含物较丰富，出土有大量陶片，器形主要有尖底瓶、罐、盆、钵等，并发现带流钵（图二四）。

这两个单位出土物大体相同，仅尖底瓶有细微的差别，从出土的瓶、罐、盆、钵等器形看，可认为它们基本同时。

第六组：H10→H20→H45→H22

H10和H20位于ⅠT0402之中，H10打破H20，H45、H22位于ⅠT0401中，H45被H20打破，并打破H22。

H10出土物较少，器形主要有罐、钵、灶等。

H20堆积较丰富，器形主要有尖底瓶、罐、盆、钵、瓮、灶等。

H45出土少量陶片，器形主要有罐、盆、钵等。

H22坑内堆积分2层，各层陶器无明显区别，器形主要有尖底瓶、罐、盆、钵、瓮、灶、盘等（图二五）。

从这4个单位的出土陶器看，各主要器形具有大体相同的特征，可认为它们基本为同一时段，而其中的出土陶器又与第四组的H109、第五组的H144、H133关系密切，所以它们应和这些单位大致处于同一时期。

除了以上列举的几组单位外，在泉护村遗址还发现有大量存在着打破或叠压关系的遗迹单位及一些没有打破关系的独立单位，这些单位可以从另一方面对以上六组单位进行补充。如H9打破H8，H9出土陶器与H109相同，H8出土陶器则与H118、H105非常相似。还有一些没有打破关系的单位，部分与H109、H144等单位出土陶器相同，如H18等，部分与H67、H105等出土陶器相同，如H46、H87等，部分与H91、H123等相同，如H95、H166等。这样的单位很多，在此不做详细介绍。

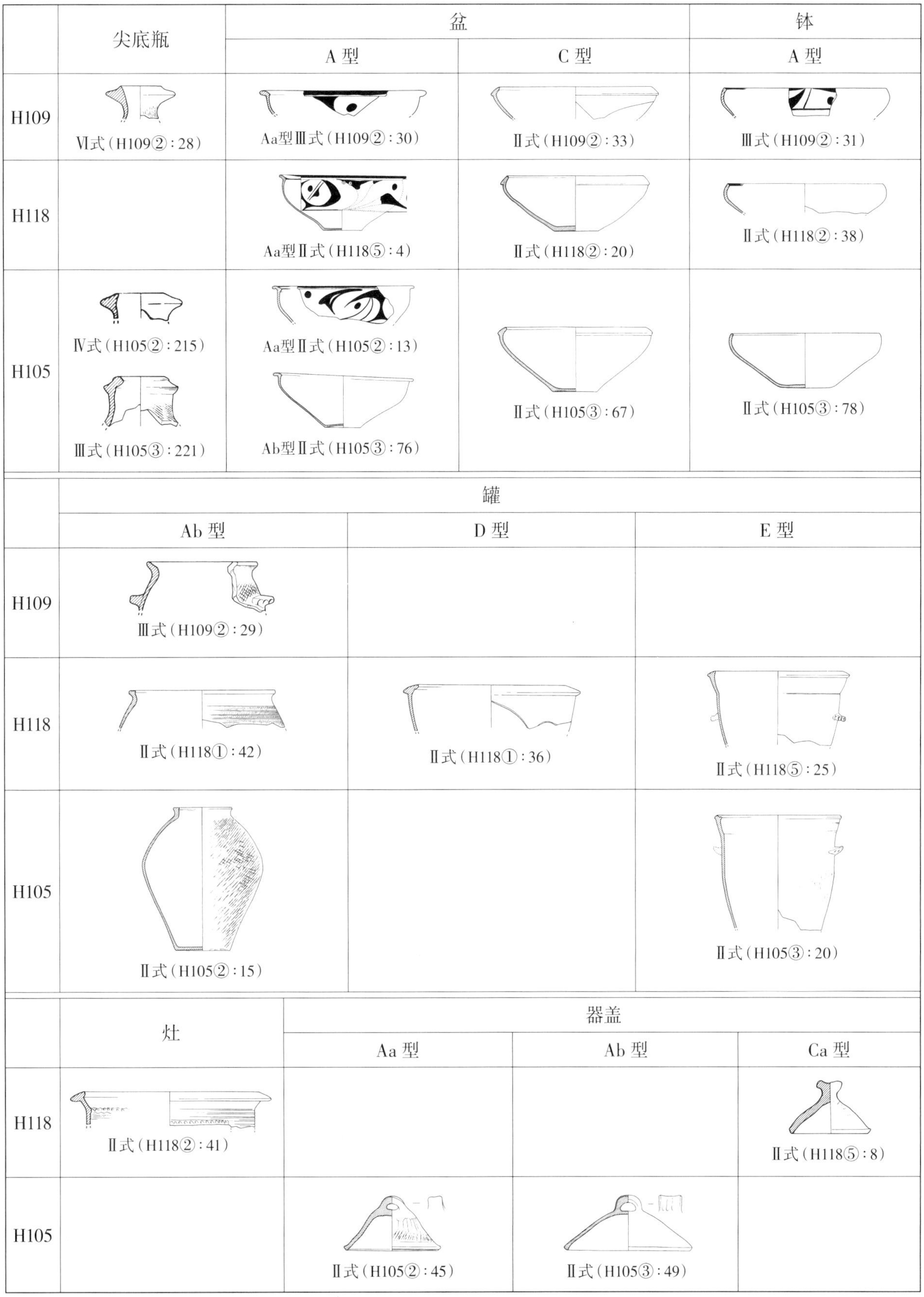

尖底瓶	盆		钵
	A 型	C 型	A 型
H109 Ⅵ式（H109②：28）	Aa型Ⅲ式（H109②：30）	Ⅱ式（H109②：33）	Ⅲ式（H109②：31）
H118	Aa型Ⅱ式（H118⑤：4）	Ⅱ式（H118②：20）	Ⅱ式（H118②：38）
H105 Ⅳ式（H105②：215）／Ⅲ式（H105③：221）	Aa型Ⅱ式（H105②：13）／Ab型Ⅱ式（H105③：76）	Ⅱ式（H105③：67）	Ⅱ式（H105③：78）

罐		
Ab 型	D 型	E 型
H109 Ⅲ式（H109②：29）		
H118 Ⅱ式（H118①：42）	Ⅱ式（H118①：36）	Ⅱ式（H118⑤：25）
H105 Ⅱ式（H105②：15）		Ⅱ式（H105③：20）

灶	器盖		
	Aa 型	Ab 型	Ca 型
H118 Ⅱ式（H118②：41）			Ⅱ式（H118⑤：8）
H105	Ⅱ式（H105②：45）	Ⅱ式（H105③：49）	

图二三　H109、H118及H105出土陶器比较图

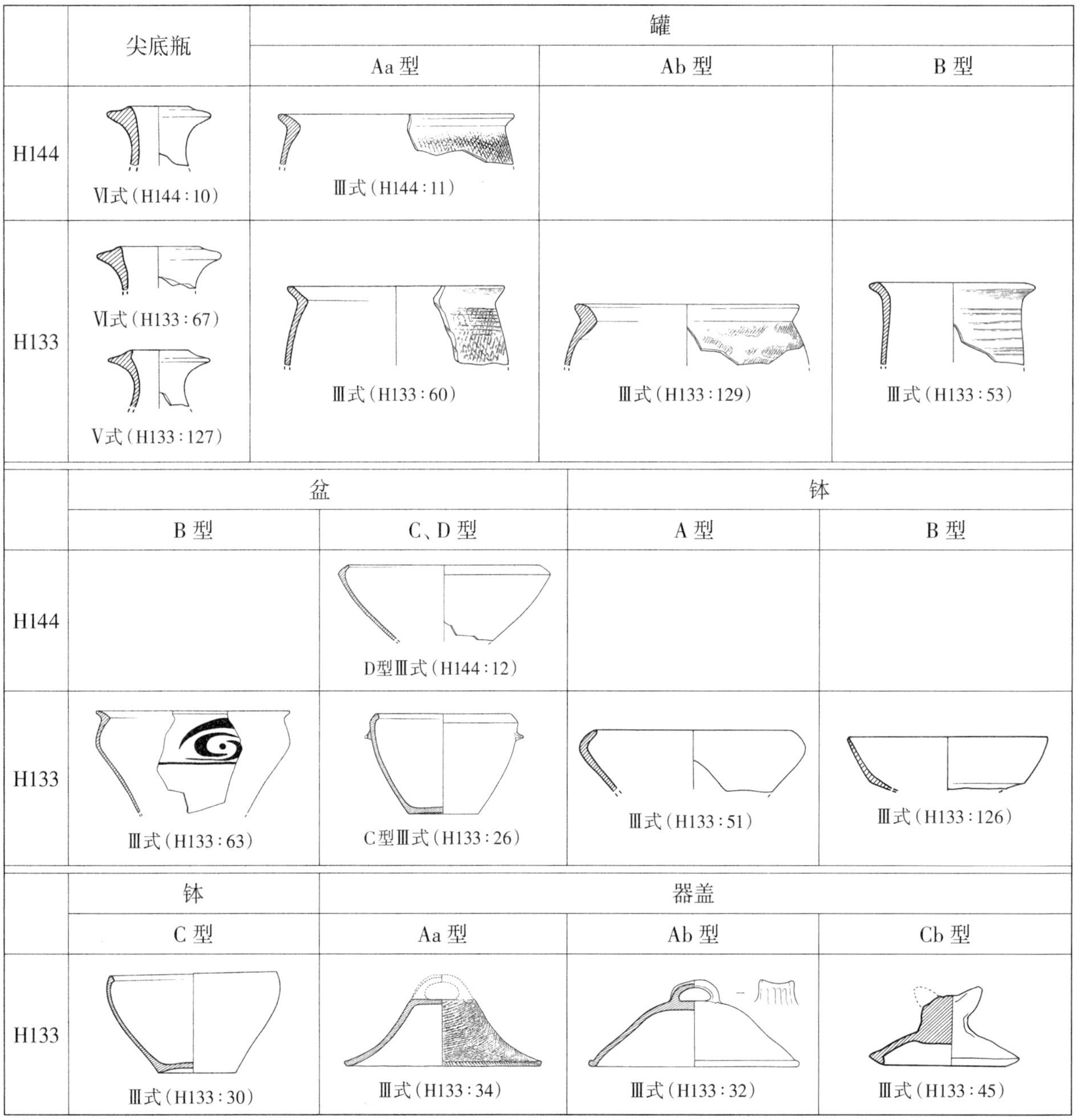

尖底瓶	罐		
	Aa 型	Ab 型	B 型

H144				
	Ⅵ式（H144∶10）	Ⅲ式（H144∶11）		
H133	Ⅵ式（H133∶67）　Ⅴ式（H133∶127）	Ⅲ式（H133∶60）	Ⅲ式（H133∶129）	Ⅲ式（H133∶53）

盆		钵	
B 型	C、D 型	A 型	B 型

H144				
		D型Ⅲ式（H144∶12）		
H133	Ⅲ式（H133∶63）	C型Ⅲ式（H133∶26）	Ⅲ式（H133∶51）	Ⅲ式（H133∶126）

钵	器盖		
C 型	Aa 型	Ab 型	Cb 型

H133				
	Ⅲ式（H133∶30）	Ⅲ式（H133∶34）	Ⅲ式（H133∶32）	Ⅲ式（H133∶45）

图二四　H144和H133出土陶器比较图

二　遗存分期

　　通过对上述六组单位出土陶器的分析、比较，并参考其他单位的出土陶器，可以将泉护村遗址庙底沟文化的考古遗存初步分为三期。

　　一期：以H64、H68、H91、H122、H123等为代表。这一时期的陶器主要有尖底瓶、葫芦口瓶、罐、盆、钵、瓮等，此外还有器盖、灶、釜等。其中瓶、盆、钵、瓮等多为泥质

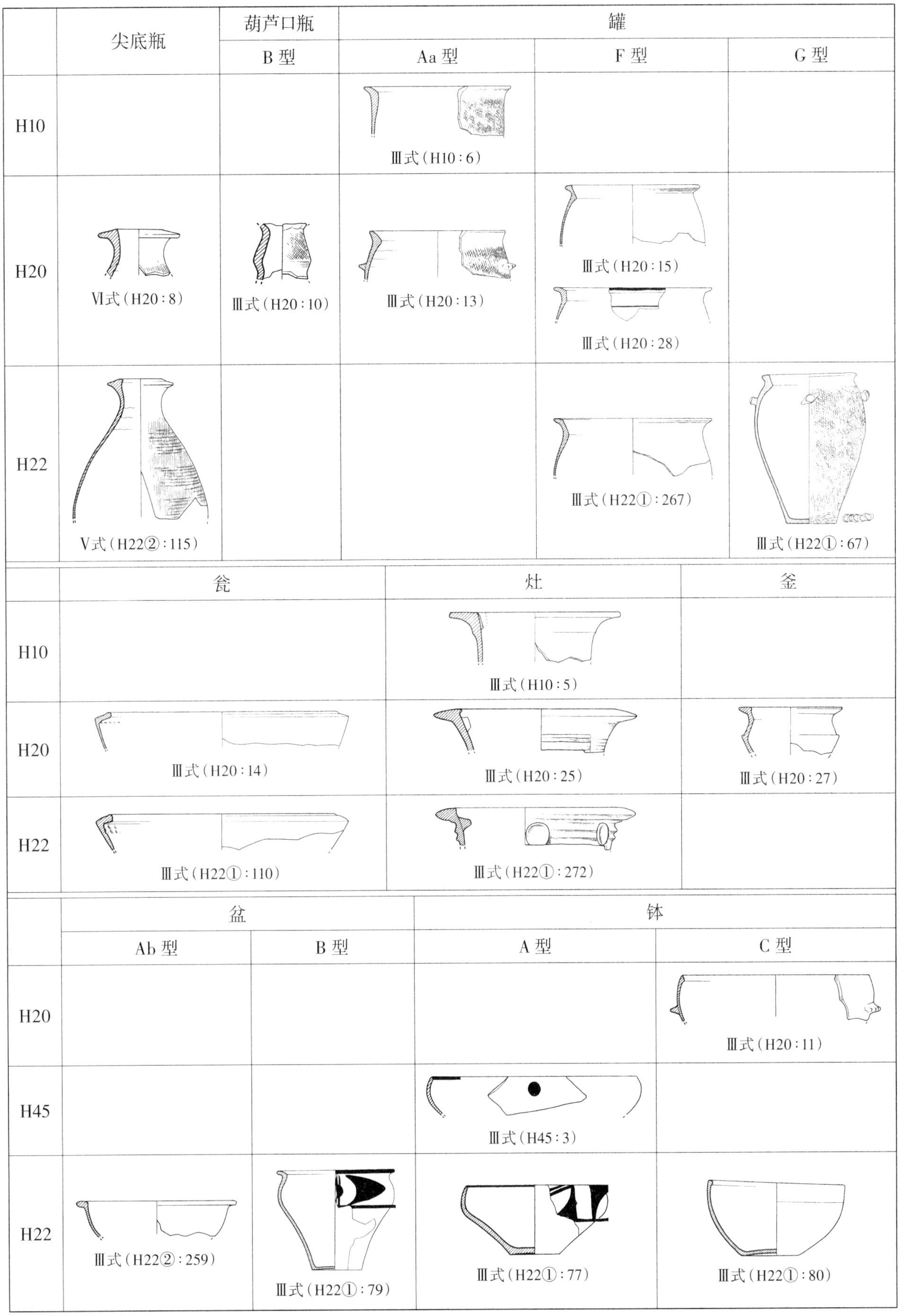

	尖底瓶	葫芦口瓶	罐		
		B 型	Aa 型	F 型	G 型
H10			Ⅲ式（H10:6）		
H20	Ⅵ式（H20:8）	Ⅲ式（H20:10）	Ⅲ式（H20:13）	Ⅲ式（H20:15） Ⅲ式（H20:28）	
H22	Ⅴ式（H22②:115）			Ⅲ式（H22①:267）	Ⅲ式（H22①:67）

	瓮	灶	釜
H10		Ⅲ式（H10:5）	
H20	Ⅲ式（H20:14）	Ⅲ式（H20:25）	Ⅲ式（H20:27）
H22	Ⅲ式（H22①:110）	Ⅲ式（H22①:272）	

	盆		钵	
	Ab 型	B 型	A 型	C 型
H20				Ⅲ式（H20:11）
H45			Ⅲ式（H45:3）	
H22	Ⅲ式（H22②:259）	Ⅲ式（H22①:79）	Ⅲ式（H22①:77）	Ⅲ式（H22①:80）

图二五　H10、H20、H45及H22出土陶器比较图

陶，罐类多为夹砂陶，陶色以红陶为主，部分器类如瓮等则以灰陶居多。

二期：以H67、H105、H107、H118、H138等为代表。陶器组合和一期相比变化不大，主要是有些器类在数量上有所增多，如器盖等。这一时期晚段陶质开始变粗，出现较多黄褐陶、褐陶等。

三期：以H10、H20、H22、H45、H109、H133、H144等为代表。主要陶器器形有尖底瓶、葫芦口瓶、罐、盆、钵、瓮等，部分器形数量减少，如器盖，彩陶数量也减少很多。陶质均较粗，陶色偏于黄。

以上所选六组单位，从第一组可以看出一期各类陶器的细微变化，第二、三组表现了一、二期之间的不同，第四组表现了二、三期之间的器物变化，第五、六组体现的是第三期陶器早、晚段的渐变。各期陶器有区别于其他期的特征，且个性特征比较明显。

同时，遗址中还存在大量与各期陶器特征基本吻合的其他单位，其中也存在一定的可供分期的层位，这些单位为进一步认识泉护村遗址庙底沟文化各期遗存的特征提供了条件。

三　陶器演变规律

依据以上分析与比较，可将泉护村遗址庙底沟文化遗存中主要陶器的演变规律作如下总结（图二六）。

尖底瓶　一期陶质细腻，基本为泥质；从二期开始陶质变粗，出现夹细砂陶。一期陶色较纯，以红陶为最多；二期出现较多黄褐陶，总体陶色偏黄。尖底瓶器表均饰线纹，一期线纹较粗疏，二、三期则较细密，且多为交错线纹。一期瓶底较细长，二、三期则较粗大。

尖底瓶的变化较丰富，且出土数量较多。其口部变化明显，依此分为六式。

Ⅰ式：敛口，双唇明显，下唇较平或微上斜，颈部较粗。

Ⅱ式：敛口，双唇较明显，下唇上斜。

Ⅲ式：敛口，仍保留有双唇痕迹，但上唇已近于消失，下唇上斜。

Ⅳ式：敛口，双唇已基本消失，唇沿微斜，颈部变细。

Ⅴ式：敞口，口沿内有一周圆棱。

Ⅵ式：敞口，唇沿较平，圆棱消失。

以上总的演化趋势是由敛口发展成敞口，双唇由明显到逐渐消失，颈部由较粗到变为较细。

葫芦口瓶　陶质、陶色、纹饰情况基本同于尖底瓶。

依口部的剖面特征分为A、B两型，并各分为三式。各式演变趋势是口由长到短，但各型又不甚相同。

A型　口相对较细，且葫芦口剖面略呈弧状。

Ⅰ式：瓶口细长。

Ⅱ式：瓶口较长。

Ⅲ式：瓶口较短。

B型　瓶口相对较粗，葫芦口下坠并略向外鼓。

Ⅰ式：瓶口部较粗且长。

Ⅱ式：瓶口部变短。

Ⅲ式：瓶口部较短。

罐　依形态和纹饰的不同分为六型。

A型　绳纹鼓腹罐，依腹部外鼓程度不同分为两亚型，即：Aa型深腹微鼓，Ab型腹较鼓，两者均可分为三式，演变趋势基本一致。

Ⅰ式：夹砂红陶。沿微内敛或竖直，沿内有一周凹槽，沿外有一周凸棱，器表饰较粗疏绳纹，多为斜绳纹。

Ⅱ式：以夹砂红陶为主，出现少量黄褐、灰褐陶。沿微外撇，沿内凹呈弧状或较直，器表饰较细密交错绳纹。

Ⅲ式：以夹砂红陶为主，陶色偏暗黄，出现较多黄褐、灰褐陶。沿外折，沿内较平或微鼓。

总的演化趋势是沿内凹槽逐渐变成弧状，再到略外鼓，纹饰由较粗疏斜绳纹到较细密交错绳纹。

B型　直腹罐。直口，上腹较直或微鼓，多饰弦纹或少量绳纹。可分为三式。

Ⅰ式：夹砂红陶。宽沿，沿内凹呈弧状，器表饰平行弦纹或绳纹。

Ⅱ式：以夹砂红陶为主，出现灰褐陶。沿内较平，且沿变短，器表饰绳纹或平行弦纹。

Ⅲ式：夹砂陶，陶质变粗，红陶数量减少，出现较多灰褐、黄褐陶。沿内微鼓，沿较短。器表饰绳纹或平行弦纹，弦纹制作较为粗糙。

演变规律基本同于A型。

C型　素面圆腹罐。极少量为彩陶。依口沿和腹部的变化，可分为三式。

Ⅰ式：泥质红陶。小直沿内凹呈弧状，腹最大径在器中部微偏上。

Ⅱ式：多为泥质红陶。沿内略呈弧状，腹最大径在器上部。

Ⅲ式：陶质变粗，多黄褐、褐陶。沿外折。

演变规律是沿内侧由内弧到略呈弧状，再到近于平直，最后发展到外侈，腹最大径逐渐上移。早期陶质较为细腻，陶色为红陶；晚期陶质变粗，陶色偏黄。

D型　素面斜直腹罐。依口部呈内折沿或双唇及腹部的特征分为两式。

Ⅰ式：夹细砂，灰陶。沿较斜，腹下内收程度大。

Ⅱ式：夹细砂，陶质变粗，灰陶。沿略斜，腹斜收。

演变趋势是沿由较斜向较平发展，腹壁由内收到斜直。

E型　高领罐，多为素面。依口沿和领部的变化可分为三式。

Ⅰ式：泥质或夹细砂，以红陶、褐陶、黄褐陶为主。沿较长且较斜，领内凹呈弧状。

Ⅱ式：陶质变粗，黄褐陶较多，陶色偏黄。沿变短并略斜，领内微呈弧状。

Ⅲ式：陶质较粗，陶色偏黄。沿很短，部分已消失，且多近于平，领内微弧或斜直。

演变规律是沿由较长到较短，并近乎消失，由较斜到略平；领的变化是由内凹到斜直。

F型　深腹彩陶罐，极少为素面。依口沿和腹部的变化，可分为三式。

Ⅰ式：泥质红陶。沿内有一周凹槽，并内折，腹最大径在器中部偏上。

Ⅱ式：泥质或夹细砂，红陶为主。直沿，方唇，腹最大径在器上部。

Ⅲ式：陶质变粗，陶色偏黄，黄褐陶较多。沿外撇，领直或已消失。

演变规律是由领较直到沿外撇，腹最大径逐渐上移。

G型　绳纹小罐。器表多饰绳纹，个别加纽扣状或豆瓣状附加堆纹。器形相对较小。依口沿和腹部的变化，可分为三式。

Ⅰ式：沿内有一周凹槽，腹微鼓，器表饰较稀疏绳纹。

Ⅱ式：沿微外撇或沿内内弧，腹最大径在器上部，器表饰绳纹，多为斜绳纹，少量交错绳纹。

Ⅲ式：沿外撇程度较大，腹最大径继续上移，器表饰较细密绳纹。

盆　依口沿和腹部的变化，可分为四型。

A型　卷沿浅腹盆。最大鼓腹处基本不超出口沿，下腹斜向内收。依器表是否有彩绘分为Aa、Ab两亚型，两者均可分为三式，演变趋势基本一致。

Ⅰ式：泥质红陶。上腹较直，下腹缓曲，腹最大径在器中部偏上，容积较大。

Ⅱ式：泥质红陶为主，陶质开始变粗，陶色偏黄，出现黄褐陶。腹最大径靠近口沿，容积相对变小。

Ⅲ式：陶质较粗，黄褐陶较多，陶色偏黄。下腹斜收，容积较小。

演变趋势是腹最大径逐渐上移。

B型　卷沿深腹盆。深腹且腹较鼓，下腹向内曲收，基本为彩陶，极少量为素面。可分为三式。

Ⅰ式：泥质红陶。弧腹，最大径在器中部微偏上，容积较大。

Ⅱ式：以泥质红陶为主，出现黄褐陶。弧腹，上腹较直，下腹斜收，最大径在器上部，容积相对变小。

Ⅲ式：陶质较粗，陶色偏黄。上腹外鼓，下腹曲收，最大径仍在器上部，容积相对较小。

演变趋势是腹最大径逐渐上移，容积逐渐变小。

C型　深腹叠唇盆。敛口，沿较长，腹较深，素面。根据唇、口沿和腹部的变化，可分为三式。

Ⅰ式：泥质红陶。口沿斜度较小，外唇明显，腹相对较浅。

Ⅱ式：泥质红陶为主，陶色变黄，出现黄褐、褐陶等。口沿斜度变大，外唇不甚明显，腹较深。

Ⅲ式：陶质较粗，陶色偏黄，黄褐陶较多。口沿斜度很大，部分已近于直，双唇近于消失，深腹。

演变趋势是外唇由明显到不明显，到最后消失，口沿斜度逐渐变大。

D型　浅腹叠唇盆。敛口，沿较短，腹较浅，素面。陶系情况同于C型。依唇部和腹部的变化，可分为三式。

Ⅰ式：双唇明显。

Ⅱ式：双唇较明显。

Ⅲ式：仅留有双唇痕迹，腹斜收较甚，以致腹较浅。

演变趋势同于C型。

钵　大多为泥质陶，一期陶质较细，二期陶质变粗，部分为夹细砂，三期陶质较粗。一期基本为红陶，二、三期偏黄。依口部和腹部的变化，可分为三型，且各型的陶质、陶色演变趋势基本一致。

A型　曲腹钵。下腹曲收，近顶端呈弧状内敛，彩陶相对较多。以口部和腹部的变化可分为三式。

Ⅰ式：直口微敛，多方圆唇，下腹斜收。

Ⅱ式：口微敛，多圆唇，深腹，下腹弧曲。

Ⅲ式：敛口，深腹，下腹弧曲。

演变趋势是口由微敛到较敛，下腹由斜收到内曲。

B型　折腹钵。腹斜直并内折，多为素面，彩陶极少。以口部的变化，可分为三式。

Ⅰ式：口较直或微敞。

Ⅱ式：口略敞。

Ⅲ式：敞口。

演变趋势是口由较直到敞口。

C型　弧腹钵。多凹底，绝大部分为素面。一期均为敞口，二期出现敛口，到三期敛口数量增多。以口部和腹部的变化，可分为三式。

Ⅰ式：泥质红陶。敞口，浅弧腹。

Ⅱ式：以泥质红陶为主，陶质逐渐变粗，陶色变黄，出现黄褐、褐陶等。主要为敞口，并出现敛口，弧腹较深。

Ⅲ式：陶质较粗，陶色较黄，黄褐陶居多。微敛口，腹较前两式为深，下腹略内曲。制作工艺较粗糙。

演变趋势是由敞口发展到敛口，由浅弧腹到下腹略内曲的深腹。

瓮　基本为泥质灰陶，敛口，素面。依肩部特征分为三式。

Ⅰ式：肩部圆鼓。

Ⅱ式：肩部微折。

Ⅲ式：肩部折角明显。

演变趋势是肩部由圆鼓到内折。

灶　早期为夹砂红陶，晚期陶质变粗，陶色变暗，有较多黄褐陶。器表饰平行弦纹或绳纹，早期绳纹较粗疏，晚期较细密。以口沿和腹部的变化，可分为三式。

Ⅰ式：沿内弧或有一周凹槽，内凹程度较大，沿较短，深直腹。

Ⅱ式：沿内一周微弧，沿略变长，斜直腹。

Ⅲ式：沿内凹槽消失，且沿较长，斜直腹。

演变规律是沿内由有凹槽到凹槽消失，沿面由窄变宽，器腹由深直变斜直。

釜　根据口沿及腹部的变化，可分为三式。

Ⅰ式：夹砂红陶。沿内一周呈内弧状或有一周凹槽，上腹饰平行弦纹。

Ⅱ式：夹砂红陶。沿斜折，沿内较平。素面。

Ⅲ式：夹砂褐陶。沿平折，素面。

演变规律是沿由外撇到较平折，腹由浅到深，最大径上移。一期上腹饰平行弦纹，二、三期弦纹消失，为素面。

器盖　依提柄形状不同分为三型。即：A型提柄为桥状柄，B型为蘑菇状，C型为羊角状。

A型　依器腹不同分为三个亚型。Aa型腹微内收，Ab型腹微鼓，Ac型腹斜直。三者均可分为三式，演变趋势基本一致。

Ⅰ式：以夹砂褐陶和红陶为主，部分为夹细砂。器体低矮，多为素面。

Ⅱ式：以夹砂褐陶为主，器体变高。其中Aa型分为两类，一类器体瘦高，另一类器体较宽，两者器表多饰较粗疏绳纹；Ab型为素面；Ac型部分器表饰绳纹，但仍以素面为主。

Ⅲ式：夹砂陶，陶质变粗；以褐陶为主，有较多灰陶、灰褐陶。器体较高。其中Aa型器表饰较细密绳纹，Ab型为素面，Ac型大部分器表饰较粗疏绳纹。

总的演变趋势是器体由矮到高，一期器盖顶略呈弧状，二、三期则多为平顶。

B型　数量极少。多为泥质灰陶，极少量为彩陶。

C型　根据柄部不同分为Ca、Cb两型。Ca型器盖柄的两角基本处于同一平面，Cb型两角夹角相对较小。

两者均以夹砂褐陶为主，晚期陶质变粗，出现较多灰褐陶，均为素面。

Ca型　依据腹部和柄部的变化，可分为两式。

Ⅰ式：腹壁较直，柄较短。

Ⅱ式：腹微鼓，柄变长。

演变规律是器体由矮变高，器柄由短变长。

Cb型　根据腹部、柄部和器体的高矮变化，可分为三式。

Ⅰ式：腹微鼓，柄较短小，器体较高。

Ⅱ式：腹微鼓，柄变长，较细，器体变矮。

Ⅲ式：腹略鼓，柄较粗，器体矮小。

演变规律是器体由高变矮，柄由矮小到细长，晚期则较粗大。

四　陶器分析

通过以上分析，对17个典型单位主要陶器的组合及其演变规律已经有了一定的了解，为了进一步探讨其间的演变规律，下面对这些单位出土陶片的陶系、纹饰等加以分析。

陶器依陶质分为泥质陶和夹砂陶两大类，一期泥质陶占绝大多数，其中泥质陶占69.44%，夹砂陶占30.56%；二期泥质陶数量减少，夹砂陶数量增加，但泥质陶仍占多数，其中前者占64.49%，后者占35.51%；三期泥质陶与夹砂陶数量基本持平或更少，其中泥质陶占48.60%，夹砂陶占51.40%。

根据陶质、陶色可分为泥质红陶、黄褐陶、褐陶、灰陶和夹砂红陶、黄褐陶、褐陶、灰褐陶、灰陶等。一期泥质红陶最多，占41.42%，其次为泥质灰陶和夹砂红陶、灰褐陶，分别占13.71%、13.86%、12.79%；夹砂黄褐陶数量最少，仅占0.46%。二期泥质红陶数量减少，占36.47%，泥质灰陶和夹砂红陶、灰褐陶数量增多，分别占14.84%、16.83%、14.44%，夹砂黄褐陶所占比例最小，但较一期增加一倍多，占0.95%。三期泥质红陶仍继续减少，夹砂红陶则所占比例最大，为34.52%，其次为泥质红陶，占26.89%（表四）。

陶器纹饰较为丰富，以素面、绳纹、线纹、弦纹、彩陶等为主。

素面，数量最多，一期占42.46%，二期占38.67%，三期占40.38%，其间变化不大。大部分表现为钵，部分罐、盆、盘等也为素面。

绳纹，数量仅次于素面。一期较线纹少，占23.92%，而线纹则为25.72%，二、三期分别占30.55%、33.13%。绝大多数单独装饰于夹砂罐上，极少量的和附加堆纹、指窝纹、弦纹等其他纹饰构成组合纹饰施于夹砂罐上。纹饰多数施于陶器肩腹部，少数通体施纹。纹样的排列特点是多数斜向或横斜向施于器表。

线纹，数量较多。一期较绳纹多，占25.72%，二、三期所占比例减小，分别为19.89%、20.41%，而绳纹则为30.55%、33.13%。多施于尖底瓶和葫芦口瓶上，极少部分施于夹砂罐等器物上。绝大多数单独施于器表，极少部分和附加堆纹、弦纹构成组合纹饰，多施于陶器肩腹部。

彩陶，数量较少。一、二期比例较高，分别为6.02%、9.20%；三期较少，占3.62%。主要绘于钵、盆和罐等泥质陶器的外壁上腹和口沿部，多为红底黑彩，极少量为白色陶衣、紫红色或黑色彩。纹样多由圆点、弧线、弧形三角、涡纹、斜线等要素组成，相同单元常多组连续分布。

弦纹，数量较少。一期较多，占0.94%，二、三期数量减少，分别为0.63%、0.12%。极少部分单独施加，大部分和线纹、绳纹、戳刺纹、附加堆纹、指窝纹等组合施于器表（表五）。

陶器主要有尖底瓶、葫芦口瓶、罐、盆、钵、瓮、灶、器盖、杯、小碗等。其中罐的数量最多，所占比例达30%左右，其次是盆和钵，盆一～三期所占比例分别为24.50%、22.35%、16.99%，钵一～三期所占比例分别为20.46%、20.76%、28.99%，再是尖底瓶。其余

表四　典型单位陶系统计表

期别	单位\陶系	泥质陶					夹砂陶						合计
		红	黄褐	褐	灰	小计	红	黄褐	褐	灰褐	灰	小计	
一期	H64	451	354	244	232	1281	16	7	246	125		394	1675
	H68	1215	190	219	513	2137	264	26		436		726	2863
	H91	213	7	6	68	294	86			173		259	553
	H122	691			104	795	432			52		484	1279
	H123	384			61	445	190			126		316	761
	合计	2954	551	469	978	4952	988	33	246	912		2179	7131
	百分比（%）	41.42	7.73	6.58	13.71	69.44	13.86	0.46	3.45	12.79		30.56	100
二期	H67	984	146	252	337	1719	379			254		633	2352
	H105	2581	363	459	1075	4478	2297	139	83	697		3216	7694
	H107	3359	475	630	1529	5993	599		476	2002		3077	9070
	H118	1381	380	66	415	2242	609	82	97	276		1064	3306
	H138	152	141	145	86	524	19		108	119		246	770
	合计	8457	1505	1552	3442	14956	3903	221	764	3348		8236	23192
	百分比（%）	36.47	6.49	6.69	14.84	64.49	16.83	0.95	3.29	14.44		35.51	100
三期	H10	49	10	109	72	240	58	43	6	58		165	405
	H20	158	106	139	81	484	69	60	224		60	413	897
	H22	3386		112	846	4344	4520			850		5370	9714
	H45	66			4	70	20			10		30	100
	H109	421	25	80	243	769	233	8		88		329	1098
	H133	265	231	1033	341	1870	715	46		221	912	1894	3764
	H144	77	28	42	69	216	62			36	155	253	469
	合计	4422	400	1515	1656	7993	5677	157	266	1382	972	8454	16447
	百分比（%）	26.89	2.43	9.21	10.07	48.60	34.52	0.95	1.62	8.40	5.91	51.40	100

器类数量很少（表六）。

陶器制法均为手制，方法主要是泥条盘筑和手工捏制两种。较大型器如尖底瓶、葫芦口瓶、罐、瓮、缸等均为泥条盘筑，在这些陶器内壁明显可以看到泥条盘筑的痕迹。小型器如杯、小碗及陶塑等为手工捏制而成，部分器壁留有手指印痕。多数陶器口沿经慢轮修整，内、外壁经刮修、磨光。

至此，已经明确显示出，上述17个典型单位所出土的陶器，不仅具有相对稳定的陶器组合，而且具有相对固定的特征和相同的制作工艺。这种陶器组合和特征所代表的考古学文化与典型的庙底沟文化既一脉相承，又独具特征，基本反映出了关中东部地区庙底沟文化的面貌。

表五　典型单位陶器纹饰统计表

单位＼纹饰	素面	绳纹	线纹	彩陶	弦纹	指窝纹	锯齿纹	线+堆纹	线+弦纹	绳+堆纹	绳+弦纹	弦+戳刺纹	弦+堆纹	弦+指窝纹	绳+指窝纹	绳+弦+指窝纹	弦+堆+指窝纹	绳+弦+堆纹	稻穗状纹	附加堆纹	指窝纹	篦点纹	合计
H64	796	288	489	84	13			2		2	1												1675
H68	1241	602	753	196	49		1			7	6	4	2	1									2863
H91	219	188	124	20	1						1				1								553
H122	507	367	296	80	2						27												1279
H123	265	261	172	49	2						12												761
合计	3028	1706	1834	429	67		1	2		9	47	4	2	1	1								7131
百分比（%）	42.46	23.92	25.72	6.02	0.94		0.01	0.03		0.13	0.66	0.06	0.03	0.01	0.01								100
H67	1099	520	600	110	15	1				5	2					12							2352
H105	2641	2811	1425	689	44					24			1	15			32	11					7694
H107	3552	2617	1689	1057	54			3		75	1		8			2			1				9070
H118	1311	983	712	237	31					6	30		6										3316
H138	368	156	188	41	3					1	8									5			770
合计	8971	7087	4614	2134	147	1		3		111	41		15	15		14	32	11	1	5			23202
百分比（%）	38.67	30.55	19.89	9.20	0.63	0.00		0.01		0.48	0.18		0.06	0.06		0.06	0.14	0.05	0.00	0.02			100
H10	296	58	46	4						1													405
H20	427	242	207	14						7													897
H22	3618	3237	2146	430	9						274										1		9714
H45	44	22	21	11							1												100
H109	523	271	244	52	2				1	3	2												1098
H133	1524	1458	624	70	9					54	4							4				17	3764
H144	209	161	69	15						15													469
合计	6641	5449	3357	596	20				1	80	281							4			1	17	16447
百分比（%）	40.38	33.13	20.41	3.62	0.12				0.01	0.49	1.71							0.02			0.01	0.10	100

表六　典型单位陶器型式统计表

单位	型式	尖底瓶						葫芦口瓶						罐					
								A			B			Aa			Ab		
		I	II	III	IV	V	VI	I	II	III	I	II	III	I	II	III	I	II	III
一期	H64	5	6											5			1		
	H68	2	3								2			14			16		
	H91	1	1											10			9		
	H122		2								1			10			14		
	H123		1								1			2			10		
	合计	8	13								4			41			50		
	百分比（%）	2.30	3.75								1.15			11.82			14.41		
二期	H67			3							1			3	3		6	21	
	H105		12	3	1			2					1	6	3		21	99	
	H107	1	1	18	2				2				2	6	10		1	98	
	H118		4		2									8	5		10	60	
	H138													5				10	
	合计	1	17	24	5			2	2		1		3	28	21		38	288	
	百分比（%）	0.09	1.58	2.23	0.47			0.19	0.19		0.09		0.28	2.61	1.96		3.54	26.82	
三期	H10															3			1
	H20			1	1	3	2						1		2	8		1	6
	H22	1	2			7	9							2	2	43	1	9	100
	H45														1		2		1
	H109			2			1								1	3	1	5	1
	H133		1			11	6						1	2	1	18	2	2	16
	H144					4	3								1	4			15
	合计	1	3	3	1	25	21						2	4	8	79	6	17	140
	百分比（%）	0.12	0.38	0.38	0.12	3.19	2.68						0.25	0.51	1.02	10.09	0.76	2.17	17.88

续表六

罐：型式 B、C、D、E、F；盆：型式 Aa。各型式分 Ⅰ、Ⅱ、Ⅲ。

分期	单位	B-Ⅰ	B-Ⅱ	B-Ⅲ	C-Ⅰ	C-Ⅱ	C-Ⅲ	D-Ⅰ	D-Ⅱ	D-Ⅲ	E-Ⅰ	E-Ⅱ	E-Ⅲ	F-Ⅰ	F-Ⅱ	F-Ⅲ	Aa-Ⅰ	Aa-Ⅱ	Aa-Ⅲ
一期	H64	4						1									5		
	H68	6						8			16						16		
	H91	1			1						2						2		
	H122				2						4						2		
	H123	1			1												3		
	合计	12			4			9			22						28		
	百分比（%）	3.46			1.15			2.59			6.34						8.07		
二期	H67		3			4						4			1			11	
	H105	1	11		4	1						8					1	15	
	H107		3			21			9			4			6			53	
	H118		7			5			4			8		1			1	17	
	H138		2			1						1						5	
	合计	1	26		4	32			13			25		1	7		2	101	
	百分比（%）	0.09	2.42		0.37	2.98			1.21			2.33		0.09	0.65		0.19	9.40	
三期	H10											2							
	H20						3		2			1			2				1
	H22	1	18				8		4			2			10		1		11
	H45											1							
	H109		1		1	1	1												1
	H133		6				1					3						1	4
	H144						2		2										
	合计	1	25		1	1	15		8			9			12		1	1	17
	百分比（%）	0.12	3.19		0.12	0.12	1.91		1.02			1.15			1.53		0.12	0.12	2.17

续表六

单位 \ 型式		盆												钵					
		Ab			B			C			D			A			B		
		Ⅰ	Ⅱ	Ⅲ	Ⅰ	Ⅱ	Ⅲ	Ⅰ	Ⅱ	Ⅲ	Ⅰ	Ⅱ	Ⅲ	Ⅰ	Ⅱ	Ⅲ	Ⅰ	Ⅱ	Ⅲ
一期	H64				3			2			3			11					
	H68	3			1						18			24				1	
	H91	2			1						8			7					
	H122							8			3			6					
	H123				2			3						5					
	合计	5			7			13			32			53				1	
	百分比（%）	1.44			2.02			3.75			9.22			15.27				0.29	
二期	H67		2			7			10			10		5	32			1	
	H105		6			10						16			41			1	
	H107		13			18			4			10		2	45			3	
	H118		5			7		1	4		1	9			23				
	H138					1						3			2				
	合计		26			43		1	18		1	48		7	143			5	
	百分比（%）		2.42			4.00		0.09	1.68		0.09	4.47		0.65	13.31			0.47	
三期	H10														1				
	H20		1						7			2			1				
	H22	1	5			12			33		1	4			37		2		
	H45														2				
	H109		2			3		2				2			3				
	H133		1			1			29		1			1	11				1
	H144					1			3			3			1				
	合计	1	9			17		2	72		2	11		1	56		2		1
	百分比（%）	0.12	1.15			2.17		0.25	9.19		0.25	1.40		0.12	7.15	0.25			0.12

单位	型式	钵 C I	钵 C II	钵 C III	瓮 I	瓮 II	瓮 III	灶 I	灶 II	灶 III	釜 I	釜 II	釜 III	合计
一期	H64	3			3			1						53
	H68	7			17			1						155
	H91							1						46
	H122	5			2									59
	H123	2			3									34
	合计	17			25			3						347
	百分比(%)	4.90			7.20			0.87						100
二期	H67		5		3	3						1		139
	H105	1	29		4	1		1	1		2			302
	H107	2	16		4	31			3		1			389
	H118	1	12		13				1		1			210
	H138		2		1				1					34
	合计	4	64		25	35		1	6		4	1		1074
	百分比(%)	0.37	5.96		2.33	3.26		0.09	0.56		0.37	0.09		100
三期	H10	1					2			1				11
	H20			7			3			1			1	56
	H22			91	1	4	3			8				433
	H45													7
	H109			1	10	1								43
	H133		3	59	4	1	1							187
	H144			5										44
	合计	1	3	163	15	6	9			10			1	783
	百分比(%)	0.12	0.38	20.82	1.91	0.89	1.15			1.27			0.12	100

第二节 庙底沟文化部分小件器物的分类

为后文叙述方便，本报告对泉护村遗址庙底沟文化遗存的部分数量较多的陶器，如陶刀、陶环、陶杯等进行了统一的类型划分，分别介绍如下（图二七）。

陶刀 均系残陶片加工而成。整器平面为长方形或准长方形，部分为梯形。刃部为单面或双面磨制或打制，器身及两侧多经打直或磨光。依其整体形态的不同可分三型。

A型 器身两侧各有一三角形或弧形缺口。

B型 器身中部有一穿孔，多为对钻而成。

C型 器身两侧无缺口，中部亦无穿孔。

陶环 泥质灰、褐陶，打磨较光。根据其形制不同分为四型。

A型 圆环状，素面。

B型 圆环状，外缘有一周圆棱。

C型 环状，多为宽面，外缘为齿轮状或螺旋状。

D型 环状，宽面。

陶杯 多为夹细砂褐陶，素面，绝大部分为手工捏制。可分为五型。

A型 斜腹，底部为花边。

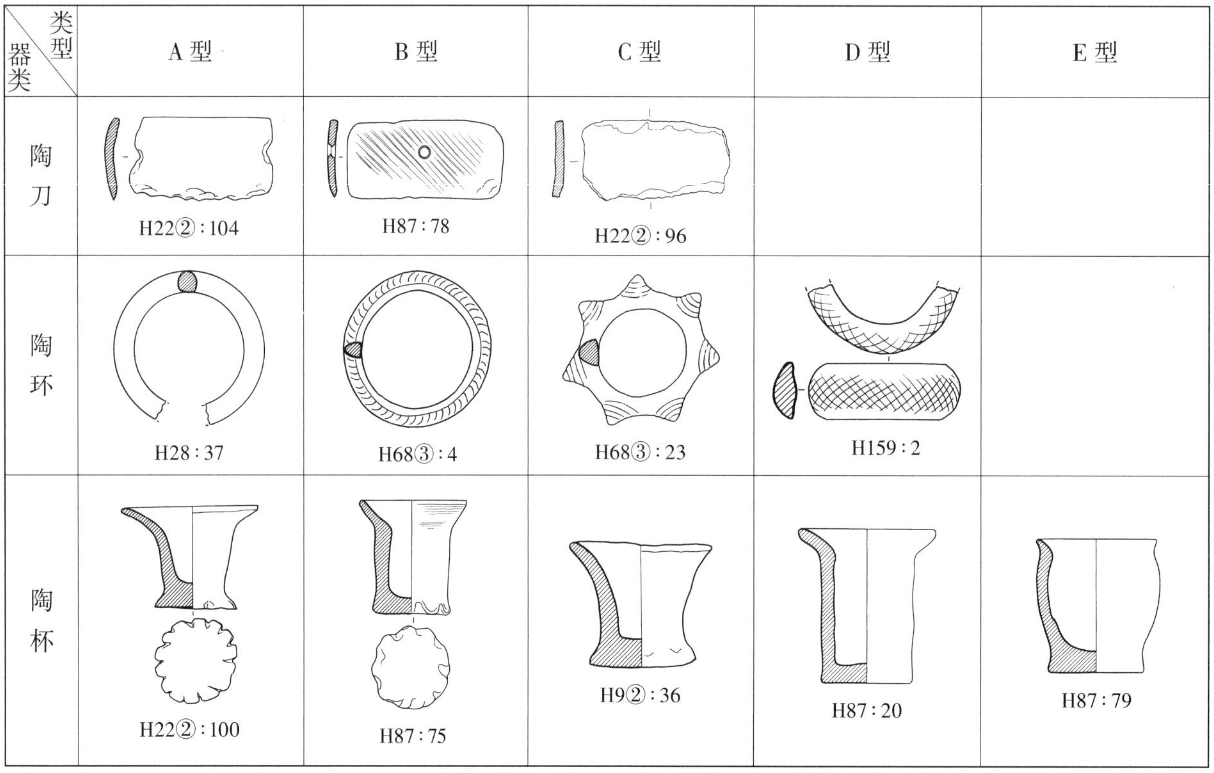

器类＼类型	A 型	B 型	C 型	D 型	E 型
陶刀	H22②：104	H87：78	H22②：96		
陶环	H28：37	H68③：4	H68③：23	H159：2	
陶杯	H22②：100	H87：75	H9②：36	H87：20	H87：79

图二七 陶刀、陶环、陶杯分型图

B型　直腹，底部为花边。

C型　斜腹，底边外凸呈饼足。

D型　直腹，部分底边外凸呈饼足。

E型　鼓腹。

第三节　庙底沟文化一期遗存

泉护村遗址庙底沟文化一期遗存在遗址中的分布比较普遍，这一时期的遗迹主要有H4、H27、H28、H30、H34、H36、H38、H40、H42~H44、H47、H51~H53、H56~H58、H60、H64~H66、H68~H70、H76、H78、H88、H91、H92、H94~H96、H99、H103、H108、H117、H119~H125、H128、H142、H150、H155、H159、H161、H165、H166、H168、H172、Y2、Y3、Z5、Z6等58个单位（附表一、三）。以下介绍部分保存较好、出土物相对较多的单位。

1. H4

位于ⅠT0906中部偏北，一部分延伸到探方外，开口于④层下，北端被一近代路叠压。坑口距地表1.05米。平面为不规则形，坑壁内收，底部较平。坑口长3.66、宽2.04、深1.06米。

坑内堆积可分为两层：

第①层：为疏松的黑色土，厚约0.18~0.8米。包含物较为丰富，出有较多陶片。在该层底部西侧有较多的石块，石块间较集中分布有螺壳、动物骨头等。坑内西壁处集中出土带有烟炱的夹砂陶片。出土动物骨头经鉴定的属种有中华圆田螺、圆顶珠蚌、鱼、猪、獐、绵羊等。

第②层：为较疏松的褐色填土，厚约0.11~0.9米。出土物较少，东侧有一直径约0.9米的红烧土面，其表面不平整，南端两侧有依次下降的类似台阶状的坚实硬面，底部有一层水浸面。该层出土陶片较少，动物骨头经鉴定的属种有中华圆田螺、圆顶珠蚌、蚌、猪、獐等（图二八）。

H4在发掘时根据土质土色的变化分为两层，但在整理时发现两层出土陶器变化不大，均为庙底沟文化一期遗存。陶器主要器形有瓶、钵、罐、盆、器盖等，分别占可辨器形的6.87%、28.24%、34.35%、20.62%、9.16%，陶系及纹饰情况详见表七。该坑除出土大量陶片外，还有陶环、陶纺轮、石环、石斧、石饼等小件器物的出土。以下按质地分别介绍出土物。

（1）陶器

尖底瓶　皆残，均为泥质红陶，

Ⅰ式　器表均饰斜线纹。

标本H4①:49，口径5、残高4.8厘米（图二九，1）。

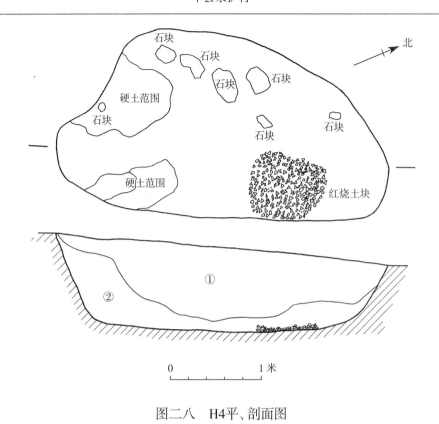

图二八　H4平、剖面图

表七　H4 陶系、纹饰统计表

陶系 纹饰	泥质陶					夹砂陶				合计	百分比 （%）
	红	褐	黄褐	灰	小计	红	黄褐	灰褐	小计		
素面	567	140	78	220	1005	76	28	35	139	1144	41.99
绳纹						500	14	194	708	708	25.99
线纹	94	376	164	38	672					672	24.67
彩陶	198				198					198	7.27
线＋堆纹	1				1					1	0.04
绳＋堆纹									1	1	0.04
合计	860	516	242	258	1876	576	42	230	848	2724	100
百分比（%）	31.57	18.94	8.89	9.47	68.87	21.15	1.54	8.44	31.13		100

标本H4①:81，口径4.2、残高5.2厘米（图二九，2）。

标本H4①:84，口径4、残高6.4厘米（图二九，3）。

Ⅱ式

标本H4②:79，器表饰斜线纹。口部的制法为口包帮，器内较粗糙，可见泥条盘筑痕。

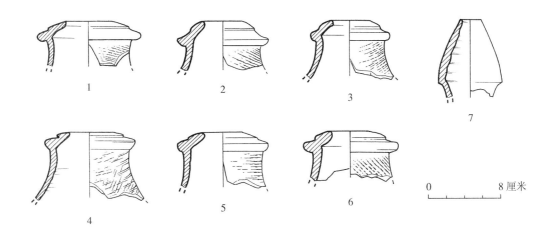

图二九　H4出土陶器

1~3. Ⅰ式尖底瓶（H4①：49、H4①：81、H4①：84）　　4~6. Ⅱ式尖底瓶（H4②：79、H4①：80、H4②：83）　7. B型Ⅰ式葫芦口瓶（H4①：82）

口径5.4、残高7厘米（图二九，4）。

标本H4①：80，颈部饰横向线纹。口径4.5、残高6厘米（图二九，5）。

标本H4②：83，器表饰斜线纹。口径4.7、残高5.4厘米（图二九，6）。

葫芦口瓶　口部残片。

B型Ⅰ式

标本H4①：82，泥质红陶。口内壁显见泥条盘筑痕迹。口径2.4、残高8.2厘米（图二九，7）。

罐　复原4件。

Aa型Ⅰ式　均残。

标本H4①：74，残，夹砂红陶。领下饰有数道弦纹，腹部饰斜绳纹。口径42、残高8.5厘米（图三〇，1）。

Ab型Ⅰ式　复原1件。

标本H4①：30，夹砂红陶。折沿，圆唇，颈部凸棱下有一周用手指捏制留下的指窝纹，肩部饰对称的两个纽扣状附加泥饼，鼓腹，平底。通体饰斜绳纹。器表有烟熏的炱痕，近器底部有明显的刮削痕迹，口部经慢轮修制。口径21.4、腹径26.8、底径12.4、高28厘米（图三〇，7；彩版七，1）。

标本H4①：73，残，夹砂黄褐陶。器表饰粗疏的斜绳纹。口径11、残高5.6厘米（图三〇，5）。

标本H4①：76，残，夹砂红陶。器表饰交错绳纹。口径30、残高10厘米（图三〇，4）。

标本H4②：85，残，夹砂红陶。腹部饰稀疏的斜绳纹。口径19.2、残高8.2厘米（图三〇，9）。

图三〇　H4出土陶罐

1. Aa型Ⅰ式罐（H4①:74）　　2、6. C型Ⅰ式罐（H4①:34、H4①:19）　　3. 深腹罐（H4①:33）　　4、5、7、9. Ab型Ⅰ式罐（H4①:76、H4①:73、H4①:30、H4②:85）　　8、10. B型Ⅰ式罐（H4①:70、H4①:13）

B型Ⅰ式　复原1件。

标本H4①：13，夹砂红陶。近直口，尖唇，沿内一周内凹，沿外中部有一周浅凹槽，上腹部较直，略外斜，下腹内收，小平底。颈下饰有三个三等分纽扣状附加泥饼，上腹通饰平行弦纹，上腹与下腹交接处饰一周篦点状纹，下腹素面。该器物器身较瘦高，腹部较深，口沿内外显见慢轮修整的痕迹，下腹有明显的刮修痕迹。口径19.8、腹径19.2、底径9.4、高31厘米（图三〇，10；彩版七，2）。

标本H4①：70，残，夹砂红陶。器表饰较粗疏的斜绳纹。沿外、颈下及器内抹光。口径17.6、残高7.6厘米（图三〇，8）。

C型Ⅰ式　复原2件。

标本H4①：19，泥质黑灰陶。圆唇，矮颈，颈内一周微内弧，圆鼓腹，下腹部呈反弧状内收，平底。素面。口部有慢轮修制的痕迹，器表经刮修，器底有使用的磨痕。口径20、腹径30、底径14.2、高21.8厘米（图三〇，6；图版四，2）。

标本H4①：34，泥质红陶。圆唇，颈内一周内弧，颈下有一周小凸棱，圆鼓腹，平底。素面。颈部及器内抹光，器底有使用的磨痕。口径19.2、腹径31.8、底径13.4、高28.6厘米（图三〇，2；图版四，1）。

深腹罐　复原1件。

标本H4①：33，夹砂红陶。直口微敛，圆唇，沿外有一周凸棱，沿内有一周弧形凹槽，深鼓腹，腹略下垂，底中部微内凹。通体饰斜绳纹。口沿内外有慢轮修制的痕迹，器表下半部抹泥以加固陶器。口径38、腹径51.2、底径17.6、高69厘米（图三〇，3；图版四，3）。

盆　复原3件。

Aa型Ⅰ式　复原1件。

标本H4①：20，泥质红陶。圆唇外卷，腹上部略鼓，下部内收，小平底，底中部微内凹。器表通饰橘红色陶衣，上腹部以黑彩绘有由弧形三角、圆点等组成的图案，笔锋清晰可见，沿面由弧形三角和柳叶状纹构成。从口沿和器上腹部的彩陶图案观察，其构图均系三分法。陶器的底部因长期使用磨出灰色陶胎。口径40、底径12、高15.5厘米（图三一，9；彩版七，3）。

标本H4②：50，残，泥质陶，器表为红色，器内为黄褐色。沿面内侧有一周黑彩，外侧有柳叶状黑彩。口径39.8、残高6.6厘米（图三一，8）。

标本H4①：53，残，泥质红陶。沿面外侧以黑彩绘有柳叶状纹，内侧绘有一周彩带纹，器表绘有圆点纹、"勹"字形纹。口径36、残高6.4厘米（图三一，1）。

B型Ⅰ式　复原1件。

标本H4①：3，残。泥质红陶。唇沿饰有一周黑彩，器表以黑彩绘有圆点纹、弧三角纹等纹饰。口径24、残高10.4厘米（图三一，7）。

标本H4①：32，泥质红陶。敛口，圆唇，上腹外鼓，下腹略呈反弧状内收，凹底。素面。器表经磨光，器底有使用的磨痕。口径24.6、底径8.2、高14.2厘米（图三一，6；彩版

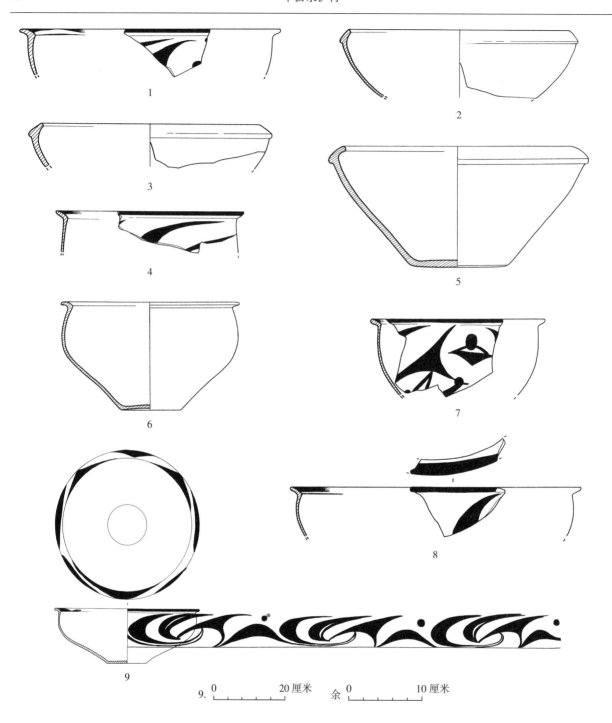

9. ┣━━━━━━━┫ 20厘米   余 ┣━━━━━━━┫ 10厘米
   0   0

图三一 H4出土陶盆

1、8、9. Aa型Ⅰ式（H4①：53、H4②：50、H4①：20） 2. C型Ⅰ式（H4②：77） 3、5. D型Ⅰ式（H4①：66、H4①：29）
4、6、7. B型Ⅰ式（H4①：52、H4①：32、H4①：3）

七，4）。

标本H4①：52，残。泥质红陶。唇沿有一周黑彩带，器表以黑彩绘有"勿"字形纹饰。口径26、残高5.6厘米（图三一，4）。

C型Ⅰ式　均残。

标本H4②：77，泥质褐陶。素面。口径30、残高9厘米（图三一，2）。

D型Ⅰ式　复原1件。

标本H4①：29，泥质红陶。敛口，叠唇，腹部斜收，平底。素面。口部及器表有明显的刮修痕迹，器底有使用的磨痕。口径31、底径13、高16厘米（图三一，5；图版四，5）。

标本H4①：66，残，泥质红陶。素面。口径30、残高5.8厘米（图三一，3）。

钵　复原8件。

A型Ⅰ式　复原3件。

标本H4①：24，泥质陶，红顶，灰褐色腹。口微敞，圆唇，腹部斜收，平底。素面。器表经磨光。口径21.8、底径7.2、高5.8厘米（图三二，2；图版五，1）。

标本H4①：25，泥质陶，黄褐色顶，灰褐色腹。口微敞，圆唇，腹部斜收，凹底。素面。器表有明显的刮修痕迹。口径18.8、底径5.2、高5.3厘米（图三二，10；图版五，2）。

标本H4①：26，残，泥质红陶。唇沿面饰有一周黑彩，器顶以黑彩绘有圆点、垂弧、勾连、竖线等图案，使空白处地纹形成四组弯角状纹饰，即所谓的"西阴纹"。弯角皆宽头在左，尖角在右，按逆时针方向排列。口径16.8、残高4.6厘米（图三二，13；图版五，3）。

标本H4①：35，泥质红陶。敞口，圆唇，腹部斜收，底微凹。素面。器表有明显的刮修痕迹。口径18.8、底径7、高5.3厘米（图三二，4）。

标本H4①：51，残，泥质红陶。唇沿饰有一周黑彩，器表上腹以黑彩绘有由圆点、双斜线及弧形三角等构成的图案。口径29.8、残高4.7厘米（图三二，5）。

标本H4①：56，残，泥质红陶。素面。口径30、残高7厘米（图三二，3）。

标本H4①：63，残，泥质红陶。素面。口径34、残高6.6厘米（图三二，1）。

B型Ⅰ式　复原1件。

标本H4①：31，泥质陶，顶部有红衣，下腹褐色。直口，圆唇，曲腹，凹底。素面。器表较为光滑。口径17.8、底径6.9、高8.8厘米（图三二，7；图版四，4）。

C型Ⅰ式　复原4件。

标本H4②：18，泥质红陶。素面。口径15.6、底径5.4、高6.8厘米（图三二，11；彩版七，5）。

标本H4①：22，泥质红陶。素面。口径18、底径6.4、高7.8厘米（图三二，6）。

标本H4①：27，泥质陶，红顶，腹部逐渐过渡为褐色。口径19、底径6.2、高7.3厘米（图三二，15；图版五，4）。

标本H4①：28，泥质陶，黄褐色顶，褐色腹。口径17、底径5.4、高7.4厘米（图三二，16）。

标本H4①：64，残，泥质红陶。素面。口径13、残高6厘米（图三二，8）。

标本H4①：67，残，泥质黄褐陶。素面。口径18、残高6厘米（图三二，14）。

标本H4①：68，残，泥质灰陶。素面。口径16、残高6.8厘米（图三二，12）。

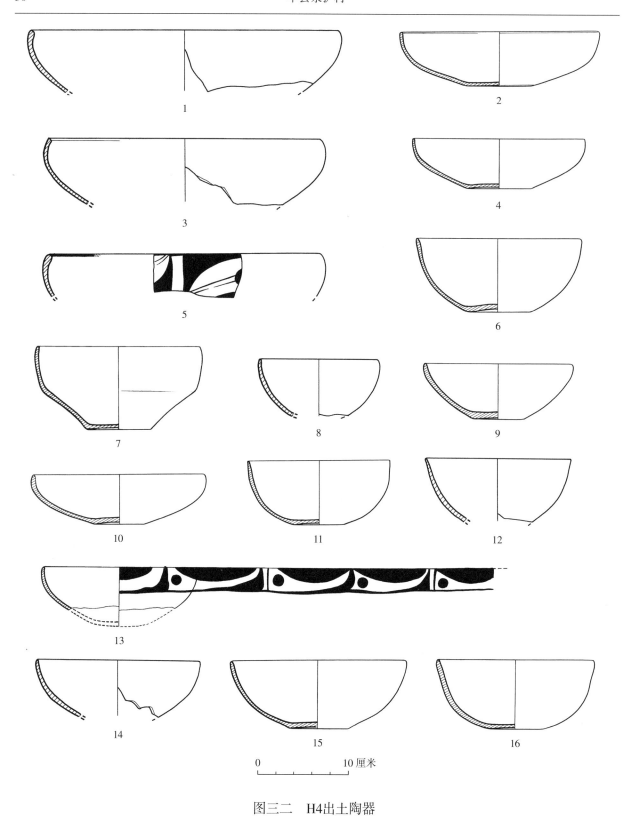

图三二　H4出土陶器

1~5、10、13. A型I式钵（H4①：63、H4①：24、H4①：56、H4①：35、H4①：51、H4①：25、H4①：26）　6、8、11、
12、14~16. C型I式钵（H4①：22、H4①：64、H4②：18、H4①：68、H4①：67、H4①：27、H4①：28）　7. B型I式钵
（H4①：31）　9. 碗（H4①：14）

碗　复原1件。

标本H4①：14，泥质红陶。敞口，圆唇，斜腹，底微凹。素面。器表显见刮修痕迹，器底有使用的磨痕。口径16.2、底径5.2、高5.9厘米（图三二，9；彩版七，6）。

器盖　均残。

Aa型Ⅰ式

标本H4①：21，夹砂灰褐陶。素面。器顶较平，在其中央有两个为镶嵌安装提柄的长方形小孔。口径24.7、残高6.6厘米（图三三，3；图版五，5）。

Ab型Ⅱ式

标本H4①：23，夹砂灰褐陶。素面。口径28.8、残高8厘米（图三三，1）。

标本H4①：71，夹砂灰褐陶。器表隐约可见稀疏的斜绳纹。口径34、残高6厘米（图三三，2）。

陶杯　2件，口部均残缺。素面。

D型

标本H4②：54，泥质红陶。底径3.7~3.9、残高6厘米（图三四，16）。

E型

标本H4②：55，泥质灰褐陶。鼓腹下垂。底径3.5、残高5.2厘米（图三四，15）。

陶刀　6件，均残（表八）。

B型

标本H4①：41，系泥质红陶片加工而成。残长4.8、宽3.1厘米（图三四，17）。

标本H4②：43，系泥质线纹红陶片加工而成。平面大体呈圆角梯形。残长4、宽4.5厘米（图三四，14）。

C型

标本H4①：40，系泥质线纹红陶片加工而成。刃部双面磨制，较为锋利。残长3.4、宽4厘米（图三四，7）。

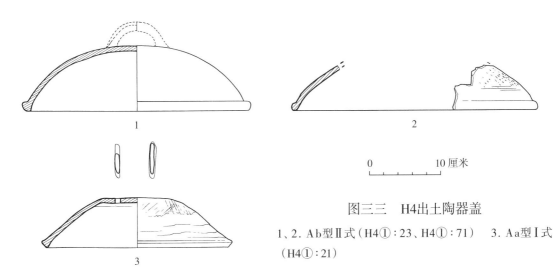

图三三　H4出土陶器盖

1、2. Ab型Ⅱ式（H4①：23、H4①：71）　3. Aa型Ⅰ式（H4①：21）

表八　H4陶刀统计表（6件）

编号	形　状			尺寸（厘米）	备注
	A型	B型（2）	C型（4）	长×宽	
H4①：39			√	7.4×4.8	
H4①：40			√	残长3.4×4	
H4①：41		√		残长4.8×3.1	
H4①：42			√	残长5.5×（4.5~5）	背面中部有凹槽
H4②：43		√		残长4×4.5	
H4②：62			√	8×4.2	

标本H4①：42，系泥质线纹红陶片加工而成。弧刃，背面中部有一柳叶状凹槽。残长5.5、宽4.5~5厘米（图三四，5）。

标本H4②：62，系泥质线纹红陶片加工而成。平面形状为圆角长方形，一侧有较为锋利的刃口。顶部及两侧磨光。长8、宽4.2厘米（图三四，8；图版九，1）。

陶环　28件，均残（表九）。

A型

标本H4②：48，泥质灰陶。截面近等腰三角形。内径3.5、外径4.7、厚0.6厘米（图三四，3）。

B型　外侧一周有圆棱。

标本H4①：46，泥质浅褐陶。内径4.2、外径5.5、厚0.6厘米（图三四，2）。

标本H4②：47，泥质灰陶。内径3.8、外径5.4、厚0.6厘米（图三四，1）。

C型

标本H4①：45，泥质灰陶。齿轮状，断面近半圆形，乳突截面呈等腰三角形。内径4、外径8、厚1.1厘米（图三四，4）。

标本H4①：57，泥质灰陶。螺旋状，器表一周有绳索状斜向凸棱。手工捏制。内径5、外径7、厚2厘米（图三四，10）。

D型　数量较少。

标本H4①：5，质硬，灰白色，似高岭土制成。体宽，两面向内倾斜，断面呈梯形。内径3.8、外径5.1、宽1.4~1.6厘米（图三四，9）。

圆陶片　4件，3件完整。系残陶片加工而成，平面近圆形。

标本H4①：39，系泥质彩陶片加工而成。断面单面打制。直径7、厚0.5厘米（图三四，12）。

标本H4②：60，泥质红陶，为陶器器底加工而成。周壁断面磨光。直径5.5、厚0.4厘米（图三四，6）。

舌状陶片　1件，极少。

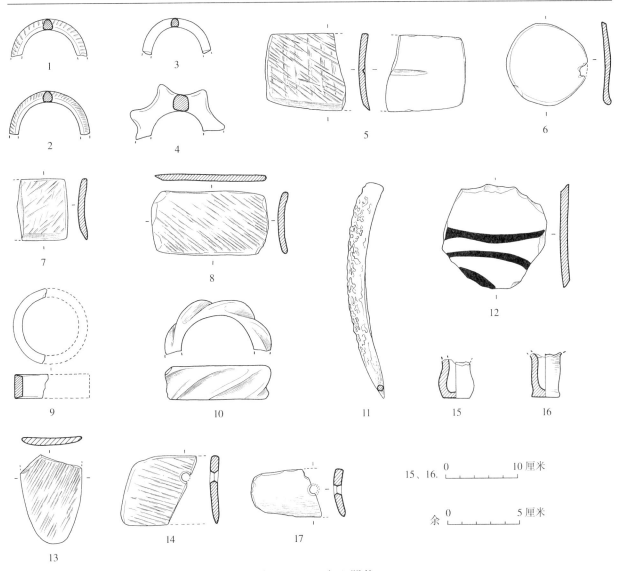

图三四　H4出土器物

1、2. B型陶环（H4②：47、H4①：46）　　3. A型陶环（H4②：48）　　4、10. C型陶环（H4①：45、H4①：57）　　5、7、8. C型陶刀（H4①：42、H4①：40、H4②：62）　　6、12. 圆陶片（H4②：60、H4①：39）　　9. D型陶环（H4①：5）　　11. 角锥（H4①：1）　　13. 舌状陶片（H4②：61）　　14、17. B型陶刀（H4②：43、H4①：41）　　15. E型陶杯（H4②：55）　　16. D型陶杯（H4②：54）

　　标本H4②：61，系夹细砂线纹尖底瓶残陶片加工而成。平面呈舌状，一端残缺，周壁磨光。残长5.8、宽4.2、厚0.5厘米（图三四，13）。

　　（2）石器

　　石饼　1件，完整。

　　标本H4①：58，系云母（石英）片岩加工而成。平面近圆角方形。边缘较钝，断面磨光，两面未经磨制。边长11.2~11.7、厚2.1厘米（图三五，1）。

　　环石　1件。在圆形石片中部对钻一孔。

表九　H4 陶环统计表（28 件）

编号	形　状				尺寸（厘米）	保存状况	备注
	A 型（13）	B 型（12）	C 型（2）	D 型（1）	内径 × 外径 × 厚		
H4 ①：5				√	3.8×5.1×（1.4~1.6）	残	
H4 ①：45			√		4×8×1.1	残	齿轮状
H4 ①：46		√			4.2×5.5×0.6	残	
H4 ②：47		√			3.8×5.4×0.6	残	
H4 ②：48	√				3.5×4.7×0.6	残	
H4 ①：57			√		5×7×2	残	螺旋状
H4 ②：88	√				4×5.8×1	残	
H4 ①：89	√				6×7.8×1.2	残	
H4 ②：90	√				6×7×0.9	残	
H4 ②：91	√				6.6×8.2×1	残	
H4 ①：92	√				5×6.4×0.7	残	
H4 ①：93	√				6×7.6×1.15	残	
H4 ②：94	√				6×7.6×0.9	残	
H4 ②：95	√				6×8.4×1.8	残	
H4 ①：96	√				6.6×8.2×1	残	
H4 ②：97	√				6.8×8.4×1.6	残	
H4 ②：98	√				6×7.6×0.65	残	
H4 ②：99	√				4×5.4×0.8	残	
H4 ①：100		√			3.8×5.2×0.6	残	
H4 ②：101		√			5.8×7×0.65	残	
H4 ①：102		√			4.8×6×0.55	残	
H4 ②：103		√			4×5.2×0.6	残	
H4 ①：104		√			5×6.4×0.7	残	
H4 ②：105		√			4.8×6×0.6	残	
H4 ②：106		√			4×5.2×0.6	残	
H4 ②：107		√			6×7.2×0.8	残	
H4 ②：108		√			4×5×0.75	残	
H4 ①：109		√			5×6.2×0.6	残	

　　标本 H4①：59，残，系斜长角闪片麻岩加工而成。整器较为厚重，外轮一周圆钝，双面打制，中部一孔为对钻而成。外径 14、内径 2.5~5.5、厚 3.4 厘米（图三五，3；图版九，2）。

　　石铲　1件，完整。

　　标本 H4①：36，系黑云斜长片岩加工而成。平面形状大体呈长方形，平顶，弧刃较钝。

器身较薄，通体未经打磨，较为粗糙。长4.5、宽2.6~3.2、厚0.5厘米（图三五，4）。

石斧 3件，1件完整。平面呈长方形。

标本H4①：2，系角闪斜长片麻岩制成，顶部及两侧残缺。弧刃。正面磨光，背面保留石块剥落的原状。残长9、残宽7、厚2.6厘米（图三五，2）。

标本H4①：4，系斜长角闪片岩制成。一面保留石块的原始面，一面保留石块剥落的原状。弧刃，两侧及顶部未经打磨。长6.3、宽5.7、厚2厘米（图三五，8）。

标本H4①：8，系变安山岩加工而成。刃部较钝。通体磨光。残长5.7、残宽3.9厘米（图三五，6）。

石锛 1件，完整。

标本H4①：37，系闪长岩打制而成。平面形状呈不规则形。刃部单面磨光，较为锋利。

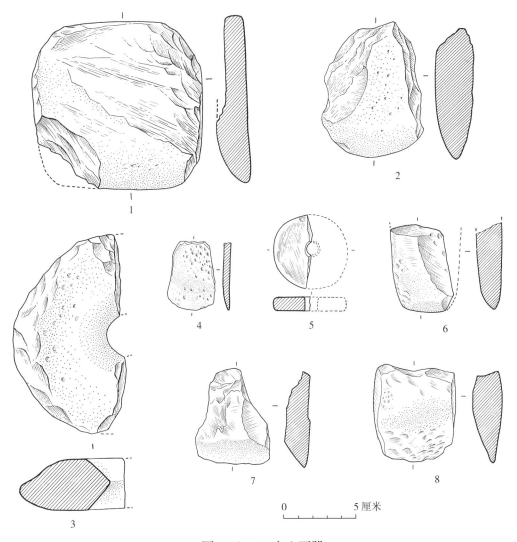

图三五 H4出土石器

1. 石饼（H4①：58） 2、6、8. 石斧（H4①：2、H4①：8、H4①：4） 3. 环石（H4①：59） 4. 石铲
（H4①：36） 5. 石纺轮（H4①：38） 7. 石锛（H4①：37）

长6.3、宽2.3~5.1、厚1.3~1.7厘米（图三五，7）。

石纺轮　1件，残。

标本H4①：38，系辉石岩加工而成。一半残缺。平面呈圆形，中部钻有一小圆孔。通体磨光。直径5、孔径1、厚1厘米（图三五，5）。

（3）角器

角锥　1件，完整。

标本H4①：1，系鹿角加工而成。器身弯曲呈弧状，横断面为三角形。锋部圆尖、锐利，末端平齐。长14.4厘米（图三四，11）。

2. H28

位于ⅡT1701中部，开口于②层下，被M5打破，并打破H56、H65及生土层。坑口距地表0.9米。平面形状呈椭圆形，直壁，平底。口径3.54~4.16、深2.1米。坑内填疏松的灰色土，堆积由南向北呈坡状，包含物极丰富，内夹杂有黑色小炭粒及动物骨头等，出土有较多的陶片以及陶纺轮、陶环、陶刀、石斧、石球、石刀、骨锥、骨笄等小件器物。可辨别的动物属种有中华圆田螺、圆顶珠蚌、蚌、猪、小猪、獐、梅花鹿、马鹿等（图三六；彩版五，1；图版一，1）。

另外，在坑内西部、距地表2.05米处出现一长约2.15、宽约1.2~2.2米的红褐色硬面，此硬面呈坡状分布，硬面上下土色相同，均为灰土。

H28出土陶器主要有瓶、罐、盆、钵、瓮、盂、灶、釜、器盖等，分别占可辨器形的12.70%、20.27%、29.73%、27.03%、5.41%、0.54%、0.27%、0.27%、3.78%。陶系及纹饰情况见表一〇。以下按质地分别介绍出土物。

（1）陶器

尖底瓶　均残。

Ⅱ式

标本H28：44，泥质红陶。颈部饰

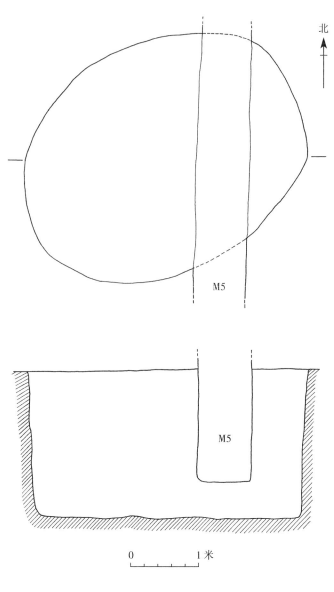

图三六　H28平、剖面图

表一〇　H28 陶系、纹饰统计表

陶系\纹饰	泥质陶					夹砂陶				合计	百分比（%）
	红	黄褐	褐	灰	小计	红	褐	灰褐	小计		
素面	461	115	175	322	1073	37	24	127	188	1261	37.65
绳纹						589			589	589	17.59
线纹	638	167	208	96	1109					1109	33.11
彩陶	343				343					343	10.24
弦纹						3		8	11	11	0.33
绳＋弦纹						12	9		21	21	0.63
弦＋篦点纹								15	15	15	0.45
合计	1442	282	383	418	2525	641	33	150	824	3349	100
百分比（%）	43.06	8.42	11.44	12.48	75.40	19.14	0.98	4.48	24.60	100	

斜线纹，肩部饰交错线纹。口径4.5、残高11厘米（图三七，7）。

罐　复原2件。

Aa型Ⅰ式　复原1件。

标本H28∶26，夹砂褐陶。敞口，圆唇，沿内有一周凹槽，腹微鼓，平底。颈部有一周手指按压的指窝纹，腹部通饰斜绳纹，器表偏上饰有对称的两鸡冠状鋬。口沿内外明显可见慢轮修制的痕迹。口径19、底径13、高22.5厘米（图三七，3；图版六，1）。

标本H28∶46，残，夹砂红陶。肩部刻划有四~五道平行弦纹，并饰有三等分两个一组的纽扣状附加泥饼。口径30.2、残高23.2厘米（图三七，4）。

标本H28∶152，残，夹砂红陶。肩部残留有两个一组的纽扣状附加泥饼，颈下饰数周平行弦纹，腹部饰稀疏斜绳纹。口径40.2、腹径46.6、残高14.6厘米（图三七，1）。

Ab型Ⅰ式　均残。

标本H28∶150，残，夹砂褐陶，略泛黄。器表饰斜绳纹。口径16.2、腹径19.6、残高15厘米（图三七，2）。

B型Ⅰ式　均残。

标本H28∶151，夹砂灰褐陶。腹部残留有四个一组的竖排纽扣状附加泥饼，上腹部饰整齐的平行弦纹，纹痕较深，上腹部与下腹部交接处饰有一周篦点状戳刺纹。口径17、残高14厘米（图三七，6）。

E型Ⅰ式　复原1件。

标本H28∶24，泥质红陶。敞口，圆唇，沿面微鼓，沿内有一周凸棱，领部内收，领腹交接处刮抹有一周凹槽，槽中留有指甲状压印痕，腹部微鼓，腹部偏上饰有对称的两鸡冠状鋬，下腹部斜收，平底。素面。口沿内外、颈部及器内显见慢轮修制的痕迹，器表上部有明显的纵向刮修痕迹，器底有使用留下的磨痕。该器烧制变形。口径26.1、底径14.6、高28厘米

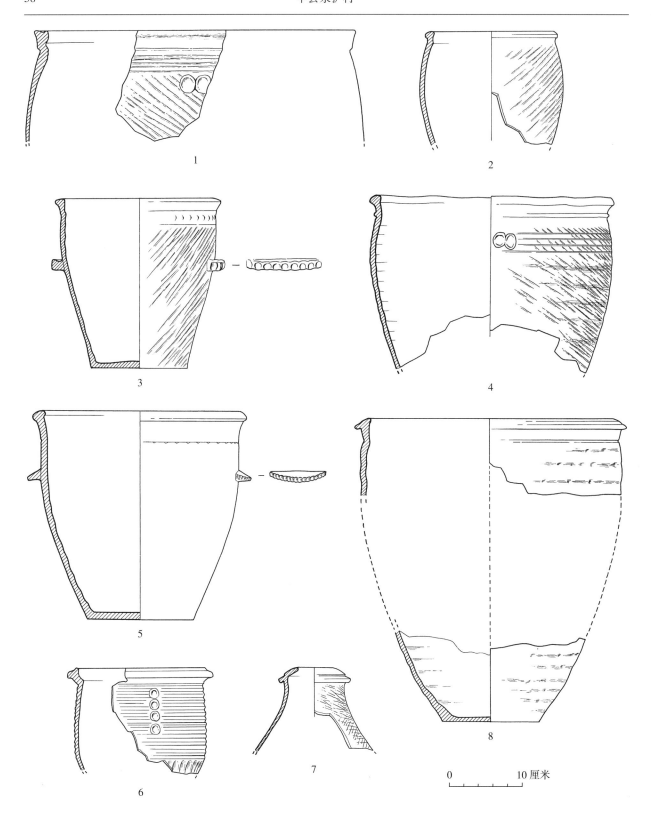

图三七　H28出土陶器

1、3、4. Aa型Ⅰ式罐（H28：152、H28：26、H28：46）　2. Ab型Ⅰ式罐（H28：150）　5、8. E型Ⅰ式罐（H28：24、H28：156）
6. B型Ⅰ式罐（H28：151）　7. Ⅱ式尖底瓶（H28：44）

（图三七，5；图版六，2）。

标本H28：156，残，泥质褐陶。器表饰斜绳纹。器内外有明显的泥条盘筑痕迹。口径33、底径13.2、高约40.2厘米（图三七，8）。

标本H28：157，残，泥质红陶。器表通饰斜线纹，并在其上留有斜向粗绳索状压印痕迹。口径30、残高12厘米（图三八，1）。

侈口罐　残片。

标本H28：40，泥质陶，器表饰红衣。沿外撇，圆唇，圆肩，鼓腹。素面。器表磨光。口径8.5、残高5厘米（图三八，2）。

盆　复原5件。

Aa型Ⅰ式　复原3件。

标本H28：28，泥质红陶。敛口，卷沿，曲腹，底部微凹。唇部饰有一周黑彩，沿面以黑彩绘有弧三角纹和柳叶状纹，或两个柳叶夹一个弧线三角，或两个弧线三角夹两个柳叶，使整个构图明显形成三分的特点，上腹部以黑彩绘有圆点纹、弧形三角纹、涡纹等，从构图上看似乎也有三分的特点，在整个图案的下部以带状纹绕器一周。口径37.5、底径11.5、高16.6~17.2厘米（图三九，3；彩版八，1）。

标本H28：29，泥质陶，红顶，暗红色腹。敛口，唇沿外卷，圆唇，扁腹微曲，小平底。唇沿一周饰黑彩，沿面及器腹部彩绘图案亦由弧形三角、柳叶、圆点及涡纹等构成，内容与特征基本和H28：28一致，下腹部以黑彩条带纹绕器一周连接各图案。该器容积较大。口径38.5、底径14、高15.9厘米（图四〇，1；彩版八，2）。

标本H28：30，泥质陶，红顶，黄褐色腹。敛口，圆唇，唇沿外卷，腹部微曲，凹底。沿面以黑彩绘有由两组对称的三角纹和柳叶状纹饰构成的图案，唇部饰一周黑彩，下腹部用黑彩带纹绕器一周，与唇部黑彩构成一组平行线，间以黑彩绘有由圆点、弧三角及柳叶状纹等组成的三组图案。该器部分图案残缺。口径37、底径10.6、高16.4厘米（图三九，1；彩版八，3）。

标本H28：43，残，泥质褐陶。唇部饰一周黑彩，器表以黑彩绘有弧三角纹等。口径33、残高8厘米（图三九，2）。

标本H28：149，残，泥质陶，红顶，黄褐色腹。敛口，圆唇外卷，弧腹内收。唇部饰有一周黑彩，沿面以黑彩绘有柳叶状弧形纹、弧形三角纹，器表以黑彩绘有由圆点、弧形三角、涡纹、斜线等组成的图案。口径38、残高11.6厘米（图三九，4）。

D型Ⅰ式　复原2件。

标本H28：25，泥质红陶。素面。口径32.6、底径11、高14.6厘米（图四〇，3）。

标本H28：31，泥质红陶。弧腹内收，上腹部饰有对称的两鸡冠状錾，平底。素面。底部

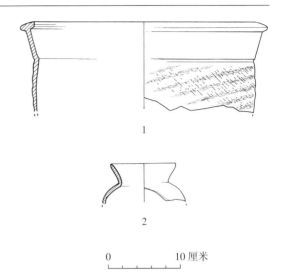

图三八　H28出土陶器
1. E型Ⅰ式罐（H28：157）　2. 侈口罐（H28：40）

图三九 H28出土Aa型 I 式陶盆

1. H28∶30 2. H28∶43 3. H28∶28 4. H28∶149

20厘米

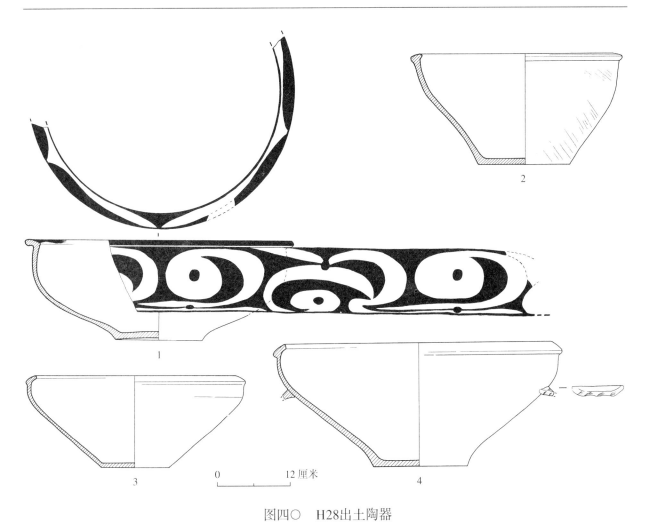

图四〇　H28出土陶器

1. Aa型Ⅰ式盆（H28∶29）　2. 直口盆（H28∶23）　3、4. D型Ⅰ式盆（H28∶25、H28∶31）

有使用的磨痕。口径44、底径15.4、高19.6厘米（图四〇，4；图版六，4）。

直口盆　复原1件。

标本H28∶23，泥质红陶。直口微敛，宽圆唇，腹部斜收，下腹部略内凹，平底。素面。整器口部与底部不同心，向一边偏斜。沿面及器内抹光，器表显见斜向刮削痕迹，器底有使用的磨痕。口径30.5~31、底径15.5、高17.5厘米（图四〇，2；图版六，3）。

钵　复原2件。

A型Ⅰ式　复原2件。

标本H28∶27，泥质陶，黄褐色顶，红色腹。敛口，圆唇，弧腹斜收，凹底。唇部饰一周黑彩，器顶以黑彩绘有圆点纹等，现仅残留一个。器底有使用的磨痕。口径30、底径13、高10.2厘米（图四一，1）。

标本H28∶20，泥质陶，红顶，黄褐色腹。敛口，圆唇，弧腹内收，平底内凹。素面。唇沿饰一周黑彩。器表经刮修，较为光滑，底部有使用的磨痕。口径31.6、底径13.6、高10.2厘米（图四一，2；图版五，7）。

B型Ⅰ式　均残。

标本H28：39，泥质陶，器表饰红衣。唇饰黑彩，器顶以黑彩绘有由圆点、弧形三角等纹饰组成的图案，仅剩残片，构图不详。口径17.8、残高5.2厘米（图四一，4）。

C型Ⅰ式　复原2件。

标本H28：12，泥质红陶，泛黄。口微敞，圆唇，弧腹斜收，凹底。素面。器表及器内

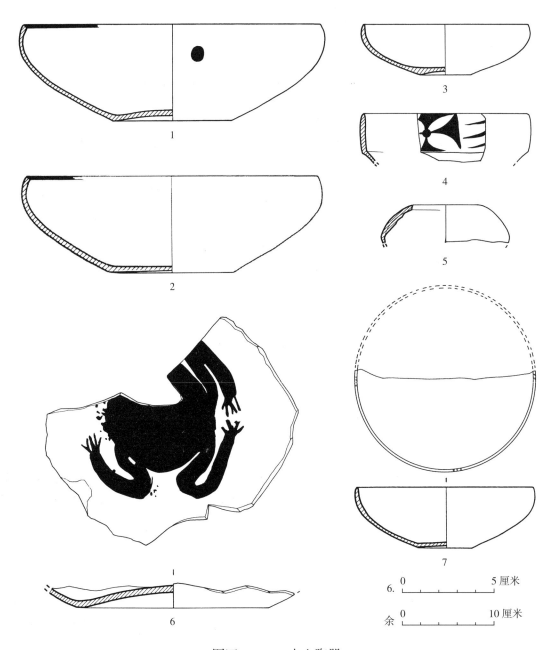

图四一　H28出土陶器

1、2. A型Ⅰ式钵（H28：27、H28：20）　　3、7. C型Ⅰ式钵（H28：19、H28：12）　　4. B型Ⅰ式钵（H28：39）

5. 盂（H28：41）　　6. 蛙纹彩陶片（H28：32）

均见横向刮修痕迹，器底有使用的磨痕。口径19、底径6.5、高6.3厘米（图四一，7；图版五，6）。

标本H28：19，泥质红陶。口微敞近直，尖圆唇，弧腹斜纹，底内凹。素面。口径17.7、底径6.1、高5.4厘米（图四一，3；图版五，8）。

瓮　均残。

Ⅰ式

标本H28：154，泥质灰陶。素面。口径46.6、腹径56、残高8.2厘米（图四二，1）。

叠唇瓮　均残。

标本H28：155，夹细砂红陶。敛口，沿面外斜，叠唇，腹部圆鼓。上腹部饰数周平行弦纹，纹痕较深，下腹部饰稀疏斜线纹。口径44、腹径50.2、残高10.1厘米（图四二，2）。

盂　均残。

标本H28：41，泥质灰陶。敛口，方唇，鼓腹。素面。器表饰黑灰色陶衣，磨光，器内残留有红色颜料痕迹。口径7.2、残高4厘米（图四一，5）。

蛙纹彩陶片

标本H28：32，泥质红陶。应为盆的底部残片，底向内凹，在底内侧中央以黑彩绘一蛙，形象生动，似欲跳跃，图案略有残缺。底径10.6厘米（图四一，6；彩版八，4）。

器盖　复原2件。

Ab型Ⅰ式　复原1件。

标本H28：21，夹砂红陶。形如覆钵，敞口，圆唇，唇面略内凹，桥状提柄。素面。器表经刮修，唇沿内外抹光。口径18.5、高11厘米（图四三，3；彩版一〇，1）。

标本H28：22，残，夹砂褐陶。口径30.8、残高11.2厘米（图四三，2）。

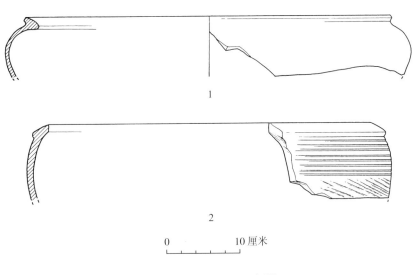

图四二　H28出土陶器

1. Ⅰ式瓮（H28：154）　　2. 叠唇瓮（H28：155）

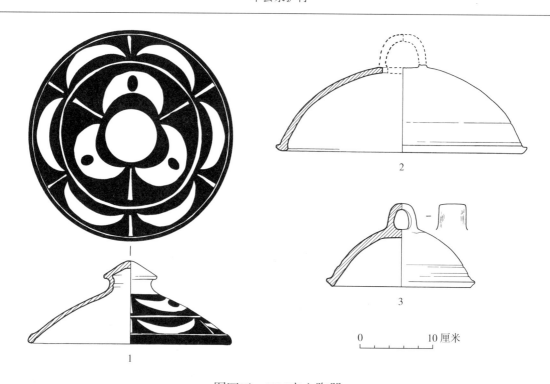

图四三　H28出土陶器

1. B型Ⅰ式器盖（H28：158）　2、3. Ab型Ⅰ式器盖（H28：22、H28：21）

B型Ⅰ式　复原1件。

标本H28：158，泥质红陶。形如覆钵状，敞口，圆唇，蘑菇状提柄。唇沿饰一周黑彩，器表以黑彩绘有三等分图案，纹饰有圆点、连弧、相对弧三角等纹样，其阴纹似一盛开的花朵。该器器表磨光，器内显见慢轮修整的痕迹。口径27.2、高11.2厘米（图四三，1；彩版九）。

陶刀　7件，均残（表一一）。

B型

标本H28：33，系泥质线纹灰陶片加工而成。刃部单面磨制。残长7、宽4.7厘米（图四四，8）。

陶纺轮　3件，完整。

标本H28：9，泥质红陶。圆台状，平底，中部有一穿孔。器表饰纵横交错的刻划纹。底径4.4、厚2.6厘米（图四四，1；彩版一三，1）。

标本H28：14，夹砂褐陶。扁平圆形，中部微鼓。外缘一周刻划成花边，中部有一穿孔。直径4.9、厚1.8厘米（图四四，3）。

标本H28：38，泥质褐陶。圆台状，凹底，中部有一圆形穿孔。近底部饰有一周指窝状花边。底径6、厚2.9厘米（图四四，9）。

陶环　93件，均残（表一二）。

A型

表一一　H28 陶刀统计表（7件）

编号	形状			尺寸（厘米）	备注
	A 型	B 型（5）	C 型（2）	长 × 宽	
H28：33		√		残长 7×4.7	
H28：135		√		残长 5.7×4.4	
H28：136		√		残长 4.1×4.1	
H28：137		√		残长 3.4×4.1	
H28：138		√		残长 2.6×4.2	
H28：139			√	5.3×4	
H28：140			√	5.6×3.55	无刃

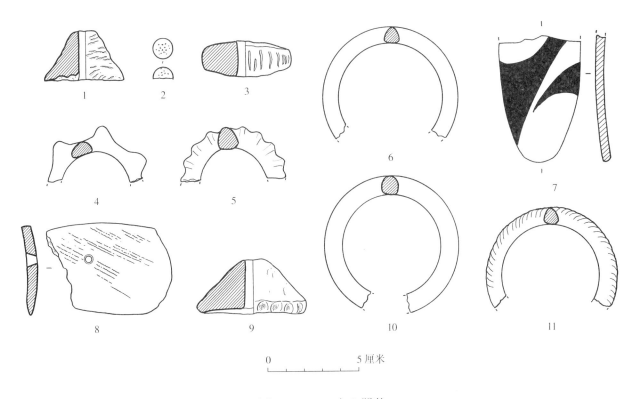

0　　　　　　　5厘米

图四四　H28出土器物

1、3、9. 陶纺轮（H28：9、H28：14、H28：38）　2. 陶珠（H28：5）　4、5. C型陶环（H28：35、H28：34）　6、10. A型陶环（H28：36、H28：37）　7. 舌状陶片（H28：141）　8. B型陶刀（H28：33）　11. B型陶环（H28：13）

标本H28：36，泥质灰陶。内径5.7、外径7.2、厚0.75厘米（图四四，6；图版九，6）。

标本H28：37，泥质灰陶。内径5.4、外径7.5、厚1.05厘米（图四四，10；图版九，6）。

B型

标本H28：13，泥质灰陶。内径5.6、外径7.2、厚0.8厘米（图四四，11；图版九，6）。

C型

表一二　H28 陶环统计表（93 件）

编号	形状				尺寸（厘米）	保存状况	备注
	A 型（61）	B 型（22）	C 型（9）	D 型（1）	内径 × 外径 × 厚		
H28：13		√			5.6×7.2×0.8	残	
H28：34			√		3.6×5.8×1.1	残	
H28：35			√		4×5.5×1.4	残	
H28：36	√				5.7×7.2×0.75	残	
H28：37	√				5.4×7.5×1.05	残	
H28：47	√				4.2×7.6×0.95	残	
H28：48	√				4.6×6.2×0.6	残	
H28：49	√				3.6×5.2×0.7	残	
H28：50	√				6×7.6×0.8	残	
H28：51	√				5.8×7.6×0.85	残	
H28：52	√				5.8×7.2×0.9	残	
H28：53	√				5×7.8×0.7	残	
H28：54	√				5.2×6.8×0.6	残	
H28：55	√				6×7.6×1.1	残	
H28：56	√				4.8×6.4×0.7	残	
H28：57	√				4×5.6×0.7	残	
H28：58	√				5×6.6×0.7	残	
H28：59	√				6×8×1.55	残	
H28：60	√				4×5.4×0.65	残	
H28：61	√				5×6.6×0.7	残	
H28：62	√				6×7.2×0.75	残	
H28：63	√				6×7.4×0.5	残	
H28：64	√				6×7.4×0.7	残	
H28：65	√				6×7.6×0.65	残	
H28：66	√				6×7.6×0.6	残	
H28：67	√				5×6.8×0.7	残	
H28：68	√				6×7.4×0.65	残	
H28：69	√				3.2×5.8×1.5	残	
H28：70	√				5.8×7.4×0.7	残	
H28：71	√				6×7.4×0.8	残	
H28：72	√				6×7.6×0.7	残	
H28：73	√				6×7.6×0.75	残	
H28：74	√				6×7.6×0.75	残	
H28：75	√				3.8×5.4×0.65	残	

编号	形状				尺寸（厘米）	保存状况	备注
	A 型（61）	B 型（22）	C 型（9）	D 型（1）	内径 × 外径 × 厚		
H28：76	√				6×7.6×0.7	残	
H28：77	√				4×5.4×0.7	残	
H28：78	√				5×6×0.8	残	
H28：79	√				6×7.4×0.7	残	
H28：80	√				5×6.8×0.75	残	
H28：81	√				4×5.4×1.5	残	
H28：82	√				5×6.6×1	残	
H28：83	√				4.8×6.4×0.55	残	
H28：84	√				4×5.4×0.9	残	
H28：85	√				4.6×7.4×0.55	残	
H28：86	√				6×7.6×0.75	残	
H28：87	√				5×6.8×0.6	残	
H28：88	√				4×5.4×0.55	残	
H28：89	√				6×7.6×0.7	残	
H28：90	√				4×5.6×0.8	残	
H28：91	√				6×7.6×0.75	残	
H28：92	√				4.8×6.4×0.6	残	
H28：93	√				6×7.6×0.6	残	
H28：94	√				4×5.4×0.75	残	
H28：95	√				6×7.6×0.6	残	
H28：96	√				6×7.4×0.8	残	
H28：97	√				5×6×0.8	残	
H28：98	√				6×7.4×0.85	残	
H28：99	√				6×7.4×0.85	残	
H28：100	√				4×5.4×0.9	残	
H28：101	√				4×5.8×1	残	
H28：102	√				6×7.6×0.65	残	
H28：103	√				4×5.6×0.6	残	
H28：104	√				4×5.2×0.95	残	
H28：105	√				6×7.4×0.9	残	
H28：106		√			5.6×7.4×0.95	残	
H28：107		√			6×7.6×0.65	残	
H28：108		√			5×6.8×0.8	残	
H28：109		√			4.4×5.6×0.6	残	

编号	形状				尺寸（厘米）	保存状况	备注
	A 型（61）	B 型（22）	C 型（9）	D 型（1）	内径 × 外径 × 厚		
H28：110		√			6×7.6×0.8	残	
H28：111		√			4×5.6×1	残	
H28：112		√			4.6×6.2×0.95	残	
H28：113		√			6×7.6×0.8	残	
H28：114		√			6×7.6×0.9	残	
H28：115		√			5×6.4×0.9	残	
H28：116		√			5.8×7.2×0.8	残	
H28：117		√			5.8×7.2×0.7	残	
H28：118		√			4.2×5.6×0.65	残	
H28：119		√			5.2×6.4×0.85	残	
H28：120		√			3.8×5.2×0.7	残	
H28：121		√			4×5.6×0.75	残	
H28：122		√			3.2×4.4×0.75	残	
H28：123		√			4×5.4×0.8	残	
H28：124		√			6×7.6×0.7	残	
H28：125		√			5×6.6×0.7	残	
H28：126		√			4×5.6×0.8	残	
H28：127				√	4×5.4×2.3	残	
H28：128			√		6×8.2×1.05	残	螺旋状
H28：129			√		3.6×6.2×1.8	残	螺旋状
H28：130			√		6.4×9.4×1.9	残	螺旋状
H28：131			√		5×7.6×3	残	螺旋状
H28：132			√		5×6.4×1.25	残	螺旋状
H28：133			√		4.2×10×5.1	残	螺旋状
H28：134			√		4×6×1.1	残	齿轮状

标本 H28：34，泥质褐陶。齿轮状。内径3.6、外径5.8、厚1.1厘米（图四四，5；图版九，6）。

标本 H28：35，泥质灰陶。齿轮状，剖面呈半圆形。内径4、外径5.5、厚1.4厘米（图四四，4）。

陶珠　1件。

标本 H28：5，残，泥质褐陶。器表光滑，且密布黑色麻点。直径1厘米（图四四，2；图版九，5）。

舌状陶片　1件，残。

标本H28：141，系泥质彩陶片加工而成。平面形状呈舌状。周边磨光。残长6.7、宽4.5、厚0.5厘米（图四四，7）。

（2）石器

石刀　2件。形状与陶刀相同。

标本H28：10，系黑云母片岩加工而成。刀背及两端磨制平直，刃部一侧残缺，双面磨制，中部靠近刀背对钻有一小圆孔。长9.1、宽4.3厘米（图四五，1；图版九，4）。

石锛　1件，完整。

标本H28：3，系辉绿岩加工而成。平面大体呈长方形，直刃，顶端微弧，刃部略宽于顶端，横剖面呈圆角长方形，磨制较为光滑。器身两侧留有密集的琢制麻点，刃部有锯齿状使用痕迹。长10.1、顶宽4.7、刃宽5.5厘米（图四五，6；彩版一三，7）。

（3）骨、蚌器

骨簪　2件，均残。断面为圆形或椭圆形。磨制精细、光滑。

标本H28：6，断面为椭圆形。残长9.7厘米（图四五，5）。

标本H28：17，横断面为圆形。残长8.1厘米（图四五，4）。

骨锥　1件，完整。

标本H28：2，系动物肢骨劈裂加工而成，柄端保留骨关节原状。锋部磨制较为尖锐、锋利，劈裂面有纤细的擦痕。长10.6厘米（图四五，3；图版九，3）。

蚌饰　1件，完整。

标本H28：147，系淡水蚌壳制作。器表保留蚌壳原状，将蚌壳中部由外及内琢制两个穿孔，用以系带。长5.8、宽2.8、厚1.2厘米（图四五，2）。

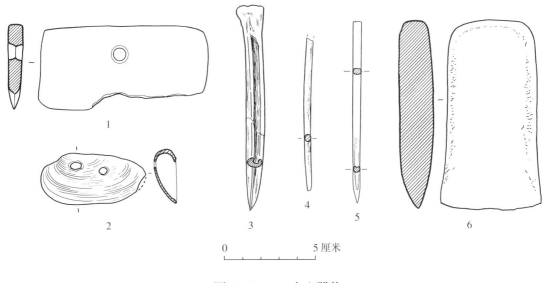

0　　　　　　　5厘米

图四五　H28出土器物

1. 石刀（H28：10）　2. 蚌饰（H28：147）　3. 骨锥（H28：2）　4、5. 骨簪（H28：17、H28：6）　6. 石锛（H28：3）

3. H30

位于ⅡT1301西北角。开口于④a层下，打破H36。坑口距地表1.05米。平面呈不规则形，底部略呈锅底状，且东高西低，并有一层料姜石硬面。口径2.34、深0.34米。内填松软的黑灰色土，出土物较少（图四六）。

H30出土陶器主要有瓶、盆、钵、器盖等，分别占整个器形的16.67％、16.67％、33.33％、33.33％。陶系、纹饰情况详见表一三。该坑虽然出土陶器很少，但其中复原的1件B型Ⅰ式陶钵颇具特色。

陶钵　复原1件。

B型Ⅰ式

标本H30:1，泥质黄褐陶。近直口，尖圆唇，折腹，凹底。唇部饰有一周黑彩，器表上腹以黑彩绘网格纹，下腹部用黑条带纹绕器一周。仅残留一组图案。口径13.2、底径4、高6.4厘米（图四六，1；图版七，1）。

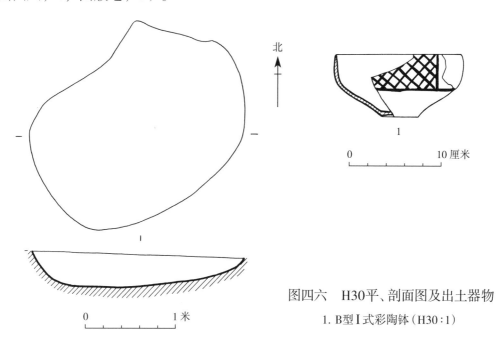

北

0 _____ 10 厘米

1

0 _____ 1 米

图四六　H30平、剖面图及出土器物
1. B型Ⅰ式彩陶钵（H30:1）

表一三　H30 陶系、纹饰统计表

纹饰＼陶系	泥质陶					夹砂陶			合计	百分比（％）
	红	黄褐	褐	灰	小计	红	灰褐	小计		
素面	11	4	2	5	22	2		2	24	63.17
绳纹						2	6	8	8	21.05
线纹				3	3				3	7.89
彩陶		3			3				3	7.89
合计	11	7	2	8	28	4	6	10	38	100
百分比（％）	28.95	18.42	5.26	21.05	73.68	10.53	15.79	26.32	100	

4. H38

位于ⅡT1601东部偏北，开口于②层下，打破H66，被H100、M7打破。坑口距地表0.75米。平面形状呈椭圆形，壁较直，底较平。口径3.1~3.3、底径3~3.2、深1.7米。在坑的北端有一生土台阶，长1.7、宽0.7米，台面呈斜坡状，距坑口0.84米，距坑底0.6米。坑底东半部高出西半部0.14米，形成一个较为规整的近长方形平台，平台长3.2、宽1.58米。坑底靠西壁处有一经火烤的半圆形草拌泥硬面，硬面上摆放有三块石头，形成一个简易的灶坑。从这些迹象可以看出，该坑可能与居住有关。坑内堆积较为复杂，土质松散，土色灰黑，部分为浅灰色，并夹杂有料姜石、石块、动物骨头等，同时出土有较多陶片及陶刀、陶环、圆陶片、石刀、骨锥等小件器物。可辨别的动物属种有中华圆田螺、雉、猪、獐、绵羊、牛等（图四七；彩版六）。

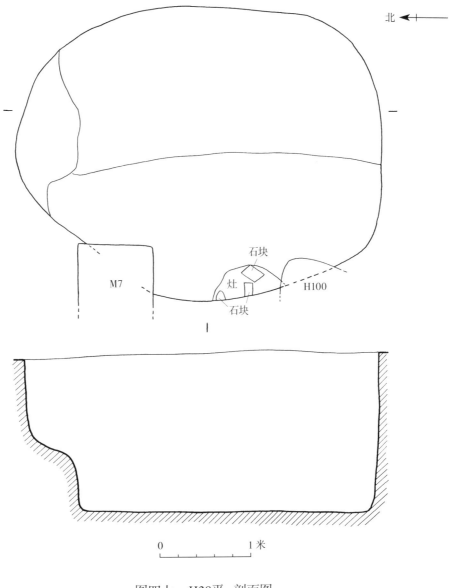

图四七　H38平、剖面图

表一四　H38 陶系、纹饰统计表

陶系 纹饰	泥质陶					夹砂陶					合计	百分比 （%）
	红	黄褐	褐	灰	小计	红	褐	灰褐	灰	小计		
素面	453	90	96	378	1017	40		41	11	92	1109	41.17
绳纹						201	281	220	11	713	713	26.47
线纹	492		80		572						572	21.23
彩陶	195				195						195	7.24
弦纹						14		15		29	29	1.07
绳＋弦纹						8		3		11	11	0.40
弦＋堆纹						8		7		15	15	0.56
绳＋堆纹								8		8	8	0.30
指窝纹								42		42	42	1.56
合计	1140	90	176	378	1784	271	281	336	22	910	2694	100
百分比（%）	42.32	3.34	6.53	14.03	66.22	10.06	10.43	12.47	0.82	33.78	100	

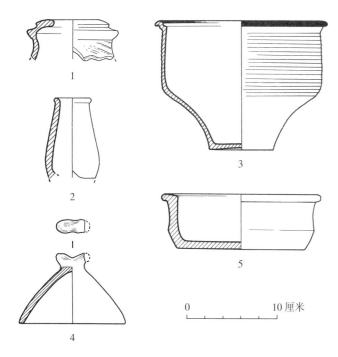

图四八　H38 出土陶器

1. I式尖底瓶（H38:8）　2. B型I式葫芦口瓶（H38:15）
3. 弦纹盆（H38:21）　4. Cb型I式器盖（H38:18）
5. 盘（H38:20）

H38出土陶器主要为瓶、罐、盆、钵、瓮、灶、釜、器盖等，分别占可辨器形的7.84%、25.10%、20.78%、26.27%、5.49%、0.39%、0.39%、13.74%。陶系、纹饰情况详见表一四。以下按质地分别介绍。

（1）陶器

尖底瓶　均残。

I式

标本H38:8，泥质红陶。器表饰斜线纹。口径4、残高4.2厘米（图四八，1）。

葫芦口瓶　均残。

B型I式

标本H38:15，泥质红陶。口径2.8、残高8.4厘米（图四八，2）。

罐　复原2件。

Aa型I式　复原1件。

标本H38∶10，夹砂红陶。近直口，沿内有两周凹槽，鼓腹，下腹略内凹，平底。颈部饰数周凹弦纹，颈下仅残留有两个并列一组的纽扣状附加泥饼，腹部通饰斜绳纹。唇沿内外有明显的慢轮修制的痕迹，器表有烟熏的炱痕。口径31、腹径33、底径22、高32.2厘米（图四九，1；图版七，3）。

Ab型Ⅰ式　复原1件。

标本H38∶16，夹砂灰褐陶。沿外撇，沿内略内弧，圆唇，圆鼓腹，底部微凹。器表通饰斜绳纹。唇沿内外及颈部抹光。口径23、腹径31.8、底径14、高30.8厘米（图四九，2）。

B型Ⅰ式　均残。

标本H38∶97，残，夹砂褐陶。折沿，沿内有一周凹槽，圆唇，腹部微鼓，下腹内收。器表饰稀疏斜绳纹，肩部残留一豆瓣状附加堆纹，腹中部饰有一周豆粒状戳印纹。口沿内外及器内抹光，器表留有明显烟熏的炱痕。口径16、腹径17.6、残高12.2厘米（图四九，4）。

盆　均残。

Aa型Ⅰ式

标本H38∶9，泥质红陶。唇部饰有一周黑彩，沿面以黑彩绘有弧三角纹、柳叶状纹，器表以黑彩绘有由圆点、弧形三角、斜线等组成的图案。口径35.8、残高10.8厘米（图四九，3）。

B型Ⅰ式

标本H38∶93，泥质红陶。唇部饰有一周黑彩，颈部饰一周带状纹，器表以黑彩绘有圆点纹、弧形三角纹、斜线纹等。口径14、腹径16.4、残高6.4厘米（图四九，6）。

标本H38∶94，泥质黄褐陶。敛口，唇沿外卷，弧腹较深。唇部饰有一周黑彩，器表以黑彩绘有由圆点、弧形三角、斜线等组成的图案。器表磨光，器内抹光。口径28.2、残高5厘米（图四九，8）。

D型Ⅰ式

标本H38∶95，泥质黄褐陶。素面。口径35.2、残高6.7厘米（图四九，7）。

弦纹盆　复原1件。

标本H38∶21，泥质红陶。近直口，唇沿外卷，沿内有一周似子母口结构的窄平台，上腹较直，下腹内收呈反弧状，底部微凹。唇沿有一周黑彩，上腹部饰有平行凹弦纹，纹痕较深，下腹部为素面。底部有使用的磨痕。口径16.6、底径7.2、高13.4厘米（图四八，3；图版七，4）。

盘　复原1件。

标本H38∶20，泥质红陶。直口，圆唇，上腹部略内凹，腹部偏下有一折棱，大平底。素面。口径14.2、底径14、高5.8厘米（图四八，5）。

钵　复原2件。

A型Ⅰ式　复原1件。

标本H38∶11，泥质黄褐陶。敛口，圆唇，腹部斜收，凹底。素面。器表磨光，底部有使

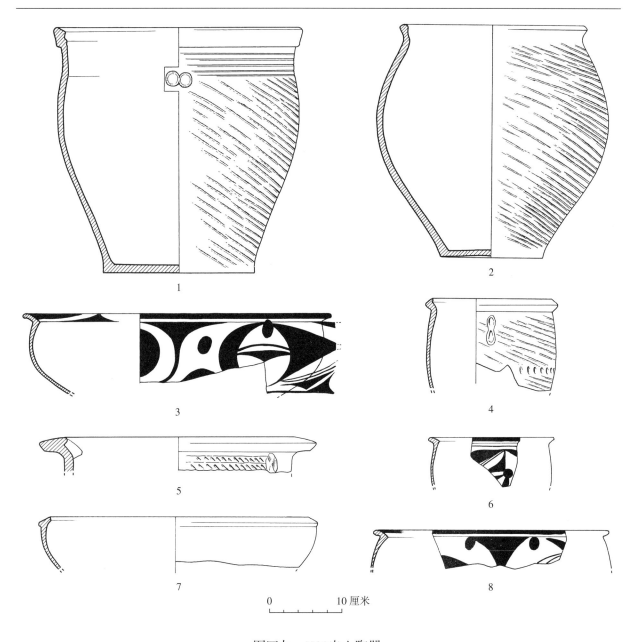

图四九　H38出土陶器

1. Aa型Ⅰ式罐（H38：10）　2. Ab型Ⅰ式罐（H38：16）　3. Aa型Ⅰ式盆（H38：9）　4. B型Ⅰ式罐（H38：97）　5. Ⅰ式灶（H38：96）　6、8. B型Ⅰ式盆（H38：93、H38：94）　7. D型Ⅰ式盆（H38：95）

用的磨痕。口径33、底径12、高10.8厘米（图五〇，1）。

标本H38：13，残，泥质红陶。唇部饰有一周黑彩。口径31、残高10厘米（图五〇，4）。

C型Ⅰ式　复原1件。

标本H38：19，泥质陶，红顶，灰色腹。敞口，圆唇，腹部斜收，凹底。素面。器表经刮修，底部有使用的磨痕。口径17.6、底径6.1、高6.8厘米（图五〇，3；图版七，2）。

浅腹钵　复原1件。

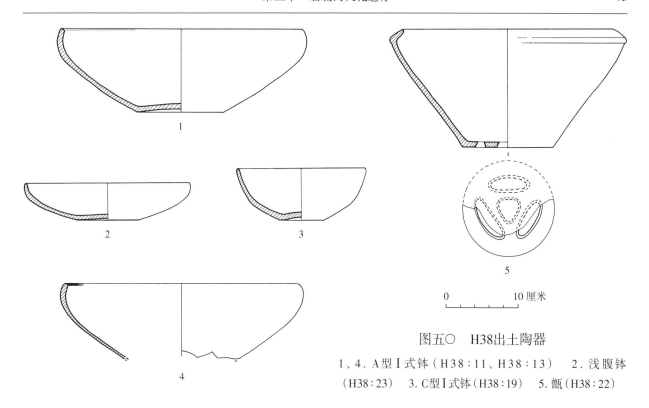

图五〇　H38出土陶器

1、4．A型Ⅰ式钵（H38：11、H38：13）　　2．浅腹钵
（H38：23）　3．C型Ⅰ式钵（H38：19）　5．甑（H38：22）

标本H38：23，泥质红陶。敞口，圆唇，腹部斜收，底部微凹。素面。唇沿及器内明显有慢轮修制的痕迹，器表明显经刮修。口径22、底径8.8、高4.6厘米（图五〇，2；图版八，2）。

甑　复原1件。

标本H38：22，泥质红陶。敛口，圆唇，腹部斜收，平底，底残，仅留有两个近椭圆形箅孔。素面。口沿内外有慢轮修制的痕迹，器表明显经刮削，器内残留有较为坚硬的白色水垢。口径29、底径12.2、高15.6厘米（图五〇，5；图版七，5）。

灶　均残。

Ⅰ式

标本H38：96，夹砂红陶。斜宽沿，圆唇，沿内有一周凹槽，其上残留有支垫陶釜的隼头形泥突，筒腹，方形灶门，灶门上端饰麦穗状附加堆纹，两端分别粘贴有隼头形泥突。沿内及沿下有明显慢轮修制的痕迹，沿面磨光。口径30.6、残高4.8厘米（图四九，5）。

器盖　复原1件。

Cb型Ⅰ式

标本H38：18，夹砂褐陶。形如覆钵，敞口，圆唇，器顶捏制有双角式扁柄。素面。器表及器内有烟熏的炱痕，唇沿及器内抹光。口径10.9、高7.4厘米（图四八，4；图版七，6）。

陶刀　11件，1件完整（表一五）。

B型

标本H38：24，系泥质线纹红陶片加工而成。弧刃。长8、宽4.6厘米（图五一，6）。

表一五　H38陶刀统计表（11件）

编号	形　状			尺寸（厘米）
	A型（1）	B型（8）	C型（2）	长×宽
H38：24		√		8×4.6
H38：25		√		残长4.9×4.7
H38：74		√		残长4.7×3.8
H38：75		√		残长5.4×4.5
H38：76		√		残长6.4×3.9
H38：77		√		残长4.8×4.2
H38：78		√		残长4.4×3.4
H38：79		√		残长5×残宽3.2
H38：80	√			7.8×5.1
H38：81			√	9×5.1
H38：82			√	6.9×5.8

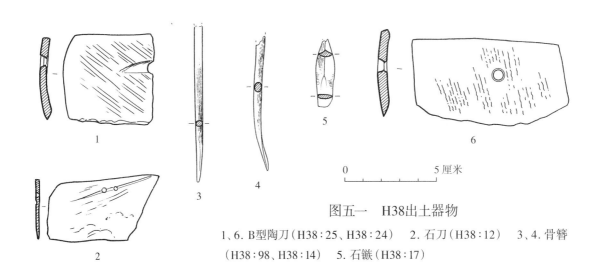

图五一　H38出土器物

1、6. B型陶刀（H38：25、H38：24）　2. 石刀（H38：12）　3、4. 骨簪
（H38：98、H38：14）　5. 石镞（H38：17）

标本H38：25，系泥质线纹红陶片加工而成。残，刃部有锯齿状使用痕迹，近刀背一端对钻有一小圆孔，圆孔两面分别刻磨有一菱形凹槽。残长4.9、宽4.7厘米（图五一，1）。

陶环　44件，均残（表一六）。

（2）石器

石刀　1件，残。形态与陶刀相似。

标本H38：12，系辉石岩加工而成。器身扁薄，靠近刀背一端有两个穿孔，孔由两端穿透，器表两面与穿孔对应处分别有道斜向磨槽。残长6、宽3.3厘米（图五一，2；图版九，9）。

石镞　1件，较完整。

标本H38：17，系细砂岩磨制而成。器身扁平，锋部略残，两面有脊，两翼锋利，末端平

表一六　H38 陶环统计表（44 件）

编号	形状				尺寸（厘米）	保存状况	备注
	A 型（26）	B 型（11）	C 型（4）	D 型（3）	内径 × 外径 × 厚		
H38：30	√				4.4×6×0.7	残	
H38：31	√				3.8×5×0.7	残	
H38：32	√				4.6×6.2×0.6	残	
H38：33	√				6×7.6×0.9	残	
H38：34	√				4.2×5.8×0.85	残	
H38：35	√				3.8×5×0.7	残	
H38：36	√				4.4×5.8×0.75	残	
H38：37	√				5×6.2×0.75	残	
H38：38	√				3.6×4.8×0.8	残	
H38：39	√				5.8×7.4×0.8	残	
H38：40	√				5.8×7.4×0.65	残	
H38：41	√				4×5.4×0.5	残	
H38：42	√				4×5.2×0.65	残	
H38：43	√				3.8×4.8×0.5	残	
H38：44	√				4×5×0.55	残	
H38：45	√				3.8×5.2×0.85	残	
H38：46	√				5.8×7.6×0.7	残	
H38：47	√				4×5.4×0.85	残	
H38：48	√				4×5.4×0.5	残	
H38：49	√				4×5.2×0.5	残	
H38：50	√				4×5×0.75	残	
H38：51	√				5×6.2×0.8	残	
H38：52	√				6×7.6×0.9	残	
H38：53	√				4×5.4×0.6	残	
H38：54	√				4×5.2×0.75	残	
H38：55	√				4×5×0.75	残	
H38：56		√			3.8×5.2×0.8	残	
H38：57		√			5.6×7×0.7	残	
H38：58		√			5.2×6.6×0.7	残	
H38：59		√			5.6×7.2×0.95	残	
H38：60		√			4×5×0.7	残	

编号	形状				尺寸（厘米）	保存状况	备注
	A型（26）	B型（11）	C型（4）	D型（3）	内径×外径×厚		
H38：61		√			5.4×6.8×0.75	残	
H38：62		√			3.8×5.2×0.8	残	
H38：63		√			5.4×7×0.7	残	
H38：64		√			4.8×6.2×0.7	残	
H38：65		√			4×5.4×0.7	残	
H38：66		√			4×5.2×0.75	残	
H38：67				√	6×8.2×2.25	残	
H38：68				√	4×6×1.6	残	
H38：69				√	4×5.8×1.3	残	
H38：70			√		4.8×7.2×1.7	残	齿轮状
H38：71			√		4.8×6.4×0.9	残	螺旋状
H38：72			√		4×5.8×1.2	残	齿轮状
H38：73			√		4.8×6.8×1.35	残	螺旋状

齐。器表显见磨制的纤细擦痕。残长3.5厘米（图五一，5；图版九，7）。

（3）骨器

骨簪　3件，均残。横断面为圆形或椭圆形，器身磨制光滑。

标本H38：98，横截面为椭圆形，锋部略残。残长8.3厘米（图五一，3）。

标本H38：14，横断面为圆形。柄端残缺，锋部弯曲，较为尖锐、锋利。残长7.2厘米（图五一，4）。

5. H47

位于ⅠT0501北部，一小部分伸入ⅠT0502内。开口于④层下，被H13、H19、H141打破，并打破生土层。坑口距地表2.08米。平面形状呈椭圆形，直壁，平底。口径2.2~4.12、深2.68米。在坑内东半部有一口径1.9~2.3、深1.1米的小坑，直壁，平底。小坑内填土为疏松的灰色土。坑的西壁偏上处分布有较多形状不规则的小洞。另外，在坑壁、坑底均有草拌泥加工痕迹，草拌泥厚0.05~0.12米，且草拌泥经火烧烤，结实坚硬。

坑内堆积可分两层：

第①层：厚0.3~1.82米，为较硬的灰黄色土，出土物极少。

第②层：厚0.86~1.28米，为疏松的灰色土，堆积由西向东呈斜坡状分布，其中夹杂有成片的草木灰以及少量的动物骨骼等，出土物较少（图五二；彩版五，2）。

H47出土陶器主要有瓶、罐、盆、钵、瓮、器盖等，分别占可辨器形的6.03％、

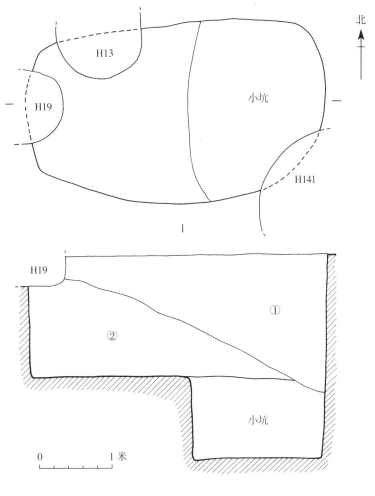

图五二　H47平、剖面图

25.00%、28.02%、3.88%、8.19%、28.88%，并有陶环、陶刀、骨凿等小件器物的出土。陶系、纹饰情况详见表一七。从出土陶器看，两层间的区别不大，均为庙底沟一期遗存。以下依质地分别介绍。

（1）陶器

尖底瓶　均残。

Ⅰ式

标本H47：13，泥质红陶。器表通饰斜线纹，颈部及肩部饰横向线纹，最大腹部饰有数道横向凹弦纹。口径4、残高28.2厘米（图五三，7）。

Ⅱ式

标本H47：10，泥质红陶。器表饰斜线纹。口径4.8、残高4.8厘米（图五三，8）。

罐　复原1件。

G型Ⅰ式

标本H47：16，夹砂红陶。折沿，沿内有一周凹槽，圆唇，肩部饰对称的鸡冠状鋬，深

表一七　H47 陶系、纹饰统计表

纹饰 ＼ 陶系	泥质陶					夹砂陶				合计	百分比（%）
	红	黄褐	褐	灰	小计	红	褐	灰褐	小计		
素面	420	36	150	201	807	49	54	36	139	946	42.35
绳纹							64	136	200	200	8.95
线纹	631	61	31	16	739					739	33.08
彩陶	192				192					192	8.60
弦纹	1			1	2	7	1		8	10	0.45
线＋弦纹	1				1					1	0.05
弦＋堆纹								2	2	2	0.09
绳＋指窝纹							3		3	3	0.13
绳＋堆纹						2	5		7	7	0.31
绳＋弦纹							2		2	2	0.09
绳＋弦＋堆纹							131	1	132	132	5.91
合计	1245	97	181	218	1741	51	266	176	493	2234	100
百分比（%）	55.73	4.34	8.10	9.76	77.93	2.28	11.91	7.88	22.07	100	

腹微鼓，下腹斜收，底部略凹。通体饰斜绳纹。口沿及颈部有横向抹痕，近器底有烟熏的炱痕。口径14.2、腹径17.6、底径12.6、高23.6厘米（图五三，10；图版八，1）。

盆　均残。

Aa型Ⅰ式

标本H47：11，泥质陶，红顶，黄褐色腹。唇部饰有一周黑彩，沿面以黑彩绘有弧形三角、柳叶状纹等，器表以黑彩绘有由圆点、"勿"字形纹等组成的图案。口径31.6、残高7.2厘米（图五三，1）。

标本H47：12，泥质褐陶。唇部饰有一周黑彩，沿面以黑彩绘有弧三角纹、柳叶状纹等，器表以黑彩绘有由圆点、弧形三角及"勿"字形纹等组成的图案。口径32、残高8厘米（图五三，3）。

钵　复原2件。

A型Ⅰ式

标本H47：7，泥质黄褐陶。敛口，圆唇，腹部曲收，平底。素面。器顶有三个钻孔，其中两个对钻，一个未钻透。器体略有变形，器表较为光滑，并有明显的刮修痕迹，器底有使用的磨痕。口径31.7~34.5、底径8.8、高10.4~12.8厘米（图五三，2；图版八，5）。

标本H47：17，泥质陶，黄褐色顶，红色腹。口微敞，圆唇，斜弧腹内收，凹底。素面。器表略经刮修，器内抹光。口径32.2、底径11.4、高8.7厘米（图五三，6）。

标本H47：44，残，泥质陶，黄褐色顶，灰色腹。口径29.4、残高5厘米（图五三，4）。

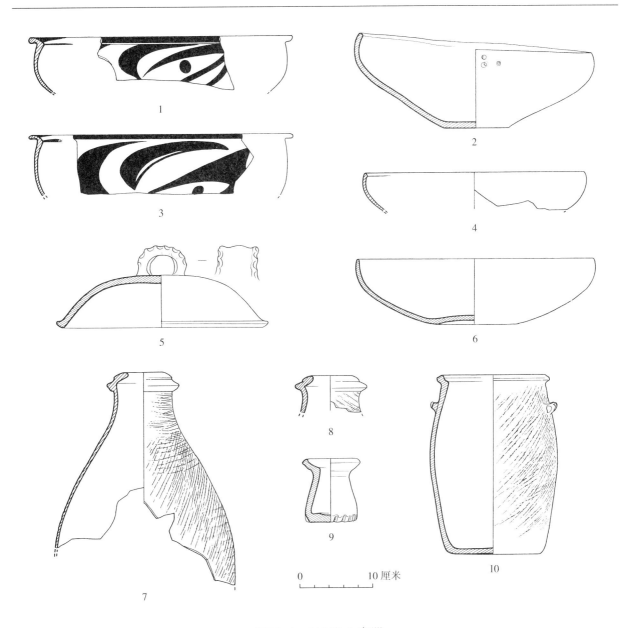

图五三　H47出土陶器

1、3. Aa型Ⅰ式盆（H47:11、H47:12）　2、4、6. A型Ⅰ式钵（H47:7、H47:44、H47:17）　5. Ab型Ⅰ式器盖（H47:15）
7. Ⅰ式尖底瓶（H47:13）　8. Ⅱ式尖底瓶（H47:10）　9. A型陶杯（H47:1）　10. G型Ⅰ式罐（H47:16）

杯　1件，完整。

A型

标本H47:1，夹砂灰陶。敞口，圆唇，束颈，腹斜外撇，平底。口部抹光，底部一周有手指按压的花边纹。口径6.4、底径7、高8.4厘米（图五三，9；图版八，3）。

器盖　复原1件。

Ab型Ⅰ式

标本H47：15，夹砂褐陶。敞口，圆唇，形如覆钵，桥形花边提柄。素面。器顶经刮修、口部及器内抹光，器表、器内均留有烟熏的炱痕。提柄为手工捏制。口径26.4、高10.8厘米（图五三，5；图版八，7）。

东部小坑中集中出土了一些陶器，但与其上部堆积中出土的陶器并无多大区别。

盆　复原1件。

D型Ⅰ式

标本H47：4，泥质红陶。敛口，宽沿内收，叠唇，斜腹，下腹部略成反弧状，平底。素面。口沿、器内抹光，器表经刮修。口径31、底径13.2、高15.6厘米（图五四，3；彩版一〇，2）。

钵　复原2件。

A型Ⅰ式　复原1件。

标本H47：5，泥质红陶，素面。口径33.4、底径11、高10.2厘米（图五四，4；图版八，4）。

C型Ⅰ式　复原1件。

标本H47：14，泥质陶，红顶，暗红色腹。沿面饰一周黑彩，器表上端以黑彩绘有垂弧、弧三角纹等，使地纹形成所谓的"西阴纹"，残存三组，图案不甚规整。口径19、底径3.6、高6.4厘米（图五四，2；图版八，6）。

瓮　均残。

Ⅰ式

标本H47②：43，泥质灰陶。素面。器表及器内有明显的抹光痕迹。口径47.8、腹径54.6、残高14厘米（图五四，1）。

陶刀　1件，完整。

C型

标本H47：18，系泥质线纹红陶片加工而成。整器平面大致呈长方形，器中部对钻有一个圆形小孔。刀背及两端磨制平齐，刃部单面磨制，较为锋利。长8.4、宽4.1~4.6厘米（图五五，2；彩版一三，3）。

陶环　25件，均残（表一八）。

A型

标本H47：19，泥质灰陶，素面。内径5.8、外径7.8、厚1.6厘米（图五五，3）。

C型

标本H47：20，泥质灰陶。齿轮状。内径3.7、外径6、厚1.1厘米（图五五，1）。

（2）角器

角凿　1件，残。

标本H47：2，系鹿角劈裂加工并经磨制而成。柄端残断，刃部平齐，较为锋利，器身正面较为平整，另一面留有鹿角原状，凹形。残长7.9厘米（图五五，4；图版九，8）。

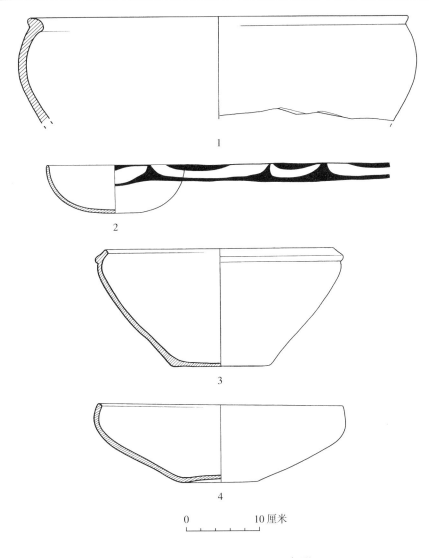

图五四　H47东部小坑出土陶器

1. Ⅰ式瓮（H47②：43）　2. C型Ⅰ式钵（H47：14）　3. D型Ⅰ式盆（H47：4）　4. A型Ⅰ式钵（H47：5）

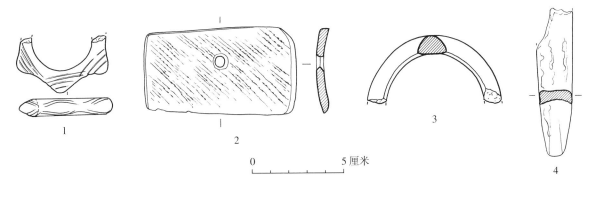

图五五　H47出土器物

1. C型陶环（H47：20）　2. C型陶刀（H47：18）　3. A型陶环（H47：19）　4. 角凿（H47：2）

表一八　H47 陶环统计表（25 件）

编号	形状				尺寸（厘米）	保存状况	备注
	A 型（12）	B 型（2）	C 型（9）	D 型（2）	内径 × 外径 × 厚		
H47：19	√				5.8×7.8×1.6	残	
H47：20			√		3.7×6×1.1	残	
H47：21	√				6×7.6×1.2	残	
H47：22	√				5×7×0.7	残	
H47：23	√				4×5.6×0.6	残	
H47：24	√				4.4×6.2×0.85	残	
H47：25	√				6×8×0.9	残	
H47：26	√				4×5.6×0.7	残	
H47：27	√				3.8×5×0.5	残	
H47：28	√				4.4×5.8×0.65	残	
H47：29	√				4×6×0.9	残	
H47：30	√				4×5.2×0.5	残	
H47：31	√				4×5.6×0.65	残	
H47：32				√	3.8×5×1.4	残	
H47：33				√	3.2×4.6×1.8	残	
H47：34		√			3.8×5×0.8	残	
H47：35		√			4×5.2×0.65	残	
H47：20			√		3.7×6×1.1	残	齿轮状
H47：36			√		4×6.8×1.3	残	齿轮状
H47：37			√		4.4×6.6×1.25	残	齿轮状
H47：38			√		4×6.2×1.25	残	齿轮状
H47：39			√		3.8×6×0.65	残	齿轮状
H47：40			√		5.2×7.6×1	残	螺旋状
H47：41			√		5.4×7.2×1	残	螺旋状
H47：42			√		6×7.8×1	残	螺旋状

6. H52

位于ⅡT1501东北部，部分在ⅡT1401内。开口于②层下，被G1、G2打破，并打破H51。坑口距地表1.2米。平面形状大体呈椭圆形，直壁，唯东壁向外倾斜，底部平整。坑口东西长2.84、南北宽2.02米，坑底东西长3.08、南北宽2.02米，深0.26~1.35米。在坑底中部有一个直径0.18、深0.56米的圆形柱洞，坑壁周围分布有8个小洞，直径0.08~0.1、深0.05~0.15米不等，大多小洞方向均斜向上。坑内填疏松的灰黑色土，出有少量陶片（图五六；图版一，2）。

H52出土陶器较少，主要为罐、盆、钵、甑等，分别占可辨器形的50%、30%、10%、

10%。陶系、纹饰情况详见表一九。
出土物分别介绍如下。

罐 复原1件。

Ab型Ⅰ式

标本H52∶1，夹砂红陶。沿外
撇，圆唇，沿内有一周凹槽，深鼓
腹，平底。腹上部饰有数周平行弦纹，
器表饰斜向细绳纹。口沿内外显见慢轮
修制的痕迹，器表有烟熏的炱痕。口径
18.5、腹径24.2、底径12.5、高33厘米
（图五七，3；彩版一〇，3）。

盆 复原1件。

D型Ⅰ式

标本H52∶6，泥质红陶。敛口，
叠唇，腹部斜收，腹上饰有对称的两
鸡冠状錾，下腹部微内弧，平底。素
面。器表经刮修，唇沿及器内有明
显慢轮修制的痕迹。口径33.6、底径
13.6、高14厘米（图五七，1）。

钵 复原1件。

C型Ⅰ式

标本H52∶5，泥质红陶。敞口，
圆唇，弧腹斜收，平底。素面。器表

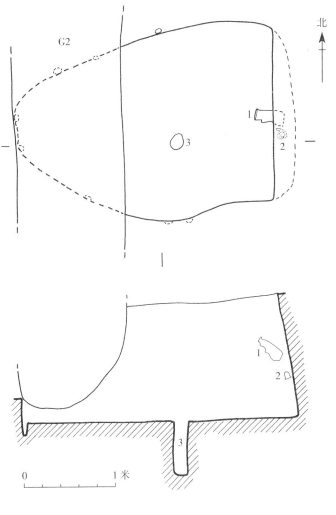

图五六　H52平、剖面图

1. 陶罐　2. 陶杯　3. 柱洞

表一九　H52陶系、纹饰统计表

陶系\纹饰	泥质陶					夹砂陶				合计	百分比（%）
	红	黄褐	褐	灰	小计	红	褐	灰褐	小计		
素面	26	4	3	11	44					44	19.64
绳纹						3	23	8	34	34	15.18
线纹	138			2	140					140	62.50
彩陶	4				4					4	1.79
弦纹							2		2	2	0.89
合计	168	4	3	13	188	3	25	8	36	224	100
百分比（%）	75.00	1.79	1.34	5.80	83.93	1.34	11.16	3.57	16.07	100	

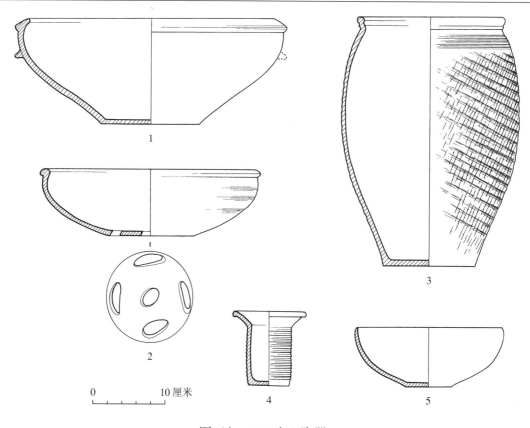

图五七　H52出土陶器

1. D型Ⅰ式盆（H52：6）　2. 甑（H52：4）　3. Ab型Ⅰ式罐（H52：1）　4. D型杯（H52：2）　5. C型Ⅰ式钵（H52：5）

有明显慢轮修制的痕迹。口径18.6、底径6.2、高8厘米（图五七，5）。

甑　复原1件。

标本H52：4，泥质红陶。敛口，唇沿外卷，弧腹斜收，平底，底上有五个近椭圆形算孔。素面。器内有层较为坚硬的水垢层，器底明显经刮削。口径27.8、底径12、高8.8厘米（图五七，2；图版一〇，1）。

杯　复原1件。

D型

标本H52：2，夹砂红陶。喇叭形口，唇沿外卷，直腹，平底。腹部饰平行弦纹，器表有烟熏的炱痕。口沿内外抹光。口径9.2、底径5.6、高10.1厘米（图五七，4；彩版一〇，4）。

7. H53

位于ⅡT1801中部偏东。开口于②层下，打破H56。坑口距地表1米。平面形状呈椭圆形，坑壁略内收，底部较平。口径2.46~2.74、底径2.63、深2.7米。坑内堆积无明显分层，填有疏松的黑灰色土，包含物较为丰富，出土有较多陶片，同时夹杂有动物骨头、螺壳、木炭等物。可辨别的动物属种有中华圆田螺、圆顶珠蚌、猪、獐等。

另外，在坑内东部距地表1.75米处，有一直径为0.75~1.1米的椭圆形灰土硬面，内夹杂红烧土块等。坑内西部距地表3.1米的黑灰土层下，出现一厚约0.02米的黄土，呈斜坡状分布，直到坑底，并在坑底部有规律地排列着18个直径为0.1~0.15、深0.15~0.2米的小柱洞（图五八；彩版五，1；图版二，1）。

H53出土物较多，均为庙底沟文化一期遗存，其中陶器主要有尖底瓶、罐、盆、钵等。陶系、纹饰情况详见表二〇。以下分别介绍器物。

尖底瓶　均残。泥质红陶。

Ⅰ式

标本H53：9，器表饰交错线纹。口径4、残高11.4厘米（图五九，9）。

Ⅱ式

标本H53：4，器表饰斜向线纹。口径4.4、残高6.2厘米（图五九，6）。

标本H53：5，器表饰斜向线纹。口径4.8、残高4.6厘米（图五九，8）。

罐　复原1件。

Aa型Ⅰ式　复原1件。

标本H53：1，夹砂红陶。沿外撇，沿内有一周凹槽，圆唇，颈部有一周凸棱，颈下有一周手指按

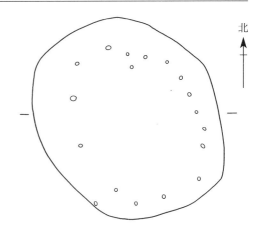

北

0　　　　　　　1 米

图五八　H53平、剖面图

表二〇　H53 陶系、纹饰统计表

纹饰 ＼ 陶系	泥质陶					夹砂陶				合计	百分比（%）
	红	黄褐	褐	灰	小计	红	黄褐	灰褐	小计		
素面	573	4	82	271	930	13	21	73	107	1037	43.39
绳纹						548		336	884	884	36.99
线纹	210		34		244					244	10.21
彩陶	184				184					184	7.70
弦纹						25			25	25	1.05
弦+堆纹						2			2	2	0.08
绳+弦纹								14	14	14	0.58
合计	967	4	116	271	1358	588	21	423	1032	2390	100
百分比（%）	40.46	0.17	4.85	11.34	56.82	24.60	0.88	17.70	43.18	100	

压的指窝纹，腹部微鼓，上饰对称的两鸡冠状錾，平底。器表通饰斜绳纹。唇沿内外经慢轮修制并抹光，器内有明显的竖向修整划痕，器表有烟熏的炱痕，器底有使用的磨痕。口径24.2、底径16、高23厘米（图五九，5）。

B型Ⅰ式　均残。

标本H53:36，夹砂红陶。颈下饰两组对称的纽扣状附加堆纹，器表饰粗疏的斜绳纹。颈部留有慢轮修制时的指甲状工具压印痕迹。口径19、残高7厘米（图五九，7）。

E型Ⅰ式　均残。

标本H53:6，泥质红陶。颈腹交接处按压有一周指窝纹，器表饰较粗疏交错线纹。口径32、残高11.4厘米（图五九，2）。

标本H53:7，泥质红陶。颈下饰斜向线纹。口径32.6、残高10.4厘米（图五九，1）。

盆　复原1件。

Aa型Ⅰ式　均残。

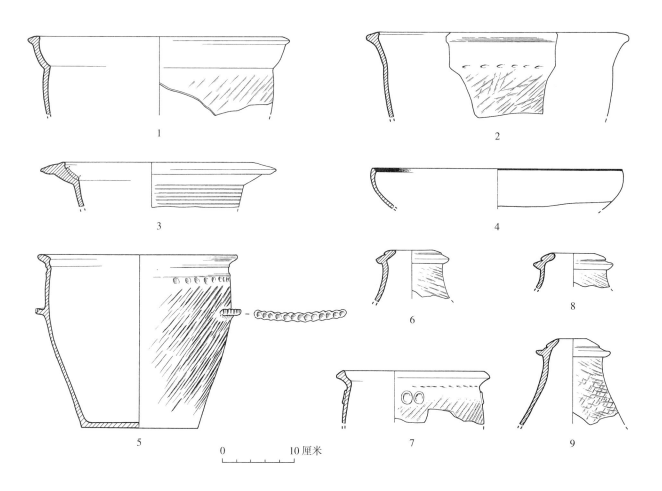

图五九　H53出土陶器

1、2. E型Ⅰ式罐（H53:7、H53:6）　3. Ⅰ式灶（H53:8）　4. A型Ⅰ式钵（H53:35）　5. Aa型Ⅰ式罐（H53:1）　6、8. Ⅱ式尖底瓶（H53:4、H53:5）　7. B型Ⅰ式罐（H53:36）　9. Ⅰ式尖底瓶（H53:9）

　　标本H53：10，泥质黄褐陶。唇部饰有一周黑彩，沿面以黑彩绘有由弧形三角、柳叶、圆点等纹样组成的图案，器表以黑彩绘有由圆点、弧形三角、斜线等组成的图案。口径37.4、残高9.6厘米（图六〇，2）。

　　标本H53：13，泥质陶，红色顶，黄褐色腹。唇部饰一周黑彩，沿面以黑彩绘有柳叶状纹等图案，器表以黑彩绘有圆点纹、弧形三角纹等图案。器表磨光。口径39.5、残高9.6厘米

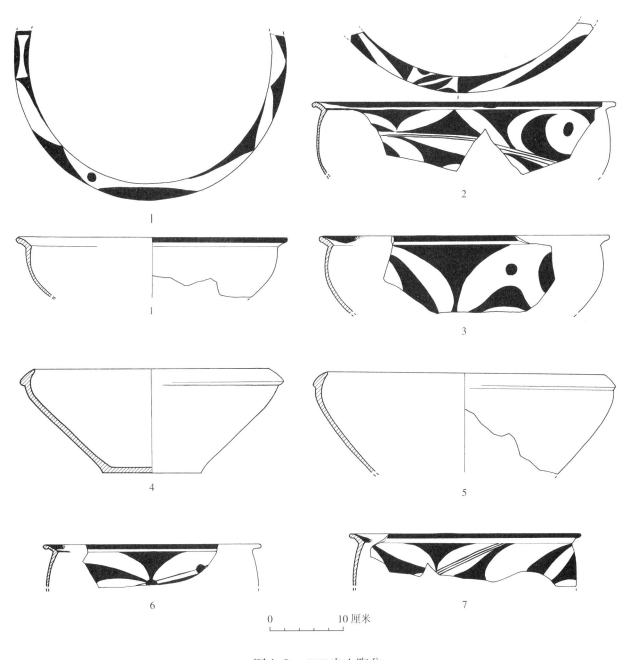

图六〇　H53出土陶盆

1~3. Aa型Ⅰ式（H53：33、H53：10、H53：13）　4. C型Ⅰ式（H53：2）　5. D型Ⅰ式（H53：34）　6、7. B型Ⅰ式（H53：15、H53：11）

（图六○，3）。

标本H53：33，泥质陶，黄褐色顶，褐色腹。唇部饰有一周黑彩，沿面以黑彩绘有圆点纹、弧边三角纹等图案，器表素面。口径32.8、残高7.8厘米（图六○，1）。

B型Ⅰ式　均残。

标本H53：11，泥质褐陶。唇部饰有一周黑彩，沿面以黑彩绘有弧形三角纹、柳叶纹等图案，器表以黑彩绘有由弧形三角纹、斜线纹等组成的图案。器表较为光滑。口径27.8、残高6.4厘米（图六○，7）。

标本H53：15，泥质褐陶。唇部饰有一周黑彩，沿面以黑彩绘有柳叶状纹等图案，器表以黑彩绘有圆点纹、斜线纹、倒三角纹等图案。器表、器内抹光。口径25.8、残高5.8厘米（图六○，6）。

C型Ⅰ式　复原1件。

标本H53：2，泥质灰陶。敛口，沿面微鼓，叠唇，腹部斜收，平底。素面。唇沿内外及器内有明显慢轮修制的痕迹，器表经刮修。口径31.5、底径13.4、高13.8厘米（图六○，4；

表二一　H53陶环统计表（17件）

编号	形状				尺寸（厘米）	保存状况	备注
	A型（15）	B型	C型（2）	D型	内径×外径×厚		
H53：16	√				4.4×6×0.9	残	
H53：17	√				6×7.8×0.7	残	
H53：18	√				6×7.6×0.65	残	
H53：19	√				3.6×5.2×0.65	残	
H53：20	√				6×7.4×0.75	残	
H53：21	√				6×7.8×0.7	残	
H53：22	√				6×7.6×0.7	残	
H53：23	√				3.8×5.6×0.75	残	
H53：24	√				6×7.4×0.65	残	
H53：25	√				6×7.4×0.7	残	
H53：26	√				3.8×5.2×0.6	残	
H53：27	√				6×7.4×0.7	残	
H53：28	√				6×7.6×0.7	残	
H53：29	√				6×7.6×0.8	残	
H53：30	√				4×5.4×0.7	残	
H53：31			√		6×8×1.9	残	螺旋状
H53：32			√		4×6.2×1.6	残	齿轮状

图版一○，2）。

D型Ⅰ式　均残。

标本H53∶34，泥质红陶。素面。口径36、残高13.2厘米（图六○，5）。

钵　均残。

A型Ⅰ式

标本H53∶35，泥质黄褐陶。唇部饰有一周黑彩，器表为素面。口径31、残高5.2厘米（图五九，4）。

灶　均残。

Ⅰ式

标本H53∶8，夹砂黄褐陶。敞口，宽沿外斜，沿内一周内弧，筒腹斜收。沿面较为光滑，并饰有红色陶衣，腹部通饰平行弦纹，纹痕较浅。口径25.8、残高6厘米（图五九，3）。

环　17件，均残（表二一）。

8. H57

位于ⅢT1301西部偏南，一部分伸入到探方的西壁内。开口于③层下，打破④层及生土。坑口距地表0.85米。平面呈圆形，锅底状。口径0.8、深0.66米。内填松软的黑灰色土，包含物极少，仅含少量陶片及陶环、陶垫等小件器物（图六一）。

H57的出土物极少，陶器主要有瓶、盆、钵、甑等，分别占可辨器形的25%、25%、25%、25%。陶系、纹饰情况详见表二二。以下介绍仅复原的1件出土陶器。

甑　复原1件。

标本H57∶1，泥质红陶。敛口，叠唇，腹部斜收，平底，底部仅残留一新月形箅孔。素面。器内有一层较为坚硬

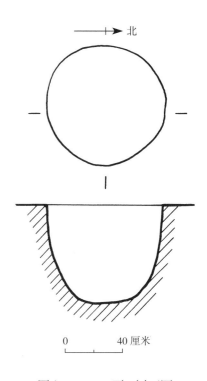

图六一　H57平、剖面图

表二二　H57陶系、纹饰统计表

陶系 纹饰	泥质陶					夹砂陶		合计	百分比（%）
	红	黄褐	褐	灰	小计	褐	小计		
素面	6	2	4	1	13			13	61.91
绳纹						5	5	5	23.81
线纹	1	1			2			2	9.52
彩陶	1				1			1	4.76
合计	8	3	4	1	16	5	5	21	100
百分比（%）	38.09	14.29	19.05	4.76	76.19	23.81	23.81	100	

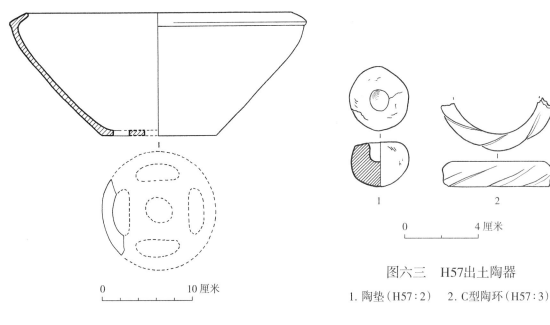

图六二　H57出土陶甑（H57：1）

图六三　H57出土陶器

1. 陶垫（H57：2）　　2. C型陶环（H57：3）

的白色水垢。口径29.7、底径12、高13厘米（图六二；图版一○，3）。

陶环　1件，残。

C型

标本H57：3，泥质灰陶。齿轮状。外径6.5、内径4.7、厚1.25厘米（图六三，2）。

陶垫　1件，完整。

标本H57：2，泥质褐陶。形状呈半球形，中部有一小凹窝。素面。系手工捏制。直径3.2、高2.3厘米（图六三，1）。

9. H64

位于ⅡT2303东南部。开口于①层下，打破H68，并被H76打破。坑口距地表0.85米。平面形状近圆角方形，斜壁，唯东壁较直，坑底较平。坑口南北长3.3、东西宽2.52米，坑底南北长2.65、东西宽2.25米，深1.54米。

坑内堆积大体可分三层：

第①层：厚0.06~0.8米，为疏松的灰色土，坑中心处偏灰黑。出土有较多陶片和动物骨头。可辨别的动物属种有中华圆田螺、圆顶珠蚌、蚌、猪、小猪、梅花鹿等。

第②层：厚0.1~0.86米，为较松散的灰黄色土，并夹杂较多的沙粒、石块等物。出土陶片较多，动物骨较少，并有陶环、陶纺轮、陶刀等小件器物的出土。可辨别的动物属种仅梅花鹿一种。

第③层：厚0.18~1.2米，为较硬的灰色土，底部夹杂有黄色细沙，包含有陶片、动物骨头等，并有陶环、陶刀、石斧、石球、石环、骨笄等小件器物。可辨别的动物属种有中华圆田

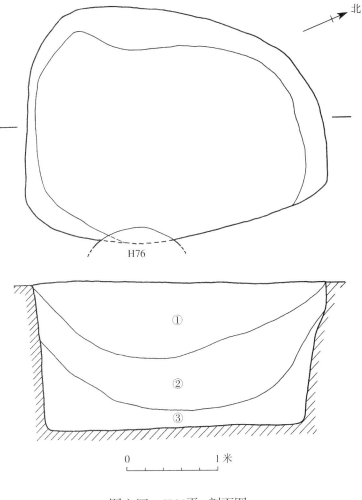

北

H76

0 1米

图六四 H64平、剖面图

螺、猪等（图六四）。

　　H64在发掘时依土质土色分为三层，各层间陶器有一定的变化，但均为庙底沟文化一期遗存。出土陶器主要有尖底瓶、罐、盆、钵等，分别占可辨器形的13.70%、21.92%、30.82%、32.88%。陶系、纹饰情况详见表二三~二五。此外还出有陶纺轮、陶环、陶刀、石斧、石球等小件器物。出土物按质地分别介绍如下。

　　（1）陶器

　　尖底瓶　均残。

　　I式

　　标本H64②：56，泥质黄褐陶。器表饰交错线纹。口径4.4、残高10.2厘米（图六五，1）。

　　标本H64③：68，泥质红陶。器表饰斜线纹。口径4.8、残高7.4厘米（图六五，6）。

　　II式

　　标本H64①：54，泥质褐陶。器表饰斜线纹。口径4.4、残高7厘米（图六五，3）。

　　标本H64②：67，泥质红陶。器表饰交错线纹。口径4.4、残高5.4厘米（图六五，4）。

表二三　H64 ①陶系、纹饰统计表

纹饰 ＼ 陶系	泥质陶					夹砂陶					合计	百分比(%)
	红	黄褐	褐	灰	小计	红	黄褐	褐	灰褐	小计		
素面	64	38	19	65	186		7	19	42	68	254	48.85
绳纹						12		85		97	97	18.65
线纹	73	32	39		144						144	27.69
彩陶	25				25						25	4.81
合计	162	70	58	65	355	12	7	104	42	165	520	100
百分比(%)	31.15	13.46	11.16	12.50	68.27	2.30	1.35	20.00	8.08	31.73	100	

表二四　H64 ②陶系、纹饰统计表

纹饰 ＼ 陶系	泥质陶					夹砂陶				合计	百分比(%)
	红	黄褐	褐	灰	小计	红	褐	灰褐	小计		
素面	87	122	54	136	399	1		9	10	409	45.75
绳纹							128	37	165	165	18.46
线纹	75	103	78		256					256	28.64
彩陶	46				46					46	5.15
弦纹						3	1	9	13	13	1.45
线 + 堆纹		2			2					2	0.22
绳 + 弦纹							1		1	1	0.11
绳 + 堆纹								2	2	2	0.22
合计	208	227	132	136	703	4	130	57	191	894	100
百分比(%)	23.27	25.39	14.77	15.21	78.64	0.44	14.54	6.38	21.36	100	

表二五　H64 ③陶系、纹饰统计表

纹饰 ＼ 陶系	泥质陶					夹砂陶			合计	百分比(%)
	红	黄褐	褐	灰	小计	褐	灰褐	小计		
素面	28	30	32	31	121		12	12	133	50.96
绳纹						12	14	26	26	9.96
线纹	40	27	22		89				89	34.10
彩陶	13				13				13	4.98
合计	81	57	54	31	223	12	26	38	261	100
百分比(%)	31.03	21.84	20.69	11.88	85.44	4.60	9.96	14.56	100	

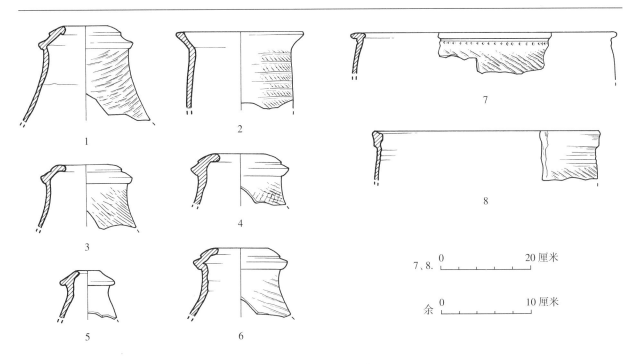

图六五　H64出土陶器

1、6. Ⅰ式尖底瓶（H64②：56、H64③：68）　2. B型Ⅰ式罐（H64①：62）　3、4. Ⅱ式尖底瓶（H64①：54、H64②：67）
5. 小口瓶（H64③：55）　7. Ab型Ⅰ式罐（H64①：52）　8. Aa型Ⅰ式罐（H64②：59）

罐　均残。

Aa型Ⅰ式

标本H64②：59，夹砂褐陶。口微敛，口沿加厚，沿内有一周凹槽，腹部微鼓。颈部饰数周平行弦纹，腹部通饰斜绳纹。口沿内外显见慢轮修制的痕迹。口径45.6、残高10.8厘米（图六五，8）。

Ab型Ⅰ式

标本H64①：52，夹砂褐陶。沿下饰有一周指窝纹，腹部饰较粗疏斜绳纹。口径52.4、残高8.8厘米（图六五，7）。

B型Ⅰ式

标本H64①：62，夹砂褐陶。腹部饰斜绳纹及横向浅弦纹。口径12.4、残高8.2厘米（图六五，2）。

盆　均残。

Aa型Ⅰ式

标本H64②：58，泥质红陶。唇部饰有一周黑彩，沿面以黑彩绘有弧形三角纹、柳叶状纹，器表残存"勿"字形纹样。口径31.6、残高6.6厘米（图六六，1）。

标本H64①：65，泥质红陶。唇部饰有一周黑彩，沿面残留有柳叶状纹，器表残存"勿"字形纹样。口径35.8、残高6.2厘米（图六六，3）。

标本H64②：66，泥质红陶。唇部饰有一周黑彩，沿面残留有柳叶状纹的部分图案，器表以黑彩绘有弧形三角、斜线纹等图案。器表及器内抹光。口径35.8、残高7.8厘米（图六六，10）。

B型Ⅰ式

标本H64③：60，泥质红陶。素面。口径18.4、残高5.2厘米（图六六，6）。

C型Ⅰ式

标本H64③：57，泥质红陶。素面。口径23.8、残高9.8厘米（图六六，8）。

钵　复原1件。

A型Ⅰ式　均残。

标本H64①：64，泥质陶，黄褐色顶、暗红色腹。唇部饰有一周黑彩，器表为素面。口径

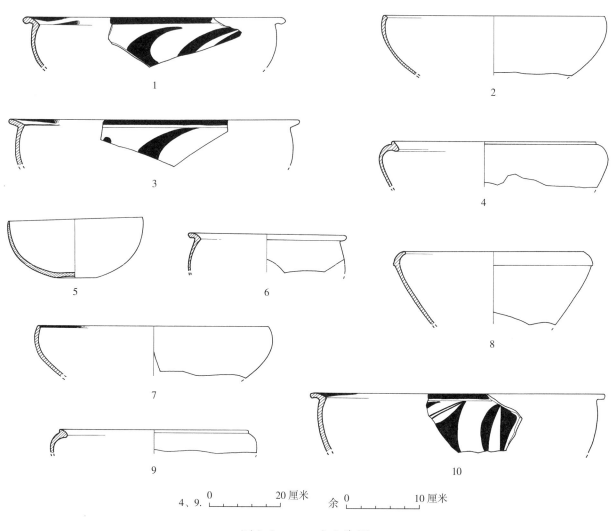

图六六　H64出土陶器

1、3、10. Aa型Ⅰ式盆（H64②：58、H64①：65、H64②：66）　　2、7. A型Ⅰ式钵（H64③：61、H64①：64）　　4、9. Ⅰ式瓮（H64②：63、H64①：53）　　5. C型Ⅰ式钵（H64③：15）　　6. B型Ⅰ式盆（H64③：60）　　8. C型Ⅰ式盆（H64③：57）

31、残高6.7厘米（图六六，7）。

标本H64③：61，泥质红陶，略泛黄。素面。口径29、残高7.8厘米（图六六，2）。

C型Ⅰ式　复原1件。

标本H64③：15，泥质红陶。近直口，圆唇，斜弧腹，凹底。素面。器表光滑，陶色均匀。器底有使用的磨痕。口径18.2、底径2.8、高7.8厘米（图六六，5；图版一〇，4）。

小口瓶

标本H64③：55，残，泥质褐陶。小敛口，圆唇，口沿截面呈截尖圆锥状，束颈，颈下外撇。沿面有明显慢轮修制的痕迹，器表较为粗糙，器内有明显的泥条盘筑痕迹。口径2、残高5.2厘米（图六五，5）。

瓮　均残。

Ⅰ式

标本H64①：53，泥质灰陶。素面。口径47.6、腹径57.2、残高6.4厘米（图六六，9）。

标本H64②：63，泥质灰陶。素面。口径52、腹径62.8、残高12.4厘米（图六六，4）。

器盖　复原1件。

Ca型Ⅰ式

标本H64③：7，夹砂黄褐陶。喇叭形口，圆唇，器顶有手工捏制的双角形扁柄。素面。口径7、高4.5厘米（图六七，1；彩版一〇，5）。

陶纺轮　1件。

标本H64①：19，泥质灰陶。圆台状，平底。器表通饰斜绳纹，中部戳有一小圆孔，底部有一周刻划纹。底径5.5、厚3厘米（图六七，3；图版一三，2）。

陶环　共25件，均残（表二六）。

C型

标本H64③：8，泥质灰陶，外缘有一周齿轮状乳突。内径3.5、外径5~6、厚1.35厘米（图六七，2）。

（2）石器

石斧　1件。

标本H64①：16，系斜长角闪岩琢制而成。横剖面呈椭圆形，弧顶，刃部残缺。残长11.7、宽7、厚3.8厘米（图六八，1；图版一三，3）。

环石　1件，残。

标本H64①：17，系黑云斜长片岩琢制而成。器身扁薄，中部琢制一圆孔。器表较为粗糙。外径12、内径2.6厘米

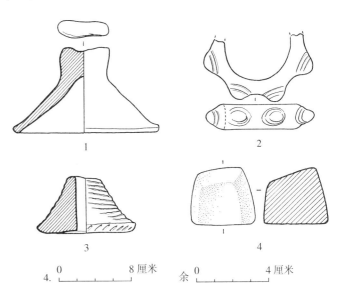

图六七　H64出土器物

1. Ca型Ⅰ式陶器盖（H64③：7）　2. C型陶环（H64③：8）
3. 陶纺轮（H64①：19）　4. 研磨石（H64②：50）

表二六　H64 陶环统计表（25 件）

编号	形状				尺寸（厘米）	保存状况	备注
	A 型（15）	B 型（5）	C 型（5）	D 型	内径 × 外径 × 厚		
H64 ③：8			√		3.5×（5~6）×1.35	残	
H64 ②：20	√				4×5.6×1.05	残	
H64 ③：21	√				6×7.4×0.9	残	
H64 ③：22	√				5.2×6.6×0.8	残	
H64 ③：23	√				6×7.8×1.35	残	
H64 ②：24	√				6×7.4×0.95	残	
H64 ③：25	√				4×5.4×0.55	残	
H64 ③：26	√				4×5.2×1	残	
H64 ①：27	√				4×5.8×1.1	残	
H64 ②：28	√				4×5.4×0.9	残	
H64 ②：29	√				4×5.6×0.6	残	
H64 ②：30	√				4×5.2×0.65	残	
H64 ③：31	√				4×5.6×0.7	残	
H64 ③：32	√				4×5.2×0.7	残	
H64 ②：33	√				5×6.2×0.65	残	
H64 ②：35	√				4×5.4×0.8	残	
H64 ②：34		√			5×6.4×0.6	残	
H64 ②：36		√			4×5.2×0.5	残	
H64 ②：37		√			4×5.4×0.5	残	
H64 ③：38		√			4×5.2×0.6	残	
H64 ②：39		√			5×6.4×0.6	残	
H64 ③：40			√		6×8.2×1.4	残	
H64 ③：41			√		4×6×1.3	残	
H64 ③：42			√		4×5.6×1	残	
H64 ③：43			√		6×8×1.4	残	

（图六八，4）。

　　石球　4件，完整。圆球形或椭圆形，器表有明显的麻点状琢制痕迹。

　　标本H64③：9，系辉长岩加工而成。体呈椭圆形。直径4.9~6厘米（图六八，2）。

　　标本H64①：11，系石英岩制成。圆球形。直径6.4厘米（图六八，3；彩版一三，4）。

　　标本H64①：18，系辉长岩加工而成。圆球形。直径5.2~5.3厘米（图六八，5；图版一三，1）。

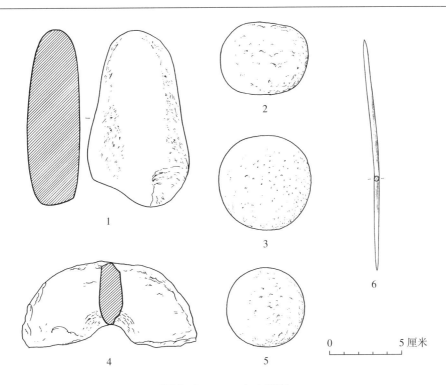

图六八　H64出土器物

1. 石斧（H64①：16）　　2、3、5. 石球（H64③：9、H64①：11、H64①：18）　　4. 环石
（H64①：17）　　6. 骨簪（H64①：6）

研磨石　1件，完整。

标本H64②：50，系脉石英制成。体呈梯形。其中有一侧面磨制平整，器表残留有红色颜料。长7.3、宽6.5、厚5.7厘米（图六七，4）。

（3）骨器

骨簪　1件，完整。

标本H64①：6，横截面为圆形，器身修长，两端尖锐、锋利。磨制精细、光滑。长15.4、直径0.4厘米（图六八，6；彩版一三，5）。

10. H66

位于ⅡT1601的东南角，部分伸入到ⅡT1501、ⅢT1501、ⅢT1601内，横跨4个探方。开口于②层下，被H100、H38打破，并打破H155。坑口距地表0.75米。平面形状呈椭圆形，斜壁，平底。口径3.6~4、底径2.6、深0.8米。坑底有一层厚0.03~0.04米的硬面。坑内填松散的灰黑色土，包含物较少。可辨动物属种仅有猪一种（图六九）。

H66出土遗物较少，以陶器为主。出土陶器有尖底瓶、葫芦口瓶、罐、盆、钵、瓮、釜、器盖等，分别占可辨器形的2.38%、2.38%、21.43%、32.14%、25.00%、7.14%、1.19%、5.95%。陶系情况是泥质陶较夹砂陶多，两类均以红陶为主，纹饰以素面居多，其次是绳纹和线纹，彩陶也占较大的比例（表二七）。以下依质地分别予以介绍。

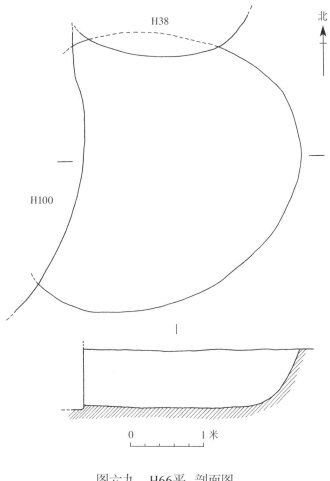

图六九　H66平、剖面图

（1）陶器

尖底瓶　均残。

Ⅱ式

标本H66:10，泥质红陶。器表饰斜线纹。口径4.4、残高6厘米（图七〇，4）。

罐　均残。

Aa型Ⅰ式

标本H66:11，夹砂红陶。器表饰斜绳纹。口径40.6、残高11.2厘米（图七〇，5）。

Ab型Ⅰ式

标本H66:9，夹砂褐陶。器表饰绳纹，颈部一周有手指按压的指窝纹。口径16.8、残高7厘米（图七〇，2）。

盆　复原1件。

Aa型Ⅰ式　均残。

标本H66:3，泥质陶，黄褐色顶，暗红色腹。唇部饰有一周黑彩，沿面用黑彩绘有由一个弧形三角纹和两个柳叶状纹组成的对称图案，器上腹部绘有由圆点、弧形三角、涡纹、斜线纹等组成的图案，残存两组，器下腹部以黑彩带纹绕器一周。口径40、残高13厘米（图七〇，1；彩版一一，1）。

标本H66:12，泥质红陶。折沿。唇部饰有一周黑彩，沿面内侧以黑彩绘有弧形三角纹，

表二七　H66陶系、纹饰统计表

纹饰 ＼ 陶系	泥质陶					夹砂陶			合计	百分比（%）
	红	黄褐	褐	灰	小计	红	灰褐	小计		
素面	149	19	42	76	286	22		22	308	41.45
绳纹		1			1	127	52	179	180	24.23
线纹	135	9	13	5	162				162	21.80
彩陶	92				92				92	12.38
弦纹							1	1	1	0.14
合计	376	29	55	81	541	149	53	202	743	100
百分比（%）	50.61	3.90	7.40	10.90	72.81	20.06	7.13	27.19	100	

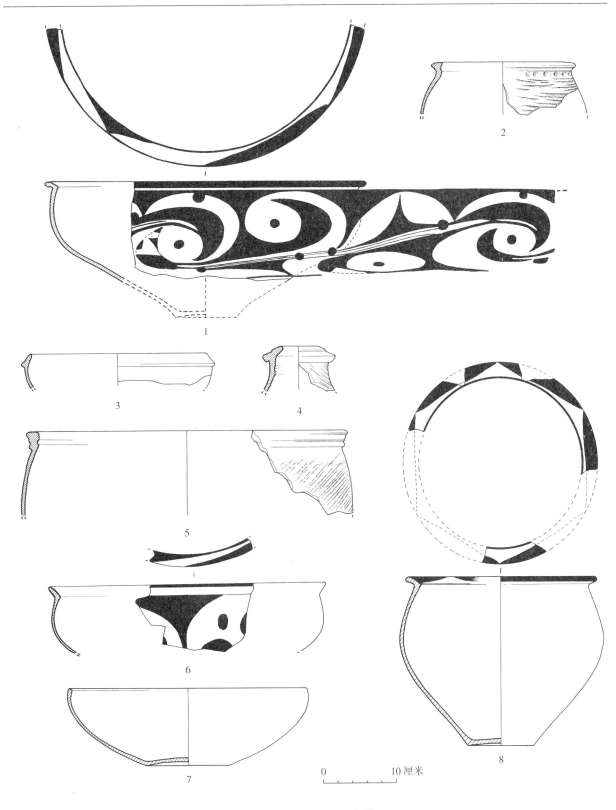

图七〇 H66出土陶器

1、6. Aa型Ⅰ式盆（H66：3、H66：12） 2. Ab型Ⅰ式罐（H66：9） 3. C型Ⅰ式盆（H66：5） 4. Ⅱ式尖底瓶（H66：10）

5. Aa型Ⅰ式罐（H66：11） 7. A型Ⅰ式钵（H66：1） 8. B型Ⅰ式盆（H66：2）

外侧以黑彩绘有柳叶状纹，器表以黑彩绘有圆点纹、弧形三角纹等图案。口径34.6、残高9厘米（图七〇，6）。

B型Ⅰ式　复原1件。

标本H66：2，泥质陶，陶色顶部略泛黄，下腹部及器内灰色。敛口，唇沿外卷，圆唇，腹部圆鼓，凹底。唇部饰一周黑彩，沿面以黑彩绘有三组分张的柳叶状纹，腹部素面。口径23、腹径28.2、底径9、高22.5厘米（图七〇，8；图版一〇，5）。

C型Ⅰ式　均残。

标本H66：5，泥质红陶。素面。口径23.4、残高4.2厘米（图七〇，3）。

钵　复原1件。

A型Ⅰ式

标本H66：1，泥质陶，红顶，黄褐色腹。敛口，圆唇，弧腹斜收，凹底。素面。器表隐约可见横向刮修的痕迹。口径32、底径11.4、高10.3厘米（图七〇，7）。

标本H66：6，残，泥质红陶。素面。口径26.8、残高5.8厘米（图七一，3）。

瓮　均残。

Ⅰ式

标本H66：7，泥质灰陶。素面。口径47.6、残高3.8厘米（图七一，1）。

标本H66：8，泥质灰陶。素面。口径36、残高2.9厘米（图七一，2）。

（2）骨器

骨簪　1件。

标本H66：4，横断面为椭圆形，稍扁。一端残断，一端圆钝。器身磨制精致、光滑。残

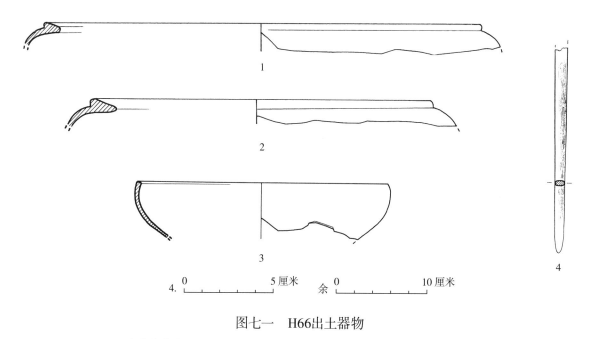

图七一　H66出土器物

1、2. Ⅰ式陶瓮（H66：7、H66：8）　3. A型Ⅰ式陶钵（H66：6）　4. 骨簪（H66：4）

长10.9厘米（图七一，4；图版一三，4）。

11. H68

位于ⅡT2303西南部，一小部分伸入南壁内。开口于①层下，被H63、H64打破，并打破生土。坑口距地表0.45米。平面形状大体呈椭圆形，坑壁略内收，底部较平。口径2.6~3.8、深1.7米。坑壁周围用厚0.03~0.05米的料姜石处理。另外，坑底部有规律地排列着许多石块，石块的平面均向上，还在坑底靠近东壁处有一草拌泥墩。

坑内堆积大致可分三层：

第①层：厚约0.3米，土质较软，土色黑褐。在深约0.1米处，有一厚0.02~0.05米的硬面，此硬面裂成小碎块，该层出土有较多陶片及动物骨头，并出土有陶环、陶刀等小件器物。可辨别的动物属种有中华圆田螺、圆顶珠蚌、蚌、雉、甘肃鼢鼠、刺猬、猪、小猪等。

第②层：厚约0.7米，为疏松的灰色土。在该层底部有一凹凸不平的灰白色硬面，硬面中

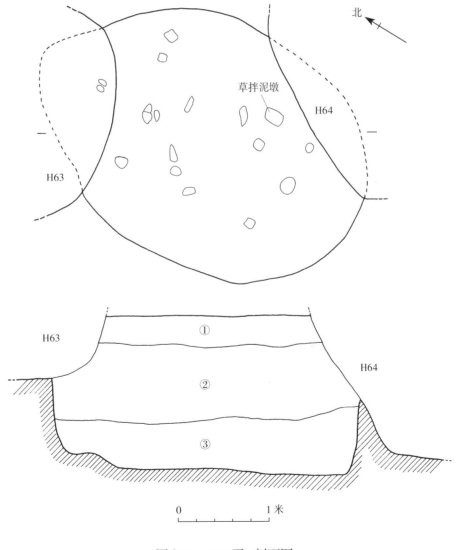

图七二　H68平、剖面图

夹杂有红烧土点、沙粒以及植物茎秆腐朽的痕迹，此硬面很可能是房屋倒塌所形成的。该层出土有较多陶片和少量动物骨头，并有陶环、陶刀、骨锥等小件器物的出土。可辨别的动物属种有猪、小猪、獐等。

第③层：厚0.6米左右，为较疏松的灰色土，包含物较为丰富，出土有大量陶片和动物骨头等，并有陶环、陶刀、圆陶片、刮削器、骨锥等小件器物的出土。可辨别的动物属种有圆顶珠蚌、蚌、狗、猪、梅花鹿等（图七二；图版二，2）。

H68①层所出遗物极少，②、③层较多，各层间器物变化不明显，均为庙底沟文化一期。所出陶器主要有瓶、罐、盆、钵、瓮等，分别占可辨器形的4.97%、37.10%、26.84%、22.26%、8.83%。泥质陶占大多数，夹砂陶次之，泥质陶以红陶为主，夹砂陶以灰褐陶为主，纹饰以素面为主，其次是线纹和绳纹（详见表二八~三〇）。出土物按质地分别介绍如下。

（1）陶器

尖底瓶 皆残，器表均饰斜线纹。

Ⅰ式

标本H68③：25，泥质红陶。口径4.6、残高5.2厘米（图七三，2）。

标本H68①：99，泥质黄褐陶。口径3.8、残高4.2厘米（图七三，3）。

Ⅱ式

标本H68②：24，泥质红陶。口径4.6、残高5.8厘米（图七三，8）。

标本H68③：98，泥质褐陶。口径4、残高6厘米（图七三，9）。

表二八 H68①陶系、纹饰统计表

陶系 / 纹饰	泥质陶					夹砂陶				合计	百分比（%）
	红	黄褐	褐	灰	小计	红	黄褐	灰褐	小计		
素面	85	13	24	86	208		8	19	27	235	44.51
绳纹						17		86	103	103	19.51
线纹	132	12		17	161					161	30.49
彩陶	21				21					21	3.98
弦纹								2	2	2	0.38
锯齿纹			1		1					1	0.19
弦+堆纹						1		1	2	2	0.38
弦+指窝纹								1	1	1	0.19
绳+弦纹								1	1	1	0.19
绳+堆纹								1	1	1	0.19
合计	238	25	24	104	391	18	8	111	137	528	100
百分比（%）	45.08	4.73	4.54	19.70	74.05	3.41	1.52	21.02	25.95	100	

表二九　H68②陶系、纹饰统计表

陶系／纹饰	泥质陶					夹砂陶				合计	百分比（%）
	红	黄褐	褐	灰	小计	红	黄褐	灰褐	小计		
素面	190	21	35	230	476					476	47.17
绳纹						108	18	69	195	195	19.33
线纹	120	41	70	11	242					242	23.98
彩陶	80				80					80	7.93
弦纹		1			1	1		7	8	9	0.89
弦＋戳刺纹								4	4	4	0.40
绳＋堆纹								3	3	3	0.30
合计	390	62	106	241	799	109	18	83	210	1009	100
百分比（%）	38.65	6.14	10.51	23.89	79.19	10.80	1.78	8.23	20.81	100	

表三○　H68③陶系、纹饰统计表

陶系／纹饰	泥质陶					夹砂陶			合计	百分比（%）
	红	黄褐	褐	灰	小计	红	灰褐	小计		
素面	257	49	42	150	498		32	32	530	39.97
绳纹						122	182	304	304	22.93
线纹	232	54	46	18	350				350	26.39
彩陶	95				95				95	7.16
弦纹	3		1		4	15	19	34	38	2.87
绳＋指窝纹							1	1	1	0.07
绳＋弦纹							5	5	5	0.38
绳＋堆纹							3	3	3	0.23
合计	587	103	89	168	947	137	242	379	1326	100
百分比（%）	44.27	7.77	6.71	12.67	71.42	10.33	18.25	28.58	100	

葫芦口瓶　均残。

B型Ⅰ式

标本H68③：26，泥质红陶。颈部饰横向线纹。残高10.6厘米（图七三，6）。

罐　复原1件。

Aa型Ⅰ式　复原1件。

标本H68②：13，夹砂褐陶。沿内有一周凹槽，圆唇，腹微鼓，下腹部略曲成反弧状，平底。沿下至肩部饰五道凹弦纹，肩部一周有三个用手指压贴的纽扣状附加泥饼，腹部通体饰斜绳纹。沿面至肩部及器内有明显慢轮修制的痕迹，器底有使用的磨痕。另外，器表有烟熏

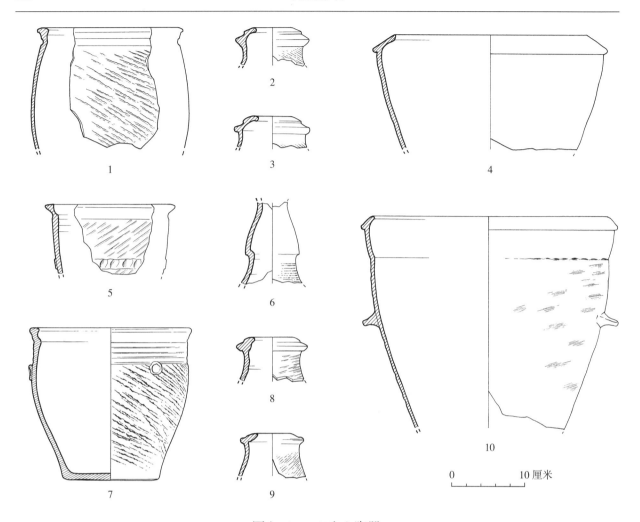

图七三   H68出土陶器

1、7. Aa型Ⅰ式罐（H68②：28、H68②：13）   2、3. Ⅰ式尖底瓶（H68③：25、H68①：99）   4. D型Ⅰ式罐（H68②：101）
5. B型Ⅰ式罐（H68③：27）   6. B型Ⅰ式葫芦口瓶（H68③：26）   8、9. Ⅱ式尖底瓶（H68②：24、H68③：98）   10. E型Ⅰ
式罐（H68②：100）

的炱痕。口径22.2、底径13、高20.3厘米（图七三，7；图版一〇，6）。

标本H68②：28，残，夹砂褐陶。器表饰较为粗疏的斜绳纹。口径16.8、残高16厘米（图
七三，1）。

B型Ⅰ式   均残。

标本H68③：27，夹砂红陶。器表饰粗疏的斜绳纹，腹中部饰有一周附加泥条，泥条上用
手指按压有一周指窝纹。口径16.8、残高9.2厘米（图七三，5）。

D型Ⅰ式   均残。

标本H68②：101，泥质灰陶。素面。器表凹凸不平，未经修整。口径23、残高15.2厘米
（图七三，4）。

E型Ⅰ式   均残。

标本H68②：100，泥质红陶，略泛黄。素面。腹部饰两对称的条形鋬手，并隐约可见制作时留下的工具按压凹槽。口径31.4、残高28厘米（图七三，10）。

弦纹罐　均残。

标本H68①：95，夹砂红陶。器表饰平行弦纹，肩部残留一纽扣状附加堆纹。口径21.2、腹径30.4、残高10.2厘米（图七四，10）。

盆　均残。

Aa型Ⅰ式

标本H68②：30，泥质红陶。唇部饰有一周黑彩，沿面以黑彩绘有三等分图案，每组图案由一个弧形三角和两个分张的柳叶状纹组成，腹部以黑彩绘有圆点和回旋勾连纹等。口沿内外显见慢轮修制的痕迹，沿面及器表经磨光。沿下有一由外及内的小钻孔，用来缀合破损的陶器。口径34.6、残高4.4厘米（图七五，4）。

标本H68③：31，泥质红陶。唇部饰有一周黑彩，沿面内侧以黑彩绘有一周带状纹，外侧以黑彩绘有柳叶纹，腹部以黑彩绘有由圆点、弧形三角等组成的回旋勾连纹图案。口沿内外明显经刮修，器表磨光。口径35、残高9.6厘米（图七五，3）。

标本H68③：96，泥质红陶。唇部饰有一周黑彩，沿面以黑彩绘有弧形三角、柳叶纹，器表以黑彩绘有由圆点、倒三角、弧形三角等组成的花瓣状图案。该器器表光滑，器内经打磨。口径36、残高10.2厘米（图七五，1）。

标本H68③：102，泥质黄褐陶。唇部饰有一周黑彩，沿面以黑彩绘有弧形三角纹、柳叶纹，腹部以黑彩绘有由圆点、相对三角、垂弧纹等组成的图案。该器口沿内外明显经刮修，器表较为光滑，器内抹光。口径34.2、残高11.4厘米（图七五，2）。

D型Ⅰ式

标本H68③：97，泥质红陶。素面。口径30.6、残高6厘米（图七四，5）。

钵　复原6件。

A型Ⅰ式　复原1件。

标本H68②：17，泥质陶，红顶，褐腹。敛口，方唇，腹部斜收，凹底。素面。器表较为光滑，沿内经刮修。口径35.4、底径12.6、高9.8厘米（图七四，3；图版一一，1）。

B型Ⅰ式　复原1件。

标本H68②：18，泥质陶，器表饰红陶衣。敛口，圆唇，曲腹，底中部微内凹。素面。器顶由外到内钻有两孔，器底上有使用的磨痕。口径15.1、底径5.8、高8厘米（图七四，6；图版一一，3）。

C型Ⅰ式　复原4件。

标本H68②：12，泥质红陶。近直口，圆唇，弧腹斜收，凹底。腹部残留一钻孔，素面。器顶经刮修，器底有使用的磨痕。口径18.6、底径6.4、高7厘米（图七四，1；图版一一，2）。

标本H68②：14，泥质红陶。素面。口径15.9、底径4.7、高5.8厘米（图七四，7）。

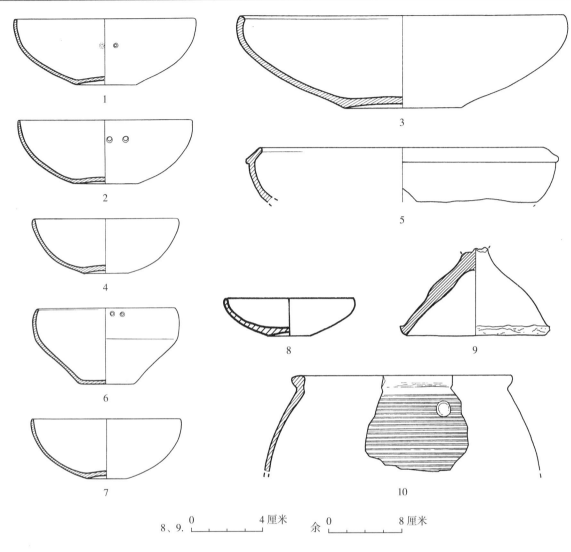

8、9. |0——————4厘米| 余 |0——————8厘米|

图七四　H68出土陶器

1、2、4、7. C型Ⅰ式钵（H68②：12、H68②：19、H68③：16、H68②：14）　3. A型Ⅰ式钵（H68②：17）　5. D型Ⅰ式盆（H68③：97）　6. B型Ⅰ式钵（H68②：18）　8. 碗（H68③：20）　9. Cb型Ⅰ式器盖（H68③：22）　10. 弦纹罐（H68①：95）

标本H68③：16，泥质黄褐陶。素面。口径16.4、底径4、高6.3厘米（图七四，4）。

标本H68②：19，泥质红陶。素面。腹部有对钻的圆形小孔。口径19、底径6.8、高6.8厘米（图七四，2）。

碗　复原1件。

标本H68③：20，泥质红陶。直敞口，圆唇，腹部斜收，底中部内凹。素面。器表有明显的抹光痕迹。口径7.2、底径2.4、高2.1厘米（图七四，8）。

灶　均残。

Ⅰ式

标本H68③：29，夹砂红陶。腹部通饰横向弦纹。口径26.8、残高8.8厘米（图七六，3）。

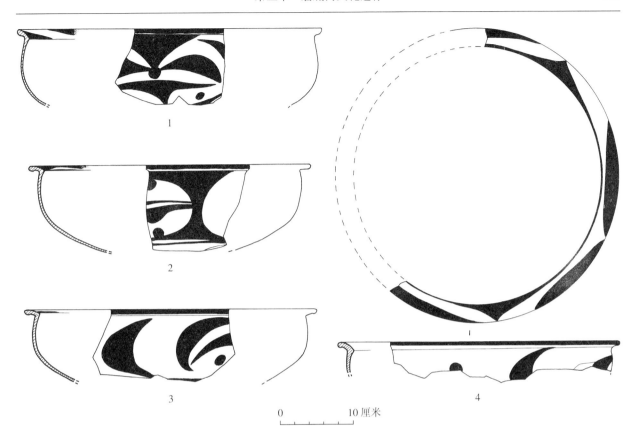

图七五　H68出土Aa型Ⅰ式陶盆

1. H68③:96　2. H68③:102　3. H68③:31　4. H68②:30

器盖　均残。

Cb型Ⅰ式

标本H68③:22，夹砂红陶。喇叭形侈口，圆唇，提柄残缺。素面。器表及器内抹光，提柄为手工捏制。口径7.2、残高4.7厘米（图七四，9）。

瓮　复原1件。

Ⅰ式

标本H68②:15，泥质褐陶。敛口，圆唇，沿面刮有一周凹槽，广圆肩，腹部斜收，小平底。素面。整器重心偏移，口、底的圆点不在同一个轴线上。唇沿有明显慢轮修制的痕迹。口径45~47.5、肩宽55.4、底径15.4、高32厘米（图七六，1；图版一一，5）。

标本H68③:103，残，泥质灰陶。素面。口径49.6、腹径64.4、残高15.2厘米（图七六，2）。

陶刀　3件，1件完整。

B型

标本H68②:9，系泥质线纹红陶片加工而成。刀部单面磨制，较为锋利。长7.7、宽4厘

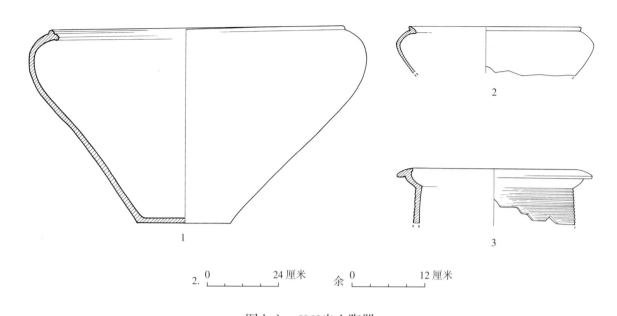

图七六　　H68出土陶器
1、2. I式瓮（H68②：15、H68③：103）　　3. I式灶（H68③：29）

米（图七七，2；图版一三，5）。

陶环　50件，2件完整（表三一）。

B型　1件，完整。

标本H68③：4，泥质灰陶。外缘有一周圆棱，一面有使用的磨痕。内径4.7、外径6.1、厚0.65厘米（图七七，1；彩版一三，6）。

C型　1件，完整。

标本H68③：23，泥质灰陶。剖面呈半圆形，外侧一周有七个螺形乳状突起。内径4.6、外径6.3~8.3、厚1.25厘米（图七七，6；彩版一三，6）。

标本H68②：71，残，泥质灰陶。螺旋状。内径5.8、外径7.4、厚1.2厘米（图七七，7）。

陶网坠　1件，完整。

标本H68②：83，系泥质红陶片加工而成。平面形状大体呈长方形，两侧分别打制有一三角形缺口。长5、宽3.7、厚0.8厘米（图七七，3）。

刮削器　1件，完整。

标本H68②：82，系泥质灰陶片加工而成。平面呈椭圆形，刃部双面打制，并留有锯齿状使用痕迹。直径5.2~7、厚0.8厘米（图七七，4）。

（2）骨器

骨锥　1件，完整。

标本H68②：21，柄端保持骨关节原状，锋端劈裂成尖状，并经磨制，尖锐光滑。长9.8厘米（图七七，5；图版一三，6）。

表三一　H68 陶环统计表（50 件）

编号	形状				尺寸（厘米）	保存状况	备注
	A 型（17）	B 型（17）	C 型（15）	D 型（1）	内径 × 外径 × 厚		
H68 ③：32	√				3.8×5×0.7	残	
H68 ③：33	√				3.8×5.2×0.75	残	
H68 ③：34	√				3.8×5×0.7	残	
H68 ③：35	√				3.6×5.2×0.75	残	
H68 ③：36	√				6×7.8×1.2	残	
H68 ③：37	√				6×7.8×1.25	残	
H68 ③：38	√				6×7.2×1.1	残	
H68 ③：39	√				4×5.6×0.7	残	
H68 ③：40	√				5×6.6×0.85	残	
H68 ①：41	√				7×8.4×0.8	残	
H68 ③：42	√				4×5.4×0.7	残	
H68 ③：43	√				4×5.2×0.7	残	
H68 ③：44	√				3.8×5×0.7	残	
H68 ②：45	√				4×5.6×0.7	残	
H68 ③：46	√				4×5.4×0.65	残	
H68 ①：47	√				4×5.6×0.75	残	
H68 ③：48	√				3.8×4.8×0.6	残	
H68 ③：49				√	6×7.8×2.85	残	
H68 ③：4		√			4.7×6.1×0.65	完整	
H68 ③：50		√			5.8×6.2×0.9	残	
H68 ③：51		√			3.8×5.2×0.65	残	
H68 ②：52		√			5×6.6×0.75	残	
H68 ③：53		√			6×7.6×0.75	残	
H68 ③：54		√			5.4×6.8×0.65	残	
H68 ③：55		√			4×5.4×0.7	残	
H68 ③：56		√			4.2×5.4×0.7	残	
H68 ③：57		√			4.8×6.2×0.6	残	
H68 ①：58		√			4×5.4×0.7	残	
H68 ③：59		√			5.2×6.8×0.75	残	
H68 ③：60		√			4×5.4×0.7	残	
H68 ③：61		√			4×5.4×0.65	残	
H68 ③：62		√			4×5.4×0.65	残	
H68 ③：63		√			4×5.4×0.7	残	
H68 ③：64		√			4×5.2×0.7	残	

编号	形状				尺寸（厘米）	保存状况	备注
	A 型（17）	B 型（17）	C 型（15）	D 型（1）	内径 × 外径 × 厚		
H68③：65		√			4.6×6×0.6	残	
H68③：23			√		4.6×（6.4~8.3）×1.25	完整	齿轮状
H68②：66			√		4.4×7.2×1.05	残	齿轮状
H68②：67			√		4×5.8×0.9	残	齿轮状
H68①：68			√		4.6×6.8×1.05	残	齿轮状
H68③：69			√		4×7.2×1.1	残	齿轮状
H68②：70			√		4×6.6×0.9	残	齿轮状
H68③：71			√		5.8×7.4×1.2	残	螺旋状
H68②：72			√		5×8×1.3	残	齿轮状
H68③：73			√		4×7.6×1.15	残	齿轮状
H68①：74			√		4×6×1.3	残	齿轮状
H68③：75			√		4×6×1.3	残	齿轮状
H68②：76			√		4×6×1.05	残	齿轮状
H68③：77			√		4×6×1.3	残	齿轮状
H68③：78			√		5×7.2×1.4	残	螺旋状
H68③：79			√		3.8×6.4×0.9	残	齿轮状

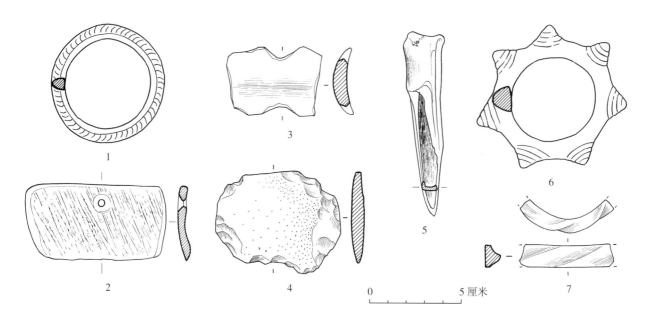

图七七　H68出土器物

1. B型陶环（H68③：4）　2. B型陶刀（H68②：9）　3. 陶网坠（H68②：83）　4. 陶刮削器（H68②：82）　5. 骨锥（H68②：21）　6、7. C型陶环（H68③：23、H68②：71）

12. H76

位于ⅡT2203西南部和ⅡT2202西北部。开口于①层下，打破H64、H92以及生土。坑口距地表0.5米。平面形状呈椭圆形，西北坑壁较直，其余坑壁向外掏挖呈袋状，平底。口径1.53~2.2、底径2.6~3.14、深2.52米。

坑内堆积大致可分三层：

第①层：厚约1米，为疏松的灰土堆积，距坑口0.46米处夹有一层较硬的红褐色土，厚约0.2米。该层包含物较为丰富，出土有较多陶片及少量陶环、鱼叉等小件器物。

第②层：厚约0.7米，由西北向东南倾斜，为较硬的黄土堆积，较为纯净，无遗物出土，可能由于坑壁倒塌所形成。

第③层：厚约0.9米，为较松软的黄色淤土堆积，结构较为细密，包含物极少，仅出土有数片陶片（图七八）。

H76出土物较少，基本分布在①层内，陶器主要有瓶、罐、盆、钵、瓮、器盖等，分别占可辨器形的5.08%、25.42%、37.29%、27.13%、3.39%、1.69%。陶系、纹饰情况详见表三二。出土物按质地分别介绍如下。

（1）陶器

尖底瓶底　均残。

标本H76①:1，泥质灰褐陶，仅残留尖底部。器表饰交错线纹。器内经抹光，器内尖底部明显可见泥条盘筑的痕迹。残高24.4厘米（图七九，1）。

葫芦口瓶　均残。

B型Ⅰ式

标本H76①:2，泥质红陶。该器系葫芦口瓶的口部，残断面被打磨修平，似改作他用。器表有慢轮修制的痕迹。口径3.6、最大径6.2、磨平处直径5.2、残高7.8厘米（图七九，2）。

陶环　7件（表三三）。

（2）骨器

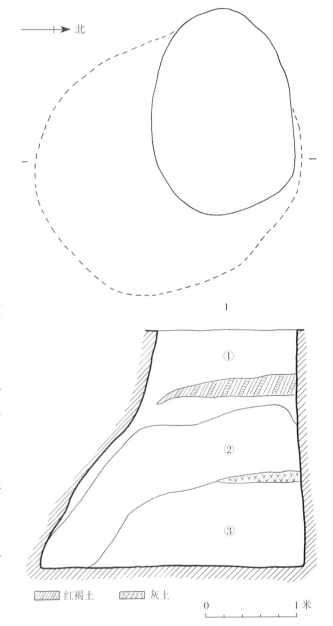

图七八　H76平、剖面图

表三二 H76 陶系、纹饰统计表

纹饰 \ 陶系	泥质陶					夹砂陶					合计	百分比（%）
	红	黄褐	褐	灰	小计	红	灰褐	灰	黄褐	小计		
素面	142	3	10	89	244	13		3	12	28	272	47.31
绳纹						6	16			22	22	3.83
线纹	186	12		43	241						241	41.91
彩陶	35				35						35	6.09
弦纹						1	2			3	3	0.52
绳+堆纹						1				1	1	0.17
绳+弦纹						1				1	1	0.17
合计	363	15	10	132	520	22	18	3	12	55	575	100
百分比（%）	63.13	2.60	1.74	22.96	90.43	3.83	3.13	0.52	2.09	9.57	100	

表三三 H76 陶环统计表（7件）

编号	形状				尺寸（厘米）	保存状况
	A 型（4）	B 型（3）	C 型	D 型	内径×外径×厚	
H76①:3	√				4.2×5.6×0.7	残
H76①:4	√				6×7.2×0.75	残
H76①:5	√				3.8×5.2×0.7	残
H76①:7	√				4×5.2×0.6	残
H76①:8		√			6×7.2×1	残
H76①:9		√			4×5.6×0.7	残
H76①:10		√			5×6.6×0.7	残

鱼叉 1件，完整。

标本H76①:6，系动物肢骨劈裂加工而成。器身一端有一倒钩，一端为圆锥形，倒钩锋部较为锐利，柄部锋尖圆钝，器柄末端两边分别刻有一三角形缺口，中部一边刻有一个弧形凹槽，分别用来捆绑镖杆。通体有纤细的磨光痕迹，器表有明显的使用痕迹。器身长11厘米（图七九，3；彩版一三，8）。

13. H88

位于ⅢT1901西北角，一部分在ⅢT2001内。开口于①层下，被M10打破，并打破H86及生土层。坑口距地表0.4米。平面形状呈圆角长方形，直壁，唯东壁带有收分，平底。坑口长3.4、宽1.5米，底长3.2、宽1.5米，深1.12米。另外，在坑底部东北角有一口径0.12、深0.16米的圆形小洞，西南角紧贴坑壁有一椭圆形灶坑，口径0.44~1.56、深0.28米。坑内填松散的灰色土，在距坑口0.6~0.9米之间夹杂有黄土以及烧土颗粒，西南灶坑内包含有大量的螺壳以及大块红烧土块和草拌泥硬块，其硬块表面平整，可能是房子废弃后形成的堆积。该坑出土有少量陶片及动物骨头。可辨别的动物属种仅中华圆田螺一种（图八〇）。

H88出土物较少，陶器主要有瓶、罐、盆、钵、瓮等，分别占可辨器形的9.09%、21.21%、21.21%、36.36%、12.12%。陶系、纹饰情况详见表三四。出土物介绍如下。

尖底瓶　均残。

II式

标本H88：3，泥质红陶。器表饰斜线纹。口径4、残高4.2厘米（图八一，5）。

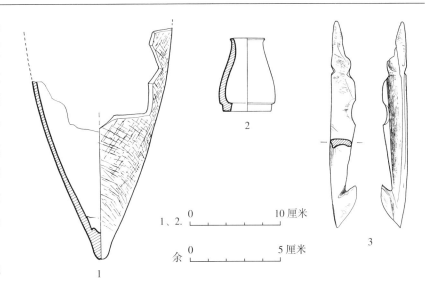

图七九　H76出土器物

1. 陶尖底瓶底（H76①：1）　　2. B型I式陶葫芦口瓶（H76①：2）　　3. 骨鱼叉（H76①：6）

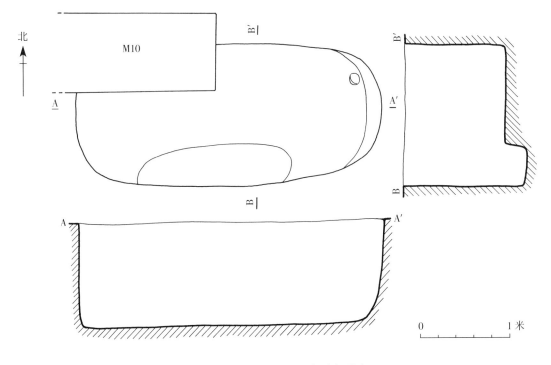

图八〇　H88平、剖面图

表三四　H88 陶系、纹饰统计表

纹饰＼陶系	泥质陶					夹砂陶			合计	百分比（%）
	红	黄褐	褐	灰	小计	红	灰褐	小计		
素面	50	3	20	39	112				112	40.00
绳纹						47	35	82	82	29.30
线纹	53		11	5	69				69	24.64
彩陶	9				9				9	3.21
弦＋堆纹							3	3	3	1.07
绳＋弦纹						3		3	3	1.07
弦＋篦点纹						2		2	2	0.71
合计	112	3	31	44	190	52	38	90	280	100
百分比（%）	40.00	1.07	11.07	15.72	67.86	18.57	13.57	32.14	100	

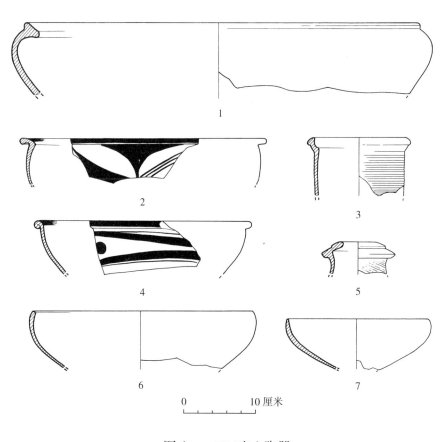

图八一　H88出土陶器

1. Ⅰ式瓮（H88∶7）　2. Aa型Ⅰ式盆（H88∶2）　3. B型Ⅰ式罐（H88∶4）　4. 卷唇盆
（H88∶5）　5. Ⅱ式尖底瓶（H88∶3）　6、7. A型Ⅰ式钵（H88∶6、H88∶1）

罐 均残。

B型 Ⅰ式

标本H88：4，夹砂红陶。上腹饰弦纹。口径12、残高7.6厘米（图八一，3）。

盆 均残。

Aa型 Ⅰ式

标本H88：2，泥质红陶。唇部饰一组黑彩，器表残留有弧形三角和斜线组成的图案。口径29.6、残高6厘米（图八一，2）。

卷唇盆 均残。

标本H88：5，泥质红陶，略泛黄。敞口，圆唇外卷，弧腹内收。唇部饰一周黑彩，器表以黑彩绘有由圆点、斜线等组成的图案。口沿内外抹光。从器形特征和彩陶图案看，这件陶器与半坡文化晚期的同类器关系密切。口径29、残高7厘米（图八一，4）。

钵 均残。

A型 Ⅰ式

标本H88：1，泥质陶，灰褐色顶，浅灰色腹。口径19、残高6.8厘米（图八一，7）。

标本H88：6，泥质红陶。口径30、残高7.6厘米（图八一，6）。

瓮 均残。

Ⅰ式

标本H88：7，泥质褐陶。素面。口径50、残高9.2厘米（图八一，1）。

14. H91

位于ⅡT2101西南角，部分伸入到ⅡT2201和ⅢT2101内。开口于②层下，被M8、H67打破，并打破Y3及生土。坑口距地表0.15~0.85米。平面形状呈椭圆形，直壁，平底。口径2.7~3.4、深0.8~1.28米。在坑西壁有一方形台阶，长0.24~0.4、宽0.4、深0.3米，台面平整，台面距坑底0.48米。在台阶的北侧出土1件残尖底瓶和1件石饼。坑底有一层厚约0.03米的踩踏面，坑东部为一椭圆形浅坑，其底部也为踩踏面，与整个坑底踩踏面连为一体。坑内堆积南部土质稍硬，土色浅灰，北部土质松散，土色灰褐，包含有少量陶片及动物骨头，并出土有少量陶环、石拍、石饼等小件器物。可辨别的动物属种有猪、小猪等（图八二）。

H91出土物多为陶器，其主要器形有瓶、罐、盆、钵等，分别占可辨器形的7.32%、41.46%、21.95%、29.27%。陶系、纹饰情况详见表三五。出土物依质地分别介绍如下。

（1）陶器

尖底瓶 均残。

Ⅱ式

标本H91：16，泥质红陶。颈部及肩部饰横斜向线纹，腹部隐约可见数道横向工具压印槽痕。口径4、残高30.6厘米（图八三，1）。

罐 复原1件。

Aa型 Ⅰ式 均残。

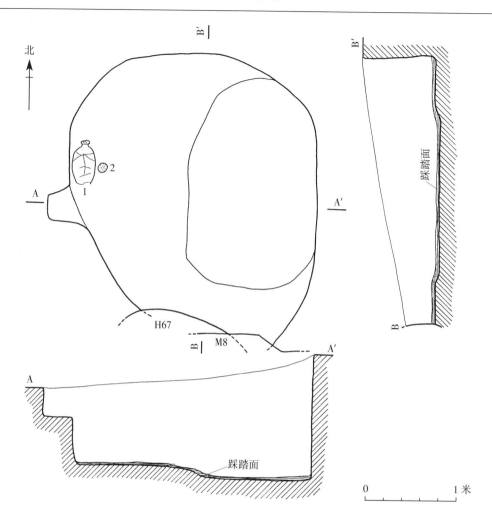

图八二 H91平、剖面图

1. 陶尖底瓶 2. 石饼

表三五 H91 陶系、纹饰统计表

陶系 纹饰	泥质陶					夹砂陶			合计	百分比 （%）
	红	黄褐	褐	灰	小计	红	灰褐	小计		
素面	85			64	149	70		70	219	39.60
绳纹						15	173	188	188	34.00
线纹	108	7	6	3	124				124	22.42
彩陶	20				20				20	3.62
弦纹							1	1	1	0.18
绳+弦纹				1	1				1	0.18
合计	213	7	6	68	294	86	173	259	553	100
百分比（%）	38.52	1.27	1.08	12.30	53.17	15.55	31.28	46.83	100	

标本H91：20，夹砂褐陶。器表饰粗疏的斜绳纹。口径37.2、残高7.6厘米（图八三，2）。

Ab型Ⅰ式　均残。

标本H91：14，夹砂红陶。颈下饰有一周凹弦纹，肩部残留三个一组的纽扣状附加泥饼。口径18.6、腹径26、残高23厘米（图八三，9）。

B型Ⅰ式　均残。

标本H91：43，夹砂褐陶。器表饰粗疏的斜绳纹。口径14.2、残高7.3厘米（图八三，7）。

C型Ⅰ式　复原1件。

标本H91：11，夹砂褐陶。敛口，圆唇，短颈，颈内一周呈弧状，圆鼓腹，下腹内曲呈反弧状，平底。素面。口沿、颈部及器内抹光，器表较为粗糙，略见抹痕，器底有使用的磨痕。口径16.8、腹径26、底径10.8、高21.2厘米（图八三，5；图版一二，5）。

E型Ⅰ式　均残。

标本H91：44，泥质红陶。素面。口径32、残高7厘米（图八三，3）。

标本H91：45，泥质黄褐陶。素面。口径32.4、残高20.6厘米（图八三，10）。

盆　复原1件。

Ab型Ⅰ式

标本H91：10，泥质灰陶。微敛口，沿外卷，圆唇，腹部略成反弧状，凹底。素面。器表略经磨光，器底有使用的磨痕。口径37、底径14、高13厘米（图八三，8；图版一二，1）。

钵　复原1件。

A型Ⅰ式

标本H91：13，泥质红陶。口微敛，圆唇，曲腹，下腹部呈反弧状，凹底。素面。器表、器内抹光。口径34.2、底径11.6、高9厘米（图八三，4；图版一一，4）。

标本H91：18，残，泥质红陶。素面。口径29.2、残高3.8厘米（图八三，6）。

标本H91：19，残，泥质红陶。素面。口径27.2、残高4.2厘米（图八三，7）。

陶环　18件，均残（表三六）。

C型

标本H91：23，泥质灰陶。体呈齿轮状，横截面大体呈五边形，外缘有一周螺状乳突。两面有经使用而磨平的显著痕迹。内径3.6、外径5.8、厚0.8厘米（图八四，5）。

器座　复原1件。

标本H91：12，泥质灰陶。敛口，尖唇，圆环状，底部器壁削成斜面。素面。该器由残陶盂加工而成。口径5.3、底径8.2、高3.2厘米（图八四，4；图版一二，2）。

（2）石器

石饼　2件，完整。平面呈圆形或近圆形，器身扁平。

标本H91：8，系黑云母斜长片岩加工而成。直径12.3、厚2厘米（图八四，1；图版一三，8）。

标本H91：15，系石英岩制成。直径10.7、厚3.4厘米（图八四，2）。

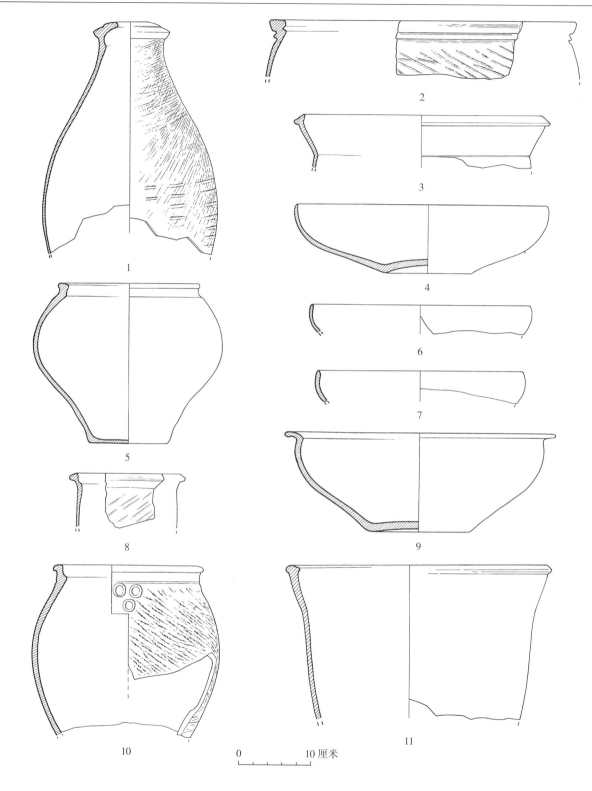

0　　　　　　10厘米

图八三　H91出土陶器

1. Ⅱ式尖底瓶（H91∶16）　2. Aa型Ⅰ式罐（H91∶20）　3、11. E型Ⅰ式罐（H91∶44、H91∶45）　4、6、7. A型Ⅰ式钵
（H91∶13、H91∶18、H91∶19）　5. C型Ⅰ式罐（H91∶11）　8. B型Ⅰ式罐（H91∶43）　9. Ab型Ⅰ式盆（H91∶10）　10. Ab型
Ⅰ式罐（H91∶14）

表三六　H91 陶环统计表（18 件）

编号	形状				尺寸（厘米）	保存状况	备注
	A 型（8）	B 型（8）	C 型（1）	D 型（1）	内径 × 外径 × 厚		
H91：22				√	4×5×1.5	残	
H91：23			√		3.6×5.8×0.8	残	齿轮状
H91：24		√			4×5.2×0.7	残	
H91：25		√			5×6×0.6	残	
H91：26		√			4×5.4×0.95	残	
H91：27		√			3.8×5×0.45	残	
H91：28		√			4.4×5.8×0.6	残	
H91：29	√				5.4×6.6×0.9	残	
H91：30	√				5.2×6.4×1.45	残	
H91：31	√				6×8×1.1	残	
H91：32	√				4.6×6.2×0.75	残	
H91：33	√				6×7.4×0.85	残	
H91：34	√				4×5.4×0.9	残	
H91：35	√				5×6×0.55	残	
H91：38	√				4×5.4×0.9	残	
H91：39		√			3.8×5.4×0.7	残	
H91：40		√			4×5.4×0.85	残	
H91：41		√			4.2×5.6×0.8	残	

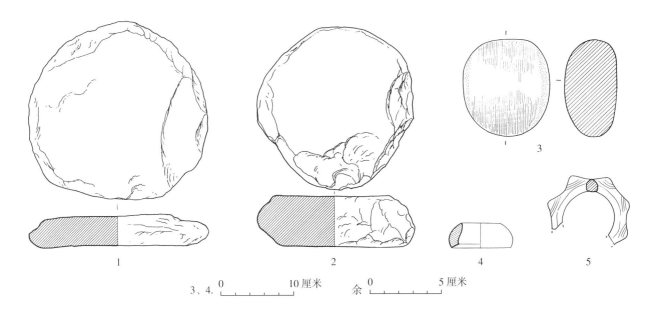

3、4. └─────0───────10厘米─┘　　余 └───0────5厘米─┘

图八四　H91出土器物
1、2. 石饼（H91：8、H91：15）　3. 石拍（H91：37）　4. 陶器座（H91：12）　5. C型陶环（H91：23）

石拍　1件，完整。

标本H91：37，花岗片麻岩，形状大体呈扁圆形，一面有明显的使用磨痕。直径12~13.05、厚7.6厘米（图八四，3；图版一三，7）。

15. H94

位于ⅡT2103东南角，部分伸入到该探方的东壁和南壁内。开口于①层下，被M12打破。坑口距地表0.26米。平面形状呈圆角长方形，直壁，平底。坑口南北长3、宽2、深1.08米。坑内南端有一生土台，台面平整，台面距坑口0.66、距坑底0.38、宽0.8米。坑内堆积无明显分层，台面以上土质较软，以下较硬，土色均为灰褐色，包含物极少，出土有少量陶片，并有残陶环、陶祖等小件器物的出土（图八五）。

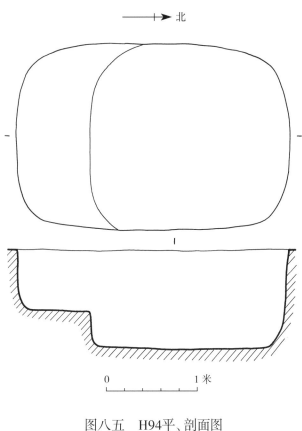

图八五　H94平、剖面图

H94出土物较少，陶器主要有瓶、罐、盆、钵、瓮、釜、器盖等，分别占可辨器形的6.82%、25.40%、26.75%、28.33%、7.94%、3.17%、1.59%。陶系、纹饰情况详见表三七。出土物分别介绍如下。

尖底瓶　均残。

Ⅱ式

标本H94：4，泥质红陶。器表饰斜线纹。口径4、残高4.7厘米（图八六，2）。

小口瓶　较少。

标本H94：3，残，泥质红陶。小口，唇

表三七　H94 陶系、纹饰统计表

纹饰＼陶系	泥质陶					夹砂陶			合计	百分比(%)
	红	黄褐	褐	灰	小计	红	灰褐	小计		
素面	103	22	24	57	206	8	7	15	221	38.57
绳纹						42	54	96	96	16.75
线纹	148	19	25	8	200				200	34.90
彩陶	52				52				52	9.08
弦纹						4		4	4	0.70
合计	303	41	49	65	458	54	61	115	573	100
百分比(%)	52.88	7.16	8.55	11.34	79.93	9.42	10.65	20.07	100	

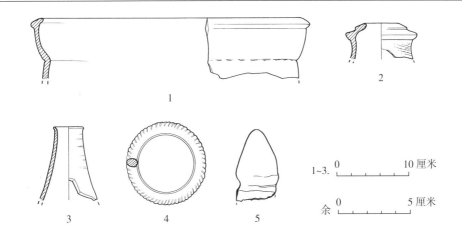

图八六　H94出土陶器

1. E型Ⅰ式罐（H94∶5）　2. Ⅱ式尖底瓶（H94∶4）　3. 小口瓶（H94∶3）　4. B型陶环（H94∶2）　5. 陶祖（H94∶6）

外卷，长颈，颈下残缺。唇沿内有明显慢轮修制的痕迹。口径3.8、残高9.8厘米（图八六，3）。

　　罐　　均残。

　　E型Ⅰ式

　　标本H94∶5，泥质褐陶。素面。该器陶质疏松，器表陶胎脱落严重，器内有明显慢轮修制的痕迹。口径34.6、残高8厘米（图八六，1）。

　　陶祖　1件，残。

　　标本H94∶6，泥质褐陶。残长4.7厘米（图八六，5）。

　　陶环　2件，1件完整。

　　B型

　　标本H94∶2，泥质灰陶。一面有使用磨痕。内径4、外径5.4、厚0.6厘米（图八六，4）。

　　16. H95

　　位于ⅡT2102北部。开口于①层下，打破H94、H96及生土。坑口距地表0.3~0.7米。平面形状呈椭圆形，坑壁较直且略收，底部平坦。口径2.4~3.1、底径2.35~3.1、深1.7~2米。坑内堆积上部为稍硬的浅灰色土，中间为松软的灰褐色土，底部为质硬的黄灰色土，并在坑底有一层厚约0.25米的草拌泥踩踏面。堆积中夹杂有大量陶片和动物骨头等，另有陶环、陶球、陶刀、圆陶片、陶纺轮、石球、骨簪等小件器物出土。可辨别的动物属种有甘肃鼢鼠、貉、猪、獐等。

　　另外，在坑底中心有一圆形柱洞，直径0.1、深0.15米。周壁有31个圆形小洞，编号分别为D1~D31。其中，D1口径0.07、深0.08米，D2口径0.1、深0.14米，D3口径0.1、深0.1米，D4口径0.1、深0.12米，D5口径0.08、深0.1米，D6口径0.08、深0.08米，D7口径0.1、深0.1米，D8口径0.1、深0.11米，D9口径0.12、深0.07米，D10口径0.08、深0.1米，D11口径0.1、深0.1米，D12口径0.09、深0.14米，D13口径0.1、深0.15米，D14口径0.12、深0.15米，D15

口径0.1、深0.2米，D16口径0.07、深0.05米，D17口径0.1、深0.07米，D18口径0.08、深0.1米，D19口径0.08、深0.1米，D20口径0.1、深0.1米，D21口径0.1、深0.1米，D22口径0.1、深0.1米，D23口径0.13、深0.22米，D24口径0.1、深0.13米，D25口径0.1、深0.13米，D26口径0.14、深0.14米，D27口径0.11、深0.15米，D28口径0.25、深0.15米，D29口径0.09、深0.2米，D30口径0.08、深0.14米，D31口径0.08、深0.1米。坑内底部的西南靠坑壁处有一椭圆形小坑，口径0.3~0.5、深0.1米。紧贴西侧为一近方形的生土台，生土台长0.6、宽0.4、高0.16米。小坑口外的西侧出土1件陶钵，陶钵被红烧土包围，距坑口0.15、直径0.2米，红烧土厚约0.05~0.07米。上述迹象表明该坑很可能与人类居住有关（图八七）。

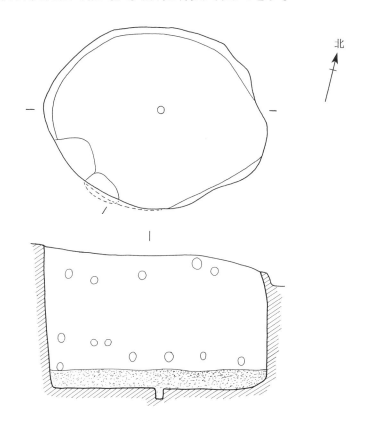

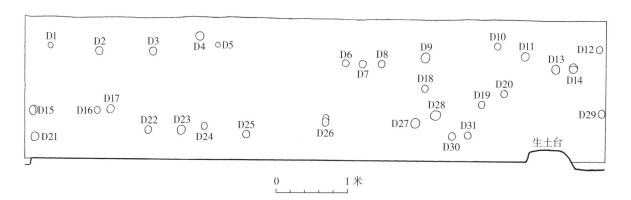

图八七　H95平、剖面及周壁孔洞示意图

表三八　H95 陶系、纹饰统计表

纹饰 ＼ 陶系	泥质陶					夹砂陶			合计	百分比（%）
	红	黄褐	褐	灰	小计	红	灰褐	小计		
素面	349	65	102	165	681	25	59	84	765	38.73
绳纹						185	180	365	365	18.50
线纹	337	170	146	22	675				675	34.18
彩陶	145				145				145	7.34
弦纹						5	1	6	6	0.30
弦＋锯齿纹						3		3	3	0.15
绳＋弦纹						2	4	6	6	0.30
绳＋堆纹						7		7	7	0.35
绳＋篦点纹							1	1	1	0.05
绳＋指窝纹						1		1	1	0.05
绳＋指甲纹						1		1	1	0.05
合计	831	235	248	187	1501	229	245	474	1975	100
百分比（%）	42.07	11.90	12.56	9.47	76.00	11.59	12.41	24.00	100	

　　H95出土遗物主要为陶器，器形有瓶、罐、盆、钵、器盖等，分别占可辨器形的13.50%、23.93%、25.15%、31.90%、5.52%。陶系、纹饰情况详见表三八。以下分别介绍出土物。

　　尖底瓶　均残。

　　Ⅱ式

　　标本H95：7，泥质红陶。口径4.2、残高3厘米（图八八，2）。

　　标本H95：8，泥质红陶。器表饰交错线纹。口径4.8、残高5.2厘米（图八八，3）。

　　葫芦口瓶　均残。

　　A型Ⅰ式

　　标本H95：68，泥质红陶。口沿内外及颈部抹光。口径3.8、残高7.2厘米（图八八，5）。

　　罐　复原2件。

　　Aa型Ⅰ式　均残。

　　标本H95：5，夹砂褐陶。器表饰斜绳纹。口径36、残高10.4厘米（图八九，1）。

　　C型Ⅰ式　均残。

　　标本H95：66，泥质红陶。素面。口径17、残高4厘米（图八九，4）。

　　D型Ⅰ式　复原1件。

　　标本H95：20，泥质灰陶。敛口，沿面鼓起，圆唇，腹部斜直，平底。素面。器表陶胎脱落严重，器内抹光。口径20.4、底径16、高14.6厘米（图八九，6）。

　　E型Ⅰ式　复原1件。

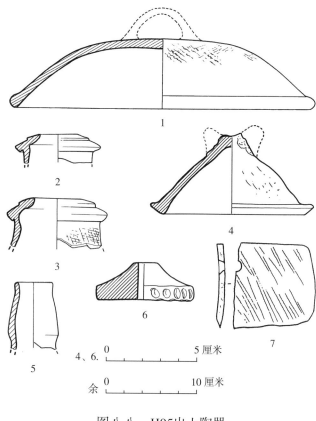

图八八　H95出土陶器

1. Ab型Ⅰ式器盖（H95：23）　2、3. Ⅱ式尖底瓶（H95：7、
H95：8）　4. Ca型Ⅰ式器盖（H95：2）　5. A型Ⅰ式葫芦口瓶
（H95：68）　6. 陶纺轮（H95：1）　7. B型陶刀（H95：3）

标本H95：25，泥质灰陶。敞口，沿面略弧，圆唇，高领，颈部为一周凹槽，腹部微鼓，腹上部有两对称的鸡冠状錾，平底。器表通饰右斜线纹和左向绳索状纹。口沿内外及领部有明显轮制的痕迹。口径34.5~40.7、底径16.8、高39.4厘米（图九〇；彩版一二，1）。

标本H95：69，残，泥质黄褐陶。颈部有一周手指按压的指窝纹，腹部饰有两对称的鸡冠状錾。器表未经修整。口径28.6、残高24.6厘米（图八九，3）。

盆　复原1件。

Aa型Ⅰ式　均残。

标本H95：18，泥质陶，红顶，暗红色腹。敛口，唇沿外卷，弧腹微曲。唇面饰一周黑彩，沿面以黑彩绘有对称的柳叶纹和弧形三角纹，腹部以黑彩绘有由圆点、弧形三角纹、斜线纹、涡纹等组成的回旋勾连纹图案。该器唇沿有明显慢轮修制的痕迹。口径35.2、残高10.4厘米（图八九，7）。

B型Ⅰ式　复原1件。

标本H95：24，泥质红陶。敛口，平沿外折，圆唇，鼓腹，下腹略成反弧状，平底。素面。器内有明显的抹光痕迹。口径19.6、腹径25.4、底径10.4、高21.3厘米（图八九，2；图版一二，6）。

D型Ⅰ式　均残。

标本H95：4，泥质红陶。素面。口径31.2、残高10厘米（图八九，5）。

钵　复原3件。

A型Ⅰ式　复原2件。

标本H95：19，泥质红陶。敛口，圆唇，斜弧腹，凹底。口沿饰一周黑彩，器表为素面。沿内抹光，器表经刮修，器底有使用的磨痕。口径32.4、底径12.4、高11.2厘米（图九一，1；图版一二，4）。

标本H95：22，泥质红陶。敛口，圆唇，腹部斜收，凹底。素面。器表略经刮修，沿内抹光，器底有使用的磨痕。口径31、底径11、高11.4厘米（图九一，2；图版一二，3）。

标本H95：67，残，泥质陶，红色顶，褐色腹。器表以黑彩绘有弧形三角纹、垂弧纹等，

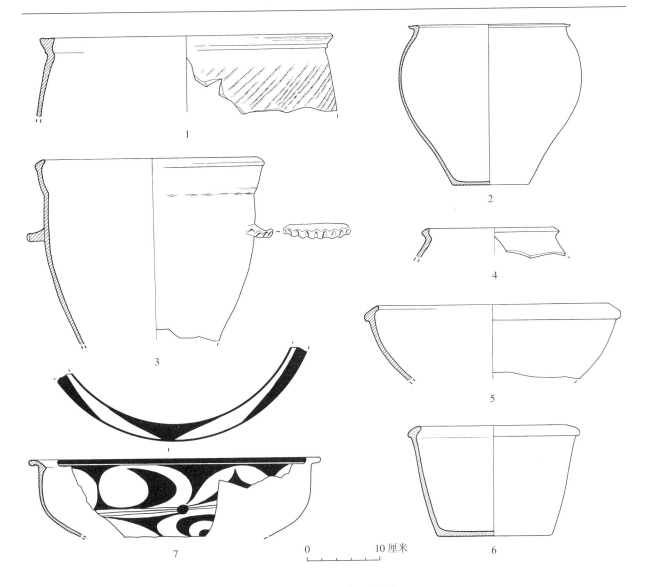

图八九　H95出土陶器

1. Aa型Ⅰ式罐（H95：5）　2. B型Ⅰ式盆（H95：24）　3. E型Ⅰ式罐（H95：69）　4. C型Ⅰ式罐（H95：66）　5. D型Ⅰ式盆
（H95：4）　6. D型Ⅰ式罐（H95：20）　7. Aa型Ⅰ式盆（H95：18）

使地纹形成所谓的"西阴纹"。口径33、残高6.5厘米（图九一，3）。

C型Ⅰ式　复原1件。

标本H95：21，泥质陶，暗红色顶，黄褐色腹。口较直，圆唇，斜弧腹，凹底。素面。器底有使用的磨痕。口径17.6、底径6、高6.6厘米（图九一，4）。

器盖　均残。

Ab型Ⅰ式

标本H95：23，夹砂红陶。敞口，圆唇，形如覆钵，提柄残缺。素面。器表较为粗糙，器内外有明显的抹痕。口径32.2、残高7.4厘米（图八八，1）。

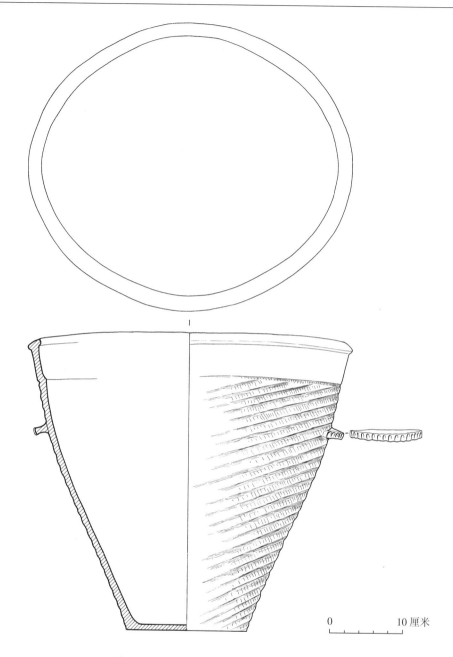

图九〇   H95出土E型Ⅰ式陶罐（H95：25）

Ca型Ⅰ式

标本H95：2，夹砂褐陶。喇叭形口，圆唇，把手残缺，似为双角形。器表素面，较为粗糙，沿外及器内抹光。口径7.6、残高4.3厘米（图八八，4）。

陶刀   4件，均残。

B型

标本H95：3，系泥质线纹红陶片加工而成。中部靠近刀背单钻有一圆形小孔，背面孔上刻划有一菱形凹槽，刀部单面磨制，并留有使用的痕迹。残长4.7、宽4.5厘米（图八八，7）。

表三九　H95 陶环统计表（24 件）

编号	形状				尺寸（厘米）	保存状况	备注
	A 型（12）	B 型（9）	C 型（3）	D 型	内径 × 外径 × 厚		
H95：26	√				5×7×1.05	残	
H95：27	√				5×6.4×0.7	残	
H95：28	√				4×5.8×0.7	残	
H95：29	√				4.8×6×0.6	残	
H95：30	√				5×6.2×0.7	残	
H95：31	√				4.6×6×0.6	残	
H95：32	√				4×5.6×0.8	残	
H95：33	√				3×4.6×0.8	残	
H95：34	√				5×6.6×0.8	残	
H95：35	√				4×5.2×0.7	残	
H95：36	√				3.8×5.2×0.7	残	
H95：37	√				4×6×1.45	残	
H95：38		√			4.2×5.6×0.55	残	
H95：39		√			4.2×5.4×0.6	残	
H95：40		√			4×5.2×0.6	残	
H95：41		√			4×5.2×0.6	残	
H95：42		√			4×5.4×1	残	
H95：43		√			4×5.2×0.55	残	
H95：44		√			4.8×6×0.55	残	
H95：45		√			4.6×5.8×0.55	残	
H95：46		√			4×5.2×0.55	残	
H95：47			√		4×6×1	残	齿轮状
H95：48			√		4×6.2×1	残	齿轮状
H95：49			√		4.6×7×1.05	残	齿轮状

陶环　24件，均残（表三九）。

陶纺轮　1件，完整。

标本H95：1，夹砂褐陶。圆台状，中部有一穿孔，周边饰麦粒状凹窝，底部微凹。底径5.3、厚2厘米（图八八，6；图版一三，9）。

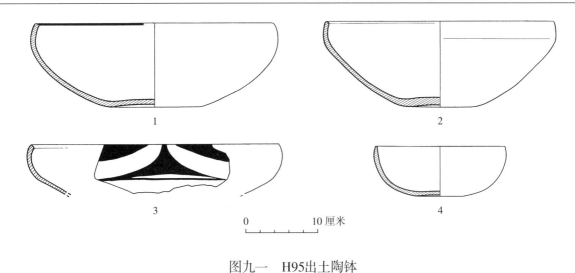

图九一　H95出土陶钵

1~3. A型Ⅰ式（H95：19、H95：22、H95：67）　　4. C型Ⅰ式（H95：21）

17. H103

位于ⅡT1702西北部。开口于①层下，被J1打破，并打破生土层。坑口距地表0.35米。平面形状呈椭圆形，坑壁较直，底部平坦。口径1.98~2.9、深0.5~1.5米。坑内周壁分布有17个横向小洞，编号分别为D1~D17。其中，D1距坑口0.4、口径0.07、深0.1米，D2距坑口0.3、口径0.1、深0.16米，D3距坑口0.3、口径0.07、深0.16米，D4距坑口0.3、口径0.09、深0.18米，D5距坑口0.3、口径0.1、深0.2米，D6距坑口0.5、口径0.08、深0.2米，D7距坑口0.5、口径0.07、深0.12米，D8距坑口0.54、口径0.08、深0.1米，D9位于坑口，一半被破坏，口径0.1、深0.12米，D10距坑口0.6、口径0.08、深0.07米，D11距坑口0.69、口径0.08、深0.15米，D12距坑口0.98、口径0.06、深0.08米，D13距坑口1、口径0.07、深0.07米，D14距坑口0.88、口径0.08、深0.07米，D15距坑口0.88、口径0.08、深0.16米，D16距坑口0.88、口径0.1、深0.12米，D17距坑口1.18、口径0.08、深0.15米。

坑内堆积大致可分两层：

第①层：厚0.12~0.92米，为松软的灰褐色土，出土有少量陶片及动物骨头等，并出土有小盅等小件器物。

第②层：厚0.4~0.6米，为坚硬的红烧土碎块堆积，仅出土有1件石斧（图九二）。

H103在发掘时依土质土色分为两层，陶片均出于第①层，且数量极少，陶器主要有盆、钵、罐、瓮等，分别占可辨器形的30.77%、30.77%、23.08%、15.38%。陶系、纹饰情况详见表四○。以下按质地分别介绍出土物。

（1）陶器

罐　均残。

B型Ⅰ式

标本H103①：2，夹砂褐陶。器表饰平行弦纹，口沿内外抹光。口径19、腹径19.6、残高

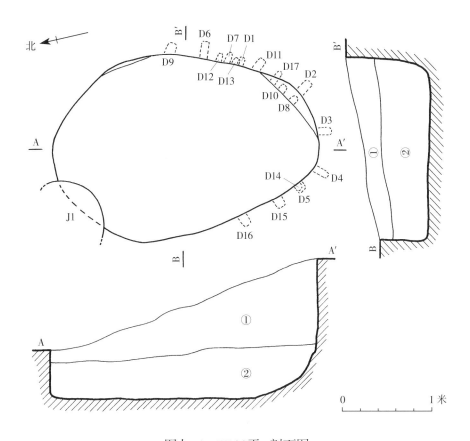

图九二　H103平、剖面图

表四○　H103陶系、纹饰统计表

陶系 纹饰	泥质陶					夹砂陶		合计	百分比 （%）
	红	黄褐	褐	灰	小计	红	小计		
素面	27	2	8	43	80	11	11	91	59.87
绳纹	1				1	15	15	16	10.53
线纹	21	3			24			24	15.79
彩陶	3				3			3	1.97
弦纹						15	15	15	9.87
附加堆纹	1				1	1	1	2	1.31
绳＋指窝纹						1	1	1	0.66
合计	53	5	8	43	109	43	43	152	100
百分比（%）	34.87	3.29	5.26	28.29	71.71	28.29	28.29	100	

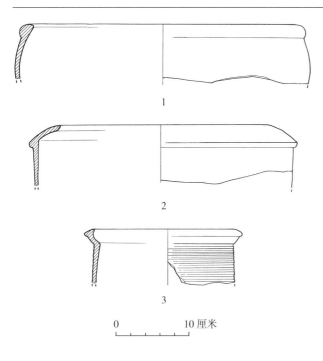

图九三　H103出土陶器

1. 叠唇瓮（H103①：5）　2. D型Ⅰ式罐（H103①：3）　3. B型Ⅰ式罐（H103①：2）

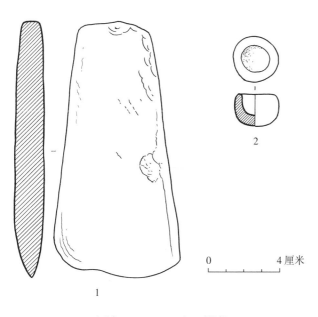

图九四　H103出土器物

1. 石斧（H103②：1）　2. 小陶盅（H103①：4）

7.4厘米（图九三，3）。

D型Ⅰ式

标本H103①：3，泥质灰陶。素面。口径28、残高7.8厘米（图九三，2）。

叠唇瓮　均残。

标本H103①：5，泥质灰陶。敛口，圆唇外卷，鼓腹。素面。口径35.4、残高7.8厘米（图九三，1）。

小盅　1件，完整。

标本H103①：4，泥质灰褐陶。直口，圆唇，弧腹内收，圜底。素面。口径1.6、高1.7厘米（图九四，2；彩版一三，2）。

（2）石器

石斧　1件，完整。

标本H103②：1，系斜长角闪片岩加工而成。平面呈梯形，横剖面呈圆角长方形，平顶，弧刃。双面磨制，并留有使用的豁痕。长13.6、顶宽3.9、刃宽6.9、厚1.6厘米（图九四，1；彩版一三，12）。

18. H108

位于ⅡT0701东部，部分伸入东隔梁内。开口于②层下，打破H117、H119、H120和生土层。坑口距地表0.7~0.8米。平面形状大体呈椭圆形，近锅底状。口径2.41~4.1、深0.46米。坑内堆积松散的黑灰色土，呈层状分布，包含物丰富，出土有大量陶片及动物骨头，同时还出土有陶环、陶刀等小件器物。可辨别的动物属种有圆顶珠蚌、蚌、猪、小猪、獐、绵羊等（图九五）。

H108出土陶器极多，主要有瓶、罐、盆、钵、瓮、甑、器盖等，分别占可辨器形的8.57%、27.48%、25.22%、22.52%、5.40%、0.45%、10.36%。陶系、纹饰情况详见表四一。下面分别介绍出土遗物。

尖底瓶　均残。

Ⅰ式

标本H108：26，泥质褐陶。器表饰斜线纹。口径4、残高9.2厘米（图九六，3）。

Ⅱ式

标本H108：15，泥质红陶。器表饰斜线纹。口径3.6、残高6.8厘米（图九六，4）。

标本H108：25，泥质红陶。颈部饰交错状线纹。口径4.6、残高9.2厘米（图九六，1）。

葫芦口瓶　均残。

B型Ⅰ式

标本H108：16，泥质褐陶。口径4、残高5.6厘米（图九六，5）。

标本H108：24，泥质红陶。器内可见泥条盘筑痕迹。口径4、残高9.4厘米（图九六，2）。

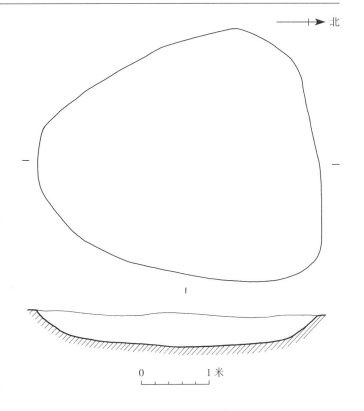

图九五　H108平、剖面图

表四一　H108 陶系、纹饰统计表

陶系 纹饰	泥质陶					夹砂陶				合计	百分比（%）
	红	黄褐	褐	灰	小计	红	褐	灰褐	小计		
素面	307	78	240	271	896		74		74	970	37.78
绳纹						24	362	146	532	532	20.72
线纹	354	167	170	40	731					731	28.48
彩陶	302				302					302	11.76
弦纹						4	13		17	17	0.66
戳刺纹			4		4					4	0.16
指窝纹							2		2	2	0.08
弦+堆纹						3	1		4	4	0.16
绳+弦纹							2		2	2	0.08
绳+堆纹						1	2		3	3	0.12
合计	963	245	410	315	1933	32	456	146	634	2567	100
百分比（%）	37.52	9.54	15.97	12.27	75.30	1.25	17.76	5.69	24.70	100	

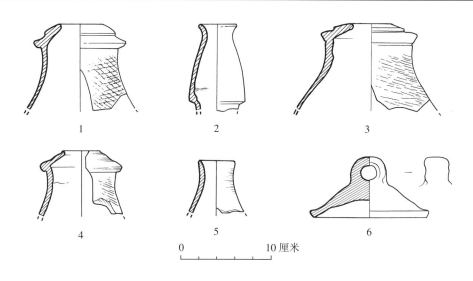

图九六　H108出土陶器

1、4. Ⅱ式尖底瓶（H108∶25、H108∶15）　　2、5. B型Ⅰ式葫芦口瓶（H108∶24、H108∶16）

3. Ⅰ式尖底瓶（H108∶26）　6. Aa型Ⅰ式器盖（H108∶7）

罐　均残。

Ab型Ⅰ式

标本H108∶23，夹砂红陶。颈下饰有数周平行弦纹，肩部饰两个一组的纽扣状附加泥饼，腹部饰斜绳纹，器表有明显烟熏的炱痕。口径24、残高8.2厘米（图九七，5）。

B型Ⅰ式

标本H108∶21，夹砂红陶。器表通饰斜绳纹。口径19.6、残高9.6厘米（图九七，4）。

E型Ⅰ式

标本H108∶29，泥质红陶。腹部饰似篮纹的纹饰。口径35、残高19.6厘米（图九七，1）。

盆　复原2件。

Aa型Ⅰ式　均残。

标本H108∶18，泥质红陶。唇部饰有一周黑彩，沿面内侧亦绘有一周黑彩，外侧以黑彩绘有柳叶纹，器表以黑彩绘有由圆点、弧形三角等组成的图案。口径35.6、残高10.4厘米（图九七，6）。

D型Ⅰ式　复原2件。

标本H108∶2，泥质红陶。敛口，叠唇，腹部略呈反弧状，凹底。素面。口沿经刮修，沿内抹光，器底有使用的磨痕。口径36、底径14、高18.8厘米（图九七，7；图版一四，1）。

标本H108∶6，泥质红陶。敛口，叠唇，带状沿斜内收，沿面微鼓，腹部斜收，底部微凹。素面。口沿内外显见抹光痕迹，器表略经刮修，器底有使用的磨痕。口径35.6、底径14.2、高17.2厘米（图九七，8；图版一四，2）。

标本H108∶27，残，泥质红陶。素面。口径38、残高11厘米（图九七，3）。

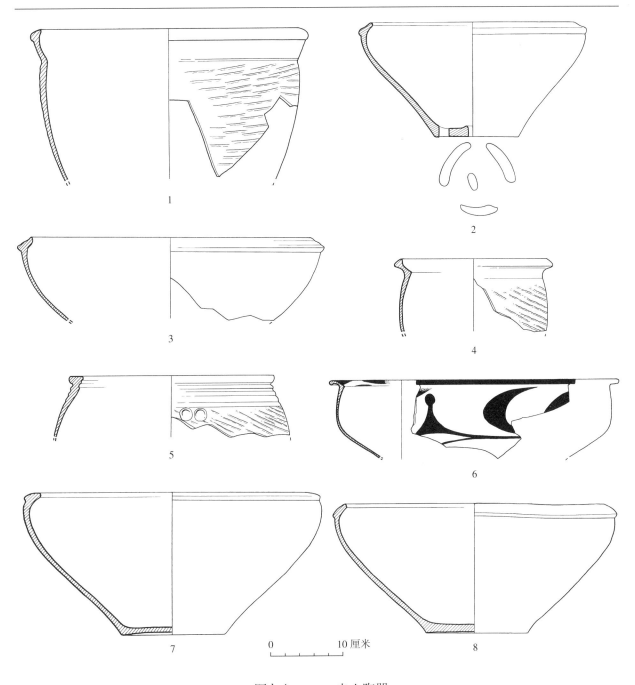

图九七　H108出土陶器

1. E型Ⅰ式罐（H108：29）　2. 甑（H108：3）　3、7、8. D型Ⅰ式盆（H108：27、H108：2、H108：6）　4. B型Ⅰ式罐（H108：21）　5. Ab型Ⅰ式罐（H108：23）　6. Aa型Ⅰ式盆（H108：18）

甑　复原1件。

标本H108：3，泥质红陶。敛口，宽沿内收，沿面微凹，圆唇，腹部呈反弧状，平底。素面。绕底一周有三个弧状箅孔，中部有一个椭圆形箅孔。器内底上残留有一层水垢痕迹。沿面有明显的慢轮修制痕迹。口径28、底径11.6、高15.2厘米（图九七，2）。

钵 复原4件。

A型Ⅰ式 复原3件。

标本H108∶4，泥质陶，暗红色顶，褐色腹。敛口，圆唇，腹部斜收，平底。唇饰黑彩，器顶以黑彩绘有圆点、弧形三角、垂弧等纹样，使其间地纹形成六组所谓的"西阴纹"，其下以带状纹绕器一周。沿内及器表明显可见慢轮修制的痕迹。口径32.7、高11.2厘米（图九八；图版一四，4）。

标本H108∶5，泥质红陶。直口，圆唇，斜弧腹，凹底。素面。器表较为光滑，并有明显的横向刮修痕迹。口径20.4、底径5.4、高5.4厘米（图九九，4；图版一四，5）。

标本H108∶8，细泥质陶，器顶为红色，下腹、器内为黄褐。敛口，方唇，腹部斜收，凹底。口沿饰一周黑彩，器表口沿下用黑彩饰圆点纹，仅残留一个圆点。器底部有使用所留下的磨痕。口径34、底径12.6、高11厘米（图九九，2）。

标本H108∶17，残，泥质陶，红色顶，褐色腹。唇部饰一周黑彩，器顶以黑彩绘有由圆点、弧形三角等组成的图案，使地纹形成"西阴纹"，残存至少有两组。口径26.6、残高4.6厘米（图九九，5）。

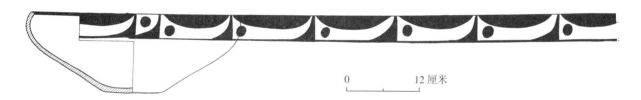

0   12厘米

图九八　H108出土A型Ⅰ式陶钵（H108∶4）

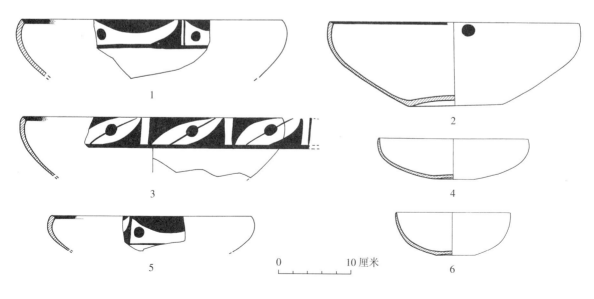

图九九　H108出土陶器

1~5. A型Ⅰ式钵（H108∶65、H108∶8、H108∶28、H108∶5、H108∶17）　6. C型Ⅰ式钵（H108∶9）

标本H108：28，残，泥质红陶。唇部饰一周黑彩，器表以黑彩绘有圆点纹、斜线纹、对角弧形三角纹等，使地纹形成"豆荚"纹，残存至少有三组。口径35、残高7.8厘米（图九九，3）。

标本H108：65，残，泥质陶，红色顶，黄褐色腹。敛口，方唇，弧腹内收。唇部饰有一周黑彩，器表以黑彩绘有由圆点、弧形三角等组成的图案，使地纹形成"西阴纹"，残存两组。口径35.2、残高7.8厘米（图九九，1）。

C型Ⅰ式　复原1件。

标本H108：9，泥质陶，红顶，褐腹。微敞口，斜弧腹，凹底。素面。器表经刮修，器底有使用的磨痕。口径15.6、底径5.2、高5.6厘米（图九九，6）。

器盖　复原1件。

Aa型Ⅰ式

标本H108：7，夹砂红陶。形如覆钵，喇叭形口，环状纽。素面。近沿部及沿内抹光，提柄上留有明显的手工捏制痕迹。口径12.3、高6.4厘米（图九六，6；图版一四，3）。

喇叭形器　1件，残。

标本H108：20，泥质灰陶。喇叭口，尖唇，腹壁斜直，顶部残缺。通体饰戳刺纹，器内中部贴有一周三棱形泥条。底部口径14、残高11厘米（图一〇〇，1）。

陶刀　1件，完整。

C型

标本H108：14，系泥质线纹红陶片加工而成。平面形状呈梯形，刀背及两侧保留陶片断

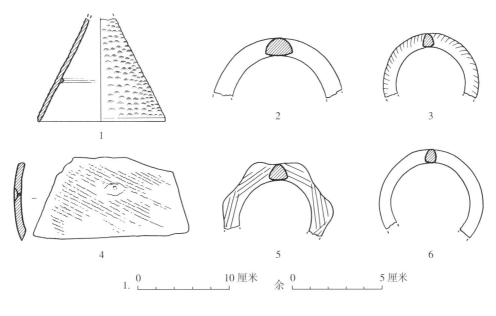

图一〇〇　H108出土陶器

1. 喇叭形器（H108：20）　2、6. A型陶环（H108：10、H108：12）　3. B型陶环（H108：13）　4. C型陶刀（H108：14）　5. C型陶环（H108：11）

表四二　H108 陶环统计表（38 件）

编号	形状				尺寸（厘米）	保存状况	备注
	A 型（22）	B 型（14）	C 型（2）	D 型	内径 × 外径 × 厚		
H108：10	√				5×6.8×1.55	残	
H108：12	√				4.4×5.7×0.6	残	
H108：13		√			3.8×5.3×0.6	残	
H108：11			√		3.8×6.4×1.2	残	
H108：30	√				4.6×6×0.8	残	
H108：31	√				5×6.6×0.8	残	
H108：32	√				4.2×6×0.8	残	
H108：33	√				5×6.6×0.85	残	
H108：34	√				4×5.6×0.8	残	
H108：35	√				5×6.6×0.9	残	
H108：36	√				4.4×6×0.6	残	
H108：37	√				5.8×7.4×0.65	残	
H108：38	√				4.4×6.3×0.7	残	
H108：39	√				5×6.6×1	残	
H108：40	√				5×6.4×0.9	残	
H108：41	√				4×5.4×0.9	残	
H108：42	√				4×5.6×1.1	残	
H108：43	√				4.6×6.1×0.8	残	
H108：44	√				4×5.2×0.7	残	
H108：45	√				4.4×5.8×0.6	残	
H108：46	√				6×7.8×1.2	残	
H108：47	√				3.6×4.7×0.7	残	
H108：48	√				4×5.4×0.6	残	
H108：49	√				4×5.6×0.6	残	
H108：50		√			5×6.6×0.6	残	
H108：51		√			4.4×6×0.7	残	
H108：52		√			3.6×5×0.6	残	
H108：53		√			3.6×5.2×0.7	残	
H108：54		√			5×6.6×0.5	残	
H108：55		√			3.8×5.5×0.6	残	
H108：56		√			4×5.4×0.5	残	
H108：57		√			3.4×4.8×0.6	残	
H108：58		√			4.4×5.8×0.6	残	
H108：59		√			4.4×6×0.65	残	
H108：60		√			4×5.6×0.6	残	
H108：61		√			4×5.4×0.65	残	
H108：62		√			4×5.5×0.65	残	
H108：63			√		6.8×14×2.1	残厚	

面原状，较为平齐，中部两面靠近刀背分别刻有菱形凹槽，其中部已穿透。刃部单面磨制，较为锋利。刃长8.5、刀背长5.5、宽4.2厘米（图一〇〇，4）。

陶环　38件，均残（表四二）。

A型

标本H108：10，泥质灰陶。素面。内径5、外径6.8、厚1厘米（图一〇〇，2）。

标本H108：12，泥质灰陶。素面。一面有使用的磨痕。内径4.4、外径5.7、厚0.6厘米（图一〇〇，6）。

B型

标本H108：13，泥质灰陶。外侧有一周圆棱。内径3.8、外径5.3、厚0.6厘米（图一〇〇，3）。

C型

标本H108：11，泥质褐陶。齿轮状。外侧有一周螺状乳突。内径3.8、外径6.4、厚1.2厘米（图一〇〇，5；彩版一三，11）。

19. H117

位于ⅡT0701西部偏南。开口于②层下，被H108和H120打破，打破生土层。坑口距地表0.7米。平面形状呈圆形，口大底小，坑壁较直且内收，底部略平。口径2.3~2.7、底径1.2~1.4、深2.54米。坑内堆积为松散的灰黑色土，出土有较多陶片，并有骨笄等小件器物。动物属种仅猪一种（图一〇一）。

H117的出土物基本为陶器，主要有尖底瓶、罐、盆、钵等，分别占可辨器形的8.33%、35%、28.34%、28.33%。陶系、纹饰情况详见表四三。出土物依质地的不同分别介绍如下。

（1）陶器

尖底瓶　均残。

Ⅰ式

标本H117：6，泥质红陶。口径4.8、残高4厘米（图一〇二，8）。

Ⅱ式

标本H117：7，泥质红陶。器表饰斜线纹。口径5、残高8厘米（图一〇二，7）。

罐　均残。

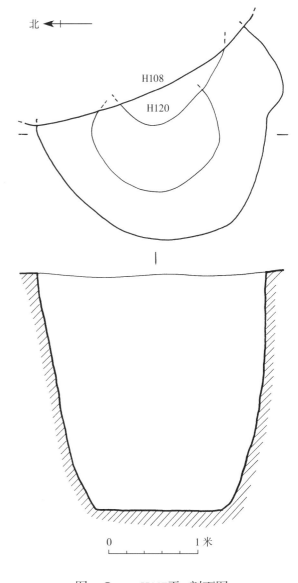

北

H108

H120

0   1米

图一〇一　H117平、剖面图

表四三　H117 陶系、纹饰统计表

纹饰 ＼ 陶系	泥质陶					夹砂陶			合计	百分比（%）
	红	黄褐	褐	灰	小计	褐	灰褐	小计		
素面	69	23	24	68	184	5		5	189	31.45
绳纹						84	56	140	140	23.29
线纹	104	70	28		202				202	33.61
彩陶	46				46				46	7.65
弦纹						1		1	1	0.17
绳+弦纹						16		16	16	2.66
绳+堆纹						1		1	1	0.17
弦+指窝+堆纹						6		6	6	1
合计	219	93	52	68	432	113	56	169	601	100
百分比（%）	36.44	15.47	8.65	11.32	71.88	18.80	9.32	28.12	100	

Ab型 I 式

标本H117：10，夹砂红陶。器表通饰斜绳纹，肩部划有数周凹弦纹。口径27.6、残高15厘米（图一〇二，3）。

B型 I 式

标本H117：11，夹砂红陶。器表饰斜绳纹，腹中部饰有一周篦点状压窝，压窝上明显留有酷似粗布的纹样。口径17.7、残高15厘米（图一〇二，12）。

E型 I 式

标本H117：12，泥质红陶。素面。口径30.2、残高7.4厘米（图一〇二，10）。

盆　均残。

Aa型 I 式

标本H117：8，泥质红陶。唇部饰有一周黑彩，沿面以黑彩绘有柳叶状垂弧纹等图案，器表以黑彩绘有由圆点、弧形三角、涡纹、斜线纹等组成的图案。口径36.8、残高9厘米（图一〇二，5）。

C型 I 式

标本H117：5，泥质黄褐陶。素面。口径36、残高7.2厘米（图一〇二，1）。

钵　复原1件。

A型 I 式　复原1件。

标本H117：2，泥质陶，红顶，灰褐色腹。敛口，尖唇，腹部斜收，凹底。沿面绘有一周黑彩，器顶以黑彩绘有一圆点纹，腹部绕器一周绘直线纹。器表光滑，器底有使用的磨痕。口径34、底径31.4、高11.6厘米（图一〇二，2）。

标本H117：3，残，泥质红陶。素面。口径18.2、残高5.8厘米（图一〇二，6）。

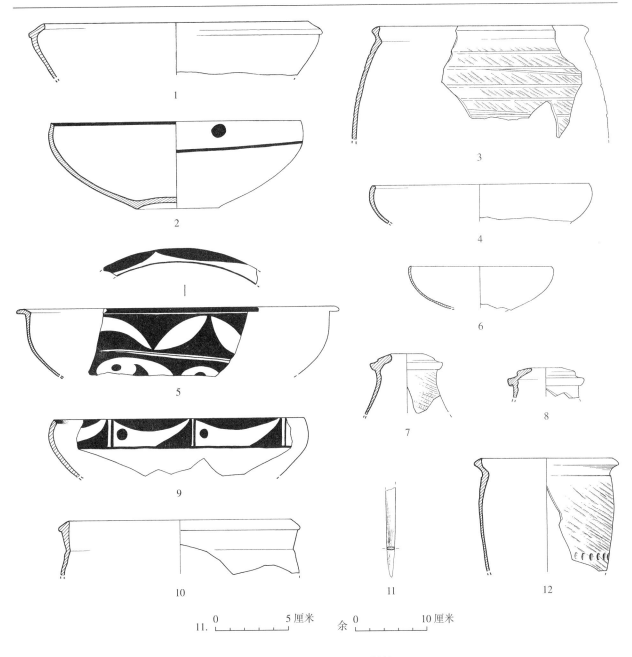

图一〇二　H117出土器物

1. C型Ⅰ式陶盆（H117：5）　　2、4、6、9. A型Ⅰ式陶钵（H117：2、H117：4、H117：3、H117：13）　3. Ab型Ⅰ式陶罐
（H117：10）　　5. Aa型Ⅰ式陶盆（H117：8）　7. Ⅱ式陶尖底瓶（H117：7）　8. Ⅰ式陶尖底瓶（H117：6）　10. E型Ⅰ式陶罐
（H117：12）　11. 骨笄（H117：1）　12. B型Ⅰ式陶罐（H117：11）

标本H117：4，残，泥质红陶。素面。口径28.8、残高5厘米（图一〇二，4）。

标本H117：13，残，泥质陶，暗红色顶，黄褐色腹。唇部饰有一周黑彩，器顶以黑彩绘有由圆点、垂弧、弧形三角、竖条纹等组成的图案，使地纹形成"西阴纹"，从残存状况看，至少有四组。器表明显有刮修痕迹。口径31.2、残高7.6厘米（图一〇二，9）。

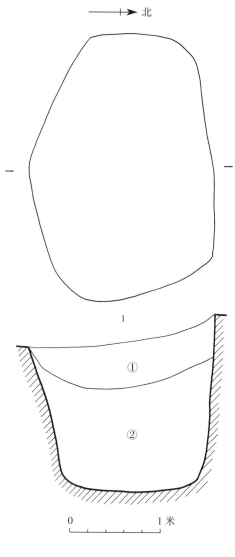

北

0　　　　　　1 米

图一〇三　H119平、剖面图

（2）骨器

骨笄　1件，残。

标本H117：1，器身较为扁平，通体磨光，较为精细。一端残断，一端较为尖锐，锋利。残长5.9厘米（图一〇二，11）。

20. H119

位于ⅡT0701东北角。开口于②层下，被H108打破，并打破H120及生土层。坑口距地表0.7米。平面形状大体呈椭圆形，坑壁斜直内收，底略呈锅底状。口径2.05~2.84、底径1.4~2、深1.88米。

坑内堆积可分两层：

第①层：厚0.24~0.47米，为松散的黑灰色土，包含物较少，出土有数片陶片。

第②层：厚1.08~1.42米，为松软的浅灰色土，出土有较多陶片（图一〇三）。

H119的出土物多分布在第②层堆积中，基本为陶器，主要有尖底瓶、罐、盆、钵等，分别占可辨器形的8.33%、35.00%、28.34%、28.33%。其中多数为红陶，泥质较夹砂为多，纹饰以线纹为主，其次为素面和绳纹（表四四）。出土物分别介绍如下。

尖底瓶　均残。

Ⅰ式

标本H119②：9，泥质红陶。器表饰斜线纹。口径

表四四　H119陶系、纹饰统计表

纹饰＼陶系	泥质陶					夹砂陶				合计	百分比（%）
	红	黄褐	褐	灰	小计	红	褐	灰褐	小计		
素面	40	10	15	30	95			3	3	98	34.75
绳纹			1		1	23	13	24	60	61	21.63
线纹	77	16	13		106					106	37.59
彩陶	15				15					15	5.32
弦纹	1				1	1			1	2	0.71
合计	133	26	29	30	218	24	13	27	64	282	100
百分比（%）	47.16	9.22	10.28	10.64	77.30	8.51	4.61	9.58	22.70	100	

4、残高8厘米（图一〇四，1）。

Ⅱ式

标本H119②：7，泥质红陶。器表饰斜线纹。口径4.4、残高4厘米（图一〇四，2）。

罐 均残。

D型Ⅰ式

标本H119②：3，泥质灰陶。素面。口径22、残高3厘米（图一〇四，4）。

叠唇圆腹罐

标本H119②：8，泥质红陶。敛口，叠唇，肩部圆鼓。素面。口沿内外及器表显见慢轮修制的痕迹。口径14.2、残高4.2厘米（图一〇四，7）。

盆 均残。

B型Ⅰ式

标本H119②：6，泥质红陶。唇部饰有一周黑彩，器表以黑彩绘有由圆点、弧形三角等组成的回旋勾连纹图案。口径22.4、残高9.2厘米（图一〇四，6）。

钵 复原1件。

A型Ⅰ式 复原1件。

标本H119②：1，细泥质红陶。敛口，尖圆唇，腹部斜收，底微凹。沿面饰一周黑彩，器顶饰黑彩圆点纹。口部裂缝处由外及内钻有两孔，用来缀合破损的陶器。器表有明显的横向

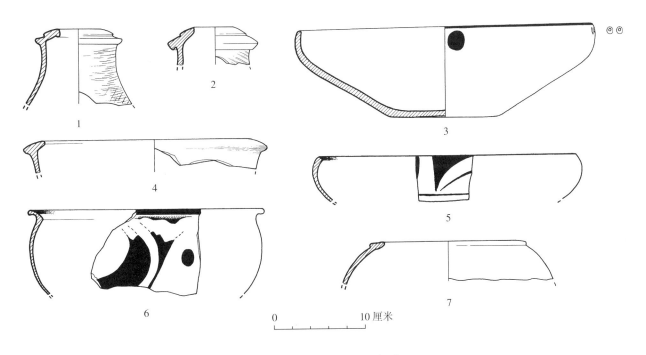

图一〇四 H119出土陶器

1. Ⅰ式尖底瓶（H119②：9） 2. Ⅱ式尖底瓶（H119②：7） 3、5. A型Ⅰ式钵（H119②：1、H119②：2） 4. D型Ⅰ式罐（H119②：3） 6. B型Ⅰ式盆（H119②：6） 7. 叠唇圆腹罐（H119②：8）

刮痕，器底有使用的磨痕。口径32.2、底径12、高9.6厘米（图一〇四，3；图版一四，6）。

标本H119②∶2，残，泥质红陶。唇部饰有一周黑彩，器表以黑彩绘有由弧形三角、竖条纹等组成的图案。口径28、残高4.8厘米（图一〇四，5）。

21. H120

位于ⅡT0701东南部。开口于②层下，被H108、H119打破，并打破H117及生土层。坑口距地表1.1米。平面形状呈椭圆形，口大底小，坑壁斜收呈锅底状。口径1.9~2.9、深0.9米。

坑内堆积可分两层，即：

第①层：厚0.1~0.16米，为较硬的灰色土，夹杂有草拌泥块等物，出土有极少量陶片。

第②层：厚约0.66米，为比较松软的堆积，据土色分四亚层，即：②a层，厚0.05~0.2米，浅灰色土；②b层，厚约0.18~0.28米，黄褐色土；②c层，厚0.1~0.18米，灰褐色土；②d层，厚约0.16米，黄灰色土。该层包含物较少，出土有少量的陶片（图一〇五）。

H120中的堆积虽然分为两层，但两层中出土的陶器没有大的变化。主要有瓶、罐、盆、钵、瓮、釜等，分别占可辨器形

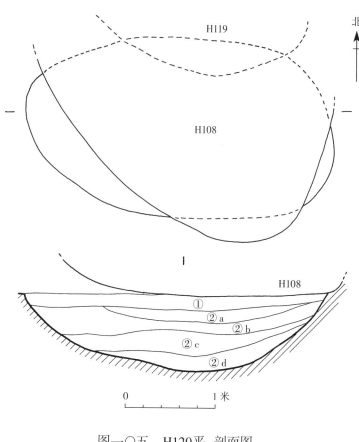

图一〇五　H120平、剖面图

表四五　H120 陶系、纹饰统计表

陶系／纹饰	泥质陶					夹砂陶				合计	百分比（%）
	红	黄褐	褐	灰	小计	红	褐	灰褐	小计		
素面	22	7	4	26	59			4	4	63	35.59
绳纹						5	13	5	23	23	12.99
线纹	41	18	9		68					68	38.42
彩陶	18				18					18	10.17
弦纹						2	3		5	5	2.83
合计	81	25	13	26	145	7	16	9	32	177	100
百分比（%）	45.76	14.12	7.35	14.69	81.92	3.96	9.04	5.08	18.08		100

的15%、30%、25%、15%、10%、5%。其大多为泥质红陶，并有黄褐、灰褐、褐陶等。纹饰以线纹和素面为主，其次是绳纹和彩陶（表四五）。以下分别介绍出土陶器。

尖底瓶　均残。

Ⅰ式

标本H120②：4，泥质红陶。器表饰斜绳纹。口径5、残高5厘米（图一〇六，1）。

盆　均残。

C型Ⅰ式

标本H120②：3，泥质陶，褐色顶，灰褐色腹。口径33.8、残高6厘米（图一〇六，3）。

钵　均残。

A型Ⅰ式

标本H120②：2，泥质陶，红色顶，褐色腹。唇部饰有一周黑彩。口沿内外及器表明显经刮修，器内抹光。口径24.2、残高5.6厘米（图一〇六，2）。

22. H121

位于ⅠT1708南部，部分伸入ⅠT1707内。开口于①层下，打破生土。坑口距地表0.3米。平面形状呈不规则圆形，直壁，坑底部凹凸不平，略呈锅底状，其上有一层较为坚实的硬面。口径2.25~2.4、深0.57米。内填松散的灰色土，包含物极少，出土有少量陶片及动物骨头。出土动物骨骼经鉴定的属种仅獐一种（图一〇七）。

H121出土物较少，主要陶器有瓶、罐、盆、钵、器盖、灶等，分别占可辨器形的7.69%、42.31%、11.54%、23.08%、11.54%、3.84%。陶系、纹饰情况详见表四六。出土物分别介绍如下。

罐　复原1件。

B型Ⅰ式　均残。

标本H121：4，夹砂灰褐陶。沿外折，沿内有一周凸棱，圆唇，上腹较直，下腹曲收。上腹部饰不规整的横向弦纹，颈下及腹

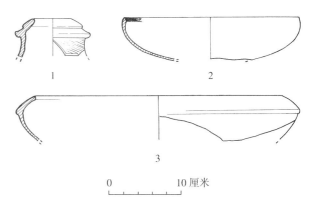

图一〇六　H120出土陶器

1. Ⅰ式尖底瓶（H120②：4）　　2. A型Ⅰ式钵（H120②：2）
3. C型Ⅰ式盆（H120②：3）

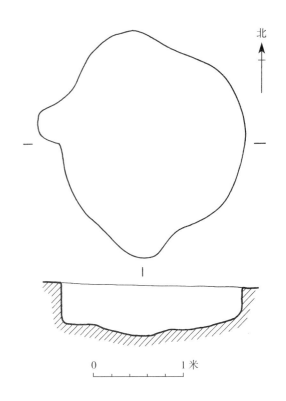

图一〇七　H121平、剖面图

表四六　H121 陶系、纹饰统计表

陶系 纹饰	泥质陶			夹砂陶			合计	百分比（%）
	红	灰	小计	红	褐	小计		
素面	5	26	31	15	3	18	49	30.82
绳纹				57	5	62	62	38.99
线纹	29		29				29	18.24
彩陶	7		7				7	4.40
弦纹	12		12				12	7.55
合计	53	26	79	72	8	80	159	100
百分比（%）	33.34	16.35	49.69	45.28	5.03	50.31	100	

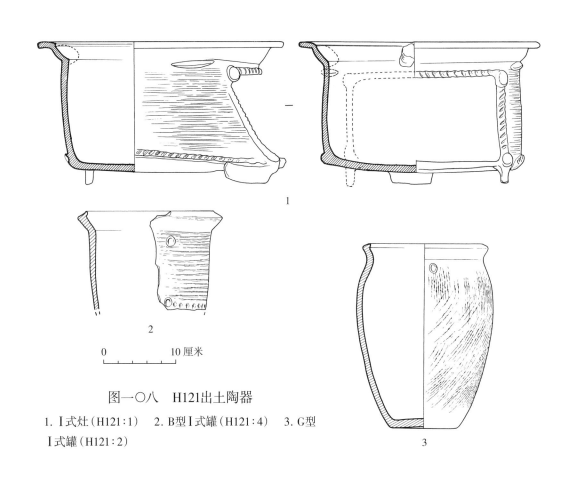

图一〇八　H121出土陶器

1. I式灶（H121：1）　2. B型I式罐（H121：4）　3. G型
I式罐（H121：2）

中部残留有两个纽扣状附加泥饼，上腹部与下腹部交接处饰有一周戳印纹。口沿内外抹光。
口径17.2、残高13.1厘米（图一〇八，2）。

G型I式　复原1件。

标本H121：2，夹砂红陶。敛口，圆唇，溜肩，腹部微鼓，底中部略内凹。颈下仅残留一
纽扣状附加泥饼，肩部饰竖绳纹，腹部饰斜绳纹。颈部抹光，近器底经刮削，器表留有明显

烟熏的炱痕。口径15.2、腹径18.6、底径9、高24.5厘米（图一〇八，3）。

灶　复原1件。

Ⅰ式

标本H121：1，夹砂红陶。宽平折沿，圆唇，沿内凹呈弧状，沿内壁上等距离设三个鹰喙状泥突，起支撑陶釜、使釜灶间保持一定距离、通风过火之作用。筒形腹，平底，下附三铲足。方形灶门，灶门上端及两侧饰有花边，上端及下端两侧各饰有纽扣状附加泥饼，灶身通饰横向线纹，底部为一周锯齿状花边。灶沿内外显见慢轮修制痕迹，灶内底上抹泥以加固灶底。口径28.2、底径26、高18.8厘米（图一〇八，1）。

23. H122

位于ⅠT1608东南，部分伸入ⅠT1607、ⅠT1707及ⅠT1708之中，横跨四个探方。开口于①层下，被H123和H134打破，并打破生土层。坑口距地表0.8米。平面形状大体呈不规则圆形，从北部保留最高处的坑边可以看出，原坑口小底大，现坑口已坍塌，坑边倒塌所留下的痕迹清晰可见。坑底部较平，可分东西两半部分，西半部高于东半部0.16米，并在西半部南端有一缓坡状的过道，直到底部，过道残长1、宽0.75米，过道的上部被H134打破。坑口径3.9~4.6、底径3.3~4.32、深1.3米。

坑内堆积可分三层：

第①层：厚0.5~0.99米，为松散的灰色土，底部有一层硬面。出土较多的陶片，并出土有陶刀、骨锥等小件器物。

第②层：厚0.1~0.2米，为较松软的浅灰色土，亦有较多陶片出土。

第③层：厚0.12~0.96米，为较硬的灰色杂土，并夹杂有坑壁垮塌下来的生土块等物，包含有较多陶片。

该坑堆积中出土了较多的动物骨骼，可鉴定的动物属种有猪、獐、梅花鹿、绵羊等（图一〇九；图版三，1）。

H122在发掘时依土质土色分为三层，陶器主要组合有瓶、罐、盆、钵、器盖、缸等，分别占可辨器形的5.66%、50.94%、5.66%、24.53%、12.27%、0.94%。但在整理时发现各层陶器变化不明显。陶系、纹饰情况详见表四七~四九。以下按质地介绍出土物。

（1）陶器

尖底瓶　均残。

Ⅱ式

标本H122②：29，泥质红陶。器表饰斜线纹。口沿内外显见慢轮修制痕迹。口径4.2、残高6厘米（图一一〇，4）。

罐　均残。

Ab型Ⅰ式

标本H122①：27，夹砂灰褐陶。器表饰粗疏的斜绳纹。口径18.5、残高12.8厘米（图一一〇，3）。

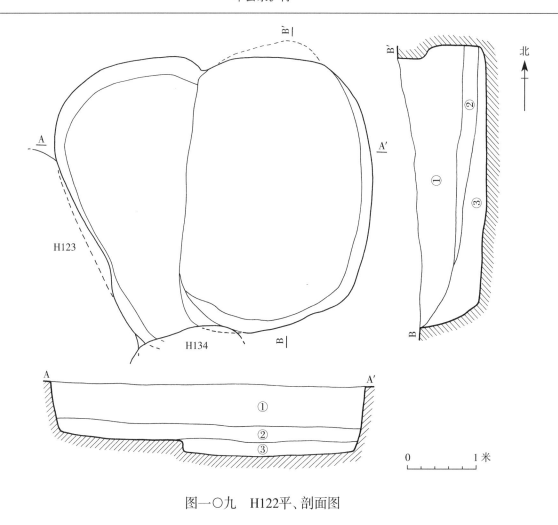

图一〇九　H122平、剖面图

盆　均残。

Aa型Ⅰ式

标本H122②：28，泥质黄褐陶。圆唇外卷，弧腹内收。唇部饰有一周黑彩，沿面以黑彩绘有弧形三角、柳叶纹等，器表以黑彩绘有由圆点、弧线、弧形三角等组成的图案。口沿内外及器表显见慢轮修制的痕迹。口径33.7、残高8.6厘米（图一一〇，1）。

D型Ⅰ式

标本H122②：30，夹细砂红陶。斜沿内敛，叠唇，腹部斜收，腹上饰有两对称的鸡冠状鋬。素面。口沿内外有明显的刮抹痕迹，器表略抹光。口径30、残高13.6厘米（图一一〇，2）。

钵　复原2件。

C型Ⅰ式

标本H122①：1，泥质红陶。敞口，尖唇，弧腹斜收，底微凹。素面。器表显见刮修痕迹，沿内抹光，器底有使用的磨痕。口径17.8、底径6.7、高7厘米（图一一〇，5；图版

表四七 H122①陶系、纹饰统计表

陶系 纹饰	泥质陶			夹砂陶			合计	百分比（%）
	红	灰	小计	红	灰褐	小计		
素面	113	22	135	24	6	30	165	36.75
绳纹				121	22	143	143	31.85
线纹	107	2	109				109	24.28
彩陶	25		25				25	5.57
弦纹				1		1	1	0.22
绳+弦纹				6		6	6	1.33
合计	245	24	269	152	28	180	449	100
百分比（%）	54.57	5.34	59.91	33.85	6.24	40.09	100	

表四八 H122②陶系、纹饰统计表

陶系 纹饰	泥质陶			夹砂陶			合计	百分比（%）
	红	灰	小计	红	灰褐	小计		
素面	108	44	152	48		48	200	40.57
绳纹				134	17	151	151	30.63
线纹	95	10	105				105	21.30
彩陶	26		26				26	5.27
绳+弦纹				11		11	11	2.23
合计	229	54	283	193	17	210	493	100
百分比（%）	46.45	10.95	57.40	39.15	3.45	42.60	100	

表四九 H122③陶系、纹饰统计表

陶系 纹饰	泥质陶			夹砂陶			合计	百分比（%）
	红	灰	小计	红	灰褐	小计		
素面	113	19	132	8	2	10	142	42.14
绳纹				68	5	73	73	21.66
线纹	75	7	82				82	24.33
彩陶	29		29				29	8.60
弦纹				1		1	1	0.30
绳+弦纹				10		10	10	2.97
合计	217	26	243	87	7	94	337	100
百分比（%）	64.39	7.71	72.10	25.82	2.08	27.90	100	

一五，1）。

标本H122①：2，泥质陶，红色顶，褐色腹。敞口，尖唇，斜弧腹，凹底。素面。器表较为光滑。口径18、底径4.8、高6.2厘米（图一一〇，7）。

陶坯碗　1件，完整。

标本H122①：5，敞口，圆唇，弧腹内收，平底。器壁较厚，未经进一步加工和烧制。手工捏制而成。口径4.1、底径4、高2.7厘米（图一一〇，6）。

陶刀　3件，均残。

B型

标本H122①：6，系泥质线纹红陶片加工而成。刃部单面磨制，较为锋利。残长5.5、宽

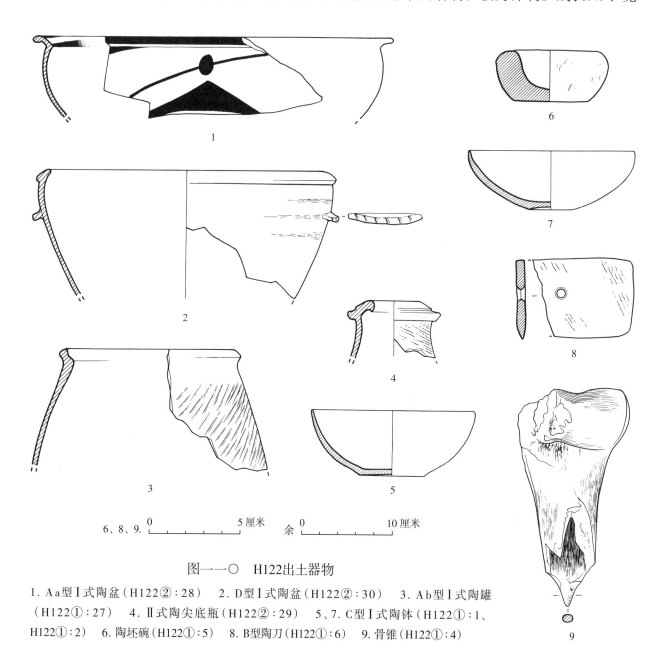

图一一〇　H122出土器物

1. Aa型Ⅰ式陶盆（H122②：28）　2. D型Ⅰ式陶盆（H122②：30）　3. Ab型Ⅰ式陶罐（H122①：27）　4. Ⅱ式陶尖底瓶（H122②：29）　5、7. C型Ⅰ式陶钵（H122①：1、H122①：2）　6. 陶坯碗（H122①：5）　8. B型陶刀（H122①：6）　9. 骨锥（H122①：4）

表五〇　H122 陶环统计表（19件）

编号	形状				尺寸（厘米）	保存状况	备注
	A 型（12）	B 型（4）	C 型（3）	D 型	内径 × 外径 × 厚		
H122∶3	√				4×6×0.9	残	
H122∶7	√				3.8×5.8×0.65	残	
H122∶8	√				4.8×6.6×1.25	残	
H122∶9	√				5.6×7×0.95	残	
H122∶10	√				5.6×7.2×1.1	残	
H122∶11	√				6×8×0.8	残	
H122∶12	√				4×5.6×1.3	残	
H122∶13	√				4.4×5.7×0.95	残	
H122∶14	√				4.6×6.1×0.95	残	
H122∶15	√				5.4×6.8×0.7	残	
H122∶16	√				4×5.3×0.85	残	
H122∶17	√				4×5.7×1	残	
H122∶18		√			4.8×6.4×0.85	残	
H122∶19		√			3.4×5×0.6	残	
H122∶20		√			4×5.4×0.75	残	
H122∶21		√			4.8×6×0.95	残	
H122∶22			√		4×6.4×1	残	齿轮状
H122∶23			√		4×6.6×1.65	残	螺旋状
H122∶24			√		4×8×1.2	残	外缘有缺口

4.2厘米（图一〇一，8）。

陶环　19件，均残（表五〇）。

（2）骨器

骨锥　1件，完整。

标本H122①∶4，系动物肢骨劈裂加工而成。柄端保持骨关节原状，一端劈裂，并磨出较为锋利的锋尖。长11.6厘米（图一一〇，9；彩版一三，9）。

24. H123

位于ⅠT1608、ⅠT1607、ⅠT1507及ⅠT1508四个探方之间。开口于①层下，被H134、H138打破，并打破H122及生土。坑口距地表0.35米。平面形状大体呈椭圆形，坑壁内收，底略呈锅底状，底部由于水的侵蚀，变得较硬。口径1.65~3.36、深0.76米。在坑的西南有三个生土台阶，第一台阶宽0.4、高0.16米；第二台阶宽0.1、高0.22米；第三台阶宽0.3、高0.1米，斜向坑底。坑内堆积为较松软的灰色土，内夹杂有草拌泥块、硬土块以及生土块等物，出土有较多陶片及动物骨骼等，另有少量陶环。可鉴定的动物属种有圆顶珠蚌、蚌、猪、牛等（图一一一）。

H123出土陶器主要有尖底瓶、葫芦口瓶、罐、盆、钵、器盖等，分别占可辨器形的1.47%、4.41%、42.65%、13.24%、25.00%、13.24%。陶系、纹饰情况详见表五一。出土陶器介绍如下。

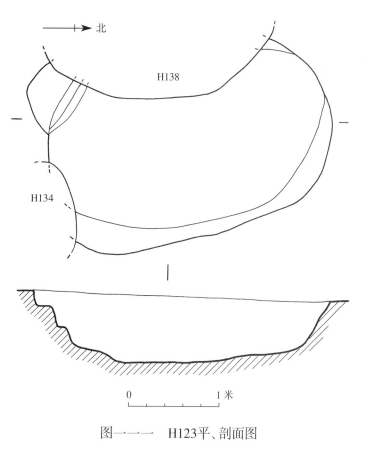

图一一一　H123平、剖面图

罐　复原1件。

Ab型Ⅰ式　均残。

标本H123:14，夹砂灰褐陶。器表饰斜绳纹，颈部一周压印有不明显的指窝状纹。口沿内外有明显慢轮修制痕迹。口径24.2、腹径31.4、残高8.8厘米（图一一二，1）。

标本H123:15，夹砂红陶，略泛黄。颈下饰有一周指窝状压印纹，器表通饰斜绳纹。口沿内外显见慢轮修制痕迹。口径17.8、残高6.7厘米（图一一二，2）。

B型Ⅰ式　复原1件。

标本H123:3，夹砂红陶。折沿，圆唇，沿内有一周弧形凹槽，上腹较直，下腹斜收，平底。颈下饰两对称的圆形泥饼，上腹部饰凹弦纹，中部饰有一周篦点纹，下部为素面。

表五一　H123 陶系、纹饰统计表

陶系 纹饰	泥质陶			夹砂陶			合计	百分比（%）
	红	灰	小计	红	灰褐	小计		
素面	172	53	225	30	10	40	265	34.82
绳纹				145	116	261	261	34.30
线纹	163	8	171	1		1	172	22.60
彩陶	49		49				49	6.44
弦纹				2		2	2	0.26
绳＋弦纹				12		12	12	1.58
合计	384	61	445	190	126	316	761	100
百分比（%）	50.46	8.02	58.48	24.97	16.55	41.52	100	

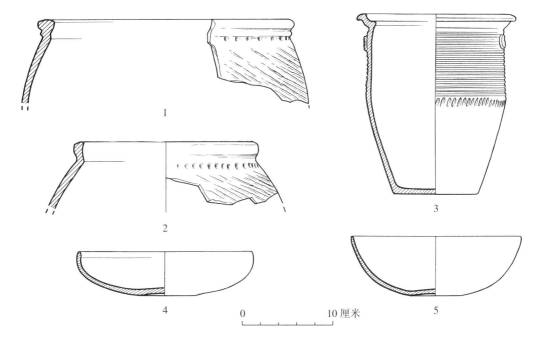

图一一二　H123出土陶器

1、2. Ab型Ⅰ式罐（H123：14、H123：15）　3. B型Ⅰ式罐（H123：3）　4. A型Ⅰ式钵（H123：1）　5. C型Ⅰ式钵（H123：2）

口部及颈部抹光。口径15.5、高19.2厘米（图一一二，3）。

钵　复原2件。

A型Ⅰ式　复原1件。

标本H123：1，泥质陶，暗红色顶，红色腹。口微敛，圆唇，浅腹斜弧，凹底。素面。器表经刮修，器底有使用的磨痕。口径18.8、底径5.2、高4.8厘米（图一一二，4）。

C型Ⅰ式　复原1件。

标本H123：2，泥质褐陶。敞口，圆唇，斜弧腹，凹底。素面。器底略见使用的磨痕。口径18.8、底径5.5、高6.4厘米（图一一二，5）。

环　8件，均残（表五二）。

25. H124

位于ⅠT1407西南角。开口于①层下，打破生土层。坑口距地表0.6米。平面形状呈椭圆形，坑壁斜收，底部为凹凸不平的草拌泥硬面。口径1.7~2.2、深0.34米。坑内堆积为松软的黑灰色土，包含物较少，出土有少量陶片（图一一三）。

H124出土陶片极少，陶器主要有瓶、罐、盆、钵、瓮等，分别占可辨器形的5％、20％、35％、30％、10％。陶系、纹饰情况详见表五三。以下介绍仅复原的1件陶器。

盆

C型Ⅰ式

标本H124：1，泥质红陶。敛口，叠唇，腹部微曲，底中部微内凹。素面。沿面有轮修痕

表五二 H123 陶环统计表（8 件）

编号	形状				尺寸（厘米）	保存状况	备注
	A 型（5）	B 型（1）	C 型（1）	D 型（1）	内径 × 外径 × 厚		
H123：4	√				4.8×6.4×0.65	残	
H123：5	√				4.6×6.2×0.65	残	
H123：6	√				4×5.4×0.6	残	
H123：7	√				4×5.3×0.75	残	
H123：8	√				5.2×6.8×1.1	残	
H123：9		√			4×5.2×0.75	残	
H123：10			√		4.4×7×1.4	残	齿轮状
H123：11				√	4×5.6×2.7	残	外缘有圆棱

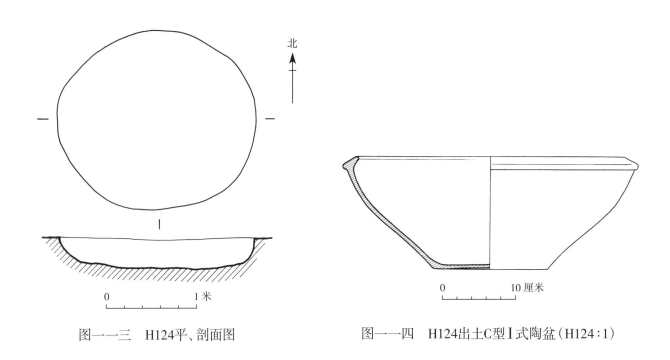

图一一三　H124平、剖面图　　　　　图一一四　H124出土C型I式陶盆（H124：1）

迹。口径36、底径15.6、高15厘米（图一一四；图版一五，2）。

26. H125

位于ⅠT1506西部，一部分伸入ⅠT1406东隔梁内。开口于①层下，打破生土层。坑口距地表0.5米。平面形状呈圆形，坑壁内收，底部平缓，其上有层较为平整的踩踏面。口径2.76、深0.37米。坑内堆积为松软的黑灰色土，并夹杂有少量的红烧土块、石块等，出土有少量陶片以及动物骨头等，并有陶环等小件器物的出土。可鉴定的动物属种仅见猪一种（图一一五；图版三，2）。

H125出土陶器主要有瓶、罐、盆、钵等，分别占可辨器形的27.33%、50.00%、8.33%、

表五三　H124 陶系、纹饰统计表

陶系 纹饰	泥质陶				夹砂陶		合计	百分比 （%）
	红	黄褐	灰	小计	灰褐	小计		
素面	33	25	24	82			82	67.77
绳纹					12	12	12	9.92
线纹	10		8	18			18	14.87
彩陶	9			9			9	7.44
合计	52	25	32	109	12	12	121	100
百分比（%）	42.97	20.66	26.45	90.08	9.92	9.92	100	

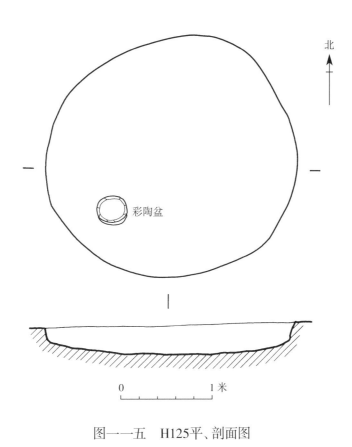

图一一五　H125平、剖面图

14.33％。陶系、纹饰情况详见表五四。出土物分别介绍如下。

　　盆　复原2件。

　　B型Ⅰ式　复原1件。

　　标本H125∶2，泥质红陶。敛口，唇沿外卷，圆唇，曲腹，底中部内凹。唇部饰一周黑彩，沿面以黑彩绘有由弧形三角、柳叶纹等组成的图案，如果从地纹观察，其构图似乎是在两组相同的组图之间放置了一对分张的柳叶。腹部以黑彩绘有三组图案，其由圆点、弧形

表五四　H125 陶系、纹饰统计表

陶系\纹饰	泥质陶					夹砂陶		合计	百分比(%)
	红	黄褐	褐	灰	小计	灰褐	小计		
素面	77	13	31	16	137			137	48.24
绳纹	2				2	64	64	66	23.24
线纹	21			7	28			28	9.86
彩陶	52				52			52	18.31
弦纹	1				1			1	0.35
合计	153	13	31	23	220	64	64	284	100
百分比(%)	53.87	4.58	10.91	8.10	77.46	22.54	22.54	100	

三角、斜线、涡纹等组成，图案下部以黑彩带纹绕器一周。该器口沿内外有明显慢轮修制的痕迹，器表磨光，器底有使用的磨痕。口径26.8、底径11、高18.6厘米（图一一六，1；彩版一一，2）。

圆唇盆　复原1件。

标本H125:4，泥质红陶。敞口，圆唇，弧腹内收，平底。素面。器表经刮修，器内抹光。口径15.4、底径8、高6.4厘米（图一一六，2）。

钵　复原2件。

A型Ⅰ式

标本H125:3，泥质褐陶。近直口，尖唇，弧腹斜收，底中部内凹。素面。器表隐约可见刮修痕迹，器内抹光。口径25.2、底径10.9、高7.7厘米（图一一六，3；图版一五，3）。

标本H125:5，泥质红陶。敛口，方唇，上腹圆鼓，下腹斜收，底微内凹。素面。底部有使用的磨痕。口径31.8、底径12.4、高10.4厘米（图一一六，4）。

27. H150

位于IT2109西南角，部分伸入IT2108内，探方西部扩方1.5米，将该坑全面予以揭露。开口于①层下，打破H161及生土层。坑口距地表0.3米。平面形状呈椭圆形，直壁，底部平整。口径2.45~2.9、深0.9~1.1米。北壁中部距坑底0.2米处有一脚窝，口宽0.4、高0.35、深0.15~0.2米。西部为一宽1.32米的生土平台，台高0.2米，台面平整。坑内堆积为松软的黄灰色土，近底部略灰，包含有大量的红烧土块和木炭块，出土少量陶片和动物骨头等，并有陶杯、陶刀等小件器物的出土。可鉴定的动物属种仅有猪一种（图一一七）。

H150出土陶器主要有瓶、罐、盆、钵、器盖等，分别占可辨器形的6.25%、50.00%、12.50%、18.75%、12.50%。陶系、纹饰情况详见表五五。因所出陶片极碎，以下仅介绍1件陶器。

弦纹盆　均残。

标本H150:1，泥质红陶。圆唇，沿外撇，沿内有一周凹槽，上腹较直，下腹弧曲，底

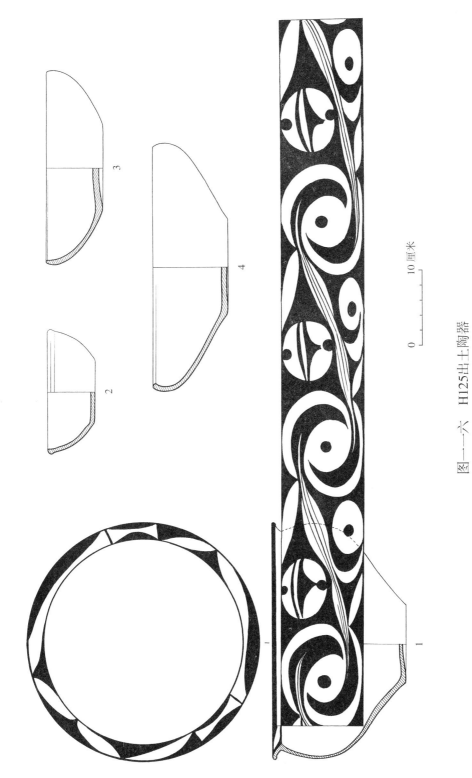

图一一六　H125出土陶器

1. B型I式盆（H125：2）　2. 圆唇盆（H125：4）　3、4. A型I式钵（H125：3、H125：5）

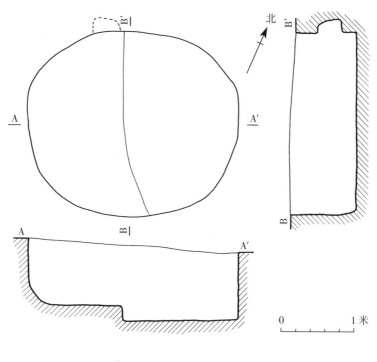

图一一七　H150平、剖面图

表五五　H150 陶系、纹饰统计表

陶系 纹饰	泥质陶			夹砂陶			合计	百分比（%）
	红	灰	小计	红	灰褐	小计		
素面	94	25	119	6	11	17	136	29.12
绳纹				94	9	103	103	22.06
线纹	65	15	80	46		46	126	26.98
彩陶	91		91				91	19.49
弦纹	11		11				11	2.35
合计	261	40	301	146	20	166	467	100
百分比（%）	55.89	8.56	64.45	31.27	4.28	35.55	100	

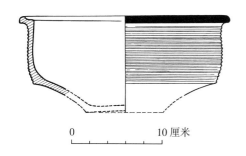

图一一八　H150出土陶弦纹盆（H150∶1）

残。唇面饰一周黑彩，上腹部通饰凹弦纹，下腹部为素面。口径21.8、残高8.4厘米（图一一八）。

28. H159

位于ⅠT1708东部。开口于①层下，被H173打破，并打破生土层。坑口距地表0.5米。平面形状呈椭圆形，直壁，平底。口径1.8~2.7、底径1.8~2.1、深0.9米。西部距坑口0.13米处为一宽0.55、高0.6米的生土台，台面较平整。坑内堆积为较硬的浅灰色土，质杂，包含物较少，出土有少量陶片及动物骨头等。可鉴定的动物属种有圆顶珠蚌、猪等（图一一九）。

H159所出陶器主要为尖底瓶、平底瓶、罐、盆、钵、器盖等，分别占可辨器形的5.71%、2.86%、51.43%、5.71%、20.00%、14.29%。陶系、纹饰情况详见表五六。出土物分别介绍如下。

尖底瓶　均残。

Ⅱ式

标本H159：8，泥质红陶。口沿内外显见慢轮修制的痕迹。口径4.8、残高4厘米（图一二〇，2）。

罐　复原1件。

C型Ⅰ式

标本H159：1，泥质红陶。敛口，沿内为一周弧形凹槽，圆唇，矮颈，鼓腹，下腹部略呈反弧状内收，平底。素面。口沿、颈部及器内抹光，器表显见刮修痕迹。口径15.6、腹径22.4、底径11.6、高18.4厘米（图一二〇，1；彩版一二，2）。

陶环　1件，残。

D型

标本H159：2，泥质灰陶。剖面呈半月形，外缘饰有一周网格纹。内径4、外径6、厚2.2厘米（图一二〇，3）。

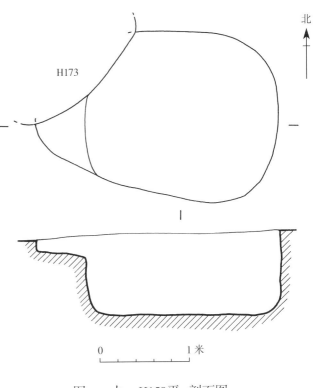

图一一九　H159平、剖面图

表五六　H159陶系、纹饰统计表

陶系\纹饰	泥质陶			夹砂陶			合计	百分比（%）
	红	灰	小计	红	灰褐	小计		
素面	74	136	210	31		31	241	55.53
绳纹	3		3	89	12	101	104	23.96
线纹	54	4	58				58	13.37
彩陶	22		22				22	5.07
弦纹					9	9	9	2.07
合计	153	140	293	120	21	141	434	100
百分比（%）	35.25	32.26	67.51	27.65	4.84	32.49	100	

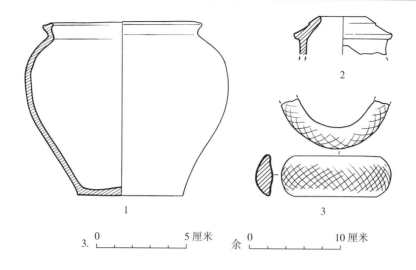

3.
余

图一二〇　H159出土陶器

1. C型Ⅰ式罐（H159∶1）　　2. Ⅱ式尖底瓶（H159∶8）　　3. D型陶环（H159∶2）

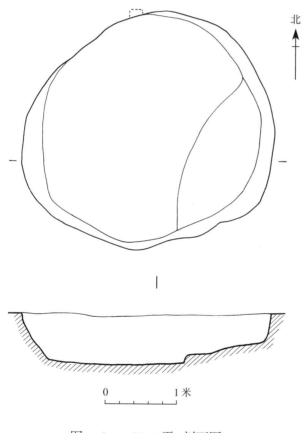

图一二一　H165平、剖面图

29. H165

位于ⅠT2408西北部，部分延伸到ⅠT2508内。开口于②层下，打破生土。坑口距地表0.7米。平面形状呈不规则圆形，口大底小，坑壁内收，底部平坦。口径3.1~3.44、底径1.8~3、深0.68米。在坑壁的北部距坑口0.3米处有一小洞，直径0.18、深0.1米。东部距坑口0.37米处有一斜坡状生土台，宽0.98、高0.12米。坑内堆积为松软的灰色土，包含物较为丰富，出土有较多的陶片和动物骨头等，并出土有陶杯、陶环、陶球、圆陶片等小件器物。动物骨头经鉴定的属种有狗、猪、小猪、獐、梅花鹿、绵羊等（图一二一）。

H165出土陶器较多，主要有尖底瓶、平底瓶、罐、盆、钵、器盖、灶等，分别占可辨器形的3.13%、2.08%、45.83%、17.71%、25.00%、5.21%、1.04%。陶系、纹饰情况详见表

表五七　H165 陶系、纹饰统计表

纹饰＼陶系	泥质陶			夹砂陶			合计	百分比（%）
	红	灰	小计	红	灰褐	小计		
素面	482	110	592	114	39	153	745	42.38
绳纹				267	51	318	318	18.09
线纹	466	23	489				489	27.81
彩陶	154		154				154	8.76
弦纹	1		1	23	22	45	46	2.62
绳＋弦纹				1	5	6	6	0.34
合计	1103	133	1236	405	117	522	1758	100
百分比（%）	62.74	7.57	70.31	23.04	6.65	29.69	100	

五七。以下分别介绍出土物。

尖底瓶　均残。

Ⅱ式

标本 H165：20，泥质褐陶。器表饰交错线纹。口沿内外显见慢轮修制的痕迹。口径4.4、残高7.8厘米（图一二二，9）。

罐　均残。

Ab型Ⅰ式

标本 H165：22，夹砂红陶。器表饰粗疏的斜绳纹。口径19.4、残高9.2厘米（图一二二，4）。

盆　复原1件。

C型Ⅰ式　均残。

标本 H165：23，泥质灰陶。腹上部饰有两对称的鸡冠状錾。器表及器内打磨较为光滑。口径36、残高7.8厘米（图一二二，6）。

D型Ⅰ式　复原1件。

标本 H165：9，泥质红陶。敛口，叠唇，腹部略呈反弧状，底微内凹。素面。沿面及器内有明显的慢轮修制痕迹，器表经刮修。口径42.4、底径12.7、高17.9厘米（图一二二，3）。

钵　复原6件。

A型Ⅰ式　复原5件。

标本 H165：4，泥质红陶。敛口，圆唇，腹部斜收，平底。口沿饰一周黑彩，上腹部有一周褐色条纹。器表光滑，器底有使用的磨痕。口径31.4、底径10.7、高10厘米（图一二二，2；图版一五，4）。

标本 H165：5，泥质红陶。素面。口径39.6、底径15、高11.4厘米（图一二二，1）。

标本 H165：6，泥质红陶。素面。口径30.8、底径11.8、高9.6厘米（图一二二，13）。

标本 H165：7，泥质红陶。素面。口径32.6、底径11.2、高10厘米（图一二二，12；图版

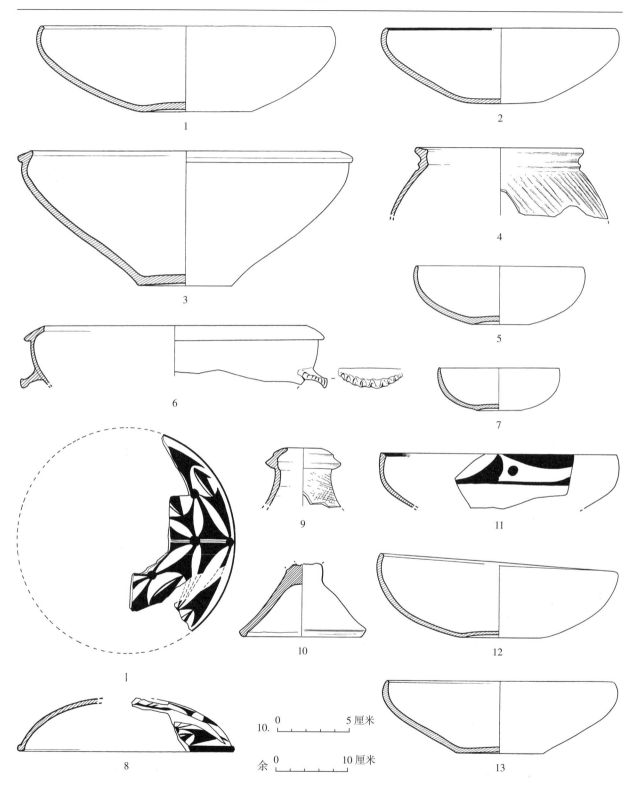

图一二二　　H165出土陶器

1、2、5、11~13. A型Ⅰ式钵（H165：5、H165：4、H165：10、H165：21、H165：7、H165：6）　　3. D型Ⅰ式盆（H165：9）　　4. Ab
型Ⅰ式罐（H165：22）　　6. C型Ⅰ式盆（H165：23）　　7. C型Ⅰ式钵（H165：2）　　8. Ab型Ⅰ式器盖（H165：3）　　9. Ⅱ式尖底瓶
（H165：20）　　10. Ca型Ⅰ式器盖（H165：11）

一五，5）。

标本H165：10，泥质黄褐陶。素面。口径22.6、底径8、高7.8厘米（图一二二，5；图版一五，6）。

标本H165：21，残，泥质红陶。唇部饰有一周黑彩，器表以黑彩绘有由圆点、垂弧、弧形三角等组成的图案，仅残留部分图案。器表及器内打磨较为光滑。口径30.8、残高7.3厘米（图一二二，11）。

C型Ⅰ式　复原1件。

标本H165：2，泥质黄褐陶。口微敞，尖唇，圆弧腹，凹底。素面。器表明显可见刮修痕迹。口径16.2、底径6、高5.6厘米（图一二二，7；图版一五，7）。

器盖　均残。

Ab型Ⅰ式

标本H165：3，泥质红陶。把手残缺。形如覆钵，敞口，圆唇外卷。唇部饰一周黑彩，器表以黑彩绘有由圆点纹、弧形三角纹、线纹等组成的图案，从其地纹观察，在圆点花蕊的周围有四出的花瓣。器内有明显的慢轮修制痕迹。口径29、残高7.2厘米（图一二二，8）。

Ca型Ⅰ式

标本H165：11，夹砂灰褐陶。形如覆钵状，喇叭形侈口，圆唇，沿内有一周凸棱，纽已残。素面。口径7.8、残高4.9厘米（图一二二，10）。

30. H166

位于ⅡT1802中部，部分延伸到ⅡT1902内。开口于②层下，被G3、H35、H174打破，并打破生土层。坑口距地表0.35米。平面形状呈不规则形，口径3.54~4.88、深1.32米。坑底部由东向西、自北向南倾斜，分别由两级斜坡状台阶组成，第一台阶距坑口0.06~0.44、宽0.28~0.74、高0.1~0.4米，第二台阶宽0.38~1.68、高0.1米。底部凹凸不平，也是向西南倾斜，南壁有1.76米宽的一段，向外凸出。西南部距坑口0.6米有一平台，台宽约0.32~1.06米，至坑底0.38~0.58米。坑内堆积为较松软的黑灰色土，出土有较多陶片和少量动物骨头，并有残陶环等小件器物的出土。动物骨头经鉴定的属种有猪和梅花鹿两种（图一二三）。

H166出土陶器较多，主要有瓶、罐、盆、钵、瓮、釜、器盖，分别占可辨器形的4.10%、24.59%、35.25%、24.58%、2.46%、0.82%、8.20%。陶系、纹饰情况详见表五八。出土物分别介绍如下。

尖底瓶　均残。

Ⅱ式

标本H166：10，泥质红陶。器表饰斜线纹。口沿内外显见慢轮修制的痕迹。口径4.4、残高6厘米（图一二四，3）。

罐　复原1件。

Ab型Ⅰ式　均残。

标本H166：8，夹砂褐陶。颈下残留有两个一组的纽扣状附加泥饼，颈部饰数道平行弦

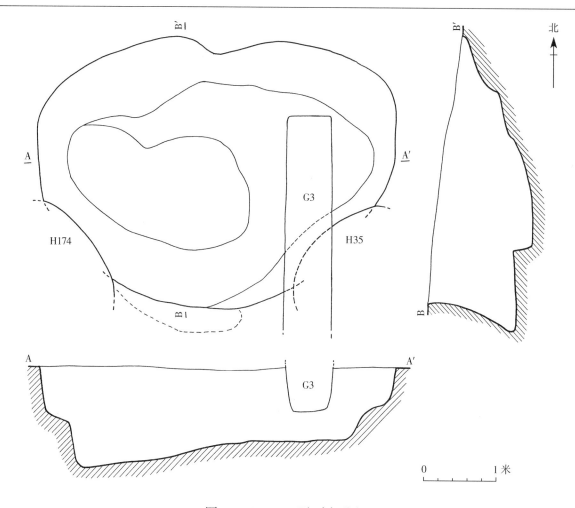

图一二三　H166平、剖面图

表五八　H166陶系、纹饰统计表

纹饰＼陶系	泥质陶					夹砂陶				合计	百分比（%）
	红	黄褐	褐	灰	小计	红	褐	灰褐	小计		
素面	283	10	11	172	476	32	33	3	68	544	46.66
绳纹						40	252		292	292	25.04
线纹	145	4	6	61	216					216	18.52
彩陶	85				85					85	7.29
弦纹	1				1			13	13	14	1.20
弦＋堆纹								1	1	1	0.09
绳＋弦纹							12		12	12	1.03
绳＋弦＋堆纹						2			2	2	0.17
合计	514	14	17	233	778	74	297	17	388	1166	100
百分比（%）	44.08	1.20	1.46	19.98	66.72	6.35	25.47	1.46	33.28	100	

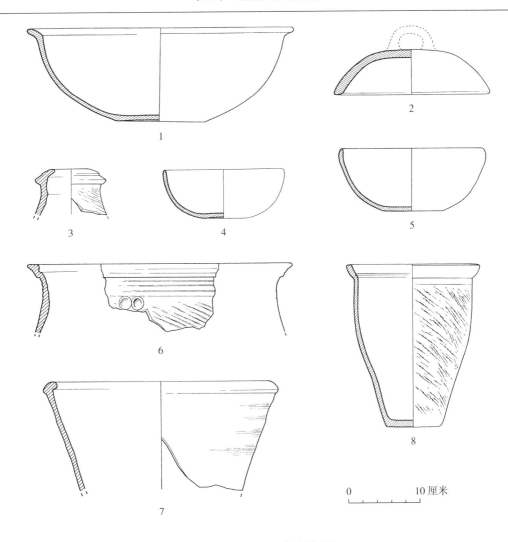

图一二四　H166出土陶器

1. Ab型Ⅰ式盆（H166：7）　2. Ac型Ⅰ式器盖（H166：4）　3. Ⅱ式尖底瓶（H166：10）　4、5. C型
Ⅰ式钵（H166：6、H166：5）　6. Ab型Ⅰ式罐（H166：8）　7. D型Ⅰ式罐（H166：9）　8. B型Ⅰ式
罐（H166：3）

纹，腹部饰斜绳纹。口径32.8、残高9厘米（图一二四，6）。

　　B型Ⅰ式　复原1件。

　　标本H166：3，夹砂红陶。折沿，方唇，沿面窄平，瘦腹，小平底。腹部饰斜绳纹。口部、器内抹光，近底部经刮削，器表留有烟熏的痕迹。口径17、底径7.6、高21.6厘米（图一二四，8；图版一六，1）。

　　D型Ⅰ式　均残。

　　标本H166：9，泥质灰陶。质略粗，微含细砂。素面。器表较为粗糙，未经修整。口径28、残高14.5厘米（图一二四，7）。

　　盆　复原1件。

Ab型Ⅰ式

标本H166:7，泥质灰陶。敞口，沿外撇，圆唇，斜弧腹，底微凹。素面。口沿及器表显见横向刮修痕迹，器底有使用的磨痕。口径36.2、底径12.2、高12.4厘米（图一二四，1；图版一六，4）。

钵　复原2件。

C型Ⅰ式

标本H166:5，泥质灰陶。敞口，圆唇，弧腹内收，底微内凹。素面。器表显见横向刮修痕迹。口径19.4、底径8.2、高8.4厘米（图一二四，5；图版一五，8）。

标本H166:6，泥质陶，红顶，褐腹。敞口，圆唇，弧腹斜收，底微内凹。素面。器顶及器内有明显的横向刮修痕迹。口径16、底径6、高6.4厘米（图一二四，4）。

器盖　均残。

Ac型Ⅰ式

标本H166:4，夹砂褐陶。素面。器壁较厚，器表粗糙。口径21.6、残高6厘米（图一二四，2）。

31. H168

位于ⅠT2408南部，部分延伸到探方外，南部扩方1米，将该坑全部予以揭露。开口于①层下，打破生土层。坑口距地表0.7米。平面形状呈不规则形，坑壁内收，平底。口径2.64~2.7、深0.28米。内填较松软的黑灰色土，并夹杂有石块，出土有少量陶片及动物骨头等。可辨别的动物属种仅有猪一种（图一二五）。

H168出土物较少，陶器主要有葫芦口瓶、罐、盆、钵、器盖等，分别占可辨器形的6.25%、34.38%、12.50%、31.25%、15.63%。陶系、纹饰情况详见表五九。出土物分别介绍如下。

罐　均残。

表五九　H168陶系、纹饰统计表

陶系　纹饰	泥质陶			夹砂陶			合计	百分比（%）
	红	灰	小计	红	灰褐	小计		
素面	59	11	70	13		13	83	24.93
绳纹				125	29	154	154	46.25
线纹	75	2	77				77	23.12
彩陶	12		12				12	3.60
绳+弦纹				5	2	7	7	2.10
合计	146	13	159	143	31	174	333	100
百分比（%）	43.85	3.90	47.75	42.94	9.31	52.25	100	

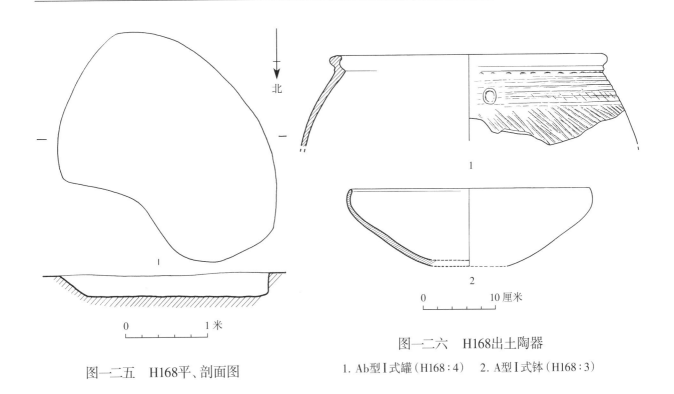

图一二五　H168平、剖面图

图一二六　H168出土陶器

1. Ab型Ⅰ式罐（H168∶4）　2. A型Ⅰ式钵（H168∶3）

Ab型Ⅰ式

标本H168∶4，夹砂红陶。颈下有一周制作该器留下的麦粒状工具压痕，肩部残留一纽扣状附加泥饼，并饰有数周横向弦纹，腹部饰斜绳纹。口径34.6、腹径46.6、残高12厘米（图一二六，1）。

钵　复原1件。

A型Ⅰ式

标本H168∶3，泥质红陶。敛口，圆唇，腹部斜收，平底。素面。器表内外经磨光，器底有使用的磨痕。口径32.8、底径10.2、高10.3厘米（图一二六，2；图版一六，3）。

32. H172

位于ⅠT2408西北角，部分延伸到ⅠT2308、ⅠT2309、ⅠT2409之中。开口于②层下，被J3、H171打破，并打破生土层。坑口距地表0.7米。平面形状呈椭圆形，袋状，底部较平。口径1.75~2.42、底径2.5~3、深2米。坑内堆积为松软的灰黄色淤土，出土有少量陶片及动物骨头等，并出土有骨凿1件。动物骨骼可辨别的属种有蚌、猫、梅花鹿、绵羊、牛等（图一二七）。

H172出土物较少，主要陶器有尖底瓶、葫芦口瓶、罐、盆、钵、甑、釜等，分别占可辨器形的6.25%、3.13%、43.75%、15.63%、25.00%、3.12%、3.12%。其中夹砂陶较泥质陶多，前者以灰褐陶居多，同时有较多红陶，后者则多为红陶。纹饰以素面为多，达一半以上，其次是绳纹和线纹（表六〇）。以下按质地的不同分别介绍出土物。

（1）陶器

尖底瓶　均残。

Ⅱ式

标本H172：13，泥质红陶，略泛黄。器表饰斜线纹。口沿内外显见慢轮修制痕迹。口径4.4、残高5.5厘米（图一二八，5）。

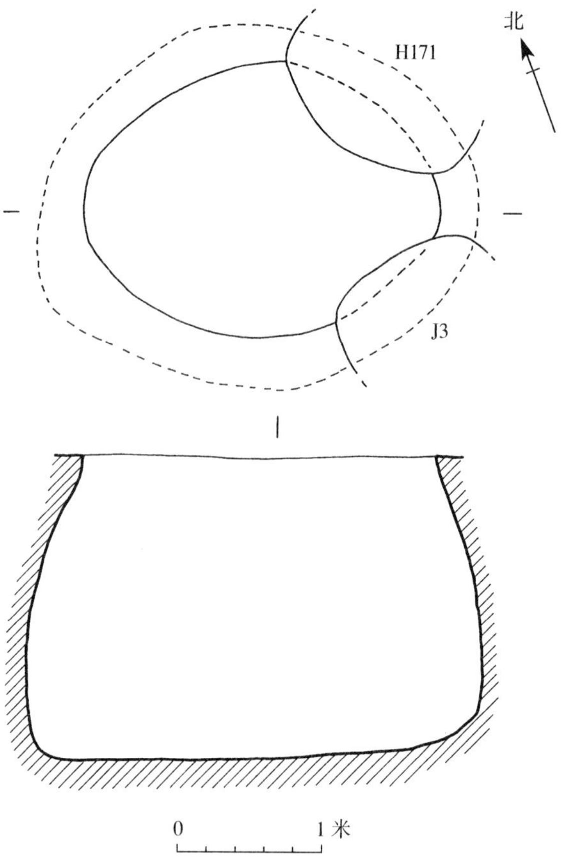

罐　复原2件。

Aa型Ⅰ式　复原1件。

标本H172：4，夹砂灰褐陶。敛口，带状沿，圆唇，沿内有一周凹槽，颈部外弧，腹部微鼓，下腹略呈反弧状，底微凹。沿下贴有两对称的纽扣状附加泥饼，颈上饰数道凹弦纹，颈下亦贴有两对称的纽扣状附加泥饼。口沿及颈内抹光，近底部略经刮修，器表有明显烟熏的炱痕。口径30、底径15.7、高25.4厘米（图一二八，1；彩版一二，3）。

C型Ⅰ式　复原1件。

标本H172：2，泥质红陶。敛口，圆唇，沿内有一周弧形凹槽，鼓腹，下腹斜收，凹底。素面。器表留有烟熏的炱痕。口径22.9、腹径27.6、底径12.5、高23.6厘米（图一二八，2；图版一六，5）。

夹砂素面罐　复原1件。

标本H172：3，夹砂红陶。敛口，沿外卷，圆唇，鼓腹，下腹斜收，凹底。素面。口沿内

图一二七　H172平、剖面图

表六〇　H172陶系、纹饰统计表

陶系\纹饰	泥质陶			夹砂陶			合计	百分比（%）
	红	灰	小计	红	灰褐	小计		
素面	57	17	74	12	149	161	235	50.65
绳纹				98	28	126	126	27.16
线纹	73	2	75				75	16.16
彩陶	9		9				9	1.94
绳+弦纹				19		19	19	4.09
合计	139	19	158	129	177	306	464	100
百分比（%）	29.96	4.09	34.05	27.80	38.15	65.95	100	

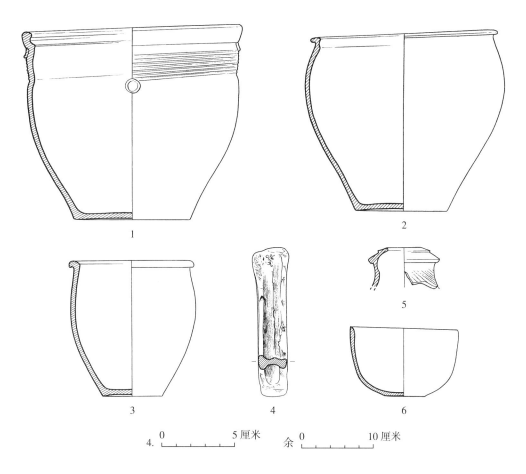

图一二八　H172出土器物

1. Aa型Ⅰ式陶罐（H172：4）　2. C型Ⅰ式陶罐（H172：2）　3. 夹砂陶素面罐（H172：3）　4. 骨凿
（H172：1）　5. Ⅱ式陶尖底瓶（H172：13）　6. 陶深腹钵（H172：5）

外及颈部抹光，近器底经刮修，器表较为粗糙，并留有烟熏的炱痕。口径17.2、底径8.2、高
18厘米（图一二八，3；彩版一二，4）。

深腹钵　复原1件。

标本H172：5，泥质红陶。圆唇，深腹，上腹较直，下腹圆滑内收，底部微凹。素面。
器表、器内经刮修，较为光滑，器底显见使用的磨痕。口径14.8、底径5.5、高9厘米（图
一二八，6；图版一六，6）。

（2）骨器

骨凿　1件，完整。

标本H172：1，系动物肢骨加工而成。器柄保留骨关节的原状，并有一穿孔，便于携带。
刃部经磨光，异常锋利。长9.8、宽2厘米（图一二八，4；彩版一三，10）。

33. Y2

位于ⅡT2101东南角。开口于①层下，打破生土层。顶部距地表0.4米，破坏严重。由

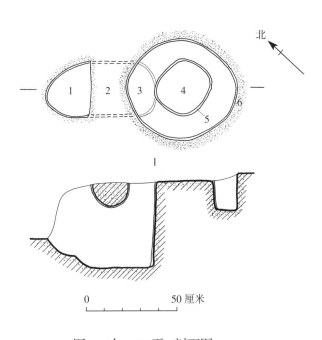

火膛、火道、窑床、窑室四部分组成。整体长1.5、宽0.54米。方向315°。火门平面呈半圆形，底部呈弧状斜坡伸入火膛，斜坡中部有一横向棱脊，火膛内壁较直，底部较平，因长期烧烤形成厚约0.02米的青灰色硬面。火膛口径0.24~0.26、进深0.32、内高0.3米。火道口形状为椭圆形，由火膛尽端向上直接进入窑室。火道口径0.14~0.26、高0.44米，火道剖面呈"U"形，紧贴窑室内壁环绕一周，周壁被火烧成厚约0.02米的青灰色硬面，宽0.1~0.13、深0.3~0.45米。窑床位于窑室中心，平面形状为圆形，表面平坦，并有一层厚约0.15米坚硬的青灰色烧结面。直径0.27~0.32米。窑室无存，仅在火道外残留有一小部分，高出窑床约0.04米。该窑内填较为松散的灰色土，并夹杂有大量的红烧土，出有极少量陶片（图一二九；彩版五，3）。

图一二九　Y2平、剖面图

1.火膛　2.窑门　3.火道　4.窑床　5.烧结面
6.红烧土范围

　　Y2出土陶器较少，主要有尖底瓶、盆、罐、甑等，分别占可辨器形的14.29%、28.57%、47.62%、9.52%。陶系、纹饰情况详见表六一。出土物分别介绍如下。

　　尖底瓶　均残。

　　Ⅱ式

　　标本Y2∶4，泥质红陶。器表饰斜线纹。口径4.8、残高6.2厘米（图一三〇，4）。

　　夹砂素面罐　复原1件。

　　标本Y2∶1，夹砂红陶。折沿，方唇，沿面一周微凹，溜肩，腹微鼓，平底。素面。肩部

表六一　Y2陶系、纹饰统计表

纹饰 \ 陶系	泥质陶					夹砂陶				合计	百分比（%）
	红	黄褐	褐	灰	小计	红	褐	灰褐	小计		
素面	18	7	9	16	50	24		41	65	115	46.75
绳纹						4		49	53	53	21.54
线纹	27			2	29					29	11.79
彩陶	46				46					46	18.70
附加堆纹								3	3	3	1.22
合计	91	7	9	18	125	24	4	93	121	246	100
百分比（%）	36.99	2.84	3.66	7.32	50.81	9.76	1.63	37.80	49.19	100	

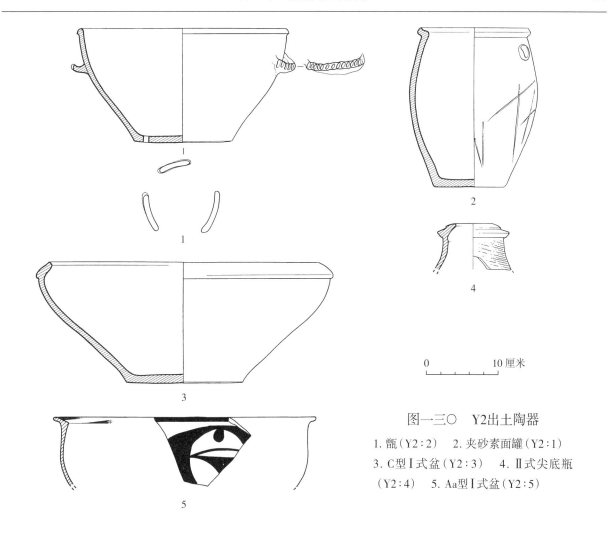

图一三〇　Y2出土陶器

1. 甑（Y2∶2）　2. 夹砂素面罐（Y2∶1）
3. C型Ⅰ式盆（Y2∶3）　4. Ⅱ式尖底瓶
（Y2∶4）　5. Aa型Ⅰ式盆（Y2∶5）

用手指按贴有三个附加泥饼，腹部有数道无规律的划痕。口沿及颈部抹光，器表有烟熏的炱痕。口径14.8、腹径17.6、底径9.6、高21厘米（图一三〇，2；图版一六，2）。

　　盆　复原1件。

　　Aa型Ⅰ式　均残。

　　标本Y2∶5，泥质红陶。唇部饰有一周黑彩，沿面以黑彩绘有弧形三角、柳叶纹等，器表以黑彩绘有由圆点、弧形三角等组成的图案，现仅残留部分图案。口沿内外显见慢轮修制的痕迹，器表及器内较为光滑。口径31.8、残高9.2厘米（图一三〇，5）。

　　C型Ⅰ式　复原1件。

　　标本Y2∶3，泥质红陶。敛口，宽沿内收，叠唇，腹部斜收，下腹部呈反弧状，平底。素面。沿面抹光，腹部未经刮修。口径36.8、底径15.8、高16厘米（图一三〇，3）。

　　甑　复原1件。

　　标本Y2∶2，夹砂红陶。敞口，上腹部弧收，其上有对称的两鸡冠状錾，下腹部略呈反弧状，平底。素面。器表抹光，器内留有一层厚厚的水垢，底上有三个弧状箅孔，并有使用的磨痕。口径27.6、底径13、高15.1厘米（图一三〇，1）。

第四节　庙底沟文化二期遗存

泉护村遗址庙底沟文化二期遗存为该遗址的主要部分，这一时期的遗迹有H8、H13~H15、H24~H26、H31~H33、H35、H41、H46、H59、H61、H62、H67、H71、H74、H75、H79、H80、H82~H87、H89、H90、H93、H98、H101、H102、H104~H107、H110~H112、H114、H115、H118、H126、H129~H132、H135、H138~H140、H143、H145~H147、H149、H151、H153、H154、H156~H158、H162~H164、H167、H169~H171、H173、H174、H01~H06、F1、F2、Y1、Z1、Z4、Z7、Z9~Z13等90个单位（附表一、三）。对其中部分出土器物极少，或保存较差的单位仅在相关遗迹登记表中介绍。

1. H8

位于ⅠT0201西部，一部分在1958年的发掘区内。坑口被③层叠压，被M3、H9打破，坑口距地表1米。平面形状呈圆形，直壁，平底。口径约3.54、深1.72米。根据土质、土色可以将坑内的堆积大致分为三层。

第①层：厚0.42~0.5米，为疏松的浅灰色土，并夹杂有大量草拌泥块、动物骨头等物，出土陶片较少，并有陶杯、圆陶片等小件器物的出土。

第②层：厚0.45~1.55米，为疏松的深灰色土，包含有较多的动物骨头、石块等物，出土陶片较少。

第③层：厚0.1~0.6米，为疏松的灰白色土，夹杂有较多的动物骨头等物，出土陶片较少，并出土有陶环、骨镞等小件器物。

此单位出土动物骨骼可辨别的属种有马、猪、獐、梅花鹿等（图一三一）。

H8在发掘时依土质、土色分为三层，但从出土遗物看，各层并无明显区别，故将其作为同期遗存考虑。出土陶器主要有尖底瓶、罐、盆、钵、缸、灶等，分别占可辨器形的7.84%、72.56%、7.84%、3.62%、4.52%、3.62%。泥质陶占大部，其中又以红陶为主，纹饰以素面为主，其次为线纹和绳纹。陶系、纹饰情况详见表六二。出土物按质地分别介绍如下。

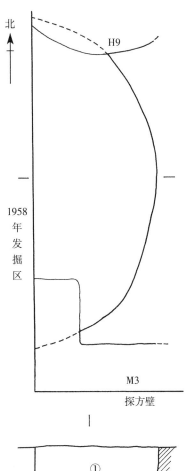

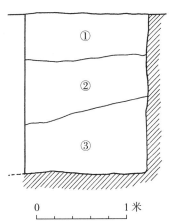

0　　　　　1米

图一三一　H8平、剖面图

表六二 H8陶系、纹饰统计表

纹饰 \ 陶系	泥质陶			夹砂陶			合计	百分比(%)
	红	灰	小计	红	灰褐	小计		
素面	470	165	635				635	51.09
绳纹				260	15	275	275	22.12
线纹	314		314				314	25.26
彩陶	19		19				19	1.53
合计	803	165	968	260	15	275	1243	100
百分比(%)	64.60	13.27	77.87	20.92	1.21	22.13	100	

（1）陶器

尖底瓶 皆残，器表饰线纹。

Ⅳ式

标本H8①：10，夹砂黄褐陶。口径4.7、残高4.8厘米（图一三二，5）。

标本H8①：22，夹细砂黄褐陶。口径7、残高4.6厘米（图一三二，4）。

罐 皆残。

Aa型Ⅱ式

标本H8②：17，夹砂红陶。沿面饰绳切纹，器表饰交错绳纹。口径22.8、残高5.4厘米（图一三二，3）。

标本H8①：19，夹砂红陶。器表饰斜绳纹。口径24.8、残高5.8厘米（图一三二，2）。

Ab型Ⅱ式

标本H8①：16，夹砂红陶。沿面饰有绳切纹，器表饰斜绳纹。口径24、残高5厘米（图一三二，6）。

标本H8①：18，夹砂红陶。器表饰交错绳纹。口径28.6、残高5.8厘米（图一三二，1）。

夹砂素面罐 均残。

标本H8①：14，夹细砂红陶。折沿，尖唇，鼓腹。素面。从器内可明显看出，其口部制法为帮包口。口径26.8、残高10.2厘米（图一三二，7）。

钵 复原1件。

A型Ⅱ式 均残。

标本H8①：23，泥质红陶，器内为灰色。素面。口径23.8、残高6厘米（图一三二，8）。

C型Ⅱ式 复原1件。

标本H8②：3，泥质灰陶。素面。口径17、底径7.3、高6厘米（图一三二，10；图版一九，1）。

标本H8②：5，残，夹砂褐陶。素面。口径17、残高5.8厘米（图一三二，9；图版一九，2）。

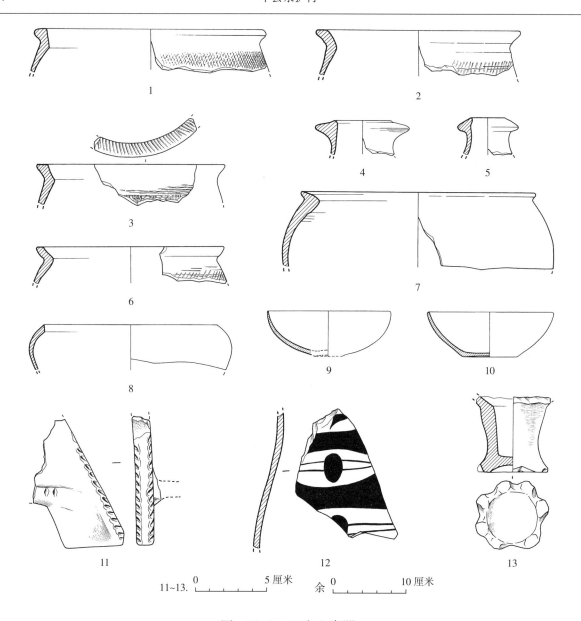

图一三二　H8出土陶器

1、6. Ab型Ⅱ式罐（H8①:18、H8①:16）　2、3. Aa型Ⅱ式罐（H8①:19、H8②:17）　4、5. Ⅳ式尖底瓶（H8①:22、H8①:10）　7.夹砂素面罐（H8①:14）　8. A型Ⅱ式钵（H8①:23）　9、10. C型Ⅱ式钵（H8②:5、H8②:3）　11.灶（H8①:7）　12.彩陶壶残片（H8①:8）　13. A型杯（H8①:6）

彩陶壶残片

标本H8①:8，残，泥质红陶。器身以黑彩绘有圆点、弧三角、双线等纹样，使其地纹呈豆荚或眼睛形。残高8.6厘米（图一三二，12）。

杯　2件，皆残。

A型

标本H8①:6，泥质红陶。底部内凹。底径5.1、残高5.1厘米（图一三二，13）。

灶　均残。

标本H8①：7，夹砂红陶。仅残存灶门前的右边及灶足部分，灶门、灶足向前倾斜，灶门两端压印有麦穗状纹饰。残高8.5厘米（图一三二，11）。

陶环　2件，皆残。

A型

标本H8②：9，泥质灰陶。横截面呈桃状，素面。内径6、外径8、厚1.2厘米（图一三三，2）。

圆陶片　1件，完整。

标本H8①：15，系泥质红陶片打制而成。平面近圆形。一周断面未经磨制。直径4~4.3、厚0.7厘米（图一三三，3）。

（2）骨器

骨镞　1件。

标本H8②：2，器身厚实，并经磨制，横截面呈圆角

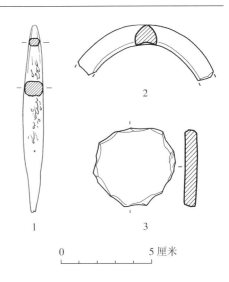

图一三三　H8出土器物

1. 骨镞（H8②：2）　2. A型陶环
（H8②：9）　3. 圆陶片（H8①：15）

方形，锋部圆钝，铤部为圆锥状，较短，略残。器表留有纤细的擦痕。残长9.9厘米（图一三三，1；彩版二三，1）。

另外，在H8中还出土一些与一期陶器风格一致的陶器残片。分别介绍如下。

罐　均残。

Aa型Ⅰ式

标本H8②：11，夹砂褐陶。肩部饰弦纹。口径32、残高6厘米（图一三四，3）。

Ab型Ⅰ式

标本H8①：20，夹砂红陶。器表饰粗疏的斜绳纹。口径23.8、残高6.6厘米（图一三四，2）。

盆　均残。

C型Ⅰ式

标本H8②：24，夹砂红陶。素面。口径24、残高6厘米（图一三四，4）。

瓮　均残。

Ⅰ式

标本H8②：13，泥质灰陶。沿面有两周浅凹槽。素面。口径40.8、残高5.8厘米（图一三四，1）。

器盖　均残。

Ac型Ⅰ式

标本H8②：4，夹砂红陶。提柄残缺。素面。器顶上仅残留有两个长方形小孔，用来镶嵌提柄。器表抹有一层泥巴，以加固器物。口径26、残高6.6厘米（图一三四，5）。

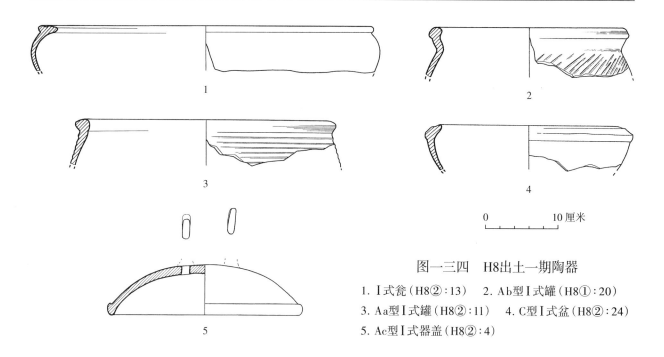

0　　　　　　　　10 厘米

图一三四　H8出土一期陶器

1. I式瓮（H8②：13）　2. Ab型I式罐（H8①：20）
3. Aa型I式罐（H8②：11）　4. C型I式盆（H8②：24）
5. Ac型I式器盖（H8②：4）

2. H35

位于ⅡT1801东北角，横跨ⅡT1801、T1802、T1701、T1702四个探方。开口于②层下，被G5打破，并打破H56、H166。坑口距地表0.8米。平面形状呈圆形，坑壁微弧，平底。口径3、深1.32米。坑内堆积为疏松的灰色土，出土有较多的陶片及少量动物骨头等，并有陶刀、陶环、圆陶片、骨簪、角锥等小件器物的出土。可辨别的动物属种有蚌、貉、猫、猪、獐、梅花鹿、绵羊、牛等（图一三五）。

H35出土陶器有瓶、罐、盆、钵、瓮、器盖等，分别占可辨器形的11.45％、30.53％、18.33％、32.82％、0.76％、6.11％。陶系、纹饰情况详见表六三。以下按质地分别介绍出土物。

（1）陶器

尖底瓶　均残。

Ⅳ式

标本H35：12，黄褐陶。质略粗，微含细砂。口沿内外显见慢轮修制的痕迹。口径4.6、残高5厘米（图一三六，10）。

罐　均残。

Ab型Ⅱ式

标本H35：11，夹砂褐陶，略泛黄。器表饰交错细绳纹，肩部残留一菱形附加堆纹，堆纹中间压印有一指窝纹。口径19.6、残高8厘米（图一三六，2）。

标本H35：24，夹砂黄褐陶。肩部饰有两对称的鸡冠状鋬。器表饰斜绳纹。口径18.8、腹径28、残高7.8厘米（图一三六，5）。

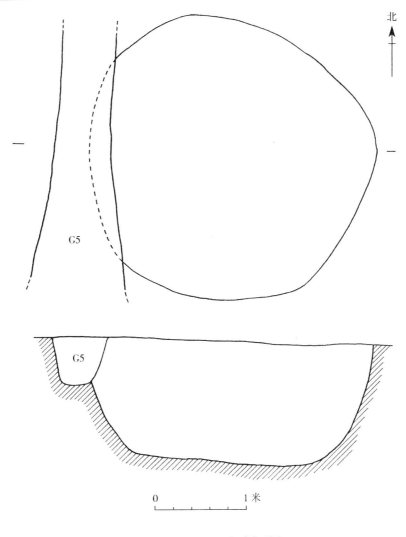

0　　　　　　　1 米

图一三五　H35平、剖面图

表六三　H35 陶系、纹饰统计表

陶系 纹饰	泥质陶					夹砂陶					合计	百分比 （%）
	红	黄褐	褐	灰	小计	红	黄褐	褐	灰褐	小计		
素面	247	6	17	126	396	75	4		17	96	492	41.69
绳纹	2				2	308		9	118	435	437	37.03
线纹	104	14	3	24	145	26			5	31	176	14.92
彩陶	39				39						39	3.30
弦纹	1			1	2	18				18	20	1.70
弦+堆纹									2	2	2	0.17
绳+堆纹						4	2	4	4	14	14	1.19
合计	393	20	20	151	584	431	6	13	146	596	1180	100
百分比（%）	33.30	1.70	1.70	12.79	49.49	36.53	0.51	1.10	12.37	50.51	100	

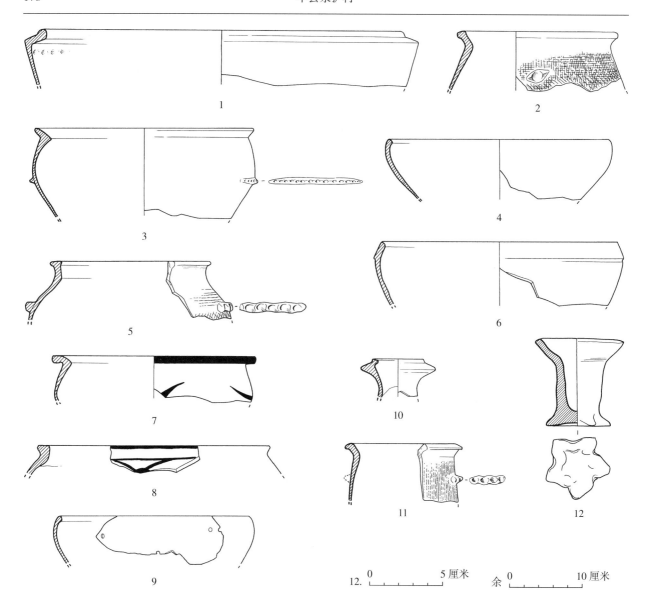

12. ├─0───────5厘米┤　　余├─0───────10厘米┤

图一三六　H35出土陶器

1. Ⅱ式瓮（H35：14）　　2、5. Ab型Ⅱ式罐（H35：11、H35：24）　　3、7. B型Ⅱ式盆（H35：15、H35：19）　　4、9. A型Ⅱ式钵
（H35：13、H35：22）　　6. C型Ⅱ式盆（H35：21）　　8. F型Ⅱ式罐（H35：25）　　10. Ⅳ式尖底瓶（H35：12）　　11. G型Ⅱ式罐
（H35：10）　　12. B型陶杯（H35：9）

F型Ⅱ式

标本H35：25，泥质红陶。敛口，圆唇，鼓腹。唇部饰一周黑彩，器表残留有由条带状纹、圆点等组成的图案。口沿内外有明显的抹光痕迹，从器内可明显看出口沿的制法为帮包沿。口径28.4、残高3.6厘米（图一三六，8）。

G型Ⅱ式

标本H35：10，夹砂红陶，略泛黄。折沿，圆唇，腹部微鼓。器表通饰竖绳纹，腹部偏上饰有两对称的鸡冠状鋬。口沿内外磨光。口径14、残高7.8厘米（图一三六，11）。

盆　均残。

B型Ⅱ式

标本H35：15，泥质灰陶。器表饰有两对称的鸡冠状鋬，鋬手较短。素面。口径26、残高12厘米（图一三六，3）。

标本H35：19，泥质红陶。唇部饰有一周褐彩，器表仅残留有小部分褐彩，纹饰不清。口沿及器表有明显刮修痕迹。口径24.4、残高6.2厘米（图一三六，7）。

C型Ⅱ式

标本H35：21，泥质红陶。素面。口径31、残高8.4厘米（图一三六，6）。

钵　均残。

A型Ⅱ式

标本H35：13，泥质陶，暗红色顶，略泛黄，灰色腹。口径28.8、残高8厘米（图一三六，4）。

标本H35：22，泥质黄褐陶。敛口，圆唇内卷，沿内有一周凸棱，弧腹内收，其上残留有四个由内及外的小钻孔。素面。器表明显经刮修，器内抹光。口径25.2、残高6.4厘米（图一三六，9）。

瓮　均残。

Ⅱ式

标本H35：14，泥质灰陶。沿内折角下有一周手指按压的指窝纹。素面。口径47.8、残高7.4厘米（图一三六，1）。

陶杯　2件，1件完整。

B型

标本H35：9，夹砂红陶。喇叭形口，圆唇，直筒腹，底部内凹，底部捏成花瓣状。素面。口径5.3、底径4.6、高5.8厘米（图一三六，12）。

陶环　3件，均残。

C型

标本H35：7，泥质灰陶。外缘刻有四个两两相对的凹槽。内径4.8、外径8.4、厚0.9厘米（图一三七，2）。

标本H35：8，泥质灰陶。齿轮状。内径4.4、外径6.8、厚1.2厘米（图一三七，4）。

陶刀　1件，完整。

A型

标本H35：6，系泥质灰陶片加工而成。刃部单面磨制，较钝。长7.6、宽3.9厘米（图一三七，1）。

陶刮削器　1件。

标本H35：5，系泥质红陶片打制而成。形状为不规则形，该器三端保留陶片的原断面，

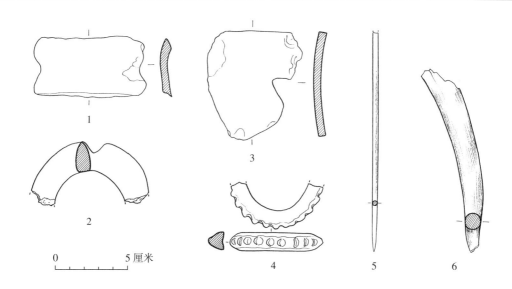

图一三七 H35出土器物

1. A型陶刀（H35:6） 2、4. C型陶环（H35:7、H35:8） 3. 陶刮削器（H35:5） 5. 骨簪（H35:2） 6. 角锥（H35:4）

一侧略呈弧状，另一侧打制一三角形缺口，缺口上端经打制，较为锋利。长7.2、宽6.6、厚0.5厘米（图一三七，3）。

（2）骨、角器

骨簪 1件，残。

标本H35:2，系动物骨磨制而成。器身修长，磨制精细、光滑，横断面为圆形。一端残断，一端尖锐锋利。长14.6厘米（图一三七，5；彩版二三，5）。

角锥 1件，残。

标本H35:4，系动物角加工而成。器身弯曲，呈圆锥状，两端均残，横断面呈圆形。器表经磨光。长12.5厘米（图一三七，6）。

在H35同样也出土一些与一期文化特征相似的陶器，其中有的甚至可以复原，如H35:3的陶灶。从出土状况看，它不像是晚期扰乱的结果，是否这种型式的陶灶被庙底沟文化二期先民沿用，还有待探讨。分别介绍如下。

钵 均残。

B型Ⅰ式

标本H35:20，泥质红陶，略泛黄。直口微敞，圆唇，曲腹斜收。唇部饰有一周黑彩，器表绘有圆点纹等，现仅残留部分图案。口径17.2、残高5.8厘米（图一三八，2）。

灶 复原1件。

Ⅰ式

标本H35:3，夹砂红陶。侈口，宽沿外折，圆唇，沿下一周弧状鼓出，沿内等距设置有三个泥突用于支撑陶釜。筒腹，腹上部饰横弦纹，较为整齐，纹痕较浅，并在腹部两侧饰有

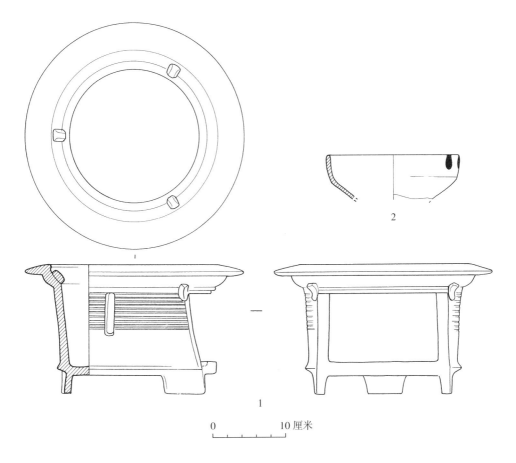

图一三八　H35出土一期陶器

1. I式灶（H35：3）　2. B型I式钵（H35：20）

两竖长条形镂孔，以便过风输氧，腹下部为素面。平底，近底部有一周凸棱，下附三铲足。灶门为长方形口，向内斜收，上端两侧各饰有一鹰啄状泥突。该器口沿内外均抹光，沿面磨制极为光滑。口径23.5、底径19~20、高17厘米（图一三八，1；彩版一七，2）。

3. H41

位于ⅡT1301东北角，未完全揭露。开口于④b层下。坑口距地表1.75米。平面形状呈不规则形，南北长3.6、东西宽3.1、深1.6米。坑底东部偏南为一生土斜坡，其他处坑壁较直，其周壁有一些大小不等、深浅不一的孔洞，西侧、北侧底较平，在生土斜坡靠坑壁处有一直径0.19、深0.1米的柱洞，边缘清晰，坑底的北部为坚实的红褐色硬面（局部为红烧土）。从上面这些迹象判断，该坑的功能很可能与居址有关。坑内堆积杂乱，土色呈黑灰色、褐色、灰白色等，其中包含有少量动物骨头、石块等，并有陶片出土，另外，还出土有陶刀、陶纺轮、陶球、圆陶片、陶环、泥饼等小件器物。出土动物骨头经鉴定的属种有雉、草兔、狗、马、猪、小猪、獐、牛等（图一三九）。

H41出土陶器主要有尖底瓶、罐、盆、钵等，分别占可辨器形的8.61%、35.48%、

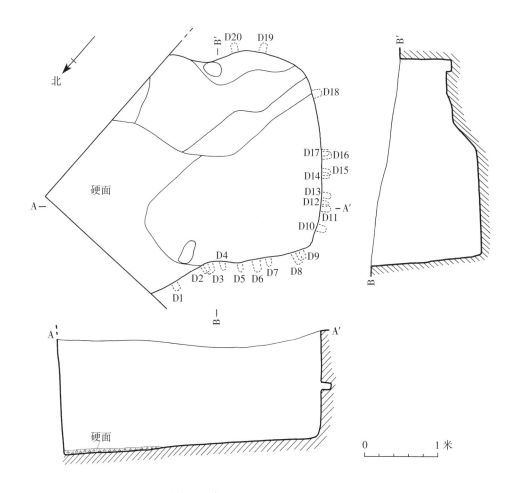

图一三九　H41平、剖面图

表六四　H41 陶系、纹饰统计表

陶系 纹饰	泥质陶					夹砂陶				合计	百分比 （%）
	红	黄褐	褐	灰	小计	红	黄褐	灰褐	小计		
素面	135	46	43	118	342		27	11	38	380	48.91
绳纹						91	19	64	174	174	22.39
线纹	97	37	26	8	168					168	21.62
彩陶	41				41					41	5.28
弦纹					209	7		5	12	12	1.54
弦+篦点纹								2	2	2	0.26
合计	273	83	69	126	551	98	46	82	226	777	100
百分比（%）	35.14	10.68	8.88	16.22	70.92	12.61	5.92	10.55	29.08	100	

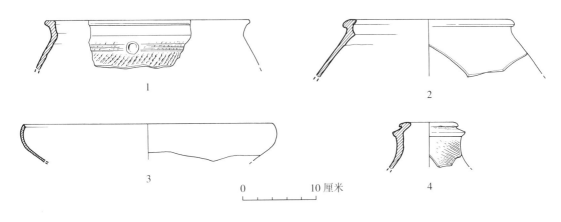

图一四〇 H41出土陶器

1. Ab型Ⅱ式罐（H41:4）　2. C型Ⅱ式罐（H41:5）　3. A型Ⅱ式钵（H41:7）　4. Ⅲ式尖底瓶（H41:6）

20.43%、35.48%。其中泥质陶较夹砂陶为多，两者均以红陶为主。纹饰以素面为最多，其次是绳纹和线纹，彩陶也占有一定比例（表六四）。出土物分别介绍如下。

尖底瓶　均残。

Ⅲ式

标本H41:6，泥质红陶。器表饰斜线纹。口径5、残高6厘米（图一四〇，4）。

罐　均残。

Ab型Ⅱ式

标本H41:4，夹砂褐陶。沿内有两道浅凹槽。肩部刻划有三道凹弦纹，并饰有纽扣状附加泥饼，器表饰斜绳纹。口径17.2、残高6.6厘米（图一四〇，1）。

C型Ⅱ式

标本H41:5，黄褐陶。质较粗，微含细砂。素面。口径20、残高7.8厘米（图一四〇，2）。

钵　均残。

A型Ⅱ式

标本H41:7，泥质陶，红色顶，褐色腹。素面。口径33.6、残高5厘米（图一四〇，3）。

陶纺轮　2件，完整。

A型

标本H41:1，泥质灰陶。略呈馒头状，中部有一穿孔，平底。器表密布交错划纹。底径5、厚2厘米（图一四一，2；图版二八，1）。

标本H41:13，泥质褐陶。略呈馒头状，器顶略残，中部有一穿孔，平底。素面。手工捏制。底径5.5、厚2.5厘米（图一四一，1；图版二八，1）。

陶刀　5件，均残（表六五）。

B型

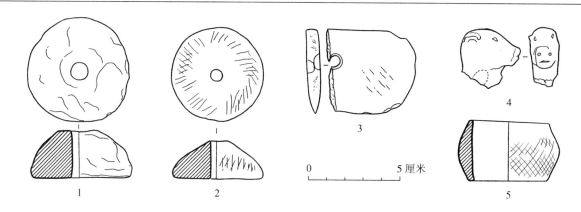

图一四一　H41出土陶器

1、2.陶纺轮（H41∶13、H41∶1）　3.陶刀（H41∶3）　4.陶塑（H41∶2）　5.D型陶环（H41∶18）

表六五　H41陶刀统计表（5件）

编号	形　状			尺寸（厘米）
	A型	B型（5）	C型	长×宽
H41∶3		√		残长4.8×4.4
H41∶48		√		残长4.3×4.55
H41∶49		√		残长4.4×3.5
H41∶50		√		5.2×3.3
H41∶51		√		残长3×4.1

标本H41∶3，泥质灰陶。刀部双面磨制，较为锋利。残长4.8、宽4.4厘米（图一四一，3）。

陶塑　1件。

标本H41∶2，残，泥质褐陶。似猪的头部，口、眼、耳、鼻等部分清晰逼真。手工捏制。长3.3、高3.2厘米（图一四一，4）。

陶环　30件，均残（表六六）。

D型

标本H41∶18，泥质灰陶。剖面呈新月形。器表饰交错刻划纹。内径4、外径5.5、厚0.75厘米（图一四一，5；图版二八，5）。

4. H46

位于ⅠT0501东南部，南部和西部各向外扩方1.5米，将其全部揭露。开口于③层下，并被F1打破，打破④层及生土。坑口距地表1.3米。平面形状大体呈椭圆形，坑壁较直，略带收分，平底。口径3.7~4.3、深4.02米。在坑的东北部有七级依次下降的盘旋状生土台阶，直至坑底，台阶上有明显的踩踏痕迹。台阶宽0.12~0.42、高0.12~0.62米。在坑内东壁、南

表六六　H41 陶环统计表（30 件）

编号	形　状				尺寸（厘米）	保存状况
	A 型（27）	B 型	C 型	D 型（3）	内径 × 外径 × 厚	
H41：18				√	4×5.5×0.75	残
H41：19	√				5.8×7.6×0.7	残
H41：20	√				6.2×8.6×1.2	残
H41：21	√				5×7×0.85	残
H41：22	√				5.4×7×0.7	残
H41：23	√				5.6×7.2×0.75	残
H41：24	√				4×5.4×0.5	残
H41：25	√				3.8×5×0.5	残
H41：26	√				4.6×6.2×0.7	残
H41：27	√				5.2×6.4×0.65	残
H41：28	√				4×5.4×0.7	残
H41：29	√				4.8×6×0.8	残
H41：30	√				4×5.4×0.7	残
H41：31	√				5.4×7.2×0.8	残
H41：32	√				4.4×6×0.7	残
H41：33	√				4×5.2×0.75	残
H41：34	√				3.8×5.2×0.6	残
H41：35	√				5×6.4×0.8	残
H41：36	√				4×5.6×0.7	残
H41：37	√				4×5.2×0.55	残
H41：38	√				4.6×5.8×0.7	残
H41：39	√				4.8×6.4×0.8	残
H41：40	√				3.8×5.2×0.8	残
H41：41	√				5×6.2×0.75	残
H41：42	√				4×5.2×0.7	残
H41：43	√				6×7.8×0.75	残
H41：44	√				4×5.2×0.55	残
H41：45	√				4.8×7.4×1.15	残
H41：46				√	3.8×5×1.8	残
H41：47				√	3.8×5×1.95	残

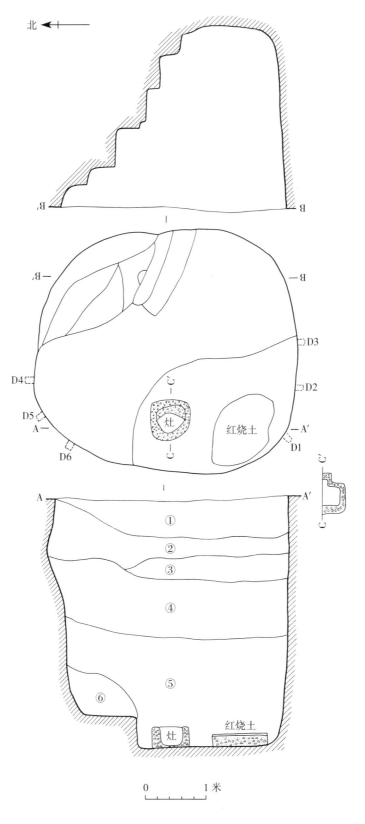

图一四二　H46平、剖面图

壁上部分布有6个不规则的小洞，北壁上亦有3个，直径一般在0.08米左右，深约0.12米。另外，在坑壁、坑底的局部均发现有表面不平整的草拌泥加工痕迹。在坑底西南部有一口径1.84~2.6、深0.5米的近半圆形小坑，其西南壁与大坑坑壁重合，平底。在小坑的南侧有一厚约0.01、直径约1米的红烧土层，其下为灰土。红烧土的正北有一近方形小灶，灶壁一周用草拌泥加工，周壁被火烧成青灰色硬面，平底。灶壁厚0.1~0.16、深0.28米。灶内东端为一宽约0.1~0.4米的二层台，台面距灶口0.08米。从以上各种遗迹可以看出，该坑可能与人类居住有关。

根据土质土色，该坑内的堆积可分六层，即：

第①层：厚0.03~0.6米，为松软的浅灰色土，包含物较少，出土有少量陶片及陶环、陶刀、陶纺轮等小件器物。可辨别的动物属种有中华圆田螺、硬环棱螺、圆顶珠蚌、猪等。

第②层：厚0.22~0.96米，为疏松的黑灰色土，包含物较丰富，夹杂有动物骨头等，出土有较多陶片，并有陶环、陶刀、陶纺轮、陶球、骨锥、石环等小件器物出土。可辨别的动物属种有甘肃鼢鼠、猪、牛等。

第③层：厚0.4米左右，为松散的灰白色土，包含物极为丰富，出土有大量陶片，还有陶环、陶刀、陶纺轮、陶球、石杯等小件器物出土。出土动物骨骼仅见猪一种。

第④层：厚0.9~1.1米，为较硬的灰褐色土，包含物较丰富，出土有大量陶片，并有陶环、陶刀、陶纺轮、陶球、骨锥、石凿等小件器物。可辨别的动物属种有中华圆田螺、圆顶珠蚌、雀形目、雉、草兔、狗、猪、小猪、獐、梅花鹿、马鹿等。

第⑤层：厚0.7~1.7米，为松软的黑灰色土，内含大量的红烧土粉末、动物骨头以及用火所留的灰烬。此层除出土有较多的陶片外，还有陶环、陶刀、陶纺轮、陶球等小件器物的出土。出土动物骨头的属种有中华圆田螺、绵羊两种。

第⑥层：厚0.06~0.7米，为湿软的灰土层，包含物相对较少，出土有少量陶片及动物骨头等，另出土有陶环等小件器物。可辨别的动物属种有中华圆田螺、硬环棱螺、猪等（图一四二；图版一七，1）。

H46的堆积依土质土色分为六层，但从出土陶器看，各堆积层中陶器组合没有明显变化，主要为瓶、罐、盆、钵、瓮、釜、灶、器盖等，分别占可辨器形的7.51%、42.39%、13.29%、16.57%、6.74%、1.56%、0.19%、11.75%。陶系、纹饰的变化也不大（表六七~七二）。因此，该坑出土的器物基本属于同一文化遗存。以下按质地分别介绍出土物。

（1）陶器

尖底瓶　均残。

Ⅲ式

标本H46⑤：21，泥质灰陶。器表饰斜线纹。口径4、残高4厘米（图一四三，2）。

标本H46⑤：23，泥质红陶，略泛黄。器表饰斜线纹。口径4.8、残高4.2厘米（图一四三，3）。

标本H46②：24，泥质红陶，略泛黄。器表饰斜线纹。口径4、残高3.8厘米（图一四三，4）。

标本H46②：27，泥质红陶，略泛黄。唇部压印有线纹，器表通饰交错线纹。口径3.9、残高6.6厘米（图一四三，5）。

罐　复原3件。

B型Ⅱ式　均残。

标本H46④：16，夹砂褐陶。上腹部通饰横向弦纹，并残留一豆蔻状附加堆纹。口径13、残高9.2厘米（图一四三，9）。

C型Ⅱ式　复原1件。

标本H46⑤：220，泥质红陶。平沿，圆唇，竖领，圆鼓腹，下腹内收。唇沿饰有一周

表六七　H46①陶系、纹饰统计表

纹饰＼陶系	泥质陶				夹砂陶			合计	百分比（%）
	红	褐	灰	小计	红	灰褐	小计		
素面	68	11	40	119	16		16	135	40.42
绳纹	3			3	36	35	71	74	22.16
线纹	75	20	4	99				99	29.64
彩陶	25			25				25	7.48
弦纹					1		1	1	0.30
合计	171	31	44	246	53	35	88	334	100
百分比（%）	51.20	9.28	13.17	73.65	15.87	10.48	26.35	100	

表六八　H46②陶系、纹饰统计表

纹饰＼陶系	泥质陶					夹砂陶				合计	百分比（%）
	红	黄褐	褐	灰	小计	红	褐	灰褐	小计		
素面	128	3	64	71	266	75			75	341	41.53
绳纹						24	80	37	141	141	17.17
线纹	108		74	12	194					194	23.63
彩陶	126				126					126	15.35
绳＋弦纹						3			3	3	0.37
绳＋堆纹								1	1	1	0.12
绳＋弦＋堆纹						15			15	15	1.83
合计	362	3	138	83	586	117	80	38	235	821	100
百分比（%）	44.09	0.37	16.81	10.11	71.38	14.25	9.74	4.63	28.62	100	

表六九　H46 ③陶系、纹饰统计表

纹饰＼陶系	泥质陶				夹砂陶				合计	百分比（%）
	红	褐	灰	小计	红	褐	灰褐	小计		
素面	216	112	103	431	10	110	1	121	552	47.67
绳纹					13	110	21	144	144	12.43
线纹	123	114	14	251					251	21.68
彩陶	192			192					192	16.58
弦纹					3	1		4	4	0.35
弦+堆纹					2			2	2	0.17
绳+弦纹						3		3	3	0.26
绳+堆纹						10		10	10	0.86
合计	531	226	117	874	28	234	22	284	1158	100
百分比（%）	45.85	19.52	10.10	75.47	2.42	20.21	1.90	24.53	100	

表七〇　H46 ④陶系、纹饰统计表

纹饰＼陶系	泥质陶					夹砂陶				合计	百分比（%）
	红	黄褐	褐	灰	小计	红	褐	灰褐	小计		
素面	228	3	116	186	533	30	67	4	101	634	38.99
绳纹						26	207	72	305	305	18.76
线纹	208	1	192	7	408		8		8	416	25.58
彩陶	227				227					227	13.96
弦纹						9	6		15	15	0.92
弦+指窝纹						2	1		3	3	0.19
弦+堆纹							2		2	2	0.12
绳+堆纹						2	8	1	11	11	0.68
绳+弦纹						7			7	7	0.43
绳+弦+堆纹							6		6	6	0.37
合计	663	4	308	193	1168	76	305	77	458	1626	100
百分比（%）	40.77	0.25	18.94	11.87	71.83	4.67	18.76	4.74	28.17	100	

表七一　H46⑤陶系、纹饰统计表

陶系＼纹饰	泥质陶					夹砂陶				合计	百分比（%）
	红	黄褐	褐	灰	小计	红	褐	灰褐	小计		
素面	190	6	77	157	430	34	52	9	95	525	45.14
绳纹						53	16	54	123	123	10.58
线纹	170		132	28	330					330	28.37
彩陶	174				174					174	14.96
弦纹						2			2	2	0.17
弦＋堆纹						1			1	1	0.09
绳＋弦纹							4		4	4	0.34
绳＋堆纹						2	1		3	3	0.26
绳＋弦＋堆纹						1			1	1	0.09
合计	534	6	209	185	934	93	72	64	229	1163	100
百分比（%）	45.91	0.52	17.97	15.91	80.31	8.00	6.19	5.50	19.69	100	

表七二　H46⑥陶系、纹饰统计表

陶系＼纹饰	泥质陶					夹砂陶				合计	百分比（%）
	红	黄褐	褐	灰	小计	红	褐	灰褐	小计		
素面	62	5	40	32	139	8	22		30	169	34.85
绳纹						6	112	21	139	139	28.66
线纹	62		42		104					104	21.44
彩陶	70				70					70	14.43
绳＋堆纹						1	2		3	3	0.62
合计	194	5	82	32	313	15	136	21	172	485	100
百分比（%）	40.00	1.03	16.91	6.60	64.54	3.09	28.04	4.33	35.46	100	

黑彩，器表以黑彩绘有由圆点、弧形三角、直线等组成的图案，现仅残留部分图案。口沿内外及器内显见慢轮修制痕迹，器表打磨较光滑。口径24、腹径43、残高36厘米（图一四四，2）。

D型Ⅱ式　复原1件。

标本H46③：41，泥质黑灰陶。敛口，宽沿内收，叠唇，腹部斜直，底微内凹。素面。沿面及沿下明显可见横向刮修痕迹，沿内抹光，腹部为竖向刮修，近底部有明显的削痕。口径23、底径15、高26.3厘米（图一四四，3）。

G型Ⅱ式　复原1件。

标本H46②：35，夹砂灰褐陶。折沿，尖圆唇，肩部饰残存的两个菱形附加堆纹，菱形堆

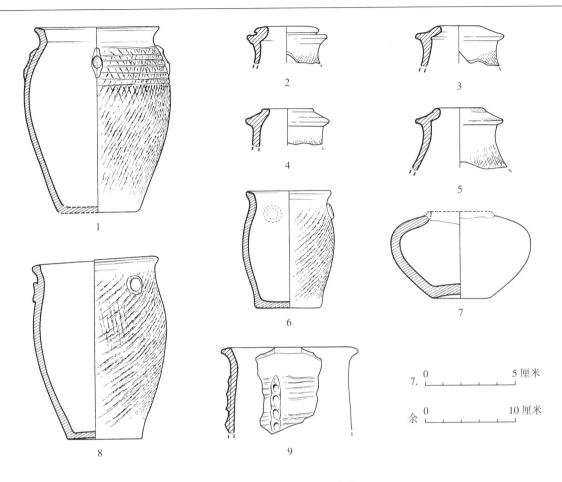

图一四三　H46出土陶器

1. G型Ⅱ式罐（H46②：35）　　2～5. Ⅲ式尖底瓶（H46⑤：21、H46⑤：23、H46②：24、H46②：27）

6、8. 夹砂小罐（H46⑤：77、H46⑥：65）　7. 凹底小罐（H46⑤：26）　9. B型Ⅱ式罐（H46④：16）

纹中部用手指按压有一指窝纹，鼓腹，下腹斜收，平底。器表饰斜绳纹，上腹部饰交错绳纹及七道弦纹。口径13.6、腹径16、底径8.8、高19.8厘米（图一四三，1；图版二〇，1）。

F型Ⅱ式　均残。

标本H46⑥：28，泥质红陶。沿微外折，方唇，鼓腹。素面。口沿内外磨光，器表及器内明显经刮削。口径22、残高11.2厘米（图一四四，4）。

夹砂小罐　复原2件。

标本H46⑥：65，夹砂褐陶。折沿，圆唇，鼓腹，底微内凹。颈下三等分贴有三个纽扣状附加泥饼，器表通饰斜绳纹。口径12.2、腹径14.6、底径8、高18.9厘米（图一四三，8；图版二〇，2）。

标本H46⑤：77，夹砂红陶。沿外折，方圆唇，鼓腹，平底。颈下紧贴有纽扣状附加泥饼，腹部饰斜绳纹。口径9.4、腹径10、底径7、高12.4厘米（图一四三，6）。

凹底小罐　数量较少。均残。

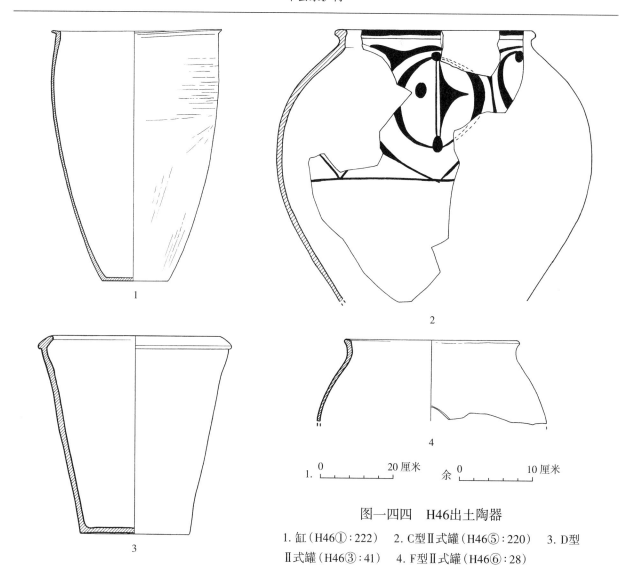

图一四四　H46出土陶器

1. 缸（H46①：222）　　2. C型Ⅱ式罐（H46⑤：220）　　3. D型
Ⅱ式罐（H46③：41）　　4. F型Ⅱ式罐（H46⑥：28）

标本H46⑤：26，泥质灰陶。器形较小，阔肩，鼓腹，底部内凹。素面。器内壁残留有朱红色颜料。腹径7.7、底径3、残高4.4厘米（图一四三，7；图版二二，1）。

缸　复原1件。

标本H46①：222，夹细砂灰褐陶。平沿外折，敛口，圆唇，深腹微鼓，下腹部斜收，平底。素面。口沿及器表上部有慢轮修制痕迹，器表下部有明显的竖向刮修痕迹，该器烧制火候不均，器表有黄褐色斑点。口径41.6、腹径46、底径18、高66.6厘米（图一四四，1；图版二〇，4）。

盆　复原2件。

Aa型Ⅱ式　复原2件。

标本H46⑤：12，泥质陶，红顶，黄褐腹。敛口，唇沿外卷，弧腹内收，下腹略曲，底微凹。唇部饰一周黑彩，沿面以黑彩绘有两两相对的弧形三角纹和柳叶纹。腹部以黑彩绘有

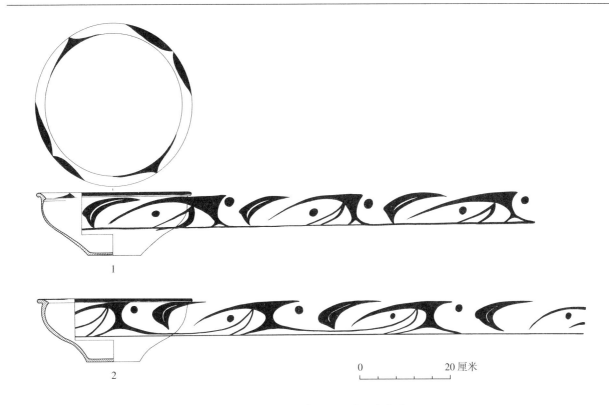

图一四五　H46出土Aa型Ⅱ式陶盆

1. H46⑤:12　　2. H46③:220

三等分图案，各组图案均由圆点、"勿"字形纹、弧形三角等组成，纹下以带状纹绕器身一周连接各图案。该器唇沿显见慢轮修整痕迹，沿内有一周明显的刮修槽痕，器表打磨较光滑，器内经刮修，器底有使用的磨痕。口径30、底径11.6、高13.4厘米（图一四五，1；彩版一八，1）。

标本H46⑤:29，残，泥质陶，红色顶、褐色腹。唇饰一周黑彩，沿面以黑彩绘有由弧形三角和柳叶纹组成的两组图案，图案基本对称。器表以黑彩绘有由圆点、弧形三角纹、勾连纹、带状纹等组成的图案。口径26.8、残高9.4厘米（图一四六，4）。

标本H46③:78，残，泥质陶，黄褐色顶、灰褐色腹。唇部饰一周黑彩，沿面以黑彩绘有由弧线三角和柳叶纹组成的两组对称图案。腹部以黑彩绘有由圆点、弧形三角、条带纹等组成的图案，现仅残留两组部分图案，其下部以带状纹绕器一周。口径31.5、残高10厘米（图一四六，1；图版一九，3）。

标本H46⑤:79，残，泥质红陶。唇面饰有一周黑彩，沿面以黑彩绘有对称的三道一组的竖线纹，现仅残留一组。器表以黑彩绘有由圆点、弧三角等组成的回旋勾连纹图案。唇沿及器表经刮修。口径28.5、残高8.4厘米（图一四六，5）。

标本H46③:80，残，泥质黄褐陶。唇面饰有一周黑彩，沿面仅残留一组弧形三角纹，器表以黑彩绘有由圆点、弧形三角、弧线纹、"勿"字形纹等组成的图案，下腹部用条纹绕器

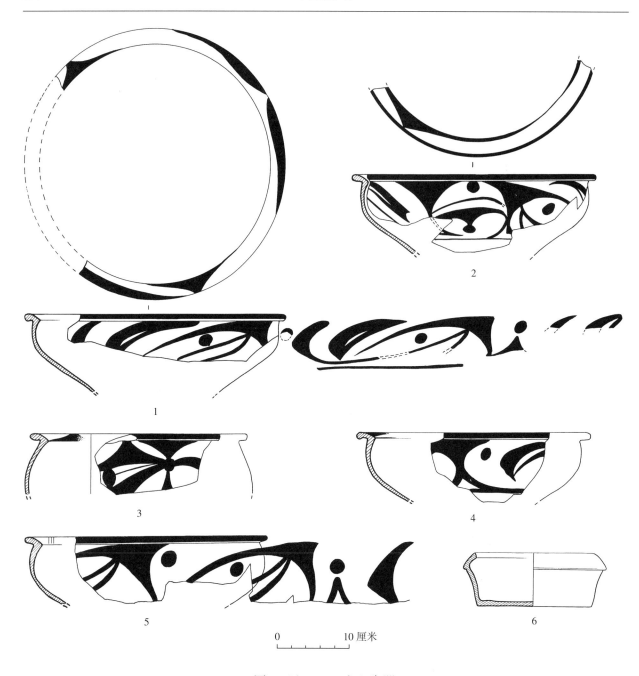

图一四六　H46出土陶器

1、2、4、5. Aa型Ⅱ式盆（H46③：78、H46③：80、H46⑤：29、H46⑤：79）　3. B型Ⅱ式盆（H46④：30）　6. 盘（H46①：59）

一周。口径33.4、残高10.4厘米（图一四六，2；图版一九，4）。

　　标本H46③：220，泥质红陶。敛口，唇沿外卷，腹略外鼓，下腹内收，平底。唇部饰一周黑彩，腹部三等分图案，各组图案均由圆点、弧形三角、"勿"字形纹等组成，腹下部以带状纹绕器一周。该器口沿内外磨光，器内外打磨光滑。口径32、底径11.6、高13.5厘米（图

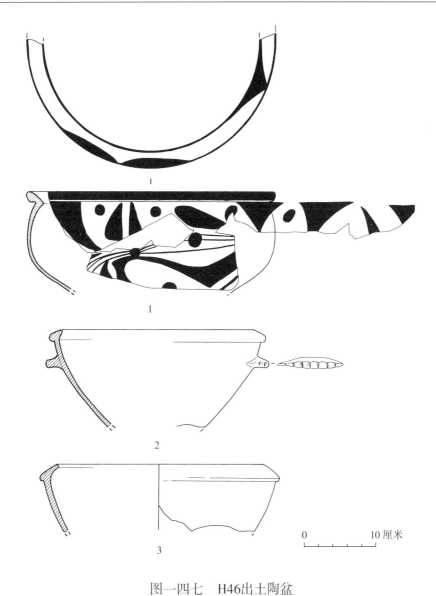

图一四七 H46出土陶盆

1. B型Ⅱ式（H46⑤：81） 2. D型Ⅱ式（H46④：32） 3. C型Ⅱ式（H46⑤：19）

一四五，2；彩版一八，2）。

B型Ⅱ式 均残。

标本H46④：30，泥质红陶。唇部饰有一周黑彩，沿面以黑彩绘有由弧形三角、柳叶纹等组成的图案。器表以黑彩绘有由圆点、弧线三角、条带等组成的图案，图案地纹反衬出花瓣状纹饰。口径24.8、残高8.2厘米（图一四六，3）。

标本H46⑤：81，泥质红陶。唇部饰一周黑彩，沿面分别绘有两组对称的弧形三角、柳叶纹，现仅残留一组，腹部以黑彩绘有由圆点、弧形三角、涡纹、弧线等组成的图案。口径29、残高11.6厘米（图一四七，1）。

C型Ⅱ式 均残。

标本H46⑤：19，泥质红陶。素面。口径27.6、残高9厘米（图一四七，3）。

D型Ⅱ式　均残。

标本H46④：32，红陶，质略粗，微含细砂。素面。腹部偏上饰有两对称的鸡冠状錾。口径26、残高12.8厘米（图一四七，2）。

盘　复原1件。

标本H46①：59，泥质灰陶。敛口，宽沿内收，沿面微鼓，腹部略曲，平底。素面。口径16、底径15.6、高7.2厘米（图一四六，6；彩版一九，4）。

钵　复原16件。

A型Ⅱ式　复原10件。

标本H46③：4，泥质红陶。敛口，方唇，下腹呈反弧状内收，底部内凹。唇部饰一周黑彩，器顶以黑彩绘有由圆点、弧形三角和倒垂三角组成的图案，使其地纹部分形成"西阴纹"，现仅残存两组。与常见的"西阴纹"不同的是，其顶部的黑彩图案是倒垂三角而不是弧三角。器表有明显的横向刮修痕迹。口径31.6、底径10.4、高12.2厘米（图一四八，1；图版一九，5）。

标本H46②：13，残，泥质陶，红色顶，黄褐色腹。唇部饰一周黑彩，器顶以黑彩绘有由圆点、弧形三角、斜线、条带等组成的图案，从残存状况看，地纹至少显示出了一组"西阴纹"。口径27.2、残高7.6厘米（图一四八，2）。

标本H46④：14，残，泥质红陶。唇部饰一周黑彩，器顶以黑彩绘有由圆点、弧形三角、斜线等组成的图案，其中一组图案在两个弧线三角合围的圆形区域中有三个基本呈倒置等边三角形分布的圆点，使其地纹图案似一只瓢虫。口径27、残高5厘米（图一四八，5）。

标本H46④：15，残，泥质红陶。唇部饰一周黑彩，器顶以黑彩绘有由圆点、弧形三角、垂弧等组成的图案，图案的地纹部分反衬出典型的"西阴纹"，残存四组图案。口径31.2、残高4.8厘米（图一四八，3）。

标本H46④：31，残，泥质陶，顶饰黑衣，腹部黄褐色。器顶黑衣上以黑褐色彩绘有由圆点、弧形三角、斜线等组成的图案，图案内容与H46④：14基本相同。口径22.8、残高6.6厘米（图一四八，6）。

标本H46③：37，泥质红陶。敛口，圆唇，腹部斜收，近平底。素面。器表经横向刮修，器内抹光。口径28.5、高11.5厘米（图一四八，4；图版二一，1）。

标本H46③：39，泥质陶，灰褐色顶，灰色腹。敛口，圆唇，腹部略呈反弧状，底微内凹。素面。器表略见刮修痕迹，器内抹光，器底有使用的磨痕。口径28.6、底径11、高11厘米（图一四八，8）。

标本H46④：45，泥质陶，暗红色顶，灰褐色腹。敛口，方唇，弧腹斜收，底部微凹。唇部饰一周黑彩，器顶以黑彩绘有由倒三角、条带纹、竖线、圆点、弧三角纹等组成的图案，使其地纹形成四组类似H46③：4的"西阴纹"，残存三组。口径27.2、底径10.5、高11.7厘米（图一四八，9；图版一九，6）。

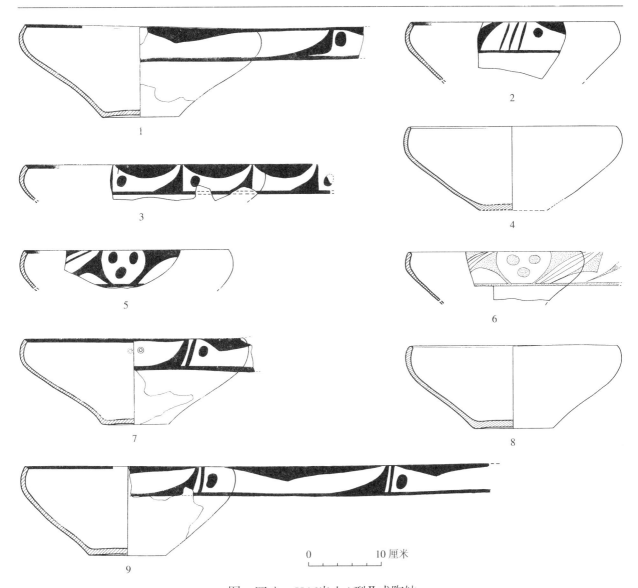

图一四八　H46出土A型Ⅱ式陶钵

1. H46③：4　2. H46②：13　3. H46④：15　4. H46③：37　5. H46④：14　6. H46④：31　7. H46④：46　8. H46③：39
9. H46④：45

　　标本H46④：46，泥质红陶。敛口，圆唇，器顶残留有两个由外及内的小钻孔，下腹呈反弧状，底部内凹。沿面饰一周黑彩，器顶以黑彩绘有由倒三角纹、斜线纹、圆点纹等组成的图案，地纹形成类似H46③：4的"西阴纹"，残留两组图案。器表有明显的横向刮修痕迹，器底有使用的磨痕。口径30、底径9.2、高11.4厘米（图一四八，7）。

　　标本H46⑤：51，泥质褐陶。敛口，方唇，腹部斜收，底内凹。素面。器底有使用的痕迹。口径29.2、底径10.8、高10.9厘米（图一四九，1）。

　　标本H46⑤：52，泥质红陶。敛口，圆唇，腹部微曲，底略内凹。素面。器底有使用的磨痕。口径28.8、底径11.8、高10.6厘米（图一四九，3；图版二一，3）。

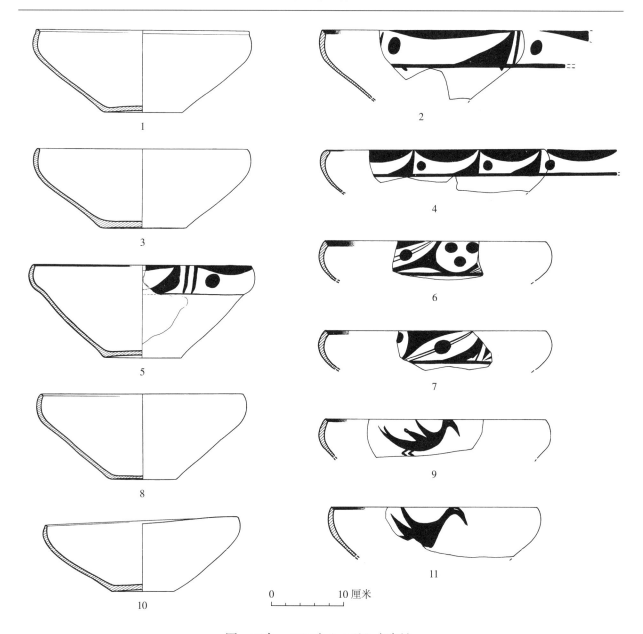

图一四九 H46出土A型Ⅱ式陶钵

1. H46⑤：51 2. H46③：96 3. H46⑤：52 4. H46②：99 5. H46⑤：56 6. H46②：97 7. H46④：98 8. H46⑤：60
9. H46④：100 10. H46⑥：68 11. H46④：101

标本H46⑤：56，泥质红陶，下腹及器内为褐色。敛口，圆唇，腹上部微曲，下腹斜收，底部内凹。口沿饰一周黑彩，红顶，顶上绘有由圆点、弧形三角、斜线等组成的图案，曲腹处绘一周带状纹，使其地纹形成"西阴纹"，残存两组。器底部有使用的磨痕。口径30.2、底径10.4、高12.4厘米（图一四九，5）。

标本H46⑤：60，泥质黄褐陶。敛口，圆唇，腹部略曲，底部微内凹。素面。器表经刮修，沿内抹光，器底有使用的磨痕。口径27.8、底径9.7、高11.3厘米（图一四九，8；图版二一，2）。

标本H46⑥：68，泥质红陶。敛口，圆唇，器口不在同一水平面，腹部斜收，底微内凹。素面。器顶及沿内明显可见横向磨痕，腹部经刮修，器底有使用的磨痕。口径26、底径8.4、高9.3厘米（图一四九，10）。

标本H46③：96，残，泥质陶，暗红色顶，灰褐色腹。唇部饰有一周黑彩，器表以黑彩绘有由垂弧、圆点、弧形三角、斜线等组成的图案，其地纹反衬出比较典型的"西阴纹"，残存两组。口径26、残高9.2厘米（图一四九，2）。

标本H46②：97，残，泥质陶，暗红色顶，黄褐色腹。唇部饰有一周黑彩，器表以黑彩绘有由圆点、弧形三角、斜线等组成的图案，从残存情况看，弧线三角合围的准圆形区域中有三个基本呈倒置等边三角形分布的圆点，使其地纹图案似一只瓢虫，弧三角的另一侧地纹是一个形似"豆荚"的纹饰。口径29.2、残高5厘米（图一四九，6）。

标本H46④：98，残，泥质陶，暗红色顶，黄褐色腹。唇部饰有一周黑彩，器表以黑彩绘有由圆点、弧形三角、斜线等组成的图案，图案内容与H46②：97相似。口径29.2、残高5.4厘米（图一四九，7）。

标本H46②：99，残，泥质陶，暗红色顶，深褐色腹。唇部饰有一周黑彩，器表以黑彩绘有由垂弧、圆点、弧形三角等组成的图案，地纹为典型的"西阴纹"，残存四组。口径33、残高5.8厘米（图一四九，4）。

标本H46④：100，残，泥质陶，暗红色顶，褐色腹。唇部饰有一周黑彩，器表以黑彩绘有侧视飞鸟图案，眼睛以"飞白"形式表达，形象生动，栩栩如生。口径29.2、残高5厘米（图一四九，9；彩版一九，1）。

标本H46④：101，残，泥质陶，暗红色顶，褐色腹。敛口，方圆唇，弧曲腹。唇部饰有一周黑彩，器表以黑彩绘侧视飞鸟图案，眼睛亦以"飞白"形式表达，器顶与腹部交接处绘有一周带状纹。器表显见横向刮修痕迹，沿内有明显慢轮修制痕迹。口径27、残高6.6厘米（图一四九，11）。

C型Ⅱ式　复原6件。

标本H46③：43，泥质灰陶。素面。器表对钻有四组八个小圆孔。口径18、底径6.4、高6.5厘米（图一五〇，1；图版二一，7）。

标本H46④：44，泥质红陶，近底部逐渐过渡为灰褐色。沿面饰一周黑彩。口径17.4、底径5.1、高5.4厘米（图一五〇，2；图版二一，4）。

标本H46④：48，泥质陶，黑灰色顶，灰色腹。口径17.1、底径7、高7.6厘米（图一五〇，3；图版二一，5）。

标本H46⑥：62，泥质褐陶。素面。口径17.4、底径6.4、高5.4厘米（图一五〇，5）。

标本H46⑥：66，泥质陶，红顶，褐色腹。口较直，圆唇，斜弧腹，底部内凹。沿面饰一周黑彩。口径20.6、底径9.6、高6.4厘米（图一五〇，4）。

标本H46④：76，泥质陶，黑灰色顶，灰色腹。口径16.6、底径6.4、高7.3厘米（图一五

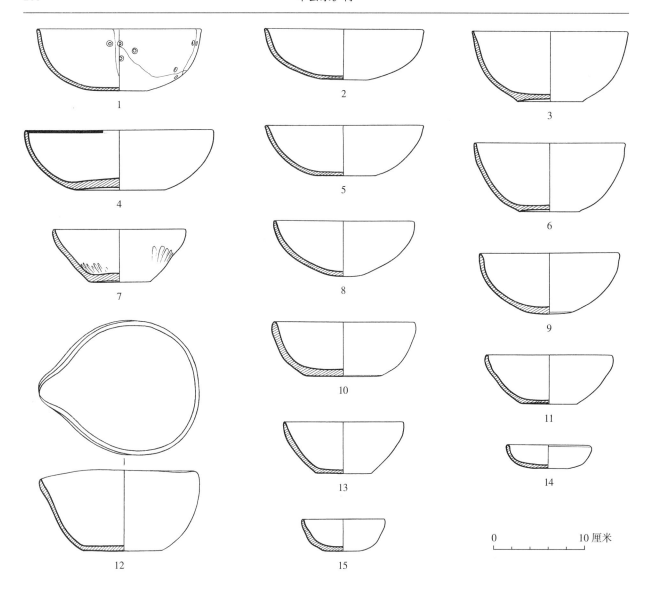

图一五○　H46出土陶器

1~6. C型Ⅱ式钵（H46③：43、H46④：44、H46④：48、H46⑥：66、H46⑥：62、H46④：76）　7、10、11、13~15. 碗（H46③：75、H46④：47、H46④：49、H46①：72、H46④：73、H46⑤：74）　8、9. 圜底钵（H46③：38、H46⑤：53）　12. 带流钵（H46⑤：54）

○，6）。

　　带流钵　复原1件。数量极少。

　　标本H46⑤：54，泥质褐陶。敞口，圆唇，弧腹内收，平底。口端带一流，使器物俯视呈瓢形。素面。器表、器内经刮修，器底部有使用的磨痕。口径13.6~17、底径8.6、高8.5厘米（图一五○，12；图版二二，3）。

　　圜底钵　复原2件。底略平呈圜底状。

　　标本H46③：38，泥质黄褐陶。素面。口径15.6、高4.6厘米（图一五○，8；图版二一，6）。

标本H46⑤：53，泥质陶，红顶，褐腹。口径15.4、高6.4厘米（图一五〇，9；图版二一，8）。

碗　复原6件，均为素面。

标本H46④：47，泥质红陶。口径15.2、底径8.2、高5.8厘米（图一五〇，10）。

标本H46④：49，夹砂褐陶。口径14、底径6、高5.2厘米（图一五〇，11）。

标本H46①：72，泥质红陶。口径13.2、底径5.8、高5.5厘米（图一五〇，13）。

标本H46④：73，泥质红陶。敞口，圆唇，腹部斜收，底微凹。素面。器顶、器内经磨光，近器底经刮削。口径9.4、底径4.2、高2.3厘米（图一五〇，14；图版二二，2）。

标本H46⑤：74，泥质红陶。敞口，圆唇，腹中部略内凹，平底。素面。器表磨光，近器底经刮削。口径9.2、底径3.8、高3.4厘米（图一五〇，15）。

标本H46③：75，泥质红陶。素面。腹部留有手工捏制的印痕。口径14.6、底径6.6、高5.6厘米（图一五〇，7）。

瓮　均残。

Ⅱ式

标本H46④：34，泥质灰陶。素面。口径52.2、残高10厘米（图一五一，1）。

彩陶瓮

标本H46⑤：95，残，泥质红陶，器顶饰白色陶衣。敛口，圆唇，唇沿低矮，圆广肩，下腹曲收。唇沿饰有一周黑彩，器表以褐彩绘有圆点、斜线，以黑彩绘有弧形三角、涡纹等图案。口径22.6、残高6.4厘米（图一五一，2）。

小口瓶　数量极少。

标本H46④：102，残，红陶。质略粗，微含细砂。小口，细颈，颈腹交接处有一周算珠状突起，折角明显，腹部外撇。口沿内外及颈部抹光，器内明显可见泥条盘筑痕迹。口径

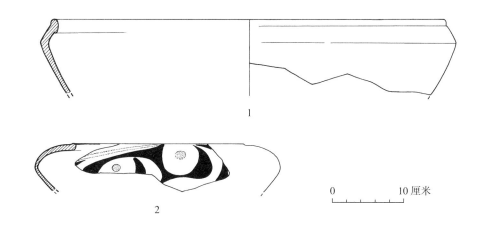

图一五一　H46出土陶器

1. Ⅱ式瓮（H46④：34）　2. 彩陶瓮（H46⑤：95）

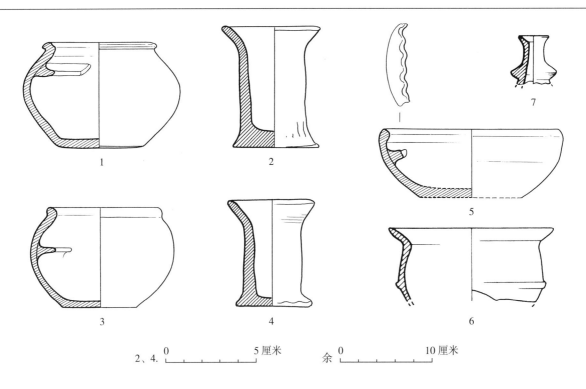

2、4. [scale] 0 5厘米
余 0 10厘米

图一五二 H46出土陶器

1、3、5. 盂（H46⑤：55、H46⑥：69、H46⑤：42） 2、4. D型陶杯（H46③：90、H46⑤：92） 6. Ⅱ式釜（H46②：221）
7. 小口瓶（H46④：102）

3.2、残高5.2厘米（图一五二，7）。

盂 复原3件。

标本H46⑤：42，泥质褐陶。敛口，圆唇，斜弧腹，平底。素面，器内贴置一鸡冠状錾。近器底部经刮修。口径19、底径11、高7.2厘米（图一五二，5）。

标本H46⑤：55，泥质红陶。敛口，唇沿外卷，鼓腹，平底。素面，器内贴有一条形錾。口沿内外及肩部磨光，腹部略经刮修。口径10.8、腹径17.4、底径9.3、高11.2厘米（图一五二，1；彩版一九，3）。

标本H46⑥：69，泥质黄褐陶。敛口，圆唇，圆鼓腹，平底。素面，器内有一条形錾。口径10.5、腹径16、底径8、高10.6厘米（图一五二，3；图版二二，4）。

釜 数量极少。

Ⅱ式 均残。

标本H46②：221，夹砂红陶。斜折沿，圆唇，深腹，腹中部有一周凸棱。素面。器表及器内钙化严重。口径17.8、腹径16.4、残高7.8厘米（图一五二，6）。

杯 13件，2件完整（表七三）。

D型

标本H46③：90，泥质红陶。喇叭形口，圆唇，直筒腹，平底外撇。素面。口径5、底径

表七三 H46 陶杯统计表（13 件）

编号	形状					尺寸	备注
	A 型	B 型（2）	C 型（2）	D 型（7）	E 型（2）	口径 × 底径 × 高	
H46 ③：90				√		5×4.8×6.5	完整
H46 ⑤：92				√		4.6×4.2×5.7	完整
H46 ①：209			√			?×3.6× 残高 5.4	口沿残
H46 ③：210				√		?×4.5× 残高 5.5	口沿残
H46 ④：211					√	?×4.4× 残高 5.6	口沿残
H46 ③：212				√		?×3.5× 残高 5.4	口沿残
H46 ④：213			√			?×4.6× 残高 6.3	口沿残
H46 ②：214		√				?×3.6× 残高 5.6	口沿残
H46 ④：215				√		?×4.9× 残高 7.5	口沿残
H46 ④：216		√				?×4.6× 残高 5.3	口沿残
H46 ④：217				√		?×4.5× 残高 4.6	口沿残
H46 ⑤：218				√		?×3.1× 残高 3	口沿残
H46 ③：219					√	?×5.4× 残高 4.6	口沿残

4.8、高6.5厘米（图一五二，2）。

标本H46⑤：92，泥质褐陶。喇叭形口，圆唇，直筒腹，平底外撇。素面。口径4.6、底径4.2、高5.7厘米（图一五二，4）。

器盖 复原2件。

Aa型Ⅱ式 均残。

标本H46④：50，泥质红陶。素面。口径22.8、残高8.8厘米（图一五三，7）。

Ac型Ⅱ式 复原2件。

标本H46⑤：57，残，夹砂褐陶。器表饰斜绳纹。口径27.8、残高9.4厘米（图一五三，2）。

标本H46⑤：58，夹砂灰褐陶。敞口，沿外卷，圆唇，形如覆钵，桥状提柄，提柄两边饰对称的四个纽扣状附加泥饼，泥饼上留有手指按压的指窝痕迹。器表饰斜绳纹，器内及器顶抹光。口径29、高11.4厘米（图一五三，6；图版二二，5）。

标本H46⑥：64，夹砂红陶。敞口，方唇，形如覆钵，桥状提柄。腹部饰斜绳纹，器顶及器内抹光。口径13、高7厘米（图一五三，4；图版二二，6）。

标本H46⑥：71，残，夹砂红陶。器表饰斜绳纹。口径29.8、残高8.4厘米（图一五三，1）。

B型Ⅱ式 均残。

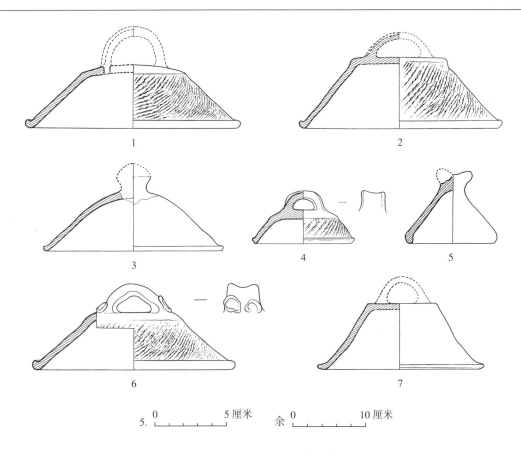

图一五三   H46出土陶器盖

1、2、4、6. Ac型Ⅱ式（H46⑥：71、H46⑤：57、H46⑥：64、H46⑤：58）   3. B型Ⅱ式（H46⑥：70）
5. C型Ⅱ式（H46⑥：89）   7. Aa型Ⅱ式（H46④：50）

标本H46⑥：70，泥质褐陶。素面。口径24、残高7.8厘米（图一五三，3）。

C型Ⅱ式   复原1件。

标本H46⑥：89，夹砂褐陶。形如覆钵，口微敞，器顶饰有双角形扁柄。素面。口径5.1、
高4.8厘米（图一五三，5）。

陶纺轮   8件，6件完整。泥质褐陶居多，多为素面，中部为一穿孔，平底。

标本H46④：1，泥质褐陶。馒头状，中部有一穿孔，平底。素面。底径5.2、厚2.2厘米
（图一五四，1）。

标本H46⑤：5，夹砂褐陶。圆台状，中部有一穿孔，平底。素面。手工捏制。底径5、厚
3.3厘米（图一五四，2；图版二八，2）。

标本H46⑥：10，残，泥质红陶。近圆台状，平底，中部有一穿孔。素面。手工捏制。
直径4.8、厚3.4厘米（图一五四，3）。

标本H46⑤：17，泥质褐陶。柱状，顶部微鼓，中部有一穿孔，近底有一周竖向刻划纹，
平底外撇。素面。器顶直径3、底径4、厚3.1厘米（图一五四，4；图版二八，2）。

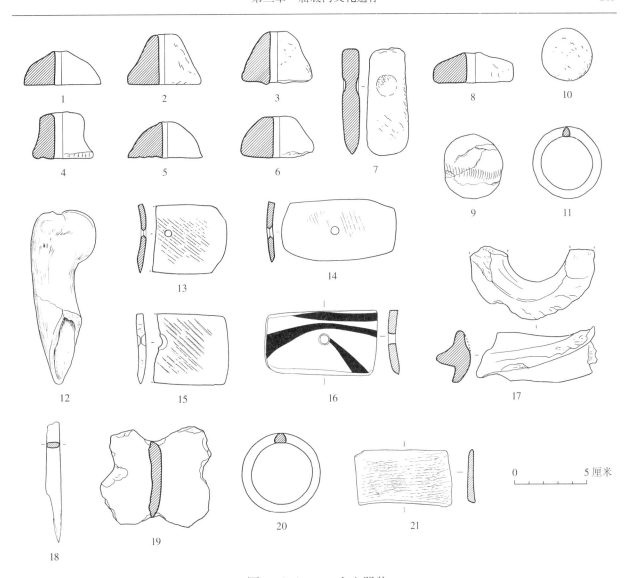

图一五四　H46出土器物

1~6、8. 陶纺轮（H46④：1、H46⑤：5、H46⑥：10、H46⑤：17、H46③：86、H46⑤：87、H46⑥：88）　7. 石凿（H46④：91）
9、10. 陶球（H46④：2、H46③：9）　11、20. A型陶环（H46①：7、H46①：8）　12. 骨锥（H46④：84）　13~16. B型陶
刀（H46④：3、H46①：11、H46③：93、H46③：83）　17. C型陶环（H46⑤：35）　18. 骨笄（H46①：33）　19. 陶网坠
（H46⑤：12）　21. C型陶刀（H46③：82）

　　标本H46③：86，泥质灰陶。馒头状，中部有一穿孔，底部内凹。素面。底径5.2、厚2.4
厘米（图一五四，5）。

　　标本H46⑤：87，泥质褐陶。圆台状，中部有一穿孔，平底。素面。底径5、厚2.8厘米
（图一五四，6）。

　　标本H46⑥：88，泥质褐陶。饼形，顶部微鼓，中部有一穿孔，平底。外缘饰有稀疏的
竖向刻划纹。底径5.5、厚2厘米（图一五四，8）。

　　陶刀　23件，3件完整（表七四）。

表七四　H46 陶刀统计表（23 件）

编号	形状			尺寸（厘米）	备注
	A 型（1）	B 型（16）	C 型（6）	长 × 宽	
H46 ①：40			√	残长 7.4×4.8	残
H46 ③：82			√	6.6×3.5	完整
H46 ③：83		√		7.7×（4~4.3）	完整
H46 ④：3		√		残长 4.9×4.5	残
H46 ③：93		√		残长 5×4.7	残
H46 ①：11		√		7.9×4.1	完整
H46 ④：185			√	残长 3.3×4.1	残
H46 ⑤：186			√	残长 6.1×5.25	残
H46 ④：187			√	残长 11.6×6	残
H46 ④：188			√	残长 6.8×4.4	残
H46 ⑤：189		√		残长 7.8×4.5	残
H46 ⑤：190		√		残长 6.3×3.7	残
H46 ②：191		√		残长 5.3×4.7	残
H46 ⑥：192		√		残长 4.6×4.9	残
H46 ⑤：193		√		残长 4.7×4.4	残
H46 ④：194		√		残长 5×4.4	残
H46 ③：195		√		残长 4.1×3.6	残
H46 ⑤：196		√		残长 4.7×4.45	残
H46 ⑤：197		√		残长 3.5×4.1	残
H46 ③：198		√		残长 3.1×4.45	残
H46 ⑤：199		√		残长 3.8×4.4	残
H46 ③：200		√		残长 5.2×4.35	残
H46 ⑥：201	√			残长 4.8×5	残

　　B型　2件，完整。

　　标本H46④：3，残，系泥质线纹红陶片加工而成。直刃，双面磨制。残长4.9、宽4.5厘米（图一五四，13）。

　　标本H46①：11，泥质褐陶。平面大体呈圆角长方形，中部对钻有一小圆孔。素面。刀背及两侧经磨制，刃部单面磨制。长7.9、宽4.1厘米（图一五四，14）。

　　标本H46③：83，系泥质彩陶片加工而成。整器平面呈长方形。刀背及两侧均经磨光，加工较规整，刃部双面磨制，较为锋利。长7.7、宽4~4.3厘米（图一五四，16）。

　　标本H46③：93，残，系泥质线纹红陶片加工而成。直刃，双面磨制，较为锋利。残长5、宽4.7厘米（图一五四，15）。

C型　1件，完整。

标本H46③：82，系泥质红陶片加工而成。整器平面大体呈长方形。刀背及两端均经磨光，较为平直，刃部圆钝。长6.6、宽3.5厘米（图一五四，21）。

陶环　85件，2件完整（表七五）。

A型　2件，完整。

标本H46①：7，泥质灰陶。剖面呈等腰三角形，素面。内径3.5、外径4.8、厚0.5厘米（图一五四，11；彩版二三，3）。

标本H46①：8，泥质灰陶。剖面呈等腰三角形，素面。内径4.1、外径5.3、厚0.7厘米（图一五四，20；彩版二三，3）。

C型　均残。

标本H46⑤：85，泥质褐陶。齿轮状。内径4.3、外径9、厚3.4厘米（图一五四，17）。

陶网坠　1件，完整。

标本H46⑤：12，由泥质红陶片加工而成，平面近圆角方形，周边有四个两两相对的缺口，用以拴系绳索。长7.5、宽6.7厘米（图一五四，19）。

陶球　5件，2件完整。素面。

表七五　H46陶环统计表（85件）

编号	形状				尺寸（厘米）	保存状况	备注
	A型（74）	B型（7）	C型（2）	D型（2）	内径×外径×厚		
H46①：7		√			3.5×4.8×0.5	完整	
H46①：8		√			4.1×5.3×0.7	完整	
H46⑤：85			√		3.6×9×3.4	残	螺旋状
H46④：103	√				5.6×7.6×1.4	残	
H46④：104	√				5×7×1.1	残	
H46⑤：105	√				6×8.4×1.3	残	
H46⑤：106	√				6×10.4×1.8	残	
H46④：107	√				4.6×6.8×1.65	残	
H46⑥：108	√				6×7.6×0.95	残	
H46①：109	√				6×7.4×0.95	残	
H46④：110	√				4×5.6×0.6	残	
H46⑤：111	√				4×5.2×0.6	残	
H46⑥：112	√				4×5.2×0.6	残	
H46③：113	√				4×5.4×0.5	残	
H46③：114	√				4×5.4×0.65	残	
H46③：115	√				3.8×5.2×0.5	残	
H46①：116	√				7×9.2×1	残	

编号	形状				尺寸（厘米）	保存状况	备注
	A 型（74）	B 型（7）	C 型（2）	D 型（2）	内径 × 外径 × 厚		
H46①：117	√				6×7.6×1.05	残	
H46⑥：118	√				5×6.4×0.55	残	
H46③：119	√				4×5.6×1	残	
H46①：120	√				6×7.8×0.85	残	
H46⑤：121	√				6×7.4×0.8	残	
H46①：122	√				4×5.2×0.7	残	
H46①：123	√				4×5.8×0.85	残	
H46⑤：124	√				3.6×4.8×0.55	残	
H46⑤：125	√				4×5.4×0.5	残	
H46④：126	√				4.2×6×0.75	残	
H46④：127	√				4.2×5.6×0.5	残	
H46②：128	√				3.8×5×0.55	残	
H46③：129	√				3.8×5.2×0.65	残	
H46②：130	√				4.4×5.8×0.55	残	
H46④：131	√				4.4×6×0.65	残	
H46⑤：132	√				4×5.4×0.55	残	
H46④：133	√				6×7.6×0.85	残	
H46①：134	√				4.4×6×0.7	残	
H46③：135	√				4×5.4×0.55	残	
H46⑤：136	√				3.6×5×0.5	残	
H46④：137	√				6×7.4×0.8	残	
H46⑥：138	√				4.6×6×0.75	残	
H46②：139	√				3.6×4.8×0.6	残	
H46③：140	√				4.6×6×0.6	残	
H46④：141	√				3.8×5.2×0.5	残	
H46①：142	√				3.6×5.2×0.75	残	
H46①：143	√				3.6×5×0.5	残	
H46①：144	√				4.2×5.8×0.65	残	
H46③：145	√				5×6.6×0.75	残	
H46③：146	√				4×5.4×0.55	残	
H46③：147	√				5.2×6.4×0.6	残	
H46③：148	√				4×5.4×0.6	残	
H46①：149	√				4×5.6×0.6	残	
H46③：150	√				4.6×6×0.6	残	

编号	形状				尺寸（厘米）	保存状况	备注
	A 型（74）	B 型（7）	C 型（2）	D 型（2）	内径 × 外径 × 厚		
H46 ③：151	√				4×5.6×0.65	残	
H46 ①：152	√				4×5.4×0.6	残	
H46 ①：153	√				4×5.4×0.6	残	
H46 ⑤：154	√				4×5.2×0.5	残	
H46 ①：155	√				5×6.6×0.9	残	
H46 ②：156	√				3.4×4.6×0.45	残	
H46 ①：157	√				4×5.2×0.6	残	
H46 ④：158	√				4×5.4×0.85	残	
H46 ③：159	√				3.6×4.8×0.5	残	
H46 ⑤：160	√				3.4×4.8×0.55	残	
H46 ④：161	√				3.9×5.2×0.6	残	
H46 ①：162	√				4.8×6.4×0.45	残	
H46 ③：163	√				4.6×6.4×0.85	残	
H46 ①：164	√				4×5.6×0.7	残	
H46 ①：165	√				4×5.4×0.65	残	
H46 ①：166	√				3.9×5.4×0.6	残	
H46 ①：167	√				4×5.2×0.6	残	
H46 ②：168	√				4×5.6×0.9	残	
H46 ①：169	√				3.8×5.2×0.75	残	
H46 ⑤：170	√				3.6×5.2×0.55	残	
H46 ①：171	√				5.2×6.6×0.6	残	
H46 ⑤：172	√				4×5.6×0.6	残	
H46 ①：173	√				4×5.4×0.55	残	
H46 ②：174	√				4×5.4×0.55	残	
H46 ①：175	√				4×5.4×0.7	残	
H46 ④：176	√				4×5.2×0.5	残	
H46 ④：177				√	4×5.8×2.15	残	
H46 ④：178				√	4×5.4×1.5	残	
H46 ③：179			√		5×7.2×1.3	残	
H46 ⑤：180		√			5.6×7×0.8	残	
H46 ④：181		√			3.6×5×0.6	残	
H46 ①：182		√			4×5.2×0.5	残	
H46 ①：183		√			4×5.2×0.6	残	
H46 ②：184		√			4.2×5.6×0.55	残	

标本H46③：9，夹细砂褐陶。直径3.5厘米（图一五四，10；图版二八，3）。

标本H46④：2，泥质灰陶。器表饰有一周指甲纹。直径4.3厘米（图一五四，9；图版二八，3）。

（2）石器

石凿　1件，完整。

标本H46④：91，系斜长角闪岩加工而成。横剖面呈圆角长方形，平顶，近顶两面分别琢有一对称的凹窝。长7、顶宽2.4、刃宽2.8厘米（图一五四，7；图版二八，8）。

（3）骨器

骨笄　1件，残。

标本H46①：33，系动物骨磨制而成。器身扁平，柄端残缺，锋尖锐利。器表打磨精细、光滑。残长8厘米（图一五四，18；彩版二三，2）。

骨锥　1件，完整。

标本H46④：84，柄端保留骨关节原状，锋部劈裂成锥状，较为圆钝。长11.6厘米（图一五四，12；图版二八，10）。

另外，在H46中还出土了少量与一期文化特征相似的陶器。分别介绍如下。

尖底瓶　均残。

Ⅱ式

标本H46④：25，泥质红陶。颈部饰斜线纹，肩部饰交错线纹。口径5、残高7.2厘米（图一五五，4）。

罐　复原1件。

B型Ⅰ式　均残。

标本H46⑤：94，夹砂黄褐陶。沿下饰有纽扣状附加泥饼，上腹部饰横向弦纹，纹痕较深。口径15.2、残高6.2厘米（图一五五，3）。

F型Ⅰ式　均残。

标本H46③：40，泥质红陶。敛口，圆唇，沿内有一周弧形凹槽，深鼓腹，近底部略内弧，最大腹径偏上，底部微内凹。素面。唇沿显见慢轮修制痕迹，器表有明显的斜向刮修痕迹。口径28、腹径38、底径15、高41.2厘米（图一五五，1；图版二〇，3）。

G型Ⅰ式　复原1件。

标本H46⑤：36，夹砂红陶。敛口，短颈，颈内有两周凹槽，腹部微鼓，平底。肩部饰数周凹弦纹，凹弦纹上紧贴一周豆瓣状附加堆纹，上腹饰交错绳纹，近底部有制作陶器时所留的指窝纹。口径19.2、腹径23、底径11.6、高28.1厘米（图一五五，2；彩版一七，3）。

钵　复原4件。

A型Ⅰ式　复原1件。

标本H46⑥：67，泥质陶，红顶，褐腹。口微敞，方唇，斜弧腹，底部内凹。口沿饰一周黑彩。器表有明显的横向刮修痕迹。口径17.4、底径6.6、高4.8厘米（图一五五，8）。

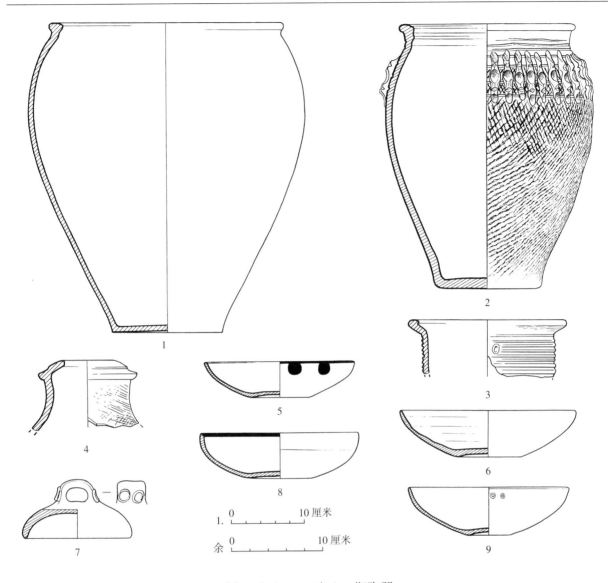

图一五五　H46出土一期陶器

1. F型Ⅰ式罐（H46③：40）　2. G型Ⅰ式罐（H46⑤：36）　3. B型Ⅰ式罐（H46⑤：94）　4. Ⅱ式尖底瓶（H46④：25）
5、6、9. C型Ⅰ式钵（H46⑥：61、H46⑥：63、H46⑤：20）　7. Ac型Ⅰ式器盖（H46③：18）　8. A型Ⅰ式钵（H46⑥：67）

C型Ⅰ式　复原3件。

标本H46⑤：20，泥质陶，红顶，暗红色腹。素面。器顶有四个对钻的小圆孔。口径
17.8、底径4.6、高5厘米（图一五五，9；彩版一九，2）。

标本H46⑥：61，泥质红陶。敞口，圆唇，腹部微曲，底部内凹。沿面饰一周黑彩，器顶
用黑彩绘有两个圆点纹，器表略见刮修痕迹。口径16.4、底径6、高3.8厘米（图一五五，5）。

标本H46⑥：63，泥质黄褐陶。素面。口径19.2、底径6.8、高5厘米（图一五五，6）。

器盖　复原1件。

Ac型Ⅰ式

　　标本H46③：18，夹砂灰褐陶。敞口，圆唇，形如覆钵，桥状提柄，提柄两边贴有四个纽扣状附加泥饼。素面。器表较为粗糙，略经刮修。口径11.4、高6.2厘米（图一五五，7）。

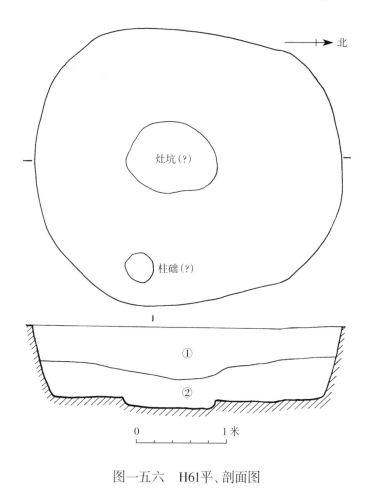

图一五六　　H61平、剖面图

5. H61

　　位于Ⅲ T1301北部。开口于④层下，打破H40、H44、H69。坑口距地表1.1米。平面形状大体呈椭圆形，坑壁内收，平底。口径3~3.4、底径2.7~3、深0.88米。在坑底中心有一直径0.76~1、深0.1米的椭圆形灶坑，周壁经火烧成坚硬的红褐色硬面，灶底较平。坑底东部靠近坑壁处有一直径为0.3米的红色硬面，较为坚硬，推测可能为柱础。上述迹象表明，该坑很可能与人类居住有关。

　　坑内堆积大致可分两层：

　　第①层：厚0.36~0.56米，为松软的灰色土，内夹杂有较多的红烧土块，在其底部为一厚0.1~0.15米、因踩踏而形成的浅褐色硬面，从四周向中心倾斜分布。该层出土有较多的陶片，并出土有陶环等小件器物。

表七六　　H61陶系、纹饰统计表

陶系　　纹饰	泥质陶					夹砂陶			合计	百分比（%）
	红	黄褐	褐	灰	小计	红	灰褐	小计		
素面	114	41	43	105	303	44		44	347	40.77
绳纹						184	97	281	281	33.02
线纹	101	16			117				117	13.75
彩陶	82				82				82	9.64
弦纹						11	6	17	17	2.00
绳+弦纹						6		6	6	0.70
绳+指窝纹							1	1	1	0.12
合计	297	57	43	105	502	245	104	349	851	100
百分比（%）	34.90	6.70	5.05	12.34	58.99	28.79	12.22	41.01	100	

第②层：厚0.3~0.44米，为松软的灰色土，包含物相对较少，出土极少量陶片。

该坑出土的动物骨骼可辨别的动物属种有圆顶珠蚌、雉、猪、绵羊、牛等（图一五六）。

H61出土物主要集中在第①层，陶器主要有瓶、罐、盆、钵、瓮、灶、釜、器盖等，分别占可辨器形的7.14%、40.48%、13.49%、27.78%、1.59%、0.79%、0.79%、8.73%。泥质陶略多于夹砂陶，两者均以红陶为主，其中前者还有较多灰、黄褐、褐陶。陶系与纹饰情况详见表七六。出土陶器分别介绍如下。

罐　均残。

Ab型Ⅱ式

标本H61①：14，夹砂褐陶。器表饰斜绳纹。口径21.2、残高6.5厘米（图一五七，3）。

盆　均残。

Aa型Ⅱ式

标本H61①：12，泥质陶，暗红色顶，黄褐色腹。唇沿外卷，弧腹内收。唇部饰有一周黑

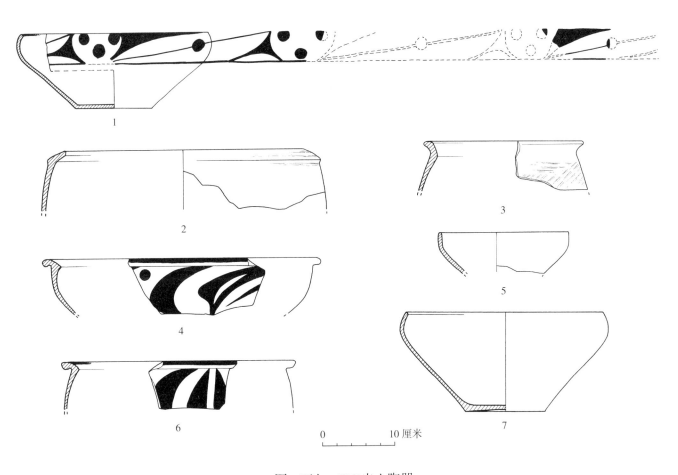

图一五七　H61出土陶器

1、7. A型Ⅱ式钵（H61①：5、H61①：1）　2. 叠唇瓮（H61①：15）　3. Ab型Ⅱ式罐（H61①：14）　4. Aa型Ⅱ式盆（H61①：12）　5. B型Ⅰ式钵（H61①：11）　6. B型Ⅱ式盆（H61①：13）（5为一期，余为二期）

彩，沿面以黑彩绘有弧形三角纹，器表绘有由圆点、弧形三角等组成的图案。口沿内外显见慢轮修制痕迹，器表磨光。口径33、残高7.6厘米（图一五七，4）。

B型Ⅱ式

标本H61①：13，泥质红陶。敛口，圆唇外卷，弧腹较深。唇部饰有一周黑彩，器表残留黑彩绘的弧形三角等图案。口沿内外显见慢轮修制痕迹，器表打磨光滑。口径27.2、残高6.4厘米（图一五七，6）。

钵　复原2件。

A型Ⅱ式

标本H61①：1，泥质黄褐陶。敛口，圆唇，腹部斜收，底部内凹。素面。口沿内外显见慢轮修制痕迹，器表上腹部有明显的横向刮修痕迹，下腹部有斜向刮修痕迹，底部有使用的磨痕。口径28、底径11、高13.3厘米（图一五七，7；图版二三，1）。

标本H61①：5，泥质陶，暗红色顶，褐色腹。敛口，圆唇，腹部斜收，平底。唇部饰有一周黑彩，器顶以黑彩绘有由圆点、弧形三角、斜线、条带等纹饰组成的三等分图案，每组图案的地纹分别反衬出一个类似瓢虫与一个类似豆荚的纹饰。口径25.2、底径10.5、高10.4厘米（图一五七，1；图版二二，7）。

叠唇瓮　均残。

标本H61①：15，夹细砂黄褐陶。宽沿内敛，叠唇，鼓腹。素面。口沿内外显见慢轮修制痕迹，器表陶胎脱落较为严重。口径32.2、残高8厘米（图一五七，2）。

陶环　7件，均残（表七七）。

同时，在此单位中还发现极少量具有庙底沟文化一期文化特征的陶器。

钵　均残。

B型Ⅰ式

标本H61①：11，夹砂红陶。直口微敞，圆唇，下腹斜收。素面。器表及器内有明显的抹光痕迹，器表较粗糙。口径17、残高5.5厘米（图一五七，5）。

表七七　H61陶环统计表（7件）

编号	形状				尺寸（厘米）	保存状况	备注
	A型（4）	B型（1）	C型（1）	D型（1）	内径 × 外径 × 厚		
H61①：2	√				4×5.2×0.7	残	
H61①：3	√				4×5.4×0.65	残	
H61①：4	√				3.8×5.2×0.7	残	
H61①：6	√				6×7.6×1	残	
H61①：7		√			5×6.6×0.7	残	
H61①：8			√		4×6×1.65	残	齿轮状
H61①：9				√	7×9.6×5.1	残	

6. H62

位于ⅢT2301西北部，近半部分分布在ⅡT2301西南部。开口于②层下，坑口距地表0.9米。平面形状呈椭圆形，东壁较直，南壁内收，西壁外扩，坑底略呈锅底状。口径2.5~5.3、底径2.7~4、深3.12米。坑的北端距坑口1.5米处有3个生土台阶，第一台阶宽0.18、高0.4米，第二台阶宽0.6、高0.6米，第三台阶呈缓坡状直到坑底，每个台阶上均留有明显的踩踏痕迹。在西壁的南端距坑口1.16米处有一直径为0.38~0.48、深0.25米的椭圆形壁龛，其北有一圆形孔洞，直径约0.18~0.2米。坑内堆积错综复杂，由坑壁向中心呈倾斜状分布，内填有浅灰色土、灰土、黄褐色土以及褐色硬面等多次形成的堆积，包含物相对较多，夹杂有动物骨头、石块等物，出土有较多陶片，并有陶环、陶刀、圆陶片、石环等小件器物的出土。可鉴定的动物属种有圆顶珠蚌、蚌片、鹤、雉、狗獾、猪、小猪、獐、梅花鹿、绵羊、青羊等（图一五八；图版一七，2）。

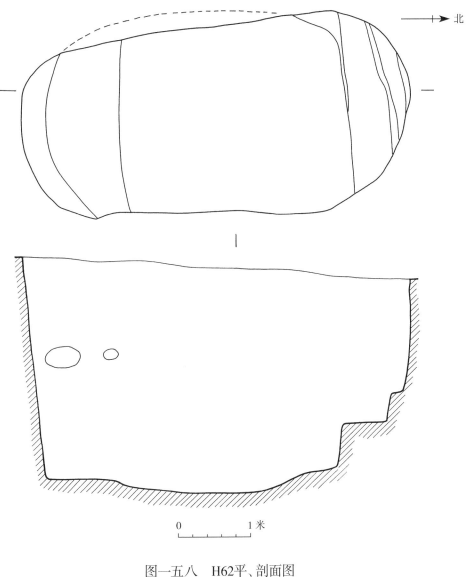

图一五八　H62平、剖面图

表七八　H62 陶系、纹饰统计表

陶系 纹饰	泥质陶					夹砂陶					合计	百分比 （%）
	红	黄褐	褐	灰	小计	红	褐	黄褐	灰褐	小计		
素面	1169	279	414	684	2546	100	101	4		205	2751	46.47
绳纹						476	362	32	560	1430	1430	24.16
线纹	551	343	385	97	1376						1376	23.24
彩陶	241				241						241	4.07
弦纹		2			2	6	5		15	26	28	0.47
弦＋堆纹							1		8	9	9	0.15
弦＋指窝纹						2	2			4	4	0.07
绳＋弦纹						6	4		15	25	25	0.42
绳＋堆纹							1		28	29	29	0.49
绳＋锯齿纹									1	1	1	0.02
绳＋弦＋堆纹						11	8			19	19	0.32
弦＋堆＋篦点纹						4	3			7	7	0.12
合计	1961	624	799	781	4165	605	486	37	627	1755	5920	100
百分比（%）	33.12	10.54	13.50	13.19	70.35	10.22	8.21	0.63	10.59	29.65	100	

H62出土陶器基本接近于庙底沟文化二期，但又保留有一定量的一期文化特征。陶器主要有瓶、罐、盆、钵、灶、釜、器盖等，分别占可辨器形的7.67%、34.27%、19.95%、36.82%、0.26%、0.26%、0.77%。泥质陶占绝大多数，其中红陶较多。陶系、纹饰情况详见表七八。以下按质地分别介绍出土物。

（1）陶器

尖底瓶　均残。

Ⅲ式

标本H62∶41，泥质红陶。器表饰交错线纹。口沿内外均见慢轮修制的痕迹。口径4.2、残高6.4厘米（图一五九，3）。

葫芦口瓶　均残。

B型Ⅱ式

标本H62∶40，泥质黄褐陶。口径4、残高6.8厘米（图一五九，4）。

罐　均残。

Aa型Ⅱ式

标本H62∶38，夹砂褐陶。平沿，尖唇，竖领，领内一周略内凹。肩部饰两对称的豆蔻状附加堆纹，斜绳纹加横向弦纹，腹部通饰斜绳纹。口径45.2、残高20厘米（图一六○，3）。

Ab型Ⅱ式

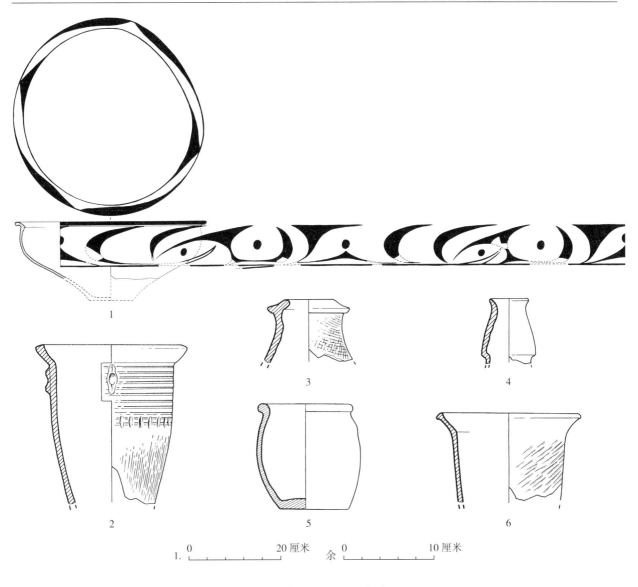

图一五九　H62出土陶器

1. Aa型Ⅱ式盆（H62：5）　2、6. B型Ⅱ式罐（H62：43、H62：35）　3. Ⅲ式尖底瓶（H62：41）　4. B型Ⅱ式葫芦口瓶
（H62：40）　5. 夹砂素面罐（H62：16）

标本H62：36，夹砂褐陶。肩部饰斜绳纹加不规整的弦纹，器表通饰斜绳纹。口径28.8、残高7.6厘米（图一六〇，1）。

标本H62：120，夹砂褐陶。肩部残留有一纽扣状附加泥饼，器表饰斜绳纹，肩部饰数道平行弦纹。口沿内外抹光。口径22.4、残高9.6厘米（图一六〇，2）。

B型Ⅱ式

标本H62：35，夹砂红陶。腹部饰斜绳纹。口径14.8、残高9.2厘米（图一五九，6）。

标本H62：43，夹砂红陶。沿下有四个（或五个）豆瓣状附加堆纹，上腹部饰有平行弦纹，腹中部压印一周枣核状戳印纹。口径15、残高16.8厘米（图一五九，2）。

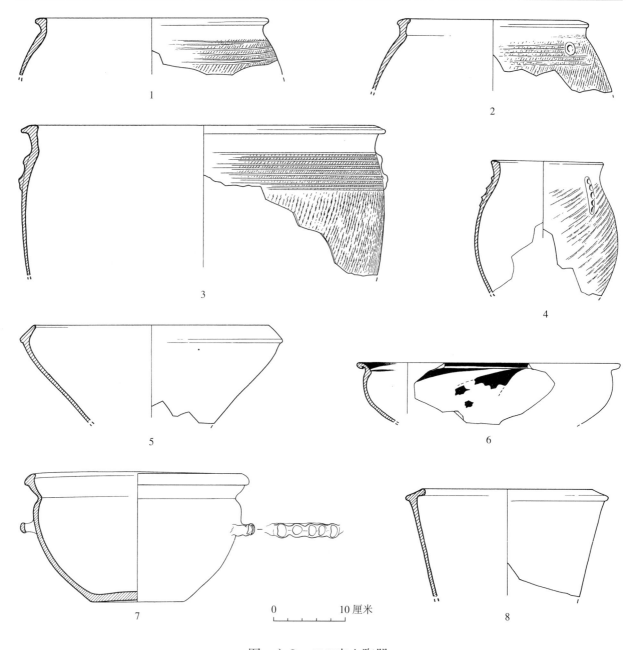

图一六〇　H62出土陶器

1、2. Ab型Ⅱ式罐（H62：36、H62：120）　3. Aa型Ⅱ式罐（H62：38）　4. 夹砂坠腹罐（H62：34）　5. C型Ⅱ式盆（H62：117）　6. Aa型Ⅱ式盆（H62：42）　7. 双錾盆（H62：3）　8. D型Ⅱ式罐（H62：37）

D型Ⅱ式

标本H62：37，泥质灰陶。口径22、残高14.2厘米（图一六〇，8）。

夹砂素面罐　复原1件。

标本H62：16，夹砂红陶。敛口，圆唇，鼓腹，平底。素面。整器略向一边倾斜。口径10.2、底径7.4、高11.2厘米（图一五九，5；图版二三，2）。

夹砂坠腹罐 残。

标本H62：34，夹砂褐陶。侈口，坠腹。颈下饰有三个三等分豆瓣状附加堆纹，器表通饰斜绳纹。口径13、腹径20、残高17.6厘米（图一六〇，4）。

盆 均残。

Aa型Ⅱ式

标本H62：5，泥质红陶。唇部饰一周黑彩，沿面以黑彩绘有由弧形三角纹和两个分张的柳叶纹组成的两组对称图案，腹部以黑彩绘有由圆点、涡纹、弧边三角纹等组成的两组回旋勾连纹图案，下腹部以条纹绕器一周。该器略有变形。口径35.5~38、残高12.4厘米（图一五九，1；图版二三，3）。

标本H62：42，泥质红陶。沿面内侧绘有一周黑彩，外侧以黑彩绘有柳叶纹，器表陶胎脱落严重，饰有黑彩，图案不清。唇沿显见慢轮修制痕迹，沿面磨光。口径32、残高8.2厘米（图一六〇，6）。

C型Ⅱ式

标本H62：117，泥质红陶。口径31.8、残高13厘米（图一六〇，5）。

双鋬盆 复原1件。

标本H62：3，泥质红陶。沿外撇，圆唇，沿内略内凹，弧腹斜收，腹部对称设两鸡冠状鋬，平底。素面。口径28.5、底径12.6、高17.3厘米（图一六〇，7；图版二三，4）。

钵 复原12件。

A型Ⅱ式 复原3件。

标本H62：4，泥质褐陶。敛口，圆唇，腹部斜收，底部内凹。素面。器表显见横向刮修痕迹。口径31.8、底径11、高10.6厘米（图一六一，1；图版二三，5）。

标本H62：13，泥质陶，器表烧制火候不均，陶色有红色、黄色和褐色。敛口，圆唇，腹部斜收，底部内凹。素面。器顶有明显的横向刮修痕迹，底部有使用的磨痕。口径29.2、底径9.2、高12厘米（图一六一，13；图版二四，1）。

标本H62：14，泥质红陶。敛口，圆唇，腹部斜收，底微凹。素面。器表有明显的横向刮修痕迹，器底有使用的磨痕。口径31、底径10、高11.8厘米（图一六一，3；图版二三，6）。

B型Ⅱ式 复原2件。

标本H62：17，泥质黄褐陶。敛口，圆唇，曲腹，底部内凹。素面。器表磨光，器底有使用的磨痕。口径17.6、底径8、高7.7厘米（图一六一，5；图版二四，2）。

标本H62：21，夹砂灰褐陶。直口，方唇，腹部略曲，底部微内凹。素面。器表抹光，未经刮修。口径22.8、底径10.8、高8.4厘米（图一六一，2）。

C型Ⅱ式 复原7件。

标本H62：9，泥质陶，红顶，褐色腹。素面。口径19.2、底径6.4、高6.4厘米（图一六一，6）。

标本H62：10，泥质红陶。敞口，圆唇，上腹斜直，下腹弧收，底部内凹。沿面饰一周黑

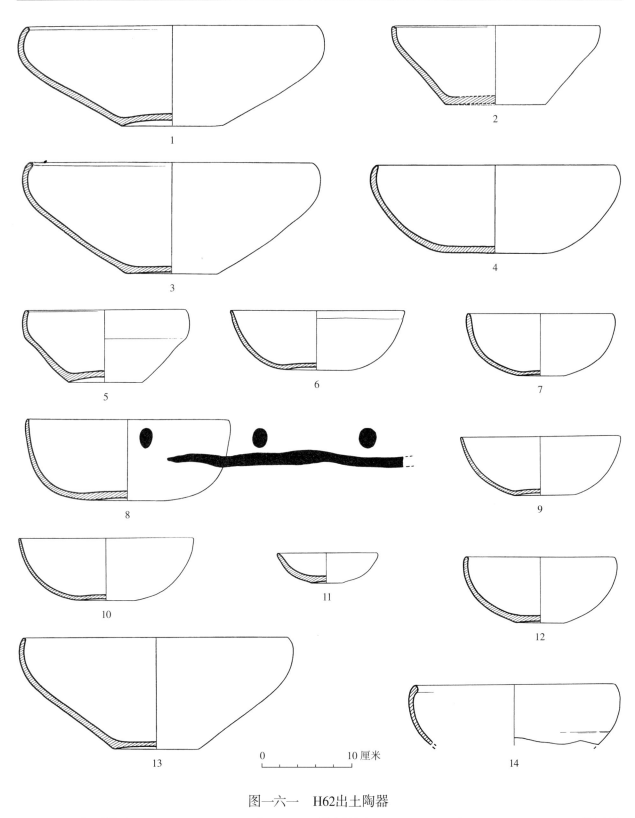

图一六一　H62出土陶器

1、3、13. A型Ⅱ式钵（H62：4、H62：14、H62：13）　　2、5. B型Ⅱ式钵（H62：21、H62：17）　　4、6~10、12、14. C型Ⅱ式钵
（H62：20、H62：9、H62：11、H62：10、H62：23、H62：24、H62：18、H62：39）　　11. 碗（H62：15）

彩，器表以黑彩绘有圆点纹、横条形纹，仅残留部分图案。器表、器内明显可见横向刮修痕迹。口径22.2、底径8、高8.6厘米（图一六一，8；图版二四，3）。

标本H62：11，泥质红陶。素面。口径15.8、高6.6厘米（图一六一，7）。

标本H62：18，泥质褐陶。素面。腹部、底部有严重的钙化层。口径16.4、底径5.2、高7厘米（图一六一，12）。

标本H62：20，泥质黄褐陶。素面。该器烧制变形。口径26、底径11、高9.4厘米（图一六一，4；图版二四，4）。

标本H62：23，泥质红陶。素面。口径17.4、底径6.3、高6.2厘米（图一六一，9）。

标本H62：24，泥质红陶。素面。口径19.2、底径6.2、高6.6厘米（图一六一，10）。

标本H62：39，残，泥质陶，褐色顶，灰色腹。素面。这件标本与C型Ⅲ式钵比较接近，似乎可以认为，这种钵在二期已经出现，只是数量极少。口径21.2、残高6.4厘米（图一六一，14）。

碗　复原1件。

标本H62：15，泥质黄褐陶。敞口，圆唇，腹部斜收，底部内凹。素面。器表经刮修。口径11、底径3.4、高3.2厘米（图一六一，11）。

瓮　均残。

Ⅱ式

标本H62：116，泥质灰陶。素面。口沿内外明显经刮修，器表打磨较光滑，器内抹光。口径54.2、残高20.8厘米（图一六二，1）。

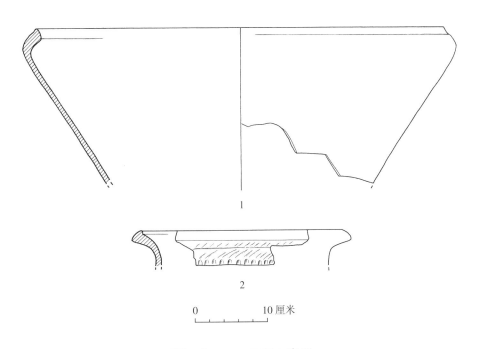

图一六二　H62出土陶器

1. Ⅱ式瓮（H62：116）　　2. Ⅱ式灶（H62：118）

灶　均残。数量少。

Ⅱ式

标本H62∶118，夹砂褐陶。敞口，圆唇，沿内有一周凸棱，筒腹，现仅残留灶门上端的一小部分口沿。灶门呈方形，灶门上端饰有花边。器表饰稀疏斜绳纹。口沿内外抹光。口径27.4、残高4.6厘米（图一六二，2）。

器盖　复原1件。

Ab型Ⅱ式　均残。

标本H62∶22，夹砂灰褐陶。素面。口径28.6、残高9厘米（图一六三，1）。

Ac型　均残。

标本H62∶19，夹砂褐陶。素面。仅留残断的少部分提柄镶嵌在盖顶内。口径14、残高7.8厘米（图一六三，2）。

Cb型Ⅱ式　复原1件。

标本H62∶30，夹砂红陶。素面。口径7.1、高5.8厘米（图一六三，3）。

鸟头状陶器

标本H62∶2，泥质红陶，中空下残，顶饰红色陶衣。鸟头顶呈蘑菇状，鸟的眼睛用两块小圆泥饼贴筑成，上喙残断，长颈，位于鸟嘴的下方有一圆形镂孔。鸟昂首张望，似叽喳学舌，非常富有动感。该器很可能是某类器盖的把手。颈部直径4.6~5.2、残高11.2厘米（图一六三，4；彩版一九，5）。

陶刀　7件，均残（表七九）。

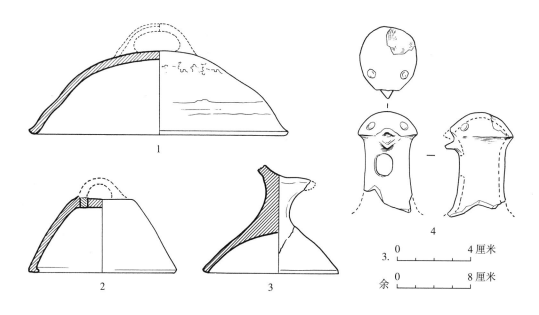

图一六三　H62出土陶器

1. Ab型Ⅱ式器盖（H62∶22）　2. Ac型Ⅱ式器盖（H62∶19）　3. Cb型Ⅱ式器盖（H62∶30）　4. 鸟头状陶器（H62∶2）

表七九　H62 陶刀统计表（7 件）

编号	形状			尺寸（厘米）
	A 型	B 型（7）	C 型	长 × 宽
H62：28		√		残长 5.6×（3.4~4.1）
H62：98		√		残长 4.5×4.3
H62：99		√		残长 4.8×4.6
H62：100		√		残长 4.4×3.6
H62：101		√		残长 4.1×4.65
H62：102		√		残长 2.9×3.9
H62：103		√		残长 3.4×4.3

B型

标本H62：28，系泥质线纹红陶片加工而成。中部两面均刻有菱形凹槽，凹槽中部对钻有一小圆孔。刀部单面磨制，较为锋利。残长5.6、宽3.4~4.1厘米（图一六四，1）。

陶环　54件，均残（表八〇）。

A型

标本H62：26，泥质白陶。横断面为半圆形。内径4、外径5.5、厚1.2厘米（图一六四，7）。

D型

标本H62：31，泥质红陶。用尖底瓶的口沿加工而成，残断面经磨光。内径4.5、外径10.5、厚2.4厘米（图一六四，2；图版二八，6）。

（2）石器

石刀　1件。

标本H62：29，残，系变安山岩磨制而成。平面呈圆角长方形，两侧外弧，中部两面靠近刀背处均刻划有一菱形凹槽，凹槽中部已穿通。刀背磨制平直，刃部双面磨制，较为锋利。残长5.7、宽4.7厘米（图一六四，3）。

石环　2件，均残。

标本H62：27，系辉长岩加工而成。剖面近圆角长方形。整器磨制较为光滑。内径6.6、外径9.8、厚1.3厘米（图一六四，5）。

石纺轮　1件。

标本H62：33，残，系辉长岩加工而成。饼状，器身扁平。磨制精细、光滑，中部单钻一圆孔。直径5.8、厚0.8厘米（图一六四，6）。

环石　1件，较完整。

标本H62：32，系斜长角闪片岩加工而成。横截面大体呈圆形，器表密布琢制的麻点，中部对凿一圆孔。内径4.6、外径12、厚2.8厘米（图一六四，4；图版二八，7）。

表八〇　H62 陶环统计表（54 件）

编号	形状				尺寸（厘米）	保存状况	备注
	A 型（42）	B 型（4）	C 型（3）	D 型（5）	内径 × 外径 × 厚		
H62：26	√				4×5.5×1.2	残	
H62：31				√	4.5×10.5×2.4	完整	系尖底瓶口沿加工而成
H62：45	√				6×7.4×1.05	残	
H62：46	√				4.2×5.4×0.5	残	
H62：47	√				7.2×9.2×1.4	残	
H62：48	√				6×7.4×1.05	残	
H62：49	√				4.4×5.6×0.7	残	
H62：50	√				6×8×0.75	残	
H62：51	√				4.4×5.8×0.6	残	
H62：52	√				4×5.2×0.7	残	
H62：53	√				4.8×6.6×0.7	残	
H62：54	√				6×7.2×1.05	残	
H62：55	√				4×5.4×0.65	残	
H62：56	√				6×7.4×0.9	残	
H62：57	√				5×6.8×0.65	残	
H62：58	√				4×5.8×0.6	残	
H62：59	√				6×7.8×0.9	残	
H62：60	√				3.6×5.2×0.6	残	
H62：61	√				4.4×6×0.65	残	
H62：62	√				6×7.4×1.05	残	
H62：63	√				6×8×1.05	残	
H62：64	√				6×7.4×0.75	残	
H62：65	√				4.6×5.8×0.75	残	
H62：66	√				3.8×5.2×0.7	残	
H62：67	√				4×5.6×0.7	残	
H62：68	√				4.8×6×0.75	残	
H62：69	√				4×5.6×0.6	残	
H62：70	√				5×6.6×0.75	残	
H62：71	√				4.2×5.8×0.65	残	
H62：72	√				5×6.6×0.75	残	
H62：73	√				6×7.4×0.65	残	
H62：74	√				4×5.4×0.6	残	
H62：75	√				4×5.4×0.55	残	

编号	形状				尺寸（厘米）	保存状况	备注
	A 型（42）	B 型（4）	C 型（3）	D 型（5）	内径 × 外径 × 厚		
H62：76	√				4×5.2×0.65	残	
H62：77	√				6×8×1.1	残	
H62：78	√				6×7.6×0.7	残	
H62：79	√				4×5.4×0.7	残	
H62：80	√				4×5.4×0.65	残	
H62：81	√				6×8×0.75	残	
H62：82	√				3.8×5×0.5	残	
H62：83	√				4×5.4×0.6	残	
H62：84	√				4×6×0.6	残	
H62：85	√				3.8×5.2×0.7	残	
H62：86			√		4×6.6×1.2	残	齿轮状
H62：87			√		3.8×6.4×1.25	残	齿轮状
H62：88			√		3.8×6.2×1.1	残	齿轮状
H62：89		√			4.8×6.2×0.55	残	
H62：90		√			3.8×5.2×0.6	残	
H62：91		√			3.8×5.2×0.55	残	
H62：92		√			4×5.4×0.6	残	
H62：93				√	4×5.6×3.1	残	
H62：94				√	4.8×6.4×2.55	残	
H62：95				√	4×6×2.5	残	网格纹
H62：96				√	6×7.4×2.3	残	网格纹

（3）骨器

骨锥　1件。

标本H62：25，系动物管骨加工而成。器身经磨制，柄端较为平齐，锋端残损。残长8.8厘米（图一六四，9）。

骨簪　1件。

标本H62：1，器表黑色，横截面略呈方形。一端残断，锋部圆钝。经磨光，并留有纤细的斜向擦痕。残长6.8厘米（图一六四，8）。

此外，在H62中还出土了一些与庙底沟文化一期关系密切的陶器。分别介绍如下。

罐　均残。

Ab型Ⅰ式

标本H62：119，夹砂褐陶。器表通饰斜绳纹，颈下有一周手指按压的窝痕。口径32、腹

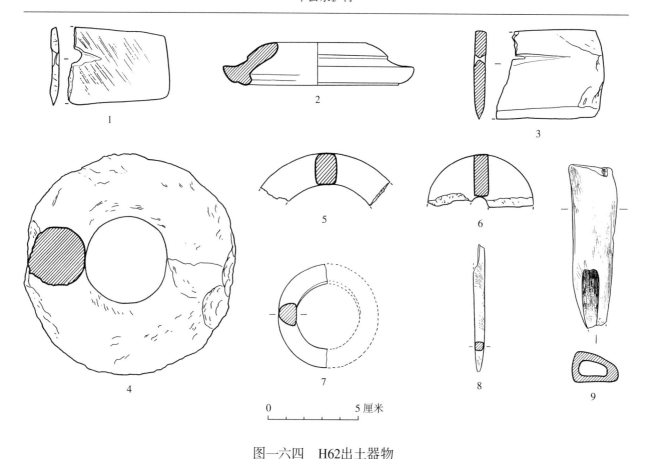

图一六四　H62出土器物

1. B型陶刀（H62：28）　2. D型陶环（H62：31）　3. 石刀（H62：29）　4. 环石（H62：32）　5. 石环（H62：27）　6. 石纺
轮（H62：33）　7. A型陶环（H62：26）　8. 骨簪（H62：1）　9. 骨锥（H62：25）

径39.4、残高17.6厘米（图一六五，1）。

盆　均残。

Aa型Ⅰ式

标本H62：44，泥质红陶。唇部、沿面内侧均饰一周黑彩，沿面外侧以黑彩绘有柳叶
纹，器表以黑彩绘有由弧形三角、"勿"字形纹等组成的图案。口径23.2、残高8.6厘米（图
一六五，4）。

钵　复原4件。

A型Ⅰ式　复原1件。

标本H62：7，泥质陶，黑灰色顶，下腹灰色。近直口，圆唇，腹部斜收，下腹部略呈反
弧状，底部内凹。素面。器顶及沿内可见慢轮修制痕迹。口径18.8、底径6、高5.8厘米（图
一六五，2；图版二四，5）。

C型Ⅰ式　复原3件。

标本H62：6，泥质陶，灰褐色顶，灰色腹。敞口，圆唇，弧腹斜收，底部内凹。素面。
器内显见刮修痕迹。口径18.4、底径6.1、高5.6厘米（图一六五，3；图版二四，6）。

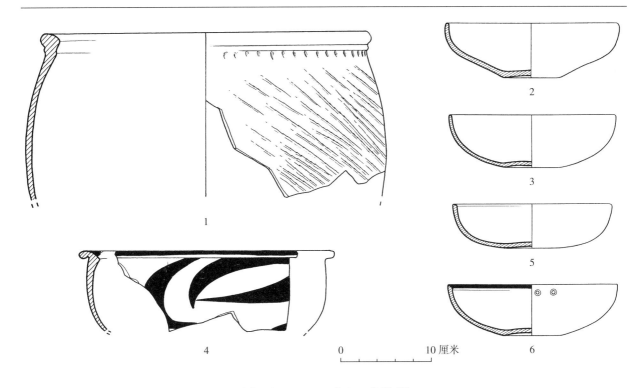

图一六五　H62出土一期陶器

1. Ab型Ⅰ式罐（H62:119）　　2. A型Ⅰ式钵（H62:7）　　3、5、6. C型Ⅰ式钵（H62:6、H62:8、H62:12）　　4. Aa型Ⅰ式盆
（H62:44）

标本H62:8，泥质红陶。素面。口径17.6、底径5.5、高4.7厘米（图一六五，5；图版
二四，7）。

标本H62:12，泥质红陶。敛口，尖唇，弧腹斜收，底部内凹。沿面饰一周黑彩，器表素
面。器顶对钻有两孔，并有磨光痕迹，沿内略有刮削痕迹。口径18.7、底径6、高5.5厘米（图
一六五，6；图版二四，8）。

7. H67

位于Ⅲ T2201东北部，一部分伸入Ⅲ T2101的西北部。开口于②层下，被M8打破，同时
打破H87、H91和F2。坑口距地表1.1米。平面形状呈椭圆形，坑壁斜直，底略呈锅底状，坑
壁、坑底均为生土，未见加工痕迹。口径2.9~3.32、底径2.3~2.72、深2.9米。坑内土质松散，
土色由浅灰渐变为黑灰，没有明显的分层，内夹杂有少量的黄土块、料姜石、石块以及动物
骨头等，出土有较多陶片，并有陶环、陶刀等小件器物。可鉴定的动物属种有蚌、猪、小
猪、梅花鹿、绵羊、牛等（图一六六）。

H67出土物较多，以陶器为主，基本属庙底沟文化二期。陶器主要有瓶、罐、盆、钵、
瓮等，分别占可辨器形的5.64%、36.92%、26.15%、25.13%、6.16%。其中罐、盆、钵占绝
大多数，陶系以泥质红陶为主，其次为夹砂红陶，纹饰以素面为主，线纹和绳纹也较多（表
八一）。以下分别介绍出土物。

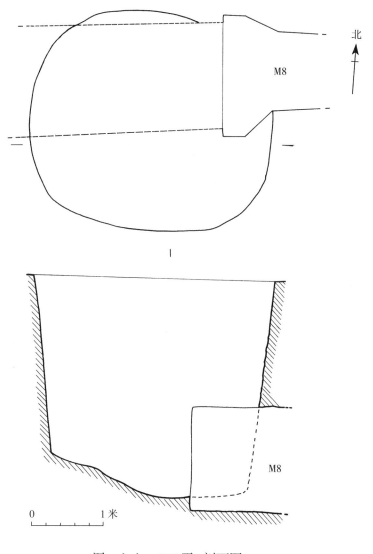

图一六六 H67平、剖面图

尖底瓶 均残。

Ⅲ式

标本H67：13，泥质红陶。器表饰斜线纹。口径4.8、残高4.5厘米（图一六七，4）。

葫芦口瓶 均残。

B型Ⅱ式

标本H67：14，泥质褐陶。小口，尖唇，颈腹交接处折角明显，颈下外撇。口沿内外显见慢轮修制痕迹。口径4、残高7.6厘米（图一六七，7）。

罐 复原1件。

Ab型Ⅱ式 均残。

标本H67：17，夹砂褐陶。颈下及肩部饰交错绳纹，腹部饰斜绳纹。口径20.8、残高12.2厘米（图一六七，1）。

表八一　H67 陶系、纹饰统计表

纹饰＼陶系	泥质陶					夹砂陶			合计	百分比（%）
	红	黄褐	褐	灰	小计	红	灰褐	小计		
素面	493	67	133	316	1009	72	18	90	1099	46.73
绳纹						294	226	520	520	22.11
线纹	381	79	119	21	600				600	25.51
彩陶	110				110				110	4.68
弦纹						11	4	15	15	0.64
指窝纹							1	1	1	0.04
绳＋弦纹							2	2	2	0.08
绳＋堆纹						2	3	5	5	0.21
合计	984	146	252	337	1719	379	254	633	2352	100
百分比（%）	41.84	6.21	10.71	14.33	73.09	16.11	10.80	26.91	100	

B型Ⅱ式　复原1件。

标本H67：7，夹砂褐陶。宽折沿，方唇，直腹微鼓，近底部呈反弧状，小平底。沿下饰两组对称的纽扣状附加泥饼，残留一组，腹部通饰斜绳纹，器底一周有明显的竖向切痕。口径14.5、底径7、高18.4厘米（图一六七，9；图版二五，1）。

盆　均残。

Aa型Ⅱ式

标本H67：10，泥质红陶。唇部饰有一周黑彩，沿面及器表均饰黑彩图案。口径27.5、残高5.2厘米（图一六七，11）。

彩陶盆残片

标本H67：4，泥质红陶。器表饰白色陶衣，以黑彩绘有由弧边三角纹和山形纹等组成的图案（图一六七，6）。

钵　均残。

A型Ⅱ式

标本H67：11，泥质红陶。唇部饰有一周黑彩，器顶以黑彩绘有由垂弧、圆点、弧形三角等组成的图案，图案的地纹为典型"西阴纹"，残存两组。陶器烧制火候不均，器表有明显的黄褐色斑块。口径29、残高5.8厘米（图一六七，10）。

浅腹钵　均残。

标本H67：12，泥质褐陶。素面。口径18.8、残高1.9厘米（图一六七，3）。

瓮　皆残，均为素面。

Ⅱ式

标本H67：15，泥质灰陶。口径47.2、残高10厘米（图一六七，5）。

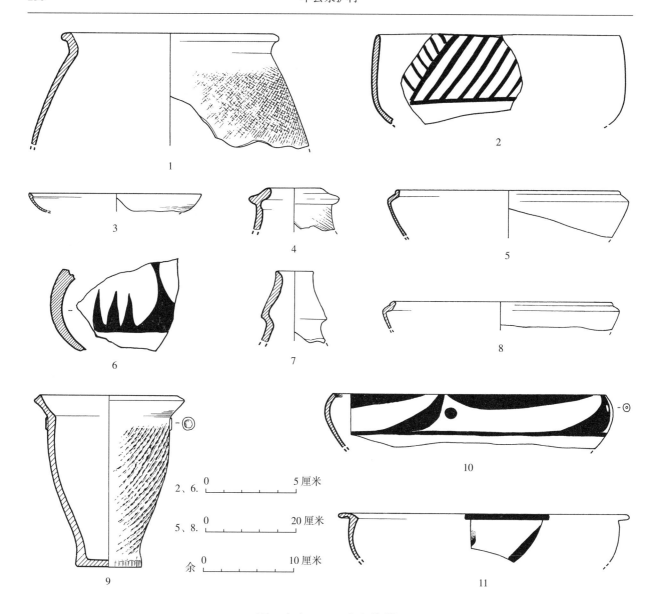

图一六七　H67出土陶器

1. Ab型Ⅱ式罐（H67：17）　2. B型Ⅰ式钵（H67：3）　3. 浅腹钵（H67：12）　4. Ⅲ式尖底瓶（H67：13）　5、8. Ⅱ式瓮（H67：15、H67：16）　6. 彩陶盆残片（H67：4）　7. B型Ⅱ式葫芦口瓶（H67：14）　9. B型Ⅱ式罐（H67：7）　10. A型Ⅱ式钵（H67：11）　11. Aa型Ⅱ式盆（H67：10）（2为一期，余为二期）

标本H67：16，泥质灰陶。口径44.8、残高6厘米（图一六七，8）。

陶刀　6件，1件完整（表八二）。

A型

标本H67：5，系泥质红陶钵的口沿残片加工而成。刀背保留陶钵唇沿的原状，一侧打制有弧形缺口，一侧未打制成形。刃部单面打制，并留有锯齿状使用痕。长6.2、宽3.7厘米（图一六八，5）。

表八二　H67 陶刀统计表（6件）

编号	形　状			尺寸（厘米）	备注
	A 型（1）	B 型（2）	C 型（3）	长 × 宽	
H67：5	√			6.2×3.7	完整
H67：84		√		残长 3.8×4.1	残
H67：85		√		残长 3.5×4.2	残
H67：86			√	残长 5.3×4.2	残
H67：87			√	残长 3.5×4.3	残
H67：88			√	残长 3×4.3	残

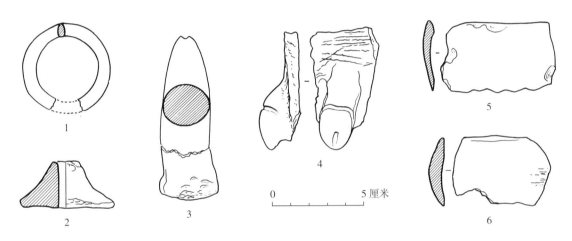

图一六八　H67出土陶器

1. A型陶环（H67：8）　2. 陶纺轮（H67：1）　3、4. 陶祖（H67：2、H67：9）　5. A型陶刀（H67：5）　6. D型陶环（H67：6）

陶环　66件，均残（表八三）。

A型

标本H67：8，泥质褐陶。素面。内径3.4、外径4.8、厚0.7厘米（图一六八，1）。

D型

标本H67：6，泥质灰陶。剖面似新月状。内径4.4、外径6、厚0.8厘米（图一六八，6）。

陶纺轮　1件，完整。

标本H67：1，夹细砂褐陶。近圆台状，平底，中部戳有一圆形穿孔。素面。系手工捏制。底径5、厚2.5厘米（图一六八，2）。

陶祖　2件。

标本H67：2，泥质褐陶。略残，柱状。长8.7厘米（图一六八，3；彩版二三，4）。

标本H67：9，似为尖底瓶的残片。残片饰线纹，其上一陶塑形似男性生殖器。残长6.3厘米（图一六八，4；彩版一九，6）。

表八三　H67 陶环统计表（66 件）

编号	形状				尺寸（厘米）	保存状况	备注
	A 型（52）	B 型（5）	C 型（6）	D 型（3）	内径 × 外径 × 厚		
H67：6				√	4.4×6×0.8	残	
H67：8	√				3.4×4.8×0.7	残	
H67：20	√				4.6×6.2×0.7	残	
H67：21	√				3.8×5×0.8	残	
H67：22	√				4.6×6.2×1	残	
H67：23	√				3.8×5×0.6	残	
H67：24	√				4.6×6×0.7	残	
H67：25	√				5.8×7.2×0.8	残	
H67：26	√				6×7.6×0.9	残	
H67：27	√				4×5.2×0.7	残	
H67：28	√				4.2×5.6×0.7	残	
H67：29	√				4.6×5.8×0.6	残	
H67：30	√				5.2×6×0.6	残	
H67：31	√				5×6.8×0.9	残	
H67：32	√				4.8×6.6×0.75	残	
H67：33	√				4×5×0.5	残	
H67：34	√				6×9.3×1.3	残	
H67：35	√				4×5.2×0.5	残	
H67：36	√				4.4×5.6×0.65	残	
H67：37	√				4.4×5.6×0.65	残	
H67：38	√				4×5.8×0.5	残	
H67：39	√				6×7.4×1.1	残	
H67：40	√				3.4×4.5×0.6	残	
H67：41	√				4×5×0.7	残	
H67：42	√				4×5.2×0.6	残	
H67：43	√				4.8×7.4×0.8	残	
H67：44	√				6.4×9.2×1.3	残	
H67：45	√				6.8×9.2×1.1	残	
H67：46	√				6×8×1	残	
H67：47	√				6×9.4×1	残	
H67：48	√				4×5.4×0.6	残	
H67：49	√				4×5.2×0.6	残	
H67：50	√				4×5.4×0.45	残	

编号	形状				尺寸（厘米）	保存状况	备注
	A 型（52）	B 型（5）	C 型（6）	D 型（3）	内径 × 外径 × 厚		
H67：51	√				5×6.2×0.65	残	
H67：52	√				4.6×6×0.55	残	
H67：53	√				4×5.2×0.5	残	
H67：54	√				6×8×0.9	残	
H67：55	√				4×5.2×0.6	残	
H67：56	√				4×5.2×0.6	残	
H67：57	√				5×6.4×0.8	残	
H67：58	√				4×5.2×0.8	残	
H67：59	√				4.6×6×0.7	残	
H67：60	√				4.6×6×0.7	残	
H67：61	√				4×5.2×0.7	残	
H67：62	√				6.6×10×1.25	残	
H67：63	√				5×6.6×1.05	残	
H67：64	√				4×5.2×0.45	残	
H67：65	√				4×5.4×0.55	残	
H67：66	√				4×5.2×0.6	残	
H67：67	√				4×5.6×0.7	残	
H67：68	√				4×6×0.6	残	
H67：69	√				4×6×1.1	残	白色
H67：70	√				4×5.2×0.7	残	
H67：71		√			6×7.6×0.7	残	
H67：72		√			4×5.2×0.75	残	
H67：73		√			4.4×5.4×0.9	残	
H67：74		√			6×7.4×0.85	残	
H67：75		√			4×5.4×0.9	残	
H67：76				√	4.6×6.6×2.1	残	
H67：77				√	4×5.2×1.8	残	
H67：78			√		6×10.2×1.3	残	有四个缺口
H67：79			√		4×6×1.1	残	齿轮状
H67：80			√		3.6×5.8×0.9	残	齿轮状
H67：81			√		4.4×7×1.6	残	螺旋状
H67：82			√		6×8.8×2.2	残	螺旋状
H67：83			√		6×9.6× 残宽 3.95	残	螺旋状

同时，此单位还出土了极少量具有庙底沟文化一期文化特征的陶器。介绍如下。

钵　均残。

B型 I 式

标本H67：3，细泥质黄褐陶。唇部绘有一周黑彩，器顶以黑彩绘有由平行斜条纹组成的图案，下部以条纹绕器一周。口径13、残高4.7厘米（图一六七，2）。

8. H71

位于 II T1801西北部，一部分在 II T1901内。开口于②层下，被G3打破，同时打破H82、H135、H174。坑口距地表0.65米。平面形状呈椭圆形，口大底小，斜壁，平底。口径3.44~4.2、底径2~2.8、深2.82米。

坑内堆积依土质土色不同，可分为两层，即：

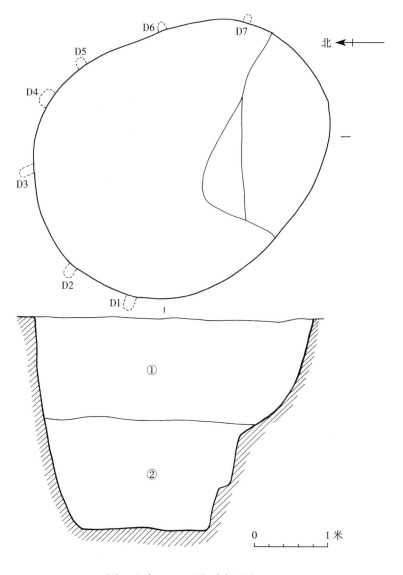

图一六九　H71平、剖面图

第①层：厚约1.38米，为松散的灰黑色土。包含物较为丰富，出土有较多的陶片和动物骨头，并出有陶环、陶刀等小件器物。可辨别的动物属种有圆顶珠蚌、猪、小猪、獐等。

第②层：厚1.44米，为松散的黑灰色土。包含物相对较少，出土有少量陶片和动物骨头，还有陶环、陶刀、陶纺轮、石刀、石斧等小件器物的出土。可辨别的动物属种有中华圆田螺、猪、绵羊等。

另外，在坑内南部距坑口1.5米处有两个生土台阶，第一台阶为斜坡状，高0.62米，第二台阶宽0.16、高0.56米，直至坑底。另外，在坑内周壁分布有7个洞孔，编号分别为D1~D7。其中，D1距坑口0.84米，口径0.14、深0.2米；D2距坑口0.74米，口径0.12、深0.18米；D3距坑口0.75米，口径0.12、深0.24米；D4距坑口0.76米，口径0.14~0.22、深0.14米；D5距坑口0.79米，口径0.14、深0.12米；D6距坑口1.2米，口径0.1、深0.14米；D7距坑口0.9米，口径0.1、深0.12米（图一六九）。

H71在发掘时依土质土色分为两层，从各层出土陶器看，两层间有一定变化，但其变化程度都在庙底沟文化二期的范畴内。陶器主要有瓶、罐、盆、钵、瓮、灶、器盖等，分别占可辨器形的6.92%、39.23%、21.53%、20.77%、5.38%、1.56%、4.61%。陶系、纹饰情况详见表八四、八五。以下分别介绍出土陶器。

尖底瓶　均残。

Ⅲ式

标本H71①：6，泥质红陶。器表饰斜线纹。口径6、残高3.8厘米（图一七〇，2）。

葫芦口瓶　复原1件。

A型Ⅱ式

标本H71①：16，泥质红陶。小口，圆唇外卷，颈腹交接处棱角明显，颈下外撇，溜肩，鼓腹，中腹有两对称的桥形耳，下腹斜收，平底。器表通饰斜线纹。口沿内外及颈部磨光，

表八四　H71 ①陶系、纹饰统计表

陶系 纹饰	泥质陶					夹砂陶				合计	百分比 （%）
	红	黄褐	褐	灰	小计	红	灰褐	灰	小计		
素面	409	32	110	170	721	19	18	18	55	776	38.02
绳纹						435	150		585	585	28.66
线纹	329	72	80	55	536					536	26.26
彩陶	134				134					134	6.57
弦纹							1		1	1	0.05
绳 + 弦纹						2			2	2	0.10
绳 + 堆纹						5	2		7	7	0.34
合计	872	104	190	225	1391	461	171	18	650	2041	100
百分比（%）	42.72	5.10	9.31	11.02	68.15	22.59	8.38	0.88	31.85	100	

表八五　H71 ②陶系、纹饰统计表

纹饰＼陶系	泥质陶					夹砂陶			合计	百分比（%）
	红	黄褐	褐	灰	小计	红	灰褐	小计		
素面	85	15	26	155	281	5		5	286	40.51
绳纹						144	67	211	211	29.89
线纹	127	6	18	17	168				168	23.80
彩陶	31				31				31	4.39
弦纹						3		3	3	0.42
弦＋指窝纹							1	1	1	0.14
指窝纹						1		1	1	0.14
绳＋堆纹						2	3	5	5	0.71
合计	243	21	44	172	480	155	71	226	706	100
百分比（%）	34.42	2.98	6.23	24.36	67.99	21.95	10.06	32.01	100	

近器底有一周明显的刮削痕迹。口径4、腹径17.4、底径11.4、高45.8厘米（图一七〇，1；彩版二一，1）。

标本H71②：87，泥质褐陶。口径4.9、残高9厘米（图一七〇，3）。

标本H71①：13，泥质黄褐陶。器表饰线纹。口径4.8、残高12厘米（图一七〇，4）。

罐　均残。

Ab型Ⅱ式

标本H71②：31，夹砂红陶。颈下残留有两豆瓣状附加堆纹，器表饰较为细密的交错绳纹。口径33、残高8厘米（图一七一，1）。

标本H71②：88，夹砂灰褐陶。沿微外撇，沿内加厚，方唇，溜肩，鼓腹。器表饰交错绳纹。口沿内外抹光，从器内及断面明显可看出其为帮包沿。口径26、残高7.4厘米（图一七一，3）。

C型Ⅱ式

标本H71②：27，泥质红陶。素面。口径27、残高8.6厘米（图一七一，2）。

盆　复原2件。

Aa型Ⅱ式　均残。

标本H71①：33，泥质红陶。唇部饰有一周黑彩，沿面以黑彩绘有弧三角纹等，器表以黑彩绘有由圆点、弧线、斜线纹等组成的图案。口径26.8、残高6.4厘米（图一七一，4）。

Ab型Ⅱ式　复原1件。

标本H71①：8，泥质褐陶。敞口，沿外撇，圆唇，腹部斜收，下腹微曲，平底。素面。口沿及器内抹光，腹部略经刮修，器表陶色不均。此标本相对较晚。口径32.3、底径11、高

图一七〇　H71出土陶器

1、3、4. A型Ⅱ式葫芦口瓶（H71①：16、H71②：87、H71①：13）　2. Ⅲ式尖底瓶（H71①：6）

11.6厘米（图一七一，5）。

B型Ⅱ式　均残。

标本H71①：3，泥质陶，顶饰白衣，红色腹。敛口，圆唇，沿外撇，弧腹斜收。唇部饰一周黑彩，腹部以红彩绘有圆点、弧线纹，以黑彩绘有弧形三角纹、涡纹及四道睫毛状竖线纹，下腹部以彩带纹绕器一周，整体图案仅残留一小部分。口径19.5、残高9.6厘米（图一七一，7；彩版二〇）。

标本H71①：29，泥质陶，红色顶，褐色腹。敛口，唇沿外卷，弧腹。唇部饰有一周黑彩，沿面为素面，器表以黑彩绘有由圆点、弧形三角、带状纹等组成的图案。口径30.8、残高8.8厘米（图一七一，6）。

标本H71①：30，泥质红陶。敛口，圆唇，沿外卷，弧曲腹。唇部饰有一周黑彩，器表以黑彩绘有由圆点纹、带状纹、弧形三角纹等组成的图案。口径28、残高13厘米（图一七一，10）。

C型Ⅱ式　复原1件。

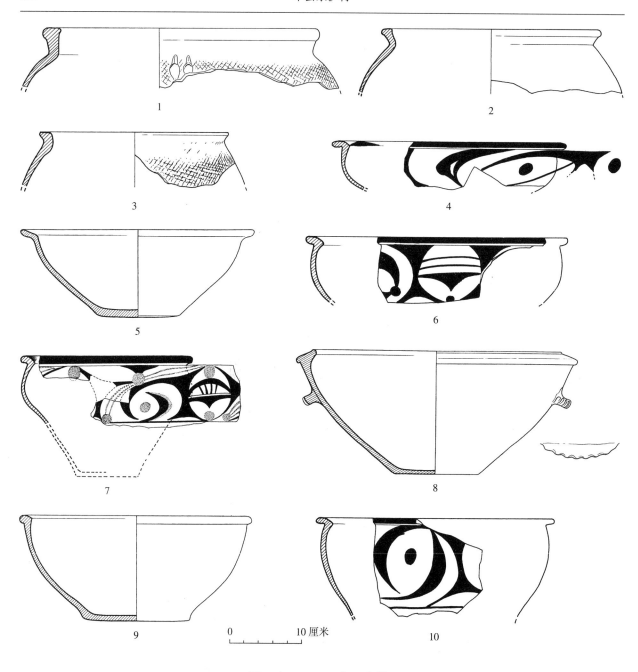

图一七一　H71出土陶器

1、3. Ab型Ⅱ式罐（H71②：31、H71②：88）　2. C型Ⅱ式罐（H71②：27）　4. Aa型Ⅱ式盆（H71①：33）　5. Ab型Ⅱ式盆（H71①：8）　6、7、10. B型Ⅱ式盆（H71①：29、H71①：3、H71①：30）　8. C型Ⅱ式盆（H71①：17）　9. 卷唇盆（H71①：18）

　　标本H71①：17，夹砂红陶。敛口，宽沿内收，叠唇，腹部斜收，平底。上腹饰两对称的鸡冠状錾。素面。器表明显可见横向刮修痕迹。口径33.4、底径11.2、高16.4厘米（图一七一，8；图版二五，4）。

　　卷唇盆　复原1件。

标本H71①：18，泥质红陶。口微敛，圆唇外卷，弧腹内收，近底部呈反弧状，平底。素面。口径28.8、底径14.5、高14厘米（图一七一，9；图版二五，5）。

钵　复原4件。

A型Ⅱ式　复原1件。

标本H71①：11，细泥质红陶。敛口，圆唇，腹部斜收，近器底部略呈反弧状，底部内凹。口沿饰一周黑彩，器顶以黑彩绘有由圆点、斜三角、倒垂三角、斜竖线、条带等组成的纹饰，使其地纹形成接近"西阴纹"的图案，残存两组图案。口径28.6、底径10.4、高11.6厘米（图一七二，1）。

B型Ⅱ式　均残。

标本H71①：86，泥质陶，灰褐色顶，灰色腹。敞口，圆唇，曲腹斜折。素面。口沿内外明显经刮修。口径15.8、残高2.9厘米（图一七二，5）。

C型Ⅱ式　复原3件。

标本H71①：19，泥质红陶。直口，圆唇，斜弧腹，近底部略呈反弧状，底微凹。素面。器表经刮修，器内抹光，器底有使用的磨痕。口径16.3、底径5.7、高7.2厘米（图一七二，2）。

标本H71②：20，泥质陶，深灰色顶，浅灰色腹。敞口，圆唇，器顶略内凹，弧腹内收，凹底。素面。器顶显见刮修痕迹。口径16.7、底径6.2、高7厘米（图一七二，4）。

标本H71①：22，泥质陶，褐色顶，灰色腹。敞口，尖唇，弧腹内收，底部内凹。素面。器表显见横向刮修痕迹，器底有使用的磨痕。口径18.6、底径6.6、高8.2厘米（图一七二，3；图版二五，6）。

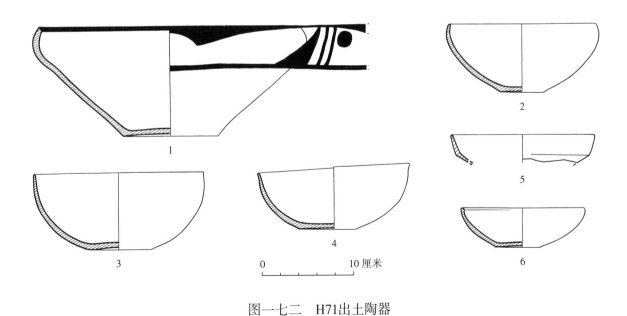

图一七二　H71出土陶器

1. A型Ⅱ式钵（H71①：11）　2~4. C型Ⅱ式钵（H71①：19、H71①：22、H71②：20）　5. B型Ⅱ式钵（H71①：86）　6. 浅腹钵（H71①：21）

浅腹钵　复原1件。

标本H71①：21，夹砂褐陶。口微敛，圆唇，腹部斜收，底部内凹。素面。器表抹光，并留有烟熏的炱痕。口径13.8、底径5、高4.2厘米（图一七二，6）。

瓮　均残。

Ⅱ式

标本H71②：32，泥质褐陶。素面。口径49、残高6厘米（图一七三，1）。

器盖　复原1件。

Ac型Ⅱ式

标本H71①：23，夹砂红陶。形如覆钵，敞口，圆唇，桥形提柄。素面。器表较为粗糙，器内显见刮修痕迹。口径18、高8.2厘米（图一七三，12；图版二五，2）。

陶杯　6件，5件完整。

A型　1件完整。

标本H71②：15，泥质灰陶。喇叭形口，圆唇，腹部斜收，底部内凹被捏成花瓣状。素面。口沿内外有明显的磨光痕迹。口径6.3、底径3.8、高5.1厘米（图一七三，2）。

B型　1件完整。

标本H71②：2，泥质褐陶。敛口，圆唇，腹部较直，底侧有一周手指压印的指窝纹，底内微凹。素面。器表、器内抹光。口径4.7、底径4.5、高5.8厘米（图一七三，3；彩版二三，6）。

D型　3件完整。

标本H71②：1，泥质褐陶。敞口，圆唇，沿内有半周未经磨光的凸棱，腹部微鼓，底微凹。素面。口沿内外及腹部磨光，下腹部略见竖向刮修痕迹，器内中部有一周凹弦纹。口径5.1、底径4.3、高6.4厘米（图一七三，4）。

标本H71②：7，泥质褐陶。喇叭形口，圆唇，直筒腹，平底略外撇。素面。口沿内外有明显的磨光痕迹，腹部显见竖向刮修痕迹。口径5.6、底径3.7、高6厘米（图一七三，5；彩版二三，6）。

标本H71②：26，泥质褐陶。敞口，圆唇，腹部较直，底部微凹。素面。口沿内外磨光，腹部略见手工捏制痕迹。口径5.5、底径3.8、高6.5厘米（图一七三，7）。

陶刀　5件，均残（表八六）。系残陶片加工而成，刀背及两侧多经磨制。

B型　器身中部对钻一小孔。

标本H71②：10，系泥质灰陶片加工而成。平面呈长方形。刃部双面磨制，较钝。残长5.9、宽4.5厘米（图一七三，10）。

标本H71①：24，系泥质线纹红陶片加工而成。平面近半月状。刃部双面磨制，较为锋利。残长5、宽1.9~3.3厘米（图一七三，8）。

陶环　41件，均残（表八七）。

D型

标本H71②：25，泥质灰陶。剖面成半月形。内径4、外径7、厚3.1厘米（图一七三，9）。

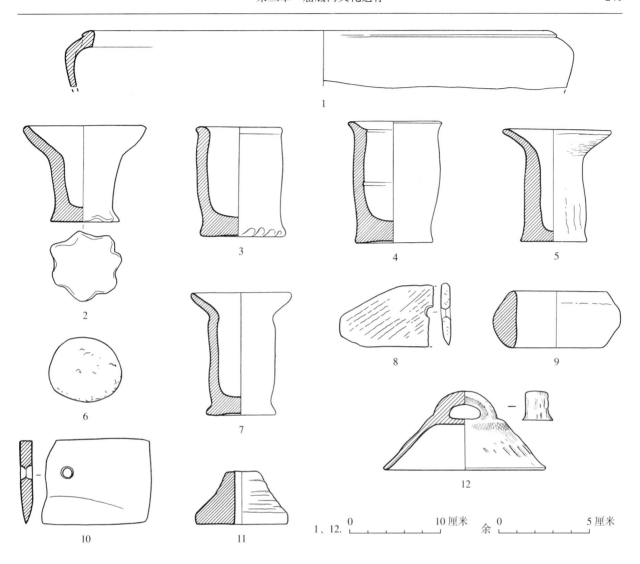

图一七三　H71出土陶器

1. Ⅱ式瓮（H71②：32）　2. A型陶杯（H71②：15）　3. B型陶杯（H71②：2）　4、5、7. D型陶杯（H71②：1、H71②：7、H71②：26）　6. 陶球（H71②：9）　8、10. B型陶刀（H71①：24、H71②：10）　9. D型陶环（H71②：25）　11. 陶纺轮（H71②：14）　12. Ac型Ⅱ式器盖（H71①：23）

表八六　H71 陶刀统计表（5件）

编号	形状			尺寸（厘米）
	A 型	B 型（3）	C 型（2）	长 × 宽
H71②：10		√		残长 5.9×4.5
H71①：24		√		残长 5×（1.9~3.3）
H71①：74			√	残长 3.3×3.3
H71①：75			√	残长 2.7×4.4
H71①：76		√		残长 3.2×4

表八七　H71 陶环统计表（41 件）

编号	形状				尺寸（厘米）	保存状况	备注
	A 型（37）	B 型（1）	C 型（1）	D 型（2）	内径 × 外径 × 厚		
H71②：25				√	4×7×3.1	残	宽体
H71②：34	√				4.4×5.9×0.6	残	
H71①：35	√				4.8×6.2×0.65	残	
H71②：36	√				5×6.2×1	残	
H71②：37	√				4.4×5.8×0.5	残	
H71①：38	√				4.8×6.6×1	残	
H71①：39	√				4.6×6.4×0.95	残	
H71②：40	√				4.4×5.6×0.7	残	
H71②：41	√				6×8×0.9	残	
H71②：42	√				4×7.6×0.9	残	
H71②：43	√				3.8×5.4×0.7	残	
H71②：44	√				4.6×6×0.6	残	
H71①：45	√				4.4×5.8×0.55	残	
H71②：46	√				4.4×6×0.65	残	
H71②：47	√				4.6×6×0.5	残	
H71②：48	√				4.6×6.6×0.65	残	
H71②：49	√				4.6×6×0.5	残	
H71②：50	√				4.8×6.6×1	残	
H71②：51	√				4×5×0.55	残	
H71②：52	√				4.4×6×0.55	残	
H71②：53	√				4×5.2×0.5	残	
H71②：54	√				4×5.4×0.5	残	
H71②：55	√				3.8×5×0.6	残	
H71①：56	√				6×8×0.7	残	
H71②：57	√				4×5.2×0.55	残	
H71①：58	√				4×6×0.55	残	
H71②：59	√				4.2×5.8×0.5	残	
H71②：60	√				3.8×5×0.5	残	
H71①：61	√				3.8×5×0.5	残	
H71②：62	√				4×5.2×0.5	残	
H71①：63	√				4×5.4×0.55	残	
H71②：64	√				4×5.2×0.55	残	
H71①：65	√				4.4×6×0.8	残	
H71①：66	√				4×5.2×0.7	残	

编号	形状				尺寸（厘米）	保存状况	备注
	A 型（37）	B 型（1）	C 型（1）	D 型（2）	内径 × 外径 × 厚		
H71②：67	√				4×5×0.6	残	
H71②：68	√				4×5.4×0.4	残	
H71②：69	√				4×5.2×0.45	残	
H71①：70	√				4×5.2×0.75	残	
H71②：71				√	6.6×8.4×4	残	
H71②：72			√		4.6×6.2×1.2	残	齿轮状
H71②：73		√			4×5.4×0.5	残	

陶纺轮　1件，完整。

标本H71②：14，泥质灰陶。圆台状，中部有一圆形穿孔，平底。通体饰有交错横线纹。底径5、厚2.8厘米（图一七三，11）。

陶球　6件，5件完整。

标本H71②：9，泥质褐陶。形状呈椭圆形。素面。直径3.4~4厘米（图一七三，6）。

另外，在H71中发现有少量的具有庙底沟文化一期文化特征的陶器。分别介绍如下。

尖底瓶　均残。

Ⅱ式

标本H71①：10，泥质红陶。器表饰斜线纹。口径4.6、残高6厘米（图一七四，1）。

钵　均残。

B型Ⅰ式

标本H71①：4，泥质灰陶。唇部饰有一周黑彩。器表为素面。口径17.2、残高5.4厘米（图一七四，2）。

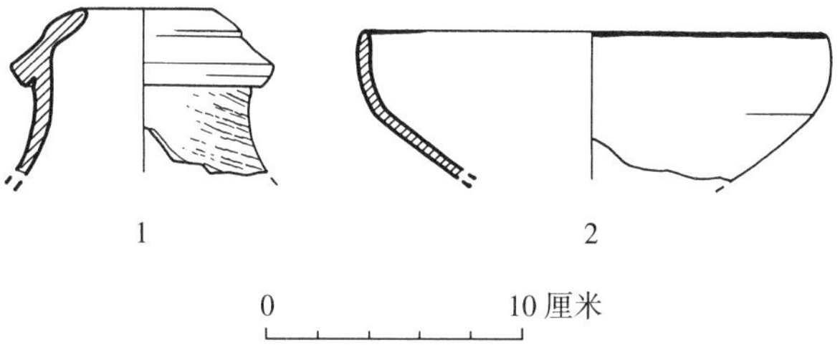

9. H74

图一七四　H71出土一期陶器

1. Ⅱ式尖底瓶（H71①：10）　2. B型Ⅰ式钵（H71①：4）

位于ⅡT2302中部，部分伸入ⅡT2301内。开口于②层下，被H83、H84打破，并打破生土。坑口距地表0.8米。平面形状大体呈圆形，坑壁略带收分，坑底北高南低，略呈锅底状。口最大径约5.12、深1.62米。坑内西北部距坑口0.6米处有一宽0.5米的生土台阶，台面平整。东壁上分布有9个小洞，直径0.06~0.08、深0.1~0.12米，坑底东部也有5个小洞，尺寸皆略大于坑壁旁的小洞。

坑内堆积可分两层：

第①层：厚0.6~0.94米，为疏松的灰黑色土，并含少许红烧土块，底部为一宽0.5~1.05、厚0.1~0.2米的斜坡状硬面，硬面内夹杂有草拌泥等。此层包含物较为丰富，出土有较多陶片

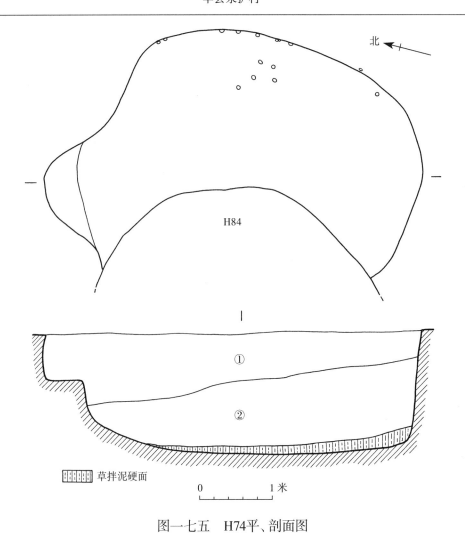

草拌泥硬面

0　　　　　　　　1 米

图一七五　H74平、剖面图

和少量动物骨头。可辨别的动物属种有雕、鲶鱼、猪三种。

　　第②层：厚约0.96米，为疏松的黑灰色土，并夹杂有红烧土块、草拌泥块等，出土有较多陶片和少量动物骨头，并有陶环、陶刀、石饼、石环、石球等小件器物的出土。动物骨可辨属种有貉、猪等（图一七五；彩版一四，2）。

　　H74内堆积依土质土色分为两层，从出土陶器看，两层间陶器在器形、纹饰等方面有一定的变化。①层所出陶器为比较典型的庙底沟文化二期，②层则相对较早，为庙底沟文化一期偏晚或二期偏早阶段。为体现这种变化，在介绍陶器时将分层进行叙述。陶系、纹饰情况详见表八八、八九。出土物按质地分别介绍如下。

　　（1）陶器

　　①层：主要是庙底沟文化二期。陶器主要为尖底瓶、罐、盆、钵、杯、瓮等。

　　尖底瓶　均残。

　　Ⅲ式

　　标本H74①：36，泥质红陶。器表饰斜线纹。口径3.5、残高4.6厘米（图一七六，4）。

表八八　H74 ①陶系、纹饰统计表

陶系＼纹饰	泥质陶					夹砂陶			合计	百分比（%）
	红	黄褐	褐	灰	小计	红	灰褐	小计		
素面	225	35	60	196	516				516	29.86
绳纹						337	268	605	605	35.01
线纹	256	73	98	41	468				468	27.08
彩陶	121				121				121	7.00
弦＋堆纹							1	1	1	0.06
弦＋指窝纹							2	2	2	0.12
绳＋弦纹						6		6	6	0.35
绳＋堆纹						7	1	8	8	0.46
绳＋弦＋堆纹							1	1	1	0.06
合计	602	108	158	237	1105	350	273	623	1728	100
百分比（%）	34.84	6.25	9.14	13.72	63.95	20.25	15.80	36.05	100	

表八九　H74 ②陶系、纹饰统计表

陶系＼纹饰	泥质陶					夹砂陶			合计	百分比（%）
	红	黄褐	褐	灰	小计	红	灰褐	小计		
素面	325	69		165	559	35	16	51	610	37.17
绳纹		26			26	285	142	427	453	27.61
线纹	206	71	91	50	418				418	25.47
彩陶	98				98				98	5.97
弦纹			1		1	2		2	3	0.18
绳＋堆纹						12		12	12	0.73
绳＋弦＋堆纹						47		47	47	2.87
合计	629	166	92	215	1102	381	158	539	1641	100
百分比（%）	38.33	10.11	5.61	13.10	67.15	23.22	9.63	32.85	100	

标本H74①：37，泥质红陶。器表饰横线纹或斜线纹。口径4、残高7.6厘米（图一七六，5）。

罐　均残。

Ab型Ⅱ式

标本H74①：13，夹砂褐陶。颈下饰有数周横向绳纹，器表通饰斜绳纹。口径26.2、残高8.4厘米（图一七六，7）。

夹砂素面罐　复原1件。

标本H74①：2，夹砂灰褐陶。折沿，圆唇，腹部微鼓，平底。器形较小。素面。口径

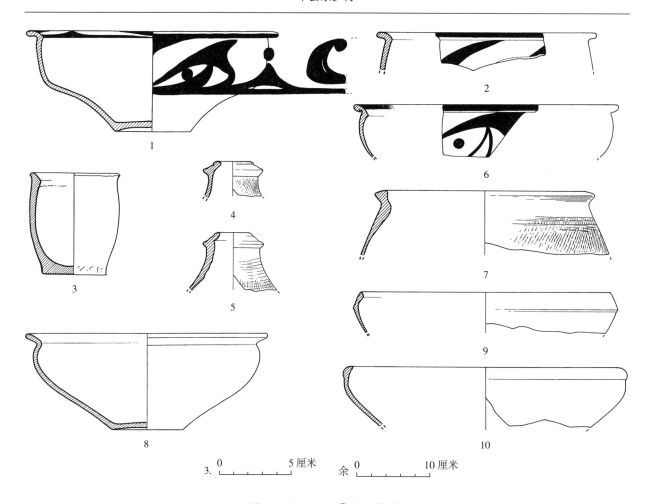

图一七六　H74①出土陶器

1、6. Aa型Ⅱ式盆（H74①：26、H74①：38）　2. B型Ⅱ式盆（H74①：35）　3. 夹砂素面罐（H74①：2）　4、5. Ⅲ式尖底瓶（H74①：36、H74①：37）　7. Ab型Ⅱ式罐（H74①：13）　8. Ab型Ⅱ式盆（H74①：23）　9. C型Ⅱ式盆（H74①：32）　10. D型Ⅱ式盆（H74①：7）

5.8、腹径6.2、底径4.3、高6.7厘米（图一七六，3）。

　　盆　复原2件。

　　Aa型Ⅱ式　复原1件。

　　标本H74①：26，泥质红陶。口微敛，沿外卷，圆唇，上腹斜直，下腹呈反弧状，底部内凹。口沿、上腹为红色，下腹及器内为褐色。沿面以黑彩绘有弧形三角图案，腹部以黑彩绘有由圆点、"勿"字形纹、"人"字形纹、弧形三角等组成的图案。口径35、底径10.4、高13.4厘米（图一七六，1）。

　　标本H74①：38，残，泥质红陶。唇部饰有一周黑彩，沿面以黑彩绘有柳叶纹等图案，器表以黑彩绘有由圆点、"勿"字形纹等组成的图案。口径32、残高7厘米（图一七六，6）。

　　Ab型Ⅱ式　复原1件。

　　标本H74①：23，泥质灰陶。敛口，沿外撇，圆唇，腹部斜收，下腹部略呈反弧状，底部内凹。素面。口径33.4、底径9.8、高12.7厘米（图一七六，8；图版二六，5）。

B型Ⅱ式　均残。

标本H74①：35，白陶。唇饰一周黑彩，腹部残存似为黑彩"勿"字形纹等组成的图案。口径26、残高5厘米（图一七六，2）。

C型Ⅱ式　均残。

标本H74①：32，泥质灰陶。素面。口径33.2、残高5.4厘米（图一七六，9）。

D型Ⅱ式　均残。

标本H74①：7，残，泥质灰陶。敛口，圆唇，曲腹。素面。口沿内外显见慢轮修制痕迹。口径36、残高7.8厘米（图一七六，10）。

钵　复原4件。

A型Ⅱ式　复原2件。

标本H74①：18，泥质陶，红顶，腹部逐渐过渡为灰褐。沿面饰一周黑彩，器顶钻有两孔。口径30.6、底径10.7、高9.4厘米（图一七七，1；图版二六，3）。

标本H74①：20，泥质灰褐陶。素面。器顶和腹部分别钻有四个修补陶器的小圆孔。口径33、底径10.7、高11.1厘米（图一七七，2；图版二六，2）。

C型Ⅱ式　复原2件。

标本H74①：11，泥质陶，灰褐色顶，灰色腹。素面。敞口，尖唇，圆弧腹，底部微凹。

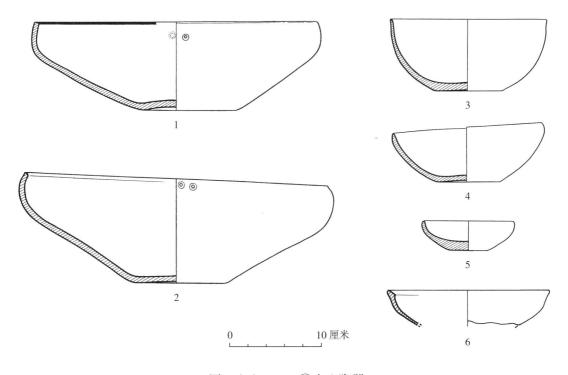

0 _____ 10厘米

图一七七　H74①出土陶器

1、2. A型Ⅱ式钵（H74①：18、H74①：20）　　3、4. C型Ⅱ式钵（H74①：11、H74①：16）　　5. 碗（H74①：1）

6. 浅腹钵（H74①：34）

器表及沿内经刮修。口径17.2、底径7.5、高7.6厘米（图一七七，3）。

标本H74①：16，泥质褐陶。敞口，圆唇，腹部斜收，底部内凹。素面。口沿及器表显见刮修痕迹。口径16.4、底径6.8、高6.4厘米（图一七七，4）。

浅腹钵 均残。

标本H74①：34，泥质灰陶。敞口，方圆唇，沿内有一周凸棱，器顶略内凹，下腹斜收，底部残缺。素面。口径16、残高3.6厘米（图一七七，6）。

碗 复原1件。

标本H74①：1，夹砂黄褐陶。敞口，圆唇，腹部斜收，平底。素面。器顶抹光，器底较厚。口径10、底径4.2、高3.1厘米（图一七七，5；图版二五，3）。

陶刀 3件，完整。

B型

标本H74①：31，系泥质灰陶片加工而成。刃部双面磨制，较为锋利。背面中部偏上有一未钻通的圆形小窝。长9.1、宽4.6~4.9厘米（图一七九，5；彩版二三，9）。

陶环 22件，均残（表九〇）。

②层：此层出土的陶器含有较多庙底沟文化一期因素，陶器主要有瓶、罐、盆、钵、瓮、盂、盘、灶、杯、器盖等。以下分别介绍出土主要陶器。

葫芦口瓶 均残。

A型Ⅱ式

标本H74②：8，微含细砂，红陶。颈上饰有一周指窝纹。口径4、残高8厘米（图一七八，3）。

B型Ⅱ式

标本H74②：114，泥质红陶。颈上饰有一周箆点状戳刺纹。口沿内外抹光。口径3.6、残高6.3厘米（图一七八，2）。

盆 复原2件。

Aa型Ⅱ式 复原1件。

标本H74②：17，泥质陶，红顶，灰褐色腹。敛口，圆唇，唇沿外卷，腹部斜收，底部内凹。唇部饰有一周黑彩，沿面以黑彩绘有两组对称的柳叶纹、弧形三角纹，腹部以黑彩绘有由圆点、"人"字形纹、"勿"字形纹、弧形三角等组成的两组图案，下腹部以带状纹绕器一周。口沿内外有抹光痕迹，腹部由外及内钻有两小孔，底部有使用的磨痕。口径32、底径10.8、高15厘米（图一七九，1；图版二六，4）。

C型Ⅱ式 均残。

标本H74②：27，泥质红陶，略泛黄。宽沿内敛，圆唇，腹斜收。素面。唇沿有慢轮修制痕迹。口径29、残高13.4厘米（图一七九，2）。

D型Ⅱ式 复原1件。

标本H74②：14，泥质红陶。敛口，斜沿，圆唇，腹部斜收，上腹部饰对称的两鸡冠

表九〇　H74 陶环统计表（60 件）

编号	形状				尺寸（厘米）	保存状况	备注
	A 型（51）	B 型（2）	C 型（4）	D 型（3）	内径 × 外径 × 厚		
H74 ②：39	√				4.6×6.4×0.8	残	
H74 ②：40	√				6×7.6×0.8	残	
H74 ①：41	√				4.6×6×0.8	残	
H74 ②：42	√				4.8×6.8×0.85	残	
H74 ②：43	√				6×8.8×1.3	残	
H74 ②：44	√				5×6.4×1	残	
H74 ②：45	√				4.4×6×0.65	残	
H74 ①：46	√				5×6.6×0.7	残	
H74 ②：47	√				4.2×5.6×0.6	残	
H74 ①：48	√				5×7×0.75	残	
H74 ①：49	√				4×5.2×0.8	残	
H74 ①：50	√				5.2×6.8×0.9	残	
H74 ①：51	√				6×7.6×0.8	残	
H74 ①：52	√				4×5.4×0.65	残	
H74 ②：53	√				4.6×6×0.8	残	
H74 ②：54	√				4.6×6.2×0.6	残	
H74 ②：55	√				4×5.2×0.85	残	
H74 ②：56	√				4×5.2×0.7	残	
H74 ②：57	√				4×5.2×0.55	残	
H74 ②：58	√				4×5.4×0.65	残	
H74 ②：59	√				4×5.6×0.7	残	
H74 ②：60	√				4×5.4×0.5	残	
H74 ②：61	√				3.8×5×0.6	残	
H74 ②：62	√				4×5.2×0.65	残	
H74 ①：63	√				4×5.4×1	残	白色
H74 ②：64	√				4.4×5.6×0.6	残	
H74 ②：65	√				3.6×4.6×0.8	残	
H74 ②：66	√				5×6.6×0.6	残	
H74 ①：67	√				5×6.6×0.8	残	
H74 ②：68	√				4×5.4×0.6	残	
H74 ①：69	√				4×5.2×0.65	残	
H74 ②：70	√				4×5.4×0.5	残	
H74 ②：71	√				4×5.4×0.65	残	
H74 ②：72	√				4×5.3×0.6	残	

编号	形状				尺寸（厘米）	保存状况	备注
	A 型（51）	B 型（2）	C 型（4）	D 型（3）	内径 × 外径 × 厚		
H74②：73	√				4×5.4×0.65	残	
H74①：74	√				3.8×5×0.8	残	
H74②：75	√				5×6.4×0.7	残	
H74②：76	√				4×5.4×0.7	残	
H74①：77	√				4×5.4×0.7	残	
H74②：78	√				4.6×6.4×0.85	残	
H74②：79	√				4×5.6×0.75	残	
H74②：80	√				4×5.2×0.5	残	
H74①：81	√				4.8×6.6×0.75	残	
H74②：82	√				4.6×6.2×1	残	
H74②：83	√				4×5.2×0.7	残	
H74②：84	√				4×5×0.6	残	
H74①：85	√				4×5.6×0.8	残	
H74②：86	√				4×5.4×0.75	残	
H74①：87	√				4×5.2×0.6	残	
H74①：88	√				4×5.2×0.5	残	
H74②：89	√				4×5.2×0.65	残	
H74①：90				√	4.2×5.6×1.9	残	白色
H74①：91				√	4.2×6×2	残	红陶白衣
H74①：92				√	4×5×2.65	残	外缘为网格纹
H74①：93			√		4×6×1.2	残	齿轮状
H74②：94			√		4×6×1	残	齿轮状
H74①：95			√		5×8×1.95	残	螺旋状
H74①：96			√		4.2×8.4×1.25	残	外缘有四个缺口
H74②：97		√			4.4×5.8×0.75	残	
H74②：98		√			3.4×4.8×0.6	残	

状鏊，下腹部略呈反弧状，平底。素面，沿下由内及外钻有一小圆孔。器表经刮修。口径34.3、底径13.6、高16.8厘米（图一七九，4；图版二六，7）。

钵　复原2件。

A型Ⅱ式

标本H74②：21，泥质褐陶。敛口，圆唇，腹部斜收，平底。素面。器表磨光，器底有使用的磨痕。口径29.1、底径10、高10.9厘米（图一七九，6；图版二七，1）。

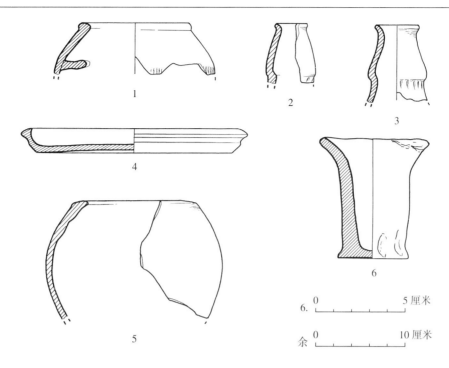

图一七八　H74②出土陶器

1、5. 盂（H74②：33、H74②：115）　2. B型Ⅱ式葫芦口瓶（H74②：114）　3. A型Ⅱ式
葫芦口瓶（H74②：8）　4. 盘（H74②：10）　6. D型陶杯（H74②：30）

标本H74②：25，泥质陶，黄褐色顶，灰色腹。敛口，圆唇，腹部斜收，平底。沿面饰一周黑彩，腹部对钻有四个小圆孔。器顶有明显的横向刮修痕迹，器底有使用的磨痕。口径30.4、底径9.1、高11.4厘米（图一七九，3；图版二七，2）。

盂　均残。

标本H74②：33，夹砂红陶。敛口，圆唇，圆鼓腹，器内粘贴有一鸡冠状鋬。素面。口部有明显的抹光痕迹。口径9.6、残高5.4厘米（图一七八，1）。

标本H74②：115，泥质黄褐陶，敛口，带沿略外斜，圆唇，圆鼓腹。素面。器表磨光，器内抹光。口径10、腹径19.4、残高12.3厘米（图一七八，5）。

盘　复原1件。

标本H74②：10，泥质红陶。敛口，圆唇，沿下有一周凹槽，浅腹，底部内凹。素面。口径22.8、底径21.2、高2.6厘米（图一七八，4；图版二七，4）。

杯　2件，1件完整。

D型

标本H74②：30，夹砂褐陶。喇叭形口，圆唇，筒腹，平底略外撇。素面。近底部有手工捏制痕迹。口径5.5、底径3.9、高6.3厘米（图一七八，6）。

陶环　38件，均残（表九〇）。

陶刀　3件，1件完整。

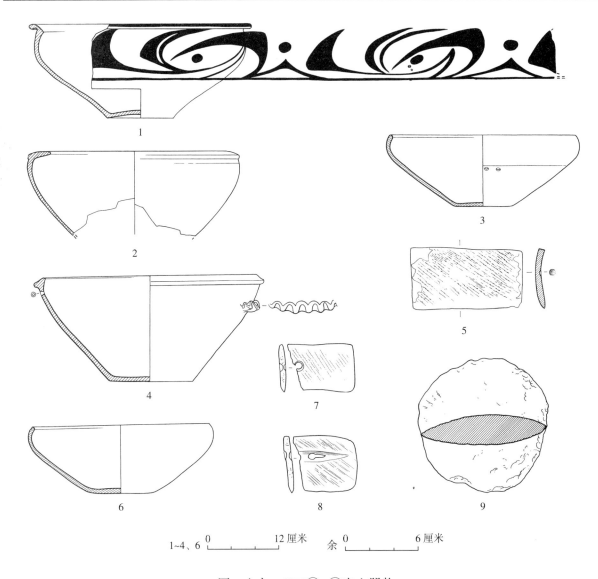

图一七九　H74①、②出土器物

1. Aa型Ⅱ式陶盆（H74②:17）　2. C型Ⅱ式陶盆（H74②:27）　3、6. A型Ⅱ式陶钵（H74②:25、H74②:21）　4. D型Ⅱ式陶盆（H74②:14）　5、7、8. B型陶刀（H74①:31、H74②:29、H74②:5）　9. 石饼（H74②:6）

　　B型　1件完整。

　　标本H74②:5，残，泥质红陶。刃部双面磨制，较为锋利，中部两面靠近刀背一端均刻磨有菱形凹槽，并对钻有一小圆孔。残长5.1、宽4.5厘米（图一七九，8）。

　　标本H74②:29，残，泥质灰陶。刃部双面磨制。残长5.4、宽3.8厘米（图一七九，7）。

　　标本H74①:31，系泥质灰陶片加工而成。刃部双面磨制，较为锋利。背面中部偏上有一未钻通的圆形小窝。长9.1、宽4.6~4.9厘米（图一七九，5）。

　　（2）石器

　　石饼　1件，完整。

标本H74②：6，系斜长角闪片岩加工而成。剖面呈枣核形。外缘有明显的锯齿状使用痕迹。直径10.7厘米（图一七九，9）。

同时，H74还出土了一些明显具有庙底沟文化一期文化特征的陶器，主要集中出土于②层。分别介绍如下。

尖底瓶　均残。

Ⅱ式

标本H74②：9，泥质红陶。器表饰斜线纹。口径4.2、残高5.4厘米（图一八〇，4）。

罐　复原1件。

Ab型Ⅰ式　复原1件。

标本H74②：3，残，夹砂褐陶。肩部残留一纽扣状附加泥饼，并饰有数道横向弦纹。口径24.2、残高5.8厘米（图一八〇，2）。

标本H74②：24，夹砂红陶。敛口，略有变形，圆唇，沿内有一周凸棱，深鼓腹斜收为平底。肩部划有数道弦纹，并有三个三等分附加泥饼，整器通饰斜绳纹，近底部抹泥巴加

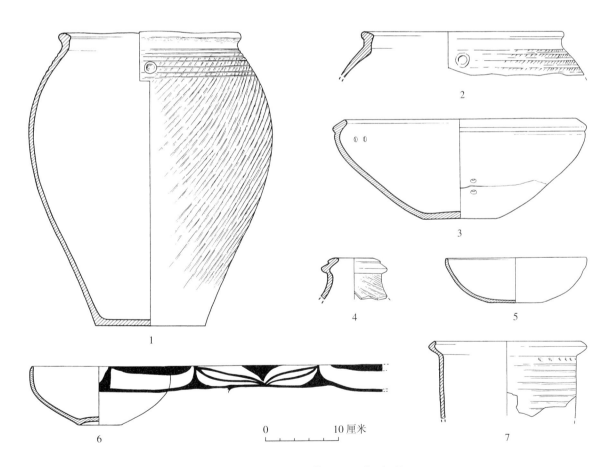

图一八〇　H74②出土一期陶器

1、2. Ab型Ⅰ式罐（H74②：24、H74②：3）　3. D型Ⅰ式盆（H74②：19）　4. Ⅱ式尖底瓶（H74②：9）　5. C型Ⅰ式钵（H74②：22）　6. B型Ⅰ式钵（H74②：12）　7. B型Ⅰ式罐（H74②：4）

固。唇沿内外抹光。口径20.8~21.6、腹径33.4、底径14.8、高38.8厘米（图一八〇，1；图版二六，1）。

B型Ⅰ式　均残。

标本H74②：4，夹砂褐陶。颈腹交接处有一周手指按压痕迹，上腹部饰横向弦纹，器表有烟熏的炱痕。口径20、残高10厘米（图一八〇，7）。

盆　复原1件。

D型Ⅰ式

标本H74②：19，泥质黄褐陶。敛口，斜宽沿，叠唇，腹部斜收，平底。素面。器表对钻有四个小圆孔。口径32、底径10.2、高13.2厘米（图一八〇，3；图版二六，6）。

钵　复原2件。

B型Ⅰ式　复原1件。

标本H74②：12，泥质红陶。直口，尖唇，腹部斜收，底部内凹。器顶以黑彩绘有由弧形三角、弧线、垂弧等组成的图案，使其地纹部分形成两组不带圆点的"西阴纹"和一组分张的花瓣。器表、器内明显可见横向刮修痕迹，器底有使用的磨痕。口径18.6、底径5.8、高7.8厘米（图一八〇，6；图版二七，3）。

C型Ⅰ式　复原1件。

标本H74②：22，泥质红陶。微敞口，窄斜沿，方唇，斜弧腹，平底。素面。器表及器内经磨光。口径19.8、底径7.2、高6厘米（图一八〇，5；图版二五，7）。

10. H82

位于ⅡT1901东南角。开口于②层下，被M10、H49、H71、H81打破，并打破生土层。坑口距地表0.85米。平面形状大体呈椭圆形，袋状，平底。口径1.84~2.48、底径2.56~3.08、深3.04米。周壁用厚0.12米左右的红胶泥土附着，在其表面留有比较清晰的石块拍打痕迹。底部用细青沙处理，坚硬平整，底南部摆放有3块石头。在坑的东南壁上，距坑口1.8~2.16米之间分布有7个小洞，编号分别为D1~D7。其中D1距坑口1.96米，口径0.08、深0.01米；D2距坑口2.16米，口径0.12~0.18、深0.08米；D3距坑口2.1米，口径0.08、深0.1米；D4距坑口1.8米，口径0.08、深0.1米；D5距坑口1.76米，口径0.08、深0.06米；D6距坑口2.1米，口径0.12、深0.08米；D7距坑口1.78米，口径0.07、深0.08米。

坑内堆积可分三层：

第①层：厚2.2米，为较松软的灰色土，包含物较为丰富，夹杂有动物骨头、石块等，该层底部堆积有大量的螺壳。在这一层中出土了大量的陶片，同时有陶环、圆陶片、磨石等小件器物的出土。

第②层：厚0.45米，为较硬的灰褐色土，层面较平，其上有大量的螺壳堆积，其内夹杂有零星的碎小陶片和红烧土等。

第③层：厚0.4米，为松散的草木灰堆积，包含物极少，出土有少量陶片。

该坑出土可鉴定的动物骨种类有中华圆田螺、蚌、猪、獐、梅花鹿等（图一八一；图版一八，1）。

H82内堆积依土质、土色分为三层，出土陶器主要有瓶、罐、盆、钵、瓮、器盖等，分别占该坑可辨器形的9.52%、36.74%、27.21%、20.41%、2.04%、4.08%。陶系、纹饰情况详见表九一。该坑②、③层出土物极少，且无可辨器形，因此以下仅以①层所出陶器为代表

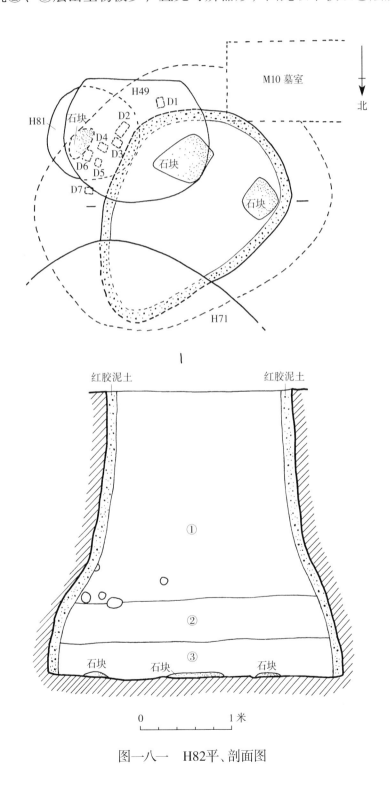

图一八一　H82平、剖面图

表九一　H82 陶系、纹饰统计表

陶系 纹饰	泥质陶					夹砂陶			合计	百分比 （%）
	红	黄褐	褐	灰	小计	红	灰褐	小计		
素面	255	19	101	231	606	33	11	44	650	41.99
绳纹						160	224	384	384	24.81
线纹	242	46	60	22	370				370	23.90
彩陶	125				125				125	8.07
弦纹						1	1	2	2	0.13
弦＋堆纹						10		10	10	0.65
绳＋弦纹							2	2	2	0.13
绳＋堆纹						3	2	5	5	0.32
合计	622	65	161	253	1101	207	240	447	1548	100
百分比（%）	40.18	4.20	10.40	16.34	71.12	13.37	15.51	28.88	100	

介绍如下。

尖底瓶　均残。

Ⅲ式

标本H82①：2，泥质红陶。口径4、残高6厘米（图一八二，7）。

葫芦口瓶　均残。

A型Ⅱ式

标本H82①：15，泥质黄褐陶。折棱上压印一周篦点纹，器表饰斜线纹。口径3.6、残高8厘米（图一八二，6）。

B型Ⅱ式

标本H82①：17，泥质黄褐陶。器表饰斜线纹。口径3.6、残高10.8厘米（图一八二，5）。

葫芦口瓶底

标本H82①：18，残，泥质红陶。器表饰斜线纹。近底部磨光，底有使用磨痕。底径12、残高26厘米（图一八三，5）。

罐　复原1件。

Aa型Ⅱ式　均残。

标本H82①：4，夹砂红陶。腹上饰有两对称的鸡冠状鋬，器表通饰斜绳纹，并抹有泥巴以加固破裂的陶器。口径27.2、残高12厘米（图一八三，2）。

Ab型Ⅱ式　均残。

标本H82①：6，夹砂红陶。口微敛。器表通饰交错绳纹。口径36、残高9.2厘米（图一八三，1）。

C型Ⅱ式　均残。

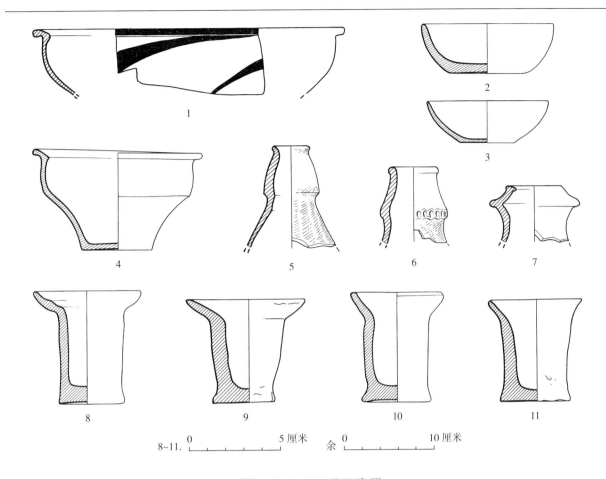

图一八二 H82出土陶器

1. Aa型Ⅱ式盆（H82①：19） 2、3. 碗（H82①：11、H82①：12） 4. B型Ⅱ式盆（H82①：7） 5. B型Ⅱ式葫芦口瓶（H82①：17） 6. A型Ⅱ式葫芦口瓶（H82①：15） 7. Ⅲ式尖底瓶（H82①：2） 8、10、11. D型陶杯（H82①：3、H82①：13、H82①：9） 9. C型陶杯（H82①：14）

标本H82①：8，质略粗，微含细砂，褐陶。素面。器表较粗糙，未经进一步修整。口径19.2、残高17.4厘米（图一八三，3）。

D型Ⅱ式 复原1件。

标本H82①：10，泥质灰陶。宽沿内敛，圆唇，腹部斜收，平底。素面。唇沿内外显见慢轮修制的痕迹，腹部磨光，下腹部有明显的横向刮修痕迹，器内可见有泥条盘筑痕迹。口径24~25、底径16.4、高29.7厘米（图一八三，4；彩版二一，3）。

盆 复原1件。

Aa型Ⅱ式 均残。

标本H82①：19，泥质陶，暗红色顶，褐色腹。唇部饰一周黑彩，器表似为以黑彩绘有由"勿"字形纹等组成的图案。口径30、残高7厘米（图一八二，1）。

B型Ⅱ式 复原1件。

标本H82①：7，泥质红陶。口微敛，沿外折，圆唇，曲腹，底微凹。素面。沿面、器表经刮修，器内抹光。口径18.6、底径7.2、高10.5厘米（图一八二，4；彩版二一，2）。

碗　复原2件。

标本H82①：11，夹细砂红陶。敞口，圆唇，弧腹斜收，底微凹。素面。器表、器内抹光。口径14.6、底径8、高5.4厘米（图一八二，2）。

标本H82①：12，泥质红陶。敞口，圆唇，腹部斜收，平底。素面。器顶、器内抹光，腹部经刮修。口径13.2、底径5.8、高4.4厘米（图一八二，3；图版二七，5）。

杯　5件，复原4件。

C型　复原1件。

标本H82①：14，夹细砂红陶。喇叭形口，圆唇，筒腹微鼓，平底被捏制成柿蒂状。素面。口径6.3、底径3.5、高5.5厘米（图一八二，9）。

D型　复原3件。

标本H82①：3，夹砂红陶。敞口，圆唇，直腹，底微凹。素面。口沿及器内抹光。口径5.9、底径3.5、高6厘米（图一八二，8）。

标本H82①：9，夹砂褐陶。喇叭形口，圆唇，筒腹，平底略外撇。素面。口径5、底径

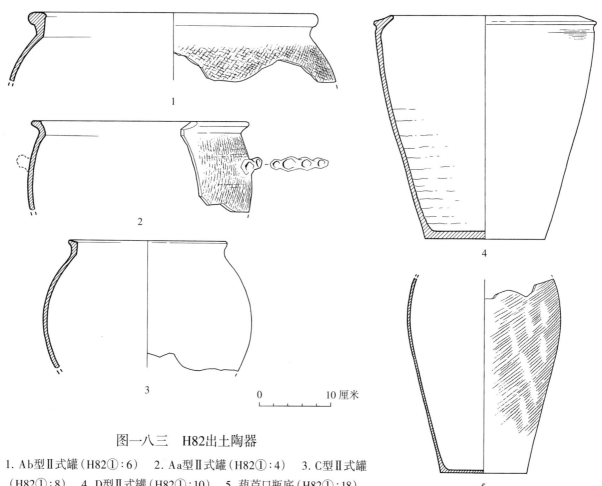

图一八三　H82出土陶器

1. Ab型Ⅱ式罐（H82①：6）　2. Aa型Ⅱ式罐（H82①：4）　3. C型Ⅱ式罐
（H82①：8）　4. D型Ⅱ式罐（H82①：10）　5. 葫芦口瓶底（H82①：18）

表九二 H82 陶环统计表（9件）

编号	形状				尺寸（厘米）	保存状况	备注
	A 型（5）	B 型（1）	C 型（1）	D 型（2）	内径 × 外径 × 厚		
H82①：20	√				3.9×5×0.65	残	
H82①：21	√				4.4×5.8×0.5	残	
H82①：22	√				4×5.2×0.55	残	
H82①：23	√				4×5.2×0.5	残	
H82①：24	√				3.2×5.6×1.35	残	
H82①：25		√			3.8×5.2×0.6	残	
H82①：26				√	6×7.6×2.7	残	
H82①：27				√	4×6×3	残	
H82①：28			√		6×8.8×1.9	残	螺旋状

3.9、高5.4厘米（图一八二，11）。

标本H82①：13，泥质黄褐陶。敞口，圆唇，腹部一边微鼓，一边较直，底部微凹。素面。器表磨光，器底有手工捏制的痕迹。口径5.2、底径3.8、高5.9厘米（图一八二，10）。

陶环 9件，均残（表九二）。

另外，在H82的出土物中还发现少量的庙底沟文化一期陶器。分别介绍如下。

尖底瓶 皆残，器表均饰斜线纹。

Ⅰ式

标本H82①：1，泥质红陶。口径4、残高4厘米（图一八四，2）。

Ⅱ式

标本H82①：16，泥质红陶。口径4、残高6.2厘米（图一八四，1）。

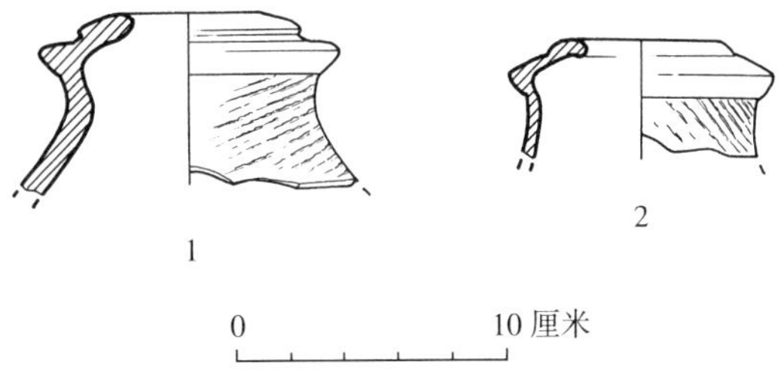

图一八四 H82出土一期陶尖底瓶
1. Ⅱ式（H82①：16） 2. Ⅰ式（H82①：1）

11. H84

位于ⅡT2302西南部，部分伸入ⅡT2301和ⅡT2402中。开口于①层下，被H85打破，并打破H74以及生土层。坑口距地表0.75米。平面形状呈椭圆形，坑壁较直，底部较平。口径3.2~4.26、深2米。另外，在坑壁的西南距坑口1米处，有一直径0.2~0.25、深0.3米的椭圆形小洞。坑内堆积较硬的黑褐色土，出土有较多陶片和少量动物骨头，另有陶环、陶刀、石环、石饼、石球、磨石等小件器物的出土。可鉴定的动物属种有猪、马鹿、绵羊等（图一八五；彩版一四）。

H84出土陶器较多，主要有尖底瓶、罐、盆、钵、器盖、灶、釜、甑、瓮等，分别占可辨器形的7.10%、19.36%、20.00%、36.13%、9.68%、0.64%、0.64%、0.64%、5.81%。其中

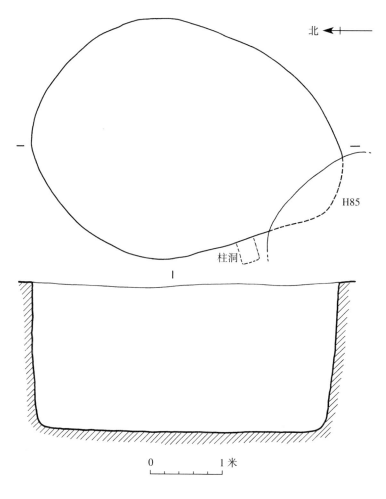

图一八五　H84平、剖面图

表九三　H84 陶系、纹饰统计表

陶系 纹饰	泥质陶				夹砂陶			合计	百分比 （%）
	红	灰	黑灰	小计	红	灰褐	小计		
素面	566	242	35	843	175	37	212	1055	56.03
绳纹					166	32	198	198	10.51
线纹	461	15		476				476	25.28
彩陶	112			112				112	5.95
弦纹					16	10	26	26	1.38
绳＋弦纹					14	2	16	16	0.85
合计	1139	257	35	1431	371	81	452	1883	100
百分比（%）	60.49	13.65	1.86	76.00	19.70	4.30	24.00	100	

泥质陶和夹砂陶均以红陶为主，同时还有泥质灰陶、泥质黑灰陶、夹砂灰褐陶等。纹饰以素面最多，达半数以上，其次是线纹、绳纹等（表九三）。出土物按质地分别介绍如下。

（1）陶器

尖底瓶　均残。

Ⅲ式

标本H84：14，红陶，质略粗，微含细砂。器表饰斜线纹。口径4、残高4厘米（图一八六，6）。

罐　均残。

Ab型Ⅱ式

标本H84：13，夹砂红陶。器表饰弦纹及斜绳纹，肩部残留一鸡冠状錾。口径29.3、残高9厘米（图一八六，5）。

盆　均残。

Aa型Ⅱ式

标本H84：12，泥质红陶。唇沿饰黑彩，上腹用黑彩绘有似为勾连纹等图案。口径26.8、残高8.1厘米（图一八六，1）。

钵　复原2件。

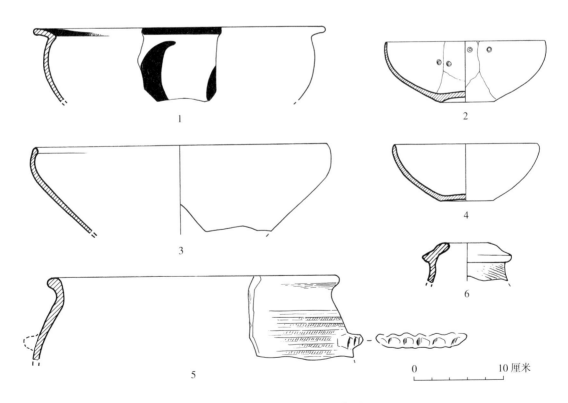

图一八六　H84出土陶器

1. Aa型Ⅱ式盆（H84：12）　　2、4. C型Ⅱ式钵（H84：6、H84：10）　　3. A型Ⅱ式钵（H84：11）　　5. Ab型Ⅱ式罐（H84：13）

6. Ⅲ式尖底瓶（H84：14）

表九四 H84 陶环统计表（12 件）

编号	形状				尺寸（厘米）	保存状况	备注
	A 型（11）	B 型	C 型	D 型（1）	内径 × 外径 × 厚		
H84：1	√				5.8×8×1.45	残	
H84：2	√				4.2×5.8×0.55	残	
H84：3	√				4.2×5.8×0.65	残	
H84：4	√				4×5.4×0.75	残	
H84：5	√				6×8.6×1.3	残	
H84：22	√				6×9×1.25	残	
H84：16	√				4.4×5.8×0.7	残	
H84：17	√				5.2×6.8×0.75	残	
H84：18	√				3.8×5.4×1	残	
H84：19	√				3.8×5.2×0.55	残	
H84：20	√				4×5.4×0.65	残	
H84：21				√	4×5.4×3.2	残	

A 型 Ⅱ式　均残。

标本 H84：11，泥质红陶。素面。口径31、残高9厘米（图一八六，3）。

C 型 Ⅱ式　复原2件。

标本 H84：6，泥质红陶。口微敛，圆唇，斜弧腹，底部内凹。素面。器表有四个钻孔，用来缀合破损的陶器，其中有两个未钻通，该孔均从里向外而钻。器表显见横向刮修痕迹，沿内抹光。口径17.6、底径6、高6.4厘米（图一八六，2；图版二七，6）。

标本 H84：10，泥质黄褐陶。敞口，圆唇，弧腹内收，凹底。素面。器顶及器内经刮修。口径15.8、底径6、高6厘米（图一八六，4）。

陶环　12件，均残（表九四）。

（2）石器

环石　2件，1件较完整。

标本 H84：9，系石英岩加工而成。横截面呈枣核形，中部凿有一圆孔。器表留有明显琢制的麻点。直径10.3、孔径2.3厘米（图一八七，3）。

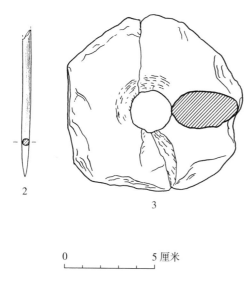

0　　　　　　　5厘米

图一八七　H84出土器物

1、2. 骨簪（H84：8、H84：7）　3. 环石（H84：9）

（3）骨器

骨簪　2件，1件完整。器身磨制精细、光滑，横断面为圆形。

标本H84：7，器表为褐色。该器锋部尖锐、锋利，一端残断。残长7.8、断面直径0.5厘米（图一八七，2）。

标本H84：8，两端均为锥形，锋利光滑。长17.3、断面直径0.6厘米（图一八七，1）。

12. H86

位于ⅡT1901南部偏西，部分伸入ⅢT1901内。开口于②层下，被M9、H88打破，打破H135以及生土层。坑口距地表0.8米。平面形状呈圆形，直壁，平底。口径3.2、底径3、深3.56米。内堆积松散的灰黑色土，没有明显分层，包含物较为丰富，出土有大量陶片和少许的动物骨头。另外，还有陶环、陶刀、陶纺轮、陶球、石环、石锛、石杵等小件器物的出土。出土动物骨头可辨属种的有苍鹰、金丝猴、猪、獐、绵羊等（图一八八）。

H86出土陶器主要有瓶、罐、盆、钵、瓮、器盖等，分别占该坑可辨器形的7.86%、42.32%、18.38%、22.10%、2.97%、6.37%。其中泥质陶较夹砂陶多，两者均以红陶为主，泥质陶纹饰主要是素面、线纹、彩陶等，夹砂陶则以绳纹为主（表九五）。出土物按质地分别介绍如下。

（1）陶器

尖底瓶　均残。

Ⅲ式

标本H86：33，泥质红陶。器表饰交错线纹。口径4.6、残高6.2厘米（图一八九，8）。

标本H86：36，泥质红陶。颈部较长，饰斜线纹，肩部饰交错线纹。口径5、残高8.4厘米（图一八九，7）。

罐　均残。

Ab型Ⅱ式

标本H86：41，夹砂褐陶。器表饰交错绳纹。口径22.2、残高13厘米（图一八九，1）。

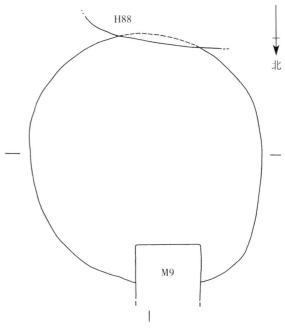

图一八八　H86平、剖面图

表九五　H86 陶系、纹饰统计表

陶系\纹饰	泥质陶					夹砂陶			合计	百分比(%)
	红	黄褐	褐	灰	小计	红	灰褐	小计		
素面	578	26	163	358	1125	75	77	152	1277	41.18
绳纹		1			1	725	220	945	946	30.51
线纹	548	13		51	612				612	19.74
彩陶	198				198				198	6.39
弦纹						12		12	12	0.39
线+堆纹	2				2				2	0.06
弦+堆纹							12	12	12	0.39
绳+弦纹						3	21	24	24	0.77
绳+堆纹						2	13	15	15	0.48
绳+指窝纹						2		2	2	0.06
绳+弦+指窝纹							1	1	1	0.03
合计	1326	40	163	409	1938	819	344	1163	3101	100
百分比(%)	42.76	1.29	5.26	13.19	62.50	26.41	11.09	37.50	100	

B型Ⅱ式

标本H86：35，夹砂灰陶。沿下饰有纽扣状附加泥饼和豆瓣状附加堆纹，上腹部刻划有平行弦纹，纹痕较浅。口径16.8、残高6厘米（图一八九，4）。

C型Ⅱ式

标本H86：38，泥质黄褐陶。器表磨光。素面。口径23.4、残高7.8厘米（图一八九，9）。

D型Ⅱ式

标本H86：37，泥质灰陶。素面。口径19、残高15厘米（图一八九，2）。

敛口鼓腹罐　复原1件。

标本H86：23，泥质灰陶。敛口，沿外卷，圆唇，鼓腹，底部残，微向内凹。素面。口沿内外及最大腹部经刮修，器内抹光，底部有使用的磨痕。口径16、腹径33.4、底径11.4、高24.6厘米（图一八九，6；图版二九，1）。

盆　复原1件。

Aa型Ⅱ式　复原1件。

标本H86：24，泥质陶，红顶，暗红色腹。口微敛，唇沿外卷，腹部微曲，底部内凹。唇部饰一周黑彩，沿面以黑彩绘有由两组弧形三角和两组分张的柳叶纹组成的对称图案，腹部以黑彩绘有由圆点、弧形三角、"勿"字形纹、"人"字形纹等组成的图案，图案共分三组。下腹部以彩带纹绕器一周。沿面及腹部分别由外及内钻有六个小圆孔，用来缀合破损的陶器。该器沿面及器表有慢轮修制痕迹，器底有使用的磨痕。口径32.2、底径12.2、高16.8厘米

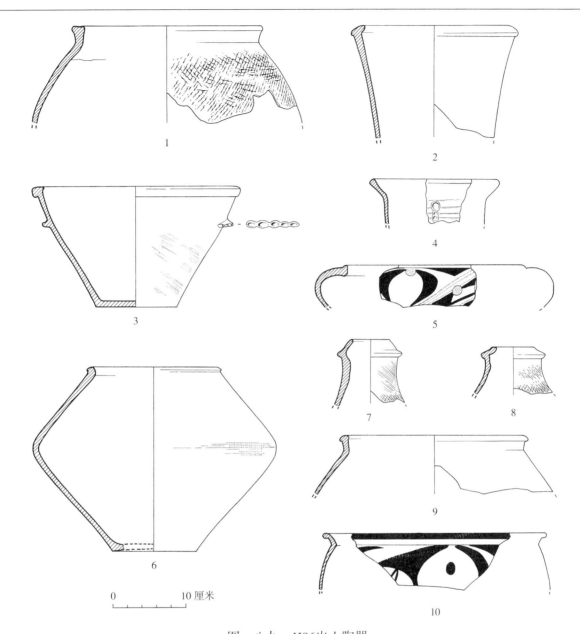

图一八九　H86出土陶器

1. Ab型Ⅱ式罐（H86：41）　 2. D型Ⅱ式罐（H86：37）　 3. 直壁盆（H86：20）　 4. B型Ⅱ式罐（H86：35）　 5. 彩陶瓮（H86：43）　 6. 敛口鼓腹罐（H86：23）　 7、8. Ⅲ式尖底瓶（H86：36、H86：33）　 9. C型Ⅱ式罐（H86：38）　 10. B型Ⅱ式盆（H86：42）

（图一九〇，1；彩版二二，3）。

B型Ⅱ式　均残。

标本H86：42，泥质红陶。唇饰一周黑彩，器表以黑彩绘有由圆点、弧边三角纹等组成的图案。口径27、残高7.6厘米（图一八九，10）。

直壁盆　复原1件。

标本H86：20，泥质红陶。折沿，方唇，唇沿加厚，沿内有一周凸棱，腹部斜收，上饰对

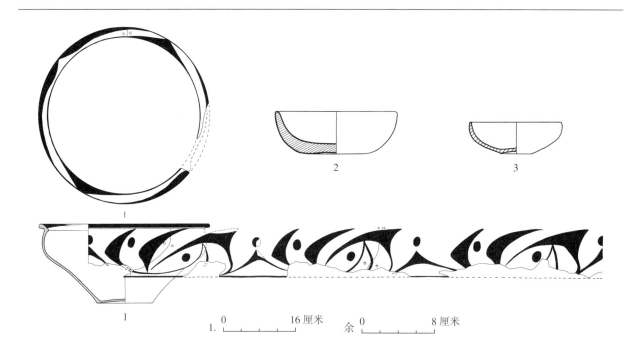

图一九〇　H86出土陶器

1. Aa型Ⅱ式盆（H86：24）　　2、3. 碗（H86：19、H86：27）

称的两鸡冠状錾，平底。素面。唇沿内外有慢轮修制痕迹，器表隐约可见斜向线纹痕迹。口径25.5、底径11、高16厘米（图一八九，3）。

钵　复原2件。

A型Ⅱ式

标本H86：21，泥质陶，红顶，暗红色腹。敛口，圆唇，上腹微曲，下腹斜收，底部内凹。沿面饰一周黑彩，器顶以黑彩绘有六个圆点纹，其中，一组为一个圆点纹、另一组为两个圆点纹，两两相对绘于器顶。另外，在器物的上腹部和底部有三组六个钻孔，用以缀合破损的陶器。口径31.2、底径10.8、高10.8厘米（图一九一，1；彩版二二，2）。

标本H86：26，泥质红陶。敛口，方唇，弧腹斜收，平底。唇部饰一周黑彩，器顶以黑彩绘有由垂弧、圆点和弧边三角纹等组成的图案，使其地纹反衬出比较典型的"西阴纹"，现仅残留两组。口径29.3、底径11、高12厘米（图一九一，2；图版二九，3）。

碗　复原2件。

标本H86：19，夹砂红陶。敞口，圆唇，腹部斜收，底部微凹。素面。器表、器内抹光，器底略有使用的磨痕。口径13.4、底径6、高4.6厘米（图一九〇，2）。

标本H86：27，泥质红陶。敞口，圆唇，弧腹斜收，底部内凹。素面。器表有明显的横向刮修痕迹，器内抹光。口径9.6、底径3.3、高3.4厘米（图一九〇，3）。

彩陶瓮　数量极少。

标本H86：43，残，泥质红陶，器顶饰白衣。敛口，圆唇，阔肩圆鼓，曲腹。唇部饰一周

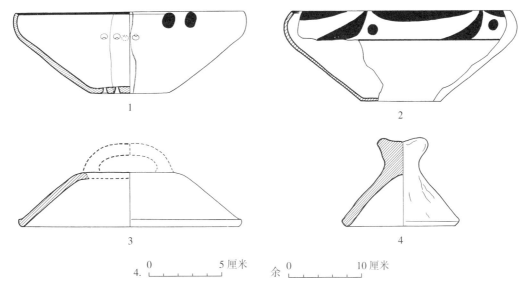

图一九一　H86出土陶器

1、2. A型Ⅱ式钵（H86：21、H86：26）　　3. Ac型Ⅱ式器盖（H86：22）　　4. Ca型Ⅱ式器盖（H86：30）

黑彩，器表以红褐彩绘有圆点纹、斜线纹等图案，以黑彩绘有由圆点、弧形三角、斜线等组成的图案。沿内显见慢轮修制的痕迹。口径23.8、残高5.6厘米（图一八九，5）。

器盖　复原1件。

Ac型Ⅱ式　均残。

标本H86：22，夹砂褐陶。形如覆钵，提柄残缺。器表抹有一层泥巴，器内抹光。口径29.5、残高7.2厘米（图一九一，3）。

Ca型Ⅱ式　复原1件。

标本H86：30，泥质灰陶。器顶捏制有双角形扁柄。口径6.8、高5.9厘米（图一九一，4；图版二七，8）。

陶刀　8件，2件较完整。

A型　1件完整。

标本H86：29，系泥质红陶钵的口部残片加工而成。平面形状大体呈倒梯形，两侧分别打制有一三角形缺口。刃部单面磨制，较为锋利。长6、宽2.9厘米（图一九二，5）。

B型　均残。

标本H86：2，泥质红陶。刃部单面磨制。残长6、宽4.7厘米（图一九二，4）。

标本H86：13，泥质红陶。平面形状呈圆角长方形。刃部双面磨制，较为锋利。残长4.7、宽4.7厘米（图一九二，1）。

C型　1件完整。

标本H86：7，泥质红陶。周边磨光，无刃。长8.5、宽5厘米（图一九二，3；图版二八，4）。

表九六　H86 陶环统计表（54 件）

编号	形状				尺寸（厘米）	保存状况	备注
	A 型（35）	B 型（2）	C 型（10）	D 型（7）	内径 × 外径 × 厚		
H86：3				√	4×5.4×1.6	残	
H86：44	√				6×7.4×1	残	
H86：45	√				5.4×7.4×1.2	残	
H86：46	√				5×6.8×0.7	残	
H86：47	√				4×5.6×0.6	残	
H86：48	√				6×7.6×0.9	残	
H86：49	√				6×7.8×0.9	残	
H86：50	√				5.6×7.4×0.95	残	
H86：51	√				4×5.6×0.6	残	
H86：52	√				3.8×5×0.6	残	
H86：53	√				4.4×5.8×0.7	残	
H86：54	√				4×5.6×0.55	残	
H86：55	√				6×8.6×0.9	残	
H86：56	√				4×5.6×0.6	残	
H86：57	√				4×5.6×0.6	残	
H86：58	√				4.2×5.6×0.6	残	
H86：59			√		4.4×6.2×0.9	残	齿轮状
H86：60	√				4×5.6×0.8	残	
H86：61	√				3.8×5.2×0.75	残	
H86：62	√				4×5.4×0.65	残	
H86：63	√				6×7.8×0.7	残	
H86：64	√				6×7.6×0.9	残	
H86：65	√				4×5.4×0.6	残	
H86：66	√				3.6×5×0.6	残	
H86：67		√			4.4×5.8×0.6	残	
H86：68		√			4×5.2×0.55	残	
H86：69	√				4×5.4×0.6	残	
H86：70	√				3.8×5.2×0.9	残	
H86：71	√				4×5.4×0.95	残	
H86：72	√				4×5×0.7	残	
H86：73	√				4×5.2×0.6	残	
H86：74	√				3.4×4.6×0.6	残	
H86：75	√				4.2×5.6×0.7	残	
H86：76	√				4×5.4×0.65	残	

编号	形状				尺寸（厘米）	保存状况	备注
	A 型（35）	B 型（2）	C 型（10）	D 型（7）	内径 × 外径 × 厚		
H86：77	√				4×5.6×0.6	残	
H86：78	√				4×5.4×0.6	残	
H86：79	√				4×5.4×0.7	残	
H86：80	√				4×5.4×0.7	残	
H86：81			√		6×7.6×0.85	残	螺旋状
H86：82			√		5.6×7.6×1.1	残	螺旋状
H86：83			√		4.8×6.2×0.9	残	螺旋状
H86：84			√		6×10× 残宽 3.3	残	螺旋状
H86：85			√		4×8×4.2	残	螺旋状
H86：86			√		6×8.8× 残宽 2.3	残	螺旋状
H86：87			√		4×6.4×1.15	残	齿轮状
H86：88			√		4.2×7×0.65	残	齿轮状
H86：89			√		4×8.6×2.5	残	齿轮状
H86：90				√	3.6×4.8×1.5	残	白色
H86：91				√	4×5.4×1.5	残	
H86：92				√	4.4×6×1.5	残	白色
H86：93				√	4×5.2×1.3	残	白色
H86：94				√	4×5.6×1.5	残	
H86：95				√	5.2×8×2.1	残	
H86：96	√				6×7.6×1.2	残	白色

标本H86：28，略残，泥质红陶，刃部单面磨制。长10、宽4.9厘米（图一九二，2；图版二八，4）。

陶环　54件，均残（表九六）。

D型

标本H86：3，似为白色高岭土制作。横截面呈长方形，体宽。内径4、外径5.4、宽1.6厘米（图一九二，11）。

陶纺轮　3件，1件完整。

标本H86：4，残，夹砂褐陶。圆台状，平底。近底一周有竖向刻划纹。底径6、厚3厘米（图一九二，9）。

标本H86：32，泥质灰陶。近圆台状，中部有一穿孔，平底。通体饰有横向细绳纹。底径5.5、厚3厘米（图一九二，10）。

环状圆陶片　1件。系残陶片加工而成。

标本H86:31，残，泥质灰陶。周边单面打制有刃，并有数个三角形缺口，中部由两面凿有一圆孔。孔壁磨光。直径13.1厘米（图一九二，8；图版二八，9）。

（2）石器

石斧　1件，较完整。

标本H86:11，系辉石岩磨制而成，较为精致。平面形状呈梯形，横截面呈圆角长方形，顶部微弧，直刃，较为锋利，双面磨制，两侧密布琢制的麻点。长7.4、顶宽2.5、刃宽3.4、厚1.3厘米（图一九二，7；彩版二三，7）。

石环　1件，残。数量较少。

标本H86:14，系辉石岩加工而成。剖面呈等腰三角形。磨制较为光滑。内径6、外径10厘米（图一九二，12）。

石杵　1件，完整。

标本H86:1，系角闪斜长片麻岩制成。形状为圆锥体，尖端圆钝，平底。底上有使用的磨痕。长9.6、底径2.9厘米（图一九二，6；彩版二三，8）。

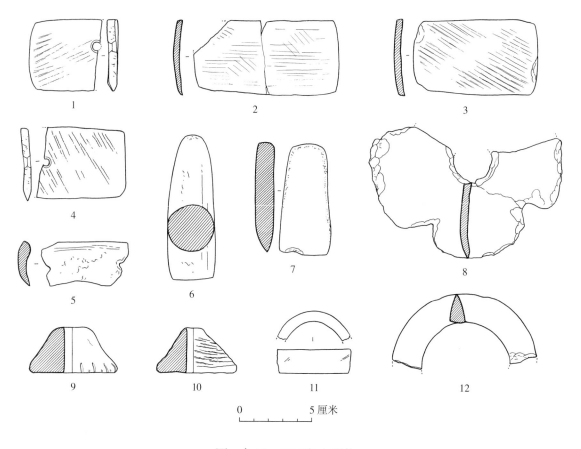

图一九二　H86出土器物

1、4. B型陶刀（H86:13、H86:2）　2、3. C型陶刀（H86:28、H86:7）　5. A型陶刀（H86:29）　6. 石杵（H86:1）
7. 石斧（H86:11）　8. 环状圆陶片（H86:31）　9、10. 陶纺轮（H86:4、H86:32）　11. D型陶环（H86:3）　12. 石环
（H86:14）

另外，在H86中还出土有少量具有庙底沟文化一期文化特征的陶器。介绍如下。

尖底瓶　均残。

Ⅱ式

标本H86∶34，泥质红陶。器表饰斜线纹。口径4.8、残高6.4厘米（图一九三，6）。

罐　均残。

C型Ⅰ式

标本H86∶25，泥质红陶。仅部分口部残片和底部残片。圆唇，直口微敞，沿内有一周凹槽，腹部圆鼓，平底。沿面饰有一周黑彩，腹部以黑彩绘有由弧形三角、弧线等组成的图案，下腹部用条带纹绕器一周。唇沿内外有慢轮修制痕迹。口径21、腹径37.6、底径14、高30.2厘米（图一九三，2）。

盆　复原1件。

Aa型Ⅰ式　复原1件。

标本H86∶8，泥质陶，暗红色顶，黄褐色腹。敛口，唇沿外卷，扁腹弧曲，底部微凹。唇部饰一周黑彩，沿面以黑彩绘有由两组弧形三角和两组分张的柳叶纹组成的对称图案，腹部以黑彩绘有由圆点、斜线、弧形三角、涡纹、"人"字形纹等组成的图案，图案共分两

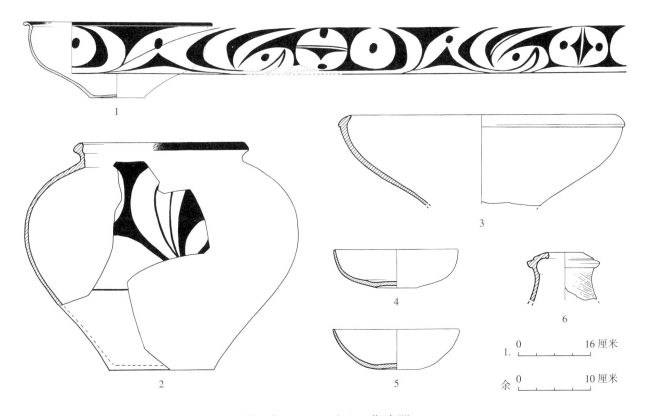

图一九三　H86出土一期陶器

1. Aa型Ⅰ式盆（H86∶8）　2. C型Ⅰ式罐（H86∶25）　3. D型Ⅰ式盆（H86∶40）　4、5. C型Ⅰ式钵（H86∶17、H86∶18）

6. Ⅱ式尖底瓶（H86∶34）

组，但各自由弧边三角纹合围的圆形地纹区域中的内容并不相同。一个是用条带（阳线）对圆形区域作上下等分，上半部靠顶弧处绘一圆点纹，下半部贴阳线绘一倒置弧边三角，三角的下端绘一圆点；一个是在圆形区域中绘两个呈轴对称的弧边三角，使两三角之间的地纹形成一条阴线，并将圆形区域分为左右两部分，在阴线两侧三角的顶端各绘一圆点，这个图案似一正视的鸟头。器下腹部以彩带纹绕绘一周。该器唇沿内外以及近底部有慢轮修制痕迹，器底有使用的磨痕。口径37.2、底径12、高16.4厘米（图一九三，1；彩版二二，1）。

D型 I 式 均残。

标本H86：40，泥质红陶。素面。口径35.8、残高12厘米（图一九三，3）。

钵 复原2件。

C型 I 式

标本H86：17，泥质陶，暗红色顶，红色腹。敞口，圆唇，上腹略斜直，下腹斜收，底部内凹。素面。器表经刮修，器内抹光，器底略见使用的磨痕。口径17、底径5.6、高5.2厘米（图一九三，4；图版二七，7）。

标本H86：18，泥质灰陶。敞口，圆唇，腹部斜收，底部内凹。素面。器底有使用的磨痕。口径17.4、底径5.5、高5.4厘米（图一九三，5）。

13. H87

位于Ⅲ T2101西南部，为全面揭露，对该探方向南扩方3米。开口于②层下，被H67、G3打破，并打破生土层。坑口距地表0.75米。平面形状大体呈椭圆形，口径3.8~4.9、底径3.5~4.3、深3.06米。北壁和南壁带有收分，东壁和西壁底部分别向外伸出，底部平坦，东部偏北为一高0.6、宽1.62米的扇形生土平台。近底部的南壁上有火烧的痕迹，并在坑底中心偏北有1个圆形柱洞（编号为D1），南壁上分布有5个圆形小洞（编号分别为D1~D6）。D1口径0.12、深0.12米；D2距坑口1.2米，口径0.11、深0.14米；D3距坑口1.1米，口径0.13、深0.12米；D4距坑口0.8米，口径0.11、深0.14米；D5距坑口1米，口径0.11、深0.14米；D6距坑口0.9米，口径0.09、深0.12米。

坑内堆积大致可分六层：

第①层：厚0.84~2.18米，为松散的灰色土，内夹杂有少量的红烧土块、石块、蚌壳、螺壳等物，出土有大量陶片，同时还出土有较多陶杯、陶环、陶刀、陶球、陶纺轮等小件器物。

第②层：厚0.1~0.2米，为较硬的黄灰色草拌泥堆积，此堆积由东向西呈斜坡状，宽约0.9米，内夹杂零星的碎陶片和料姜石等物，可能为房屋倒塌所形成。

第③层：厚0.3~1.36米，为较松散的深灰色土，在中部至南部，有松散的草木灰堆积，厚约0.1~0.9米，内夹杂有黄土块、红烧土粉末、螺壳、蚌壳、草拌泥块、石块以及动物骨头等物，并出土有大量陶片以及陶环、陶刀、陶纺轮、陶球、石凿、骨锥等小件器物。

第④层：厚0.1~0.42米，为较硬的灰褐色土，表面有大量凹凸不平的草拌泥堆积。内含少量碎陶片、黄土块、红烧土小颗粒等物。

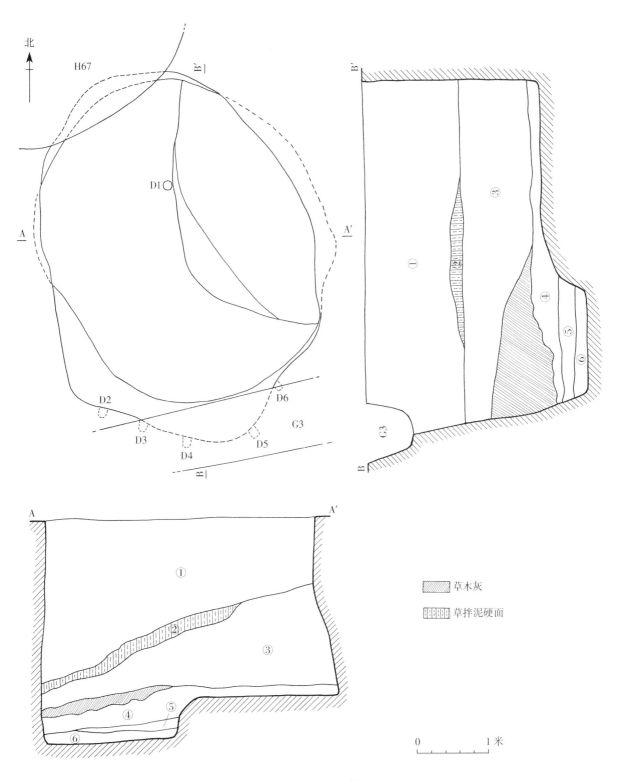

北

H67

草木灰

草拌泥硬面

0　　　　　1 米

图一九四　H87平、剖面图

表九七　H87 陶系、纹饰统计表

纹饰＼陶系	泥质陶					夹砂陶					合计	百分比（％）
	红	黄褐	褐	灰	小计	红	黄褐	褐	灰褐	小计		
素面	868	285	286	765	2204	45	28	110	20	203	2407	39.01
绳纹						167	115	762	428	1472	1472	23.86
线纹	1096	349	241	90	1776						1776	28.78
彩陶	422				422						422	6.84
弦纹						14				14	14	0.23
方格纹		7			7						7	0.11
指甲纹									12	12	12	0.20
弦＋堆纹						2				2	2	0.03
绳＋弦纹						16			24	40	40	0.65
绳＋堆纹						10		3	5	18	18	0.29
合计	2386	641	527	855	4409	254	143	875	489	1761	6170	100
百分比（％）	38.67	10.39	8.54	13.86	71.46	4.12	2.32	14.18	7.92	28.54	100	

第⑤层：厚约0.26米，为较硬的黄褐色土，内含有红烧土块、木炭以及零星的碎陶片。

第⑥层：厚0.1~0.18米，为较硬的灰褐色土，内包含物极少，其北半部为一层厚约0.12米的黄青色淤土，淤土中含沙量较高。

该坑出土的动物骨头较多，可辨别的动物属种主要有中华圆田螺、圆顶珠蚌、蚌、草兔、猪、绵羊等。

从大量草拌泥等迹象表明，该坑有可能与当时人类的居址有关（图一九四；彩版一五，1）。

H87的堆积根据土质土色可以划分为6层，但整理时发现出土的陶器并没有明显变化，主要为瓶、罐、盆、钵、瓮、器盖等，分别占该坑可辨器形的5.85％、27.82％、18.95％、37.35％、4.39％、5.64％，它们应该是同一时期的堆积。陶系、纹饰情况详见表九七。出土物按质地分别介绍如下。

（1）陶器

尖底瓶　复原1件。

Ⅲ式　均残。

标本H87：83，泥质红陶。器表饰斜线纹。口径5、残高6.2厘米（图一九五，3）。

标本H87：85，泥质黄褐陶。器表饰斜线纹。口径4.2、残高6.4厘米（图一九五，4）。

Ⅳ式　复原1件。

标本H87：60，泥质红陶，略泛黄。敛口，双唇明显，颈部较直，颈下外撇，腹部略呈亚腰形，体较长，尖底残缺。通体饰斜向细线纹，肩部拍印有似篮纹的横斜向纹饰，底部饰

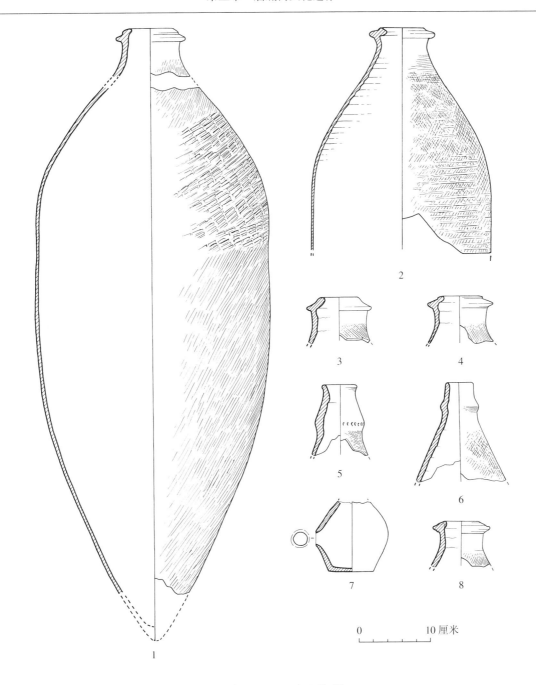

图一九五　H87出土陶器

1、2、8. Ⅳ式尖底瓶（H87∶60、H87∶286、H87∶84）　　3、4. Ⅲ式尖底瓶（H87∶83、H87∶85）

5、6. A型Ⅱ式葫芦口瓶（H87∶86、H87∶87）　　7. 火种罐（H87∶62）

交错线纹。唇沿内外有慢轮修制的痕迹，颈部磨光。口径5.2、腹径32、残高约74.8厘米（图一九五，1；图版二九，5）。

标本H87∶84，残，泥质红陶。沿内有一周凹槽，颈部较直，从断面可以看出其上唇加高加厚。肩部饰交错线纹。口径4.4、残高6厘米（图一九五，8）。

标本H87∶286，残，泥质红陶。敛口，双唇明显，唇间槽痕较显著，颈部内收，颈下外撇，腹部较直。上腹部饰交错线纹，下腹部饰斜线纹。口沿内外显见慢轮修制痕迹，器内明显可见泥条盘筑痕迹。口径4.2、腹径25、残高30厘米（图一九五，2）。

葫芦口瓶　均残。器表均饰交错线纹。

A型Ⅱ式

标本H87∶86，泥质红陶。颈腹交接处折棱明显，折棱处饰一周箆点状戳刺纹。口径3.8、残高9.4厘米（图一九五，5）。

标本H87∶87，泥质灰陶。口径3、残高13.2厘米（图一九五，6）。

罐　复原5件。

Ab型Ⅱ式　均残。

标本H87∶289，夹砂褐陶。肩部残留一近菱形附加泥饼。口沿内外及颈部抹光，器表饰交错绳纹。口径30、残高9厘米（图一九六，3）。

B型Ⅱ式　复原1件。

标本H87∶55，夹砂红陶。折沿，圆唇，深瘦腹，下腹部略内收，小平底。沿下饰对称的锥状附加堆纹，上腹部饰平行弦纹，纹痕较深，弦纹下饰一周指甲状斜刺纹，下腹部为素面。唇沿内外抹光，器表留有烟熏的炱痕。口径13.2、底径6.6、高20厘米（图一九六，7；图版三〇，1）。

E型Ⅱ式　复原2件。这两件标本与E型Ⅱ式略有不同，但总体相似。

标本H87∶24，泥质红陶。宽沿外撇，圆唇，深腹微鼓，下腹斜收，腹部偏上饰对称的两鸡冠状錾，平底。素面。口沿内外有明显轮制的磨痕，沿面内侧和沿内颈处分别有一周浅凹槽，器表有明显的竖向刮修痕迹，器内抹光，器底的切割痕迹十分明显。口径27.6、底径14、高38.6厘米（图一九六，1；彩版二五，4）。

标本H87∶25，泥质黄褐陶。素面。总体特征基本同于H87∶24。口径28、底径14、高37.4厘米（图一九六，2；图版三一，1）。

G型Ⅱ式　复原2件。

标本H87∶54，夹砂褐陶。折沿，方圆唇，腹部微鼓，底部内凹。器表通饰斜绳纹。唇沿内外及颈部抹光，器内显见泥条盘筑的痕迹，器底有使用的磨痕。器表留有烟熏的炱痕。口径12、腹径15、底径10、高19.8厘米（图一九六，6；图版三〇，2）。

标本H87∶56，夹砂褐陶。沿外撇，方圆唇，口沿内外抹光，溜肩，肩部分别饰有两两对称的鸡冠状錾和纽扣状附加泥饼，鼓腹，平底。器表通饰斜绳纹，并留有烟熏的炱痕。口径14.6、腹径19.2、底径11.2、高21.6厘米（图一九六，5；图版三〇，3）。

火种罐　1件，残。

标本H87∶62，夹细砂红陶。口部残缺，鼓腹，腹中部有一小圆孔，平底。素面。腹径9.6、底径6.2、残高9.4厘米（图一九五，7；图版二九，4）。

盆　复原3件。

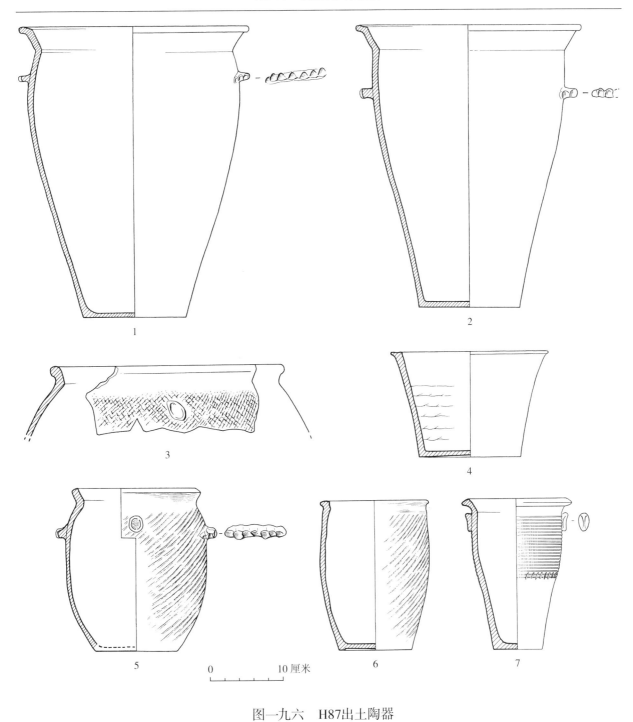

图一九六 H87出土陶器

1、2. E型罐（H87：24、H87：25） 3. Ab型Ⅱ式罐（H87：289） 4. 直壁盆（H87：51） 5、6. G型Ⅱ式罐（H87：56、H87：54） 7. B型Ⅱ式罐（H87：55）

Aa型Ⅱ式 复原3件。

标本H87：2，泥质红陶。敛口，唇沿外卷，上腹外弧，下腹曲收，平底。唇部饰一周黑彩，腹部以黑彩绘有由圆点、弧形三角、"勿"字形纹、"亚"字形纹等组成的图案，腹下部以带状纹绕器一周。器内外磨光。口径34.2、底径12.5、高19.3厘米（图一九七，1；彩版二四，1）。

　　标本H87：26，泥质红陶。敛口，唇沿外卷，圆唇，弧腹斜收，底部内凹。唇部饰一周黑彩，腹部以黑彩绘有由圆点、弧边三角及"勿"字形纹等组成的图案，图案现存两组，其下部以条带状纹绕器一周。口沿及器表经刮修，底部有使用的磨痕。口径29.5、底径11、高13.4~15厘米（图一九八，4）。

　　标本H87：27，泥质红陶。敛口，唇沿外卷，圆唇，弧腹斜收，底微凹。沿面以黑彩绘有对称的两组弧形三角和柳叶纹，现已脱落，模糊不清，腹部以黑彩绘有由圆点、弧形三角、"人"字形纹、"勿"字形纹等组成的图案，共有三组，其下以条带纹绕器一周。口沿内外及器表有慢轮修制痕迹，底部有使用的磨痕。口径28.7、底径10.5、高13.3厘米（图一九七，2；图版三一，3）。

　　标本H87：28，泥质陶，红顶，褐腹。敛口，唇沿外卷，圆唇，腹部略曲，底部微凹。唇部饰有一周黑彩，沿面以黑彩绘有弧形三角纹，腹部以黑彩绘有由圆点、弧形三角、"人"字形纹、"勿"字形纹等组成的图案，残存两组，其下以条带纹绕器一周。唇沿内外显见慢轮修制的痕迹，器表经刮修，底部有使用的磨痕。口径29、底径10.8、高13.2厘米（图

图一九七　H87出土Aa型Ⅱ式陶盆
1. H87：2　2. H87：27　3. H87：28

一九七，3；图版三一，4）。

标本H87：57，残，泥质陶，红顶，黄褐色腹。唇部饰一周黑彩，沿面分别绘有两组对称的弧形三角纹和柳叶纹，现仅残留一组，腹部以黑彩绘有由圆点、弧形三角纹、"勿"字形纹、"人"字形纹等组成的图案，下部以彩带纹绕器一周。口径29.5、残高11厘米（图一九八，2）。

标本H87：58，残，泥质陶，红顶，黄褐色腹。唇部饰一周黑彩，沿面以黑彩绘有弧形三角纹，现仅残留一组，腹部以黑彩绘有由圆点、弧形三角、"勿"字形纹等组成的图案，其下以条带形纹绕器一周。口径31、残高11.6厘米（图一九八，1）。

标本H87：63，残，泥质红陶，略泛黄。唇部饰一周黑彩，器表以黑彩绘有由圆点、弧形三角纹、"勿"字形纹、"人"字形纹等组成的图案，残存两组，下部以带状纹绕器一周。口径29.5、残高10.2厘米（图一九八，3；图版三一，5）。

B型Ⅱ式　均残。

标本H87：59，泥质红陶。敛口，唇沿外卷，圆唇，沿内有一周凸棱，弧腹斜收。唇沿内外饰一周黑彩，腹部以黑彩绘有由圆点、涡纹、弧形三角、斜线、带状纹等组成的图案，图案复杂，其地纹形似花朵。口径32、残高13.4厘米（图一九八，5；图版三一，6）。

直壁盆　复原1件。

标本H87：51，泥质红陶。敞口，圆唇，沿面略内弧，沿内有一周凸棱，腹部斜直，底部微凹。素面。器内可见泥条盘筑痕迹。口径18.6、底径14、高14厘米（图一九六，4；图版三○，5）。

钵　复原9件。

A型Ⅱ式　复原4件。

标本H87：29，残，泥质陶，黄褐色顶，暗红色腹。敛口，圆唇，腹部斜收，平底。唇部饰一周黑彩，器顶以黑彩绘有等分的三组图案，现仅残留两组，每组图案由三个形似燕尾鱼的弧三角纹和一个像倒刺的弧边三角构成，下部以彩带纹绕器一周。另外，在器顶和腹部由外及内钻有四个小圆孔，用以缀合破损的陶器。口径26、底径10.2、高10.7厘米（图一九九，3；图版三二，1）。

标本H87：30，泥质红陶，略泛黄。敛口，圆唇，沿内经刮修后略起棱脊，腹部微曲，底部略凹。唇部饰一周黑彩，器顶以黑彩绘有由圆点、弧形三角、竖线及不规则的垂弧等纹饰构成的四组图案，图案的下部以条带纹绕器一周，使其间地纹形成四组"西阴纹"，其中一组较小。器表经刮修。口径25.4、底径10.2、高12.4厘米（图一九九，2；彩版二二，4）。

标本H87：31，泥质红陶。口较直，圆唇，弧腹斜收，平底。素面。器表及器内有刮修的痕迹，器底有使用的磨痕。口径27、底径10.2、高12厘米（图一九九，6；图版三二，3）。

标本H87：32，泥质陶，红顶，褐腹。敛口，方唇，弧腹斜收，底部内凹。唇部饰有一周黑彩，器表及器内有慢轮修制痕迹，器底有使用的磨痕。口径28.8、底径10.3、高11.2厘米

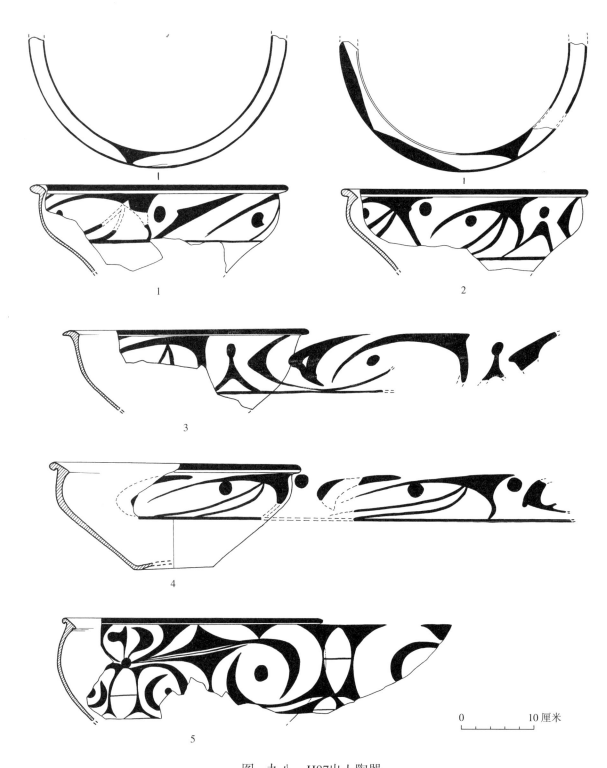

图一九八　H87出土陶器

1~4. Aa型Ⅱ式盆（H87：58、H87：57、H87：63、H87：26）　　5. B型Ⅱ式盆（H87：59）

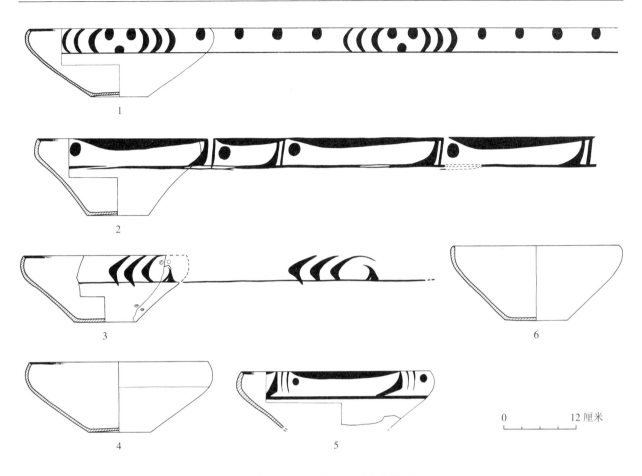

图一九九 H87出土A型Ⅱ式陶钵

1. H87：284 2. H87：30 3. H87：29 4. H87：32 5. H87：282 6. H87：31

（图一九九，4）。

标本H87：282，残，泥质陶，暗红色顶，褐色腹。敛口，圆唇，弧腹，下腹斜收，底部残缺。唇部饰有一周黑彩，器表以黑彩绘有由圆点、垂弧、弧边三角、平行竖线、条带纹等组成的图案。器表有明显的刮修痕迹，沿内显见慢轮修制痕迹。口径30.2、残高8.5厘米（图一九九，5）。

标本H87：284，泥质红陶。敛口，鼓腹，下腹较斜直，底微内凹。唇饰一周黑彩带，器顶以黑彩绘有两组图案，由三组粗弧线合围的三个圆点和四个紧贴唇部黑彩带的圆点构成，其中弧线合围的三个圆点呈倒置等边三角形分布，弧线外的四个圆点呈等距离分布，其下以带状纹绕器一周。口径30、底径9.6、高11.1厘米（图一九九，1；彩版二四，2）。

B型Ⅱ式 均残。数量极少。

标本H87：283，泥质红陶。敞口，圆唇，上腹部较直，下腹斜收，底部残缺。素面。口沿内外显见慢轮修制痕迹，器表有明显刮修的磨痕，器内抹光。口径17.6、残高5.4厘米（图二〇〇，1）。

C型Ⅱ式 复原5件。

标本H87：34，泥质陶，黄褐色顶，灰褐色腹。敞口，圆唇，弧腹斜收，底部微凹。素面。器顶及器内有明显的慢轮修制痕迹，下腹部及底部经刮修。口径14.7~15、底径6.2、高6.2厘米（图二〇〇，4；图版三二，4）。

标本H87：35，泥质黄褐陶。敞口，尖唇，弧腹斜收，底部微凹。素面。器表明显可见横向刮修痕迹，器底有使用的磨痕。口径18、底径7.4、高6.5厘米（图二〇〇，2）。

标本H87：37，泥质黄褐陶。敞口，圆唇，弧腹斜收，底部内凹。素面。器表显见横向刮修痕迹。口径15.4、底径6、高6厘米（图二〇〇，9）。

标本H87：42，泥质灰陶。敞口，圆唇，弧腹内收，底部内凹。素面。唇沿内外经刮修。口径17.6、底径6.2、高7.6厘米（图二〇〇，3）。

标本H87：64，夹砂黄褐陶。敞口，圆唇，弧腹斜收，平底。素面。口沿内外抹光，器表经刮削。口径15.8、底径6、高6厘米（图二〇〇，8）。

浅腹钵 复原1件。

标本H87：36，泥质陶，沿外黑灰色，腹部灰色。敞口，圆唇，沿内有一周凹槽，弧腹斜收，底部微凹。素面。唇沿内外及器表经刮修。口径17.2、底径6、高4厘米（图二〇〇，7；图版三二，6）。

带流钵 复原1件。

标本H87：39，泥质红陶。敞口，口部近椭圆形，一端捏制成流状，圆唇，腹部斜收，底部内凹。素面。口径13.8~13.6、底径5、高5.4~6厘米（图二〇〇，10）。

碗 复原4件。

标本H87：38，泥质黄褐陶。敞口，圆唇，弧腹斜收，平底。素面。口径10.8、底径7、高5.8厘米（图二〇〇，5）。

标本H87：33，泥质红陶。敞口，圆唇，曲腹内收，底部内凹。素面。器顶及器内有明显的磨光痕迹，下腹部经刮削，底部有使用的磨痕。口径16.8、底径6.2、高5厘米（图二〇〇，6；图版三二，5）。

标本H87：40，泥质红陶。敞口，圆唇，腹部微曲，底部内凹。素面。器表显见刮修的横向痕迹。口径8、底径2、高2.6厘米（图二〇〇，12）。

标本H87：41，夹砂褐陶。敞口，圆唇，弧腹斜收，底部微凹。素面。口沿内外抹光，近器底经刮削。口径9.4、底径4.3、高4厘米（图二〇〇，13）。

器座 复原2件，发现较少。

标本H87：50，泥质褐陶。敞口，方唇，沿面有一周凹槽，束腰，腰上饰有四个对称的圆形镂孔，空底内折。器表通饰方格纹。器内显见泥条盘筑痕迹。口径12、底径15.2、高12.3厘米（图二〇〇，11；图版三〇，6）。

标本H87：288，泥质褐陶。口微敛，圆唇外卷，腹部外斜，空底内折。素面，腹上一周雕刻有三个三等分新月状镂孔。底部似用工具切割，切割痕迹清晰可见。该器口沿内外及颈

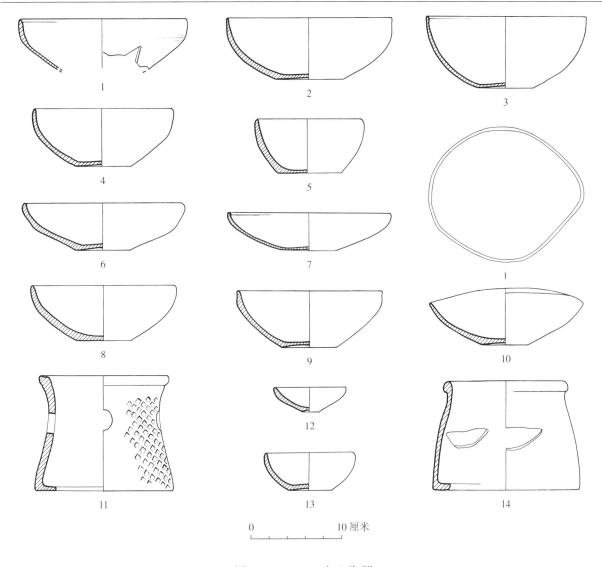

图二〇〇　H87出土陶器

1. B型Ⅱ式钵（H87:283）　2~4、8、9. C型Ⅱ式钵（H87:35、H87:42、H87:34、H87:64、H87:37）　5、6、12、13. 碗（H87:38、H87:33、H87:40、H87:41）　7. 浅腹钵（H87:36）　10. 带流钵（H87:39）　11、14. 器座（H87:50、H87:288）

部显见慢轮修整痕迹，腹部留有竖向手工制作印痕，未抹光。口径13、底径16.4、高11.6厘米（图二〇〇，14；彩版二五，1）。

瓮　复原2件。

Ⅱ式

标本H87:61，泥质褐陶。敛口，圆唇，广肩斜折，腹部斜收，小平底。素面。口沿内外有明显的刮修痕迹，器内抹光，从器表明显可以看出该器烧制火候不均，器内有泥条盘筑痕。口径49.2、肩宽57、底径16.6、高43厘米（图二〇一，1；图版三一，2）。

标本H87:81，残，泥质褐陶。素面。口径36、残高7.4厘米（图二〇一，4）。

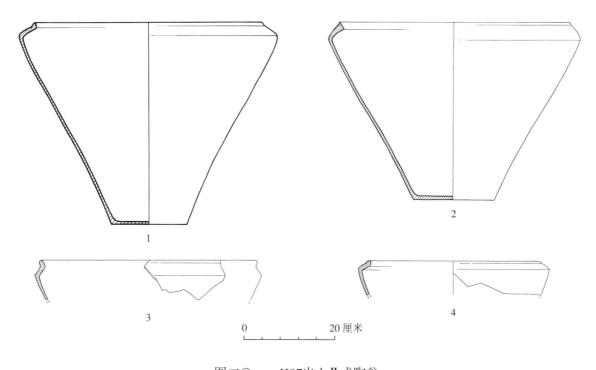

图二〇一　H87出土Ⅱ式陶瓮

1. H87∶61　2. H87∶287　3. H87∶82　4. H87∶81

标本H87∶82，残，泥质灰陶。素面。口径47.2、残高8.6厘米（图二〇一，3）。

标本H87∶287，泥质灰陶。敛口，圆唇，沿面内斜，广肩斜折，腹部斜收，小平底。素面。口沿内外及器内有明显慢轮修整痕迹，器表打磨较为光滑。口径48.2、腹径55、底径17.6、高37.8厘米（图二〇一，2；彩版二五，2）。

灶　均残。

Ⅱ式

标本H87∶285，夹砂褐陶。折沿，圆唇，沿内折角处残留有两个（应该有三个）支撑陶釜用的隼形泥突，折角下的泥突间粘贴有一周锯齿状附加堆纹，筒状腹。灶门为方形，残留上端一小部分。灶门上端贴饰两道履带状附加堆纹，两侧分别饰有一道同样的纹饰，两侧与顶端交接处各饰一纽扣状附加泥饼，器表饰较浅的平行弦纹。口沿内外显见慢轮修制痕迹。口径29.8、残高6.4厘米（图二〇二，1）。

器盖　复原4件。

Aa型Ⅱ式　复原1件。

标本H87∶43，残，夹砂褐陶。形如覆钵，喇叭形口，圆唇，器顶残缺。器表通饰斜绳纹。器内抹光。口径29、残高10厘米（图二〇二，7）。

标本H87∶44，夹砂褐陶。喇叭形口，圆唇，器顶较平，顶上镶嵌有桥形提柄。素面。口沿及器内有慢轮修制痕迹，器表上部较为粗糙，有明显的斜向刮削痕迹。口径30.8、高13.4厘米（图二〇二，3）。

标本H87:47，残，夹砂红陶。器表饰模糊的竖绳纹。口径12、残高3.5厘米（图二〇二，8）。

Ab型Ⅱ式　复原1件。

标本H87:45，夹砂褐陶。形如覆钵，圆唇外卷，器顶镶嵌有桥形提柄，提柄两端分别贴有两纽扣状附加泥饼。素面。器表抹有一层泥巴，较为粗糙，器内抹光。口径33.2、高14厘米（图二〇二，2；图版三二，7）。

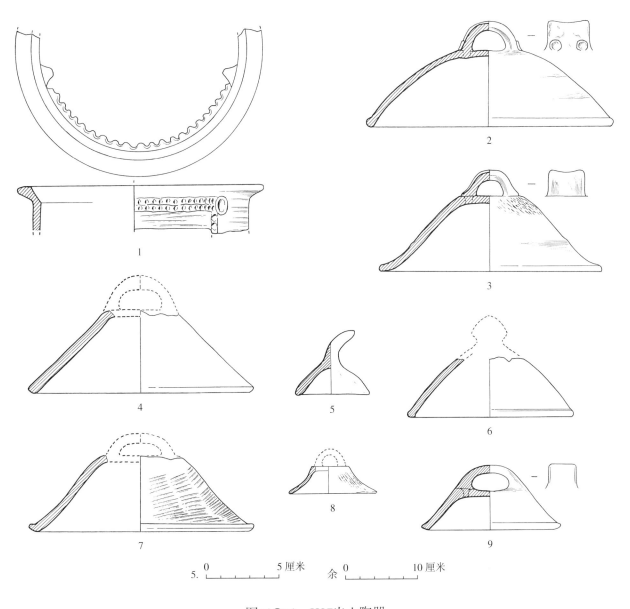

图二〇二　H87出土陶器

1. Ⅱ式灶（H87:285）　2. Ab型Ⅱ式器盖（H87:45）　3、7、8. Aa型Ⅱ式器盖（H87:44、H87:43、H87:47）　4、9. Ac型Ⅱ式器盖（H87:48、H87:46）　5. C型器盖（H87:73）　6. B型Ⅱ式器盖（H87:49）

Ac型Ⅱ式　复原1件。

标本H87：46，夹砂褐陶。形如覆钵，敞口，圆唇，顶部镶嵌有桥形提柄。素面。器内抹光，并留有烟熏的炱痕。口径17.2、高8.6厘米（图二〇二，9；图版三二，8）。

标本H87：48，残，夹砂红陶。素面。口径29.2、残高11厘米（图二〇二，4）。

B型Ⅱ式　均残。数量较少。

标本H87：49，泥质褐陶。素面。口径21.2、残高8厘米（图二〇二，6）。

C型　复原1件。

标本H87：73，泥质褐陶。喇叭形口，圆唇，器顶饰有钩状提柄。素面。这件标本近似于C型器盖，但为单角。从其形态看，应属于二期遗存。口径4.2、高4.2厘米（图二〇二，5）。

杯　　12件，复原10件。

B型　复原2件。

标本H87：1，泥质红陶。敞口，圆唇，直腹，柿蒂状底。素面。口部略有变形，内外磨光，腹部及底上有手工捏制的痕迹。口径5.2~5.6、底径3.7、高5.4厘米（图二〇三，8；图版三七，1）。

标本H87：75，泥质褐陶。喇叭形口，圆唇，筒状腹，花边状平底。素面。口沿内外显见磨光痕迹。口径5.5、底径4.3、高6厘米（图二〇三，1）。

D型　复原7件。

标本H87：3，泥质褐陶。喇叭形口，筒状腹，平底。素面。口沿内外磨光，手工捏制。口径6、底径3.3、高5厘米（图二〇三，3）。

标本H87：6，泥质褐陶。敞口，圆唇，腹部微鼓，底部微凹。素面。口沿内抹光，器底有手工捏制的痕迹，器表有明显烟熏的炱痕。口径6.1、底径4.2、高6.3厘米（图二〇三，4）。

标本H87：20，泥质红陶。敞口，圆唇，直腹，平底。素面。口沿内外磨光。口径6、底径3.9、高6.6厘米（图二〇三，2）。

标本H87：21，泥质褐陶。口微敞，方唇，腹部较直，平底。素面。口沿内外磨光。口径5.5、底径4、高6.3厘米（图二〇三，9）。

标本H87：23，泥质红陶。敞口，方唇，直腹，平底。素面。口沿内外磨光，器底有手工捏制的痕迹。口径4.1、底径3.4、高5.9厘米（图二〇三，5；图版三七，1）。

标本H87：71，夹细砂褐陶。喇叭形口，圆唇，筒状腹，平底外撇。素面。口内抹光，手工捏制。口径5.7、底径5、高6.4厘米（图二〇三，7）。

标本H87：72，泥质褐陶。喇叭形口，圆唇，筒状腹，平底略外撇。素面。口沿内外磨光，手工捏制。口径5、底径4.6、高6厘米（图二〇三，6）。

E型　复原1件。

标本H87：79，泥质黄褐陶。敞口，圆唇，鼓腹，下腹略呈反弧状，底部微凹。口沿、颈部及器内抹光，近器底部略见手工捏制的痕迹。口径5.2、底径4.1、高5.6厘米（图二〇三，

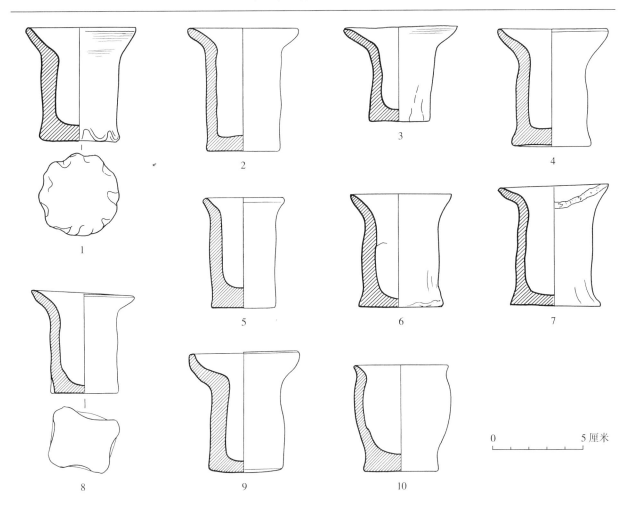

图二〇三　H87出土陶杯

1、8. B型（H87∶75、H87∶1）　　2~7、9. D型（H87∶20、H87∶3、H87∶6、H87∶23、H87∶72、H87∶71、H87∶21）　　10. E型（H87∶79）

10；图版三七，1）。

　　陶刀　16件，4件完整（表九八）。

　　A型　复原1件。

　　标本H87∶9，系泥质灰陶片加工而成。平面大致呈长方形，刀背较为平直，两侧分别打制有三角形缺口，刃部单面打制。长8、宽5厘米（图二〇四，1）。

　　B型　复原3件。

　　标本H87∶13，泥质红陶。平面大体呈长方形，中部对钻有一小圆孔。刀背及两侧磨制平直，刃部双面磨制，并留有使用的弧形缺口。长7.5、宽3.2~3.7厘米（图二〇四，6；图版三七，4）。

　　标本H87∶19，泥质灰陶。整器平面大体呈圆角长方形，一角残缺。器中部对刻有一菱形凹槽，中部穿通。刀背及两端磨光，较为平齐，刃部双面磨制，较为锋利。长8.8、宽3.8厘米

表九八　H87 陶刀统计表（16件）

编号	形状			尺寸（厘米）	备注
	A 型（4）	B 型（12）	C 型	长 × 宽	
H87：9	√			8×5	完整
H87：13		√		7.5×（3.2~3.7）	完整
H87：19		√		8.8×3.8	略残
H87：78		√		8.8×4.1	完整
H87：249		√		残长 5.6×4.2	
H87：250		√		残长 4.5×4.1	
H87：251		√		残长 4.7×4.4	
H87：252		√		残长 4.6×4.5	
H87：253		√		残长 4.3×4.25	
H87：254		√		残长 3.8×4.4	
H87：255		√		残长 4.5×3.9	
H87：256		√		残长 3.8×3.9	
H87：257	√			7.3×4.8	
H87：258		√		残长 3.9×4.7	
H87：259	√			9.9×6.1	无刃
H87：260	√			残长 5.1×6.1	无刃

（图二〇四，3；图版三七，4）。

标本H87：78，泥质红陶。平面形状呈圆角长方形，中部对钻有一小圆孔，背面孔上刻磨有一菱形凹槽。刀背及两侧磨制平直，刃部双面磨制，较为锋利。长8.8、宽4.1厘米（图二〇四，2；图版三七，4）。

陶环　164件，2件完整（表九九）。

A型　复原1件。

标本H87：74，泥质灰陶。剖面形状呈圆形。素面。两面有使用的磨痕。内径4.5、外径6.4、厚0.8厘米（图二〇五，5；彩版三五，4）。

C型　复原1件。

标本H87：76，泥质红陶。剖面近等腰三角形，外缘有四个凹槽。素面。内径4.8、外径9.6、厚1.55厘米（图二〇五，2；彩版三五，1）。

标本H87：77，残，泥质灰陶。剖面呈等腰三角形，外缘有四个凹槽，现仅残存三个。器表有不规则的划纹。内径4.7、外径10、厚1.55厘米（图二〇五，1；彩版三五，1）。

陶纺轮　1件，1件完整。

标本H87：5，泥质灰褐陶。形状大体呈尖圆锥形，中部有一穿孔，平底。素面。手工捏

表九九 H87 陶环统计表（164 件）

编号	形状				尺寸（厘米）	保存状况	备注
	A 型（156）	B 型（3）	C 型（5）	D 型	内径 × 外径 × 厚		
H87：74	√				4.5×6.4×0.8	完整	
H87：76			√		4.8×9.6×1.55	完整	
H87：77			√		4.7×10×1.55	残	
H87：88	√				6×8.4×1.5	残	
H87：89	√				4×5.4×0.5	残	
H87：90	√				4.2×5.4×0.55	完整	
H87：91	√				4×5.3×0.55	残	
H87：92	√				4.2×5.9×0.7	残	
H87：93	√				4.6×6×0.7	残	
H87：94	√				4.2×5.6×0.8	残	
H87：95	√				3.8×4.8×0.6	残	
H87：96	√				6×8.2×0.8	残	
H87：97	√				4.2×5.6×0.5	残	
H87：98	√				4×5.2×0.6	残	
H87：99	√				4.2×5.6×0.55	残	
H87：100	√				4.4×5.6×0.55	残	
H87：101	√				4.6×6×0.9	残	
H87：102	√				4.4×5.8×0.55	残	
H87：103	√				4×5.2×0.65	残	
H87：104	√				4×5.2×0.5	残	
H87：105	√				4.6×5.8×0.8	残	
H87：106	√				4.2×5.6×0.55	残	
H87：107	√				4.8×6×0.5	残	
H87：108	√				4.4×5.6×0.55	残	
H87：109	√				4.4×5.6×0.45	残	
H87：110	√				4×5.2×0.5	残	
H87：111	√				4.8×6.2×0.8	残	
H87：112	√				6×7.4×0.6	残	
H87：113	√				4×5.2×0.55	残	
H87：114	√				4×5.2×0.5	残	
H87：115	√				4.4×6×0.7	残	
H87：116	√				5.4×7.2×0.7	残	
H87：117	√				5×6.6×0.8	残	
H87：118	√				3.8×5×0.6	残	

编号	形状				尺寸（厘米）	保存状况	备注
	A 型（156）	B 型（3）	C 型（5）	D 型	内径 × 外径 × 厚		
H87：119	√				4×5.2×0.5	残	
H87：120	√				4×5.6×0.65	残	
H87：121	√				4.2×5.6×0.6	残	
H87：122	√				3.4×4.6×0.6	残	
H87：123	√				4.6×5.8×0.55	残	
H87：124	√				4.2×5.6×0.55	残	
H87：125	√				3.6×4.8×0.55	残	
H87：126	√				4.4×5.8×0.55	残	
H87：127	√				4×5.2×0.5	残	
H87：128	√				4×5.2×0.7	残	
H87：129	√				4×5.4×0.55	残	
H87：130	√				4.2×5.6×0.55	残	
H87：131	√				4.6×6.2×0.7	残	
H87：132	√				4.2×5.6×0.7	残	
H87：133	√				4.6×6.2×0.6	残	
H87：134	√				4.6×6×0.7	残	
H87：135	√				4.4×6×0.8	残	
H87：136	√				4.4×6×0.6	残	
H87：137	√				4.2×5.6×0.55	残	
H87：138	√				4×5.4×0.7	残	
H87：139	√				4×5.4×0.6	残	
H87：140	√				4.4×5.6×0.6	残	
H87：141	√				4×5.4×0.65	残	
H87：142	√				6×7.6×1.2	残	
H87：143	√				4.6×5.8×0.55	残	
H87：144	√				5.2×6.6×0.65	残	
H87：145	√				4.4×6×0.7	残	
H87：146	√				4×5×0.6	残	
H87：147	√				4×5.2×0.6	残	
H87：148	√				4.2×6×0.75	残	
H87：149	√				4.4×5.6×0.6	残	
H87：150	√				3.4×4.8×0.6	残	
H87：151	√				5×6.4×0.7	残	
H87：152	√				3.8×5×0.5	残	

编号	形状				尺寸（厘米）	保存状况	备注
	A 型（156）	B 型（3）	C 型（5）	D 型	内径 × 外径 × 厚		
H87：153	√				5×6.2×0.6	残	
H87：154	√				3.8×5.4×0.5	残	
H87：155	√				4×5.4×0.7	残	
H87：156	√				4.2×5.4×0.6	残	
H87：157	√				3.8×5×0.5	残	
H87：158	√				3.8×5×0.55	残	
H87：159	√				4.2×5.4×0.5	残	
H87：160	√				3.2×4.4×0.6	残	
H87：161	√				4.4×5.8×0.55	残	
H87：162	√				4×5.4×0.6	残	
H87：163	√				4×5.4×0.55	残	
H87：164	√				3.4×4.8×0.5	残	
H87：165	√				4.4×5.8×0.6	残	
H87：166	√				4×5.2×0.5	残	
H87：167	√				4×5.2×0.6	残	
H87：168	√				4×5.2×0.65	残	
H87：169	√				4.4×5.6×0.7	残	
H87：170	√				5.2×6.4×0.7	残	
H87：171	√				4×5.4×0.5	残	
H87：172	√				4×5.2×0.65	残	
H87：173	√				4.6×5.9×0.65	残	
H87：174	√				3.8×5×0.55	残	
H87：175	√				3.8×5×0.5	残	
H87：176	√				4.8×6.2×0.6	残	
H87：177	√				4×5.2×0.6	残	
H87：178	√				4×5.4×0.6	残	
H87：179	√				4.8×6.4×0.7	残	
H87：180	√				4.4×5.6×0.6	残	
H87：181	√				3.6×4.8×0.5	残	
H87：182	√				4×5.6×0.65	残	
H87：183	√				4×5.4×0.6	残	
H87：184	√				4×5.2×0.5	残	
H87：185	√				4×5.4×0.6	残	
H87：186	√				4×5.2×0.45	残	

编号	形状				尺寸（厘米）	保存状况	备注
	A 型（156）	B 型（3）	C 型（5）	D 型	内径 × 外径 × 厚		
H87：187	√				4.4×5.8×0.7	残	
H87：188	√				4×5×0.55	残	
H87：189	√				4.4×5.6×0.55	残	
H87：190	√				6×7.5×0.6	残	
H87：191	√				4×5.8×0.55	残	
H87：192	√				4.4×5.6×0.7	残	
H87：193	√				4×5.4×0.7	残	
H87：194	√				4.4×5.6×0.5	残	
H87：195	√				4.4×5.8×1.2	残	
H87：196	√				4×5×0.7	残	
H87：197	√				4×5.2×0.55	残	
H87：198	√				4×5.4×0.9	残	
H87：199	√				4×5.2×0.45	残	
H87：200	√				4×5.2×0.6	残	
H87：201	√				3.4×4.6×0.6	残	
H87：202	√				4×5×0.55	残	
H87：203	√				4×5.2×0.55	残	
H87：204	√				4×5×0.6	残	
H87：205	√				4×5.2×0.5	残	
H87：206	√				4×5.2×0.45	残	
H87：207	√				4×5.2×0.5	残	
H87：208	√				4×5.2×0.55	残	
H87：209	√				4×5.4×0.6	残	
H87：210	√				4×5.4×0.45	残	
H87：211	√				3.6×4.7×0.4	残	
H87：212	√				4.2×5.2×0.5	残	
H87：213	√				4×5×0.6	残	
H87：214	√				4×5.4×0.65	残	
H87：215	√				4×5.4×0.5	残	
H87：216	√				4.2×5.6×0.45	残	
H87：217	√				4×5.2×0.5	残	

编号	形状				尺寸（厘米）	保存状况	备注
	A 型（156）	B 型（3）	C 型（5）	D 型	内径 × 外径 × 厚		
H87：218	√				4×5×0.65	残	
H87：219	√				4.8×6.2×0.55	残	
H87：220	√				4×5.4×0.6	残	
H87：221	√				4×5.4×0.45	残	
H87：222	√				4×5.2×0.55	残	
H87：223	√				4×5.2×0.5	残	
H87：224	√				4×5.3×0.7	残	
H87：225	√				4×5.2×0.5	残	
H87：226	√				4×5.3×0.7	残	
H87：227	√				4×5.3×0.6	残	
H87：228	√				4×5.4×0.7	残	
H87：229	√				4×5.2×0.6	残	
H87：230	√				4×5.2×0.5	残	
H87：231	√				4×5.8×0.7	残	
H87：232	√				4.2×5.4×0.5	残	
H87：233	√				4×5.2×0.6	残	
H87：234	√				4×5.4×0.5	残	
H87：235	√				3.8×5×0.5	残	
H87：236	√				4×5.4×0.75	残	
H87：237	√				4×5.2×0.55	残	
H87：238	√				4×5.4×0.8	残	
H87：239	√				4×5.2×0.55	残	
H87：240	√				3×4.4×0.45	残	
H87：241	√				4×5.2×0.5	残	
H87：242	√				4.8×6.4×0.65	残	
H87：243		√			6×7.6×0.9	残	
H87：244		√			3.8×5.2×0.6	残	
H87：245		√			4×5.2×0.75	残	
H87：246			√		3.8×6×0.8	残	齿轮状
H87：247			√		4.4×6.2×0.65	残	齿轮状
H87：248			√		4.6×8.2×1.1	残	边缘有四个缺口

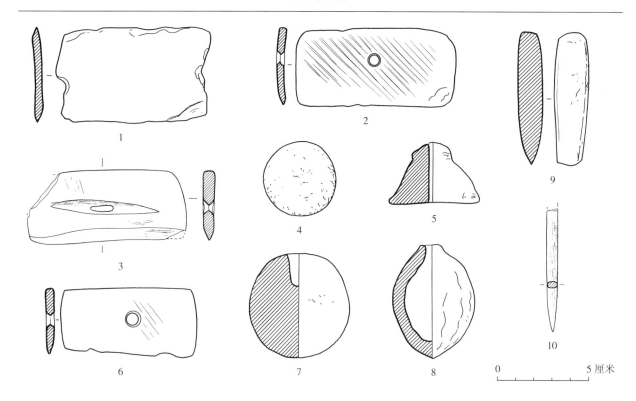

图二〇四　H87出土器物

1. A型陶刀（H87：9）　　2、3、6. B型陶刀（H87：78、H87：19、H87：13）　　4、7. 陶球（H87：70、H87：17）　　5. 陶纺轮（H87：5）　　8. 陶哨（H87：69）　　9. 石凿（H87：68）　　10. 骨笄（H87：7）

制。底径5、厚3.2厘米（图二〇四，5）。

　　陶球　16件，14件完整（图版三七，2）。

　　标本H87：17，泥质褐陶。其上有一1.8厘米的圆形凹窝。直径5.5厘米（图二〇四，7）。

　　标本H87：70，泥质褐陶。直径4厘米（图二〇四，4）。

　　陶铲　1件，完整。

　　标本H87：66，系夹砂红陶片加工而成。形状大体成板瓦状，弧刃。单面磨制。长12.1、宽9~10.5厘米（图二〇五，3）。

　　陶哨　1件，残。

　　标本H87：69，泥质褐陶。形状呈梨形，中空，顶上有一小圆孔。素面。手工捏制。直径4.5~6厘米（图二〇四，8）。

　　（2）石器

　　环石　1件，残。

　　标本H87：67，系斜长角闪岩制成。剖面呈水滴状，中部由两面凿有一穿孔，器表密布琢制的麻点。内径1、外径10、厚3.1厘米（图二〇五，4）。

　　石凿　1件，完整。

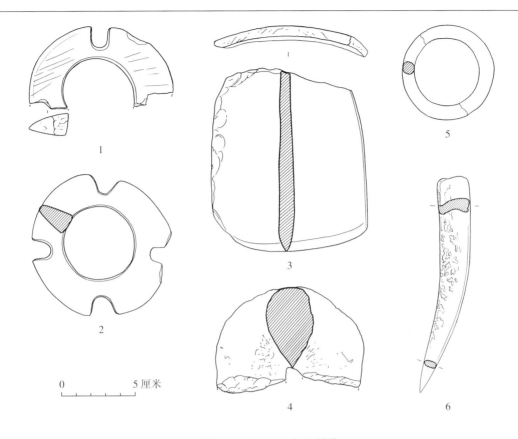

图二〇五　H87出土器物

1、2. C型陶环（H87：77、H87：76）　　3. 陶铲（H87：66）　　4. 环石（H87：67）　　5. A型陶环
（H87：74）　　6. 角锥（H87：65）

标本H87：68，系角砾岩制成。窄长，横截面呈圆角长方形，弧顶。刃部双面磨制，并留有使用的崩缺痕。长7、顶宽1.8、刃宽1.3厘米（图二〇四，9）。

（3）骨、角器

骨笄　1件。通体磨光，横截面为圆形或椭圆形。

标本H87：7，器表为褐色，形似锥形，横截面为椭圆形。一端残断，一端锐利光滑。残长6.6、截面直径0.35~0.6厘米（图二〇四，10；图版三七，6）。

角锥　1件，完整。

标本H87：65，系鹿角劈裂磨制而成。器身弯曲，略呈弧状。劈裂面和锋部经磨光，柄端平齐，锋部尖锐光滑。长14.2厘米（图二〇五，6；彩版三五，2）。

同时，此单位还出土了少量具有庙底沟文化一期特征的陶器。分别介绍如下。

罐　复原2件。

D型Ⅰ式

标本H87：52，夹砂褐陶。宽沿内敛，叠唇，沿面略内弧，腹部斜直，底部微凹。素面。器内外有明显的横向抹光痕迹，近器底有明显的刮削痕迹，器底一周有使用的磨痕。口径

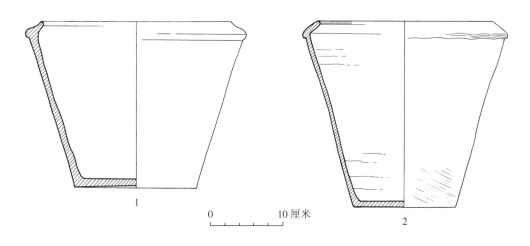

图二〇六　H87出土一期陶罐
1. H87∶52　2. H87∶53

25.6、腹径29.2、底径17、高22.2厘米（图二〇六，1；图版三〇，4）。

标本H87∶53，泥质灰陶。宽沿内敛，叠唇，腹部斜收，平底。素面。唇沿及器内抹光，器表上部有明显的竖向刮修痕迹，且凹凸不平，近底部有明显的斜向刮削痕迹，器内显见泥条盘筑痕迹。口径23.5、腹径27、底径13.5、高24.7厘米（图二〇六，2；图版二九，2）。

14. H89

位于ⅢT2001中部偏南。开口于①层下，被M11打破，并打破生土。坑口距地表0.4米。平面为椭圆形，略呈袋状，底部平坦。口径1.25~2.25、底径1.25~2.31、深0.8米。内填松软的灰色土，并夹杂有红烧土块、料姜石、石块等物，出土有少量陶片以及动物骨头（图二〇七）。

H89出土陶片较少，陶器主要有罐、盆、钵、器盖等，分别占该坑可辨器形的35.71%、10.71%、50.00%、3.57%。陶系、纹饰情况详见表一〇〇。以下介绍两件出土陶器。

钵　均残。

A型Ⅱ式

标本H89∶1，泥质黄褐陶，质略粗，微含细砂。敛口，方唇，沿内有一周凸棱，弧腹内收。唇部饰有一周黑彩，器表仅残留一鸟纹的部分图案。口径30、残高5厘米（图二〇八，1；图版三二，2）。

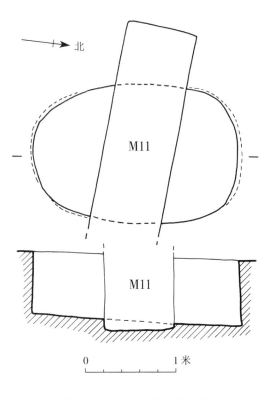

图二〇七　H89平、剖面图

表一〇〇　H89陶系、纹饰统计表

纹饰 \ 陶系	泥质陶					夹砂陶			合计	百分比（%）
	红	黄褐	褐	灰	小计	红	灰褐	小计		
素面	50	11	13	32	106	4	3	7	113	46.50
绳纹				2	2	36	34	70	72	29.63
线纹	34	5	10		49				49	20.17
彩陶	9				9				9	3.70
合计	93	16	23	34	166	40	37	77	243	100
百分比（%）	38.27	6.58	9.47	13.99	68.31	16.46	15.23	31.69	100	

C型Ⅱ式

标本H89：2，泥质陶，褐色顶，灰色腹。敛口，圆唇内卷，弧腹内收。素面。口沿内外明显经刮修。此件标本特征近于Ⅲ式，似乎可以认为这类钵在二期晚段已经出现，直到三期才成为主流。口径23.4、残高6厘米（图二〇八，2）。

15. H93

位于ⅡT2203东南角，部分伸入ⅡT2102、ⅡT2103、ⅡT2202内，横跨4个探方。开口叠压于①层下。坑口距地表0.35米。平面形状呈椭圆形。口径2.25~2.33、深0.62米。东北部为一弯月

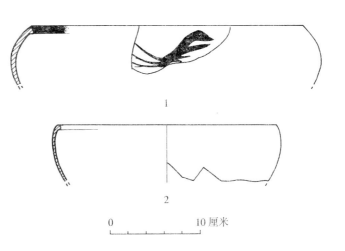

图二〇八　H89出土陶钵

1. A型Ⅱ式（H89：1）　2. C型Ⅱ式（H89：2）

状生土台，台面较平，北壁略收，东壁较直，台面距坑口0.38、距坑底约0.22、宽0.82米。台阶下为一口径1.48~1.78米的椭圆形小坑，斜壁，底略呈锅底状。坑内堆积无明显分层，内填松软的灰色土，包含物较少，出土有极少量的陶片，并出有一件残损石环（图二〇九）。

H93出土陶片较少，陶器主要有盆、钵等，分别占该坑可辨器形的33.33%、66.67%。陶系、纹饰情况详见表一〇一。出土物按质地分别介绍如下。

（1）陶器

素面小盆　复原1件。

标本H93：1，泥质红陶。敛口，沿外卷，圆唇，腹部微鼓，平底。素面。沿下及器内经抹光，下腹部可见明显刮削痕迹，器底有使用的磨痕。口径13.2、底径9.8、高7.8厘米（图二一〇，1）。

（2）石器

石环　1件，残。

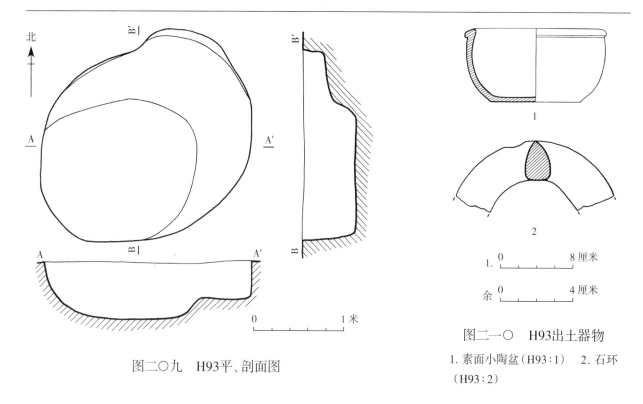

图二〇九 H93平、剖面图

图二一〇 H93出土器物

1. 素面小陶盆（H93：1） 2. 石环（H93：2）

表一〇一 H93 陶系、纹饰统计表

陶系\纹饰	泥质陶				夹砂陶				合计	百分比（%）
	红	褐	灰	小计	红	褐	灰褐	小计		
素面	9	2	5	16	3		1	4	20	40.82
绳纹					2	3	3	8	8	16.32
线纹	20			20					20	40.82
彩陶	1			1					1	2.04
合计	30	2	5	37	5	3	4	12	49	100
百分比（%）	61.22	4.08	10.21	75.51	10.21	6.12	8.16	24.49	100	

标本H93：2，系斜长角闪岩加工而成。剖面呈等腰三角形。磨制。内径5.2、外径9.2厘米（图二一〇，2）。

16. H105

位于ⅡT0901东部，一小部分延伸到探方外。开口于③层下，被H104、H118打破，打破H132及生土层。坑口距地表0.9~2.1米。平面形状大体呈椭圆形，桶状，底略平。口径3.4~4.1、深2.97米。北端残留两个生土台阶，第一台阶长0.36、宽0.32、高0.15米，第二台阶长0.5、宽0.35、高0.25米，其下的台阶已坍塌。底部似用草拌泥处理，质较硬，厚约0.04米。底部的东北为一形似椭圆形的浅坑，坑底较平，未经处理，长2.7、宽1.2、深0.1~0.15米。

坑内堆积依土质土色可分四层：

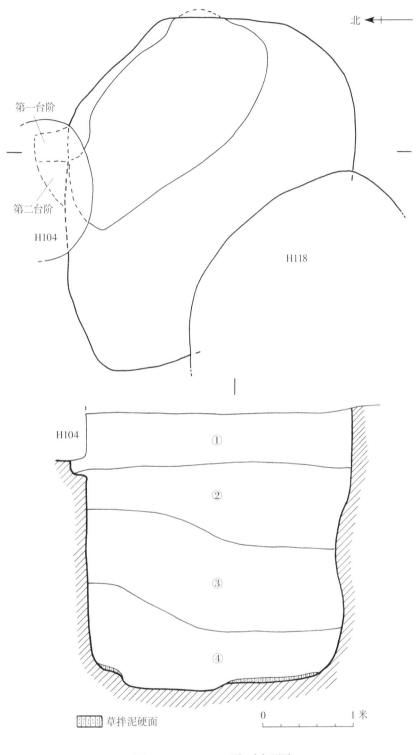

图二一一　H105平、剖面图

第①层：厚0.5~0.58米，为松散的黄灰色土，包含物较少，出土有少量陶片和动物骨头。可辨别的动物属种有猪、梅花鹿、牛等。

第②层：厚0.4~0.9米，为松软的灰褐色土，夹杂有较多的动物骨头以及坑壁倒塌的黄土块，出土有大量陶片，并有陶环、陶刀、陶纺轮、陶球、磨石、骨锥等小件器物出土。可辨别的动物属种有猪、獐、马鹿、绵羊等。

第③层：厚0.8米左右，为松软的黄色、褐色灰烬相间的层状堆积，包含物较为丰富，出土有大量陶片和较多动物骨头，并有陶环、陶刀、陶纺轮、石斧、磨石等小件器物的出土。可辨别的动物属种有雕、猪、小猪、獐、梅花鹿等。

第④层：厚0.5~0.8米，为松散的白色灰烬堆积，包含物相对较少，出土有少量陶片及动物骨头。可辨别的动物属种有中华圆田螺、圆顶珠蚌、猪等（图二一一；彩版一五，2；彩版四一，2）。

H105出土主要陶器有瓶、罐、盆、钵、瓮、灶、釜、器盖等，分别占该坑可辨器形的7.23%、39.76%、16.63%、24.58%、3.86%、0.72%、0.48%、6.74%。坑内各层出土的陶器略有变化，主要体现在A、B型罐、尖底瓶、葫芦口瓶、Aa型盆等器上，但这些变化基本未超出庙底沟文化二期的范畴。各层陶系情况也有一定的变化（详见表一○二~一○五）。以下按质地分别介绍出土物。

（1）陶器

尖底瓶　均残。

Ⅲ式

标本H105③：221，泥质褐陶，略泛黄。器表饰斜线纹。口沿内外磨光。口径4、残高5.8厘米（图二一二，1）。

Ⅳ式

标本H105②：215，泥质黄褐陶，微含细砂。口沿内外显见慢轮修制的痕迹。口径5、残高3.4厘米（图二一二，2）。

表一○二　H105 ①陶系、纹饰统计表

陶系\纹饰	泥质陶					夹砂陶				合计	百分比（%）
	红	黄褐	褐	灰	小计	红	褐	灰褐	小计		
素面	34	13	22	160	229			31	31	260	40.50
绳纹	5			47	52	165	50		215	267	41.59
线纹	65	3	9		77					77	11.99
彩陶	11				11					11	1.71
弦纹							11		11	11	1.71
弦+堆纹						1			1	1	0.16
弦+指窝纹						15			15	15	2.34
合计	115	16	31	207	369	181	61	31	273	642	100
百分比（%）	17.91	2.50	4.83	32.24	57.48	28.19	9.50	4.83	42.52	100	

表一〇三　H105②陶系、纹饰统计表

陶系＼纹饰	泥质陶					夹砂陶				合计	百分比（%）
	红	黄褐	褐	灰	小计	红	褐	灰褐	小计		
素面	380	110	178	470	1138	14	22	78	114	1252	35.00
绳纹			2	20	22	1160		195	1355	1377	38.49
线纹	436	98	130	28	692					692	19.35
彩陶	232				232					232	6.49
弦纹						4			4	4	0.11
绳＋堆纹						8			8	8	0.22
绳＋弦＋指窝纹								12	12	12	0.34
合计	1048	208	310	518	2084	1186	22	285	1493	3577	100
百分比（%）	29.30	5.81	8.67	14.48	58.26	33.16	0.61	7.97	41.74	100	

表一〇四　H105③陶系、纹饰统计表

陶系＼纹饰	泥质陶					夹砂陶				合计	百分比（%）
	红	黄褐	褐	灰	小计	红	黄褐	灰褐	小计		
素面	430	63	41	315	849	117		89	206	1055	32.80
绳纹						685	101	271	1057	1057	32.87
线纹	450	66	72	12	600					600	18.66
彩陶	427				427					427	13.28
弦纹							29		29	29	0.90
绳＋堆纹						10	2	4	16	16	0.50
弦＋指窝＋堆纹						32			32	32	0.99
合计	1307	129	113	327	1876	844	132	364	1340	3216	100
百分比（%）	40.64	4.01	3.51	10.17	58.33	26.24	4.11	11.32	41.67	100	

表一〇五　H105④陶系、纹饰统计表

陶系＼纹饰	泥质陶					夹砂陶				合计	百分比（%）
	红	黄褐	褐	灰	小计	红	黄褐	灰褐	小计		
素面	45	6		23	74					74	28.57
绳纹						86	7	17	110	110	42.47
线纹	47	4	5		56					56	21.62
彩陶	19				19					19	7.34
合计	111	10	5	23	149	86	7	17	110	259	100
百分比（%）	42.86	3.86	1.93	8.88	57.53	33.21	2.70	6.56	42.47	100	

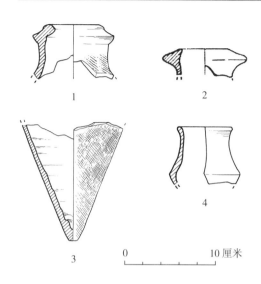

图二一二　H105出土陶器

1. Ⅲ式尖底瓶（H105③:221）　2. Ⅳ式尖底瓶（H105②:215）　3. 尖底瓶底（H105③:222）　4. 小口瓶（H105③:220）

尖底瓶底

标本H105③:222，泥质红陶。器表饰较细密的交错绳纹，器内明显可见泥条盘筑痕迹。残高12.7厘米（图二一二，3）。

小口瓶　较少。均残。

标本H105③:220，泥质红陶，略泛黄。圆唇外卷，颈腹交接处折角明显。素面。唇沿内外有明显慢轮修制的痕迹，器表打磨光滑。口径5.2、残高6厘米（图二一二，4）。

罐　复原6件。

Ab型Ⅱ式　复原1件。

标本H105②:15，夹砂褐陶。圆唇，鼓腹，下腹斜收，底部微凹。通体饰斜绳纹。口沿内外抹光，近器的一周经刮修。口径12.4、腹径32、底径14.4、高37厘米（图二一三，1；图版三三，1）。

E型Ⅱ式　复原1件。

标本H105③:20，残，泥质黄褐陶。圆唇，沿面有一周浅凹槽，沿内有一周凸棱，高领，腹部微鼓，腹部偏上饰有两对称的鸡冠状錾，下腹曲收。素面。口沿内外及器内显见慢轮修制的痕迹，下腹部有明显的刮削痕迹。口径30.2、残高29.6厘米（图二一三，2）。

标本H105③:73，泥质红陶。侈口，圆唇，高领，沿内有一周不明显的凹槽，深斜腹，肩部附有两对称的鸡冠状錾。素面。器表有明显的斜向刮痕，器内亦有手工制作痕迹。这件标本具有一定的B型罐特征。口径18、底径8.8、高25厘米（图二一三，5；图版三三，2）。

G型Ⅱ式　复原4件。

标本H105②:24，夹砂红陶。外折沿，尖唇，鼓腹，下腹内弧，平底。颈下残留一个纽扣状附加泥饼，肩部饰有数周模糊不清的平行划纹，腹部饰斜绳纹。器表火候不均，并留有明显的烟炱。口径18.2、腹径21.6、底径12.5、高23厘米（图二一三，8；图版三三，5）。

标本H105③:70，夹砂红陶。口外侈，圆唇，鼓腹，平底。器表饰斜绳纹。口沿、颈部及器内抹光，近器底经刮削，并有烟熏的炱痕。口径14.5、腹径16.4、底径8.8、高19.9厘米（图二一三，3；图版三三，6）。

标本H105③:71，夹砂灰褐陶。沿外撇，圆唇，鼓腹，平底。肩部粘贴三个等距离的附加泥饼，通体饰斜绳纹。颈部及近底部抹光。该器烧制火候不均，器内较为粗糙，并有烟熏痕。这件标本口沿较短，腹较鼓，与G型罐特征有些差别，但总体相似。口径15.1、腹径20.4、底径10.8、高28厘米（图二一三，6；彩版二五，3）。

标本H105③:75，夹砂灰褐陶。沿外撇，圆唇，腹微鼓，平底内凹。领下饰斜绳纹，近底部饰横向绳纹。器表、器内均有烟炱，器内粗糙。口径13.1、腹径14.8、底径9.6、高19.2厘

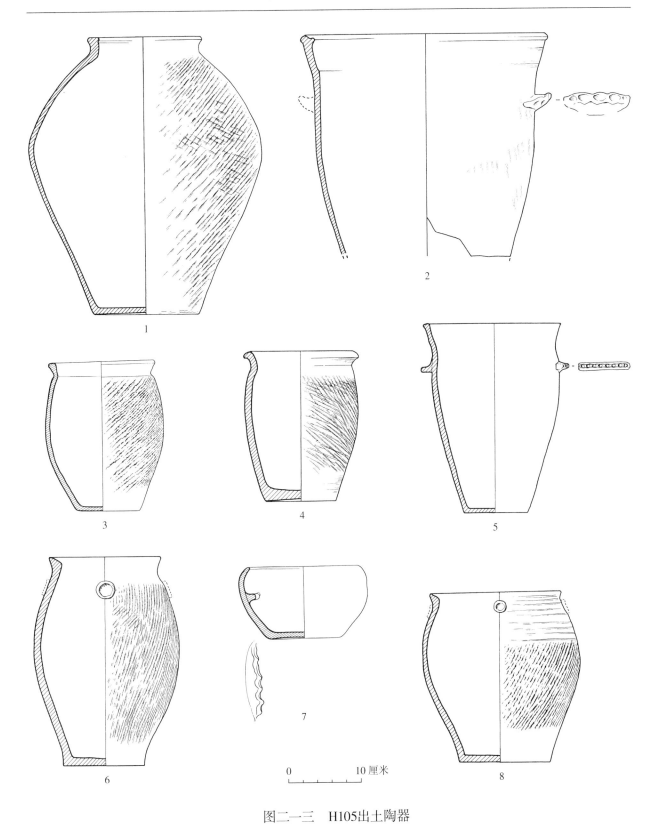

图二一三　H105出土陶器

1. Ab型Ⅱ式罐（H105②:15）　　2、5. E型Ⅱ式罐（H105③:20、H105③:73）　　3、4、6、8. G型Ⅱ式罐（H105③:70、H105③:75、H105③:71、H105②:24）　　7. 盂（H105③:25）

米（图二一三，4；图版三四，1）。

盆　复原5件。

Aa型Ⅱ式　均残。

标本H105②：13，泥质红陶，略泛黄。敛口，唇沿外卷，上腹较直，下腹曲收。唇部饰一周黑彩，沿面以黑彩绘有柳叶纹等图案，器表残留有由圆点、弧形三角纹、"勿"字形纹等组成的图案。口径29.6、残高8.6厘米（图二一四，1）。

Ab型Ⅱ式　复原1件。

标本H105③：76，泥质灰陶。敛口，沿外卷，圆唇，腹部斜收，底部内凹。素面。口沿内外及器表有明显慢轮修制痕迹。口径30.5、底径8.6、高12厘米（图二一四，2；图版三三，3）。

D型Ⅱ式　复原4件。

标本H105③：51，泥质红陶。敛口，沿面微鼓，叠唇，沿下有一周弧形凹槽，腹部斜收，下腹略成反弧状，平底。素面。沿面及沿下有明显的横向刮修痕迹，腹部略经刮修，器内抹

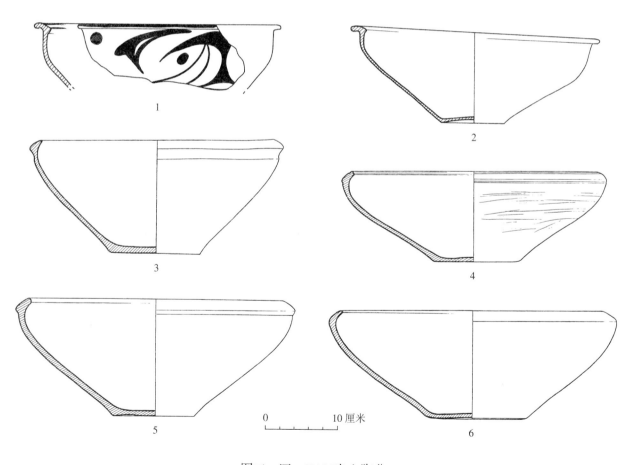

0　　　　　　　10 厘米

图二一四　H105出土陶盆

1. Aa型Ⅱ式盆（H105②：13）　2. Ab型Ⅱ式盆（H105③：76）　3~6. D型Ⅱ式盆（H105③：51、H105②：66、H105③：67、H105①：80）

光，器底有使用的磨痕。口径31.6、底径12.2、高15厘米（图二一四，3；彩版二七，2）。

标本H105②：66，泥质灰陶。敛口，斜宽沿，叠唇，沿面及沿下均有一周凹槽，腹部略成反弧状，平底。素面。器表有无规律的横向划纹，器底有使用的磨痕，该器烧制火候不均。口径33.2、底径11.6、高12厘米（图二一四，4；图版三四，4）。

标本H105③：67，泥质黄褐陶。敛口，沿面微鼓，叠唇，腹部斜收，下腹略成反弧状，底微凹。素面。口沿内外及器表磨光，器底有使用的磨痕。口径34.3、底径11.4、高15.4厘米（图二一四，5；图版三四，5）。

标本H105①：80，泥质灰陶。敛口，叠唇，下唇抹平，腹部略成反弧状，平底。素面。口径35.2、底径13.6、高14.4厘米（图二一四，6；图版三四，6）。

钵　复原13件。

A型Ⅱ式　复原6件。

标本H105④：5，泥质陶，红顶，腹部为黄褐色。敛口，圆唇，曲腹，底微凹。沿面饰一周黑彩，器顶以黑彩绘有由圆点、弧形三角等组成的图案，残存两组。从地纹看，每组由一个花瓣呈柳叶状花朵和两个似瓢虫的图案组成，或者可以理解成一个瓢虫状图案和两个花朵组成。整个器表较为光滑，器底有明显的磨痕。口径30.8、底径11.4、高10.8厘米（图二一五，2；彩版二七，1）。

标本H105②：46，泥质红陶。敛口，方圆唇，鼓肩，斜直腹，底部内凹。器表饰红色陶衣，唇沿部饰黑彩，器顶部饰有由圆点、竖线、垂弧和弧形三角构成的图案，使其地纹形成"西阴纹"，共五组。口部有两个直径0.5厘米的小钻孔，应为修复缀合器物所留，中腹部亦有一小钻孔。口径27.6、底径9.8、高10.5厘米（图二一五，1；彩版二六，1）。

标本H105③：72，泥质红陶。敛口，方唇，上腹微曲，下腹斜收，底部内凹。沿面为一周黑彩，器顶用黑彩绘垂弧、圆点和弧边三角纹等，使其地纹形成"西阴纹"。现仅残存两组图案。器腹部有明显的刮痕。口径31.4、底径11.9、高11.2厘米（图二一五，3；图版三四，7）。

标本H105③：63，泥质陶，灰褐色顶，灰色腹。敛口，圆唇，腹部斜收，底部内凹。器顶有四个对钻的小孔，腹中部有两个由内到外的钻孔。素面。器顶有明显的刮修痕迹，沿内抹光，器内经刮修，器底有使用的磨痕。口径29.4、底径10.8、高11.1厘米（图二一五，7；彩版二六，5）。

标本H105③：65，泥质陶，黄褐色顶，褐色腹。敛口，方唇，腹部斜收，平底。沿面饰一周黑彩，器顶上仅残留两个黑彩圆点纹。器表残留有两组对钻的三个圆孔，用以缀合破裂的陶器。口径29.6、底径8.2、高10.4厘米（图二一五，5；图版三五，1）。

标本H105③：78，泥质红陶。素面。口径29.8、底径10.5、高11厘米（图二一五，8；图版三五，2）。

B型Ⅱ式　均残。

标本H105②：217，泥质陶，暗红色顶，褐色腹。口微敛，圆唇内卷，沿内有一周凸棱，

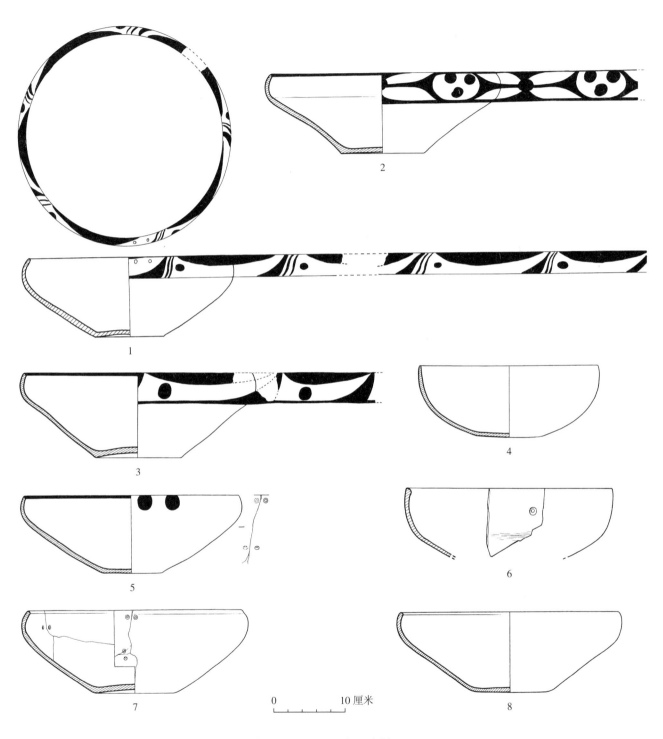

图二一五　H105出土陶钵

1~3、5、7、8. A型Ⅱ式（H105②：46、H105④：5、H105③：72、H105③：65、H105③：63、H105③：78）　4. C型Ⅱ式
（H105③：47）　6. B型Ⅱ式（H105②：217）

上腹部微弧，下腹部曲收。素面。器表及器内有明显刮修痕迹，器顶有一由外及内的小钻孔。这件标本形态上接近B型钵，但又有不同，从其形态及陶质、陶色看，应属于二期遗存。口径28、残高9厘米（图二一五，6）。

C型Ⅱ式　复原7件。

标本H105④:44，泥质陶，黑褐色顶，灰色腹。敞口，圆唇，圆弧腹，底部内凹。素面。器顶磨光，器内抹光。口径18.6、底径4.6、高6.8厘米（图二一六，1；图版三五，3）。

标本H105③:47，泥质红陶。口微敞，圆唇，弧腹斜收，平底。素面。器表有刮修痕迹，器底显见使用的磨痕。口径24.4、底径9.2、高9.4厘米（图二一五，4；图版三六，1）。

标本H105②:50，泥质灰陶。口微敛，圆唇，弧腹斜收，底部内凹。素面。器表、器内经刮修，器顶由外及内钻有两孔，用来缀合残破的陶器。口径16.2、底径5.8、高7厘米（图二一六，2；图版三五，8）。

标本H105③:54，泥质陶，红顶，褐腹。敞口，圆唇，弧腹内收，底部内凹。素面。腹部由外及内钻有两小孔，器底残留一个钻孔。器表、器内略经刮修，器底略见使用的磨痕。口径17.6、底径5.6、高6.2厘米（图二一六，3；彩版二六，6）。

标本H105②:57，泥质灰陶。敞口，圆唇，斜弧腹，底部内凹。素面。器表、器内经磨光。口径17.8、底径6、高6.3厘米（图二一六，4；图版三五，4）。

标本H105③:62，泥质红陶。敞口，圆唇，弧腹斜收，底部内凹。素面。器顶、器内经抹光，腹部经刮修。口径19.3、底径6、高6.3厘米（图二一六，5；图版三五，6）。

标本H105②:77，泥质红陶。敞口，圆唇，弧腹斜收，下腹略曲，底部内凹。素面。器顶有明显的横向刮修痕迹，器底有使用的磨痕。口径18、底径7、高5.6厘米（图二一六，6）。

浅腹钵　复原3件。

标本H105④:43，泥质红陶。敞口，圆唇，斜弧腹，底部内凹。素面。器顶、器内经抹光。口径18.4、底径5.2、高5.8厘米（图二一六，7；图版三五，5）。

标本H105②:74，泥质红陶。口微敛，圆唇，弧腹斜收，底微凹。素面。器表显见横向刮修痕迹，器底有使用的磨痕。口径19.2、底径6.4、高5.2厘米（图二一六，8）。

标本H105②:79，泥质褐陶。口微敛，圆唇，弧腹斜收，底部内凹。素面。器表显见横向刮修痕迹，器内抹光。口径18、底径5.6、高5厘米（图二一六，9）。

圜底钵　复原1件。

标本H105③:59，泥质黄褐陶。敞口，尖唇，斜弧腹，平底。素面，器底上压印有网格状绳纹。器表光滑，器内有明显的横向刮痕。口径18.2、底径5.7、高8.8厘米（图二一六，10；图版三五，7）。

碗　复原1件。

标本H105②:60，夹砂红陶。敞口，圆唇，斜直腹，底微凹。素面。器表经刮修，器内经抹光。口径8.4、底径4、高3.6厘米（图二一六，11）。

盂　复原1件。数量较少。

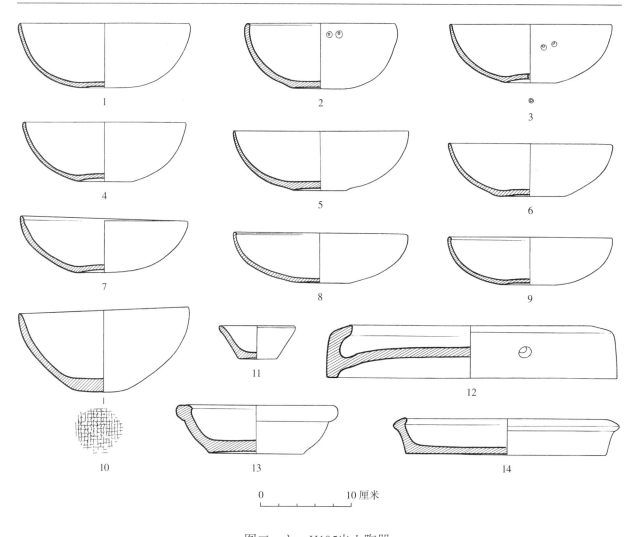

图二一六　H105出土陶器

1~6. C型Ⅱ式钵（H105④：44、H105②：50、H105③：54、H105②：57、H105③：62、H105②：77）　7~9.浅腹钵（H105④：43、H105②：74、H105②：79）　10.圜底钵（H105③：59）　11.碗（H105②：60）　12~14.盘（H105②：64、H105④：41、H105②：21）

标本H105③：25，泥质红陶。敛口，圆唇，上腹圆鼓，下腹弧收，底微凹。器内粘贴一鸡冠状錾。素面。器顶、器内抹光，腹部较为粗糙，未经刮修，近器底及器底上有明显的刮削痕迹。口径14.8、底径9.6、高9.8厘米（图二一三，7；图版三六，4）。

盘　复原3件。

标本H105②：21，泥质红陶。斜沿，尖圆唇，浅腹内收，平底。素面。器表、器内抹光。口径21.6、底径21.8、高3.8厘米（图二一六，14；图版三四，2）。

标本H105④：41，泥质灰陶。敞口，厚圆唇，腹部斜收，底部微凹。素面。口沿及器内显见慢轮修制痕迹，近底部经刮削，器底有使用的磨痕。口径14.2、底径10.4、高5.2厘米（图二一六，13）。

标本H105②：64，泥质红陶。敛口，沿面内收，圆唇，浅直腹，腹底内凹，底剖面呈弓形，使器周形成圈足。腹部仅残留一圆形小孔。素面。口沿、器表磨光，圈足显见刮削痕迹，器底内部经抹光。口径26、底径31.6、高5.6厘米（图二一六，12；图版三四，3）。

过滤器　复原1件。

标本H105③：68，泥质黄褐陶。器口平面呈椭圆形，敞口，尖唇，腹部斜收，底部内凹。近器底部一周有四个直径约1.2厘米的圆形小孔。素面。器表上部磨光，下部经刮削，器内有手工捏制的痕迹。口径6.8~16、底径5.4~9.5、高10.2厘米（图二一七，1；图版三六，3）。

灶　复原1件。

Ⅱ式

标本H105③：12，夹砂红陶。宽折沿，圆唇，沿面抹光饰橘红色陶衣，用于放置釜的三支钉基本呈等距离分布，其中火门上两支钉间折棱处有花边，器内壁粗涩，底部有烟炱，器腹略外鼓，底平、近火门处向外伸出，底下部接三个板状足，两个位于火门下外伸部分，另一个和火门相对。火门平面略呈长方形，除底端边外，上端和两边均压有花边，并于四角各

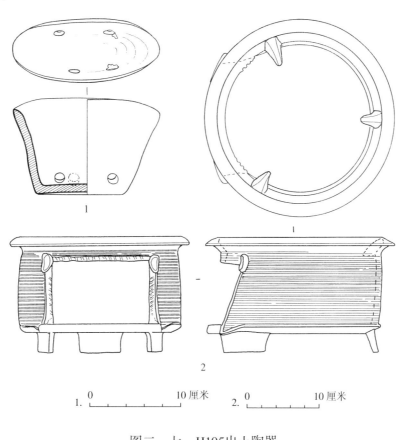

图二一七　H105出土陶器

1. 过滤器（H105③：68）　2. Ⅱ式灶（H105③：12）

附加一小泥饼，器表通饰平行弦纹。灶的三个鸟喙状支钉与三足对应，均为后接，接茬外抹泥加固，器腹是先制好灶体，再切出火门，底为后接，接痕明显，内壁抹泥加固。口径22、高15.4厘米（图二一七，2；彩版二六，4）。

器盖　复原8件。

Aa型Ⅱ式　复原2件。

标本H105②：45，夹砂褐陶。形如覆钵，敞口，沿面有一周凹槽，桥形提柄，提柄为子母结构，镶入盖顶，然后抹泥加固并抹光。下腹饰斜绳纹。器表上部有手工捏制痕迹，口部及器内抹光。口径20.2、高11.8厘米（图二一八，8；图版三六，5）。

标本H105②：58，夹砂红陶，器表陶色不均，带有黑褐色斑点。喇叭形口，圆唇，顶上装带形半圆宽提柄。素面。器表粗涩，并留有抹痕。口径27.2、高14.4厘米（图二一八，1；彩版二六，2）。

Ab型Ⅱ式　复原3件。

标本H105②：10，夹砂红陶。敞口，方唇，形如覆钵，桥形提柄。素面。器表抹光，较为粗糙。口径19、高8.4厘米（图二一八，11）。

标本H105③：48，夹砂红陶。敞口，方唇，形如覆钵，桥形提柄。素面。器表略经刮修，提柄为手工捏制，器内抹光。口径26.8、高12.6厘米（图二一八，2；图版三六，6）。

标本H105③：49，夹砂红陶。敞口，方唇，形如覆钵，桥形提柄。素面。器表用细泥抹光，器内显见横向抹痕。口径28、高12厘米（图二一八，3）。

Ac型Ⅱ式　复原1件。

标本H105③：56，残，夹砂褐陶。敛口，圆唇，沿面有一周凹槽，形如覆钵，提柄残缺。素面。器表有明显的横向刮修痕迹。口径17.2、残高7.2厘米（图二一八，10）。

标本H105②：61，夹砂褐陶。敞口，尖唇，形如覆钵，桥形提柄。素面。器表、器内抹光，器表较为粗糙。口径20、高11.8厘米（图二一八，5；图版三六，7）。

Ca型Ⅱ式　复原2件。

标本H105②：84，夹砂褐陶。喇叭形侈口，圆唇，手工捏制有双角形扁纽，纽柄较高，器形较小。素面。口径5.7、高5.9厘米（图二一八，6；图版三七，3）。

标本H105③：85，夹砂灰陶。喇叭形侈口，圆唇，双角式扁纽，纽柄较高，器形较小。素面。器表、器内抹光，手工捏制。口径6、高4.6厘米（图二一八，9；图版三七，3）。

标本H105③：86，夹砂红陶。喇叭形侈口，圆唇，双角式扁纽，一角残缺，器形较小。素面。手工捏制。口径5、高3.6厘米（图二一八，4；图版三七，3）。

杯　3件，2件完整，均为素面。

B型

标本H105③：81，夹砂红陶。口径6.1、底径4、高7.8厘米（图二一八，7；彩版三五，8）。

标本H105③：83，夹砂红陶。口径5.5、底径4.2、高7.5厘米（图二一八，12；彩版三五，8）。

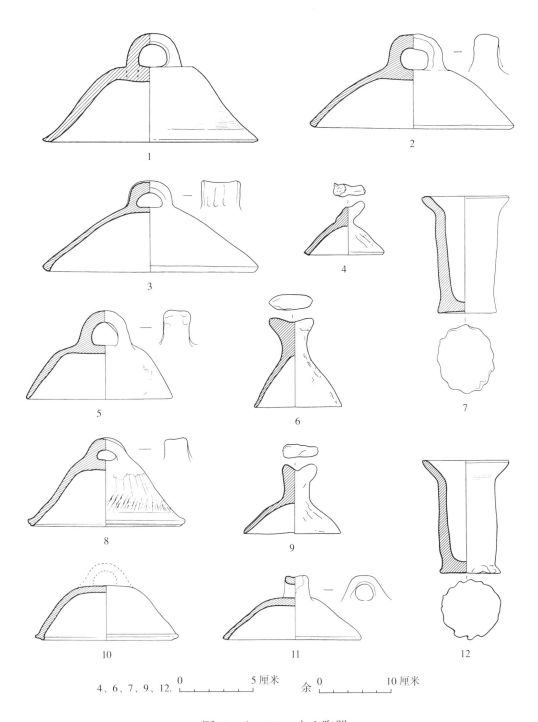

图二一八　H105出土陶器

1、8. Aa型Ⅱ式器盖（H105②：58、H105②：45）　　2、3、11. Ab型Ⅱ式器盖（H105③：48、H105③：49、H105②：10）　　4、6、9. Ca型Ⅱ式器盖（H105③：86、H105②：84、H105③：85）　　5、10. Ac型Ⅱ式器盖（H105②：61、H105③：56）　　7、12. B型杯（H105③：81、H105③：83）

表一〇六　H105陶刀统计表（17件）

编号	形状			尺寸（厘米）
	A型	B型（12）	C型（5）	长×宽
H105③：82		√		残长6.3×4.1
H105②：87		√		7.9×（4.4~4.7）
H105③：88		√		8.7×（3.6~4.8）
H105②：89		√		8.7×4.3
H105①：40			√	7.4×4.8
H105②：197		√		残长3.7×4.4
H105①：198		√		残长6.3×4.6
H105②：199		√		残长5.5×4.1
H105②：200		√		残长3.8×4.3
H105②：201		√		残长3.5×4.3
H105②：202		√		残长4.9×4.6
H105③：203		√		残长5.1×4.05
H105④：204		√		残长4.6×3.9
H105②：205			√	残长4.5×4.4
H105③：206			√	残长4.8×4.45
H105④：207			√	残长5.1×5.05
H105④：208			√	残长4.3×4.7

陶刀　17件，3件完整（表一〇六）。

B型

标本H105③：82，残，泥质褐陶。器中部对钻一圆形穿孔，孔两端刻划有一斜向槽痕。刀部单面磨制，较为锋利。残长6.3、宽4.1厘米（图二一九，6）。

标本H105②：87，泥质红陶。整器平面大体呈长方形，器中部靠刀背对钻有一圆形穿孔。刀背及两侧磨制较直，一侧略窄，刀部单面磨制，略内弧，较为锋利。长7.9、宽4.4~4.7厘米（图二一九，5）。

标本H105③：88，泥质褐陶。平面呈不规则长方形，一侧较窄，器中部靠刀背一端对钻有一圆形穿孔。刀背及两侧经磨制，较为平直，刀部双面磨制，较为锋利，略见锯齿状使用痕迹。长8.7、宽3.6~4.8厘米（图二一九，9）。

标本H105②：89，泥质红陶。平面呈长方形，器中部略靠刀背对钻有一圆形穿孔。刀背及两侧磨制光滑、平直，刀部单面磨制，较为锋利，并留有使用的凹痕。长8.7、宽4.3厘米（图二一九，8）。

陶环　102件，均残（表一〇七）。

表一○七　H105 陶环统计表（102 件）

编号	形状				尺寸（厘米）	保存状况	备注
	A 型（88）	B 型（2）	C 型（7）	D 型（5）	内径 × 外径 × 厚		
H105 ③：91	√				4.9×6.8×0.9	残	
H105 ②：92	√				4.1×5.3×0.5	残	
H105 ②：93	√				4.1×5.4×1.9	残	
H105 ③：94	√				5.4×6.2×1.6	残	
H105 ③：99	√				4.1×6×0.75	残	
H105 ②：100	√				4.6×6.2×0.7	残	
H105 ①：101	√				3.8×5.4×0.7	残	
H105 ①：102	√				4.4×6.2×1.1	残	
H105 ②：103	√				4.8×6.2×1.45	残	
H105 ③：104	√				5.8×7.4×0.7	残	
H105 ③：105	√				4.4×6×1	残	
H105 ④：106	√				6×10.2×0.9	残	
H105 ②：107	√				4.2×5.8×0.65	残	
H105 ③：108	√				5.4×7.2×1.05	残	
H105 ②：109	√				4.2×5.8×0.6	残	
H105 ②：110	√				4×5.4×0.6	残	
H105 ③：111	√				4×5.8×0.95	残	
H105 ③：112	√				3.6×5×0.6	残	
H105 ②：113	√				4×5.4×0.7	残	
H105 ②：114	√				5×6.6×0.7	残	
H105 ③：115	√				4.1×5.4×0.6	残	
H105 ③：116	√				4.8×6.2×0.8	残	
H105 ②：117	√				4×5×0.5	残	
H105 ③：118	√				4×5.2×1	残	
H105 ③：119	√				6×7.8×1	残	
H105 ②：120	√				4.6×6.4×0.75	残	
H105 ②：121	√				3.8×5×0.5	残	
H105 ②：122	√				3.8×5.2×0.75	残	
H105 ③：123	√				4.8×6.2×0.7	残	
H105 ②：124	√				4.4×5.8×0.65	残	
H105 ②：125	√				4.2×5.4×0.6	残	
H105 ②：126	√				4×5.4×0.6	残	
H105 ②：127	√				3.8×5×0.5	残	
H105 ③：128	√				4×5.8×0.85	残	

编号	形状				尺寸（厘米）	保存状况	备注
	A 型（88）	B 型（2）	C 型（7）	D 型（5）	内径 × 外径 × 厚		
H105 ②：129	√				5.6×7×0.6	残	
H105 ③：130	√				4×5.6×0.75	残	
H105 ②：131	√				4×5.2×0.65	残	
H105 ②：132	√				4×5.4×1.05	残	
H105 ②：133	√				4.4×5.8×0.7	残	
H105 ②：134	√				4.4×6×0.6	残	
H105 ②：135	√				3.8×5.2×0.5	残	
H105 ③：136	√				4.8×6.2×0.7	残	
H105 ③：137	√				5.2×6.8×0.65	残	
H105 ④：138	√				4×5.2×1.15	残	
H105 ②：139	√				6×8.4×1.3	残	
H105 ②：140	√				4×5.2×0.95	残	
H105 ②：141	√				4×5.2×0.65	残	
H105 ③：142	√				6×8.2×1.05	残	
H105 ②：143	√				4×5.6×1.15	残	
H105 ③：144	√				4.4×5.8×1	残	
H105 ②：145	√				3.6×5.8×0.55	残	
H105 ③：146	√				3.4×4.8×0.8	残	
H105 ③：147	√				4×5.6×0.9	残	
H105 ②：148	√				4×5×0.65	残	
H105 ①：149	√				4×5.4×0.55	残	
H105 ②：150	√				4×5.2×0.65	残	
H105 ③：151	√				4×5.6×1	残	
H105 ②：152	√				5.3×6.6×0.7	残	
H105 ②：153	√				4×5.4×0.6	残	
H105 ②：154	√				3.4×4.8×0.7	残	
H105 ③：155	√				4.8×5.6×0.96	残	
H105 ③：156	√				4×5.6×0.7	残	
H105 ③：157	√				4.3×5.4×0.5	残	
H105 ④：158	√				4.2×5.6×0.6	残	
H105 ②：159	√				4×5.2×0.55	残	
H105 ②：160	√				3.6×5×0.55	残	
H105 ④：161	√				4×5.3×0.7	残	
H105 ②：162	√				4.4×5.6×0.6	残	

编号	形状				尺寸（厘米）	保存状况	备注
	A 型（88）	B 型（2）	C 型（7）	D 型（5）	内径 × 外径 × 厚		
H105 ②：163	√				4.4×6×0.7	残	
H105 ③：164	√				4.4×6×0.9	残	
H105 ②：165	√				6×7.8×1.16	残	
H105 ③：166	√				4.6×5.9×0.7	残	
H105 ③：167	√				4.2×5.6×0.7	残	
H105 ③：168	√				3.6×5×0.5	残	
H105 ②：169	√				4×5.2×0.6	残	
H105 ③：170	√				4×5×0.65	残	
H105 ②：171	√				4×5.2×0.7	残	
H105 ④：172	√				4×5.4×0.6	残	
H105 ②：173	√				4×5.4×0.7	残	
H105 ②：174	√				4×5×0.7	残	
H105 ②：175	√				4×5×0.6	残	
H105 ②：176	√				4×5×0.7	残	
H105 ③：177	√				4×5.6×0.9	残	
H105 ②：178	√				4.8×7×0.75	残	
H105 ②：179	√				3.8×5×0.6	残	
H105 ②：180	√				4×5.3×0.55	残	
H105 ③：181	√				4×5.5×0.85	残	
H105 ③：182	√				4×5.6×1.1	残	
H105 ②：183		√			4.3×5.8×0.9	残	
H105 ②：184		√			4×5.3×0.65	残	
H105 ①：185				√	3.7×4.4×2.1	残	
H105 ②：186				√	3.6×4.6×1.7	残	
H105 ②：187				√	6×8.8×3.3	残	
H105 ②：188				√	4×6×2.8	残	
H105 ④：189				√	5×8.2×2.1	残	外缘有指窝
H105 ①：190			√		4×6×1.1	残	齿轮状
H105 ①：191			√		4.2×6.9×1.4	残	齿轮状
H105 ②：192			√		4×6.2×0.6	残	齿轮状
H105 ③：193			√		4×6.4×1.2	残	螺旋状
H105 ③：194			√		6×9.6×2.3	残	螺旋状
H105 ②：195			√		8×12.8× 残厚 3.9	残	螺旋状
H105 ③：196			√		6.6×10.4×5.5	残	螺旋状

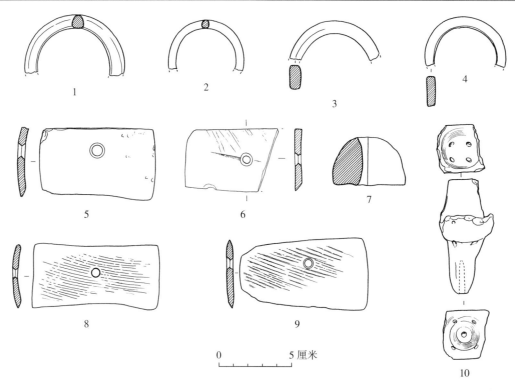

图二一九   H105出土陶器

1~4. A型陶环（H105③：91、H105②：92、H105③：94、H105②：93）   5、6、8、9. B型陶刀
（H105②：87、H105③：82、H105②：89、H105③：88）   7. 陶纺轮（H105③：90）   10. 不明陶器
（H105②：95）

A型

标本H105③：91，泥质灰陶，一面有使用的磨痕。内径4.9、外径6.8、厚0.9厘米（图二一九，1）。

标本H105②：92，泥质灰陶。内径4.1、外径5.3、厚0.5厘米（图二一九，2）。

标本H105②：93，泥质白陶。横截面呈长方形。内径4.1、外径5.4、厚1.9厘米（图二一九，4）。

标本H105③：94，泥质白陶。横截面呈圆角长方形。两面有明显使用的磨痕。内径5.4、外径6.2、厚1.6厘米（图二一九，3）。

陶纺轮   2件，1件完整。

标本H105③：90，夹细砂褐陶。圆弧顶，底部微凹，形似馒头状，中部戳有一圆形穿孔。素面。手工捏制。底径5、厚3.2厘米（图二一九，7）。

不明陶器   1件。

标本H105②：95，残，泥质褐陶。椭圆形敞口，其下有对称的四个小孔，柄部截面呈尖圆锥形，中部有一未通的小孔。素面。手工捏制。高7.6厘米（图二一九，10；彩版三五，5）。

（2）石器

石环 2件，1件完整。

标本H105②：96，系硅酸岩磨制而成。横截面呈等腰三角形。内径3.4、外径5.8、厚0.6厘米（图二二〇，2）。

标本H105②：97，残，系砂岩磨制而成。横截面呈等腰三角形。内径5.5、外径9.6、厚1厘米（图二二〇，1）。

环石 1件，数量极少。

标本H105①：9，残，系（绿泥石化）黑云斜长片岩打制而成。横截面近枣核形，中部对钻有一圆孔。直径10.5、厚1.8厘米（图二二〇，3）。

石杵 1件，长条形。

标本H105②：18，系斜长角闪片麻岩加工而成。平面近长方

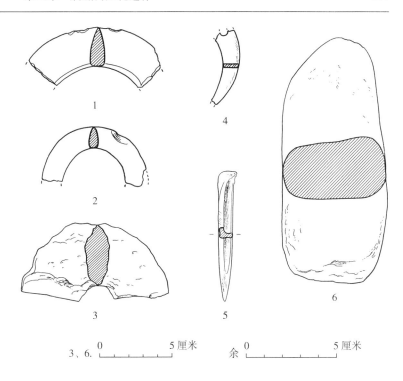

图二二〇 H105出土器物

1、2. 石环（H105②：97、H105②：96） 3. 环石（H105①：9） 4. 牙坠饰（H105④：98） 5. 骨锥（H105②：11） 6. 石杵（H105②：18）

形，横截面呈圆角长方形。长16.3、宽7、厚3.8厘米（图二二〇，6；图版三七，5）。

（3）骨器、牙饰

骨锥 1件。

标本H105②：11，柄端保持骨关节原状，锋部较为尖锐、锋利。长6.9厘米（图二二〇，5；图版三七，7）。

牙坠饰 1件。

标本H105④：98，残，可能系野猪的獠牙制成，根端穿孔，器表有明显的斜向锯痕。残长4厘米（图二二〇，4）。

另外，H105中还出土一些与庙底沟文化一期特征接近的陶器。介绍如下。

葫芦口瓶 均残。

B型Ⅰ式

标本H105③：219，泥质红陶。小口，圆唇外卷，颈腹交接处折角明显，颈下外撇。器表饰斜线纹。口沿内外显见慢轮修制的痕迹，器内明显可见泥条盘筑痕迹。口径3.4、残高16厘米（图二二一，6）。

盆 复原1件。

Aa型Ⅰ式

标本H105②：69，泥质红陶。宽沿，圆唇，沿内与器腹交接处略见折棱，折棱处饰红

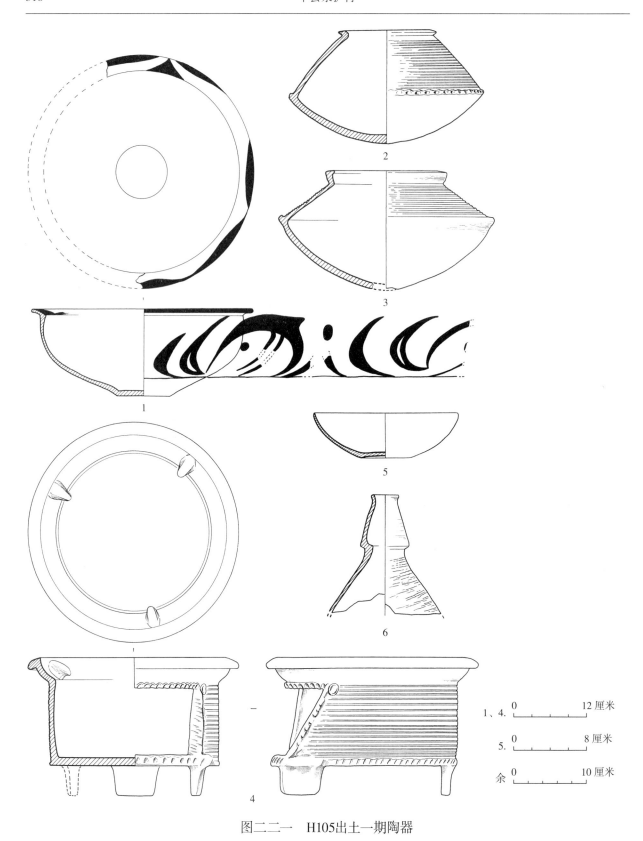

图二二一　H105出土一期陶器

1. Aa型Ⅰ式盆（H105②：69）　　2、3. Ⅰ式釜（H105③：52、H105②：216）　　4. Ⅰ式灶（H105②：218）　　5. C型Ⅰ式钵
（H105②：55）　　6. B型Ⅰ式葫芦口瓶（H105③：219）

彩，器腹略鼓，下腹内收，小平底、底中部内凹。器表光滑并饰橘红色陶衣，上腹以黑彩绘有由圆点、弧线组成的图案，沿部饰有弧形三角和弧线纹，可见五个弧和一个三角。口径32.4、底径10、高14厘米（图二二一，1；图版三三，4）。

钵 复原1件。

C型 I 式

标本H105②：55，泥质红陶。敞口，尖唇，斜弧腹，底部内凹。素面。器表、器内经磨光，器底有烟熏的炱痕。口径15.8、底径5.4、高4.8厘米（图二二一，5；图版三六，2）。

釜 复原2件。

I 式

标本H105③：52，夹砂红陶。敛口，圆唇，折肩，圜底。肩部饰有细密的凹弦纹，最大径处捏制一周锯齿纹，锯齿上留有手工压印痕迹，底为素面。器表有明显的烟熏炱痕。口径13.5、腹径27、高15.3厘米（图二二一，2；图版三八，1）。

标本H105②：216，夹砂红陶。敛口，口内有一周凸棱，矮领，斜折肩，圜底。肩部通饰平行弦纹，纹痕较深，器底素面。口沿内外及领部抹光，底部留有明显烟熏的炱痕。口径14.5、腹径29.8、高16厘米（图二二一，3；彩版二六，3）。

灶 复原1件。

I 式

标本H105②：218，夹砂红陶，略泛黄。沿外折，圆唇，领内一周内弧，并饰有三个三等分隼形附加泥突，以用来支垫陶釜，腹部呈筒状，微外撇，平底，下附三足。灶门呈方形，上部内收，下部前伸，灶门四周压花边，上端花边外之两侧分别粘贴有纽扣状附加泥饼。该灶口沿内外保留有慢轮修整的痕迹，腹部通饰平行弦纹，纹痕较深，底部压一周花边。口径31.2、底径28.3~30.8、高22.2厘米（图二二一，4；彩版二六，3）。

17. H107

位于 I T1407东北部，部分伸入 I T1408、I T1507和 I T1508内，横跨4个探方。开口于①层下，打破H138及生土。坑口距地表0.5米。平面形状呈椭圆形，口大底小，坑壁较直，略带收分，唯东部坑壁的中部稍向外突出，底部略平。口径3.9~5、底径2.8~4.22、深2.1~2.3米。坑底中部被一高0.32、厚0.34米的生土梁分成东西两部分，和北部高约0.64米的生土台相连，台面微斜向坑底，台宽约0.56米，整个坑体未经进一步加工处理，边为生土。

坑内堆积可分五层：

第①层：根据土质土色不同将该层堆积分为两个亚层：①a层，厚约0.34米，为松软的黄灰色土，包含物较少；①b层，厚约0.25~0.6米，为松散的浅灰色土，内夹杂有石块，东南部发现4块大石块，用途不详。该层出土有大量陶片及较多陶环、陶杯等小件器物。出土可鉴定的动物属种仅猪一种。

第②层：厚0.24~0.64米，土质较为松散，该层可分三个亚层：②a层，厚约0.1~0.3米的灰白色土，包含物较为丰富，出土有较多陶片及陶环、陶刀、陶球等小件器物；②b层，厚约0.13~0.65米，灰褐色土，包含物丰富，出土有大量陶片以及陶环、陶刀、陶纺轮等小件器物；②c层，为厚约0.42米的灰色土，包含物较少，出土有少量陶片。出土可鉴定的动物属种仅猪一种。

　　第③层：厚0.12~0.66米，下分两个亚层：③a层，厚0.2~0.4米，为土质松软的褐色土，包含物丰富，出土有大量的陶片和少量的动物骨头，并有陶环、陶刀等小件器物；③b层，厚0.15~0.3米，为较硬的黄褐色草拌泥堆积，主要分布于西半部，包含物较为丰富，夹杂有石块等物，出土有较多的陶片及陶环、陶纺轮等小件器物。出土可鉴定的动物属种有猪、小猪两种。

　　第④层：厚约0.4~0.74米，下分三个亚层：④a层，厚约0.14~0.4米，为较疏松的黄褐色土，包含物较丰富，并夹杂有动物骨头、动物牙齿等物，陶片碎小且多，另有陶环、陶刀、

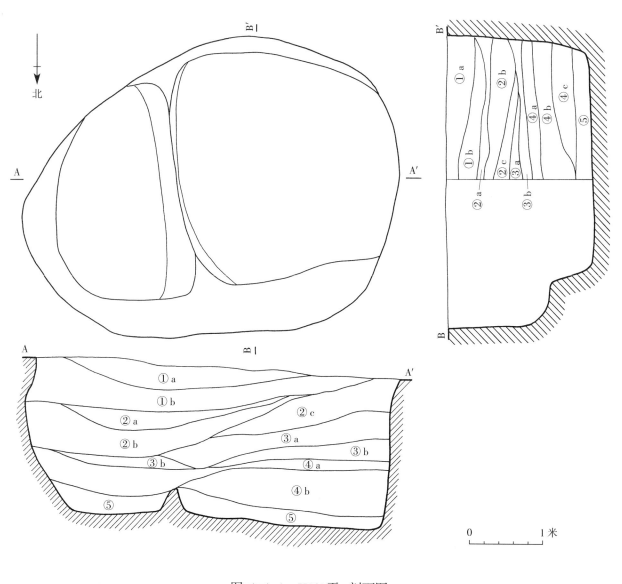

图二二二　H107平、剖面图

陶球等小件器物的出土；④b层，厚0.22~0.6米，为较松散的灰褐色土，包含物相对较少，出土陶片也较少，并有陶环、陶刀、陶杯等小件器物；④c层，厚约0.3米，为较松软的深灰色土，包含物较少，出土有少量陶片。出土可鉴定的动物属种有中华竹鼠、猪等。

　　第⑤层：厚0.19~0.24米，为较松软的浅褐色土，包含物甚少，仅出土有少量陶片（图二二二；彩版一六）。

　　H107出土器物极多，基本为陶器，主要有瓶、罐、盆、钵、瓮、釜、灶、缸、器盖等，分别占该坑可辨器形的6.25%、34.60%、23.93%、24.25%、5.79%、0.15%、0.61%、0.30%、4.12%。这些陶器从类型学上看，形态没有大的区别，基本处于庙底沟文化二期阶段。陶系是泥质陶较夹砂陶多，泥质陶以红陶为主，并有较多灰、褐、黄褐陶，夹砂陶则多为灰褐陶，纹饰主要以素面为主，并有较多的绳纹和线纹（详见表一〇八~一一二）。出土物分别介绍如下。

　　尖底瓶　皆残，器表均饰斜线纹。

　　Ⅲ式

　　标本H107④a：112，泥质红陶，略泛黄。颈部断面有磨平痕迹。口径5.1、残高3厘米（图二二三，2）。

　　标本H107④c：113，泥质褐陶。下唇外有一周齿轮状花边。口径5.4、残高3.8厘米（图二二三，3）。

　　Ⅳ式

　　标本H107④b：115，泥质黄褐陶。口径5、残高4厘米（图二二三，5）。

表一〇八　H107 ①陶系、纹饰统计表

陶系 纹饰	泥质陶					夹砂陶				合计	百分比（%）
	红	黄褐	褐	灰	小计	红	褐	灰褐	小计		
素面	430	112	50	408	1000		153		153	1153	39.20
绳纹						258		431	689	689	23.42
线纹	668	62		30	760					760	25.83
彩陶	286				286					286	9.72
弦纹			1		1		26		26	27	0.92
弦 + 堆纹						8			8	8	0.27
绳 + 弦纹								1	1	1	0.03
绳 + 堆纹						4		12	16	16	0.54
绳 + 弦 + 堆纹						2			2	2	0.07
合计	1384	174	51	438	2047	272	179	444	895	2942	100
百分比（%）	47.04	5.91	1.73	14.90	69.58	9.25	6.08	15.09	30.42	100	

表一〇九　H107 ②陶系、纹饰统计表

陶系 纹饰	泥质陶					夹砂陶			合计	百分比 （%）
	红	黄褐	褐	灰	小计	红	灰褐	小计		
素面	288	85	135	307	815	51	42	93	908	39.56
绳纹						140	694	834	834	36.34
线纹	146	56	2		204				204	8.89
彩陶	279				279				279	12.16
弦纹						17		17	17	0.74
线＋堆纹	3				3				3	0.13
绳＋堆纹						26	13	39	39	1.70
绳＋弦＋堆纹						8	1	9	9	0.39
绳＋弦＋指窝纹							2	2	2	0.09
合计	716	141	137	307	1301	242	752	994	2295	100
百分比（%）	31.20	6.14	5.97	13.38	56.69	10.54	32.77	43.31	100	

表一一〇　H107 ③陶系、纹饰统计表

陶系 纹饰	泥质陶					夹砂陶			合计	百分比 （%）
	红	黄褐	褐	灰	小计	红	灰褐	小计		
素面	207	32	55	516	810	28	14	42	852	40.04
绳纹							685	685	685	32.19
线纹	182		135	10	327				327	15.37
彩陶	247				247				247	11.60
弦纹						10		10	10	0.47
绳＋堆纹							7	7	7	0.33
合计	636	32	190	526	1384	38	706	744	2128	100
百分比（%）	29.89	1.50	8.93	24.72	65.04	1.78	33.18	34.96	100	

标本H107①：116，泥质红陶。口径5.1、残高19.4厘米（图二二三，4）。

葫芦口瓶　均残。

A型Ⅱ式

标本H107③：114，泥质黄褐陶。器表饰斜线纹。口径3、残高7.4厘米（图二二三，6）。

B型Ⅱ式

标本H107②c：117，泥质红陶，略泛黄。小口，唇沿外卷，颈腹交接处折棱明显，鼓

表——— H107④陶系、纹饰统计表

纹饰＼陶系	泥质陶					夹砂陶				合计	百分比（%）
	红	黄褐	褐	灰	小计	红	褐	灰褐	小计		
素面	125	128	112	138	503	6		3	9	512	37.24
绳纹						31	220	87	338	338	24.58
线纹	137		117	62	316					316	22.98
彩陶	196				196					196	14.25
绳＋堆纹						3		10	13	13	0.95
合计	458	128	229	200	1015	40	220	100	360	1375	100
百分比（%）	33.31	9.31	16.65	14.55	73.82	2.91	16.00	7.27	26.18	100	

表——二 H107⑤陶系、纹饰统计表

纹饰＼陶系	泥质陶				夹砂陶			合计	百分比（%）
	红	褐	灰	小计	红	褐	小计		
素面	40	23	52	115	2	10	12	127	38.48
绳纹					4	67	71	71	21.52
线纹	76		6	82				82	24.85
彩陶	49			49				49	14.85
稻穗状纹					1		1	1	0.30
合计	165	23	58	246	7	77	84	330	100
百分比（%）	50.00	6.97	17.58	74.55	2.12	23.33	25.45	100	

腹。腹部饰两对称的桥形扁耳，器表通饰交错线纹。唇沿内外磨光，器内明显可见泥条盘筑痕迹。口径4、残高35.8厘米（图二二三，1）。

小口瓶 复原1件。

标本H107②b：72，夹砂红陶。小口，圆唇，颈部有一周凸棱，底微凹。素面。器表较为光滑，口沿内外及颈部抹光，底部有明显的烟炱。口径2.8、腹径11.6、底径7.2、高16.8厘米（图二二三，7；图版三八，3）。

罐 复原9件。

Aa型Ⅱ式 均残。

标本H107④b：121，夹砂红陶。侈口，圆唇，沿内有一周凸棱，腹部微鼓。口沿内外及颈部抹光，器表饰较细密交错绳纹。口径43.6、残高13厘米（图二二四，1）。

Ab型Ⅱ式 均残。

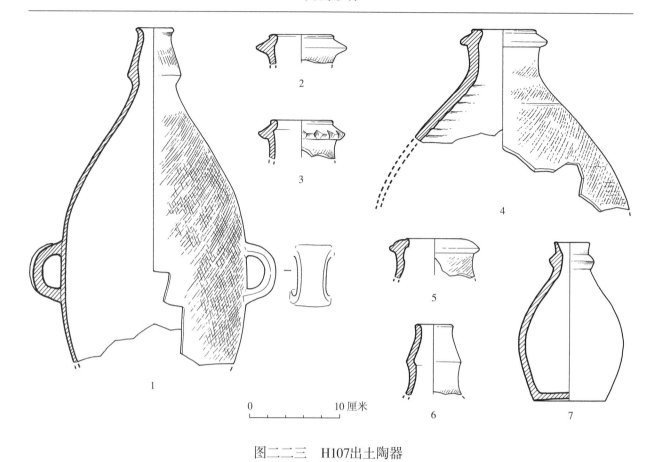

图二二三　H107出土陶器

1. B型Ⅱ式葫芦口瓶（H107②c：117）　　2、3. Ⅲ式尖底瓶（H107④a：112、H107④c：113）　　4、5. Ⅳ式尖底瓶
（H107①：116、H107④b：115）　　6. A型Ⅱ式葫芦口瓶（H107③：114）　　7. 小口瓶（H107②b：72）

　　标本H107②b：118，夹砂红陶。侈口，圆唇外卷，颈部斜收，溜肩，鼓腹。颈下饰有对称的两个一组的纽扣状附加泥饼，肩部饰有两对称的鸡冠状鋬，现仅残留痕迹于器表，器表饰交错绳纹。口径44、残高10厘米（图二二四，3）。

　　标本H107③b：119，夹砂红陶。器表饰交错绳纹。口径39、残高7.2厘米（图二二四，5）。

　　标本H107①：120，夹砂红陶。器表通饰斜绳纹，颈下饰有数周弦纹。口径20.2、残高9.6厘米（图二二四，4）。

　　标本H107②b：123，夹砂红陶。肩部饰两对称的鸡冠状鋬，器表通饰交错细绳纹。口径40.4、残高10厘米（图二二四，6）。

　　标本H107②b：186，夹砂红陶。沿面外斜，方唇，圆鼓腹。器表通饰斜绳纹，颈部按压一周指窝纹，肩部粘贴一周椭圆形附加泥饼。口沿内外有明显的抹光痕迹，口部加厚，从器内明显可看出其口沿的制法为口包帮。口径14.6、腹径22、残高13.9厘米（图二二四，7）。

　　B型Ⅱ式　复原1件。

　　标本H107①：33，夹砂褐陶。沿外撇，圆唇，沿内有一周凹槽，上腹较直，下腹斜收，

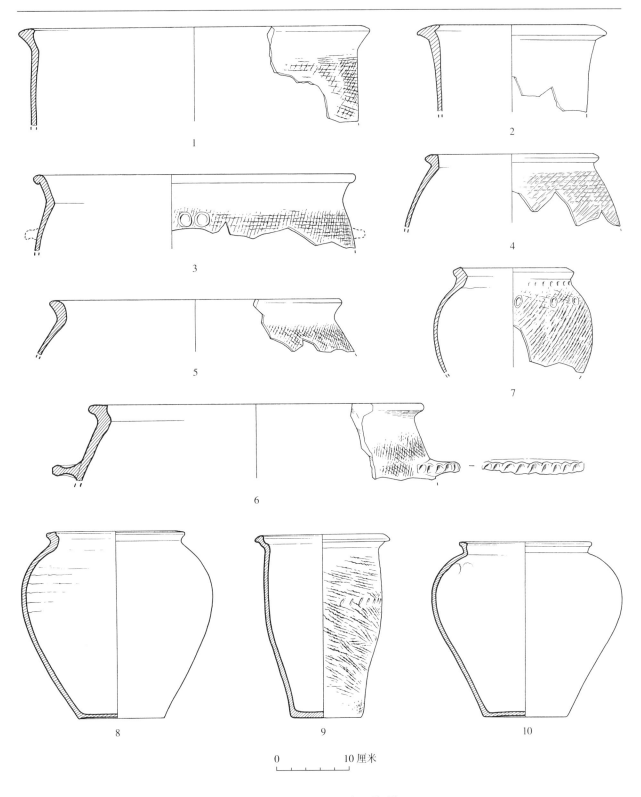

图二二四　H107出土陶器

1. Aa型Ⅱ式罐（H107④b：121）　　2. D型Ⅱ式罐（H107②a：180）　　3~7. Ab型Ⅱ式罐（H107②b：118、H107①：120、H107③b：119、H107②b：123、H107②b：186）　　8、10. C型Ⅱ式罐（H107①：57、H107②a：59）　　9. B型Ⅱ式罐（H107①：33）

平底。腹部饰有两周指甲纹，器表饰交错绳纹。近器底经刮削，器底有使用的磨痕。口径16.6、底径10、高24.4厘米（图二二四，9；彩版二七，3）。

C型Ⅱ式　复原3件。

标本H107①：57，泥质红陶。沿面略外斜，方唇，鼓腹，下腹斜收，底微凹。素面。器表有明显的横向刮痕，器内有明显的泥条盘筑痕迹。口径19.2、腹径26.4、底径11.6、高24.8厘米（图二二四，8；彩版二八，1）。

标本H107②a：59，泥质红陶。沿略外撇，圆唇，沿内微弧，最大腹径偏上，下腹略呈反弧状，底部微凹。素面。器内上部有手工捏制的指窝纹。上腹及肩部有明显的横向刮痕，下腹部有明显的竖向刮痕，器底部有使用所留下的磨痕。口径18.4、腹径26.4、底径11.6、高23.2厘米（图二二四，10；图版三八，4）。

D型Ⅱ式　复原1件。

标本H107②b：71，泥质灰陶。平沿内折，方唇，沿面微鼓，沿内有一周凹槽，深腹斜直，底部内凹。素面。口部抹光，器内泥条盘筑痕迹清晰可见。口径18.2、底径15、高23.2厘米（图二二五，1；图版三八，6）。

标本H107④：178，残，泥质黑灰陶。口部断面呈"丁"字形。素面。口径19.8、残高13.6厘米（图二二五，3）。

标本H107④a：179，残，泥质褐陶。筒腹。素面。口径13、残高12.6厘米（图二二五，4）。

标本H107②a：180，残，泥质褐陶。素面。口径20、残高11.4厘米（图二二四，2）。

F型Ⅱ式　复原2件。

标本H107②b：68，泥质红陶。圆唇，直领，沿面微鼓，领内一周内弧，深鼓腹，下腹斜收，底部微凹。上腹部两条带状纹间以黑彩绘有六组圆环形连续图案，圆环内部被两条平行的条带分为两部分，两条带上下相向绘一顶端带圆点的三角状图案，从图案地纹看，两条带之间形成的阴线似平静的水面，而下部图案正是上部图案映在水中的倒影。该陶器的纹饰趋向草率简单，器表不甚光滑，器内留有似篮纹的工具刮修痕迹和明显的泥条盘筑痕迹。口径26.8、腹径34、底径13.2、高39.6厘米（图二二六，1；彩版二八，3）。

标本H107④a：89，泥质红陶，略泛黄。窄平沿，圆唇，直领，沿面、领内一周略内弧，深鼓腹，下腹斜收，底部略凹。素面。口沿内外有慢轮修制的痕迹，器表显见斜向抹痕，器内明显可见泥条盘筑的痕迹。口径23.6、腹径34、底径14.6、高41.2厘米（图二二五，5；彩版二八，4）。

标本H107①：187，残，泥质褐陶。圆唇外卷，颈部较直，圆鼓腹。唇部饰有一周黑彩，颈下饰一周带状纹，器表以黑彩绘有由圆点、弧三角等组成的图案。口沿内外显见慢轮修制的痕迹，器表经打磨。口径22.4、腹径30、残高12厘米（图二二五，2）。

G型Ⅱ式　复原2件。

标本H107①：50，夹砂灰褐陶。折沿，圆唇，鼓腹，下腹呈反弧状，平底。腹部饰斜绳

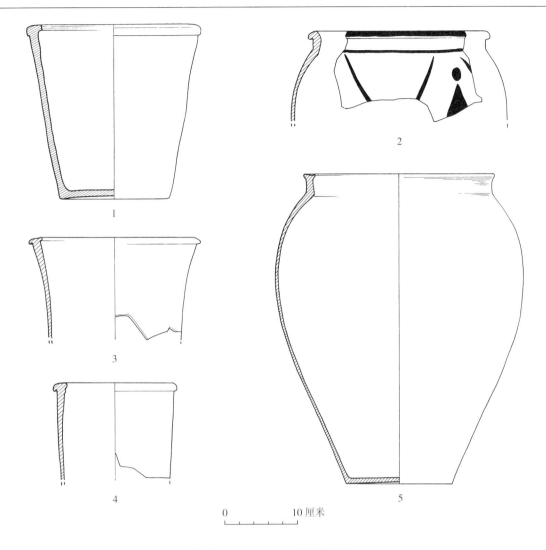

图二二五　H107出土陶罐

1、3、4. D型Ⅱ式（H107②b：71、H107④：178、H107④a：179）　　2、5. F型Ⅱ式（H107①：187、H107④a：89）

纹，近底部饰数道横绳纹。口沿、颈部抹光，器表留有明显的烟炱，器底有使用的磨痕。口径12.8、腹径13.6、底径8、高16厘米（图二二六，4；彩版二七，4）。

标本H107②b：69，夹砂红陶。折沿，圆唇，腹微鼓，底部略凸。腹部饰斜绳纹，近底部兼饰横绳纹。口沿、颈部抹光，从器内明显可见器底的制法为底包帮。口径10.2、腹径12.4、底径7.6、高15.6厘米（图二二六，5；图版三八，5）。

夹砂小罐　复原3件。

标本H107①：5，夹砂灰褐陶。沿外撇，圆唇，腹部微鼓，下腹略内收，底部内凹。颈下一周贴有四个对称的豆瓣状附加泥饼，器表通饰斜绳纹。口径9.2、底径7.2、高12.5厘米（图二二六，6；图版三八，2）。

标本H107①：48，泥质红陶。沿外撇，尖圆唇，腹部微鼓，平底。器表饰稀疏的斜绳

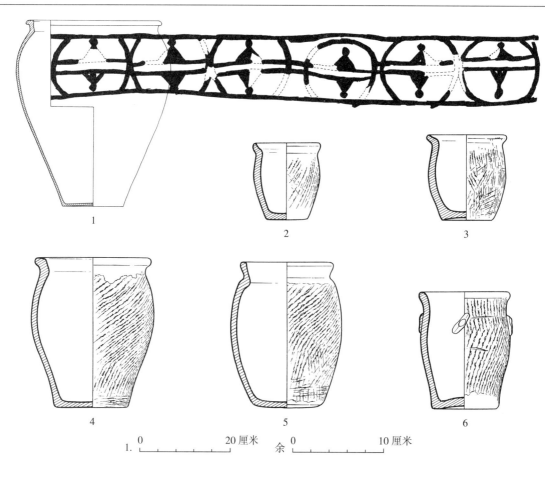

0   20厘米
1.

余   0   10厘米

图二二六　H107出土陶器

1. F型Ⅱ式罐（H107②b：68）　　2、3、6. 夹砂小罐（H107①：48、H107②b：70、H107①：5）　　4、5. G型Ⅱ式
罐（H107①：50、H107②b：69）

纹。口径7、底径4.5、高8.2厘米（图二二六，2）。

标本H107②b：70，泥质褐陶。沿外撇，方唇，腹微鼓，底部内凹。器表通饰交错绳纹。
口沿略经刮修，颈部磨光。口径8.5、底径5.4、高9.1厘米（图二二六，3；彩版二七，5）。

盆　复原7件。

Aa型Ⅱ式　复原5件。

标本H107①：1，残，暗红色顶，黄褐色腹。唇部饰一周黑彩，腹部以黑彩绘有由圆点、
弧形三角、"勿"字形纹等组成的图案，从残存情况看似乎是三组图案，为两组"勿"字形
纹和一组由三个连续的似燕尾鱼的弧三角与圆点组成的纹饰，下部以彩带纹绕器一周。唇沿
有慢轮修制痕迹，器表有明显的横向刮修痕迹。口径26.5、残高9.2厘米（图二二七，1；图版
三九，1）。

标本H107①：49，泥质黄褐陶。敛口，圆唇，腹弧曲，小平底。唇部饰一周黑彩，腹
部以黑彩绘有由圆点、弧边三角和"勿"字形纹等组成的图案，似为三分图案，各组图案

内容基本相同。下腹近底为素面，并残留有烟熏痕。口径26.5、底径10.6、高13.5厘米（图二二七，2；图版三九，2）。

标本H107②b：64，泥质陶，暗红色顶，黄褐色腹。敛口，圆唇，口沿外撇，腹部微曲，底部内凹。唇部饰一周黑彩，腹部以黑彩绘三组图案将器表等分，各组图案由圆点、弧形三角、"勿"字纹等组成，下部以彩带纹绕器一周。口沿内外有明显的慢轮修制痕迹，器表经刮修，并在器表有三个由外及内的钻孔，用以缀合破损的陶器。口径27.4、底径10.5、高14.2厘米（图二二七，4；彩版二九，1）。

标本H107③a：78，泥质陶，暗红色顶，褐色腹。唇沿饰一周黑彩，器表以黑彩绘有由圆点、弧形三角及"人"字形纹等组成的图案，下腹部以彩带纹绕器一周。弧形三角合围的区域内残存的纹饰似含苞待放的花蕾。口径25.6、底径7.8、高12厘米（图二二七，5；彩版三〇，1）。

标本H107③a：80，残，泥质红陶。容积较小。唇部饰一周黑彩，沿面以黑彩绘有对称的三竖道直线纹，腹部以黑彩绘有由圆点、"勿"字形纹、弧形三角纹等组成的图案，从其分布看，应该是两组相同的图案，残存一组，器下腹部绕一周条带纹。口径26.6、底径9.8、高12.4厘米（图二二八，1；彩版三〇，2）。

标本H107③b：83，泥质陶，暗红色顶，黄褐色腹。唇部饰一周黑彩，腹部以黑彩绘有由圆点、"勿"字形纹、弧形三角及"人"字形纹组成的图案，共三组，其中一组略有区别，缺少"人"字形纹，下腹部以彩带纹绕器一周。口径27.4、底径9.6、高15.4厘米（图二二七，6；彩版二九，2）。

标本H107①：91，残，泥质陶，暗红色顶，褐色腹。唇部饰一周黑彩，腹部以黑彩绘有由圆点、"勿"字形纹等组成的图案，下部以彩带纹绕器一周。口沿内外有慢轮修制痕迹，器表明显经刮修。口径24.7、残高10.8厘米（图二二七，7）。

标本H107④a：181，残，泥质陶，暗红色顶，褐色腹。敛口，唇沿外卷，上腹较直，下腹曲收。唇部饰有一周黑彩，器表以黑彩绘有由圆点、弧边三角、"人"字形纹、"勿"字形纹及带状纹等组成的图案，口沿内外及器表有明显的横向刮修痕迹。口径31.8、残高10厘米（图二二七，3）。

标本H107③a：182，残，泥质红陶。敛口，圆唇外卷，弧腹曲收。唇部饰有一周黑彩，器表以黑彩绘有由圆点、"人"字形纹、"勿"字形纹等组成的图案。口沿内外见慢轮修制的痕迹，器表打磨光滑，器内明显经刮修。口径27.8、残高7.2厘米（图二二七，8）。

标本H107①：184，残，泥质褐陶。敛口，唇沿外卷，弧腹曲收。唇部饰有一周黑彩，器表以黑彩绘有由圆点、弧形三角、"勿"字形纹等组成的图案。口沿内外保留有慢轮修制痕迹，器表打磨光滑。口径29、残高12厘米（图二二八，4）。

标本H107⑤：185，残，泥质陶，黄褐色顶，褐色腹。敛口，唇沿外卷，弧腹曲收。唇部饰有一周黑彩，器表以黑彩绘有由圆点、弧形三角、"勿"字形纹等组成的图案。口沿内外保留有慢轮修制的痕迹，器表磨光。口径30、残高6.6厘米（图二二八，6）。

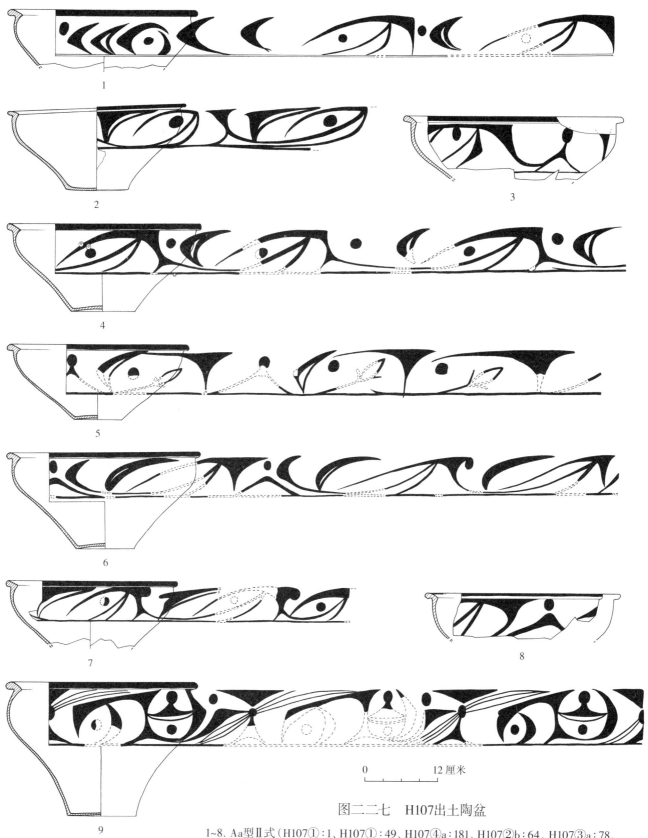

图二二七　H107出土陶盆

1～8. Aa型Ⅱ式（H107①：1、H107①：49、H107④a：181、H107②b：64、H107③a：78、
H107③b：83、H107①：91、H107③a：182）　9. B型Ⅱ式（H107②b：65）

图二二八　H107出土陶盆

1、4、6. Aa型Ⅱ式（H107③a：80、H107①：184、H107⑤：185）　2. D型Ⅱ式（H107②b：67）　3. B型Ⅱ式（H107④a：92）

5. C型Ⅱ式（H107②a：183）　7. Ab型Ⅱ式（H107②b：66）

　　Ab型Ⅱ式　复原1件。

　　标本H107②b：66，泥质红陶。直口微敛，沿外撇，圆唇，腹部斜弧，下腹呈反弧状，平底。素面。沿面有慢轮修制痕迹，沿内抹光，器表经刮修。口径28.2、底径9.6、高12.4厘米（图二二八，7）。

　　B型Ⅱ式　复原1件。

标本H107②b：65，泥质陶，暗红色顶，褐色腹。敛口，圆唇，唇沿外卷，深曲腹，平底。唇部饰一周黑彩，上腹部以黑彩绘有三组相同的图案，纹饰有圆点纹、涡纹、弧三角纹、倒三角纹、细条带纹等组成，下部以带状纹绕器一周。口径29.2、底径11.5、高21.2厘米（图二二七，9；图版三九，3）。

标本H107④a：92，残，泥质陶，红色顶，褐色腹。唇部饰一周黑彩，上腹部以黑彩绘有凸圆点、弧形三角及细条带纹等组成的图案，内容繁缛，从地纹看其间似乎有形态不同的花朵。口径35.8、残高14厘米（图二二八，3；图版三九，4）。

C型Ⅱ式　均残。

标本H107②a：183，泥质红陶。敛口，斜宽沿，叠唇，沿面微弧，弧腹斜收，腹上饰有两对称的鸡冠状鋬。沿面以黑彩绘有弧形三角纹、斜线等图案。口沿内外及器表显见刮修和磨光痕迹。口径42、残高8.4厘米（图二二八，5）。

D型Ⅱ式　复原1件。

标本H107②b：67，泥质红陶。敛口，圆唇，沿下内凹，腹部斜收，上腹部饰对称的两鸡冠状鋬，底微凹。素面。口沿及器内抹光，器表经刮修。口径31、底径13.8、高19.2厘米（图二二八，2；图版三九，6）。

钵　复原14件。

A型Ⅱ式　复原6件。

标本H107②b：63，泥质红陶。敛口，圆唇，曲腹，底微凹。素面。腹部一侧变形向内凹入，器表经刮修。口径28、底径10.4、高13.8厘米（图二二九，4；图版四〇，1）。

标本H107②c：74，泥质红陶。敛口，圆唇，腹部斜收，底微凹。素面。器表显见横向刮修痕迹，器内抹光，器底有使用的磨痕。口径26.6、底径9.4、高10.6厘米（图二二九，6；图版四〇，2）。

标本H107③a：76，泥质陶，暗红色顶，褐色腹。敛口，圆唇，腹部斜收，平底。器顶以黑彩绘有两组图案，每组图案由弧形三角、斜线等组成，下部以彩带纹绕器一周。器表下腹部有明显的刮修痕迹。口径25、底径9、高10.8厘米（图二二九，1；彩版三〇，3）。

标本H107②a：77，泥质红陶。敛口，圆唇，腹部微曲，下腹斜收，底部内凹。器顶以黑彩绘有由圆点、弧形三角、斜线纹等组成的三组图案，每组由斜线、圆点和弧形三角合围的形似瓢虫的图案构成，图案下绕一周条带纹。沿内显见横向慢轮修制的痕迹，器底有使用的磨痕。该器烧制火候较低，色泽较暗。口径26.5、底径8.8、高12厘米（图二二九，2；图版四〇，3）。

标本H107④a：79，泥质陶，黄褐色顶，灰色腹。敛口，圆唇，曲腹，底部内凹。素面。器顶及上腹部经刮修，器内抹光，器底有使用的磨痕。口径26.8、底径9.8、高11.5厘米（图二二九，7；图版四〇，4）。

标本H107④a：87，泥质红陶。敛口，圆唇，曲腹，底部内凹。沿面饰一周黑彩，上腹部以黑彩绘有由圆点、弧形三角、垂三角、竖斜线等组成的图案，使其地纹反衬成一种与

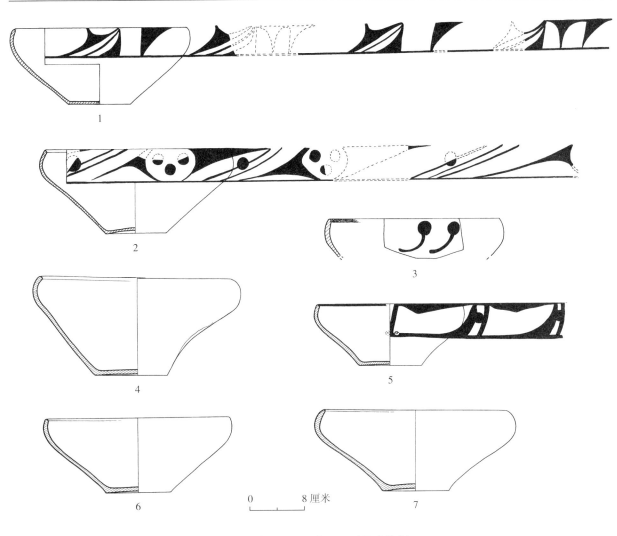

图二二九　H107出土A型Ⅱ式陶钵

1. H107③a：76　2. H107②a：77　3. H107④a：188　4. H107②b：63　5. H107④a：87　6. H107②c：74　7. H107④a：79

"西阴纹"相似的图案，与一般"西阴纹"不同的是，其中圆点绘在竖线之前，现仅残留两组图案。腹部残留一对钻的小圆孔，器表有明显的横向刮痕。口径21.2、底径9.2、高8.7厘米（图二二九，5；图版四〇，5）。

标本H107④a：188，残，泥质陶，黄褐色顶，褐色腹。敛口，尖圆唇，弧曲腹。唇部饰有一周黑彩，器表残留有两蝌蚪纹。器表有明显刮修的磨光痕迹，器内有明显慢轮修制的痕迹。口径24.7、残高5.6厘米（图二二九，3）。

B型Ⅱ式　复原3件。发现较少。

标本H107②a：58，泥质红陶。敞口，圆唇，腹部微曲，底微凹。素面。器表有明显的横向刮修痕迹，器内可见清晰的横向抹痕。口径16、底径6.4、高6.2厘米（图二三〇，1；图版四一，1）。

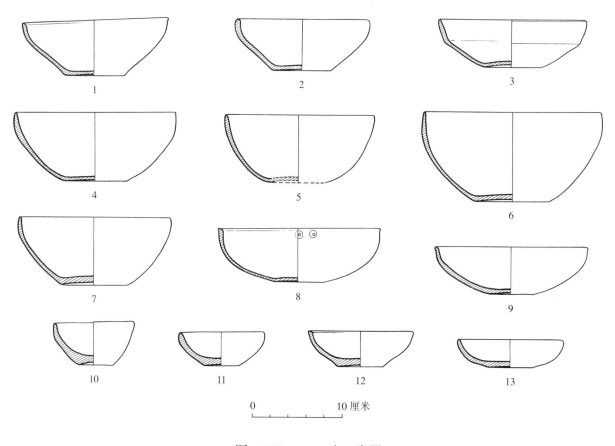

图二三〇　H107出土陶器

1~3. B型Ⅱ式钵（H107②a：58、H107③a：81、H107③b：85）　4~8. C型Ⅱ式钵（H107①：2、H107①：47、H107①：52、
H107①：53、H107②b：61）　9. 浅腹钵（H107②b：60）　10~13. 碗（H107①：15、H107①：19、H107②b：25、
H107①：29）

标本H107③a：81，泥质褐陶。口较直，圆唇，腹部斜收，平底。素面。器表经刮修，器内抹光。口径15、底径6.4、高5.4厘米（图二三〇，2；图版四一，2）。

标本H107③b：85，泥质陶，黑灰色顶，灰色腹。敞口，圆唇，折腹，底部内凹。素面。器表、沿内经刮修。口径16、底径6、高5厘米（图二三〇，3；图版四〇，7）。

C型Ⅱ式　复原5件。

标本H107①：2，泥质陶，褐色顶，灰色腹。敞口，圆唇，腹部略呈反弧状，底部微凹。素面。器表有明显的横向刮修痕迹。口径17.6、底径6.6、高7.3厘米（图二三〇，4；图版四〇，6）。

标本H107①：47，泥质陶，黑灰色顶，灰色腹。敞口，圆唇，弧腹内收，底部微凹。素面。沿内略见抹痕，器表有明显的横向刮修痕迹。口径16.4、底径6.5、高7.2厘米（图二三〇，5）。

标本H107①：52，泥质陶，黑灰色顶，灰色腹。近直口，圆唇，腹部斜收，底部内凹。素面。器表及器内经刮修。口径19.4、底径8.2、高9.6厘米（图二三〇，6；图版四一，3）。

标本H107①：53，泥质红陶。近直口，圆唇，腹部斜收，底部内凹。素面。器表及器内抹光，近器底部经刮修，器底略见使用的磨痕。口径16.4、底径7.4、高7.2厘米（图二三〇，7；图版四一，4）。

标本H107②b：61，泥质红陶。近直口，圆唇，圆弧腹，底部内凹。素面。器顶端残留由两个对钻的小圆孔。器表、器内均有横向刮修痕迹，器底部有使用的磨痕。口径17.8、底径5.4、高5.8厘米（图二三〇，8；图版四〇，8）。

浅腹钵　复原1件。

标本H107②b：60，泥质黄褐陶。敞口，圆唇，腹部斜收，底部内凹。素面。器表有明显的横向刮痕。口径16.8、底径4.4、高5厘米（图二三〇，9）。

碗　复原4件。敞口，腹斜收，底部内凹。素面。多制作粗糙。

标本H107①：15，泥质红陶。口径8.8、底径3.8、高4.6厘米（图二三〇，10；图版四二，3）。

标本H107①：19，夹砂红陶。口径9.2、底径3.8、高3.6厘米（图二三〇，11）。

标本H107②b：25，夹砂红陶。口径11.4、底径4.7、高3.8厘米（图二三〇，12）。

标本H107①：29，泥质黄褐陶。口径11.6、底径4.8、高3厘米（图二三〇，13）。

瓮　复原1件。

Ⅱ式　均为素面。

标本H107③a：75，泥质灰陶。敛口，圆唇，广折肩，腹部斜收，底较小，微凹。素面。肩部及上腹部显见慢轮修制的痕迹，从器内可见其口沿的制法为帮包口。口径57.4、肩宽72、底径16.8、高46.2厘米（图二三一，4；图版四一，5）。

标本H107④a：122，残，泥质灰陶。口径52、残高11.2厘米（图二三一，1）。

标本H107①：124，残，泥质灰陶。器内可见明显的泥条盘筑痕。口径51、残高19.2厘米（图二三一，2）。

彩陶瓮　复原1件。

标本H107③a：82，泥质红陶。敛口，矮领，圆广肩，下腹内曲，凹底。沿面及沿内饰一周黑彩，器顶饰白色陶衣，陶衣上以黑彩绘弧形三角、以红褐彩绘圆点、细条带等构成三组图案，各组图案内容基本相同，均由一个形似菊花的图案和两个涡纹组成，但其中一组似乎多出一个涡纹，图案下部以黑彩带纹绕器一周。口径25、腹径34.6、底径10.4、高16.1厘米（图二三二，1；彩版三一）。

敛口鼓腹瓮　复原1件。

标本H107③b：84　泥质灰陶。敛口，圆唇，矮颈，阔肩，最大腹径偏上，下腹斜收，底部内凹。素面。口及颈部磨光，器表经刮修。口径25.4、腹径40.2、底径12.8、高28.4厘米（图二三一，3；图版四二，1）。

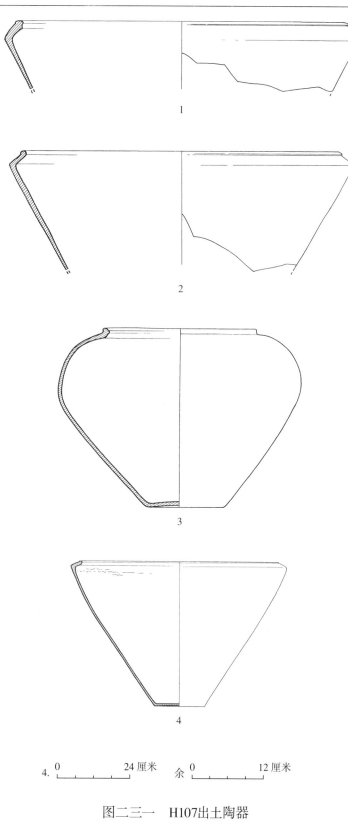

4.　|0――――――|24厘米　　余　|0――――――|12厘米

图二三一　H107出土陶器

1、2、4.Ⅱ式瓮（H107④a：122、H107①：124、H107③a：75）　3. 敛口鼓腹瓮（H107③b：84）

盘　复原1件。数量较少。

标本H107①：54，泥质褐陶。敞口，圆唇，腹部斜直，底略凹。素面。器底部有明显的使用磨痕。口径20、底径13.2、高4.4厘米（图二三二，2）。

器盖　复原2件。

Aa型Ⅱ式　复原1件。

标本H107②a：86，夹砂红陶。器身较大，榫卯法连接的条形提柄上饰绳索纹和指窝纹。敞口，方唇，形如喇叭状，腹壁留有制作拍打的印痕。器顶经刮削，器内抹光。口径40.2、高19.6厘米（图二三二，9；彩版三〇，4）。

Ab型Ⅱ式　均残。

标本H107②a：90，残，夹砂红陶。素面。口径31.2、残高11厘米（图二三二，8）。

Cb型Ⅱ式　复原1件。

标本H107②b：111，夹砂红陶。素面。顶部有手工捏制的双耳式扁柄。口沿内外抹光。口径6.2、高4.7厘米（图二三二，4）。

标本H107②a：8，残，泥质红陶。形如倒扣的杯状。素面。口径6.3、残高3.7厘米（图二三二，6）。

钩状柄器盖　复原1件。

标本H107②b：43，泥质褐陶。器顶捏制有钩状柄。器表磨光。口径5.6、高4.3厘米（图二三二，3；图版四八，1）。

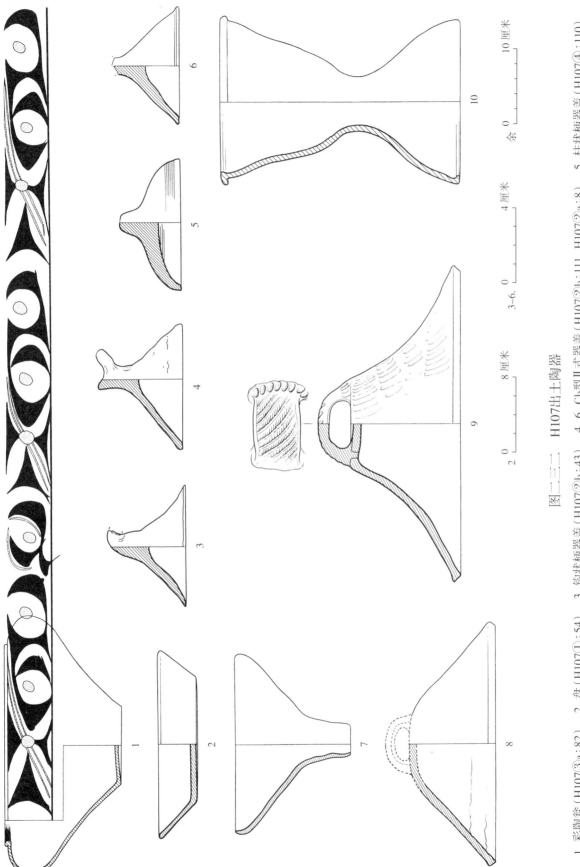

图二三三　H107出土陶器

1. 彩陶瓮（H107③a：82）　　2. 盘（H107①：54）　　3. 钩状柄器盖（H107②b：43）　　4、6. Cb型Ⅱ式器盖（H107②b：111, H107②a：8）　　5. 柱状柄器盖（H107④：110）
7. 漏斗（H107④a：88）　　8. Ab型Ⅱ式器盖（H107②a：90）　　9. Aa型Ⅱ式器盖（H107②a：86）　　10. 器座（H107②b：73）

柱状柄器盖　复原1件。

标本H107④:110，略残，泥质褐陶。形似瓜皮帽，顶部捏出柱状提柄。素面。器表及器内均见轮修的痕迹。口径6.5、高3.4厘米（图二三二，5；图版四八，1）。

器座　复原1件。

标本H107②b:73，泥质灰陶。整器状如腰鼓，上下均作喇叭口，上口沿略向外折，下口沿略向内折，中空，束腰。素面。这种器物抑或是陶鼓。口径19.5、腹径7.2、底径20、高33厘米（图二三二，10；彩版二八，2）。

漏斗　复原1件。

标本H107④a:88，泥质褐陶。敞口，圆唇，器体为钵状，管状流。素面。器表磨光。口径23.4、流口径3.2、高15.8厘米（图二三二，7；图版三九，5）。

灶　复原1件。

Ⅱ式

标本H107①:56，夹砂红陶。宽沿，圆唇，沿面外斜，矮筒腹，方形灶门，平底，下附三铲形扁足，现残留一足。腹部饰横弦纹，纹痕较浅，灶门上端饰有履带状附加堆纹，灶底按压一周花边，花边下部经刮修，灶内近口部一周有三个隼头形泥突，均残缺。口径27、底

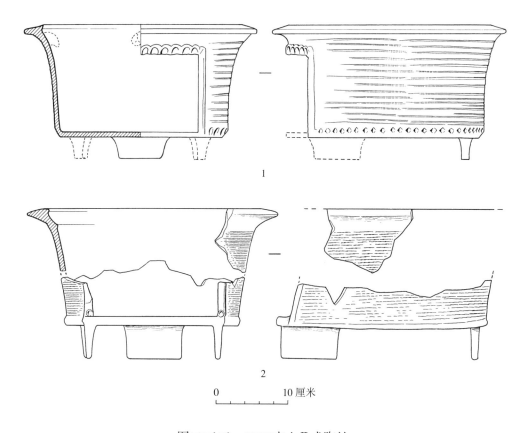

图二三三　H107出土Ⅱ式陶灶
1. H107①:56　2. H107②:189

径25、高18厘米（图二三三，1；图版四二，2）。

标本H107②：189，残，夹砂红陶。宽沿，圆唇，沿面外斜，沿内有一周凹槽，筒腹斜收，腹中部残缺，平底，下附三铲形足。方形灶门，现仅残留下半部，灶门下部前伸，两端分别粘贴有纽扣状附加泥饼，灶身饰整齐的平行弦纹。口沿内外抹光，沿面磨光。口径28.8、底径24.4~28.8、高约20厘米（图二三三，2）。

杯　17件，复原12件（表一一三）。

A型　复原7件。器表均为素面。

标本H107①b：4，泥质黄褐陶。口沿内外磨光，器内有明显泥条的棱痕，器表下部未经磨光，较为粗糙，并留有手指捏制的指纹，底上一周用手指压印成花边。口径5、底径3.8、高4.9厘米（图二三四，5）。

标本H107①b：36，泥质红陶。口径5.1、底径4.9、高6厘米（图二三四，6）。

标本H107②a：95，夹砂红陶。底部内凹被捏成花边状。口径6、底径4、高5.9厘米（图二三四，4）。

标本H107②b：96，夹砂红陶。口径6、底径4、高6厘米（图二三四，2）。

表一一三　H107 陶杯统计表（17件）

编号	形状					尺寸	备注
	A型（8）	B型（2）	C型（1）	D型（3）	E型（3）	口径×底径×高	
H107①b：4	√					5×3.8×4.9	
H107①b：36	√					5.1×4.9×6	
H107②a：95	√					6×4×5.9	
H107②b：96	√					6×4×6	
H107②a：97	√					6×4×5.7	
H107②b：100	√					6×4.2×5.5	
H107③a：101	√					5.4×4.3×6	
H107②a：39		√				5.5×4.4×6.3	
H107④a：21			√			5.8×4.1×6.1	
H107③a：93				√		5×3.6×6.4	
H107④a：23				√		（4.9~5.2）×3.8×6.4	
H107②a：102				√		4.4×4.7×5.5	
H107①a：173			√			?×4.2×残高4.8	口沿残
H107①a：174		√				?×3.7×残高5.8	口沿残
H107②b：175			√			?×4.3×残高4.7	口沿残
H107④a：176	√					?×4.4×残高3.7	口沿残
H107②a：177			√			?×3.8×残高4.8	口沿残

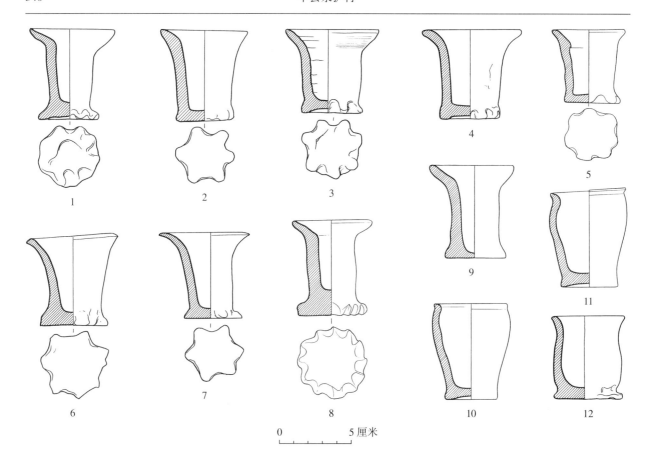

图二三四　H107出土陶杯

1~7. A型（H107③a：101、H107②b：96、H107②b：100、H107②a：95、H107①b：4、H107①b：36、H107②a：97）　8. B型
（H107②a：39）　9. D型（H107④a：21）　10~12. E型（H107③a：93、H107④a：23、H107②a：102）

　　标本H107②a：97，泥质红陶。口径6、底径4、高5.7厘米（图二三四，7）。

　　标本H107②b：100，夹砂红陶。口径6、底径4.2、高5.5厘米（图二三四，3）。

　　标本H107③a：101，夹砂红陶。口径5.4、底径4.3、高6厘米（图二三四，1）。

　　B型　复原1件。

　　标本H107②a：39，泥质红陶。器表为素面。口径5.5、底径4.4、高6.3厘米（图二三四，8）。

　　D型　复原1件。

　　标本H107④a：21，夹砂黄褐陶。素面。腹壁上留有明显的指纹痕迹。口径5.8、底径4.1、高6.1厘米（图二三四，9）。

　　E型　复原3件。

　　标本H107③a：93，泥质褐陶。敞口，圆唇，上腹微鼓，下腹略呈反弧状，底部内凹。素面。器表上部及器内抹光，下腹部留有明显的手指捏制的指纹，底上有使用的磨痕。口径5、底径3.6、高6.4厘米（图二三四，10；彩版三五，7）。

标本H107④a：23，泥质褐陶。素面。口径4.9~5.2、底径3.8、高6.4厘米（图二三四，11；彩版三五，7）。

标本H107②a：102，夹砂红陶。素面。口径4.4、底径4.7、高5.5厘米（图二三四，12）。

陶纺轮　1件。

标本H107②a：40，残，夹砂红陶。体较扁，略呈算盘珠状，外缘有一周压窝，底部较平。底径6.6、厚2.2厘米（图二三五，11）。

陶球　5件，4件完整或较完整。多为褐、灰褐陶，素面。

标本H107②b：3，略残，泥质褐陶。直径5.1厘米（图二三五，6；图版四八，4）。

标本H107③a：103，夹砂红陶。器表饰有一周指甲纹。直径2厘米（图二三五，7；图版四八，4）。

陶刀　13件，3件较完整（表一一四）。陶刀一面多保留原器物纹饰。

A型　3件，较完整。

标本H107③a：94，系泥质褐陶片加工而成。刃部双面磨制。长8.1、宽4.7厘米（图二三五，1；图版四八，3）。

标本H107②b：107，泥质红陶。刃部双面磨制，较为锋利。长7.6、宽4.3厘米（图二三五，2；图版四八，3）。

标本H107④：109，泥质褐陶。弧刃，双面打制。长8、宽5.2厘米（图二三五，3；图版

表一一四　H107 陶刀统计表（13件）

编号	形状			尺寸（厘米）	备注
	A型（3）	B型（7）	C型（3）	长×宽	
H107③a：94	√			8.1×4.7	完整
H107②b：107	√			7.6×4.3	完整
H107④：109	√			8×5.2	完整
H107②b：105		√		残长5.3×4.3	残
H107⑤：106		√		残长4.7×4.4	残
H107④a：158		√		残长4.8×4.2	
H107④a：159		√		残长5.4×5.3	
H107②a：160		√		残长5.4×4.8	
H107②b：161		√		残长3.5×3.8	
H107②a：162		√		残长6.4×3.8	
H107①a：163			√	残长4.1×4.7	
H107②a：164			√	残长4.9×4.1	无刃
H107④a：165			√	残长5.9×残宽5.4	

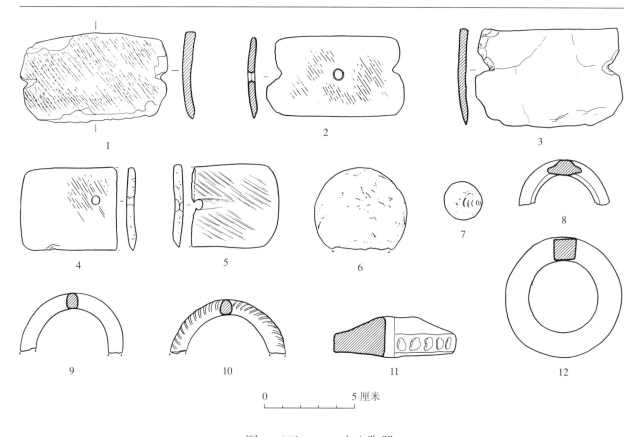

图二三五 H107出土陶器

1~3. A型陶刀（H107③a：94、H107②b：107、H107④：109） 4、5. B型陶刀（H107②b：105、H107⑤：106） 6、7. 陶球
（H107②b：3、H107③a：103） 8、9. A型陶环（H107①b：108、H107④b：98） 10. B型陶环（H107②：99） 11. 陶纺轮
（H107②a：40） 12. D型陶环（H107②b：104）

四八，3）。

B型 均残。

标本H107②b：105，泥质褐陶。刃部双面磨制。残长5.3、宽4.3厘米（图二三五，4）。

标本H107⑤：106，泥质红陶。刃部双面磨制。残长4.7、宽4.4厘米（图二三五，5）。

陶环 36件，1件完整（表一一五）。

A型 均残。

标本H107①b：108，泥质红陶。体略宽，外缘一周鼓起，剖面呈钉帽状。内径3.4、外径
5、厚2厘米（图二三五，8）。

标本H107④b：98，泥质红陶。剖面略呈椭圆形。内径3.9、外径5.6、厚0.65厘米（图
二三五，9）。

B型 均残。

标本H107②：99，泥质红陶。外侧有一周圆棱。内径4.8、外径6.4、厚0.8厘米（图
二三五，10）。

表一一五　H107 陶环统计表（36 件）

编号	形状				尺寸（厘米）	保存状况	备注
	A 型（24）	B 型（3）	C 型（2）	D 型（7）	内径 × 外径 × 厚		
H107 ① b：108	√				3.4×5×2	残	
H107 ④ b：98	√				3.9×5.6×0.65	残	
H107 ②：99		√			4.8×6.4×0.8	残	
H107 ② b：104				√	3.7×6.3×1.4	残	
H107 ③ a：125	√				4×6×1.3	残	
H107 ③ a：126	√				4.4×6×0.75	残	
H107 ④ a：127	√				4.2×5.6×0.7	残	
H107 ④ a：128	√				5.7×6.8×0.8	残	
H107 ④ a：129	√				5×6.4×0.6	残	
H107 ① a：130	√				4×5.4×0.65	残	
H107 ① a：131	√				3.8×4.8×0.7	残	
H107 ① a：132	√				4×5.4×0.75	残	
H107 ④ b：133	√				4.6×6×0.7	残	
H107 ③ a：134	√				4×5.2×0.6	残	
H107 ③ a：135	√				4.3×6×0.9	残	
H107 ④ a：136	√				4.6×6×0.55	残	
H107 ③ a：137	√				4×5.2×0.7	残	
H107 ③ a：138	√				4×5.2×0.6	残	
H107 ③ a：139	√				4×5.2×0.8	残	
H107 ① a：140	√				4×5.3×0.7	残	
H107 ① a：141	√				4×5.4×0.7	残	
H107 ④ b：142	√				4×5.2×0.7	残	
H107 ④ a：143	√				4×5.2×0.55	残	
H107 ④ b：144	√				4.5×7×0.7	残	
H107 ① a：145	√				4×5.4×0.5	残	
H107 ④ a：146	√				4×5.4×0.6	残	
H107 ② a：147		√			5.6×6.5×0.8	残	
H107 ③ a：148		√			4.6×6×1.05	残	
H107 ① a：149			√		4.6×6.2×0.6	残	齿轮状
H107 ③ b：150			√		3.8×5×0.8	残	齿轮状
H107 ③ a：151				√	4×7.2×3.9	残	
H107 ④ a：152				√	4.6×5.6×1.8	残	
H107 ④ a：153				√	3.8×4.8×2	残	
H107 ② b：154				√	4.6×6.2×1.65	残	白色
H107 ② b：155				√	4.6×6.1×1.7	残	白色
H107 ② a：156				√	4×7.6×1.9	残	外缘有指窝

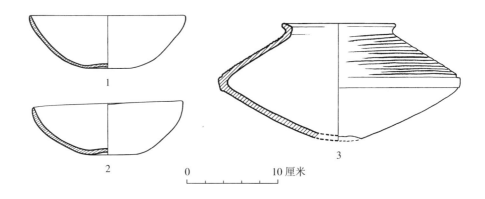

图二三六   H107出土一期陶器

1、2. C型Ⅰ式钵（H107①：51、H107②b：62）   3. Ⅰ式釜（H107①：55）

D型   1件，较完整。

标本H107②b：104，略残，似为高岭土制作，粉红色。剖面呈方形。素面。内径3.7、外径6.3、厚1.4厘米（图二三五，12）。

此外，在H107中还发现一些与庙底沟文化一期特征接近的陶器。分别介绍如下。

钵   复原2件。

C型Ⅰ式

标本H107①：51，泥质陶，黑褐色顶，灰色腹。侈口，圆唇，弧腹内收，底部内凹。素面。沿内抹光，器表有明显的横向刮修痕迹。口径17.1、底径5、高5.6厘米（图二三六，1）。

标本H107②b：62，泥质灰陶，灰褐色顶，灰色腹，器内灰色。敞口，尖唇，斜弧腹，底部内凹。素面。口径16.6、底径4.4、高5.4厘米（图二三六，2）。

釜   复原1件。

Ⅰ式

标本H107①：55，夹砂红陶。小口，圆唇，斜肩，折腹，圜底略残。肩部饰平行弦纹，纹痕较深。口径10.2、残高12.2厘米（图二三六，3；图版四二，2）。

18. H110

位于ⅠT1507南部，部分伸入ⅠT1506内。开口于①层下，打破H139及生土层。坑口距地表0.6米。平面形状呈椭圆形，口略大于底，坑壁较直，底部略平，并有0.02~0.04米厚的踩踏痕迹。口径2.2~3.3、深1.16米。坑内堆积包含有较多陶片，并出有陶环、石杵等小件器物。出土动物骨头较少，可鉴定种属的仅见猪一种（图二三七；图版一八，2）。

H110出土陶器较多，主要有瓶、罐、盆、钵、瓮、甗、釜、器盖等，分别占该坑可辨器形的6.67%、36.66%、23.33%、18.33%、5.00%、1.67%、1.67%、6.67%。陶系以泥质陶较夹砂陶为多，两者均以褐陶为主，纹饰是泥质陶以素面为主，其次为线纹和彩陶，而夹砂陶主要以绳纹为主（表一一六）。以下按质地分别介绍出土物。

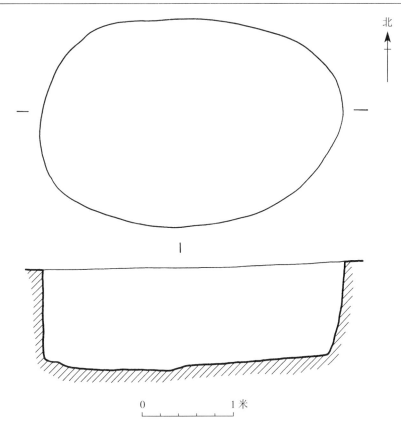

图二三七　H110平、剖面图

表——六　H110 陶系、纹饰统计表

陶系 纹饰	泥质陶					夹砂陶					合计	百分比（%）
	红	黄褐	褐	灰	小计	红	褐	灰褐	灰	小计		
素面	56	56	64	51	227	2	31			33	260	40.63
绳纹							87	54		141	141	22.03
线纹	28	24	102		154						154	24.06
彩陶	36				36						36	5.63
弦纹						2			1	3	3	0.47
线 + 堆纹									39	39	39	6.09
绳 + 堆纹						3		4		7	7	1.09
合计	120	80	166	51	417	7	118	58	40	223	640	100
百分比（%）	18.75	12.50	25.94	7.97	65.16	1.09	18.44	9.06	6.25	34.84	100	

（1）陶器

罐　均残。

Ab型Ⅱ式

标本H110：16，夹砂红陶。肩部饰两对称的鸡冠状鋬，并饰有稀疏的平行划纹，器表通饰斜绳纹。口径21.6、残高8厘米（图二三八，1）。

双鋬盆　均残。

标本H110：13，质略粗，微含细砂，褐陶。敛口，圆唇外卷，口部由内加厚，沿内有一周凸棱，弧腹内收，腹部饰有两对称的鸡冠状鋬。素面。口沿内外抹光。口径34、残高7.4厘米（图二三八，2）。

钵　均残。

A型Ⅱ式

标本H110：12，泥质黄褐陶。素面。口径23.6、残高5.2厘米（图二三九，1）。

浅腹钵　复原1件。

标本H110：5，泥质褐陶。敞口，圆唇，斜弧腹，底微凹。素面。器表、器内抹光，器底有使用的磨痕。口径16、底径7、高4.9厘米（图二三九，2；图版四二，6）。

瓮　均残。

Ⅱ式

标本H110：10，质略粗，微含细砂，灰陶。素面。从器内明显可看出其口部为沿包帮。口径46.2、残高6.9厘米（图二三八，3）。

甑　复原1件。

标本H110：4，泥质褐陶。敞口，圆唇，上腹部器表有两周弧状凹槽，下腹斜收，平底。器底中心有一圆形箅孔，周围有三个近月牙形箅孔。素面。口沿内外磨光，器内留有一层厚厚的水垢，近器底部经刮修。口径27.4、底径12、高12.8厘米（图二三八，4；图版四二，5）。

瓦形器　复原1件。

标本H110：3，夹砂灰褐陶。形状如一个不规则的大筒瓦，正视呈梯形，上端略小于下端。器表通饰斜绳纹，上部及两侧有绳索状花边，下部经火烧略有变形。该器为一半成品的陶器还是具有其他特殊用途尚不清楚。上半径22、下半径25.6、高47.7厘米（图二三八，5；彩版三四，4）。

圆盘形器盖　复原1件。

标本H110：1，夹砂红陶。盖底部平直，圆唇，盖顶一周凸起，圆盘状，提柄为桥形。素面。直径16.4、高4厘米（图二三九，5；图版四二，4）。

陶环　12件，复原1件（表一一七）。

A型　均残。

标本H110：2，泥质灰陶。横截面大体呈等腰三角形。素面。内径5、外径6.6、厚0.9厘米

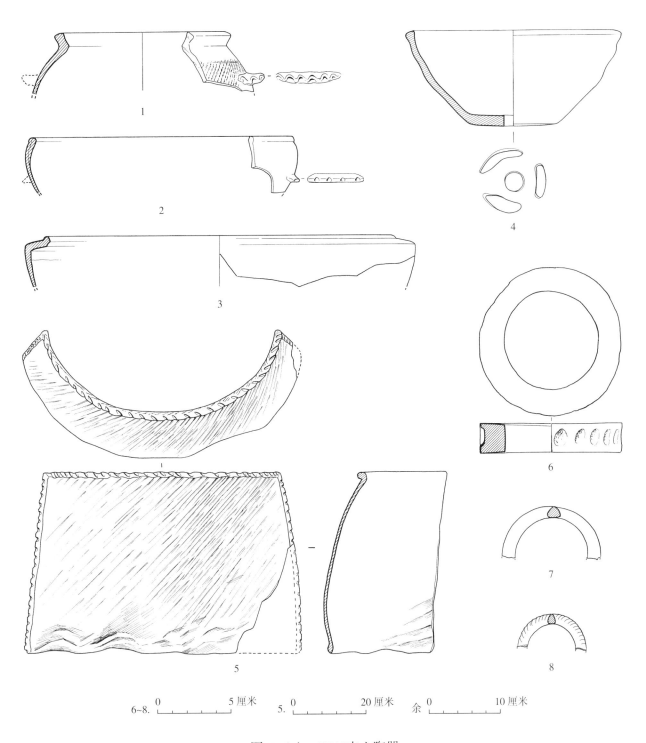

图二三八　H110出土陶器

1. Ab型Ⅱ式罐（H110:16）　　2. 双鋬盆（H110:13）　　3. Ⅱ式瓮（H110:10）　　4. 甑（H110:4）　　5. 瓦形器（H110:3）
6. D型陶环（H110:9）　　7. A型陶环（H110:2）　　8. B型陶环（H110:6）

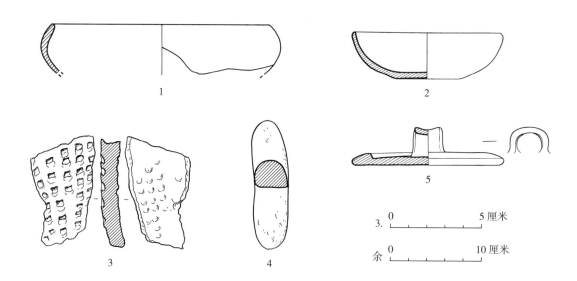

图二三九　H110出土器物

1. A型Ⅱ式陶钵（H110：12）　2. 陶浅腹钵（H110：5）　3. 戳刺纹陶片（H110：8）　4. 石杵（H110：7）
5. 陶圆盘形器盖（H110：1）

表一一七　H110 陶环统计表（12 件）

编号	形状				尺寸（厘米）	保存状况
	A 型（8）	B 型（3）	C 型	D 型（1）	内径 × 外径 × 厚	
H110：2	√				5×6.6×0.9	残
H110：6		√			3.6×4.8×0.6	残
H110：9				√	6.5×9.8×1.9	残
H110：17	√				5.4×7.8×1.35	残
H110：18	√				4.8×6×0.85	残
H110：19	√				6×8×1.15	残
H110：20	√				4.4×5.6×0.95	残
H110：21	√				4×5.4×0.65	残
H110：22	√				4.6×6×0.5	残
H110：23	√				3.6×5×0.75	残
H110：24		√			4×5.4×0.7	残
H110：25		√			3.6×5×0.55	残

（图二三八，7）。

B型　均残。

标本H110∶6，泥质灰陶。横截面大体呈等腰三角形。外侧有一周圆棱。内径3.6、外径4.8、厚0.6厘米（图二三八，8）。

D型　复原1件。

标本H110∶9，泥质红陶。剖面略呈梯形，外缘略宽于内缘，外缘饰有一周指窝状压痕，压痕上留有明显的网格状纹饰。器表有明显的刮修痕迹。内径6.5、外径9.8、厚1.9厘米（图二三八，6；彩版三五，6）。

戳刺纹陶片

标本H110∶8，残片，泥质灰陶。表面布满竖行戳刺纹，刺纹锋利，背面布满突起的竖行小乳丁（图二三九，3）。

（2）石器

石杵　1件，完整。长条状。

标本H110∶7，系角闪岩加工而成。横截面呈半圆形，器身密布琢制的麻点。长13.4厘米（图二三九，4；图版四八，7）。

此外，在H110中还发现一些与庙底沟文化一期特征接近的陶器。介绍如下。

尖底瓶　均残。

Ⅱ式

标本H110∶14，泥质红陶。器表饰交错线纹。口径5、残高5.2厘米（图二四〇，3）。

盆　均残。

Aa型Ⅰ式

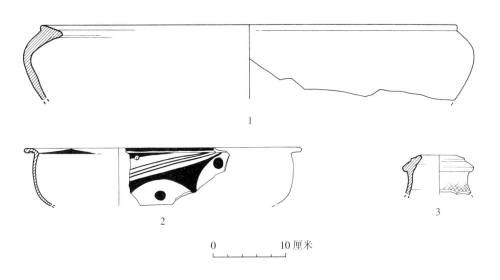

图二四〇　H110出土一期陶器

1. Ⅰ式瓮（H110∶11）　2. Aa型Ⅰ式盆（H110∶15）　3. Ⅱ式尖底瓶（H110∶14）

标本H110：15，泥质褐陶。圆唇，唇沿外卷，上腹部微外鼓，下腹部略向内曲，容积较大。沿下由外及内钻有一圆孔。唇部饰有一周黑彩，沿面仅残留一弧三角纹，腹部以黑彩绘有由圆点、斜线及弧形三角纹等组成的图案。口径34、残高7.6厘米（图二四○，2）。

瓮　均残。

Ⅰ式

标本H110：11，质略粗，微含细砂，灰陶。素面。沿面靠内有一周凹槽，口部制法为沿包帮。口径56、残高9.6厘米（图二四○，1）。

19. H118

位于ⅡT0901南部，部分伸入到探方外，为将其全部揭露，再向南扩方2米。该坑开口于③层下，被H109打破，打破H105、H132及生土。坑口距地表0.85~1.8米。平面形状大体呈椭圆形，直壁略内收，平底。口径3~4.14、底径2.54~3.3、深4.38米。东南部距坑口1.2米处，有一长1.7、宽0.2~0.4米的生土台，台面略斜向坑底。坑内周壁上分布有20个小洞，洞口大部分向上倾斜，口径多在0.16、深0.35米左右。坑底明显经过加工，并有厚约0.03米的硬面。

坑内堆积可分六层：

第①层：厚0.2~0.6米，为松软的黑灰色土，自东向西呈斜坡状堆积。出土有较多的陶片，另外还有残陶环、磨石、石球等小件器物出土。动物骨头可鉴定的属种有草兔、猪、小猪、绵羊等。

第②层：厚0.35~0.55米，为松软的浅白色灰烬层。出土有较多陶片，并出土有陶环等小件器物。

第③层：厚约0.3米，为松软的灰色灰烬层，并夹杂有黄土块等。出土陶片较少，并出土有陶环、陶杯等小件器物。

第④层：厚0.35米，为疏松的黑褐色土。出土陶片较少，并有陶环等小件器物出土。

第⑤层：厚1.35~1.9米，为疏松的浅灰色土。出土有较多陶片，并出土有陶环、石球、骨簪等小件器物。出土可鉴定的动物属种有圆顶珠蚌、雉、猪、獐等。

第⑥层：厚0.35米，为松软的层状白色灰烬堆积。出土有较多的陶片，并出土有陶环等小件器物。出土可鉴定的动物属种有猪（图二四一；彩版一七，1）

H118内出土陶器组合主要有瓶、罐、盆、钵、缸、瓮、器盖、釜等，分别占该坑可辨器形的7.65%、36.54%、19.93%、18.27%、1.00%、2.99%、12.29%、1.33%。整理时发现①、②层出土的陶器与③、④、⑤、⑥层有一定的差别，但都没有超出庙底沟文化二期的范畴，所以将其视为同期遗存。陶系、纹饰情况详见表一一八~一二二。出土物按质地分别介绍如下。

（1）陶器

长颈瓶　均残。

标本H118⑤：27，泥质红陶。敞口，窄平沿，沿面经切割。素面。器表磨光，从器内可

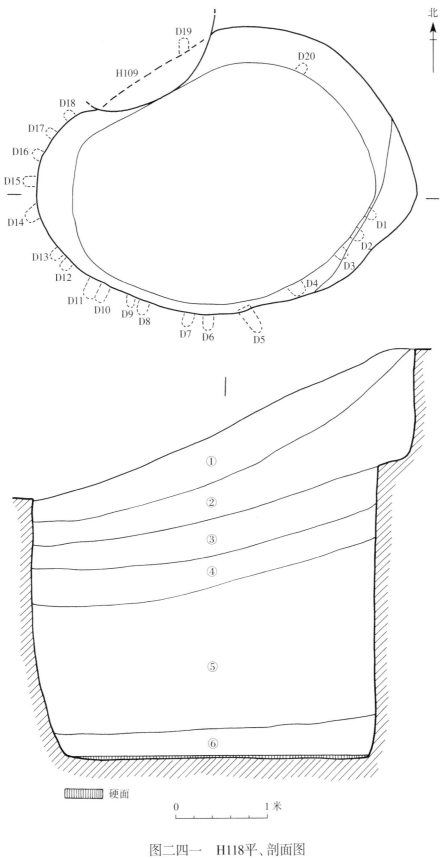

图二四一 H118平、剖面图

表一一八　H118①陶系、纹饰统计表

陶系 \ 纹饰	泥质陶					夹砂陶				合计	百分比(%)
	红	黄褐	褐	灰	小计	红	黄褐	灰褐	小计		
素面	162	19	22	150	353	22	6	9	37	390	40.50
绳纹						241		58	299	299	31.05
线纹	168	5	12	1	186					186	19.32
彩陶	77				77					77	8.00
弦纹						1			1	1	0.10
绳+弦纹						9			9	9	0.93
绳+堆纹						1			1	1	0.10
合计	407	24	34	151	616	274	6	67	347	963	100
百分比(%)	42.26	2.50	3.53	15.68	63.97	28.45	0.62	6.96	36.03	100	

表一一九　H118②陶系、纹饰统计表

陶系 \ 纹饰	泥质陶					夹砂陶					合计	百分比(%)
	红	黄褐	褐	灰	小计	红	黄褐	褐	灰褐	小计		
素面	120	13	11	105	249		24		3	27	276	36.36
绳纹						150		2	44	196	196	25.82
线纹	115	115		6	236						236	31.10
彩陶	38				38						38	5.01
弦纹							2	1	2	5	5	0.66
绳+弦纹						3	2	1	2	8	8	1.05
合计	273	128	11	111	523	153	28	4	51	236	759	100
百分比(%)	35.97	16.86	1.45	14.62	68.90	20.16	3.69	0.53	6.72	31.10	100	

以看出其制作方法为泥条盘筑。口径4.2、残高11厘米（图二四二，4）。

罐　复原1件。

Aa型Ⅱ式　均残。

标本H118①：86，夹砂黄褐陶。器表饰交错绳纹。口径37.4、残高13厘米（图二四二，1）。

Ab型Ⅱ式　均残。

标本H118①：42，夹砂红陶。肩部刻划有四周凹弦纹，器表饰斜绳纹。口径27.2、残高7.4厘米（图二四二，6）。

B型Ⅱ式　复原1件。

表一二〇　H118③陶系、纹饰统计表

纹饰＼陶系	泥质陶					夹砂陶					合计	百分比（%）
	红	黄褐	褐	灰	小计	红	黄褐	褐	灰褐	小计		
素面	37	4	4	23	68	1	12			13	81	34.62
绳纹						33			13	46	46	19.66
线纹	40	4		7	51						51	21.80
彩陶	29				29						29	12.39
弦纹						1	5	8		14	14	5.98
绳+弦纹						7			4	11	11	4.70
绳+堆纹						1			1	2	2	0.85
合计	106	8	4	30	148	43	17	8	18	86	234	100
百分比（%）	45.30	3.42	1.71	12.82	63.25	18.38	7.26	3.42	7.69	36.75	100	

表一二一　H118④陶系、纹饰统计表

纹饰＼陶系	泥质陶					夹砂陶				合计	百分比（%）
	红	黄褐	褐	灰	小计	红	黄褐	灰褐	小计		
素面	42	40	2	13	97		8	4	12	109	55.05
绳纹						35		8	43	43	21.72
线纹	42	2		2	46					46	23.23
合计	84	42	2	15	143	35	8	12	55	198	100
百分比（%）	42.42	21.21	1.01	7.58	72.22	17.68	4.04	6.06	27.78	100	

表一二二　H118⑤陶系、纹饰统计表

纹饰＼陶系	泥质陶					夹砂陶				合计	百分比（%）
	红	黄褐	褐	灰	小计	红	黄褐	灰褐	小计		
素面	157	33	6	49	245	12	15	14	41	286	42.69
绳纹						85		65	150	150	22.39
线纹	175	5	6	1	187					187	27.91
彩陶	33				33					33	4.92
弦纹						7			7	7	1.04
弦+堆纹							6		6	6	0.90
绳+堆纹								1	1	1	0.15
合计	365	38	12	50	465	104	21	80	205	670	100
百分比（%）	54.48	5.67	1.79	7.46	69.40	15.52	3.14	11.94	30.60	100	

表一二三　H118⑥陶系、纹饰统计表

陶系\纹饰	泥质陶					夹砂陶				合计	百分比（%）
	红	黄褐	褐	灰	小计	黄褐	褐	灰褐	小计		
素面	86	10		55	151	12		6	18	169	34.35
绳纹		130			130		80	39	119	249	50.60
线纹			3	3	6					6	1.22
彩陶	60				60					60	12.20
弦纹							2	2	4	4	0.81
绳 + 弦纹							2		2	2	0.41
绳 + 堆纹							1	1	2	2	0.41
合计	146	140	3	58	347	12	85	48	145	492	100
百分比（%）	29.67	28.46	0.61	11.79	70.53	2.44	17.27	9.76	29.47	100	

标本H118⑥：19，夹砂红陶。宽折沿，方唇，深瘦腹，平底。器表通饰斜绳纹，上腹部按压有一周指窝纹。口沿内外抹光，下腹部有明显的刮削痕迹。口径13.8、底径8.8、高23.2厘米（图二四二，7；图版四三，1）。

D型Ⅱ式　均残。

标本H118①：36，泥质灰陶。素面。口径28、残高8厘米（图二四二，5）。

E型Ⅱ式　均残。

标本H118⑤：25，泥质红陶，略泛黄。颈部刻划一周凹弦纹，腹部饰有两对称的鸡冠状鋬。器表为素面。口径30.2、残高17厘米（图二四二，3）。

彩陶残片

标本H118⑤：35，泥质红陶。系一器物口沿残片，敞口，圆唇。器表饰有一层白色陶衣，其上以红彩绘有由圆点以及黑红相间的平行彩带纹组成的图案。残高4.9厘米（图二四二，2；彩版三四，2）。

盆　复原3件。

Aa型Ⅱ式　复原1件。

标本H118⑤：4，泥质红陶。敛口，圆唇，唇沿外卷，曲腹，底部微凹。唇部饰有一周黑彩，沿面以黑彩分别绘有由两组对称的弧形三角和分张的柳叶纹构成的图案，器表以黑彩绘有由圆点、弧形三角、斜线、"勿"字形纹和"人"字形纹等组成的两组相同的图案，每组图案都有一个被弧形三角合围的椭圆形区域，其间以两条斜向平行线分割为两部分，斜线下部绘倒置的三角，上部绘一圆点，整体似一飞翔中的小鸟。图案下部以黑彩带纹绕器一周。口沿下的两个小钻孔，可能是用以缀合破损的陶器。该器器内及器表有明显慢轮修制的痕迹，器底有使用的磨痕。口径34.8、底径12、高16.4厘米（图二四三，1；彩版三三）。

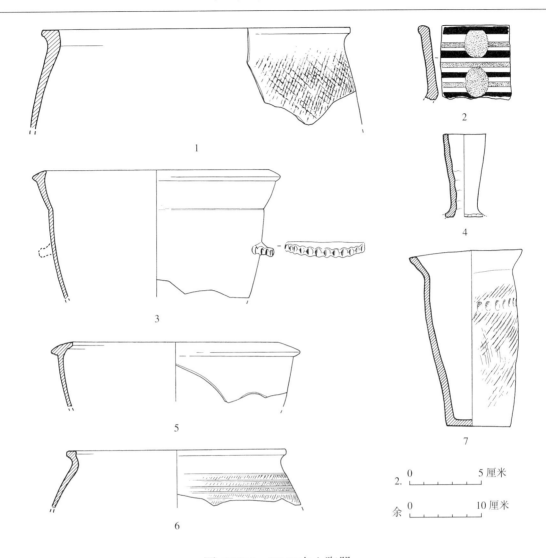

图二四二　H118出土陶器

1. Aa型Ⅱ式罐（H118①:86）　2. 彩陶残片（H118⑤:35）　3. E型Ⅱ式罐（H118⑤:25）　4. 长颈瓶（H118⑤:27）　5. D型Ⅱ式罐（H118①:36）　6. Ab型Ⅱ式罐（H118①:42）　7. B型Ⅱ式罐（H118⑥:19）

　　标本H118①:23，残，泥质红陶。敛口，唇沿外卷，圆唇，曲腹。唇部饰有一周黑彩，沿面以黑彩绘有两组对称的弧形三角和柳叶纹，现仅残留一组，器表以黑彩绘有由圆点、"勿"字形纹、"人"字形纹等组成的图案，图案下以黑彩带纹绕器一周。口径31.6、残高11.4厘米（图二四三，3）。

　　C型Ⅱ式　均残。

　　标本H118②:85，泥质红陶。敛口，斜宽沿，叠唇，沿面微弧，腹部斜收，上饰有两对称的鸡冠状鋬。素面。沿面磨光，器表有明显的刮削痕迹，器内抹光。口径33.8、残高11.2厘米（图二四三，4）。

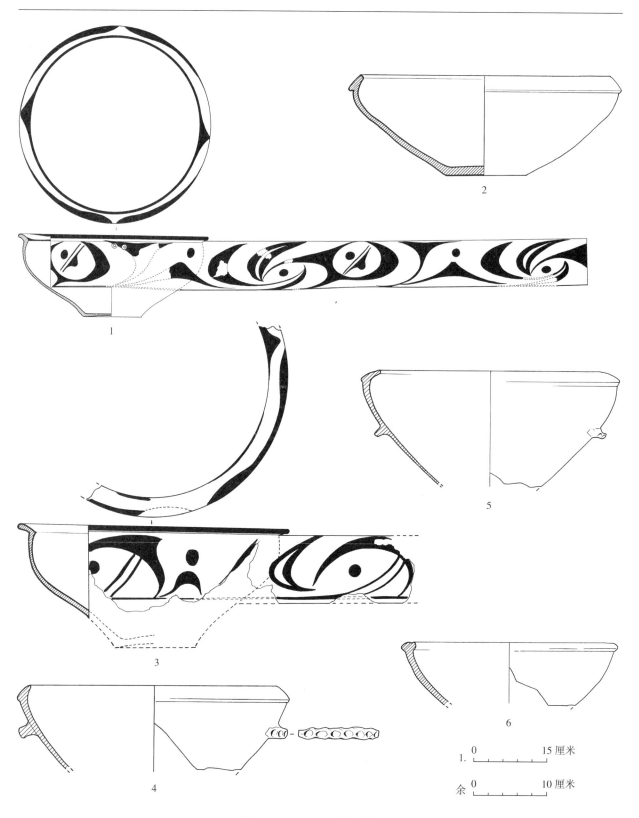

图二四三　　H118出土陶器

1. Aa型Ⅱ式盆（H118⑤：4）　　2、6. D型Ⅱ式盆（H118②：20、H118②：37）　　3. Aa型Ⅱ式盆（H118①：23）　　4、5. C型Ⅱ式盆（H118②：85、H118⑤：87）

标本H118⑤：87，泥质红陶。敛口，斜宽沿，叠唇，沿面微鼓，腹部斜收，腹上饰两对称的鸡冠状錾。素面。口沿内外显见慢轮修制的抹痕，器表、器内打磨较光滑。这件标本唇部较平，总体特征接近C型，从其器形特征看，应为Ⅱ式。口径30、残高15.4厘米（图二四三，5）。

D型Ⅱ式 复原1件。

标本H118②：20，泥质陶，黑灰色顶，灰色腹。敛口，宽沿内敛，叠唇，弧腹斜收，平底。素面。口沿内外及器表经刮修，器底有使用的磨痕。口径33.6、底径11、高13.3厘米（图二四三，2）。

标本H118②：37，残，泥质红陶。敛口，叠唇，沿面有一周凹槽，腹部斜收。素面。沿内抹光，沿面及器表显见刮修痕迹。口径25.6、残高8.4厘米（图二四三，6）。

钵 复原2件。

A型Ⅱ式 复原1件。

标本H118③：24，泥质红陶。敛口，圆唇，腹部斜收，底部为修补而成。唇部饰一周黑彩，器顶以黑彩绘有由圆点、弧形三角、垂弧等组成的图案，使地纹反衬出六组"西阴纹"，现仅残留三组，图案下部以彩带纹绕器一周。沿内可见慢轮修制的痕迹，器表有八个由外及内的钻孔，用以缀合破损的陶器。口径30.2、底径11.4、高11.8厘米（图二四四，1；图版四三，3）。

标本H118②：38，残，泥质黄褐陶。唇饰一周黑彩，器表为素面。口径32.4、残高6.7厘米（图二四四，4）。

C型Ⅱ式 复原1件。

标本H118④：12，泥质黄褐陶。敞口，圆唇，沿内有一周凸棱，腹部微折，底部内凹。素面。口沿内外显见慢轮修制的痕迹，下腹部经刮修。口径15.6、底径5、高4.9厘米（图二四四，2）。

碗 复原1件。

标本H118②：17，泥质红陶。敞口，尖唇，腹部斜收，底部刻有一圆孔。素面。器表及器内有慢轮修制的痕迹，近器底明显经刮削。口径8.4、底径5、高3.3厘米（图二四四，3）。

甑 复原2件。

标本H118③：11，夹砂红陶。敞口，方唇，斜腹内收，上腹部饰有对称的两鸡冠状錾，平底，底中部有一近圆形箅孔，一周有三个三等分近半月形箅孔。素面。口沿内外有慢轮修制的痕迹，器内有一层白色水垢。口径24.8、底径13.2、高13.4厘米（图二四五，2；图版四三，5）。

标本H118⑤：16，夹砂红陶。口微敛，唇沿外卷，沿内有一周凸棱，腹部斜收，平底，底上有四个箅孔，现仅残留两个箅孔痕迹。素面。口沿内外及器内抹光，器表有明显的刮削痕迹。口径25.4、底径10、高13.6厘米（图二四五，1）。

灶 均残。数量较少。

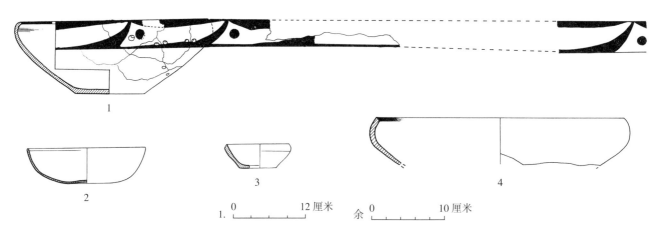

图二四四　H118出土陶器

1、4. A型Ⅱ式钵（H118③：24、H118②：38）　2. C型Ⅱ式钵（H118④：12）　3. 碗（H118②：17）

Ⅱ式

标本H118②：41，夹砂黄褐陶。圆唇，宽沿外斜，沿内有一周凸棱，筒腹，中部以下残缺。器表刻划有平行弦纹，纹痕较浅，灶门顶端饰有花边，器内颈腹交接处粘贴有一周锯齿状附加堆纹。口径31.2、残高6.4厘米（图二四五，3）。

器盖　复原1件。

Aa型Ⅱ式　均残。

标本H118②：14，夹砂褐陶。形如覆钵，敞口，圆唇，提柄残缺，仅在器顶留有镶嵌提柄的长方形榫卯。素面。口径17.5、残高8厘米（图二四六，10）。

Ca型Ⅱ式　复原1件。

标本H118⑤：8，夹细砂褐陶。喇叭形口，尖唇，器顶手工捏制有羊角式扁柄。素面。口沿及器内抹光。口径6、高4.2厘米（图二四六，8）。

标本H118②：22，残，夹砂红陶。器形较小，喇叭形侈口，圆唇。素面。沿外有明显的横向抹光痕迹，圆顶，器顶明显可见手工捏制痕迹。口径5.4、残高3.8厘米（图二四六，6）。

陶环　43件，1件完整（表一二四）。

A型　1件完整。数量极多。

标本H118⑤：31，残，泥质灰陶。内缘有一周凹槽，剖面呈半月形。素面。内径5、外径6.7、厚1.2厘米（图二四六，7）。

标本H118⑥：33，泥质灰陶。剖面近等腰三角形。素面。内径4、外径5.6、厚0.55厘米（图二四六，1）。

标本H118⑤：34，残，泥质灰陶。素面。内径3.5、外径4.8、厚0.6厘米（图二四六，2）。

B型　皆残。外缘均有一周圆棱。

标本H118⑥：29，泥质褐陶。内径4、外径5.3、厚0.8厘米（图二四六，5）。

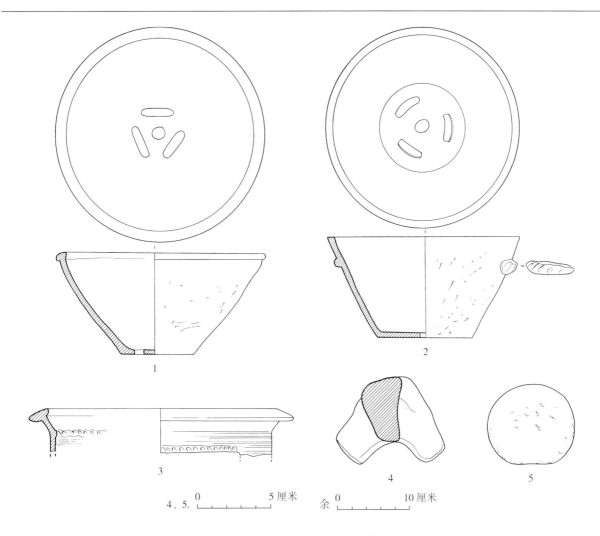

图二四五　H118出土器物

1、2. 陶甑（H118⑤：16、H118③：11）　3. Ⅱ式陶灶（H118②：41）　4. 磨石（H118①：5）　5. 石球（H118①：3）

标本H118①：32，泥质灰陶。内径5.4、外径6.8、厚1厘米（图二四六，4）。

C型　均残。数量较少。

标本H118⑥：30，泥质灰陶。螺旋状，外缘有二、三周平行深凹槽。内径约8、外径12.6、厚5.7厘米（图二四六，3）。

（2）石器

磨石　1件。

标本H118①：5，系砂岩加工而成。形状大体为三角形。器表有使用的磨痕。长6.7、宽6.2、厚3.2厘米（图二四五，4）。

石球　1件，完整。

标本H118①：3，系砂岩制成。近圆形。表面较为光滑，有红色颜料。直径5.3~6厘米（图二四五，5）。

表一二四　H118 陶环统计表（43 件）

编号	形状				尺寸（厘米）	保存状况	备注
	A 型（33）	B 型（2）	C 型（3）	D 型（5）	内径 × 外径 × 厚		
H118⑤：31	√				5×6.7×1.2	残	
H118⑥：33	√				4×5×0.55	残	
H118⑤：34	√				3.5×4.8×0.6	残	
H118⑥：29		√			4×5.3×0.8	残	
H118①：32		√			5.4×6.8×1	残	
H118⑥：30			√		8×12.6×5.7	残	
H118①：43	√				5×6.6×1	残	
H118⑤：44	√				4.8×6.2×0.7	残	
H118⑤：45	√				4.8×6.2×0.7	残	
H118⑥：46	√				5×6.8×0.95	残	
H118⑥：47	√				5×6.6×1	残	
H118⑤：48	√				4.4×5.9×0.6	残	
H118⑤：49	√				5.2×6.6×0.75	残	
H118①：50	√				4.4×6.2×0.9	残	
H118⑤：51	√				5.8×7.4×0.85	残	
H118⑤：52	√				3.6×5.2×0.7	残	
H118②：53	√				3.8×5.3×0.55	残	
H118②：54	√				5×6.4×0.6	残	
H118①：55	√				4.8×6.4×1.2	残	
H118①：56	√				5.6×8.1×1.4	残	
H118①：57	√				4×5.4×1	残	
H118③：58	√				4×5.2×0.6	残	
H118①：59	√				4×5.3×0.65	残	
H118⑥：60	√				4×5.2×0.6	残	
H118①：61	√				4.4×5.6×0.6	残	
H118⑤：62	√				3×4.2×0.46	残	
H118⑤：63	√				5×6.1×0.7	残	
H118①：64	√				4×5.8×0.85	残	
H118⑤：65	√				3.8×5.4×0.7	残	
H118②：66	√				4×5.7×0.7	残	
H118①：67	√				4×5.4×0.6	残	
H118①：68	√				3.8×5×0.6	残	
H118①：69	√				3.8×5.2×0.5	残	
H118⑤：70	√				6×9×1	残	

编号	形状				尺寸（厘米）	保存状况	备注
	A 型（33）	B 型（2）	C 型（3）	D 型（5）	内径 × 外径 × 厚		
H118①：71	√				5×9.7×1.3	残	
H118②：72	√				6×10.6×1.2	残	
H118①：73			√		6×8.4×2	残	螺旋状
H118⑤：82			√		8.4×13×6.1	残	螺旋状
H118②：74				√	4×5.6×1.2	残	白色
H118⑤：75				√	4.8×6.2×1.65	残	外缘有圆棱
H118⑤：76				√	4.4×5.6×2.7	残	白色
H118⑥：77				√	4.8×6.8×3.7	残	
H118⑥：78				√	4×5.8×3.5	残	

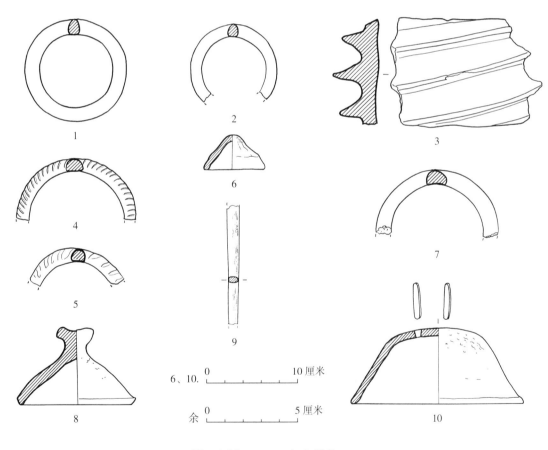

图二四六　H118出土器物

1、2、7. A型陶环（H118⑥：33、H118⑤：34、H118⑤：31）　3. C型陶环（H118⑥：30）　　4、5. B型陶环
（H118①：32、H118⑥：29）　6、8. Ca型Ⅱ式陶器盖（H118②：22、H118⑤：8）　9. 骨簪（H118⑤：6）
10. Aa型Ⅱ式陶器盖（H118②：14）

（3）骨器

骨簪 1件。

标本H118⑤：6，系动物骨加工而成。横断面为椭圆形，两端均残。器身磨制精细光滑，器表褐色。残长6.4、厚0.3厘米（图二四六，9）。

另外，在H118的堆积中还发现一些陶器，其特征与庙底沟文化一期接近。分别介绍如下。

盆 均残。

Aa型Ⅰ式

标本H118⑤：88，泥质红陶。敛口，唇沿外卷，上腹较直，下腹曲收，体较扁，容积较大。唇部饰有一周黑彩，沿面以黑彩绘有由圆点、弧形三角、"勿"字形纹等组成的图案。器表及器内打磨较光滑。口径31.6、残高9厘米（图二四七，2）。

瓮 均残。

Ⅰ式

标本H118①：7，泥质灰陶。素面。口径52、残高8厘米（图二四七，1）。

罐 均残。

F型Ⅰ式 数量较少。

标本H118⑥：9，泥质黄褐陶。敛口，圆唇，沿内有一周凹槽，颈部略外弧，鼓腹。沿面饰一周黑彩，器表上腹部以黑彩绘有由圆点、弧三角纹等组成的三组图案，图案下部以彩带纹绕器一周。三组图案基本相同，但其中一组图案中左右对置的弧三角之间又多绘了一对上下对置的弧三角，上下对置的弧三角间以细条带相隔。器口沿内及颈部有明显慢轮修制的痕迹。口径21、残高20.6厘米（图二四七，8；彩版三四，1）。

钵 复原1件。

C型Ⅰ式

标本H118④：10，泥质陶，沿外黑灰，腹部灰色。敞口，圆唇，沿外一周内凹，弧腹斜收，底部内凹。素面。口沿内外显见慢轮修制的痕迹。口径19、底径5、高5.4厘米（图二四七，5）。

釜 均残。

Ⅰ式

标本H118②：40，夹砂红陶。斜肩内弧，折腹，圜底。肩饰规整的平行弦纹，纹痕较深。残高8.2厘米（图二四七，3）。

器盖 复原2件。

Ab型Ⅰ式 复原1件。

标本H118②：15，夹砂褐陶。形如覆钵，敞口，圆唇，器顶安装有榫卯结构的马鞍形提柄。素面。口径24.8、高11.2厘米（图二四七，4；图版四三，4）。

标本H118②：18，残，夹砂褐陶。形如覆钵，敞口，圆唇。素面。器表较为粗糙，器内有明显的抹光痕迹。口径26、残高6.8厘米（图二四七，6）。

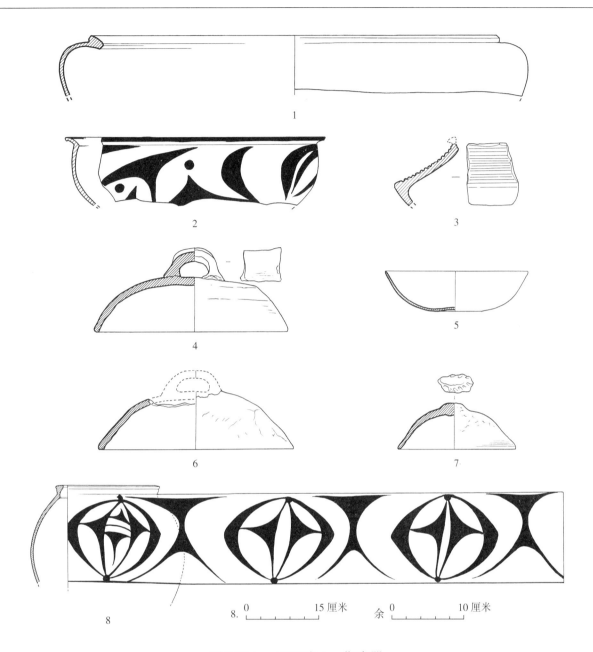

图二四七　H118出土一期陶器

1. Ⅰ式瓮（H118①：7）　2. Aa型Ⅰ式盆（H118⑤：88）　3. Ⅰ式釜（H118②：40）　4、6. Ab型Ⅰ式器盖（H118②：15、H118②：18）　5. C型Ⅰ式钵（H118④：10）　7. Ac型Ⅰ式器盖（H118①：21）　8. F型Ⅰ式罐（H118⑥：9）

Ac型Ⅰ式　复原1件。

标本H118①：21，夹砂褐陶。形如覆钵，敞口，圆唇，手工捏制有低矮的条形提柄。素面。口沿内外抹光，器顶有明显的刮削痕迹。口径15、高6.2厘米（图二四七，7）。

20. H130

位于ⅢT1501东北部，部分伸入ⅡT1501、ⅢT1401及ⅡT1401内，横跨4个探方。开口于

②层下，被G1、G2、H129打破，打破H51、H140、H155及生土层。坑口距地表0.9米。平面形状呈椭圆形，坑壁较直，唯西壁略内收，底部为较平的黄土，黄土层下经钻探得知为0.5米厚的沙层和石块，这可能与古代河床有关。口径4.14~5.3、底径3.3~4.26、深1.86米。

坑内堆积可分上下两层：上层为疏松的黑灰色土，厚约0.7米，自西向东呈斜坡状分布。下层堆积为一层灰土，并夹杂有少量的烧土和草拌泥块，厚约0.9米，坑底为一层厚0.2米黄褐色硬面。坑内南部距坑口1.5米处为一厚0.12米的灰褐色硬面，中间夹有灰土。堆积中包含物较为丰富，出土有大量陶片和较多动物骨头，另外，还有陶环、陶球、石刀、石凿、石斧、磨石、骨锥等小件器物的出土。出土可辨别的动物属种有圆顶珠蚌、猫、猪、獐、梅花鹿、绵羊、牛等（图二四八）。

H130出土陶片极多，陶器主要有尖底瓶、罐、盆、钵、瓮、釜、灶、器盖等，分别占该坑可辨器形的4.93%、26.98%、41.54%、19.03%、1.07%、0.21%、0.21%、6.00%。出土陶器从形态上看既具二期特征，又保留有一期风格，因此这个单位的年代很可能处于庙底沟文化二期偏早阶段。陶系、纹饰情况详见表一二五。以下按质地分别介绍出土物。

（1）陶器

尖底瓶　均残。

Ⅲ式

标本H130：22，泥质红陶。器表饰斜线纹。口径4.4、残高5.2厘米（图二四九，3）。

罐　复原3件。

C型Ⅱ式　均残。

标本H130：75，夹砂灰陶。沿微外撇，圆唇，沿内有一周凹槽，圆鼓腹。素面。口沿内外显见慢轮修制的痕迹，器表较为粗糙，未经修整。口径15、残高6.2厘米（图二四九，2）。

E型Ⅱ式　复原1件。

标本H130：17，泥质灰陶。直口微敞，圆唇，领部较直，腹部微鼓，上腹部饰有对称的两鸡冠状錾，下腹斜收，平底。素面。口沿内外及颈部显见慢轮修制的痕迹，腹部至底有明显的横向刮削痕迹。这

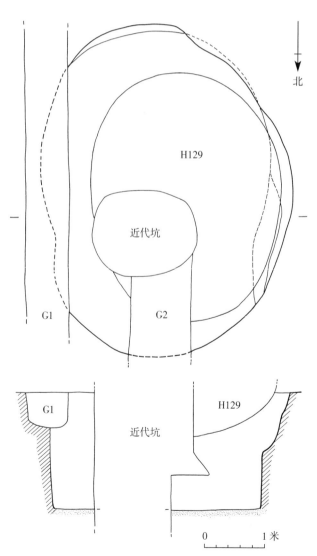

图二四八　H130平、剖面图

表一二五　H130 陶系、纹饰统计表

纹饰＼陶系	泥质陶					夹砂陶					合计	百分比(%)
	红	黄褐	褐	灰	小计	红	黄褐	褐	灰褐	小计		
素面	923	87	92	629	1731	12	14		106	132	1863	36.29
绳纹						135	11	754	259	1159	1159	22.57
线纹	1198	169	124	56	1547						1547	30.13
彩陶	506				506						506	9.86
弦纹	2	1			3	12		3	18	33	36	0.70
弦＋线纹	1				1						1	0.02
弦＋堆纹									2	2	2	0.04
弦＋指窝纹									4	4	4	0.08
绳＋弦纹						2		2	11	15	15	0.29
绳＋堆纹								1		1	1	0.02
合计	2630	257	216	685	3788	161	26	759	400	1346	5134	100
百分比(%)	51.23	5.00	4.21	13.34	73.78	3.13	0.51	14.78	7.79	26.22	100	

件标本具有较多的E型罐特征，但又有不同。口径26.3、底径12.3、高31.9厘米（图二五○，3；图版四四，6）。

G型Ⅱ式　复原2件。

标本H130：16，夹砂红陶。沿外撇，尖圆唇，鼓腹，下腹斜收，平底。素面。口沿内外及颈部有慢轮修制的痕迹，近器底经刮削，底上有同心圆状切割痕迹。口径18、底径8.4、高19.3厘米（图二四九，6；图版四三，2）。

标本H130：21，夹砂红陶。沿略向外折，圆唇，鼓腹，下腹部呈反弧状，底微凹。上腹部饰交错绳纹，腹中部偏下饰一周指窝纹。口沿内外及颈部有慢轮修制的痕迹，下腹部有明显的竖向刮修痕迹，器表有烟熏的炱痕，器底有使用的磨痕。口径14.6、底径9、高18.6厘米（图二四九，1；图版四四，2）。

夹砂小罐　复原1件。

标本H130：3，夹砂红陶。沿外撇，圆唇，腹部微鼓，平底。器表通饰稀疏的斜绳纹。器内抹光，底部有使用的磨痕，同时明显可见器底是由器内镶嵌泥饼制成。口径13、底径6.4、高14.2厘米（图二四九，5；图版四四，1）。

圆腹罐　均残。

标本H130：8，泥质褐陶。敛口，圆唇外卷，腹部圆鼓。素面。唇沿内外及器内显见慢轮修制的痕迹，器表打磨较光滑。口径31.4、腹径38、残高15.2厘米（图二五○，1）。

盆　复原2件。

Ab型Ⅱ式　复原2件。

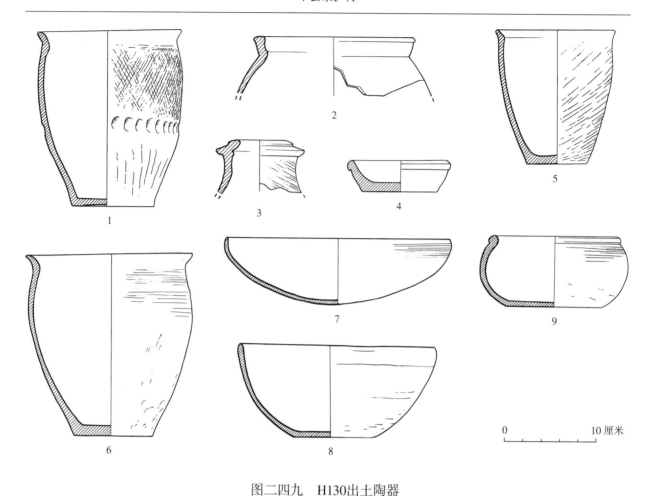

图二四九　H130出土陶器

1、6. G型Ⅱ式罐（H130：21、H130：16）　2. C型Ⅱ式罐（H130：75）　3. Ⅲ式尖底瓶（H130：22）　4. 碗（H130：14）
5. 夹砂小罐（H130：3）　7. 圜底钵（H130：2）　8. C型Ⅱ式钵（H130：12）　9. 盂（H130：1）

　　标本H130：15，泥质灰陶。敛口，圆唇，唇沿外卷，弧腹斜收，底部内凹。素面。口沿内外及器表有明显慢轮修制的痕迹，器底有使用的磨痕。口径31.2、底径10.2、高12厘米（图二五〇，2）。

　　标本H130：19，泥质红陶。口微敛，圆唇，唇沿外卷，弧腹斜收，底部微凹。素面。口沿内外及器表显见慢轮修制的痕迹，器底有使用的磨痕。口径34、底径10.6、高11.5厘米（图二五〇，5；图版四三，6）。

　　标本H130：74，残，泥质红陶。敛口，圆唇外卷，弧腹斜收，腹部较浅。唇部饰有一周黑彩，沿面以黑彩绘有由弧形三角纹等组成的图案，器表素面。口径34.8、残高8.8厘米（图二五〇，7）。

　　D型Ⅱ式　均残。

　　标本H130：7，泥质红陶。素面。口径27.8、残高11.2厘米（图二五〇，4）。

　　钵　复原1件。

C型Ⅱ式　复原1件。

标本H130:12，夹砂红陶。敞口，圆唇，弧腹斜收，平底。素面。器表有明显的刮削痕迹，沿内经抹光。口径21.4、底径8.2、高9.8厘米（图二四九，8）。

圜底钵　复原1件。

标本H130:2，泥质红陶，略泛黄。口微敛，圆唇，弧腹斜收，近圜底。素面。口沿内外有明显慢轮修制的痕迹，下腹部经刮削。底部有使用的磨痕。口径24、高7厘米（图

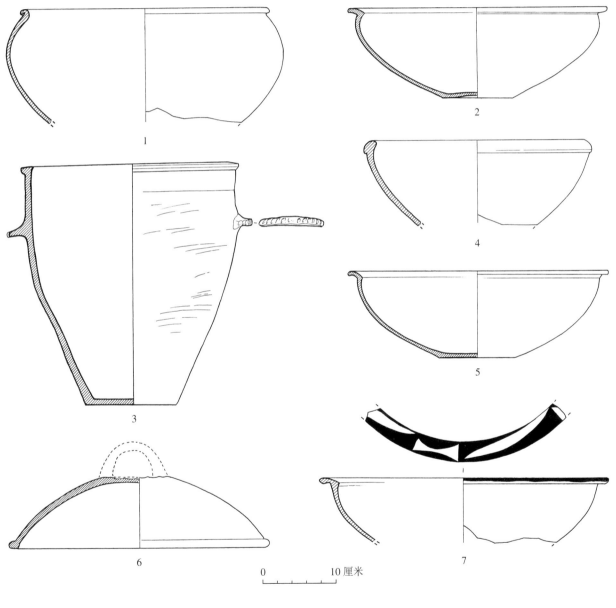

图二五〇　H130出土陶器

1. 圆腹罐（H130:8）　　2、5、7. Ab型Ⅱ式盆（H130:15、H130:19、H130:74）　　3. E型Ⅱ式罐（H130:17）　　4. D型Ⅱ式盆（H130:7）　　6. Ab型Ⅱ式器盖（H130:18）

二四九，7）。

碗　复原1件。

标本H130：14，泥质红陶。敞口，圆唇外卷，斜腹内收，平底。素面。器表及器内有明显的慢轮修制的痕迹。口径10.2、底径8.3、高3.2厘米（图二四九，4）。

盂　复原1件。

标本H130：1，泥质红陶。敛口，圆唇外卷，扁鼓腹，平底。素面。口沿内外及器表有慢轮修制的痕迹，下腹部经刮削。口径12.2、底径10.2、高7.6厘米（图二四九，9）。

器盖　均残。

Ab型Ⅱ式

标本H130：18，夹砂褐陶。形如覆钵，敞口，圆唇外卷。素面。沿外及器内显见慢轮修制的痕迹。口径33、残高9.4厘米（图二五〇，6）。

陶球　2件，均残。

标本H130：4，泥质红陶。器表有两周十字形凹槽。直径4.6~4.8厘米（图二五一，5）。

陶环　45件，均残（表一二六）。

A型

标本H130：25，泥质灰陶。素面。内径4.4、外径6.1、厚0.9厘米（图二五一，7）。

B型　外侧均有一周圆棱。

标本H130：23，泥质灰陶。内径5.3、外径7.2、厚1.3厘米（图二五一，1）。

标本H130：24，泥质灰陶。内径6.1、外径8.2、厚1厘米（图二五一，2）。

（2）石器

石刀　1件，残。形同陶刀。

标本H130：27，系紫色页岩磨制而成。平面呈长方形，中部两面靠近刀背对钻一圆孔。刀背及两侧磨制平直，刃部双面磨制，较为锋利。残长5.1、宽3.8厘米（图二五一，6）。

（3）骨器

骨簪　1件。器身磨光，一端尖锐，横断面为圆形或椭圆形。

标本H130：6，横断面为圆形。长5.4、断面直径0.35厘米（图二五一，4）。

骨锥　1件。

标本H130：5，器身扁平，一边有刃，一边平齐，略残，柄端宽扁，锋部残断。残长8.4厘米（图二五一，3）。

同时，在H130中发现有与庙底沟文化一期特征接近的陶器数量较多，介绍如下。

尖底瓶　均残。

Ⅱ式

标本H130：28，泥质红陶。器表饰斜线纹。口径4、残高5.2厘米（图二五二，3）。

罐　均残。

Ab型Ⅰ式

表一二六 H130 陶环统计表（45 件）

编号	形状				尺寸（厘米）	保存状况	备注
	A 型（23）	B 型（5）	C 型（17）	D 型	内径 × 外径 × 厚		
H130：25	√				4.4×6.1×0.9	残	
H130：23		√			5.3×7.2×1.3	残	
H130：24		√			6.1×8.2×1	残	
H130：29	√				5×6.6×0.9	残	
H130：30	√				5.6×7.4×0.85	残	
H130：31	√				4.8×6.5×0.85	残	
H130：32	√				4×5.6×0.9	残	
H130：33	√				4.4×6.2×1	残	
H130：34	√				5.2×6.7×0.9	残	
H130：35	√				6×7.8×1.05	残	
H130：36	√				5.2×6.8×0.8	残	
H130：37	√				5.2×6.7×0.8	残	
H130：38	√				5.4×7×0.9	残	
H130：39	√				3.2×4.7×0.95	残	
H130：40	√				4.8×6.3×0.75	残	
H130：41	√				4×5.6×0.85	残	
H130：42	√				3.6×4.8×1	残	
H130：43	√				4×5.3×0.8	残	
H130：44	√				4×5.4×1	残	
H130：45	√				5×6.6×0.8	残	
H130：46	√				4.6×6.3×0.5	残	
H130：47	√				4×5.4×0.65	残	
H130：48	√				4.8×6×0.8	残	
H130：49	√				6×7.7×0.9	残	
H130：50	√				4×5.4×0.6	残	
H130：51		√			5×6.7×0.7	残	
H130：52		√			6×7.5×0.8	残	
H130：53		√			3.4×5×0.8	残	
H130：54			√		5.8×8×1.6	残	螺旋状
H130：55			√		5.6×7.2×1.2	残	螺旋状
H130：56			√		4.6×6×1.1	残	螺旋状
H130：57			√		4×5.9×0.85	残	螺旋状
H130：58			√		4×5.4×1.3	残	螺旋状
H130：59			√		4.6×6.3×1.1	残	螺旋状

编号	形状				尺寸（厘米）	保存状况	备注
	A 型（23）	B 型（5）	C 型（17）	D 型	内径 × 外径 × 厚		
H130：60			√		4.8×6.5×1.1	残	螺旋状
H130：61			√		5.4×7.3×1.1	残	螺旋状
H130：62			√		3.6×5.1×1	残	螺旋状
H130：63			√		6×8.2×1.4	残	螺旋状
H130：64			√		4.8×6×1.3	残	螺旋状
H130：65			√		4.6×6×1.3	残	螺旋状
H130：66			√		4.6×6.4×1.3	残	螺旋状
H130：67			√		4×5.4×1.1	残	螺旋状
H130：68			√		4.4×6.6×1.25	残	齿轮状
H130：69			√		4.4×6.5×1.7	残	齿轮状
H130：70			√		4×6×1.45	残	齿轮状

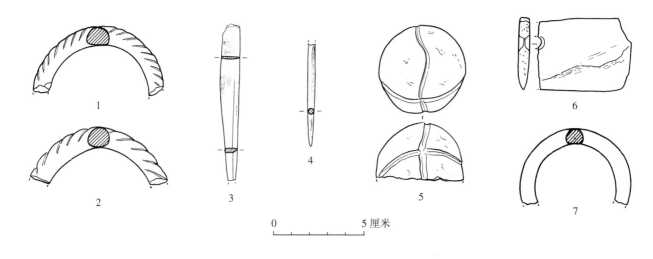

0 　　　　　　　5 厘米

图二五一　H130出土器物

1、2. B型陶环（H130：23、H130：24）　3. 骨锥（H130：5）　4. 骨簪（H130：6）　5. 陶球（H130：4）　6. 石刀（H130：27）　7. A型陶环（H130：25）

　　标本H130：9，夹砂褐陶。颈下饰数周平行划纹，腹部通饰斜绳纹。口径27.2、残高10厘米（图二五二，6）。

　　盆　均残。

　　Ab型Ⅰ式

　　标本H130：20，泥质陶，红顶，黄褐色腹。唇部饰有一周黑彩，沿面以黑彩绘有弧形三

图二五二 H130出土一期陶器

1、2、7. A型Ⅰ式钵（H130∶10、H130∶76、H130∶11） 3. Ⅱ式尖底瓶（H130∶28） 4. C型Ⅰ式钵（H130∶13） 5. Ab型Ⅰ式盆（H130∶20） 6. Ab型Ⅰ式罐（H130∶9）

角和柳叶纹，器表以黑彩绘有由圆点、斜线、涡纹等组成的图案，似残存两组，繁冗复杂。器表及器内较为光滑。口径33.4、残高12厘米（图二五二，5；彩版三二）。

钵　复原3件。

A型 Ⅰ式　复原2件。

标本H130：10，泥质红陶。敛口，圆唇，弧腹斜收，平底。素面。口沿内外及器表有慢轮修制的痕迹，器底有使用的磨痕。口径32、底径13.6、高11.8厘米（图二五二，1）。

标本H130：11，泥质黄褐陶。敛口，圆唇，弧腹斜收，平底。素面。器表及沿内有明显刮修痕迹，器底有使用的磨痕。口径31、底径14.5、高10厘米（图二五二，7）。

标本H130：76，残，泥质陶，暗红色顶，褐色腹。直口微敛，圆唇，弧腹内收，底部残缺。唇部饰有一周黑彩，器表以黑彩绘有由圆点纹、弧边三角及条带纹等组成的图案。器表及器内打磨光滑，沿内有明显的刮修痕迹。口径33、残高7.2厘米（图二五二，2）。

C型 Ⅰ式　复原1件。

标本H130：13，泥质陶，沿外黑灰，腹部灰色。敞口，圆唇，弧腹斜收，平底。素面。口沿内外显见慢轮修制的痕迹，器底有使用的磨痕。口径19.6、底径7.5、高6厘米（图二五二，4）。

21. H131

位于ⅡT0801北部，部分延伸到探方北壁内，为了将其全面揭露，对该探方向北扩方2.2米。该坑开口于②层下，打破生土。坑口距地表0.7米。平面形状大体呈圆形，坑壁内收。口径4.02~4.25、深2.1米。坑的北端距坑口约0.6米处为一弯月形生土平台，台面较为平整，宽1.64米，在其南端是一个椭圆形小坑，底略呈锅底状，口径2.36~2.52、深1.5米。

坑内堆积可分两层。

第①层：厚0.4~0.6米，为松软的灰黑色层状堆积，夹杂有石块等物，并出土有大量陶片及少量动物骨头，另有陶环、陶刀、石器等小件器物的出土。动物骨头可鉴定属种的有猪、梅花鹿等两种。

第②层：厚1.5米，为疏松的黄褐色土，出土的陶片少于①层，同时还有陶环、陶刀、骨簪等小件器物出土。可鉴定的动物种属有硬环棱螺、蚌、雉、猪、獐、梅花鹿等（图

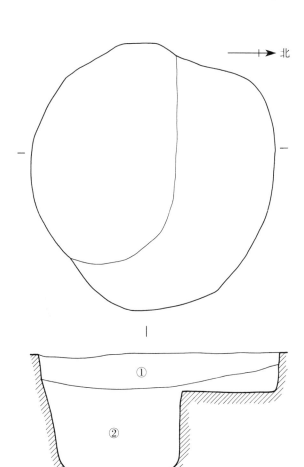

图二五三　H131平、剖面图

表一二七　H131①陶系、纹饰统计表

陶系＼纹饰	泥质陶					夹砂陶				合计	百分比（%）
	红	黄褐	褐	灰	小计	红	黄褐	灰褐	小计		
素面	150	67	120	62	399		14	53	67	466	33.94
绳纹						242		235	477	477	34.74
线纹	262	31	57		350					350	25.49
彩陶	53				53					53	3.86
弦纹	1				1	1			1	2	0.15
绳+堆纹						13		9	22	22	1.60
绳+弦+堆纹								3	3	3	0.22
合计	466	98	177	62	803	256	14	300	570	1373	100
百分比（%）	33.94	7.14	12.89	4.52	58.49	18.64	1.02	21.85	41.51	100	

二五三）。

H131内堆积依土质土色分为两层，从各层出土陶器看，也存在一定的差别，但均未超出泉护村庙底沟文化二期的范畴。出土物按质地和层位分别介绍如下。

（1）陶器

①层：出土陶器主要有瓶、罐、盆、钵、瓮、器盖等，分别占该坑可辨器形的4.15%、45.74%、25.19%、19.38%、2.08%、3.46%。陶系、纹饰情况详见表一二七。

尖底瓶　皆残，器表均饰斜线纹。

Ⅲ式

标本H131①：24，泥质红陶。口径4.8、残高8厘米（图二五四，1）。

Ⅳ式

标本H131①：18，泥质褐陶。口径4.4、残高4.8厘米（图二五四，2）。

罐　复原1件。

G型Ⅱ式

标本H131①：7，夹砂灰褐陶。折沿，圆唇，溜肩，上腹微鼓，下腹斜收，平底。沿面饰绳切纹，器表饰斜绳纹，肩部饰对称的两鸡冠状錾。口径17、底径12、高20.8厘米（图二五四，6；图版四四，5）。

直壁罐　复原1件。

标本H131①：6，夹砂灰褐陶。敞口，圆唇，腹部斜直，底部内凹。器表通饰交错线纹。器内经抹光，器底有使用的磨痕，整个器表有烟熏的炱痕。口径12.4、底径8、高11.6厘米（图二五四，8；图版四四，3）。

钵　复原3件。

A型Ⅱ式　复原2件。

标本H131①：4，泥质红陶。口微敛，圆唇，曲腹，平底。素面。器表经刮修，沿内抹光。口径18.6、底径6.4、高6.6厘米（图二五四，4；图版四五，1）。

标本H131①：50，泥质灰陶。敛口，圆唇，弧腹内收，下腹略呈反弧状，平底。素面。口沿内外显见慢轮修制的痕迹，器表及器内明显经刮修。口径29.4、底径10、高10厘米（图二五四，11）。

标本H131①：52，残，泥质黄褐陶。敛口，方唇，弧腹，下腹斜收。唇部饰有一周黑彩，器表以黑彩绘有由弧形三角、平行竖线、条带纹等组成的图案，残留不足一组。器表明显有刮修的痕迹，沿内有明显慢轮修制的痕迹。口径25.2、残高8厘米（图二五四，10）。

B型Ⅱ式　均残。

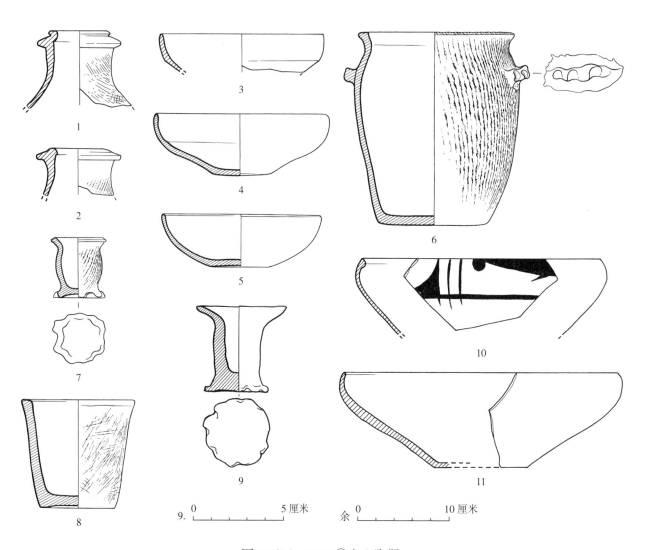

图二五四　H131①出土陶器

1. Ⅲ式尖底瓶（H131①：24）　2. Ⅳ式尖底瓶（H131①：18）　3. B型Ⅱ式钵（H131①：51）　4、10、11. A型Ⅱ式钵（H131①：4、H131①：52、H131①：50）　5. C型Ⅱ式钵（H131①：3）　6. G型Ⅱ式罐（H131①：7）　7. E型杯（H131①：5）　8. 直壁罐（H131①：6）　9. B型杯（H131①：15）

标本H131①：51，泥质黄褐陶。素面。器表及器内打磨较为光滑。口径17.6、残高4厘米（图二五四，3）。

C型Ⅱ式　复原1件。

标本H131①：3，泥质陶，黄褐色顶，褐色腹。敞口，圆唇，弧腹内收，底部内凹。素面。器表、器内经刮修，器底有使用的磨痕。口径17.6、底径6.4、高5.6厘米（图二五四，5；图版四五，5）。

杯　3件，复原2件。

B型　复原1件。

标本H131①：15，夹砂红陶。口呈喇叭状，圆唇，直筒腹，底部内凹且外撇，并捏成花瓣状。素面。口径5、底径3.6、高4.5厘米（图二五四，9）。

E型　复原1件。

标本H131①：5，夹砂灰褐陶。沿外撇，方唇，鼓腹，花边形足，内凹。口沿、腹部饰斜绳纹。颈部抹光，器底部花边为手工捏制。口径5.2、底径5.7、高6.4厘米（图二五四，7）。

陶刀　3件，均残（表一二八）。

陶环　11件，均残（表一二九）。

②层：出土陶器有瓶、罐、盆、钵、瓮、甑、器盖等，分别占该坑可辨器形的2.08%、18.34%、7.27%、10.38%、1.73%、0.35%、3.81%。陶系、纹饰情况详见表一三〇。

尖底瓶　均残。

Ⅲ式

标本H131②：26，泥质红陶。口径5.2、残高3厘米（图二五五，8）。

葫芦口瓶　均残。

A型Ⅱ式

标本H131②：19，质略粗，微含细砂，红陶。颈部饰线纹。口径4、残高6.8厘米（图二五五，4）。

表一二八　H131陶刀统计表（7件）

编号	形状			尺寸（厘米）	备注
	A型（4）	B型（1）	C型（2）	长×宽	
H131②：16	√			7×（2.9~3.5）	
H131①：39	√			残长3.9×4.6	
H131①：40	√			残长5.7×4.2	无刃
H131②：41	√			残长6.1×4.5	
H131②：42		√		残长3.9×4.4	
H131②：43			√	残长4.9×4.1	无刃
H131①：44			√	残长5.9×3.6	

表一二九　H131 陶环统计表（13 件）

编号	形状				尺寸（厘米）	保存状况
	A 型（12）	B 型	C 型	D 型（1）	内径 × 外径 × 厚	
H131 ①：27	√				5.6×7.6×1.1	残
H131 ①：28	√				6×8×1	残
H131 ①：29	√				4.6×5.8×0.65	残
H131 ①：30	√				6.6×7.6×1.2	残
H131 ①：31	√				4×5.9×1	残
H131 ①：32	√				3.6×5×0.7	残
H131 ①：33	√				4.8×6.3×0.9	残
H131 ①：34	√				4.6×6.2×0.8	残
H131 ①：35	√				3.8×5×0.7	残
H131 ①：36	√				4×5.7×0.7	残
H131 ②：37	√				4.6×6.2×0.7	残
H131 ②：38	√				4×5.6×0.95	残
H131 ①：45				√	4.4×6×3	残

表一三〇　H131 ②陶系、纹饰统计表

陶系　　纹饰	泥质陶					夹砂陶				合计	百分比（%）
	红	黄褐	褐	灰	小计	红	黄褐	灰褐	小计		
素面	163	68	35	75	341	78		35	113	454	41.35
绳纹						90		158	248	248	22.59
线纹	165	44	98		307					307	27.96
彩陶	36				36					36	3.28
绳 + 堆纹						12		6	18	18	1.64
绳 + 弦 + 堆纹								4	4	4	0.36
弦 + 堆 + 指窝纹						31			31	31	2.82
合计	364	112	133	75	684	180	31	203	414	1098	100
百分比（%）	33.15	10.20	12.12	6.83	62.30	16.39	2.82	18.49	37.70	100	

葫芦口瓶底

标本H131②：23，质略粗，含细砂，褐陶。腹部斜收，平底。器表饰斜线纹，近器底饰数周横线纹。底径12.2、残高14厘米（图二五五，12）。

罐　均残。

Ab型Ⅱ式

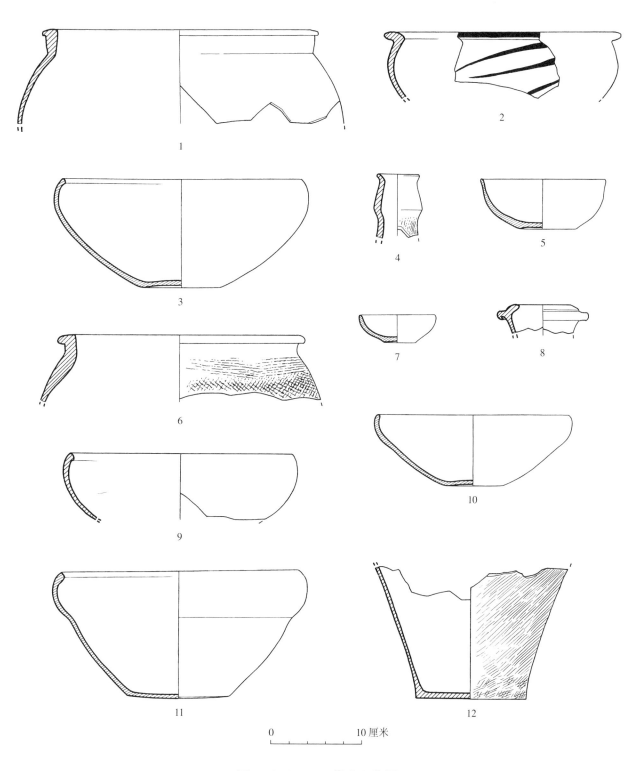

图二五五　H131②出土陶器

1. C型Ⅱ式罐（H131②：20）　　2. B型Ⅱ式盆（H131②：25）　　3、9~11. A型Ⅱ式钵（H131②：9、H131②：21、H131②：10、H131②：13）　　4. A型Ⅱ式葫芦口瓶（H131②：19）　　5. C型Ⅱ式钵（H131②：11）　　6. Ab型Ⅱ式罐（H131②：22）　　7. 碗（H131②：12）　　8. Ⅲ式尖底瓶（H131②：26）　　12. 葫芦口瓶底（H131②：23）

标本H131②：22，夹砂灰褐陶。肩部饰交错绳纹。器表有明显烟熏的炱痕。口径23、残高7厘米（图二五五，6）。

C型Ⅱ式

标本H131②：20，泥质红陶。素面。口径26.8、残高10厘米（图二五五，1）。

盆　均残。

B型Ⅱ式

标本H131②：25，泥质红陶。唇部饰有一周褐彩，器表以褐彩绘有带状和似为"勿"字形纹等图案。口径21.6、残高7厘米（图二五五，2）。

钵　复原4件。

A型Ⅱ式　复原3件。其中H131②：9、21既有较多的AⅡ式钵的特征，又具有一定的C型钵特征。

标本H131②：9，泥质陶，黄褐色顶，灰色腹，器内灰色。敛口，圆唇，沿内有一周凸棱，弧腹斜收，底部内凹。素面。器顶经刮修，沿内抹光，器底有使用的磨痕。口径26、底径8.5、高11.6厘米（图二五五，3；图版四五，3）。

标本H131②：10，泥质陶，暗红色顶，灰褐色腹。敛口，圆唇，腹部略曲，下腹斜收，底部内凹。素面。器顶经刮修，沿内抹光，器底略见使用的磨痕。口径20.8、底径6.5、高7.5厘米（图二五五，10；图版四五，2）。

标本H131②：13，泥质陶，红顶，褐腹。敛口，圆唇，上腹部向内凹入，下腹部斜收，平底。素面。器表显见横向刮修痕迹，沿内抹光，器底上有使用的磨痕。口径25.9、底径11.1、高13.6厘米（图二五五，11；图版四五，4）。

标本H131②：21，残，泥质红陶。沿内有一周凸棱。素面。口径24、残高7厘米（图二五五，9）。

C型Ⅱ式　复原1件。

标本H131②：11，泥质红陶。敞口，圆唇，器顶略内弧，圆弧腹，底部内凹。素面。器顶、器内经磨光，腹部经刮修，器底有使用的磨痕。口径13.8、底径6.2、高5.3厘米（图二五五，5）。

碗　复原1件。

标本H131②：12，夹砂红陶。敞口，腹微曲，底部内凹。素面。器形较小。器顶经抹光，近器底经刮削。口径8.5、底径3.4、高3厘米（图二五五，7）。

叠唇瓮　数量较少。均残。

标本H131②：2，夹砂红陶。敛口，圆唇外卷，沿内一周微内弧，深鼓腹内收。素面。口沿内外显见慢轮修制的痕迹，该器从残断面可以看出其口部的制法为沿包帮。口径28、残高24厘米（图二五六，1）。

缸　均残。

标本H131②：17，泥质灰褐陶。敛口，圆唇，深腹微鼓。素面。口沿内外显见慢轮修制的痕迹，器表打磨较光滑。口径33、残高6.2厘米（图二五六，2）。

器盖　复原1件。

Aa型Ⅱ式

标本H131②：8，夹砂红陶。敞口，方唇，形如覆钵，桥状提柄。器表抹泥以加固陶器，从脱落的泥巴处可清晰看见原器表饰斜绳纹，器顶经刮削。口径27.4、高14.4厘米（图二五六，3；图版四四，4）。

陶刀　4件，复原1件（表一二八）。

A型　复原1件。

标本H131②：16，系泥质红陶钵的口部残片加工而成。平面大体呈长方形，背部保留有陶钵唇沿的原状，两侧分别打制成弧形缺口。刃部单面磨制，较为锋利。长7、宽2.9~3.5厘米（图二五六，4）。

陶环　2件，均残（表一二九）。

（2）骨器

骨簪　2件，1件完整。磨制精细，断面为圆形或椭圆形。

标本H131②：1，一端平齐，一端尖锐锋利，该器现已断为三节，整器两端略弧。长19.3厘米（图二五六，6；图版四八，8）。

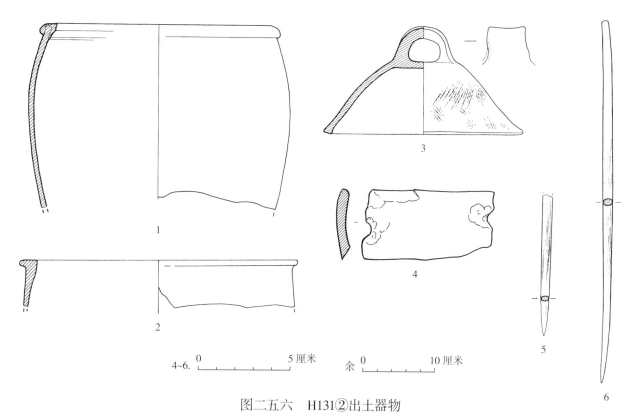

图二五六　H131②出土器物

1. 陶叠唇瓮（H131②：2）　2. 陶缸（H131②：17）　3. Aa型Ⅱ式陶器盖（H131②：8）　4. A型陶刀（H131②：16）　5、6. 骨簪（H131②：14、H131②：1）

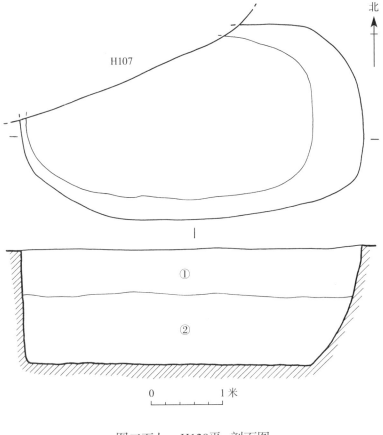

H107

北

0   1米

图二五七　H138平、剖面图

标本H131②：14，横断面为椭圆形，锋部尖锐。残长7.5厘米（图二五六，5；图版四八，8）。

22. H138

位于ⅠT1507东北部，部分伸入ⅠT1607内。开口于①层下，被H107打破，打破H123。坑口距地表0.3米。平面形状呈椭圆形，口大底小，坑壁内收，底部较平。口径2.6~4.7、底径2.1~3.9、深1.5~1.6米。

坑内堆积分两层。

第①层：厚约0.6米，为松散的黑灰色土。出土有少量陶片及陶刀、陶杯等小件器物。

第②层：厚约0.9米，为较硬的黄褐色土。包含物较①层多，出土陶片较多，另有少量的陶环、陶刀、石环等小件器物的出土。

该坑出土动物骨头较少，可鉴定的动物属种有圆顶珠蚌、猪、梅花鹿等三种（图二五七）。

H138在发掘时依土质土色的不同将其中的堆积分成两层，但因出土陶片少且碎，无法判断其中的变化，陶器器形主要有罐、盆、钵、瓶、瓮、器盖等，分别占该坑可辨器形的38.96%、31.17%、15.58%、5.20%、3.90%、5.19%。陶系、纹饰情况详见表一三一、一三二。以下按质地不同分别介绍出土物。

（1）陶器

罐　均残。

Ab型Ⅱ式

标本H138②：20，夹砂红陶。上腹部饰斜绳纹兼平行弦纹。口沿内外抹光。口径23.8、残高6.8厘米（图二五八，2）。

盆　均残。

Aa型Ⅱ式

标本H138②：21，泥质红陶。敛口，唇沿外卷，弧腹内收。唇部饰有一周黑彩，沿面以黑彩绘有弧三角纹、柳叶状纹，器表以黑彩绘有由圆点、弧三角纹等组成的图案。口径

表一三一　H138 ①陶系、纹饰统计表

陶系 纹饰	泥质陶					夹砂陶				合计	百分比(%)
	红	黄褐	褐	灰	小计	红	褐	灰褐	小计		
素面	27	37	28	54	146		21	9	30	176	49.03
绳纹						19		69	88	88	24.51
线纹	18	32	22	9	81					81	22.56
彩陶	9				9					9	2.51
附加堆纹								5	5	5	1.39
合计	54	69	50	63	236	19	21	83	123	359	100
百分比(%)	15.04	19.22	13.93	17.55	65.74	5.29	5.85	23.12	34.26	100	

表一三二　H138 ②陶系、纹饰统计表

陶系 纹饰	泥质陶					夹砂陶			合计	百分比(%)
	红	黄褐	褐	灰	小计	褐	灰褐	小计		
素面	30	52	44	23	149	27	16	43	192	46.72
绳纹						48	20	68	68	16.54
线纹	36	20	51		107				107	26.03
彩陶	32				32				32	7.79
弦纹						3		3	3	0.73
绳+弦纹						8		8	8	1.95
绳+堆纹						1		1	1	0.24
合计	98	72	95	23	288	87	36	123	411	100
百分比(%)	23.84	17.52	23.11	5.60	70.07	21.17	8.76	29.93	100	

37.8、残高5.6厘米（图二五八，1）。

　　碗　复原1件。

　　标本H138①:6，泥质红陶。敞口，圆唇，沿下略内凹，腹部斜收，底部内凹。素面。器顶、器内抹光，近器底经刮削。口径8.4、底径3.5、高3.4厘米（图二五八，3）。

　　陶环　6件，均残。

　　A型　此型数量最多。

　　标本H138①:9，泥质灰陶。素面。内径4.1、外径5.6、厚0.5厘米（图二五九，4）。

　　标本H138②:10，泥质灰陶。素面。内径5.2、外径6.6、厚0.9厘米（图二五九，3）。

　　隼形陶饰　2件。

　　标本H138②:3，泥质红陶，隼头形，贴附于陶器的表面，器形不明。残长7.4、宽6.4厘

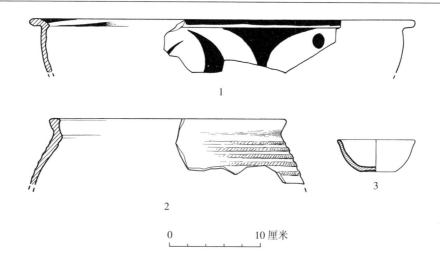

图二五八　H138出土陶器

1. Aa型Ⅱ式盆（H138②：21）　2. Ab型Ⅱ式罐（H138②：20）　3. 碗（H138①：6）

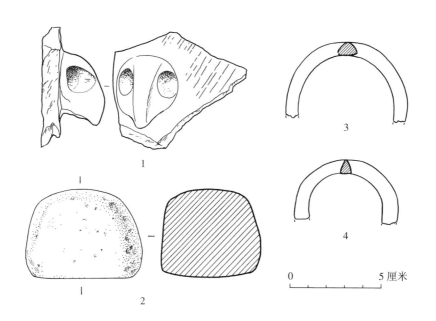

图二五九　H138出土器物

1. 隼形陶饰（H138②：3）　2. 研磨石（H138②：5）　3、4. A型陶环（H138②：10、H138①：9）

米（图二五九，1；彩版三四，3）。

（2）石器

研磨石　1件。

标本H138②：5，花岗岩，形状近四棱体，研磨面光滑平整，器顶略呈弧状。使用的磨痕清晰可见。长6、宽5、厚5厘米（图二五九，2；图版五二，3）。

同时，该坑还出土了极少量具有庙底沟文化一期特征的陶器。介绍如下。

钵 复原1件。

C型Ⅰ式

标本H138②：7，泥质红陶。敞口，圆唇，斜弧腹，平底。素面。器表经磨光。口径17.6、高5厘米（图二六○，2；图版四五，6）。

器盖 仅复原1件。

Aa型Ⅰ式

标本H138②：8，夹砂红陶。敞口，圆唇，形如覆钵，桥形提柄。素面。器表、器内抹光，提柄为手工捏制，嵌于盖顶上，器柄与器盖交接处抹泥加固。口径28、高12厘米（图二六○，1；图版四五，7）。

23. H143

位于ⅢT1501西部偏南，部分伸入ⅢT1601内。开口叠压于②层下，打破生土。坑口距地表0.8米。平面形状大体呈圆形，坑壁较直，底部较平，底部铺有料姜石，较为坚硬。口径1.7、深0.4米。内填松散的灰色土，包含物较少，出土有少量陶片及动物骨头等。可鉴定的动物属种有鲤鱼、猪等两种（图二六一）。

H143出土陶器极少，主要有瓶、罐、盆、钵、器盖等，分别占该坑可辨器形的9.09%、40.91%、13.64%、22.73%、13.64%。陶系、纹饰情况详见表一三三。分别介绍如下。

尖底瓶 均残。

Ⅳ式

标本H143：3，夹细砂褐陶。口沿内外显见慢轮修制的痕迹。口径4.4、残高4.9厘米（图二六二，3）。

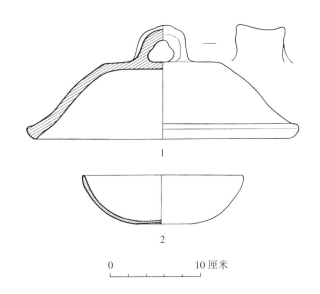

图二六○ H138出土一期陶器

1. Aa型Ⅰ式器盖（H138②：8） 2. C型Ⅰ式钵（H138②：7）

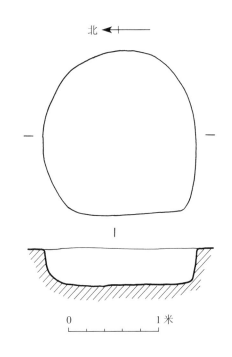

图二六一 H143平、剖面图

表一三三　H143 陶系、纹饰统计表

陶系 纹饰	泥质陶			夹砂陶			合计	百分比（%）
	红	灰	小计	红	灰褐	小计		
素面	32	59	91	3	6	9	100	30.58
绳纹				129	37	166	166	50.76
线纹	51		51				51	15.60
彩陶	10		10				10	3.06
合计	93	59	152	132	43	175	327	100
百分比（%）	28.44	18.04	46.48	40.37	13.15	53.52	100	

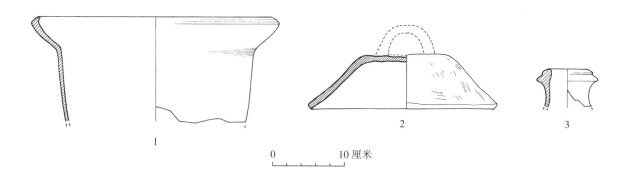

0　　　　　　10 厘米

图二六二　H143出土陶器

1. E型Ⅱ式罐（H143：2）　2. Ac型Ⅱ式器盖（H143：1）　3. Ⅳ式尖底瓶（H143：3）

罐　均残。

E型Ⅱ式

标本H143：2，泥质褐陶。宽沿外折，圆唇，沿内微弧，深腹微鼓。素面。口沿内外磨光，沿内附加一周泥条，从而形成一周凸棱。这件标本总体特征近于E型，但口沿外撇程度较甚。口径30.8、残高14.2厘米（图二六二，1）。

器盖　均残。

Ac型Ⅱ式

标本H143：1，夹砂红陶。形如覆钵，敞口，圆唇，平顶，提柄残缺，现仅残留有长方形榫眼。器表饰竖绳纹。器表上部经刮削，器内抹光。口径24.8、残高7.2厘米（图二六二，2）。

24. H146

位于 ⅠT2108西部，部分伸入到探方外，为全面揭露，将探方向西扩方2.4米。开口于①层下，被M16打破，并打破生土层。坑口距地表0.25米。平面形状呈椭圆形，坑壁较直，底部呈台阶状。口径2.1~3.04、底径2.1~2.9、深1.04~1.2米。

坑内堆积分三层：

第①层：厚0.22~0.7米，为松软的灰褐色土，在距坑口0.7米处有一黄灰色踩踏硬面，该面中间高周围低。内包含物较少，出土有少量陶片。

第②层：厚0.1~0.3米，为踩踏面下稍硬的浅灰色土。包含物较少，出土陶片较少。出土动物骨头可鉴定属种的有猪、小猪、獐等三种。

第③层：厚约0.58米，为松散的灰褐色土，夹杂有灰烬及螺壳和动物骨头等，该层底部有一层厚0.15~0.2米的烧土碎块。出土陶片相对较多，另有陶球、骨锥等小件器物的出土。动物骨头可鉴定属种的有硬环棱螺、猪、獐等。

另外，在该坑周壁分布有14个基本与坑底平行的小洞，编号分别为D1~D14。其中，D1距坑口0.4米，口径0.08、深0.15米；D2位于坑口0.35米，口径0.1、深0.25米；D3距坑口0.4米，口径0.08、深0.1米；D4距坑口0.2米，口径0.08、深0.15米；D5距坑口0.66米，口径0.1、深0.2米；D6距坑口0.74米，口径0.08、深0.2米；D7距坑口0.94米，口径0.1、深0.2米；D8距坑口0.74米，口径0.08、深0.08米；D9距坑口0.72米，口径0.08、深0.1米；D10距坑口0.68米，口径0.09、深0.18米；D11距坑口0.68米，口径0.08、深0.1米；D12距坑口0.7米，口径0.09、深

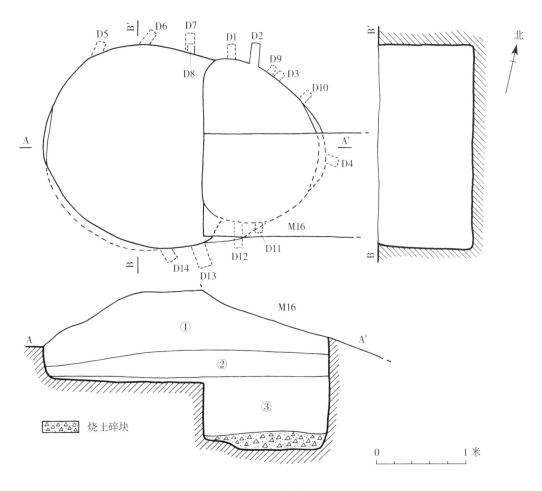

图二六三　H146平、剖面图

表一三四　H146 ①陶系、纹饰统计表

陶系　纹饰	泥质陶			夹砂陶			合计	百分比（%）
	红	灰	小计	红	灰褐	小计		
素面	86	43	129	28	6	34	163	59.93
绳纹				4	16	20	20	7.35
线纹	64	4	68				68	25.00
彩陶	16		16				16	5.88
弦纹					4	4	4	1.47
绳＋堆纹				1		1	1	0.37
合计	166	47	213	33	26	59	272	100
百分比（%）	61.03	17.28	78.31	12.13	9.56	21.69	100	

表一三五　H146 ②陶系、纹饰统计表

陶系　纹饰	泥质陶			夹砂陶			合计	百分比（%）
	红	灰	小计	红	灰褐	小计		
素面	81	18	99	7		7	106	48.18
绳纹				30	5	35	35	15.91
线纹	45	3	48				48	21.82
彩陶	29		29				29	13.18
弦纹	2		2				2	0.91
合计	157	21	178	37	5	42	220	100
百分比（%）	71.36	9.55	80.91	16.82	2.27	19.09	100	

表一三六　H146 ③陶系、纹饰统计表

陶系　纹饰	泥质陶			夹砂陶			合计	百分比（%）
	红	灰	小计	红	灰褐	小计		
素面	236	56	292	24	10	34	326	54.70
绳纹				129	22	151	151	25.34
线纹	84	3	87		6	6	93	15.60
彩陶	26		26				26	4.36
合计	346	59	405	153	38	191	596	100
百分比（%）	58.05	9.90	67.95	25.67	6.38	32.05	100	

0.24米；D13距坑口0.84米，口径0.15、深0.25米；D14距坑口0.82米，口径0.12、深0.15米。坑底部东侧为一半圆形小坑，使底形成一个宽1.7米的半圆形生土平台，小坑口径1.3~1.7、深0.76米，直壁，底部西高东低（图二六三）。

H146内堆积依土质土色分为三层，但其中出土的陶器并没有因为层位不同而显示出大的区别，其主要陶器有瓶、罐、盆、钵、器盖、甑等，分别占可辨器形的6.02%、36.09%、11.28%、40.60%、5.26%、0.75%。因此在介绍本单位遗物时不分层位，统一介绍。陶系、纹饰情况详见表一三四~一三六。以下按质地介绍出土物。

（1）陶器

尖底瓶　均残。

Ⅳ式

标本H146②：27，泥质黄褐陶。器表饰线纹。口径4、残高4.4厘米（图二六四，4）。

罐　均残。

Aa型Ⅱ式

标本H146①：24，夹砂红陶。器表饰平行凹弦纹，并留有烟熏的炱痕。口径10、残高7.3厘米（图二六四，7）。

标本H146②：26，夹砂红陶。器表饰较细密的斜绳纹。残高11.8厘米（图二六四，2）。

盆　复原2件。

Aa型Ⅱ式　复原1件。

标本H146②：6，泥质红陶。敛口，圆唇，曲腹内收，底部内凹。唇沿饰有一周黑彩，腹部以黑彩绘有由弧形三角和"勿"字形纹等组成的图案，下部以条带纹绕器一周。唇沿内外明显经刮修，底部有使用的磨痕。口径30、底径11.6、高11.2厘米（图二六五，1）。

标本H146③：49，残，泥质陶，红顶，褐腹。敛口，圆唇外卷，上腹部较直，下腹部曲收。唇部饰有一周黑彩，沿面以黑彩绘有弧形三角和柳叶纹，器表绘以圆点、"勿"字形纹等组成的图案，从残留部分图案看，至少有三组。口沿内外显见慢轮修制的痕迹，器表、器内打磨较为光滑。口径29.4、残高8.2厘米（图二六五，2）。

D型Ⅱ式　复原1件。

标本H146③：7，泥质褐陶。素面。口径36.4、底径12、高15.4厘米（图二六五，3；图版四六，1）。

钵　复原6件。

A型Ⅱ式　复原2件。

标本H146②：14，泥质陶，红顶，灰褐色腹，器内为灰色。敛口，圆唇，腹部微曲，底部内凹。素面。器顶有明显的横向刮修痕迹，器底有使用的磨痕。另外，器顶残留一圆形小钻孔。口径28.8、底径9.7、高10厘米（图二六四，1；图版四六，2）。

标本H146③：20，泥质黄褐陶。直口，圆唇，曲腹，平底。素面。器表、器内抹光。口径23.6、高7.2厘米（图二六四，3）。

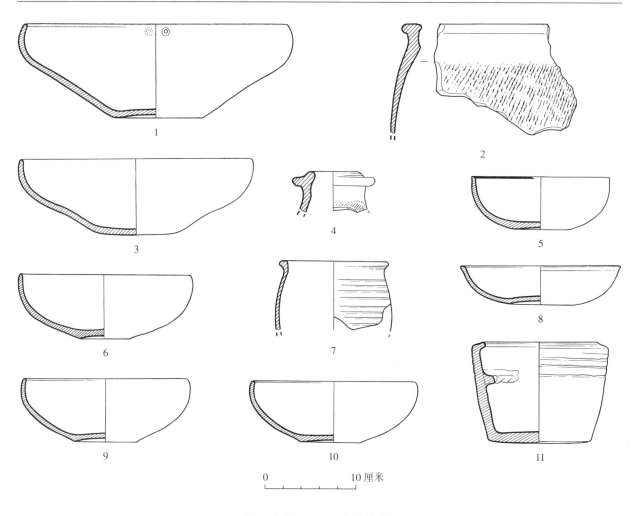

图二六四　H146出土陶器

1、3. A型Ⅱ式钵（H146②：14、H146③：20）　2、7. Aa型Ⅱ式罐（H146②：26、H146①：24）　4. Ⅳ式尖底瓶
（H146②：27）　5、6、9、10. C型Ⅱ式钵（H146②：15、H146①：19、H146①：18、H146②：8）　8. 浅腹钵（H146②：11）
11. 盂（H146③：17）

　　C型Ⅱ式　复原4件。

　　标本H146②：8，泥质红陶。近直口，圆唇，斜弧腹，底部内凹。素面。器顶有明显的横
向刮修痕迹，器表较为光滑。口径17.8、底径6.4、高6.4厘米（图二六四，10）。

　　标本H146②：15，泥质褐陶。直口，圆唇，斜弧腹，底部内凹。沿面饰一周黑彩，器表
为素面，并有明显的横向刮修痕迹。口径15、底径6、高5.6厘米（图二六四，5）。

　　标本H146①：18，泥质红陶。近直口，圆唇，斜弧腹，底部内凹。素面。器表有明显的
横向刮修痕迹。口径18、底径6.6、高6.7厘米（图二六四，9）。

　　标本H146①：19，泥质陶，灰褐色顶，红色腹。直口，方唇，斜弧腹，底部内凹。器表有
明显的横向刮修痕迹，器底有使用的磨痕。口径18.8、底径5.2、高6.8厘米（图二六四，6）。

　　浅腹钵　复原1件。

标本H146②：11，泥质陶，黄褐色顶，褐色腹。敞口，圆唇，斜弧腹，底部内凹。素面。器表较为光滑。口径17.4、底径7、高4.2厘米（图二六四，8）。

甑　复原1件。

标本H146①：13，泥质褐陶。直口微敛，圆唇，腹部内曲呈反弧状，平底。素面。器表陶胎脱落严重，器内抹光，并留有一层厚厚的水垢，在器底上有七个椭圆形箅孔。口径26.8、底径12.5、高10厘米（图二六五，5；图版四六，3）。

盂　复原1件。

标本H146③：17，泥质红陶。敛口，圆唇，斜直腹内收，平底。器壁较厚，器内饰一鸡冠状錾，器表上部饰三道凹弦纹，并有明显的横向刮修痕迹。口径12.3、底径11、高10.8厘米（图二六四，11；图版四五，8）。

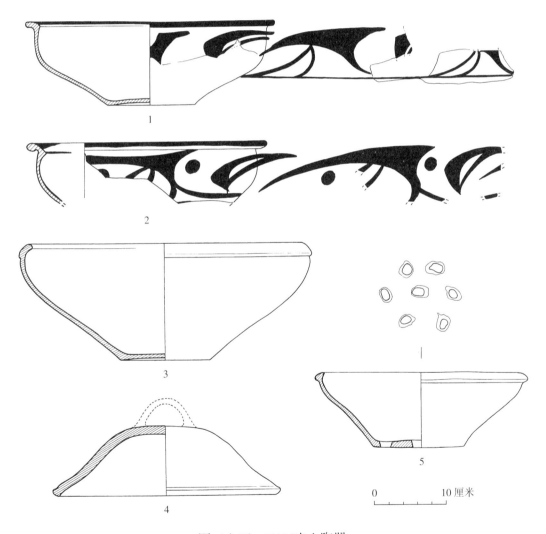

图二六五　H146出土陶器

1、2. Aa型Ⅱ式盆（H146②：6、H146③：49）　3. D型Ⅱ式盆（H146③：7）　4. Aa型Ⅱ式器盖（H146③：21）　5. 甑（H146①：13）

器盖　复原1件。

Aa型Ⅱ式

标本H146③：21，夹砂红陶。喇叭形口，圆唇，形如覆钵，桥形提柄。素面。器表抹泥以加固器物，器内显见横向抹痕。口径29.2、残高9.2厘米（图二六五，4）。

陶球　2件，1件完整。

标本H146②：9，泥质褐陶。手工捏制。直径5.2~5.5厘米（图二六六，2）。

圆陶片　1件。系残陶片加工而成。

标本H146①：23，系泥质灰陶片加工而成。一周经双面打制，较钝，在该器的两面有明显的放射线状剁痕。直径12.5、厚0.8厘米（图二六六，3）。

陶环　16件，均残（表一三七）。

（2）角器

角锥　1件。

标本H146①：3，残，系鹿角加工而成。器身柄端残断，锋部磨光，圆钝，横断面为圆形。残长7.4厘米（图二六六，1）。

另外，还见一些与庙底沟文化一期特征接近的陶器。介绍如下。

表一三七　H146陶环统计表（16件）

编号	形状				尺寸（厘米）	保存状况	备注
	A型（14）	B型	C型（2）	D型	内径×外径×厚		
H146①：29	√				4.4×6×0.66	残	
H146①：30	√				4.5×5.8×0.7	残	
H146①：31	√				4.6×6×0.65	残	
H146①：32	√				4×5.6×0.55	残	
H146①：33	√				4.4×5.8×0.7	残	
H146①：34	√				4×5.3×0.68	残	
H146①：35	√				3.8×5×0.6	残	
H146②：36	√				4.8×6.7×0.68	残	
H146②：37	√				4.6×5.9×0.75	残	
H146②：38	√				4.8×6×0.62	残	
H146②：39	√				5×7.7×1.5	残	
H146②：40	√				4.5×6×0.65	残	
H146②：41	√				4×5.6×0.7	残	
H146②：42	√				4×5.2×0.56	残	
H146①：43			√		4×6.8×0.8	残	齿轮状
H146①：44			√		4×6.6×0.85	残	齿轮状

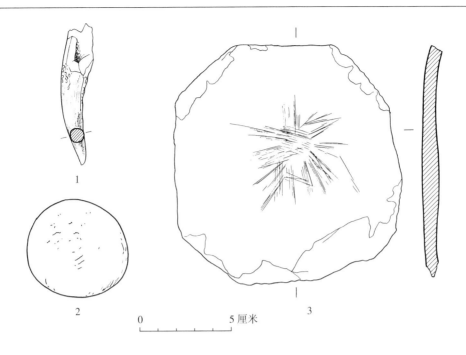

图二六六　H146出土器物

1. 角锥（H146①：3）　2. 陶球（H146②：9）　3. 圆陶片（H146①：23）

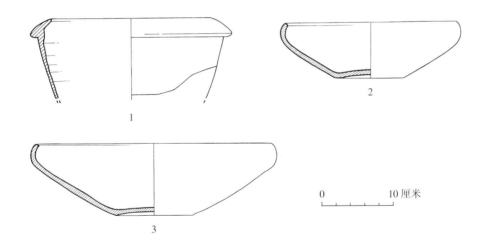

图二六七　H146出土一期陶器

1. D型I式罐（H146②：25）　2、3. A型I式钵（H146③：16、H146③：12）

罐　均残。

D型I式

标本H146②：25，泥质灰陶。素面。器内留有泥条盘筑痕。口径21.6、残高10.2厘米（图二六七，1）。

钵

A型Ⅰ式　复原2件。

标本H146③:12，泥质黄褐陶。敛口，圆唇，腹部斜收，底部内凹。素面。器顶有明显的横向刮修痕迹，沿内抹光，下腹部略经刮修。口径30.2、底径10.2、高9.5厘米（图二六七，3）。

标本H146③:16，泥质红陶。敛口，圆唇，腹部斜收，底部内凹。素面。器顶有明显的横向刮修痕迹，器底有使用的磨痕。口径23.6、底径9.4、高7.4厘米（图二六七，2）。

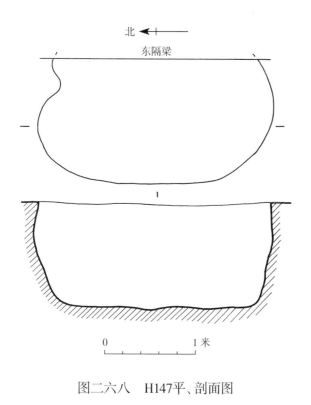

图二六八　H147平、剖面图

25. H147

位于ⅠT0601东部，部分伸入到东隔梁内，没有完全揭露。开口于④b层下，打破生土层。坑口距地表2.25米。平面形状大体呈椭圆形，坑壁微外鼓，底部较平。口径1.3~2.6、深1.1米。坑内堆积松散的深灰色土，并夹杂有黄土碎块、动物骨骼等物。出土有较多陶片，并有陶环、陶杯等小件器物的出土。动物骨头可鉴定的属种有猪、獐、梅花鹿、绵羊等（图二六八）。

H147出土陶器较少，主要有瓶、罐、盆、钵、瓮、灶、器盖等，分别占该坑可辨器形的10.21%、26.42%、13.21%、20.75%、18.09%、5.66%、5.66%（表一三八）。以下按质地分别介绍。

（1）陶器

表一三八　H147陶系、纹饰统计表

纹饰 \ 陶系	泥质陶					夹砂陶				合计	百分比（%）
	红	黄褐	褐	灰	小计	红	褐	灰褐	小计		
素面	56	53	32	60	201			68	68	269	44.68
绳纹						12		112	124	124	20.60
线纹	69	13	60	11	153					153	25.42
彩陶	47				47					47	7.81
弦纹							4		4	4	0.66
绳+堆纹								5	5	5	0.83
合计	172	66	92	71	401	12	4	185	201	602	100
百分比（%）	28.57	10.96	15.28	11.80	66.61	1.99	0.67	30.73	33.39	100	

尖底瓶　均残。

Ⅳ式

标本H147：4，泥质红陶。敛口，双唇不甚明显，唇间无槽痕，颈部内收，颈下外撇，溜肩，腹部较直，微呈亚腰状。器表颈部及肩部饰右向斜线纹，肩部及腹部饰左向斜线纹，腹部偏上及肩部拍印有左向斜绳索状纹饰。口沿内外显见慢轮修制的痕迹，器内有明显的泥条盘筑痕迹。口径5、残高35厘米（图二六九，1）。

罐　均残。

Ab型Ⅱ式

标本H147：19，夹砂灰褐陶。折沿，圆唇，溜肩，肩部残留一豆瓣状附加堆纹，鼓腹。肩部饰交错绳纹，腹部饰斜绳纹。口沿内外抹光。口径21.6、腹径29、残高9.6厘米（图

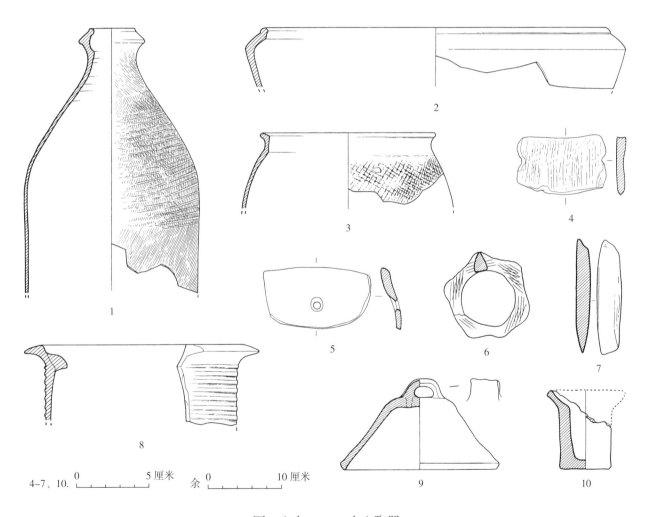

图二六九　H147出土陶器

1. Ⅳ式尖底瓶（H147：4）　2. Ⅱ式瓮（H147：21）　3. Ab型Ⅱ式罐（H147：19）　4. A型陶刀（H147：2）　5. B型陶刀（H147：3）　6. C型陶环（H147：5）　7. 石凿（H147：7）　8. Ⅱ式灶（H147：20）　9. Aa型Ⅱ式器盖（H147：1）　10. D型陶杯（H147：6）

二六九，3）。

瓮　均残。

Ⅱ式

标本H147：21，泥质灰陶。敛口，圆唇，沿内一周内弧，广肩斜折，腹部斜收。素面。口沿内外明显留有慢轮修制的痕迹，器表打磨较为光滑。口径46.2、肩宽52.4、残高8.2厘米（图二六九，2）。

灶　均残。

Ⅱ式

标本H147：20，夹砂褐陶。敞口，圆唇，沿内一周略内弧，口内残留有起支垫作用的附加泥突，筒腹，灶门及底部残缺。器表通饰平行弦纹，纹痕较深。口径27.6、残高10.6厘米（图二六九，8）。

器盖　复原1件。

Aa型Ⅱ式

标本H147：1，夹砂红陶。敞口，方唇，形如覆钵，桥形提柄。素面。器顶部有明显的削痕和抹痕。口径20.8、高12厘米（图二六九，9；图版四六，8）。

杯　2件，复原1件。

D型

标本H147：6，泥质褐陶。素面。口径5、底径3.6、高5.2厘米（图二六九，10）。

陶刀　3件，2件完整。

A型　1件完整。

标本H147：2，系泥质线纹红陶片加工而成。整器大体呈圆角长方形，两端分别打制一三

表一三九　H147陶环统计表（10件）

编号	形状				尺寸（厘米）	保存状况	备注
	A型（7）	B型	C型（3）	D型	内径×外径×厚		
H147：5			√		3.8×6×1.15		
H147：8	√				5.8×7.6×1.2	残	
H147：9	√				4.3×5.3×0.56	残	
H147：10	√				5.2×6.8×1	残	
H147：11	√				3.9×5.2×0.49	残	
H147：12	√				5.2×6.8×0.56	残	
H147：13	√				3.6×4.8×0.68	残	
H147：14	√				5.4×7.6×0.8	残	
H147：15			√		5.8×8×0.92	残	螺旋状
H147：16			√		4.8×7.2×2.36	残	螺旋状

角形缺口。刀背略经打磨，较为平直，刃部双面磨制，较为锋利。长6.2、宽3.8厘米（图二六九，4）。

B型 1件完整。

标本H147：3，系泥质残陶片加工而成，器表上部红色，下部褐色。刃部单面磨制，较钝。长7.3、宽4.1厘米（图二六九，5）。

陶环 10件，复原1件（表一三九）。

C型 2件。

标本H147：5，泥质灰陶。横截面呈等腰三角形，外缘一周有六个螺状突起。内径3.8、外径6、厚1.15厘米（图二六九，6；图版四八，5）。

（2）石器

石凿 1件，长条形。

标本H147：7，系变安山岩制成。顶部略残，刃部双面磨制。长7.6、顶宽1.5、刃宽1.3厘米（图二六九，7；图版四八，6）。

26. H149

位于ⅠT0601东南角，未全部揭露。开口于④b层下，打破生土层。坑口距地表2.2米。平面形状可能为椭圆形，坑壁外鼓，底略呈锅底状，在坑底东部距口1.96米左右，发现有生土平台，形状不清楚，高约0.18米。口径1.28、深2.16米。

坑内堆积可分三层。

第①层：厚0.45~0.66米，为松软的灰色土。出土物很少。

第②层：厚0.9~1.14米，为松散的深灰色土，并夹杂有大量的草木灰烬。出土陶片相对较多。

第③层：厚0.22~0.58米，为较硬的黄褐色土。出土有极少量碎陶片。

动物骨头经鉴定的种属有中华圆田螺、猪、梅花鹿、绵羊等（图二七〇）。

H149出土物主要集中于②层，陶器保留了较多的一期特征，主要有尖底瓶、罐、盆、钵、灶、器盖等，分别占该坑可辨器形的9.30%、36.05%、19.77%、30.23%、1.16%、3.49%。陶系、纹饰情况详见表一四〇。以下按质地介绍出土遗物。

尖底瓶 均残。

Ⅳ式

标本H149②：21，泥质红陶。器表饰斜线纹。口沿内

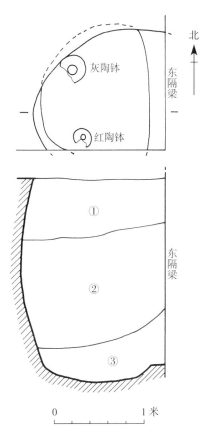

图二七〇 H149平、剖面图

表一四○　H149 陶系、纹饰统计表

纹饰＼陶系	泥质陶					夹砂陶				合计	百分比（%）
	红	黄褐	褐	灰	小计	红	黄褐	灰褐	小计		
素面	86	15	78	136	315	6		90	96	411	48.87
绳纹						75	30	50	155	155	18.43
线纹	68	29	74	14	185					185	22.00
彩陶	64				64					64	7.61
弦纹	1				1	2			2	3	0.36
指窝纹								3	3	3	0.36
弦＋堆纹						5	10		15	15	1.78
绳＋堆纹						3		2	5	5	0.59
合计	219	44	152	150	565	91	40	145	276	841	100
百分比（%）	26.04	5.23	18.07	17.84	67.18	10.82	4.76	17.24	32.82	100	

外明显留有慢轮修整的痕迹。口径5.8、残高5.2厘米（图二七一，3）。

罐　均残。

Ab型Ⅱ式

标本H149②:23，夹砂红陶。器表饰斜绳纹。口径24、残高8.4厘米（图二七一，2）。

B型Ⅱ式

标本H149②:25，夹砂红陶，略泛黄。圆唇，宽沿外撇，沿内有一周凸棱，上腹较直，下腹曲收。上腹部饰不规整平行划纹，并粘贴有四个两两相对的竖向豆瓣状附加堆纹，上腹与下腹交接处饰有一周指甲状纹，器腹下半部为素面，口沿内外抹光。口径24.2、残高17.6厘米（图二七一，4）。

盆　均残。

B型Ⅱ式

标本H149②:22，泥质红陶。敛口，圆唇外卷，深腹，上腹部圆鼓，下腹部曲收。唇部饰有一周黑彩，沿面以黑彩绘有弧形三角和柳叶纹，器表以黑彩绘有由圆点、弧形三角、斜线等组成的图案，现仅残留部分图案。器表打磨较为光滑。口径36、残高9厘米（图二七一，1）。

钵　复原4件。

A型Ⅱ式　复原3件。

标本H149②:6，泥质红陶。敛口，方唇，腹部斜收，底部内凹。素面。上腹部有明显的横向刮修痕迹，底部有使用的磨痕。口径31.8、底径11.8、高11.6厘米（图二七一，8；图版四六，5）。

标本H149②:3，泥质陶，浅灰色顶，深灰色腹。敛口，方唇，腹部斜收，底部内凹。

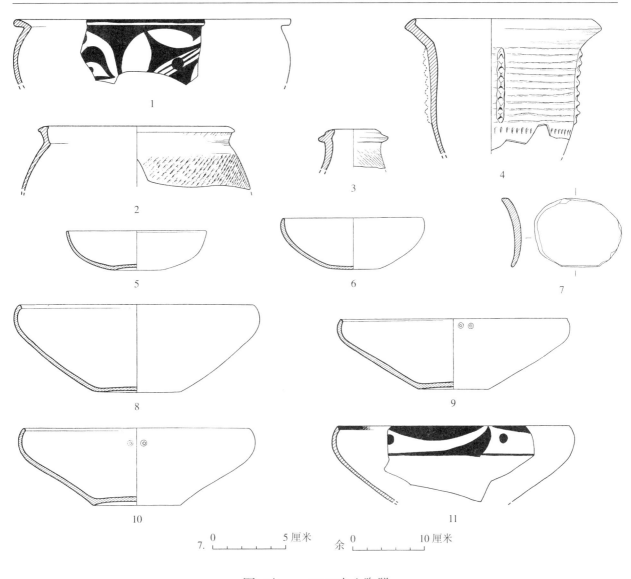

图二七一　H149出土陶器

1. B型Ⅱ式盆（H149②：22）　2. Ab型Ⅱ式罐（H149②：23）　3. Ⅳ式尖底瓶（H149②：21）　4. B型Ⅱ式罐（H149②：25）
5. C型Ⅰ式钵（H149②：2）　6. C型Ⅱ式钵（H149②：4）　7. 圆陶片（H149②：1）　8～11. A型Ⅱ式钵（H149②：6、
H149②：3、H149②：5、H149②：24）（5为一期，余为二期）

素面。器顶残留两个由外及内而钻的小孔，沿内有明显的抹痕，器底略见使用的磨痕。口径31.2、底径9.8、高9.4厘米（图二七一，9）。

　　标本H149②：5　泥质陶，灰色顶，浅灰色腹。敛口，方唇，腹部斜收，下腹部略成反弧状，底部内凹。素面。器顶残留有一钻孔，并有明显的横向刮修痕迹。口径30.4、底径11.9、高10.2厘米（图二七一，10；图版四六，4）。

　　标本H149②：24，残，泥质红陶，略泛黄。唇部饰有一周黑彩，器顶以黑彩绘有由垂弧、圆点、弧形三角等组成的图案，其地纹反衬出典型的"西阴纹"。器表明显经刮修，器

表一四一　H149 陶环统计表（10件）

编号	形状				尺寸（厘米）	保存状况	备注
	A 型（10）	B 型	C 型	D 型	内径 × 外径 × 厚		
H149②：7	√				5.4×7×0.73	残	
H149②：8	√				4.8×6.1×0.75	残	
H149②：9	√				5×6.8×0.9	残	
H149②：10	√				5×6.8×0.8	残	
H149②：11	√				4.4×5.8×0.6	残	
H149②：12	√				4.6×6×0.68	残	
H149②：13	√				4.6×6.1×0.73	残	
H149②：14	√				3.8×4.8×0.72	残	
H149②：15	√				4.8×6.5×0.8	残	
H149②：16	√				4×8.4×2	残	

内打磨较为光滑。口径31.4、残高11厘米（图二七一，11）。

C型Ⅱ式　复原1件。

标本H149②：4，泥质灰陶。口较直，圆唇，腹部斜收，平底。素面。器表磨光。口径19.2、底径6.7、高6.8厘米（图二七一，6；图版四六，6）。

圆陶片　1件。

标本H149②：1，系泥质红陶钵的口沿残片加工而成。一周磨光，刃部较钝。直径4.5~6厘米（图二七一，7）。

陶环　10件，均残（表一四一）。

同时，该坑还出土了少量具有庙底沟文化一期特征的陶器。介绍如下。

钵　复原1件。

C型Ⅰ式

标本H149②：2，泥质红陶。敞口，圆唇，斜弧腹，底部内凹。素面。器表显见横向刮修痕迹，器底有使用的磨痕。口径19、底径5.9、高5.2厘米（图二七一，5；图版四六，7）。

27. H151

位于ⅠT2608西南部，部分伸入ⅠT2508东隔梁内。开口于②层下，打破生土层。坑口距地表0.65米。平面形状呈椭圆形，坑壁内收，底部较平。口径2.9~3、底径1.5~2.4、深1.92米。周壁距坑口0.4~0.8米间分布有8个横向小洞，编号分别为D1~D8。其中，D1距坑口0.5米，口径0.06、深0.07米；D2距坑口0.55米，口径0.12、深0.05米；D3距坑口0.6米，口径0.08、深0.05米；D4距坑口0.65米，口径0.08、深0.06米；D5距坑口0.64米，口径0.09、深0.07米；D6距坑口0.6米，口径0.08、深0.05米；D7距坑口0.8米，口径0.04、深0.05米；D8距坑口0.4米，口径0.06、深0.09米。底部贴西壁处有一个小洞，编号为D9，口径0.07、深0.08米。

坑内东部距坑口0.24米处有五个台阶，第一台阶宽0.28、高约0.44米，第二台阶宽约0.12、高0.22米，第三台阶宽0.18、高0.2米，第四台阶宽0.3、高0.19米，第五台阶宽0.12米。坑底为一厚0.1米的踩踏面。坑内堆积没有明显分层，为较硬的浅灰色土，在底部有一层厚0.08米的草拌泥堆积，其下为0.04米厚的草木灰堆积。出土有较多陶片和动物骨头，此外还出有1件骨簪。出土动物骨头可鉴定属种的有蚌、猪、獐、马鹿、绵羊等。据H151周壁的小洞、平坦的底部、坑内东部的五个通到坑底的台阶以及坑底部的一层草拌泥堆积等迹象判断，该坑可能与人类居住有关（图二七二）。

H151出土陶器主要有尖底瓶、葫芦瓶、罐、钵、器盖等，分别占该坑可辨器形的6.67%、4.44%、53.33%、20.00%、15.56%。陶系、纹饰情况详见表一四二。以下按质地介绍出土物。

（1）陶器

罐　复原1件。

Aa型Ⅱ式

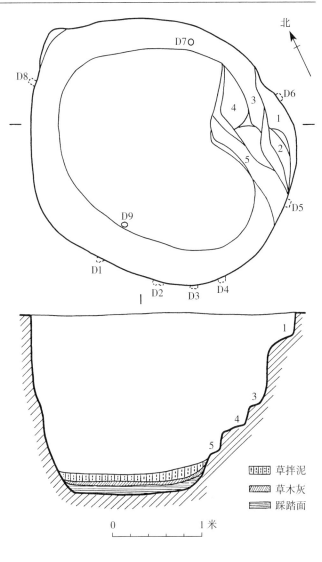

图二七二　H151平、剖面图

表一四二　H151 陶系、纹饰统计表

陶系\纹饰	泥质陶			夹砂陶			合计	百分比（%）
	红	灰	小计	红	灰褐	小计		
素面	75	30	105	67		67	172	33.73
绳纹				113	77	190	190	37.25
线纹	116		116				116	22.75
彩陶	20		20				20	3.92
绳 + 弦纹				12		12	12	2.35
合计	211	30	241	192	77	269	510	100
百分比（%）	41.37	5.88	47.25	37.65	15.10	52.75	100	

标本H151：16，残，夹砂黄褐陶。器表饰交错绳纹，并有数周不规整的横向划纹。口沿内外抹光。口径14.2、残高10厘米（图二七三，1）。

Ab型Ⅱ式　均残。

标本H151：18，夹砂黄褐陶。器表饰交错绳纹，颈下残留有一纽扣状附加泥饼。口径28.6、残高8.6厘米（图二七三，2）。

E型Ⅱ式　均残。

标本H151：19，夹细砂红陶，微泛黄。斜折沿，平唇，沿内一周略内弧，腹部微鼓。素面。口沿内外显见慢轮修制的痕迹，从器内及断面明显可以看出其口部的制法为口包帮，腹部的制法为泥条盘筑。口径21.8、残高20.4厘米（图二七三，5）。

G型Ⅱ式　复原1件。

标本H151：3，夹砂灰陶。敛口，沿外撇，方唇，腹微鼓，平底。器表饰斜绳纹。口径

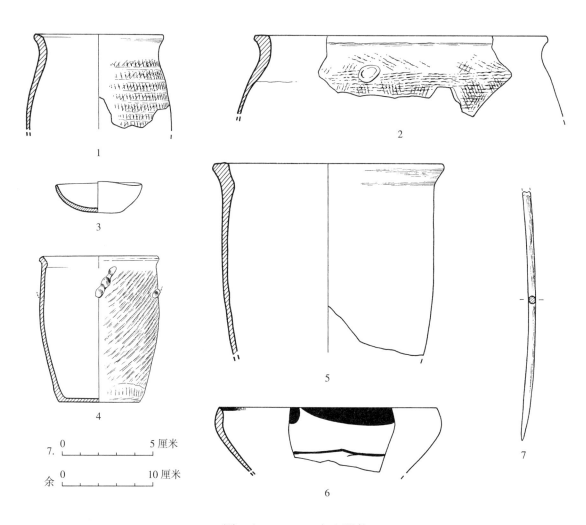

图二七三　H151出土器物

1. Aa型Ⅱ式陶罐（H151：16）　2. Ab型Ⅱ式陶罐（H151：18）　3. 陶碗（H151：2）　4. G型Ⅱ式陶罐（H151：3）　5. E型Ⅱ式陶罐（H151：19）　6. A型Ⅱ式陶钵（H151：17）　7. 骨簪（H151：1）

表一四三　　H151 陶环统计表（10件）

编号	形状				尺寸（厘米）	保存状况	备注
	A 型（10）	B 型	C 型	D 型	内径 × 外径 × 厚		
H151：4	√				5×6.7×0.65	残	
H151：5	√				5.4×7×0.65	残	
H151：6	√				5.2×6.9×0.45	残	
H151：7	√				4.8×6.5×0.6	残	
H151：8	√				5×6.8×0.55	残	
H151：9	√				5×6.6×0.8	残	
H151：10	√				5×6.8×0.9	残	
H151：11	√				4×5.2×0.8	残	
H151：12	√				4×7.4×2.3	残	
H151：13	√				5.6×7.5×1.05	残	

12.2、底径8.8、高15.6厘米（图二七三，4；图版四七，1）。

钵　均残。

A型Ⅱ式

标本H151：17，泥质陶，暗红色顶，黄褐色腹。口微敛，尖圆唇，弧腹，下腹部斜收。唇部饰一周黑彩，器表以黑彩绘有由圆点、垂弧、条带纹等组成的图案，从残存状况看应该与"西阴纹"有关。器表有明显的刮修痕迹，沿内有慢轮修制的痕迹。口径24、残高6.8厘米（图二七三，6）。

碗　复原1件。

标本H151：2，夹砂红陶。敞口，圆唇，弧腹斜收，平底。素面。器表、器内抹光。该器烧制时火候不均，已变形。口径9.4、底径3.5、高3.3厘米（图二七三，3；图版四七，3）。

陶环　10件，均残（表一四三）。

（2）骨器

骨簪　1件。

标本H151：1，残，器身修长，横截面为圆形。一端残损，一端锐利光滑。磨制精细。残长13.3、横截面直径0.4厘米（图二七三，7）。

28. H156

位于ⅠT2309北部偏西，未全部揭露。开口于②层下，打破生土层。坑口距地表0.7米。平面形状呈椭圆形，坑壁内收，底部平缓，中部略凹。口径2.7~3.1、底径2.2~2.6、深1.26米。在坑内周壁分布有6个横向小洞，编号分别为D1~D6。其中，D1距坑口0.3米，口径0.1、深0.1米；D2距坑口0.2米，口径0.15、深0.1米；D3距坑口0.15米，口径0.1、深0.1米；D4距坑口0.2米，口径0.1、深0.1米；D5距坑口0.15米，口径0.1、深0.15米；D6距坑口0.2米，口径

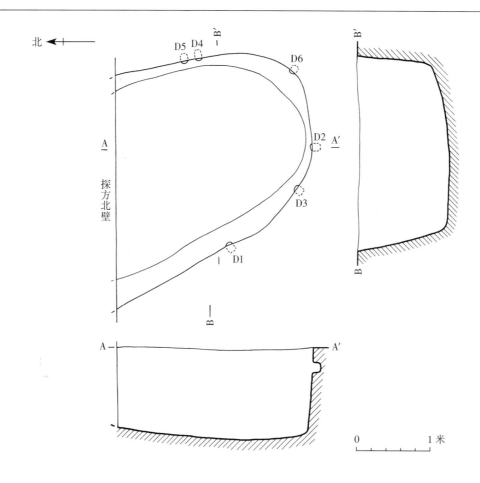

图二七四　H156平、剖面图

0.1、深0.1米。坑内堆积没有明显分层，为松软的深灰色土，并含有大量的草木灰。出土有较多陶片和动物骨头等。另外，还有陶环、陶球、陶刀、圆陶片、骨锥等小件器物的出土。动物骨头可鉴定属种的有中华圆田螺、猪、獐、梅花鹿、绵羊等（图二七四）。

　　H156出土陶器较多，主要有尖底瓶、罐、盆、钵、器盖等，分别占该坑可辨器形的4.76%、32.14%、16.67%、40.48%、5.95%。陶系、纹饰情况详见表一四四。出土物按质地分别介绍如下。

　　（1）陶器

　　罐　均残。

　　Ab型Ⅱ式

　　标本H156：22，夹砂褐陶。肩部的斜向绳纹上刻划有三道弦纹。口径17.8、残高7.8厘米（图二七五，9）。

　　盆　复原2件。

　　Ab型Ⅱ式

　　标本H156：11，泥质红陶。敛口，沿外折，圆唇，下腹内收呈反弧状，底微内凹。素

表一四四　H156陶系、纹饰统计表

陶系 纹饰	泥质陶			夹砂陶			合计	百分比（%）
	红	灰	小计	红	灰褐	小计		
素面	181	55	236	49		49	285	30.29
绳纹				210	110	320	320	34.00
线纹	186	15	201				201	21.36
彩陶	124		124				124	13.18
绳+弦纹				11		11	11	1.17
合计	491	70	561	270	110	380	941	100
百分比（%）	52.18	7.44	59.62	28.69	11.69	40.38	100	

面。唇面经刮修，器底留有使用的磨痕。口径33、底径10.5、高13.5厘米（图二七五，5；图版四七，6）。

标本H156∶12，泥质红陶。敛口，沿外折，方唇，腹部斜收，底部内凹。素面。口沿磨光，器表、器内经刮修，器底有使用的磨痕。该器略有变形，腹部偏向一边。口径33.4、底径8、高11.1厘米（图二七五，6）。

钵　复原7件。

A型Ⅱ式　复原3件。

标本H156∶2，泥质黄褐陶。敛口，圆唇，斜腹内收，底部内凹。素面。器内外显见刮修痕迹，并在器表有烧制时所留的烟炱。口径19.6、底径7.2、高7.8厘米（图二七五，4；图版四七，5）。

标本H156∶10，泥质陶，红顶，褐色腹。器顶以黑彩绘有由倒三角、圆点、弧三角、斜线等组成的图案，其下以带状纹绕器一周，地纹反衬呈不典型的"西阴纹"，残存两组。口径29.2、底径10.3、高11.3~12厘米（图二七五，2；图版四七，7）。

标本H156∶15，暗红色顶，褐色腹。器顶以黑彩绘有由垂弧、圆点、弧形三角、斜线等组成的连续图案，其下以带状纹绕器一周，使其地纹形成比较典型的"西阴纹"，残存三组。口径30、底径12、高13厘米（图二七五，1）。

标本H156∶21，残，泥质陶，暗红色顶，褐色腹。唇部饰一周黑彩，器表以黑彩绘有由圆点、垂弧、弧形三角等组合成的图案，其下以带状纹绕器一周，地纹为典型的"西阴纹"，残存两组。口径30、残高8.2厘米（图二七五，7）。

标本H156∶35，残，泥质红陶。唇部饰有一周黑彩，器表顶部仅残留有两个圆点纹。器表明显经刮修磨光，沿内有明显的刮修痕迹。口径29.2、残高6.6厘米（图二七五，12）。

B型Ⅱ式　数量较少，复原1件。

标本H156∶4，泥质红陶。敛口，圆唇，曲腹，底部微凹。口沿以黑彩饰一周连续垂弧

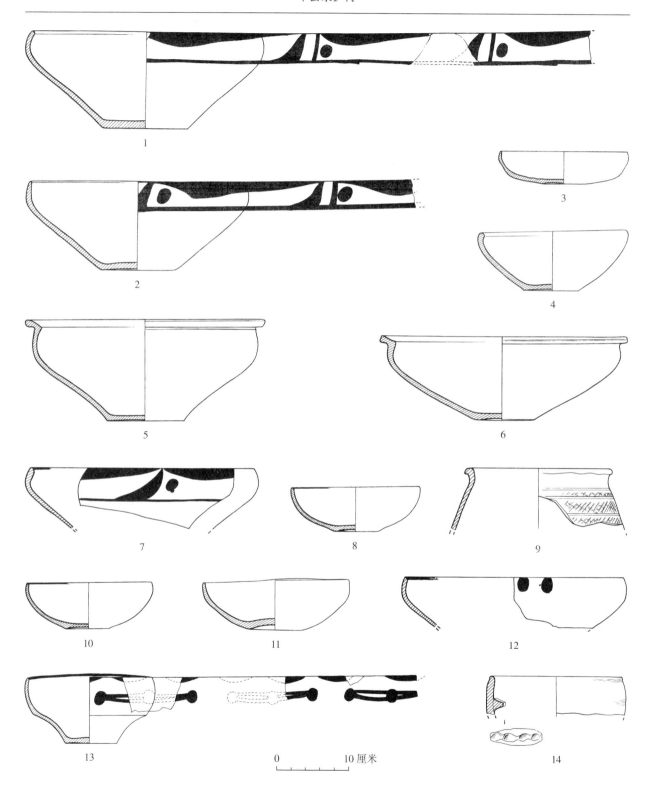

图二七五　H156出土陶器

1、2、4、7、12. A型Ⅱ式钵（H156：15、H156：10、H156：2、H156：21、H156：35）　3. 浅腹钵（H156：14）　5、6. Ab型Ⅱ式盆（H156：11、H156：12）　8、10、11. C型Ⅱ式钵（H156：9、H156：8、H156：13）　9. Ab型Ⅱ式罐（H156：22）　13. B型Ⅱ式钵（H156：4）　14. 盂（H156：23）

纹，其下饰有双条带连缀三圆点组成的似乎为两个尾部相连的简化鸟纹，残存三组图案。器表及器内有明显的刮修痕迹，器底有使用的磨痕。口径16.2、底径7、高8.7~9.7厘米（图二七五，13；彩版三四，5）。

C型Ⅱ式　复原3件。

标本H156:8，泥质红陶。口微敛，圆唇，弧腹内收，底部内凹。素面。沿面饰一周黑彩，器表显见横向刮修痕迹，器底略有使用的磨痕。口径17、底径5.8、高6.1厘米（图二七五，10；图版四七，8）。

标本H156:9，泥质陶，红顶，褐腹。敞口，圆唇，弧腹内收，近底部微曲，底部内凹。沿面饰一周黑彩。器表明显可见横向刮修痕迹，器底有使用的磨痕。口径17.6、底径6、高5.9厘米（图二七五，8）。

标本H156:13，泥质红陶。口微敞，圆唇，腹部微曲，底部内凹。素面。口部有明显的慢轮修制痕迹，腹部经刮修。口径20、底径7.2、高6.6厘米（图二七五，11；图版四七，4）。

浅腹钵　复原1件。

标本H156:14，夹砂红陶。口微敛，圆唇，浅腹略内弧，底微凹。素面。器表、器内显见抹光痕迹，下腹部有烟熏的炱痕。口径17.3、底径5.8、高4.4厘米（图二七五，3）。

盂　均残。

标本H156:23，夹砂红陶。素面。器内粘贴有一鸡冠状錾。口径16.6、残高5.2厘米（图二七五，14）。

杯　2件完整。

A型　复原1件。

标本H156:5，夹砂褐陶。喇叭形口，圆唇，腹部内收，底部内凹外撇并被捏成花边状。素面。口径6.4、底径5、高5.6厘米（图二七六，1）。

B型　复原1件。

标本H156:1，夹细砂褐陶。喇叭形口，圆唇，筒状腹，底部内凹外撇并被捏成花边状。素面。口径7.3、底径6.7、高6.2厘米（图二七六，2）。

标本H156:17，细砂红陶。喇叭形口，圆唇，筒状腹，平底略外撇，并刻划出花边。素面。口径6、底径3.9、高5.3厘米（图二七六，3）。

陶刀　1件。

C型

标本H156:20，残，泥质红陶。两侧外弧，刃部单面磨制。残长4、宽3.8厘米（图二七六，4）。

陶环　7件，1件较完整（表一四五）。

A型

标本H156:16，泥质红陶。剖面大致呈等腰三角形。素面，表面磨光。内径5.9、外径8.2、厚1厘米（图二七六，6；图版四八，2）。

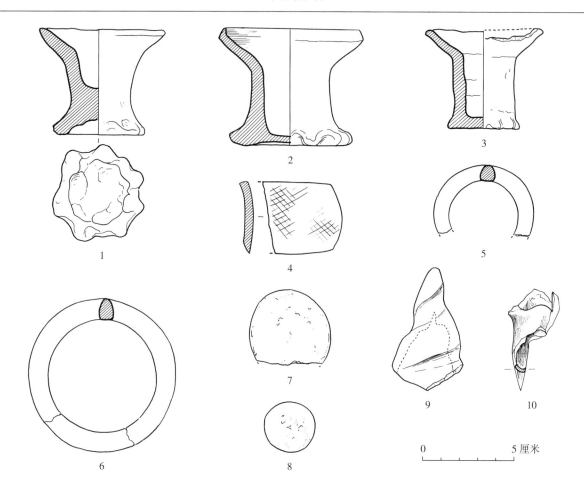

图二七六　H156出土器物

1. A型陶杯（H156：5）　2、3. B型陶杯（H156：1、H156：17）　4. C型陶刀（H156：20）　5、6. A型陶环

（H156：19、H156：16）　7、8. 陶球（H156：18、H156：6）　9. 螺旋状陶器（H156：7）　10. 骨锥（H156：3）

表一四五　H156 陶环统计表（7 件）

编号	形状				尺寸（厘米）	保存状况	备注
	A 型（6）	B 型	C 型（1）	D 型	内径 × 外径 × 厚		
H156：16	√				5.9×8.2×1	完整	
H156：19	√				3.8×5.5×0.8	残	
H156：24	√				4×5.3×0.9	残	
H156：25	√				4.8×6.1×0.62	残	
H156：26	√				5×6.4×0.78	残	
H156：27	√				5.4×6.8×0.78	残	
H156：29			√		4.4×6.3×1.3	残	齿轮状

标本H156:19，残，泥质灰陶。素面。一面有使用磨痕。内径3.8、外径5.5、厚0.8厘米（图二七六，5）。

陶球　5件，3件完整。均泥质褐陶，素面。

标本H156:6，直径2.8厘米（图二七六，8）。

标本H156:18，略残。直径4.5厘米（图二七六，7）。

螺旋状器　1件。

标本H156:7，残，泥质褐陶。形如螺状。素面。残高6.5厘米（图二七六，9）。

陶环　7件，1件完整（表一四五）。

（2）骨器

骨锥　1件，完整。

标本H156:3，器身柄端保持骨关节原状。锋部尖锐锋利，并经磨光。长5.5厘米（图二七六，10；彩版三五，3）。

29. H162

位于ⅠT1608北部。开口于①层下，打破生土层。坑口距地表0.35米。平面形状呈椭圆形，坑壁较直，底部平坦。口径2.75~3.35、深0.7米。内堆积松软的灰色土。出土有较多的陶片和少量的动物骨头，另有陶环、陶刀等小件器物的出土。动物骨头可鉴定的属种有猪、梅花鹿等。另外，在坑底的东北部有一半圆状小坑，坑壁较直，唯东部有约0.9米宽的一小部分伸入坑壁，底部较平。直径0.86、深0.2米（图二七七）。

H162出土陶器较多，主要有瓶、罐、盆、钵、器盖、漏斗形器等，分别占该坑可辨器形的5.00%、33.75%、27.50%、26.25%、6.25%、1.25%。其中泥质陶较夹砂陶为多，两者均以红陶为主，另有少量灰陶、灰褐陶，纹饰以素面最多，其次是绳纹和线纹（表一四六）。出土物分别介绍如下。

罐　复原3件。

F型Ⅱ式　复原2件。

标本H162:10，泥质红陶。平折沿，尖圆唇，深鼓腹，最大腹径偏上，下腹斜曲收，底部微凹。素面。该器烧制火候不均，口部变形。口沿内外有慢轮修制痕迹，近器底经刮削。口径28~32、腹径36、底径15.4、高43.6厘米（图二七八，1；彩版三六，2）。

标本H162:2，泥质红陶，素面，与H162:10器形相似，该器在烧制过程中扭曲变形。底径16、高37.5厘米（图二七八，3；彩版三六，3）。

G型Ⅱ式　复原1件。

标本H162:4，夹砂褐陶。外折沿，圆唇，最大腹径偏上，下腹斜收，平底。器表通体饰斜绳纹，近底部兼饰数道横绳纹，肩部仅存两个手指按压的条状附加堆纹。该器上部略有变形，器表有烟熏的炱痕。口径10、腹径10.8、底径6.6、高13.6厘米（图二七八，2；图版四七，2）。

盆　复原2件。

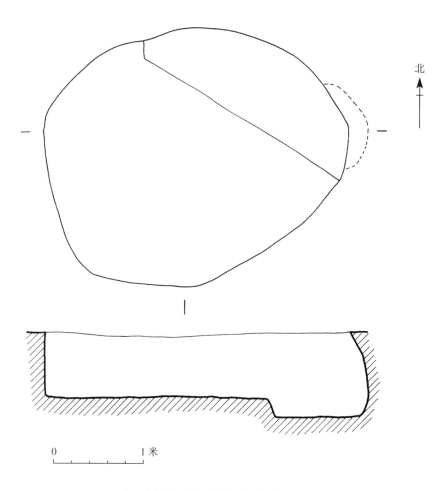

图二七七　H162平、剖面图

表一四六　H162陶系、纹饰统计表

陶系 纹饰	泥质陶			夹砂陶			合计	百分比（%）
	红	灰	小计	红	灰褐	小计		
素面	269	93	362	75	19	94	456	44.27
绳纹				267	76	343	343	33.30
线纹	130	24	154				154	14.95
彩陶	59		59				59	5.73
弦纹				14		14	14	1.36
绳 + 弦纹				4		4	4	0.39
合计	458	117	575	360	95	455	1030	100
百分比（%）	44.47	11.36	55.83	34.95	9.22	44.17	100	

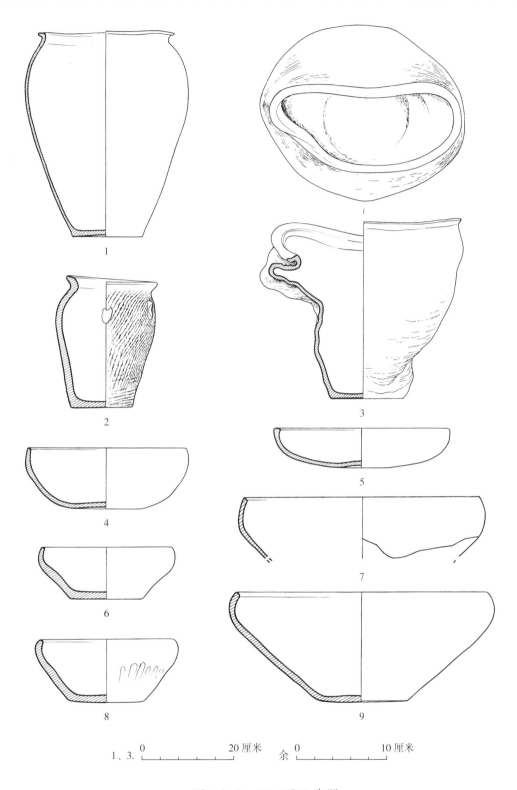

图二七八　H162出土陶器

1、3. F型Ⅱ式罐（H162：10、H162：2）　2. G型Ⅱ式罐（H162：4）　4. C型Ⅱ式钵（H162：12）

5. 浅腹钵（H162：14）　6、8. 碗（H162：1、H162：5）　7、9. A型Ⅱ式钵（H162：15、H162：13）

B型Ⅱ式

标本H162：6，泥质红陶。敛口，沿外折，圆唇，深腹微曲，底部微凹。唇部饰一周黑彩，腹部以黑彩绘有三组"勿"字形纹和一弧形三角纹，下部以带状纹绕器一周。口沿内外有明显慢轮修制的痕迹，器表有刮修的痕迹。口径23、底径10.3、高21.5厘米（图二七九，1；图版四九，5）。

标本H162：8，泥质红陶。敛口，沿外撇，圆唇，腹部斜收，底部内凹。唇面饰一周黑彩，上腹部以黑彩绘有似鸟纹的纹饰和圆点纹。器表经刮修。口径24、底径7.6、高16.2厘米（图二七九，5；彩版三六，4）。

直壁盆　复原1件。

标本H162：9，泥质红陶。直口，圆唇，器顶饰对称的两鸡冠状鋬，腹部内凹并斜收，平底。素面。口沿有明显的横向刮修痕迹，腹部有明显的竖向刮修痕迹，器内抹光。口径31.6、底径12.6、高24.6厘米（图二七九，4）。

钵　复原2件。

A型Ⅱ式　复原1件。

标本H162：13，泥质陶，黄褐色顶，腹部逐渐过渡为灰色，器内为灰色。敛口，圆唇，腹部斜收，平底。素面。器表明显可见横向刮修痕迹，器内抹光，器底有使用的磨痕。口径27.6、底径9.8、高11.6厘米（图二七八，9）。

标本H162：15，残，泥质陶，黄褐色顶，褐色腹。器表为素面，打磨较为光滑。口径25.2、残高6.6厘米（图二七八，7）。

C型Ⅱ式　复原1件。

标本H162：12，泥质褐陶。口微敛，圆唇，腹部微曲，底部内凹。素面。器表有明显的横向刮修痕迹。口径17.2、底径7、高6.4厘米（图二七八，4）。

浅腹钵　复原1件。

标本H162：14，泥质陶，黄褐色顶，褐色腹。直口，圆唇，浅腹斜收，底部内凹。素面。器表经刮修。口径19.4、底径4.8、高4.2厘米（图二七八，5；图版四九，4）。

碗　复原2件。

标本H162：1，夹细砂黄褐陶。敛口，方唇，曲腹，平底。素面。器顶抹光，下腹部有手工捏制痕迹。口径14.2、底径8、高5.5厘米（图二七八，6；图版四九，3）。

标本H162：5，夹细砂黄褐陶。敛口，圆唇，腹部微曲，平底。素面。器顶抹光，腹部有手工捏制痕迹，近器底部经刮削。口径14.6、底径8.2、高6.6厘米（图二七八，8）。

器盖　复原1件。

Aa型Ⅱ式

标本H162：7，夹砂褐陶。桥形提柄。器表饰竖绳纹。器顶经刮修，口部及器内抹光。口径26、高12.2厘米（图二七九，3；图版四九，1）。

漏斗　发现较少。

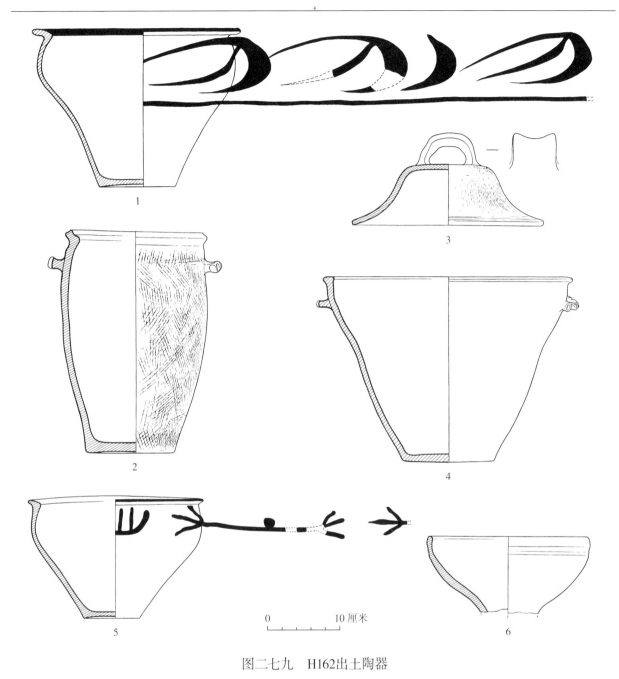

图二七九　H162出土陶器

1、5. B型Ⅱ式盆（H162∶6、H162∶8）　　2. G型Ⅰ式罐（H162∶3）　　3. Aa型Ⅱ式器盖（H162∶7）　　4. 直壁盆（H162∶9）
6. 漏斗（H162∶11）

　　标本H162∶11，残，夹细砂红陶。直敞口，圆唇，器身如钵状，管状流，流部残缺。器顶饰两道凹弦纹。素面。口径22.2、残高10.2厘米（图二七九，6；图版四九，2）。

　　此外，在H162中还发现一些与庙底沟文化一期特征接近的陶器。

　　罐　复原1件。

　　G型Ⅰ式

标本H162：3，夹砂黄褐陶。折沿，圆唇，沿内为一周弧形凹槽，深腹微鼓，下腹略呈反弧状内收，底微凹。器表通饰交错绳纹，肩部饰对称的两鸡冠状錾。口沿、颈部有明显的横向抹痕。口径18、腹径20.2、底径12、高29厘米（图二七九，2；彩版三六，1）。

30. H164

位于ⅠT2508南部，部分伸入ⅠT2408内，还有一小部分没有完全发掘。开口于②层下，被H163打破，打破生土层。坑口距地表0.65米。平面形状近椭圆形，坑壁较直，并向内略收，底部较平。口径2.8~5.7、底径2.6~2.7、深2.22米。另外，在坑的西南距坑口0.66米处，有一直径为2.4米的生土平台，台面较为平整。平台和该坑交接处的北部有三个生土台阶，直

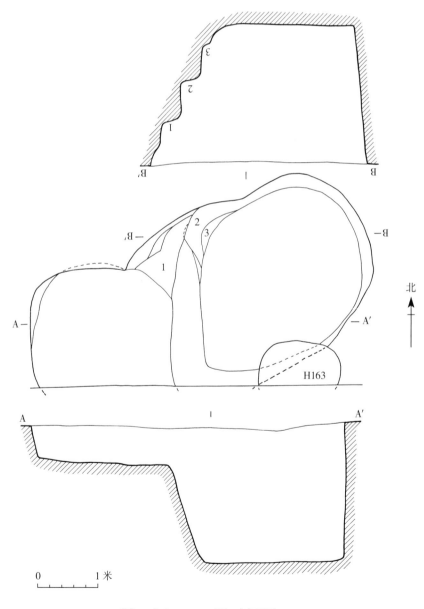

图二八〇　H164平、剖面图

表一四七　H164 陶系、纹饰统计表

陶系 / 纹饰	泥质陶			夹砂陶			合计	百分比（%）
	红	灰	小计	红	灰褐	小计		
素面	755	270	1025	116	60	176	1201	47.28
绳纹				345	125	470	470	18.50
线纹	473	37	510				510	20.08
彩陶	323		323				323	12.72
弦纹		2	2	17	1	18	20	0.79
绳 + 弦纹				14	2	16	16	0.63
合计	1551	309	1860	492	188	680	2540	100
百分比（%）	61.06	12.17	73.23	19.37	7.40	26.77	100	

通坑底，第一台阶距坑口约0.75米，宽0.38、高0.56米，第二台阶宽0.34、高0.54米，第三台阶宽0.13、距坑底0.3米。坑内堆积较硬的灰色土，包含物较为丰富，出土有大量的陶片和较多的动物骨头，另有陶环、器盖、陶球、陶刀、圆陶片等小件器物的出土。出土动物骨骼可鉴定的属种有草兔、狗、猪、獐、梅花鹿等（图二八〇）。

H164出土陶器较多，主要有尖底瓶、罐、盆、钵、器盖等，分别占该坑可辨器形的2.51%、51.88%、14.65%、26.36%、4.60%。以庙底沟文化二期为主，部分陶器具有庙底沟文化一期特征。陶系、纹饰情况详见表一四七。以下按质地分别介绍出土遗物。

尖底瓶　均残。

Ⅲ式

标本H164：13，泥质红陶。器表饰斜线纹。口径4.5、残高6.8厘米（图二八一，9）。

葫芦口瓶　均残。

A型Ⅱ式

标本H164：10，泥质红陶。口径3.4、残高7厘米（图二八一，10）。

罐　复原1件。

Aa型Ⅱ式　均残。

标本H164：18，夹砂红陶。肩部饰平行划纹加斜绳纹。口径35.6、残高8.2厘米（图二八一，7）。

E型Ⅱ式　复原1件。

标本H164：6，泥质红陶。宽折沿，圆唇，颈下饰两对称的鸡冠状錾，深腹，最大腹径偏上，下腹斜收，底微凹。素面。口沿内外有横向磨光痕迹，器表有明显的竖向刮痕。这件标本既具有E型罐特征，又具有少量的B型罐特征。口径30.2、底径13.4、高40厘米（图二八一，13；图版五〇，1）。

盆　复原1件。

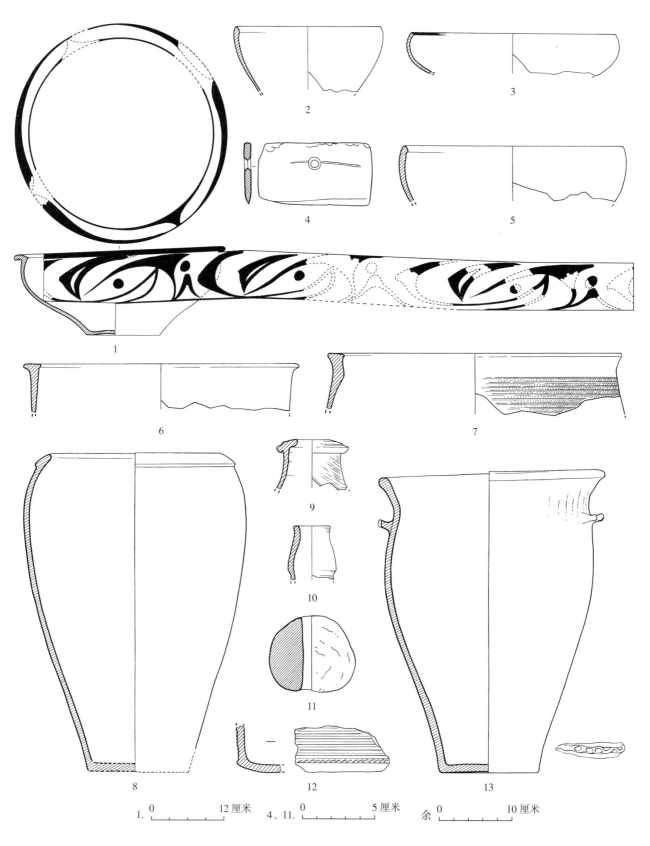

图二八一 H164出土陶器

1. Aa型Ⅱ式盆（H164：5）   2、5. C型Ⅱ式钵（H164：15、H164：14）   3. A型Ⅱ式钵（H164：16）   4. B型陶刀（H164：2）

6. 缸（H164：17）   7. Aa型Ⅱ式罐（H164：18）   8. 叠唇瓮（H164：7）   9. Ⅲ式尖底瓶（H164：13）   10. A型Ⅱ式葫芦口瓶

（H164：10）   11. 陶纺轮（H164：1）   12. 陶灶残片（H164：19）   13. E型Ⅱ式罐（H164：6）

Aa型Ⅱ式

标本H164:5，泥质陶，红顶，黄褐色腹。敛口，唇沿外卷，曲腹，底部内凹。唇部饰有一周黑彩，沿面绘有两两对称的弧形三角和分张的柳叶纹，器表以黑彩绘有由圆点、弧形三角、"勿"字形纹、"人"字形纹等组成的三组图案，图案下部以黑彩带纹绕器一周。该器口沿内外及器表有明显慢轮修制的痕迹，底部有使用的磨痕。口径30.2、底径12.2、高13.6厘米（图二八一，1；图版四九，6）。

钵　均残。

A型Ⅱ式

标本H164:16，泥质红陶。唇部饰有一周黑彩。器表素面，较为光滑。口径27.5、残高5.5厘米（图二八一，3）。

C型Ⅱ式

标本H164:14，质略粗，微含细砂，红陶。素面。口径28、残高7.2厘米（图二八一，5）。

标本H164:15，泥质褐陶。素面。口径18、残高8.8厘米（图二八一，2）。

这两件标本从形态上看，已经具有一定的三期特征，同时又与C型Ⅲ式钵有所不同，从H164出土的陶器看，此单位的性质应属于二期，似乎可以认为在二期晚段已经出现了少量的敛口、深弧腹、凹底的钵。

叠唇瓮　均残。

标本H164:7，泥质红陶。敛口，宽沿内收，圆唇，深腹，最大腹径位于器上部，底残。素面。器表有明显的斜向刮修痕迹，器表烧制火候不均。口径23.4、腹径30.8、残高42.3厘米（图二八一，8）。

缸　均残。

标本H164:17，微含细砂，灰陶。直口微敛，平沿，圆唇，沿内有一周凸棱，深腹。素面。器表磨光，器内可见泥条盘筑痕迹。口径35、残高6.2厘米（图二八一，6）。

陶灶残片　较少，均残。

标本H164:19，底部残片。夹砂红陶。筒状腹，平底。腹部通饰平行弦纹，纹痕较深，近底部饰有一周麦粒状戳刺纹。残高6厘米（图二八一，12）。

陶纺轮　1件，完整。

标本H164:1，泥质褐陶。形状近圆球形，中部有一穿孔。直径5.1~6厘米（图二八一，11；图版五二，1）。

陶刀　3件，1件完整。

B型

标本H164:2，泥质灰陶。中部对钻有一小圆孔，沿正面孔上刻划有一浅凹槽。刃部双面磨制，较为锋利。素面。长7.9、宽4.1厘米（图二八一，4）。

此外，H164还出土了一些与泉护村庙底沟文化一期特征接近的陶器。以下分别予以介绍。

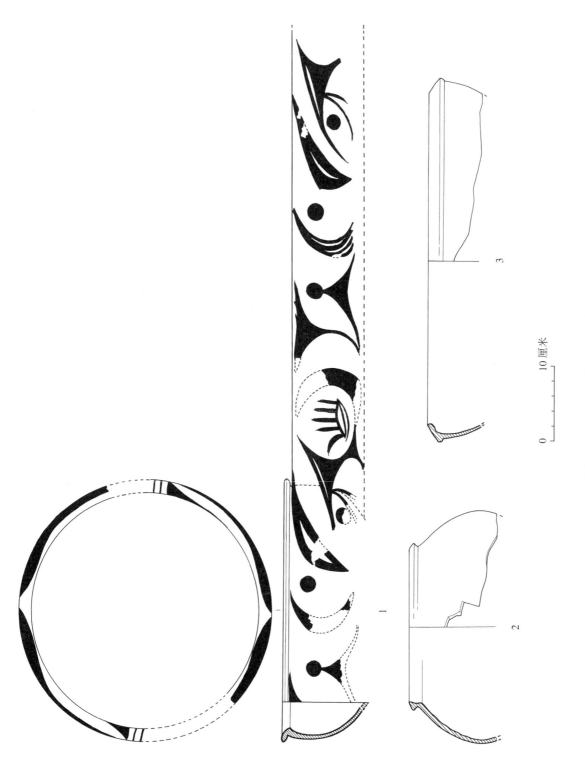

图三八三　H164出土一期陶器

1. Aa型Ⅰ式盆（H164∶9）　2. C型Ⅰ式罐（H164∶11）　3. C型Ⅰ式盆（H164∶8）

表一四八　H164 陶环统计表（11 件）

编号	形状				尺寸（厘米）	保存状况	备注
	A 型（10）	B 型	C 型（1）	D 型	内径 × 外径 × 厚		
H164：20	√				5.6×10.4×0.98	残	
H164：21	√				5.6×9.5×1.05	残	
H164：22	√				4×5.6×0.66	残	
H164：23	√				4.3×5.7×0.66	残	
H164：24	√				4×5.2×0.6	残	
H164：25	√				4.2×5.5×0.9	残	
H164：26	√				4×5.7×0.64	残	
H164：27	√				4×5.6×0.54	残	
H164：28	√				5×6.5×1	残	
H164：29	√				4.2×5.6×0.82	残	
H164：30			√		4.8×8.7×3.9	残	

罐　均残。

C型Ⅰ式

标本H164：11，泥质红陶。素面。口径20、残高12厘米（图二八二，2）。

盆　均残。

Aa型Ⅰ式

标本H164：9，泥质红陶。唇沿饰一周黑彩，沿面以黑彩绘有两两对称的弧形三角纹、竖线纹、近柳叶状纹，腹部以黑彩绘有由圆点、"勿"字形纹、弧形三角、"人"字纹、眼睛和睫毛状纹等组成的图案，可能为两组。口沿内外有慢轮修制的痕迹，器表磨光。口径31.4、残高11厘米（图二八二，1；图版五一，1）。

C型Ⅰ式

标本H164：8，泥质红陶。素面。口径44、残高7.4厘米（图二八二，3）。

陶环　11件，均残（表一四八）。

31. H173

位于ⅠT1708中部。开口于①层下，打破H159及生土层。坑口距地表0.3米。平面形状大体呈椭圆形，坑壁内收，底部较平。口径2.45~3.1、底径0.7~0.8、深1.22米。另外，在坑的东部有两个生土台阶，第一台阶距坑口0.15、宽0.54、高0.49米，第二台阶宽0.66、高0.4米。坑内堆积为较硬的浅灰色土，出土有少量陶片及陶环、石环等小件器物（图二八三）。

H173的出土物较少，陶器主要有瓶、罐、盆、钵、瓮、灶、器盖等，分别占该坑可辨器形的6.79%、28.81%、20.34%、30.51%、3.39%、1.69%、8.47%。陶系、纹饰情况详见表一四九。出土物分别介绍如下。

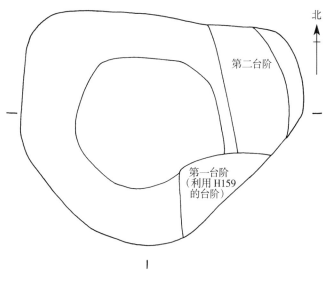

第二台阶

北

第一台阶
（利用H159
的台阶）

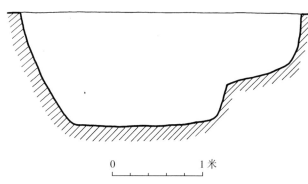

0　　　　　　　　　　1 米

图二八三　H173平、剖面图

明显经磨光。口径23、残高10厘米（图二八四，1）。

罐　均残。

Ab型Ⅱ式

标本H173：7，夹砂褐陶。器表饰交错绳纹。口沿内外抹光。从沿内及器表明显可看出其口部的制法为帮包口。口径21.6、残高7厘米（图二八四，2）。

盆　均残。

C型Ⅱ式

标本H173：6，泥质黄褐陶。敛口，沿面微鼓，叠唇，弧曲腹，腹上饰两对称的鸡冠状鋬，底部残缺。沿面以黑彩绘有宽带状纹，现仅残留有一小部分，腹部素面。器表有明显的刮修痕迹，沿内有明显慢轮修制的痕迹。口径26.4、残高8.6厘米（图二八四，3）。

钵　均残。

C型Ⅱ式

标本H173：5，泥质陶，黄褐色顶，灰色腹。直口，方唇，沿内有一周凹槽，腹部斜收。素面。口沿内外及器表

表一四九　H173 陶系、纹饰统计表

纹饰＼陶系	泥质陶					夹砂陶				合计	百分比（%）
	红	黄褐	褐	灰	小计	红	黄褐	灰褐	小计		
素面	46	40	51	48	185	23	18	16	57	242	46.63
绳纹						70	25	40	135	135	26.01
线纹	14	34	50	14	112					112	21.58
彩陶	19				19					19	3.66
弦纹							3		3	3	0.58
绳＋弦纹						1	2		3	3	0.58
绳＋堆纹						3		1	4	4	0.77
绳＋弦＋戳刺纹						1			1	1	0.19
合计	79	74	101	62	316	98	48	57	203	519	100
百分比（%）	15.22	14.26	19.46	11.95	60.89	18.88	9.25	10.98	39.11	100	

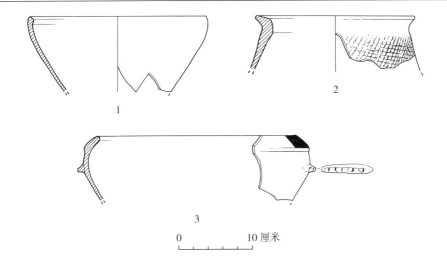

图二八四　H173出土陶器

1. C型Ⅱ式钵（H173:5）　2. Ab型Ⅱ式罐（H173:7）　3. C型Ⅱ式盆（H173:6）

32. H174

位于ⅡT1902西南角，部分伸到探方外。开口于②层下，被H71打破，并打破H166及生土层。平面形状呈椭圆形，直壁，平底，底部有一厚约0.03米的硬面。口径1.96~2.42、深0.98米。内填较硬的灰色土，并夹杂有少量烧土，出土有极少量的陶片（图二八五）。

H174陶系、纹饰情况详见表一五〇。因出土陶器极少，现介绍1件陶盘。

盘　复原1件。

标本H174:1，夹砂灰陶。圆唇，宽沿略平，浅腹内收，底微凹。素面。沿面抹光。口径15.2、底径16.4、高4.4厘米（图二八六；图版五一，2）。

33. Z13

位于ⅢT1601南部。开口于②层下，打破生土层。灶口距地表0.55米。该灶南北长0.86、宽0.21~0.46、深0.2米。平面形状整体为葫芦形，灶壁较直，唯灶口与灶腔相接处外扩，底部较平，整个灶壁与灶底均被火烧成厚约0.1米的红褐色硬面。内填松散的灰色土，夹杂有大量的

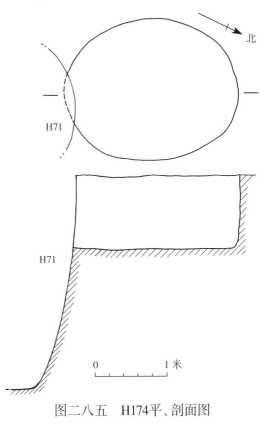

图二八五　H174平、剖面图

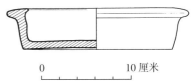

图二八六　H174出土陶盘（H174:1）

表一五〇　H174 陶系、纹饰统计表

陶系＼纹饰	泥质陶				夹砂陶			合计	百分比（%）
	红	黄褐	灰	小计	红	灰褐	小计		
素面	12	6	14	32	10	18	28	60	64.52
绳纹			1	1	10	7	17	18	19.35
线纹	11			11				11	11.83
彩陶	3			3				3	3.23
弦纹						1	1	1	1.07
合计	26	6	15	47	20	26	46	93	100
百分比（%）	27.96	6.45	16.13	50.54	21.50	27.96	49.46	100	

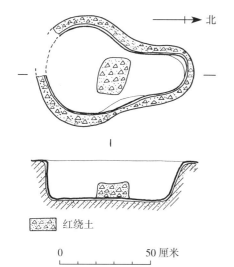

红烧土

图二八七　Z13平、剖面图

红烧土块、草木灰等物，出土有极少量的陶片，可辨器形有罐、缸等（图二八七）。

陶系、纹饰情况详见表一五一。

罐　均残。

Ab型Ⅱ式

标本Z13：1，夹砂褐陶。折沿，圆唇，沿内略内弧，溜肩，肩部饰有两对称的鸡冠状錾。器表通饰斜绳纹。从器内明显可看出其口部的制法为沿包帮。口径42、残高11.4厘米（图二八八，1）。

缸　均残。

标本Z13：2，夹细砂灰陶。敛口，平沿，圆唇，沿外加厚，腹部微鼓。素面。口径44、残高7.4厘米（图二八八，2）。

34. H01

位于泉护村遗址Ⅳ区南台地，该坑为公路取土挖土，基本为圆形，从其堆积中浮选出了

表一五一　Z13 陶系、纹饰统计表

陶系＼纹饰	夹砂陶			合计	百分比（%）
	黄褐	褐	灰褐		
素面			7	7	25.92
绳纹		16	2	18	66.67
弦纹	2			2	7.41
合计	2	16	9	27	100
百分比（%）	7.41	59.26	33.33	100	

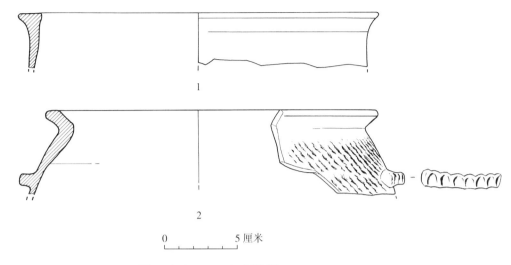

图二八八　Z13出土陶器

1. Ab型Ⅱ式罐（Z13：1）　　2. 缸（Z13：2）

表一五二　H01陶系、纹饰统计表

陶系 纹饰	泥质陶					夹砂陶				合计	百分比 （%）
	红	黄褐	褐	灰	小计	红	黄褐	褐	小计		
素面	235	61	84	77	457	26	23	33	82	539	29.83
绳纹						92	63	394	549	549	30.38
线纹	417	30	54	15	516					516	28.56
弦纹						2			2	2	0.11
彩陶	182				182					182	10.07
堆纹	2	5			7	2			2	9	0.50
绳＋堆纹						7		3	10	10	0.55
合计	836	96	138	92	1162	129	86	430	645	1807	100
百分比（%）	46.27	5.31	7.64	5.09	64.31	7.14	4.76	23.79	35.69	100	

少量的炭化稻等植物遗存。由于发掘时受施工方影响，资料收集的不全。以下介绍发掘所获的实物资料。

从H01出土陶器看，以泉护村庙底沟文化二期为主，存在少量一期遗存。陶器主要有瓶、罐、盆、钵、瓮、灶、器盖等，分别占该坑可辨器形的6.57%、21.71%、17.17%、36.87%、2.02%、0.51%、15.15%。此外还出土较多石、骨器和大量动物骨头，其中动物骨骼可鉴定的属种有中华圆田螺、圆顶珠蚌、蚌、鲤鱼、草鱼、雉、龟、仓鼠、甘肃鼢鼠、猪、小猪、獐、梅花鹿等。

陶系、纹饰情况详见表一五二。出土物按质地分别介绍如下。

（1）陶器

尖底瓶　均残。

Ⅳ式

标本H01：43，夹细砂红陶。器表饰细线纹，口部有明显的慢轮修制的痕迹。口径5、残高3厘米（图二八九，1）。

标本H01：44，夹细砂红陶。器内有泥条盘筑的制作痕迹。口径4.7、残高5厘米（图二八九，2）。

标本H01：46，夹细砂黄褐陶。器表饰细线纹，口部有轮制的痕迹。口径4.8、残高3.6厘米（图二八九，3）。

标本H01：48，夹细砂红陶。颈部饰竖向线纹。口径4.2、残高4.2厘米（图二八九，4）。

标本H01：49，夹细砂红陶。口径4.8、残高2.2厘米（图二八九，6）。

标本H01：65，尖底瓶底部残片。泥质红陶。饰细线纹，底上有使用的磨痕，器内显见螺旋状盘筑痕迹。残高8厘米（图二八九，5）。

葫芦口瓶　均残。

A型Ⅱ式

标本H01：47，夹细砂黄褐陶。侈口，圆唇，细长颈，颈中部略呈圆球形。器表饰细线纹。口径5、残高5.4厘米（图二八九，7）。

B型Ⅱ式

标本H01：52，夹细砂红陶。敛口，唇沿外卷。颈部饰斜向细线纹，最大颈上按压一周指窝纹，颈腹折角明显。口径3.2、残高5.6厘米（图二八九，8）。

罐　复原2件。

Ab型Ⅱ式　均残。

标本H01：62，夹砂红陶。窄平沿，矮领，领内一周微凹，颈部有一周凹槽。器表饰有交

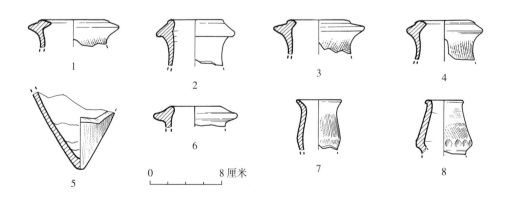

图二八九　H01出土陶器

1~6. Ⅳ式尖底瓶（H01：43、H01：44、H01：46、H01：48、H01：65、H01：49）　7. A型Ⅱ式葫芦口瓶（H01：47）　8. B型Ⅱ式葫芦口瓶（H01：52）

错绳纹。口沿内外有慢轮修制的痕迹。口径15.8、残高6厘米（图二九〇，6）。

标本H01：64，夹砂红陶。肩部饰有豆瓣状附加堆纹和交错绳纹，口沿内外有明显的横向慢轮修制的痕迹。口径22.6、残高8.6厘米（图二九〇，5）。

标本H01：67，夹砂红陶。沿面压印有一周绳纹，颈部抹光，溜肩，肩部饰有两对称的鸡冠状錾。器表饰交错绳纹。口径30.8、残高8.6厘米（图二九〇，9）。

B型Ⅱ式 复原1件。

标本H01：3，泥质红陶。窄沿外斜，方唇，领部略外鼓，颈部内收，肩部饰对称的两鸡冠状錾，深腹微鼓，最大腹径偏上，下腹斜收，平底。器表饰模糊的斜绳纹。口沿内外显见慢轮修制的痕迹，近器底有明显的削痕，器内显见手指按压的窝痕，器底有使用的磨痕。口径26、底径14、高30.5厘米（图二九〇，1；图版五〇，4）。

C型Ⅱ式 均残。

标本H01：61，夹细砂红陶。素面。口沿内外及器表抹光。口径26.6、残高8.6厘米（图二九〇，3）。

标本H01：68，夹细砂褐陶。素面。口沿内外抹光，器表隐约可见刮修痕迹，器内有明显的泥条盘筑痕迹。口径34、残高11.4厘米（图二九〇，7）。

G型Ⅱ式 复原1件。

标本H01：7，夹砂褐陶。斜折沿，圆唇，肩部饰两对称的鸡冠状錾和两对称的纽扣状附加泥饼，鼓腹，平底。器表通饰斜细绳纹。口沿内外抹光。口径17.4、腹径21.6、底径12.6、高27.4厘米（图二九〇，2；图版五〇，2）。

盆 复原1件。

B型Ⅱ式 复原1件。

标本H01：5，泥质陶，红顶，黄褐色腹。敛口，沿外折，卷唇，深腹，最大腹径位于上腹部，下腹斜收，平底。唇上饰一周黑彩，上腹部以黑彩绘有对称的四组图案，纹饰有弧三角纹、"人"字形纹等，其下以带状纹绕器一周。唇上有慢轮修制的痕迹，底部有使用的磨痕。口径28.4、腹径28、底径12、高21厘米（图二九一，1；彩版三七，1）。

标本H01：6，残，泥质陶，红顶，暗红色腹。敛口，沿外折，卷唇，深腹，上腹圆鼓，下腹曲收，平底。唇上饰有一周黑彩，上腹部以黑彩绘有圆点纹、勾连纹、"勿"字形纹，其下以带状纹绕器一周。口径35.6、腹径38.2、底径15.8、高29.4厘米（图二九一，2；彩版三八，1）。

标本H01：10，残，泥质陶，红顶，黄褐色腹。敛口，沿外折，卷唇，下腹残缺。唇部饰有一周黑彩，上腹部以黑彩绘有两组图案，纹饰主要有圆点、弧形三角等，腹部偏上绘以带状纹绕器一周，现仅残留一组图案。口径30、残高10.5厘米（图二九一，4；图版五〇，3）。

D型Ⅱ式 均残。

标本H01：59，泥质陶，黄褐色顶，灰褐色腹。素面。口径24、残高10厘米（图二九一，3）。

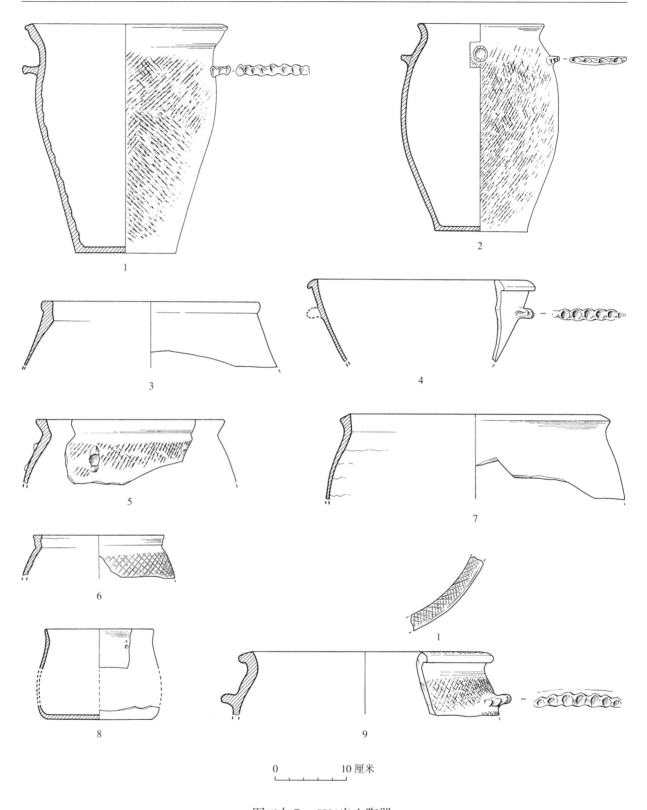

图二九〇　H01出土陶器

1. B型Ⅱ式罐（H01∶3）　　2. G型Ⅱ式罐（H01∶7）　　3、7. C型Ⅱ式罐（H01∶61、H01∶68）　　4. 直壁盆（H01∶71）　　5、6、9.
Ab型Ⅱ式罐（H01∶64、H01∶62、H01∶67）　　8. 平底盆（H01∶66）

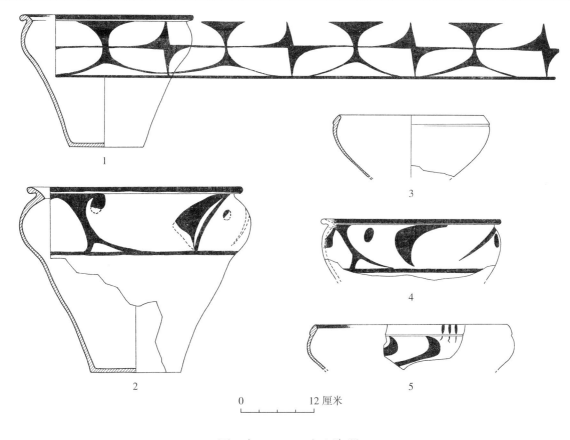

图二九一　H01出土陶器

1、2、4. B型Ⅱ式盆（H01:5、H01:6、H01:10）　3. D型Ⅱ式盆（H01:59）　5. 彩陶盆（H01:54）

彩陶盆　数量较少。均残。

标本H01:54，泥质红陶。敛口，带状沿，沿面微鼓，沿部加厚，上腹圆鼓，下腹微曲。唇面饰一周黑彩，沿面以黑彩绘有三个蝌蚪状纹饰，器顶绘有勾连纹，腰部以带状纹绕器一周。口径32、残高7.2厘米（图二九一，5）。

直壁盆　均残。

标本H01:71，泥质黄褐陶。敛口，沿外卷，圆唇，腹部斜收，上饰两对称的鸡冠状鋬。素面。器内显见刮修痕迹。口径28、残高10.3厘米（图二九〇，4）。

平底盆　数量很少。

标本H01:66，口沿和底部残片。泥质灰陶。敞口，圆唇，腹部残缺，大平底。沿下对钻有两个小圆孔，其中一个从外到内未钻通。器表通体有红色颜料（朱砂）。器内显见慢轮修制的横向抹痕。口径14.8、底径14.4厘米（图二九〇，8）。

钵　复原2件。

A型Ⅱ式

标本H01:1，泥质陶，红顶，褐腹。敛口，圆唇，腹部斜收，底微凹。唇部饰有一周黑彩，器顶以黑彩绘有四个不相对称的象生形简化鸟纹，纹下以带状纹绕器一周连接各图案。该器沿内及器表有明显慢轮修整的痕迹，器底有使用的磨痕。口径25.6、底径8.6、高12.5厘米（图二九二，1；彩版三七，2）。

标本H01：4，泥质红陶，红顶，黄褐色腹。敛口，圆唇，腹部斜收，平底。沿面饰一周黑彩，器顶以黑彩绘有象生形鸟纹，下部以带状纹绕器一周。器表有明显的横向刮修痕迹，器内有轮制的痕迹，器底有使用的磨痕。口径26、底径9、高11.5厘米（图二九二，2；彩版三八，2）。

标本H01：9，残，泥质红陶。沿面饰一周黑彩，器顶以黑彩绘有圆点纹、倒三角纹、简化鸟纹，腹部以横条纹绕器一周。器表经刮修，器内有轮修的痕迹。口径25.8、高残8厘米（图二九二，3；图版五一，4）。

标本H01：53，残，泥质红陶。沿面饰一周黑彩，器顶以黑彩饰有圆点纹、三角纹、简化鸟纹，腹部用横条纹绕器一周。口径26、残高6.8厘米（图二九二，9）。

标本H01：55，残，泥质红陶。沿面饰一周黑彩，器顶以黑彩绘有弧边三角纹、圆点、斜线纹等。口径36、残高4.4厘米（图二九二，6）。

标本H01：58，残，泥质红陶。敛口，圆唇，腹部斜收。沿面饰一周黑彩，器顶以黑彩绘有简化鸟纹。口径26、残高5.8厘米（图二九二，8）。

标本H01：69，残，泥质陶，红顶，黄褐色腹。敛口，圆唇，腹部斜收。素面。器表较为光滑，沿内有明显的慢轮修制痕迹，器内经刮修。口径26、残高10.6厘米（图二九二，7）。

碗　复原2件。

标本H01：2，泥质陶，红顶，黄褐色腹。近直口，沿内有一周凸棱，圆唇，腹部斜弧，底微内凹。素面。口沿及器表有明显的横向刮修痕迹，器内抹光。口径18.6、底径6.6、高5厘米（图二九二，5；图版五一，5）。

标本H01：8，泥质黄褐陶。敞口，圆唇，器顶略内凹，腹部斜收，底内凹。素面。器表有明显的横向刮修痕迹，器内显见横向抹痕。口径17.6、底径7、高5.8厘米（图二九二，4；图版五一，6）。

陶灶残片　均残。

标本H01：72，底部残片。夹砂红陶。筒状腹，平底，下附三个铲状足。腹部饰横弦纹，纹痕较深。腹径26、残高12厘米（图二九三，1）。

器盖　均残。

Aa型Ⅱ式

标本H01：70，夹砂褐陶。形如喇叭状，侈口，圆唇，器顶残缺。器表饰斜细绳纹。器内抹光。口径25.6、残高5厘米（图二九三，2）。

Ca型Ⅱ式

标本H01：41，夹砂褐陶。喇叭形口，圆唇，口沿及器内抹光，器顶饰有双耳式扁柄，现已残断，器顶有数道工具制作的划痕。素面。口径6、残高3.9厘米（图二九三，3；图版

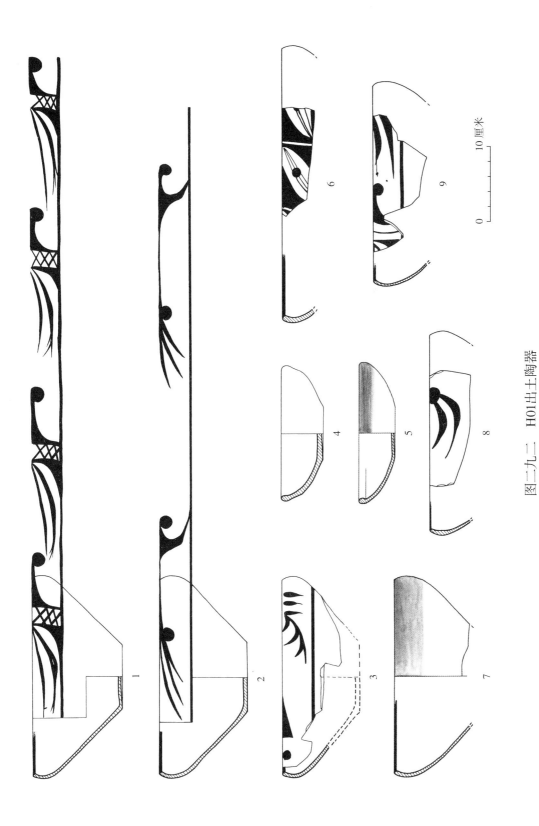

图二九二　H01出土陶器

1~3、6~9. A型Ⅱ式钵（H01：1、H01：4、H01：9、H01：55、H01：69、H01：58、H01：53）　4、5. 碗（H01：8、H01：2）

五一，3）。

杯　2件，复原1件。

B型

标本H01：18，残，泥质褐陶。喇叭状侈口，圆唇，直筒腹，底部用手工捏成柿蒂状，略凹，四小足残缺。素面。口径4.8、底径3、残高5厘米（图二九三，4；图版五二，6）。

标本H01：40，夹砂红陶。喇叭状侈口，圆唇，直筒腹，底部微凹，并有五个小足，手工捏成花瓣状。素面。器表较为粗糙，器内抹光。口径5.8、底径3、高7厘米（图二九三，5）。

敞口杯　复原1件。数量极少。

标本H01：31，夹砂褐陶。敞口，尖唇，腹部略内凹，平底。素面。器表留有手工捏制的指窝痕迹。口径4.1、底径3、高3.5厘米（图二九三，16）。

陶刀　5件，4件完整（表一五三）。

A型

标本H01：11，系泥质灰陶片打制而成。整器平面呈圆角长方形，刀背较直，未经打磨，刃部单面打制，较为锋利，两侧分别打制有三角形缺口。长9.9、宽4.6厘米（图二九三，6）。

B型

标本H01：30，系泥质线纹红陶片磨制而成。平面呈长方形，刀背平直，两侧略外鼓，均经打磨光滑，刃部单面磨制，较为锋利，中部对钻一小圆孔，并在正面圆孔上刻有一凹槽。长9、宽3.6~3.9厘米（图二九三，7）。

陶环　42件，均残（表一五四）。

A型　均为素面。

标本H01：32，泥质灰陶。内径5.5、外径7.2、厚0.7厘米（图二九三，8）。

标本H01：33，泥质灰陶。表面有磨痕。内径5.4、外径7.5、厚0.9厘米（图二九三，9）。

标本H01：34，泥质灰陶。内径5、外径6.7、厚1.2厘米（图二九三，10）。

标本H01：35，泥质灰陶。内径4.5、外径6.4、厚0.7厘米（图二九三，12）。

C型

标本H01：36，泥质褐陶，呈齿轮状。外侧有一周乳状突起。内径4.4、最大外径7.2、厚

表一五三　H01 陶刀统计表（5件）

编号	形状			尺寸（厘米）	备注
	A 型（3）	B 型（1）	C 型（1）	长 × 宽	
H01：8	√			9.8×4.7	完整
H01：11	√			9.9×4.6	完整
H01：30		√		9×（3.6~3.9）	完整
H01：23			√	残长 4.26×4.6	残
H01：108	√			4.6×3.5	完整

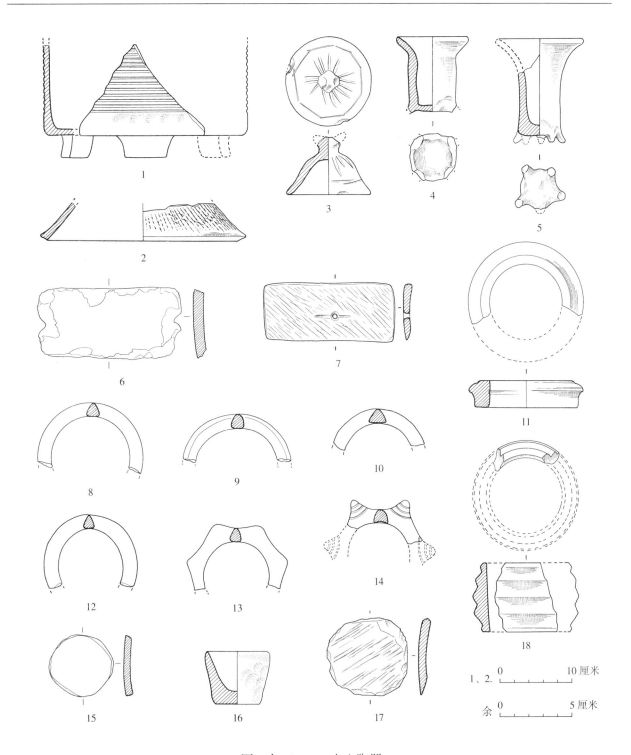

图二九三　H01出土陶器

1. 陶灶残片（H01：72）　2. Aa型Ⅱ式器盖（H01：70）　3. Ca型Ⅱ式器盖（H01：41）　4、5. B型陶杯（H01：18、H01：40）
6. A型陶刀（H01：11）　7. B型陶刀（H01：30）　8~10、12. A型陶环（H01：32、H01：33、H01：34、H01：35）　11、18.
D型陶环（H01：38、H01：39）　13、14. C型陶环（H01：36、H01：37）　15、17. 圆陶片（H01：15、H01：29）　16. 敞口杯
（H01：31）

表一五四　H01 陶环统计表（42 件）

编号	形状				尺寸（厘米）	保存状况	备注
	A 型（38）	B 型	C 型（2）	D 型（2）	内径 × 外径 × 厚		
H01：32	√				5.5×7.2×0.7	残	
H01：33	√				5.4×7.5×0.9	残	
H01：34	√				5×6.7×1.2	残	
H01：35	√				4.5×6.4×0.7	残	
H01：36			√		4.4×7.2×0.9	残	齿轮状
H01：37			√		5×8.8×1.1	残	齿轮状
H01：38				√	4.7×8×1.8	残	尖底瓶口沿
H01：39				√	6×7.8×4.6	残	螺旋状
H01：74	√				4.8×6.6×0.64	残	
H01：75	√				5×6.2×0.8	残	
H01：76	√				4×5.2×0.8	残	
H01：77	√				4.4×6.2×0.7	残	
H01：78	√				6.6×8.3×0.97	残	
H01：79	√				5.4×7.4×0.79	残	
H01：80	√				4.6×6.5×0.65	残	
H01：81	√				4.6×6.4×0.6	残	
H01：82	√				5×6.5×1.1	残	
H01：83	√				4×5.4×0.7	残	
H01：84	√				5×6.8×0.8	残	
H01：85	√				4.4×6.2×0.7	残	
H01：86	√				4.4×5.9×0.7	残	
H01：87	√				4×5.2×0.74	残	
H01：88	√				4.8×6.6×0.72	残	
H01：89	√				5×6.6×0.78	残	
H01：90	√				4×5.8×0.58	残	
H01：91	√				6×7.3×1.1	残	
H01：92	√				4.4×6.2×0.65	残	
H01：93	√				4.2×6.2×0.71	残	
H01：94	√				4.6×6.4×0.58	残	
H01：95	√				4×5.8×0.68	残	
H01：96	√				5.6×7.4×0.75	残	
H01：97	√				5×6.6×0.92	残	
H01：98	√				5×7×0.7	残	
H01：99	√				4×5.4×0.63	残	

编号	形状				尺寸（厘米）	保存状况	备注
	A 型（38）	B 型	C 型（2）	D 型（2）	内径 × 外径 × 厚		
H01：100	√				4×5.6×0.49	残	
H01：101	√				4.6×6.2×0.89	残	
H01：102	√				5×6.6×1	残	
H01：103	√				4×5.6×0.66	残	
H01：104	√				5×6.6×0.7	残	
H01：105	√				4×5.9×0.6	残	
H01：106	√				5×6.6×0.67	残	
H01：107	√				4×6×0.7	残	

0.9厘米（图二九三，13）。

标本H01：37，泥质灰陶。呈齿轮状，外侧有螺形乳状突起。内径4.5、最大外径8、厚1.1厘米（图二九三，14）。

D型

标本H01：38，泥质红陶，系尖底瓶口部加工而成，两面均磨平。内径4.7、外径8、厚1.8厘米（图二九三，11）。

标本H01：39，泥质灰陶，体宽，外侧有四周平行深凹槽。内径6、最大外径7.8、宽4.6、厚4.6厘米（图二九三，18）。

圆陶片　2件，完整。

标本H01：15，系泥质褐陶片加工而成。整器平面大体呈圆形，断面一周经磨光，无刃。直径4.2~4.5厘米（图二九三，15）。

标本H01：29，系泥质线纹红陶片加工而成。整器平面大体呈圆形，刃部单面打制，较为锋利。直径5~5.5厘米（图二九三，17）。

锥状泥条　1件。

标本H01：26，泥质褐陶。体略弯曲，横断面为圆形，一端残断，一端较尖。系手工捏制而成。残长5.6厘米（图二九四，6）。

（2）石器

石刀　1件。

标本H01：16，平面呈长方形，一角残缺，器身两侧分别加工有三角形缺口，现仅残留一侧缺口。刀背及两侧经磨光，刃部双面磨制，较为锋利。长7.2、宽3.6~4.2、厚0.6厘米（图二九四，1）。

石凿　1件，完整。

标本H01：108，平面呈长方形，平顶，单面刃，刃部较为锋利。通体磨光。长4.3、宽

2.1~2.3、厚0.5~0.8厘米（图二九四，2；图版五二，4）。

三角形石核　1件。

标本H01∶42，形状呈三角形，器表有数道竖向压剥的痕迹。长2.6、宽1.7、厚0.7厘米（图二九四，3）。

（3）骨、角器

骨锥　3件，均残。

标本H01∶12，锋部尖锐，略见加工的削痕。未经打磨。长12.6厘米（图二九四，5）。

标本H01∶14，锋部略经加工呈圆锥状。未经磨制。长6.7厘米（图二九四，4）。

标本H01∶17，该器两端均残，横断面略呈半圆形。通体磨光，切割面留有明显的斜向锯痕。残长5.7厘米（图二九四，11）。

骨笄　2件，均残。

标本H01∶22，系兽骨磨制而成。器身扁平，较为光滑，现已断为两节，柄端略残，锋部较为锐利。残长12厘米（图二九四，10；图版五二，5）。

标本H01∶28，系兽骨加工而成。横断面呈椭圆形，柄端略残，器身磨制光滑，并留有纤细的擦痕，锋部尖锐、锋利。残长8.4厘米（图二九四，9；图版五二，5）。

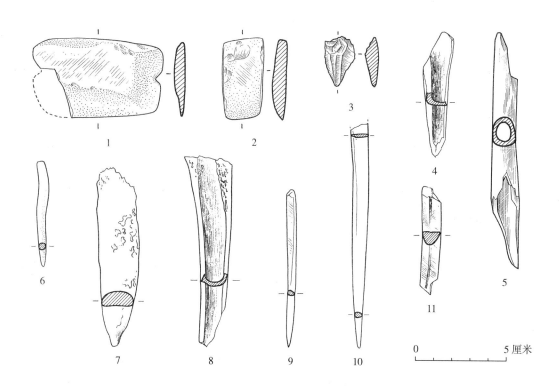

图二九四　H01出土器物

1. 石刀（H01∶16）　2. 石凿（H01∶108）　3. 三角形石核（H01∶42）　4、5、11. 骨锥（H01∶14、H01∶12、H01∶17）　6. 锥状泥条（H01∶26）　7. 角锥（H01∶24）　8. 骨料（H01∶27）　9、10. 骨笄（H01∶28、H01∶22）

骨料

标本H01：27，未经打磨，保持管骨劈裂原状，属半成品。长10.1厘米（图二九四，8）。

角锥 1件。

标本H01：24，系鹿角劈裂加工而成。器身宽扁，柄端朽断，锋部圆尖，较钝。残长9.5厘米（图二九四，7）。

此外，H01中还出土了少量庙底沟文化一期残陶片。介绍如下。

罐 均残。

Ab型I式

标本H01：63，夹砂红陶。敛口，圆唇，沿面略内凹，沿内微内弧，颈部有一周凸棱。器表饰斜绳纹。口径20、残高5厘米（图二九五，2）。

瓮 均残。

I式

标本H01：57，泥质灰陶。敛口，圆唇，沿面内斜，阔肩，腹部斜收。沿面微见两周凹槽，素面。口部及沿下有明显的横向慢轮修制痕迹。口径38.4、残高6.8厘米（图二九五，1）。

35. H02

位于ⅣT3972东南角。由于上层被破坏，开口层位不清，被M1打破，并打破生土层。平面形状呈圆形，直壁，底部较平，其上铺垫有一层厚约0.05~0.12米的草拌泥，草拌泥面凹凸不平。该坑口径约1.62、深约0.56米。内填松软的黄灰色土，夹杂有动物骨头以及较多的蚌壳等物，出土陶片较少，并出土有陶环、陶刀、陶纺轮等小件器物。动物骨头经鉴定的属种有中华圆田螺、圆顶珠蚌、猪、梅花鹿等四种。另外，在该坑内北部距坑口0.13米处有一宽0.14、高0.42米的生土台阶，台面平整，其上有坚硬的踩踏面。在坑口西部边缘有两个圆形柱洞，口径均约为0.22米，深分别为0.15、0.17米。内填松散的灰色土。该坑可能与人类居住有关（图二九六）。

H02出土陶器较少，主要有瓶、罐、盆、钵等。陶

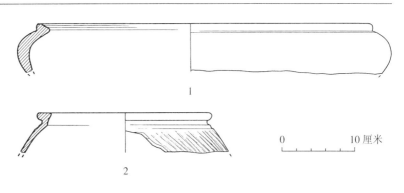

图二九五 H01出土一期陶器

1. I式瓮（H01：57） 2. Ab型I式罐（H01：63）

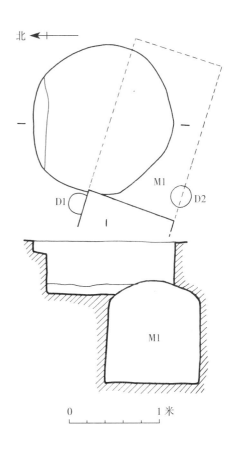

图二九六 H02平、剖面图

表一五五　H02 陶系、纹饰统计表

陶系 纹饰	泥质陶					夹砂陶				合计	百分比 (%)
	红	黄褐	褐	灰	小计	红	褐	灰	小计		
素面	41	24	16	28	109	8			8	117	36.79
绳纹						18	58	3	79	79	24.84
线纹	45	31	18	1	95					95	29.88
彩陶	27				27					27	8.49
合计	113	55	34	29	231	26	58	3	87	318	100
百分比(%)	35.53	17.30	10.69	9.12	72.64	8.18	18.24	0.94	27.36	100	

系、纹饰情况详见表一五五。以下按质地分别介绍出土遗物。

尖底瓶　均残。

Ⅳ式

标本H02：9，夹细砂红陶。器表饰线纹。从口部明显可以看出，其唇沿是整个器体制成后贴于器体口的外部。口径4、残高2.5厘米（图二九七，4）。

罐　均残。

Ab型Ⅱ式

标本H02：7，夹砂红陶。窄沿，圆唇，沿面有一周凹槽，并饰有稀疏的绳切纹，沿内微弧，肩部略鼓。器表通饰交错绳纹。口径20、残高6厘米（图二九七，3）。

盆　均残。

B型Ⅱ式

标本H02：3，泥质红陶。敛口，口沿外卷，圆唇，上腹外鼓，下腹呈反弧状。唇部饰一周黑彩，上腹部以黑彩绘有圆点、弧形三角等，下部以黑条纹绕器一周，与唇部黑彩形成一组平行线。器表磨光。口径33.6、残高11.5厘米（图二九七，1）。

C型Ⅱ式

标本H02：1，泥质红陶。素面。沿面有慢轮修制的痕迹。口径30、残高4厘米（图二九七，6）。

D型Ⅱ式

标本H02：2，夹细砂红陶。素面。器表磨光，器内抹光。口径32、残高4.2厘米（图二九七，7）。

钵　均残。

A型Ⅱ式

标本H02：4，泥质陶，红顶，灰褐色腹。敛口，圆唇，沿内有一周凸棱，圆弧腹。素面。口径28、残高6厘米（图二九七，8）。

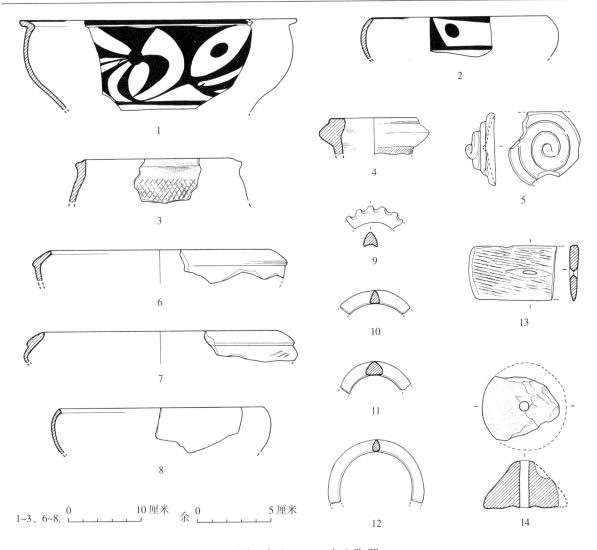

图二九七　H02出土陶器

1. B型Ⅱ式盆（H02:3）　　2、8. A型Ⅱ式钵（H02:5、H02:4）　3. Ab型Ⅱ式罐（H02:7）　4. Ⅳ式尖底瓶（H02:9）
5. 螺旋状器（H02:17）　6. C型Ⅱ式盆（H02:1）　7. D型Ⅱ式盆（H02:2）　9. C型陶环（H02:16）　10~12. A型陶环
（H02:13、H02:15、H02:14）　13. B型陶刀（H02:11）　14. 陶纺轮（H02:12）

　　标本H02:5，泥质红陶。唇部饰一周黑彩，器顶以黑彩绘有圆点、弧形三角纹等，腹部以黑条纹绕器一周。口径24、残高5厘米（图二九七，2）。

　　陶刀　1件，残。

　　B型

　　标本H02:11，系泥质线纹红陶片加工而成。平面呈圆角长方形，刀背及两侧经磨光，刃部较为锋利，中部两面分别对刻有一梭形凹槽，中部已穿透。残长6、宽3.6厘米（图二九七，13）。

　　陶环　8件，皆残（表一五六），均为素面。

表一五六　H02 陶环统计表（8件）

编号	形状				尺寸（厘米）	保存状况	备注
	A型（7）	B型	C型（1）	D型	内径×外径×厚		
H02：13	√				5.3×6.2×0.65		
H02：14	√				5×6.6×0.5		
H02：15	√				4.5×5.4×1.15		
H02：16			√		3.7×4.8×1		
H02：18	√				4×5.2×0.7	残	
H02：19	√				5×6.6×0.8	残	
H02：20	√				4.6×5.8×0.8	残	
H02：21	√				4×5.2×0.58	残	

A型

标本H02：13，泥质灰陶。内径5.3、外径6.2、厚0.65厘米（图二九七，10）。

标本H02：14，泥质灰陶。内径5、外径6.6、厚0.5厘米（图二九七，12）。

标本H02：15，泥质白陶。内径4.5、外径5.4、厚1.15厘米（图二九七，11）。

C型

标本H02：16，泥质灰陶，平面呈齿轮状，横截面略呈三角形。内径3.7、外径4.8、厚1厘米（图二九七，9）。

陶纺轮　1件，残。

标本H02：12，夹细砂红陶。近圆台状，顶部略弧，底部较平，中部有一0.6厘米的圆形穿孔。素面。手工捏制。底径5.8、厚3.1厘米（图二九七，14）。

螺旋状器　1件。

标本H02：17，残，泥质灰陶，螺旋形，盖纽状。残径4.9、残高2厘米（图二九七，5；图版五二，2）。

此外，在H02中还发现极少量具有庙底沟文化一期特征的陶器。介绍如下。

葫芦口瓶　均残。

B型Ⅰ式

标本H02：10，泥质红陶。口径

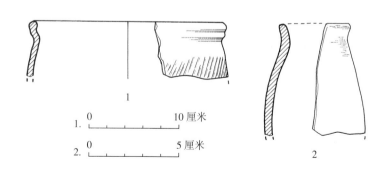

1. 0 — 10厘米
2. 0 — 5厘米

图二九八　H02出土一期陶器

1. Aa型Ⅰ式罐（H02：6）　2. B型Ⅰ式葫芦口瓶（H02：10）

4、残高6厘米（图二九八，2）。

罐 均残。

Aa型Ⅰ式

标本H02：6，夹砂灰陶。折沿，圆唇，沿内有一周凹槽，带状沿，沿面略凹。腹部饰斜向细绳纹。沿面及颈部抹光。口径20、残高6厘米（图二九八，1）。

36. H04

位于ⅣT3374北部。由于上层破坏严重，开口层位不清。该坑平面形状近圆角长方形，四壁较直，底部较平。长1.98、宽1.88、深0.2米。内填松软的黄灰色土，内夹杂有大量的红烧土块等物，出土有极少量陶片（图二九九）。

H04出土物极少，陶器主要有尖底瓶、罐、钵、釜、器盖等，分别占该坑可辨器形的22.22%、22.22%、33.33%、11.11%、11.11%。陶系、纹饰情况详见表一五七。出土物分别介绍如下。

尖底瓶 均残。

Ⅲ式

标本H04：4，泥质红陶，质细。敛口，双唇不明显，唇间槽痕不显著。器表饰细线纹。唇沿显见慢轮修制的痕迹，口部的制法为口包帮。口径4.3、残高4.4厘米（图三〇〇，4）。

彩陶罐残片

标本H04：3，泥质红陶。敛口，圆唇，鼓腹。器表光滑，上以黑彩饰有圆点纹、弧三角纹。沿内抹光。残高9.2厘米（图三〇〇，3）。

卷唇盆 均残。

标本H04：1，夹砂褐陶。口微敛，唇沿外卷，弧腹斜收。素面。器顶、器内显见慢轮修制的痕迹。口径20、残高5.6厘米（图三〇〇，2）。

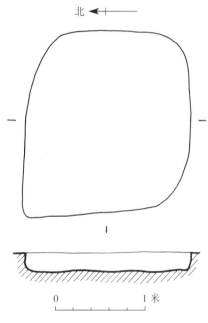

北 ←

0 1 米

图二九九 H04平、剖面图

表一五七 H04 陶系、纹饰统计表

纹饰 \ 陶系	泥质陶			夹砂陶					合计	百分比（%）
	红	褐	小计	红	黄褐	灰褐	褐	小计		
素面	24	6	30		7		3	10	40	64.52
绳纹				12		5		17	17	27.42
彩陶	5		5						5	8.06
合计	29	6	35	12	7	5	3	27	62	100
百分比（%）	46.77	9.68	56.45	19.36	11.29	8.06	4.84	43.55	100	

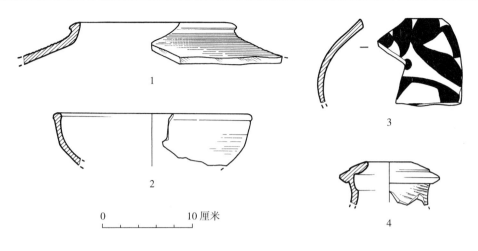

图三〇〇　H04出土陶器

1. Ⅱ式釜（H04：2）　2. 卷唇盆（H04：1）　3. 彩陶罐残片（H04：3）　4. Ⅲ式尖底瓶（H04：4）

釜　均残。

Ⅱ式

标本H04：2，夹砂灰褐陶。敛口，圆唇，斜肩。肩部饰弦纹。器内抹光。口径16.2、残高4.4厘米（图三〇〇，1）。

37. F1

位于ⅠT0501西南部，一小部分在ⅠT0401东南部。开口于③层下，打破H46。距地表1.3米。平面略呈圆形，为半地穴式建筑，现仅残存底部。长2.94、宽2.82、残深0.3米。墙壁未见加工处理，其东北部凸出，并低于房地面，为一近圆形小坑，可能为房址的门道所在，但未发现有火烧的使用痕迹及其他与灶相关的遗迹。房内堆积夹杂有青黑色硬面、料姜石粉末、灰黄色土等，出土物极少，无可辨器形。另外，在房址中央及周围有6个柱洞（柱础），其中，位于房址中部的D1最为典型，形状为圆锥形，内部坚硬光滑，直径0.1、深0.1米，其一周用边长0.22米的四块石片镶嵌成正方形，石片一周经夯实，夯筑直径0.54、厚0.3米，另外5个柱洞形状为圆柱形，四周没有镶嵌石块，周壁用厚约0.02~0.05米的料姜石粉末处理，底部坚硬平整，唯D5、D6在水平高度上低于其他柱洞。D2位于房外北部，直径0.22~0.26、深0.26米，D3位于房址东部偏北墙壁凸出的拐角处，直径0.32、深0.28米，D4位于房外西北部墙壁凸出的东南角，直径0.32~0.34、深0.27米，D5位于房外西北部墙壁凸出的北端，直径0.36、深0.26米，D6位于房外西北角，直径0.36~0.38米（图三〇一）。

F1出土陶器极少，由于陶片碎小，器形无法辨别。陶系、纹饰情况详见表一五八。

38. F2

位于ⅢT2201西北角，一小部分伸入到探方西壁和北壁内。开口于②层下，被G5、H67打破，并打破生土层。坑口距地表0.66米。平面形状呈椭圆形，为一半地穴式房址。口径3~4、深0.62米。门道不清，墙壁较直，未经处理，地面平整，其上有厚约0.02米的踩踏硬面。内填

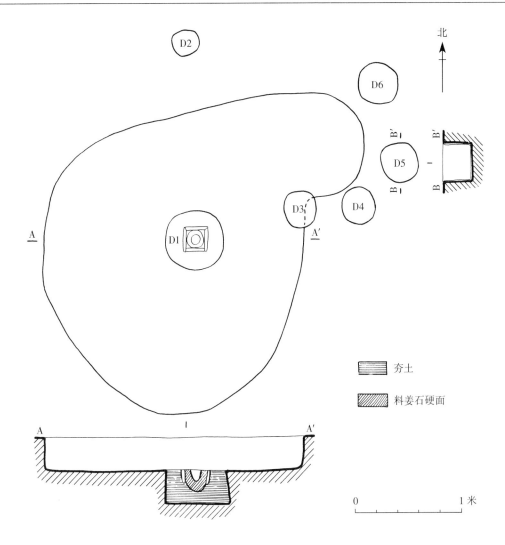

图三〇一　F1平、剖面图

表一五八　F1 陶系、纹饰统计表

陶系 纹饰	泥质陶		夹砂陶				总计	百分比 （%）
	红	小计	红	灰	褐	小计		
素面	28	28	1			1	29	45.31
绳纹			6	6		12	12	18.75
线纹	22	22					22	34.38
弦纹					1	1	1	1.56
合计	50	50	7	6	1	14	64	100
百分比（%）	78.13	78.13	10.94	9.37	1.56	21.87	100	

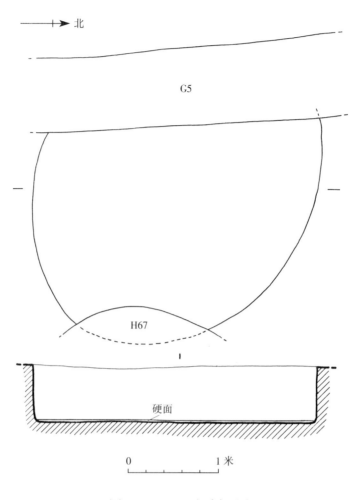

图三〇二　F2平、剖面图

表一五九　F2陶系、纹饰统计表

纹饰＼陶系	泥质陶					夹砂陶					总计	百分比（%）
	红	黄褐	褐	灰	小计	红	灰褐	褐	灰	小计		
素面	77	7	18	50	152			16		16	168	38.62
绳纹						85	21		5	111	111	25.52
线纹	91	12	8		111						111	25.52
彩陶	42				42						42	9.65
弦纹			2		2	1				1	3	0.69
合计	210	19	28	50	307	86	21	16	5	128	435	100
百分比（%）	48.27	4.37	6.44	11.49	70.57	19.77	4.83	3.68	1.15	29.43	100	

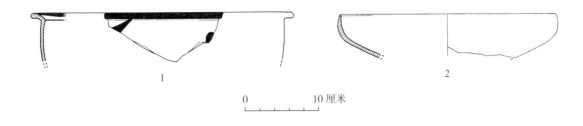

0　　　　　　10厘米

图三〇三　F2出土陶器

1. Aa型Ⅱ式盆（F2：2）　2. A型Ⅱ式钵（F2：1）

较为松散的灰色土，并夹杂有少量的料姜石、动物骨等物，出土有少量陶片（图三〇二）。

F2出土陶器极少，陶系、纹饰情况详见表一五九。现介绍两件陶器。

盆　均残。

Aa型Ⅱ式

标本F2：2，泥质红陶。敛口，圆唇外卷，弧腹较深。唇部饰有一周黑彩，沿面以黑彩绘有柳叶纹、弧三角纹等图案，残留一组，器表以黑彩绘有圆点纹等纹饰，构图不清。口径32.2、残高6.6厘米（图三〇三，1）。

钵　均残。

A型Ⅱ式

标本F2：1，泥质褐陶。口微敛，方唇，上腹圆弧，下腹斜收。素面。沿内抹光，器表经刮修。口径29.6、残高5.8厘米（图三〇三，2）。

第五节　庙底沟文化三期遗存

1997年发掘的区域中，庙底沟文化三期遗存发现较少，主要有H3、H7、H9~H12、H16~H20、H22、H23、H45、H49、H50、H54、H55、H63、H72、H73、H77、H81、H97、H100、H109、H113、H116、H127、H133、H134、H136、H137、H141、H144、H152、H160、H07、Z2、Z3、Y5等41个单位（附表一、三）。以下介绍部分保存状况较好、出土物相对多的单位。

1. H9

位于ⅠT0202中部偏南，部分伸入到ⅠT0302内。开口于③层下，被H3、H55打破，并打破H54、H8和H18。坑口距地表1.5米。平面形状呈圆形，直壁，平底。口径3.5~4.34、深3米。壁上有少量小洞孔，直径约0.06米，大部分较浅，个别很深。在坑的东壁上抹有一层厚约0.05米的草拌泥，剥落后为坑的生土边。该坑的东壁外有呈不规则形自东而西逐渐下降的三个台阶，另外在坑的南部外围有11个直径0.07米的圆形小洞和口径0.07~0.14米的椭圆形小洞，深约0.18米，可能为柱洞（图三〇四；彩版三九，1）。

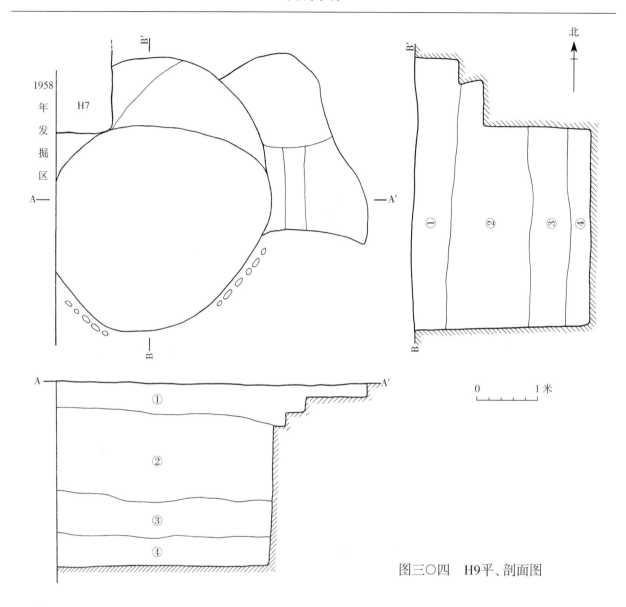

图三〇四　H9平、剖面图

坑内堆积可分四层：

第①层：厚约0.4~0.74米，土质疏松，土色浅灰。出土有较多的陶片和动物骨头，另外还有陶环、陶刀、圆陶片、骨锥、骨镞、角锥等小件器物的出土。出土动物骨骼可鉴定属种的有中华圆田螺、圆顶珠蚌、蚌、甘肃鼢鼠、猪、獐、梅花鹿、绵羊、牛等。

第②层：厚约1.14~1.42米，土质疏松，土色深灰，夹杂有草拌泥块。出土物丰富，包含有较多陶片，并有陶纺轮、陶刀、石刀、石球等小件器物的出土。出土动物骨骼可鉴定属种的有鲶鱼、猪、獐、梅花鹿等。

第③层：厚约0.56~0.66米，土质疏松，土色灰白，内夹杂有大量草木灰以及少量的生土块。出土陶片较多，并有陶刀、陶环、角锥等小件器物的出土。出土动物骨骼可鉴定属种的有猪、梅花鹿、牛等。

表一六〇　H9 陶系、纹饰统计表

陶系 纹饰	泥质陶			夹砂陶			合计	百分比(%)
	红	灰	小计	红	灰褐	小计		
素面	990	482	1472	250	11	261	1733	42.59
绳纹	15	77	92	1099	170	1269	1361	33.45
线纹	823	7	830				830	20.40
彩陶	141		141				141	3.46
弦纹				4		4	4	0.10
合计	1969	566	2535	1353	181	1534	4069	100
百分比(%)	48.39	13.91	62.30	33.25	4.45	37.70	100	

第④层：厚0.32~0.52米，土质细密，较硬，土色灰黑。出土陶片较少，并有陶刀、陶环、骨镞等小件器物的出土。出土动物骨骼可鉴定属种的有猪。

H9出土陶器有瓶、罐、盆、钵、器盖、瓮、釜等，分别占该坑可辨器形的23.25%、37.21%、10.85%、21.71%、3.88%、1.55%、1.55%。其陶质以泥质陶占大多数，其余为夹砂陶，两者均以红陶为主，纹饰以素面最多，其次为绳纹和线纹，绳纹大多饰于夹砂陶上，素面和线纹则主要为泥质陶（表一六〇）。该坑的堆积依土质、土色分为四层，分布于不同层位中的有些陶器从形态上看存在一定的变化。为体现这些变化，以下按质地、层位分别介绍主要出土物。

（1）陶器

①层：陶器主要有尖底瓶、罐、盆、钵、瓮、釜、器盖、盂、杯等。

尖底瓶　均残。

Ⅵ式

标本H9①：119，质略粗，微含细砂，褐陶。口沿内外留有慢轮修制的痕迹。口径7、残高4.2厘米（图三〇五，5）。

②层：陶器主要有瓶、罐、盆、钵、瓮、杯、器盖、釜等。

尖底瓶　均残。

Ⅴ式

标本H9②：118，质略粗，微含细砂，褐陶。口径6、残高5.6厘米（图三〇五，4）。

葫芦口瓶　均残。

A型Ⅲ式

标本H9②：117，泥质褐陶。口沿内外磨光，颈部及肩部有明显的竖向刮修痕迹。口径4、残高8厘米（图三〇五，6）。

盆　均残。

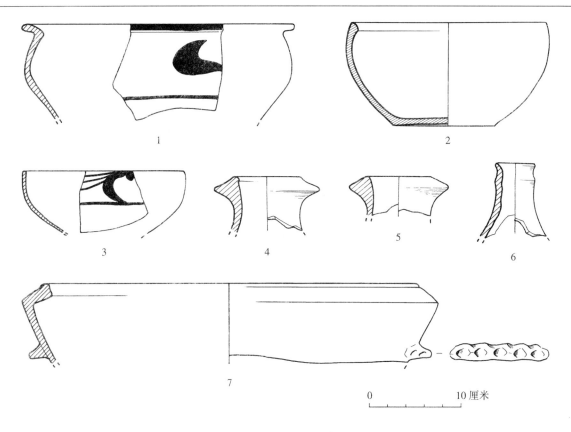

图三〇五　　H9出土陶器

1. B型Ⅲ式盆（H9②：116）　　2. C型Ⅲ式钵（H9②：31）　　3. B型Ⅰ式钵（H9②：114）　　4. Ⅴ式尖底瓶（H9②：118）　　5. Ⅵ
式尖底瓶（H9①：119）　　6. A型Ⅲ式葫芦口瓶（H9②：117）　　7. Ⅲ式瓮（H9②：125）（3为一期，余为三期）

B型Ⅲ式

标本H9②：116，泥质陶，红色顶，黄褐色腹。敛口，唇沿外卷，弧腹曲收。唇部饰有一周黑彩，器表残存黑彩绘的弧形三角、带状纹等图案。口沿内外明显经刮修。口径25.2、腹径29.6、残高10.2厘米（图三〇五，1）。

钵　复原1件。

B型Ⅰ式　均残。

标本H9②：114，泥质陶，黄褐色顶，红色腹。直口，圆唇，腹部内收。唇部饰有一周黑彩，器顶以黑彩绘有似乎为简化鸟纹和条带纹的图案。口沿内外及器表有明显的刮修痕迹。口径17.2、残高6.6厘米（图三〇五，3）。

C型Ⅲ式　复原1件。

标本H9②：31，泥质陶，腹上部为红色，下部为褐色。敛口，圆唇，弧腹内收，底微凹。素面。器表经刮修，器底有使用的磨痕。口径21.2、底径10.8、高11厘米（图三〇五，2）。

瓮　均残。

Ⅲ式

标本H9②：125，质略粗，微含细砂。腹上部饰两对称的鸡冠状錾。素面。器表有明显的磨光痕迹，器内抹光。口径38.4、肩宽45.6、残高8.8厘米（图三〇五，7）。

③层：陶器主要有瓶、罐、盆、钵、瓮、杯、器盖等。

尖底瓶　均残。

Ⅴ式

标本H9③：120，质略粗，微含细砂，黄褐陶。器表饰斜线纹。口径6.8、残高8厘米（图三〇六，9）。

葫芦口瓶　均残。

A型Ⅲ式

标本H9③：121，泥质褐陶。器表饰斜线纹。口径3.2、残高9厘米（图三〇六，5）。

罐　均残。

Aa型Ⅲ式

标本H9③：123，夹砂褐陶。肩部饰有两对称的鸡冠状錾。器表残留一层泥巴，用以加固破损的陶器。从器内和断面明显可看出其口沿的制法为帮包口。口径31.6、腹径38、残高13.2厘米（图三〇六，6）。

钵　复原1件。

C型Ⅰ式

标本H9③：23，泥质红陶。敞口，圆唇，斜弧腹，底部内凹。素面。器表略有变形，并有明显的横向刮修痕迹。口径17.4、底径4.8、高5.4厘米（图三〇六，7；图版五四，4）。

④层：陶器主要有瓶、罐、盆、钵、釜、杯等。

葫芦口瓶　均残。

A型Ⅲ式

标本H9④：126，泥质红陶，略泛黄。口径3.6、残高7.8厘米（图三〇六，4）。

罐　均残。

Ab型Ⅱ式

标本H9④：122，夹砂褐陶。器表饰斜绳纹。口径17.4、残高6.2厘米（图三〇六，3）。

盆　均残。

B型Ⅲ式

标本H9④：115，泥质红陶。敛口，圆唇外卷，深弧腹。唇部饰有一周黑彩，沿面以黑彩绘有弧形三角纹，器表以黑彩绘有"勿"字形纹，现仅残留部分图案。器表打磨较为光滑。口径27.2、残高6厘米（图三〇六，1）。

钵　复原1件。

A型Ⅲ式

标本H9④：26，泥质黄褐陶。敛口，方唇，腹部略曲，底部微凹。素面。沿面饰一周黑

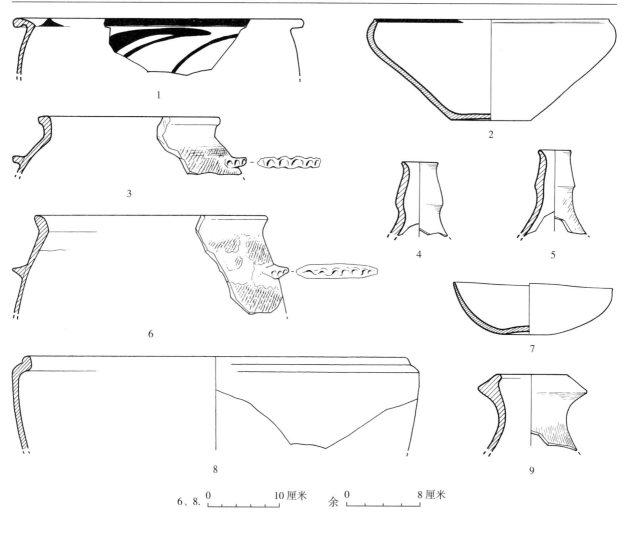

图三〇六　H9出土陶器

1. B型Ⅲ式盆（H9④：115）　2. A型Ⅲ式钵（H9④：26）　3. Ab型Ⅱ式罐（H9④：122）　4、5. A型Ⅲ式葫芦口瓶
（H9④：126、H9③：121）　6. Aa型Ⅲ式罐（H9③：123）　7. C型Ⅰ式钵（H9③：23）　8. Ⅱ式瓮（H9④：124）　9. V式尖
底瓶（H9③：120）（7为一期, 3、8为二期, 余为三期）

彩。器表经刮修，底部微有磨痕。口径25.6、底径8.8、高10.7厘米（图三〇六，2）。

　　瓮　均残。

　　Ⅱ式

　　标本H9④：124，泥质灰陶。素面。口径51、残高13.2厘米（图三〇六，8）。

　　除以上变化较明显的陶器外，还有其他在各层无明显变化的陶器，介绍如下。

　　盂　复原1件。

　　标本H9①：17，夹细砂灰褐陶。敛口，腹部微鼓，平底。素面。器表有横向抹光痕迹。
口径8.2、底径9、高6厘米（图三〇七，9；图版五四，3）。

　　杯　17件，复原6件（表一六一）。均为素面。

表一六一　H9 陶杯统计表（17件）

编号	形状					尺寸	备注
	A 型（9）	B 型（1）	C 型（5）	D 型（2）	E 型	口径×底径×高	
H9③：7				√		6.1×4.3×5.5	
H9③：11				√		5.5×4.2×5	
H9②：33	√					5.9×4.9×4.7	
H9④：34			√			4.2×3.9×4.2	
H9③：35	√					6×4.8×4.8	
H9②：36			√			5.5×4.5×5.2	
H9③：103			√			?×3.9×残高5	口沿残
H9②：104	√					?×5.2×残高4.8	口沿残
H9②：105	√					?×4.9×残高4.9	口沿残
H9②：106	√					?×5×残高4.9	口沿残
H9①：107	√					?×3.4×残高4.7	口沿残
H9①：108	√					?×4×残高4.6	口沿残
H9①：109			√			?×4.7×残高4.4	口沿残
H9①：110		√				?×4×残高5.2	口沿残
H9②：111	√					?×4.5×残高3	口沿残
H9②：112	√					?×4.3×残高3.8	口沿残
H9②：113			√			?×4.9×残高4.6	口沿残

A型　复原2件。

标本H9②：33，泥质黄褐陶。敞口，斜腹内收，底部为五个小足，微凹。口沿内外磨光，器内显见泥条盘筑痕迹，腹部、底部经手工捏制。口径5.9、底径4.9、高4.7厘米（图三〇七，1；图版五八，1）。

标本H9③：35，夹细砂褐陶。喇叭形口，腹部内收，底部内凹外撇，底部被捏成花瓣状。口径6、底径4.8、高4.8厘米（图三〇七，2）。

C型　复原2件。

标本H9④：34，泥质黄褐陶。口微敞，窄平沿，平底。口径4.2、底径3.9、高4.2厘米（图三〇七，3；图版五八，1）。

标本H9②：36，夹细砂褐陶。喇叭形口，腹部内收，平底外撇，底部捏成柿蒂状。口径5.5、底径4.5、高5.2厘米（图三〇七，4）。

D型　复原2件。

标本H9③：7，泥质褐陶。喇叭形口，平底外撇。从器底可看出其底的制作方法为由外塞入泥饼后再压平制作而成。口径6.1、底径4.3、高5.5厘米（图三〇七，10）。

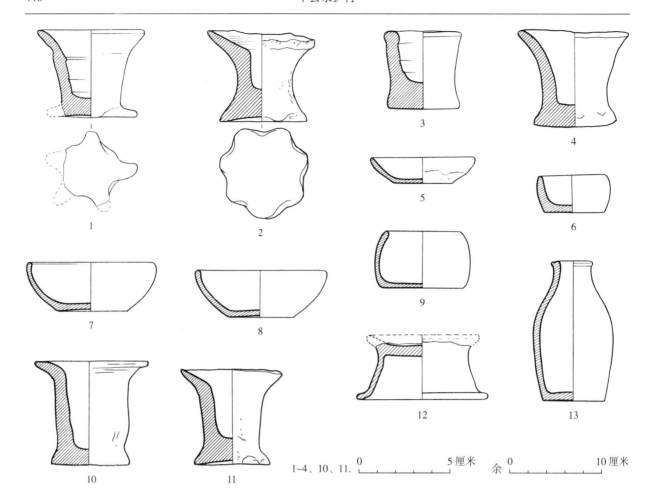

图三〇七　H9出土陶器

1、2. A型杯（H9②：33、H9③：35）　3、4. C型杯（H9④：34、H9②：36）　5~8. 碗（H9①：27、H9①：28、H9③：24、H9②：29）　9. 盂（H9①：17）　10、11. D型杯（H9③：7、H9③：11）　12. 圈足器（H9②：25）　13. 小口瓶（H9②：22）

标本H9③：11，泥质红陶。喇叭形口，底部内凹外撇。手工捏制。口径5.5、底径4.2、高5厘米（图三〇七，11）。

碗　复原4件。素面。多为手工捏制。

标本H9③：24，夹砂红陶。敛口，斜弧腹，底微凹。器表陶胎严重脱落。口径13.8、底径6.6、高5.2厘米（图三〇七，7）。

标本H9①：27，泥质红陶。敞口，圆唇，腹部斜收，平底。器表较为粗糙，近器底部经刮修。口径11.4、底径6.2、高2.8厘米（图三〇七，5；图版五四，2）。

标本H9①：28，泥质灰陶。口微敞，圆唇，腹部微鼓，平底。口径7、底径6.4、高4厘米（图三〇七，6）。

标本H9②：29，夹砂红陶。口微敞，圆唇，腹部斜收，底微凹。口径14.6、底径7.2、高5厘米（图三〇七，8）。

圈足器 1件，残。

标本H9②：25，泥质灰陶。圈足残缺。素面。器表磨光。底径14.4、残高6.2厘米（图三〇七，12）。

小口瓶 1件，较为完整。

标本H9②：22，夹细砂红陶。小口，圆唇，溜肩，腹部斜收，平底。素面。颈部及肩部有明显的竖向刮修痕迹，下腹部有明显的斜向削痕。口径4.6、腹径8.8、底径6.8、高14.8厘米（图三〇七，13；图版五四，1）。

圆陶片 2件完整。

标本H9①：2，系泥质灰陶片加工而成。整器平面呈圆形。周边经打制，无刃。直径5.5、厚0.8厘米（图三〇八，6）。

陶刀 15件，8件完整（表一六二）。

A型

标本H9③：8，泥质灰陶。两侧分别打制有三角形缺口，刀背打制较为平直，刃部单面打制，并留有明显的使用痕迹。长7.8、宽4.4厘米（图三〇八，2）。

标本H9②：32，系泥质红陶器底部残片打制而成。器身平面大体呈圆角长方形，刀背为器底部，两端各打制一个弧形缺口。刃部双面打制，较为圆钝。长9.7、宽4.7厘米（图三〇八，1）。

表一六二 H9陶刀统计表（15件）

编号	形状			尺寸（厘米）
	A型（15）	B型	C型	长 × 宽
H9③：8	√			7.8×4.4
H9②：32	√			9.7×4.7
H9②：41	√			8.4×4.5
H9③：89	√			8.1×4.7
H9③：90	√			8.7×4.25
H9②：91	√			7.6×4.25
H9③：92	√			8.4×4.3
H9②：93	√			残长 6.3×3.9
H9②：94	√			7.5×5.05
H9②：95	√			残长 5.3×4.55
H9①：96	√			残长 6×4.6
H9③：97	√			残长 4.25×3.8
H9②：98	√			残长 4.6×4.2
H9①：99	√			残长 4.1×5.2
H9②：100	√			残长 3.7×4.7

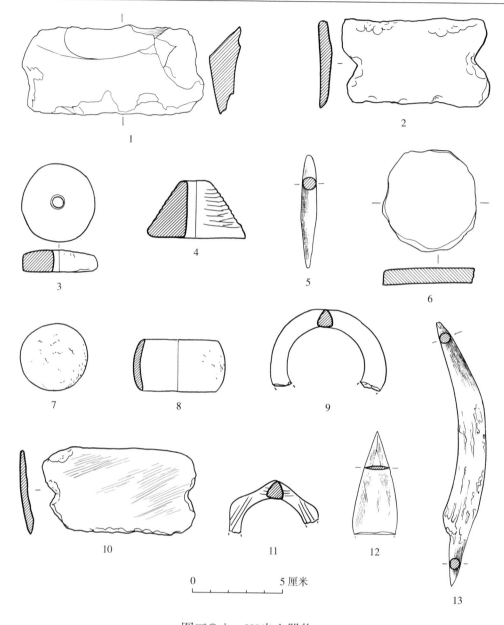

图三〇八　H9出土器物

1、2、10. A型陶刀（H9②：32、H9③：8、H9②：41）　3、4. 陶纺轮（H9③：37、H9②：40）　5. 骨
镞（H9①：1）　6. 圆陶片（H9①：2）　7. 石球（H9②：9）　8. D型陶环（H9③：42）　9. A型陶环
（H9②：39）　11. C型陶环（H9②：38）　12. 石镞（H9③：15）　13. 角锥（H9③：4）

　　标本H9②：41，夹细砂褐陶。平面呈圆角长方形，刀背较平直，两侧分别打制有三角形
缺口。刃部单面打制，并留有锯齿状使用痕迹。长8.4、宽4.5厘米（图三〇八，10）。

　　陶纺轮　2件，完整。

　　标本H9③：37，泥质灰陶。饼状，平面微鼓，中部有一穿孔。素面。直径4.1、厚1.3厘米
（图三〇八，3；图版五八，2）。

表一六三　H9 陶环统计表（49 件）

编号	形状				尺寸（厘米）	保存状况	备注
	A 型（43）	B 型（1）	C 型（3）	D 型（2）	内径 × 外径 × 厚		
H9②：39	√				4.2×6.3×0.7	残	
H9②：43	√				8×9.8×1.05	残	
H9③：44	√				4×6×0.7	残	
H9③：45	√				5.6×7.2×0.8	残	
H9②：46	√				6×7.8×0.7	残	
H9③：47	√				4×5.6×0.6	残	
H9①：48	√				5×6.4×1.1	残	
H9②：49	√				4.8×6.2×0.75	残	
H9①：50	√				6.8×8.6×1	残	
H9①：51	√				5×6.4×0.6	残	
H9②：52	√				4.8×6.2×0.65	残	
H9④：53	√				3.6×5.2×0.55	残	
H9①：54	√				4.8×6.4×0.9	残	
H9①：55	√				4×5.4×0.7	残	
H9①：56	√				6×7.8×1	残	
H9③：57	√				4×5.8×1.7	残	
H9①：58	√				4.8×6.4×0.7	残	
H9②：59	√				6×7.4×0.8	残	
H9②：60	√				4.6×7.2×0.75	残	
H9①：61	√				4×5.6×0.6	残	
H9②：62	√				4.4×5.4×0.8	残	
H9③：63	√				4.4×6×0.7	残	
H9③：64	√				4×5×0.8	残	
H9③：65	√				4.6×5.4×0.8	残	
H9④：66	√				5×6.8×0.7	残	
H9④：67	√				4.8×6.6×0.6	残	
H9①：68	√				4×5.2×0.6	残	
H9②：69	√				4×5.6×0.5	残	
H9③：70	√				4×5.6×0.6	残	
H9①：71	√				4×5.8×0.7	残	
H9④：72	√				4×5.4×0.6	残	
H9①：73	√				4×5.6×0.55	残	
H9②：74	√				6×8.4×1.2	残	
H9②：75	√				4.6×8.8×1.4	残	

编号	形状				尺寸（厘米）	保存状况	备注
	A 型（43）	B 型（1）	C 型（3）	D 型（2）	内径×外径×厚		
H9②：76	√				4×5.8×0.8	残	
H9②：77	√				5×6.4×0.7	残	
H9①：78	√				4.4×6.6×0.55	残	
H9①：79	√				4.8×6×0.95	残	
H9②：80	√				4×5.6×0.7	残	
H9②：81	√				3.8×5.2×0.7	残	
H9②：82	√				4×5.2×0.75	残	
H9①：83	√				6×8.4×1.1	残	
H9①：84	√				4×5.6×0.6	残	
H9②：85		√			4×5.2×0.5	残	
H9③：42				√	4×5.1×3.3	残	
H9①：86				√	4×5.1×1.9	残	
H9②：38			√		3.8×5.4×1	残	
H9④：87			√		4×6.2×0.5	残	
H9①：88			√		4×6.2×0.8	残	

标本H9②：40，泥质灰陶。圆台状，平底，中部有一穿孔。通体饰有交错细绳纹。底径5.5、厚3.1厘米（图三〇八，4）。

陶环　49件，均残（表一六三）。

A型

标本H9②：39，泥质灰陶。剖面呈等腰三角形。素面。内径4.2、外径6.3、厚0.7厘米（图三〇八，9）。

C型

标本H9②：38，泥质灰陶。齿轮状，外侧突起上有三道刻划纹。内径3.8、外径5.4、厚1厘米（图三〇八，11）。

D型

标本H9③：42，泥质灰陶。剖面呈弯月状。内径4、外径5.1、宽3厘米（图三〇八，8）。

（2）石器

石镞　1件。

标本H9③：15，系凝灰岩磨制而成。整器平面呈三角形，扁平，横截面为菱形，尾端残缺。两翼有刃，异常锋利，锋部两端为三角棱脊。器表明显留有纤细的擦痕。残长5.5、宽2.4、厚0.25厘米（图三〇八，12；彩版四八，3）。

石球　1件。

标本H9②：9，系硅质灰岩加工而成。器表密布琢制的麻点。直径3.7厘米（图三〇八，7；图版五八，8）。

（3）骨、角器

骨镞　1件。

标本H9①：1，器身略呈圆锥状，锋部圆钝，铤部较短。通体磨制精细。长6厘米（图三〇八，5）。

角锥　1件。

标本H9③：4，系鹿角磨制而成。器身自然弯曲，两端尖锐、锋利。长14.1厘米（图三〇八，13；彩版四八，7）。

2. H10

位于ⅠT0402中部偏南。开口于②层下，打破H20、H59和③层。坑口距地表1.2米。平面形状大体呈椭圆形，口大底小，底较平。口径1.34~1.8、底径1.24~1.64、深0.6米。坑内堆积为灰色土，夹杂有大量的红烧土块，个别烧土块带有棱角，可能是建筑上的残块。堆积中出土有少量陶片。出土动物骨头可鉴定属种的有中华圆田螺、猪等（图三〇九）。

H10出土陶器较少，主要是罐、盆、钵、灶、釜、缸等，分别占该坑可辨器形的21.88%、9.38%、56.23%、3.13%、3.13%、6.25%。其中以泥质褐陶所占比例最大，其次是泥质灰陶、夹砂红陶和夹砂灰褐陶，纹饰以素面为最多，其次是绳纹和线纹（表一六四）。出土物分别介绍如下。

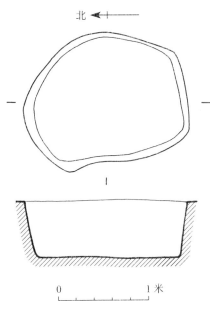

北

图三〇九　H10平、剖面图

表一六四　H10陶系、纹饰统计表

陶系 纹饰	泥质陶					夹砂陶					合计	百分比（%）
	红	褐	黄褐	灰	小计	红	褐	黄褐	灰褐	小计		
素面	19	96	10	65	190	13		43	50	106	296	73.09
绳纹						45	5		8	58	58	14.32
线纹	26	13		7	46						46	11.36
彩陶	4				4						4	0.98
绳+堆纹									1	1	1	0.25
合计	49	109	10	72	240	58	6	43	58	165	405	100
百分比（%）	12.10	26.91	2.47	17.78	59.26	14.32	1.48	10.62	14.32	40.74	100	

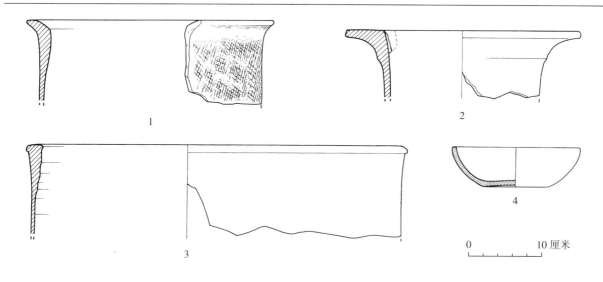

图三一○　H10出土陶器

1. Aa型Ⅲ式罐（H10∶6）　2. Ⅲ式灶（H10∶5）　3. 缸（H10∶7）　4. C型Ⅰ式钵（H10∶1）（4为一期，余为二期）

罐　均残。

Aa型Ⅲ式

标本H10∶6，夹砂黄褐陶。器表饰交错绳纹。这件标本腹部微鼓，与Aa型罐的鼓腹有所不同。口径33.8、残高11.2厘米（图三一○，1）。

缸　均残。

标本H10∶7，夹细砂黄褐陶。口微敛，圆唇，沿内有一周凸棱，断面略呈"丁"字形，沿内加厚，腹部较直。素面。从器内明显可观察到泥条盘筑的制作痕迹。口径47.6、残高12.2厘米（图三一○，3）。

灶　均残。

Ⅲ式

标本H10∶5，夹砂黄褐陶。敞口，平沿外折，圆唇，沿面抛光并饰红色陶衣，沿内残留有支垫陶釜的泥突痕迹，沿下加厚，筒腹，灶门及灶底残缺。素面。口径21.4、残高9厘米（图三一○，2）。

同时，此单位还出土了极少量具有庙底沟文化一期特征的陶器。介绍如下。

钵　复原1件。

C型Ⅰ式

标本H10∶1，泥质红陶。敞口，窄平沿，方唇，斜弧腹，内收，底部内凹。素面。器表经刮修。另外，沿面被削平。口径17.4、底径8.4、高5.2厘米（图三一○，4）。

3. H17

位于ⅠT0301西部，部分伸入ⅠT0201内，开口于③b层下，打破H18，同时被H11打破。坑口距地表1.4米。平面形状略呈圆形，斜壁，平底。口径1.9~2.3、底径1.5~1.7、深0.7米。

坑内堆积较硬的灰褐色土，并夹杂有少量黄土块和石块，包含有较多的陶片及动物骨头等，另有陶刀、骨簪、骨耜等小件器物的出土。动物骨头可鉴定属种的有中华圆田螺、蚌、狗、猪、梅花鹿、牛等（图三一一）。

H17出土陶器主要有瓶、罐、盆、钵、灶等，分别占该坑可辨器形的19.79%、36.46%、12.50%、29.17%、2.08%。陶系、纹饰情况详见表一六五。以下按质地分别介绍出土物。

（1）陶器

尖底瓶　均残。

Ⅴ式

标本H17∶19，夹细砂黄褐陶。颈部饰竖线纹。口沿内外显见慢轮修制的痕迹。口径6、残高5.2厘米（图三一二，3）。

罐　均残。

Ab型Ⅲ式

标本H17∶16，夹砂红陶，略泛黄。器表饰斜绳纹。口径17.6、残高9.2厘米（图三一二，1）。

F型Ⅲ式

标本H17∶18，泥质褐陶。折沿，圆唇，领部较直，圆鼓腹。素面。口径25.2、残高6.2厘米（图三一二，5）。

盆　均残。

B型Ⅲ式

标本H17∶13，泥质红陶。敛口，沿外折，方唇，深腹外鼓。唇部饰有一周黑彩，器表饰黑彩，图案不清。口沿内外显见慢轮修制的痕迹。口径30、残高7.4厘米（图三一二，2）。

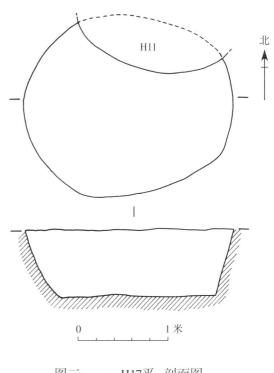

图三一一　H17平、剖面图

表一六五　H17陶系、纹饰统计表

纹饰＼陶系	泥质陶			夹砂陶			合计	百分比（%）
	红	灰	小计	红	灰褐	小计		
素面	302	26	328	16		16	344	30.96
绳纹		17	17	327	10	337	354	31.86
线纹	369		369				369	33.21
彩陶	44		44				44	3.97
合计	715	43	758	343	10	353	1111	100
百分比（%）	64.36	3.87	68.23	30.87	0.90	31.77	100	

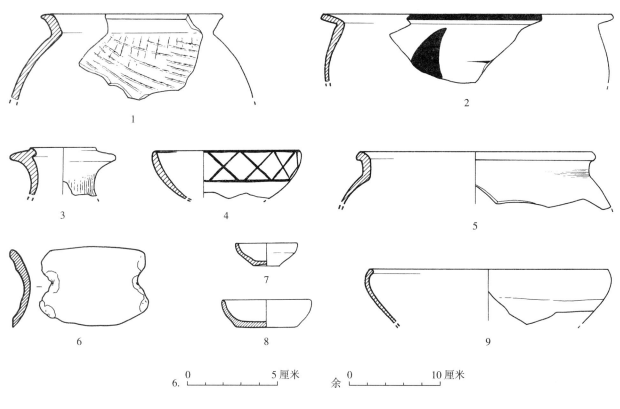

图三—二 H17出土陶器

1. Ab型Ⅲ式罐（H17:16） 2. B型Ⅲ式盆（H17:13） 3. V式尖底瓶（H17:19） 4. 网纹钵（H17:20） 5. F型Ⅲ式罐（H17:18） 6. A型刀（H17:2） 7、8. 碗（H17:6、H17:5） 9. A型Ⅲ式钵（H17:17）

钵　均残。

A型Ⅲ式

标本H17:17，泥质陶，红色顶，褐色腹。敛口，圆唇内卷，弧腹斜收。素面。口沿内外显见慢轮修制的痕迹。口径25、残高6厘米（图三—二，9）。

网纹钵

标本H17:20，泥质陶，红色顶，褐色腹。敞口，圆唇，腹部斜收。唇部饰一周黑彩，下腹部以带状纹绕器一周，与唇部黑彩平行，之间饰一周连续网格纹。器表及器内明显经刮修。口径16、残高5厘米（图三—二，4）。

碗　复原2件。

标本H17:5，泥质红陶。敞口，圆唇，下腹部呈反弧状，平底。素面。器顶及器内显见磨光痕迹，近器底有明显的刮痕。口径9.8、底径6.3、高3厘米（图三—二，8）。

标本H17:6，泥质黄褐陶。敞口，圆唇，曲腹，底部微凹。素面。器顶有明显的横向抹痕，下腹部经刮削。口径6、底径3.2、高2.4厘米（图三—二，7）。

陶刀　2件，完整。

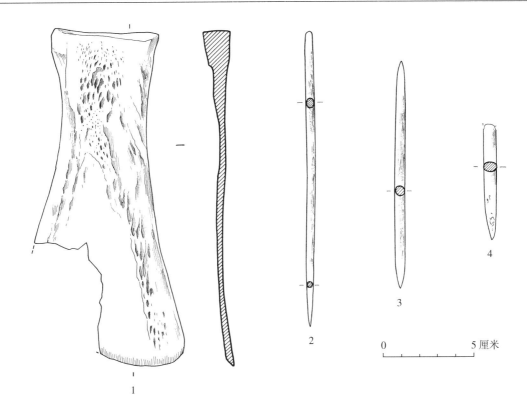

图三一三　H17出土骨器

1. 骨耜（H17：12）　　2~4. 骨簪（H17：7、H17：1、H17：8）

A型

标本H17：2，泥质红陶。平面大体呈圆角长方形，两侧各打制有一三角形缺口。素面。刀背磨制较为平直，弧刃，单面打制。长6、宽4.2厘米（图三一二，6；图版五八，3）。

（2）骨器

骨簪　3件，2件完整。均系动物骨加工而成，器表磨制精细、光滑，横截面多为圆形。

标本H17：1，两端尖锐、锋利。长12.1厘米（图三一三，3）。

标本H17：7，一端平齐，一端锐利。长15.7厘米（图三一三，2；彩版四八，8）。

标本H17：8，横断面为椭圆形。一端残断，一端尖锐。残长6.2厘米（图三一三，4）。

骨耜　1件。

标本H17：12，系动物肩胛骨加工而成。正面保留肩胛骨原状，背面棱脊被切磨打平。单刃，一角略残，较为锋利，柄端切割平齐。长17.8、柄端宽5.9、刃端残宽4.7厘米（图三一三，1）。

此外，H17中还出土一些与庙底沟文化一、二期特征相似的陶器。分别介绍如下。

罐　均残。

Ab型Ⅱ式

标本H17：15，夹砂红陶，略泛黄。平折沿，方唇，沿面有一周凹槽，肩部饰有两对称

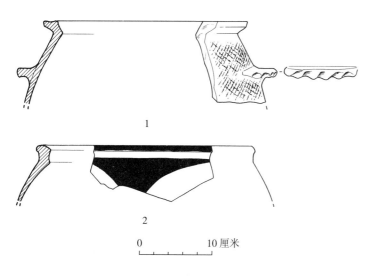

图三一四　H17出土一、二期陶器

1. Ab型Ⅱ式罐（H17:15）　2. F型Ⅰ式罐（H17:14）（1为二期, 2为一期）

的鸡冠状鋬, 鼓腹。器表通饰斜绳纹, 口沿内外及器内有明显的抹光痕迹。口径24、残高11厘米（图三一四, 1）。

F型Ⅰ式

标本H17:14, 泥质红陶。口微敛, 圆唇, 沿内有一周凹槽, 短颈斜收, 溜肩, 鼓腹。唇饰一周黑彩, 器表以黑彩绘有弧形三角纹, 仅残留部分图案。口径26、残高7.4厘米（图三一四, 2）。

4. H18

位于ⅠT0301西部偏北, 部分伸入ⅠT0201内。开口于③b层下, 被H9、H11、H17打破。坑口距地表1.4米。平面形状呈椭圆形, 坑壁内收, 底近锅底状。口径3.86~4、深1.74米。在坑的周壁上排列有近50个斜向坑中心的小洞, 基本集中于中部偏上的位置, 排列没有规律。在坑的东部有依次下降的台阶状踩踏面, 直至坑底。另外, 在坑的西壁外也发现有踩踏面。坑内堆积疏松的灰黑色土, 夹杂有较多的陶片及少量的田螺、蚌壳等, 另外还有陶环、陶饼、石斧、骨镞等小件器物的出土。动物骨骼可鉴定属种的有中华圆田螺、蚌、雕鸮、狗、马、猪、小猪、獐、绵羊、牛等10种（图三一五；彩版三九）。

H18出土陶器较多, 主要有瓶、罐、盆、钵、器盖、碗、灶等, 分别占该坑可辨器形的11.18%、37.27%、15.52%、31.06%、3.73%、0.62%、0.62%。其中以泥质红陶最多, 其次为夹砂红陶、泥质灰陶和夹砂灰褐陶, 纹饰以素面、线纹、绳纹为主（表一六六）。出土物依质地分别介绍如下。

表一六六　H18陶系、纹饰统计表

陶系 纹饰	泥质陶			夹砂陶			合计	百分比 （%）
	红	灰	小计	红	灰褐	小计		
素面	470	145	615	45		45	660	37.91
绳纹				443	3	446	446	25.62
线纹	556		556				556	31.94
彩陶	79		79				79	4.53
合计	1105	145	1250	488	3	491	1741	100
百分比（%）	63.47	8.33	71.80	28.03	0.17	28.20	100	

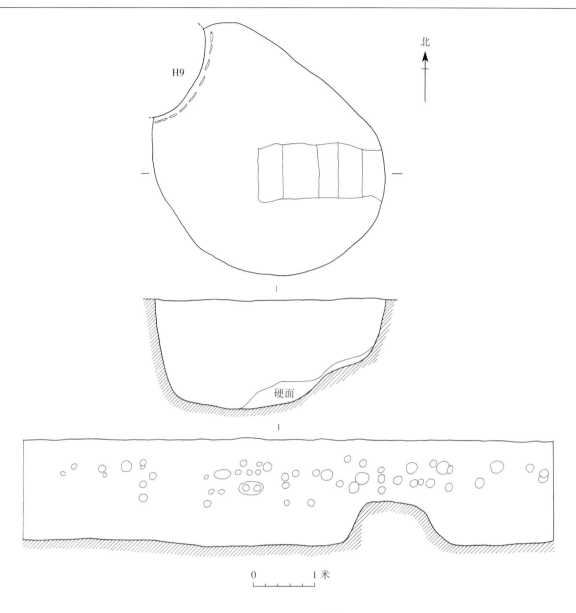

北

H9

硬面

0　　　　1 米

图三一五　H18平、剖面图

（1）陶器

尖底瓶　均残。

Ⅴ式

标本H18：29，质略粗，微含细砂，黄褐陶。口径4.8、残高7.8厘米（图三一六，6）。

罐　均残。

Ab型Ⅲ式

标本H18：28，夹砂褐陶。口沿内外抹光。肩部饰交错绳纹。口径22、残高5.7厘米（图三一六，3）。

盆　均残。

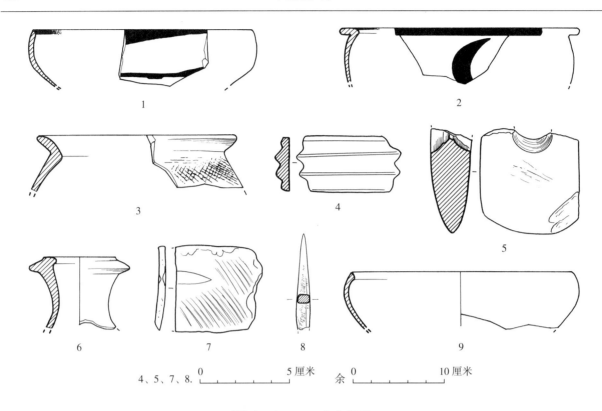

1   2

3   4   5

6   7   8   9

4、5、7、8.　0　　　　　5厘米　余　0　　　　　10厘米

图三一六　H18出土器物

1. A型Ⅲ式陶钵（H18：27）　2. B型Ⅲ式陶盆（H18：31）　3. Ab型Ⅲ式陶罐（H18：28）　4. C型陶环（H18：4）　5. 石斧
（H18：3）　6. Ⅴ式陶尖底瓶（H18：29）　7. A型陶刀（H18：2）　8. 骨镞（H18：1）　9. C型Ⅲ式陶钵（H18：26）

B型Ⅲ式

标本H18：31，泥质红陶。敛口，平沿外折，圆唇，深弧腹。唇部饰一周黑彩，器表以黑彩绘有弧三角纹，仅残留部分图案。沿面及器表有明显刮修痕迹，器内抹光。口径21.8、残高5.8厘米（图三一六，2）。

钵　均残。

A型Ⅲ式

标本H18：27，泥质红陶。敛口，尖圆唇，弧腹，下腹曲收。唇部饰有一周黑彩，器表以黑彩绘有由垂三角及带状纹组成的图案，仅残留部分图案。器表显见刮修磨光痕迹，沿内有明显刮修痕迹。口径23.4、残高6厘米（图三一六，1）。

C型Ⅲ式

标本H18：26，泥质陶，红色顶，灰色腹。口沿内外有明显的刮修痕迹，器内抹光。口径23.2、残高6.2厘米（图三一六，9）。

陶环　14件，均残（表一六七）。

C型

标本H18：4，泥质灰陶。外侧有两三周平行深凹槽。内径4、外径7.6、厚3.1厘米（图

表一六七　H18 陶环统计表（14 件）

编号	形状				尺寸（厘米）	保存状况	备注
	A 型（10）	B 型（1）	C 型（1）	D 型（2）	内径 × 外径 × 厚		
H18：4			√		4×7.6×3.1	残	螺旋状
H18：6	√				5×6.6×0.6	残	
H18：7	√				4×5×0.6	残	
H18：8	√				4.8×6.4×0.8	残	
H18：9	√				4.4×5.8×0.65	残	
H18：10	√				6×7.8×0.85	残	
H18：11	√				4.6×6×0.65	残	
H18：12	√				4×6×0.8	残	
H18：13	√				4×7.6×1.65	残	
H18：14	√				4.8×7.2×0.8	残	
H18：15	√				5×6.4×0.75	残	
H18：16		√			6×8×1.5	残	
H18：17				√	5×6×2.95	残	
H18：18				√	4×6.6×2.9	残	

三一六，4）。

陶刀　1件。

A型

标本H18：2，泥质灰陶。刃部单面磨制，中部两面靠近刀背均磨制有一条菱形凹槽。残长4.9、宽4.6厘米（图三一六，7）。

（2）石器

石斧　1件。

标本H18：3，系安山岩磨制而成。横截面呈圆角长方形，顶部残缺，弧刃，中部靠顶端对钻有一圆孔。残长5.5、宽5.4、厚2.2厘米（图三一六，5；图版五八，5）。

（3）骨器

骨镞　1件。

标本H18：1，系动物骨磨制而成。有铤，已残。镞身横截面为四棱形。器表显见磨制所留的斜向擦痕，器柄残缺，锋部尖锐、锋利。残长5厘米（图三一六，8；图版五八，11）。

同时，此单位还出土了极少量具有庙底沟文化一期特征的陶器。介绍如下。

钵　均残。

A型Ⅰ式

标本H18：30，泥质黄褐陶。直口微敛，圆唇，曲腹。素面。器表有明显的横向刮修痕

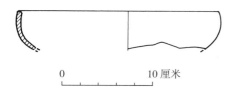

图三一七　H18出土一期
A型Ⅰ式陶钵（H18∶30）

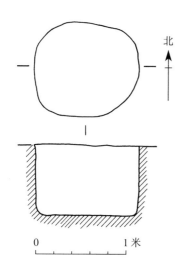

图三一八　H19平、剖面图

迹，器内抹光。口径21.2、残高4厘米（图三一七）。

5. H19

位于ⅠT0501西北角，一部分伸入西壁内。开口于③层下，打破H45、H47。坑口距地表1.34米。平面形状呈圆形，直壁，平底。口径1.16、深0.72米。坑内堆积松软的黑灰色土，夹杂有较多的青、红色烧土块（应为陶窑的废弃物）。出土有少量陶片及动物骨头等（图三一八）。

H19出土物较少，主要为陶器，可辨器形有瓶、罐、盆、钵、瓮、器盖等，分别占该坑可辨器形的3.57%、42.86%、14.29%、32.14%、3.57%、3.57%。陶系、纹饰情况详见表一六八。出土物分别介绍如下。

罐　均残。

Aa型Ⅲ式

标本H19∶4，夹砂灰褐陶。器表饰较细密的交错绳纹。口径28.6、残高13厘米（图三一九，2）。

盆　均残。

C型Ⅲ式

标本H19∶2，泥质黄褐陶，敛口，叠唇，器内偏上有一周凹槽。素面。口径24.2、残高10厘米（图三一九，4）。

表一六八　H19 陶系、纹饰统计表

纹饰＼陶系	泥质陶						夹砂陶				合计	百分比（%）
	红	黄褐	褐	灰	黑灰	小计	褐	灰褐	灰	小计		
素面	90	26	92	55	18	281	43		6	49	330	53.92
绳纹				7		7	54	44		98	105	17.16
线纹	119	34		9		162					162	26.47
彩陶	6					6					6	0.98
弦纹				3		3					3	0.50
堆纹	1					1					1	0.16
绳＋弦纹				1		1					1	0.16
绳＋堆纹								3	1	4	4	0.65
合计	216	60	92	75	18	461	97	47	7	151	612	100
百分比（%）	35.3	9.80	15.03	12.26	2.94	75.33	15.85	7.68	1.14	24.67	100	

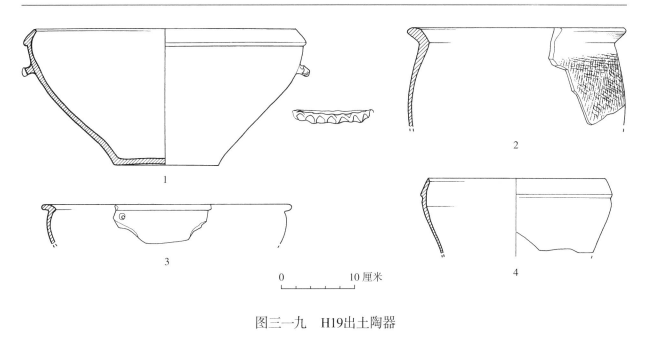

图三一九　H19出土陶器

1. D型Ⅲ式盆（H19：1）　2. Aa型Ⅲ式罐（H19：4）　3. Ab型Ⅰ式盆（H19：3）　4. C型Ⅲ式盆（H19：2）（3为一期，余为三期）

D型Ⅲ式

标本H19：1，泥质红陶。敛口，叠唇，腹部斜收，上腹部饰有对称的两鸡冠状鋬，下腹部略成反弧状，底微凹。素面。沿面、器内抹光，器表有明显的横向刮修痕迹，器底部有使用的磨痕。口径35.6、底径15、高18.2厘米（图三一九，1；图版五四，7）。

同时，此单位还出土了极少量具有庙底沟文化一期特征的陶器。介绍如下。

盆　均残。

Ab型Ⅰ式

标本H19：3，泥质灰陶。素面。沿下有一由外及内的小钻孔，口沿内外显见慢轮修制的痕迹，器表明显经刮修。口径30、残高5.2厘米（图三一九，3）。

6. H20

位于ⅠT0402南部。开口于④层下，被H10打破，同时打破H45、H59、H22。坑口距地表1.5米。平面形状大体呈圆形，坑壁较直，唯东部略向内倾斜，平底。口径2.44~2.62、底径2.4、深1.4米。底部西南有一直径为0.68~0.8、深0.2米的椭圆形小坑。坑内堆积松软的灰色土，出土有较多的陶片及动物骨头等，并有陶环、陶刀、陶球、石砍砸器、骨锥等小件器物的出土。动物骨头可鉴定属种的有鱼、甘肃鼢鼠、猪、獐、梅花鹿、绵羊等（图三二〇）。

H20出土陶器特征多与庙底沟文化三期相同，主要有瓶、罐、盆、钵、器盖、灶、釜、瓮、缸等，分别占该坑可辨器形的7.58%、24.24%、13.64%、42.42%、6.06%、1.52%、1.52%、1.52%、1.52%。陶系、纹饰情况详见表一六九。以下依质地的不同分别介绍出土物。

（1）陶器

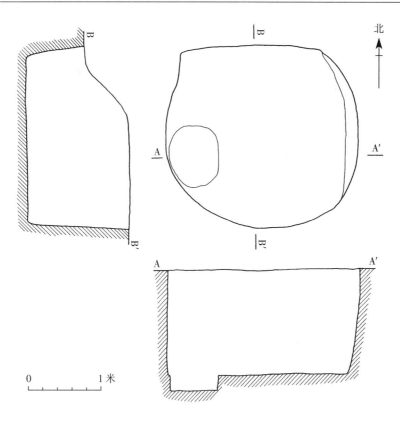

0 ⸺⸺⸺ 1 米

图三二〇　H20平、剖面图

表一六九　H20 陶系、纹饰统计表

陶系\纹饰	泥质陶					夹砂陶					合计	百分比（%）
	红	褐	黄褐	灰	小计	红	黄褐	褐	灰	小计		
素面	98	67	52	74	291	34	20	22	60	136	427	47.60
绳纹						20	40	182		242	242	26.98
线纹	46	72	54	7	179	12		16		28	207	23.08
彩陶	14				14						14	1.56
绳＋堆纹						3		4		7	7	0.78
合计	158	139	106	81	484	69	60	224	60	413	897	100
百分比（%）	17.61	15.50	11.82	9.03	53.96	7.69	6.69	24.97	6.69	46.04	100	

尖底瓶　均残。

Ⅵ式

标本H20：8，夹砂褐陶。器表饰线纹。口径6、残高6厘米（图三二一，6）。

葫芦口瓶　均残。

B型Ⅲ式

标本H20：10，泥质褐陶。残高6厘米（图三二一，4）。

罐 均残。

Aa型Ⅲ式

标本H20：13，夹砂褐陶。器表饰交错绳纹，肩部饰有两对称的鸡冠状錾。口径27.2、残高9.6厘米（图三二二，1）。

F型Ⅲ式

标本H20：15，微含细砂，灰陶。素面。口径28、残高13厘米（图三二二，4）。

标本H20：28，泥质黄褐陶，微含细砂。宽沿外折，沿内微内凹，圆唇，溜肩，鼓腹。唇部饰有一周黑彩，沿面仅残留有两道竖条纹，颈下残存以黑彩绘的条带纹。口径28.6、残高6.8厘米（图三二二，2）。

盆 均残。

C型Ⅲ式

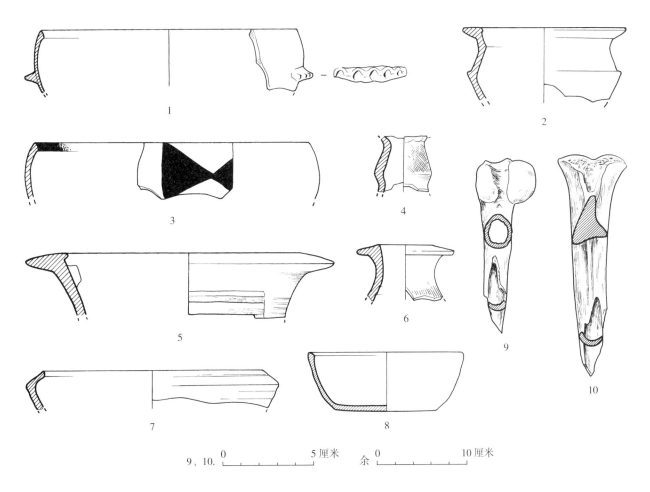

图三二一　H20出土器物

1、3. C型Ⅲ式陶钵（H20：11、H20：26） 2. Ⅲ式陶釜（H20：27） 4. B型Ⅲ式陶葫芦口瓶（H20：10） 5. Ⅲ式陶灶（H20：25） 6. Ⅵ式陶尖底瓶（H20：8） 7. C型Ⅲ式陶盆（H20：9） 8. 陶碗（H20：5） 9、10. 骨锥（H20：7、H20：6）

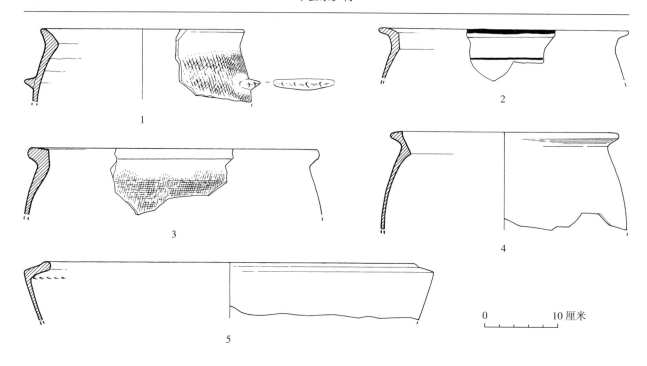

图三二二　H20出土陶器

1. Aa型Ⅲ式罐（H20∶13）　　2、4. F型Ⅲ式罐（H20∶28、H20∶15）　　3. Aa型Ⅱ式罐（H20∶12）　　5. Ⅲ式瓮（H20∶14）（3为二期，余为三期）

标本H20∶9，泥质黄褐陶。沿面略内凹。素面。口径24、残高4厘米（图三二一，7）。

钵　均残。

C型Ⅲ式

标本H20∶11，泥质红陶。腹上饰有两对称的鸡冠状錾。器表为素面。口径28、残高6.6厘米（图三二一，1）。

标本H20∶26，泥质红陶。敛口，方唇，沿内有一周凸棱，弧腹内收。唇部饰有一周黑彩，器表以黑彩绘有由两个等边对角三角形组成的图案。器表打磨较光滑，沿内显见慢轮修制的痕迹。口径29.2、残高6厘米（图三二一，3）。

碗　复原1件。

标本H20∶5，泥质黄褐陶。敞口，圆唇，腹部较直，并斜收成平底。素面。口径17、底径11、高6.3厘米（图三二一，8）。

瓮　均残。

Ⅲ式

标本H20∶14，质略粗，微含细砂，灰褐陶。口腹衔接处有指窝痕。素面。口径50、残高7.3厘米（图三二二，5）。

釜　均残。

Ⅲ式

表一七〇　H20 陶杯统计表（4件）

编号	形状					尺寸	备注
	A 型（2）	B 型	C 型（2）	D 型	E 型	口径 × 底径 × 高	
H20：21	√					?×4.4× 残高 3.9	口沿残
H20：22	√					?×3.9× 残高 4.7	口沿残
H20：23			√			?×4.2× 残高 4	口沿残
H20：24			√			?×3.9× 残高 3.9	口沿残

标本H20：27，夹砂褐陶。平折沿，尖圆唇，沿内有一周凸棱，斜肩，腹中部有一周凸棱。素面。沿面磨制光滑饰有红色陶衣，沿内抹光，器底有明显烟熏的炱痕。口径13.6、残高8厘米（图三二一，2）。

灶　均残。

Ⅲ式

标本H20：25，夹砂红陶。尖圆唇，宽沿外斜，沿面抛光饰有红色陶衣，沿内有一周凸棱，棱下残留有支垫陶釜的隼形泥突，沿下斜收，筒腹。腹部饰平行弦纹，纹痕较浅。从残留的痕迹判断，灶门为方形，现仅残留灶门的上端，并在灶门上端粘贴有两道泥条。口径24.4、残高6.5厘米（图三二一，5）。

陶杯　4件，均残（表一七〇）。

（2）骨器

骨锥　2件，完整。均系动物肢骨加工而成，柄端保留骨关节原状，锋部劈裂成锥状，未经使用。

标本H20：6，长11.8厘米（图三二一，10；图版五八，10）。

标本H20：7，长9.4厘米（图三二一，9；图版五八，10）。

另外，有极少数具有庙底沟文化二期特征的陶器残片。如标本H20：12，为Aa型Ⅱ式罐，残。夹砂褐陶。沿面饰有一周绳纹。口径36.6、残高8.8厘米（图三二二，3）。

7. H22

位于ⅠT0401中部偏南，开口于④层下，被H12、H16、H20、H45打破，并打破生土。坑口距地表1.7米。平面形状近圆形，坑壁平整光滑，底部东北高西南低。口径3.4~4.24、深3.1米。在坑的西部有两个长方形台阶，第一台阶长0.5、宽0.18、高0.5米，第二台阶长0.44、宽0.16、高0.24米。另外，在距坑口约1米处的坑壁上分布有许多不规则小圆洞，其东部较集中，直径约0.05~0.12米，在其中8个洞中有小块陶片。

坑内堆积大致可分两层。

第①层：厚1.42~2.06米，为较松软的深灰色土，夹杂有少量木炭。出土有较多陶片及动物骨头等。动物骨头可鉴定属种的有中华圆田螺、圆顶珠蚌、蚌、雉、鲤鱼、鳖、猪、小

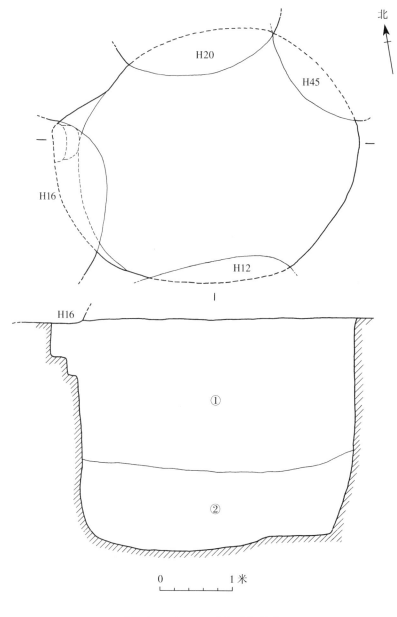

图三二三　H22平、剖面图

猪、獐、梅花鹿等。

　　第②层：厚0.7~1.1米，为疏松的灰色土，并夹杂有较多的木炭和少量的动物骨头等。该层出土遗物较①层少。动物骨头经鉴定属种的有中华圆田螺、圆顶珠蚌、蚌、雉、狗獾、猪、小猪、獐、梅花鹿等（图三二三；彩版四〇，1）。

　　H22内堆积依土质土色分为两层，整理时发现两层出土的陶器变化并不明显，均具有庙底沟文化三期特征。陶器可辨器形有瓶、罐、盆、钵、器盖、灶、釜、瓮、盘等，分别占该坑可辨器形的5.48%、43.18%、11.16%、34.05%、3.48%、1.16%、0.66%、0.50%、0.33%。此外还出土有陶环、陶刀、石纺轮、石环、石凿、石杵、骨锥、骨镞、骨笄、牙饰、蚌刀等

表一七一　H22 陶系、纹饰统计表

陶系 纹饰	泥质陶				夹砂陶			合计	百分比 (%)
	红	褐	灰	小计	红	灰褐	小计		
素面	1655	112	816	2583	728	307	1035	3618	37.25
绳纹					2854	383	3237	3237	33.32
线纹	1332		30	1362	649	135	784	2146	22.09
彩陶	399			399	31		31	430	4.43
弦纹					9		9	9	0.09
绳+弦纹					249	25	274	274	2.82
合计	3386	112	846	4344	4520	850	5370	9714	100
百分比(%)	34.86	1.15	8.71	44.72	46.53	8.75	55.28	100	

小件器物。陶系、纹饰情况详见表一七一。以下按质地分别介绍出土物。

（1）陶器

尖底瓶　均残。

Ⅴ式

标本H22②：115，质略粗，微含细砂，黄褐陶。器表饰平行划纹及竖向线纹。口沿的制法为帮包口。口径5、残高22.2厘米（图三二四，3）。

标本H22①：264，质略粗，微含细砂，褐陶。器表饰线纹。口径6、残高7.2厘米（图三二四，4）。

Ⅵ式

标本H22②：99，夹细砂红陶。敞口，双唇不明显。器表通饰细线纹，并拍印有和篮纹相似的纹饰。唇沿内外有慢轮修制的痕迹，口部的制法为帮包沿。口径6.2、腹径32.2、残高36厘米（图三二四，1）。

带流小口瓶　复原1件。

标本H22②：49，夹细砂黄褐陶。小口，圆唇外侈，口部手工捏制有鸟喙状流，细颈，颈腹交接处折棱明显，折棱上饰一周篦点状花边，溜肩，最大腹径偏上，下腹斜收，平底。腹上通饰模糊的竖向线纹。该器器形较小，口沿内外抹光，近器底一周有明显的刮削痕迹。口径3.7、流长1.6、腹径8.4、底径5.8、高14厘米（图三二四，2；彩版四二，2）。

罐　复原2件。

F型Ⅲ式　均残。

标本H22①：267，夹细砂褐陶。素面。口径28.4、残高11.2厘米（图三二五，1）。

标本H22①：273，微含细砂，黄褐陶。平沿外折，圆唇，颈部内收，溜肩，深腹鼓。唇部饰有一周黑彩，沿面仅残留有一组三道斜向竖条纹，颈下以带状纹绕器一周，肩部残留有四个由圆点和弧三角（可能是"人字纹"）、斜线纹等组成的图案。口沿内外抹光，沿面及

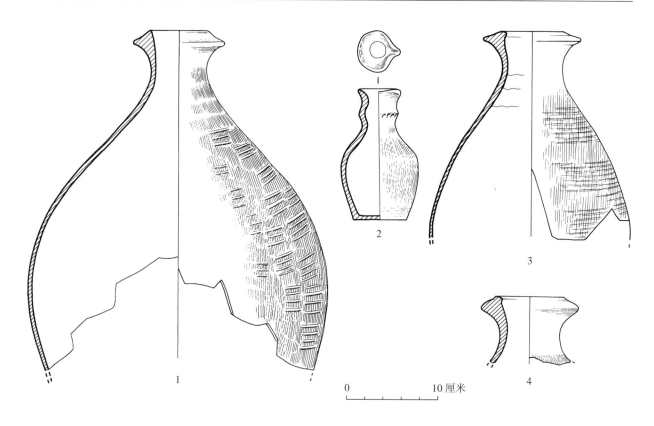

图三二四　H22出土陶器

1. Ⅵ式尖底瓶（H22②：99）　2. 带流小口瓶（H22②：49）　3、4. Ⅴ式尖底瓶（H22②：115、H22①：264）

器表显见磨光痕迹。口径30.6、残高8.8厘米（图三二五，5）。

G型Ⅲ式　复原2件。

标本H22①：67，夹砂灰褐陶。侈口，沿外撇，圆唇，矮颈，鼓腹，最大腹径偏上，下腹斜收，平底。肩部饰两对称的鸡冠状錾和两对称的豆瓣状附加堆纹，器表饰斜绳纹，间饰稀疏的竖绳纹，近器底部饰有数道横绳纹。口沿、颈部、下腹及器内部均抹光。口径26.6、腹径31、底径13.8、高40厘米（图三二五，3；彩版四二，3）。

标本H22①：68，夹砂红陶。侈口，圆唇，鼓腹，平底。肩部饰对称的鸡冠状錾和豆瓣状附加堆纹，器表饰交错绳纹。口沿及颈部显见抹光痕迹，器内显见泥条盘筑痕迹，未经抹光。口径20.6、腹径22.8、底径13.2、高26.8厘米（图三二五，7；图版五五，3）。

盆　复原3件。

Ab型Ⅲ式　均残。

标本H22②：259，泥质红陶。素面。口径20.4、残高5.2厘米（图三二六，7）。

B型Ⅲ式　复原1件。

标本H22①：79，泥质陶，器顶为红色，腹部至底部逐渐过渡为灰色，器内为灰色。敛口，沿外翻，圆唇，上腹外鼓，下腹弧曲，底部内凹。唇面饰一周黑彩，上腹部用黑彩绘有

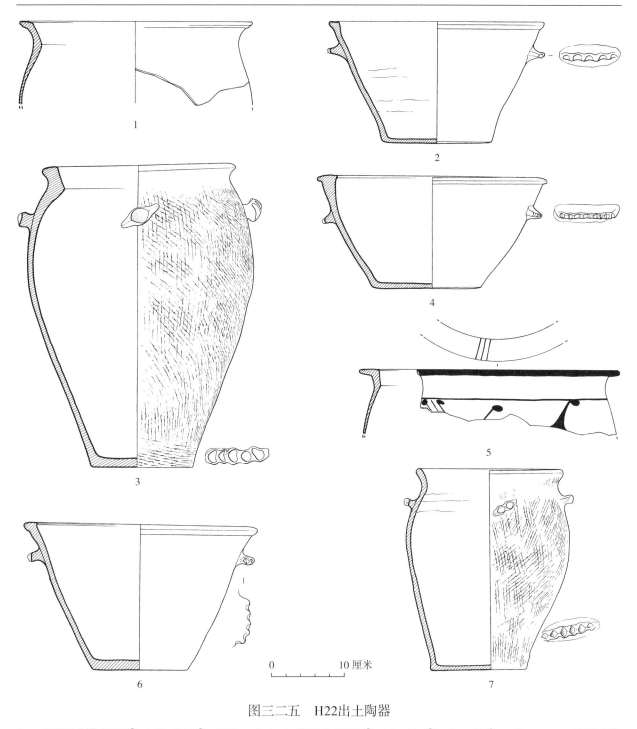

图三二五　H22出土陶器

1、5. F型Ⅲ式罐（H22①：267、H22①：273）　2、4、6. 直壁盆（H22①：24、H22①：70、H22①：71）　3、7. G型Ⅲ式罐（H22①：67、H22①：68）

由圆点、双平行竖线条纹加圆点、燕尾状纹等组成的图案，下部以条带纹绕器一周。口沿、器表经刮修，器内抹光，彩陶纹饰仅残留二分之一图案。口径24.4、底径10.2、高20厘米（图三二六，1；图版五六，5）。

C型Ⅲ式　复原2件。

标本H22①:48，泥质陶，红顶，褐腹。敛口，宽斜沿，叠唇，斜弧腹，底部内凹。上部有一周凹槽，器表为素面。器表经刮修，较为光滑，器内抹光。口径21.6、底径10、高11.2厘米（图三二六，4；彩版四三，5）。

标本H22①:81，泥质陶，红顶，褐色腹。敛口，宽斜沿，叠唇，弧腹内收，底部内凹。器表为素面。沿面由外到内钻有两孔，器表显见横向刮修痕迹，器内有明显的横向抹痕，器底上有使用的磨痕。口径21.6、底径10.4、高13厘米（图三二六，2；彩版四三，6）。

标本H22①:112，残，泥质陶，红色顶，褐色腹。素面。口径20.8、残高6.4厘米（图三二六，5）。

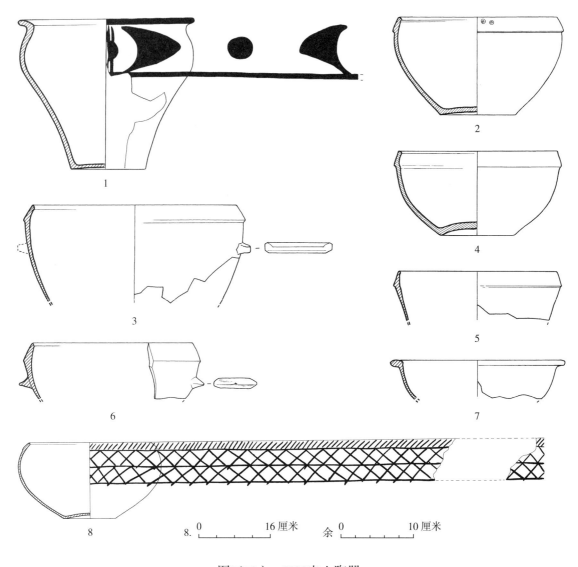

图三二六　H22出土陶器

1. B型Ⅲ式盆（H22①:79）　2~6. C型Ⅲ式盆（H22①:81、H22①:114、H22①:48、H22①:112、H22①:266）

7. Ab型Ⅲ式盆（H22②:259）　8. 网纹盆（H22②:174）

标本H22①：114，残，泥质陶，红色顶，灰色腹。器表为素面。口径26、残高13厘米（图三二六，3）。

标本H22①：266，残，泥质黄褐陶。素面。腹部饰有两对称的条形扁耳，耳中部按压有一三角形缺口。口径21.8、残高7.4厘米（图三二六，6）。

直壁盆　复原3件。

标本H22①：24，泥质红陶。敞口，圆唇，沿面有一周凹槽，腹部斜收，上腹部饰对称的两鸡冠状錾，下腹部略呈反弧状，平底。素面。口部磨光，器内有明显的泥条皱纹。口径29.6、底径15、高16.2厘米（图三二五，2；图版五六，1）。

标本H22①：70，夹砂红陶。敛口，平沿，沿面微鼓，圆唇，腹部斜收，平底。腹部偏上饰对称的两鸡冠状錾，素面。口沿及沿下略见抹光痕迹，腹部未经刮修，器底上有使用的磨痕。口径27.2、底径15、高15厘米（图三二五，4；图版五六，3）。

标本H22①：71，泥质褐陶。敞口，圆唇，斜腹内收，腹部偏上饰有两对称的鸡冠状錾，平底。素面。口沿及器内抹光，近器底有明显的削痕。口径28.4、底径12.8、高19.4厘米（图三二五，6；图版五六，2）。

网纹盆　复原1件。

标本H22②：174，泥质陶，上腹为红色，下腹及器内为灰色。敛口，斜宽沿，唇沿加厚，圆鼓腹，凹底。沿面以黑彩绘有一周斜条纹，沿下一周绘有由菱形与三角形构成的网格纹。器表上腹部打磨较光滑，下腹部及器内明显经刮修，器底有使用所留的磨痕。口径27、底径11.3、高16.2厘米（图三二六，8；彩版四二，1）。

钵　复原5件。

A型Ⅲ式　复原1件。

标本H22①：77，泥质陶，红顶，褐色腹。敛口，圆唇，曲腹，底微凹。沿面饰一周黑彩，器顶以黑彩绘有由细条带纹、弧形三角纹及圆点等组成的图案，其间地纹形似豆荚，腹部以条带纹绕器一周，现仅残留一组图案。器表、器内经刮修，器底有使用的磨痕。口径16.6、底径5.8、高8厘米（图三二七，1；彩版四三，1）。

标本H22①：109，残，泥质红陶。敛口，圆唇，腹部弧收。唇部饰一周黑彩，器表以黑彩绘有由垂弧、圆点、弧三角及条带纹等组成的图案，其间地纹呈典型的"西阴纹"，残存两组。口沿内外及器表有慢轮修制痕迹。口径30、残高4厘米（图三二七，3）。

标本H22①：269，残，泥质黄褐陶。敛口，尖圆唇，圆弧腹，下腹斜收。唇部饰有一周黑彩，器顶饰白衣，白衣上以黑彩绘有相对弧三角纹、带状纹等图案，器内有明显的磨光痕迹。口径16、残高3.4厘米（图三二七，7）。

C型Ⅲ式　复原4件。

标本H22②：8，残，泥质陶，黄褐色顶，灰褐色腹。敛口，圆唇内卷，沿内有一周凸棱，弧腹内收。唇部饰有一周黑彩，器表以黑彩绘有简化鸟纹、条带纹等图案。器表显见横向纤细磨痕，器内有明显慢轮修制的痕迹。口径24.4、残高7.6厘米（图三二七，2）。

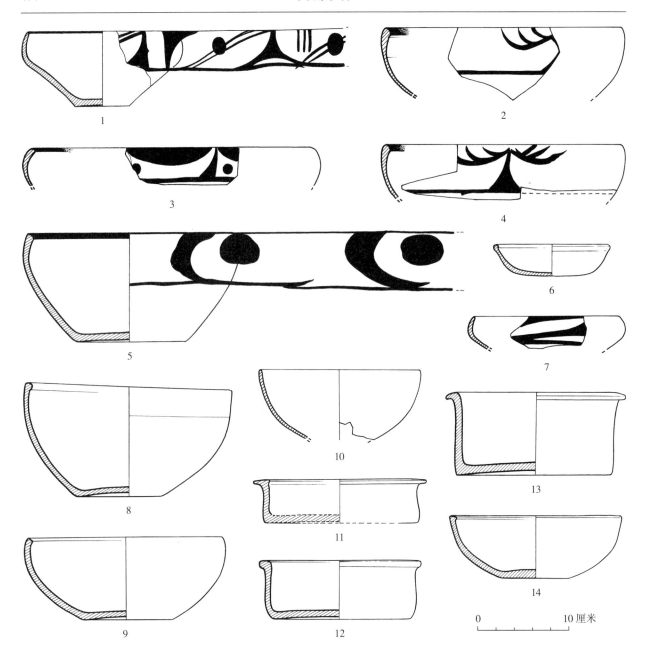

图三二七　　H22出土陶器

1、3、7. A型Ⅲ式钵（H22①：77、H22①：109、H22①：269）　　2、4、5、8~10、14. C型Ⅲ式钵（H22②：8、H22①：9、
H22①：78、H22①：80、H22①：82、H22①：262、H22①：69）　　6. 碗（H22①：22）　　11~13. 盘（H22①：32、H22①：19、
H22①：75）

　　标本H22①：9，残，泥质黄褐陶。敛口，圆唇内卷，沿内有一周凸棱。唇部饰一周黑彩，器表以黑彩绘弧形三角纹，在其顶端的两侧，两喙相对的鸟儿扇动着翅膀，停滞在空中，似两只蜂鸟正在采集花中的蜜汁，仅残存一组图案，其下是一周条带纹。器内有慢轮修制痕迹。口径24.6、残高5.8厘米（图三二七，4）。

标本H22①：69，泥质陶，灰褐色顶，灰色腹。敛口，圆唇内卷，腹部微鼓，下腹斜收，底部内凹。素面。器表略见磨光痕迹，器内显见磨光痕迹，器底微有使用的磨痕。口径18.8、底径7、高6.6厘米（图三二七，14；图版五六，6）。

标本H22①：78，泥质褐陶。敛口，圆唇，腹部斜收，底微凹。沿面饰一周黑彩，器顶以黑彩绘有由弧形三角、圆点等组成的图案，残存两组，腹部用黑彩条纹绕器一周。器表有明显的横向刮修痕迹。口径22.6、底径11.6、高11.6厘米（图三二七，5；彩版四三，2）。

标本H22①：80，泥质陶，红顶，褐色腹。敛口，圆唇，深腹斜收，底部内凹。素面。器表经刮修，器内抹光。口径22.6、底径9、高11.7厘米（图三二七，8；图版五六，4）。

标本H22①：82，泥质红陶。敛口，方唇，斜弧腹，底部内凹。素面。沿面划有一周阴弦纹，沿内经磨光。口径21.2、底径10、高8.8厘米（图三二七，9；彩版四三，4）。

标本H22①：262，残，泥质红陶。敞口，圆唇，弧腹斜收。素面。器表及器内有明显的刮修痕迹。口径17.6、残高7.4厘米（图三二七，10）。

碗　复原1件。

标本H22①：22，泥质黄褐陶。敞口，圆唇，腹部斜收，平底。素面。器顶及器内见磨光痕迹，近底部有明显的刮修痕迹。口径12.8、底径7.4、高3.4厘米（图三二七，6；图版五四，5）。

瓮　均残。

Ⅲ式

标本H22①：110，质略粗，微含细砂，灰陶。口沿内一周有手指按压的指窝纹。器表为素面。口径35.6、残高5.6厘米（图三二八，1）。

盘　复原3件。

标本H22①：19，夹细砂陶。直口，底微凹。素面。口部抹光，器表陶胎严重脱落。口径18、底径15.2、高6.2厘米（图三二七，12；图版五七，6）。

标本H22①：32，夹细砂陶。敛口，宽沿，平底。素面。沿面抹光，器表陶胎严重脱落。口径19.2、底径17、高4.6厘米（图三二七，11；图版五七，5）。

标本H22①：75，泥质灰陶。口微敞，沿外翻，圆唇，腹部较直，底部内凹。素面。器表、器内显见抹光痕迹。口径16.3、底径17、高8.8厘米（图三二七，13）。

盂　复原1件。

标本H22①：83，夹细砂黄褐陶。敛口，圆唇，圆鼓腹，平底。素面。器内外抹光，近器底有刮削痕。口径9、腹径15.1、底径10、高9厘米（图三二八，6；图版五七，4）。

圜底器　复原1件。

标本H22①：73，泥质灰陶。直口微敞，方唇，腹部呈反弧状，圜底。素面。器表光滑，器内有慢轮修制的痕迹。另外，在器表、器内残留有红色颜料的痕迹。口径16.8、腹径17.2、高7.4厘米（图三二八，5；图版五七，3）。

灶　均残。

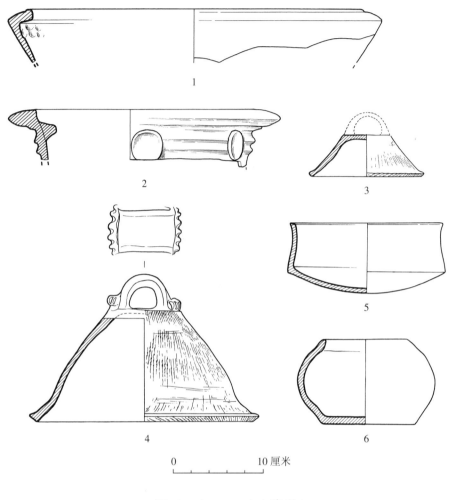

图三二八　H22出土陶器

1. Ⅲ式瓮（H22①：110）　2. Ⅲ式灶（H22①：272）　3. Ac型Ⅲ式器盖（H22①：86）
4. Aa型Ⅲ式器盖（H22①：74）　5. 圜底器（H22①：73）　6. 盂（H22①：83）

Ⅲ式

标本H22①：272，夹砂褐陶。敞口，宽沿，沿面磨光，饰红色陶衣，沿内有一周凹槽，凹槽下部残留有支垫陶釜的附加泥突，筒状腹，方形灶门。腹上饰平行弦纹，灶门上端残留有两个纽扣状附加泥饼。口径24、残高6.2厘米（图三二八，2）。

器盖　复原1件。

Aa型Ⅲ式　复原1件。

标本H22①：74，夹砂灰褐陶。敞口，方唇，形如倒扣的盆状，桥形提柄，提柄两侧饰对称的鸡冠状附加堆纹。通体饰竖绳纹。器内抹光。口径23.8、高15.8厘米（图三二八，4；图版五四，6）。

Ac型Ⅲ式　均残。

标本H22①：86，夹砂红陶。器表饰稀疏的竖绳纹。器顶有刮痕，器内经抹光。口径

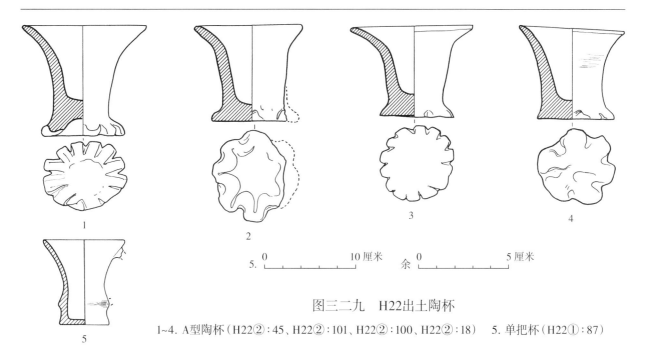

图三二九 H22出土陶杯

1~4. A型陶杯（H22②：45、H22②：101、H22②：100、H22②：18） 5. 单把杯（H22①：87）

11.8、高4.4厘米（图三二八，3）。

单把杯 复原1件。

标本H22①：87，泥质褐陶。近底部有一周凸棱，把手已残，平底。素面。器表有竖向刮修痕，近底部被火烧成黑灰色。口径8.8、底径5.6、高9厘米（图三二九，5；图版五七，2）。

陶杯 23件，复原8件。

A型

标本H22②：18，夹细砂褐陶。侈口呈喇叭状，圆唇，筒状腹斜收，平底外斜，并被捏成花瓣状。素面。口径5.7、底径4.6、高4.8厘米（图三二九，4）。

标本H22②：45，夹细砂褐陶。侈口呈喇叭状，圆唇，筒状腹，底部内凹外撇并被切压成花瓣状。素面。口径6.8、底径4.4、高6厘米（图三二九，1；彩版四七，2）。

标本H22②：100，夹砂褐陶。侈口呈喇叭状，圆唇，筒腹斜收，底部外撇，微凹并被切压成花瓣状。素面。口径6.2、底径4.2、高4.8厘米（图三二九，3）。

标本H22②：101，夹砂褐陶。侈口呈喇叭状，圆唇，腹部斜收，平底外撇，并被捏成花瓣状。素面。口径5.8、底径4.8、高5.1厘米（图三二九，2）。

陶刀 51件，11件完整。

A型 9件完整。

标本H22②：89，系泥质红陶盆的口沿残片打制而成。刀背保留陶盆的口沿原状。刃部单面打制，较为锋利。长6.9、宽3.5~3.8厘米（图三三〇，1）。

标本H22①：90，系泥质红陶片加工而成。刃部单面打制，较钝。长7.5、宽4.1厘米（图三三〇，2）。

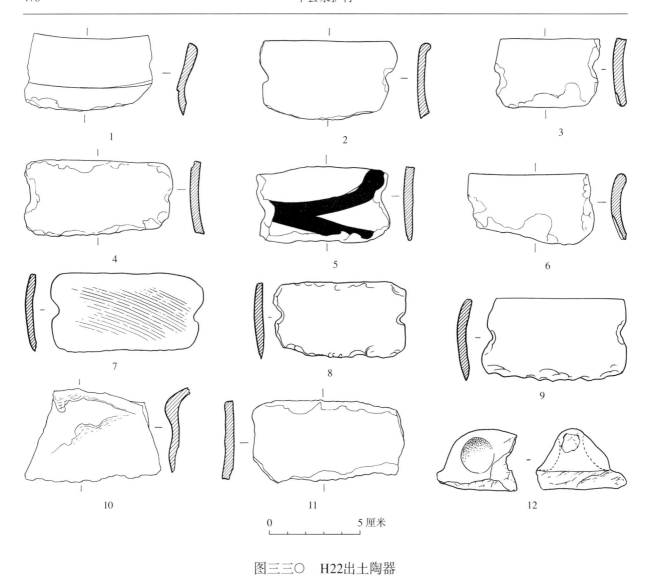

0   5厘米

图三三〇　H22出土陶器

1~9. A型陶刀（H22②：89、H22①：90、H22②：92、H22②：93、H22②：94、H22②：95、H22②：102、H22②：103、
H22②：104）　10、11. C型陶刀（H22②：91、H22②：96）　12. 隼形陶饰（H22②：105）

标本H22②：92，系泥质红陶片加工而成。刃部双面打制，较钝。长5.8、宽3.6厘米（图
三三〇，3；图版五八，4）。

标本H22②：93，系泥质红陶片加工而成。大体呈圆角长方形，刀背较为平直，两端各打
制一个弧状缺口。刃部单面打制，较为圆钝。长8、宽3.5~4厘米（图三三〇，4）。

标本H22②：94，系泥质彩陶片打制而成。整器大体呈圆角长方形，刀背较为平齐。刃部
双面打制，较为圆钝。长7.2、宽4厘米（图三三〇，5）。

标本H22②：95，系泥质黄褐陶片加工而成。大体呈长方形，刀背保留陶钵的口沿原状，
两端各打制一个小缺口，一端略窄于另一面。刃部双面打制，较为锋利。长6.7、宽2.9~3.7厘
米（图三三〇，6）。

标本H22②：102，系夹细砂红陶片加工而成。刃部单面打制，较为锋利，并留有锯齿状使用痕迹。长8.3、宽4.1厘米（图三三〇，7；图版五八，4）。

标本H22②：103，系泥质褐陶片加工而成。刃部双面打制。长7、宽4厘米（图三三〇，8）。

标本H22②：104，系泥质红陶片加工而成。刃部单面打制。长8、宽4.4厘米（图三三〇，9）。

C型　2件完整。

标本H22②：91，系泥质灰陶片加工而成。整器大体呈梯形，刃部单面打制，较为锋利。长5~7.5、宽5厘米（图三三〇，10）。

标本H22②：96，系夹细砂红陶片加工而成。大体呈长方形。刀背打制较为平直，未经磨光，刃部单面打制。长8.3、宽4.3厘米（图三三〇，11）。

表一七二　H22 陶环统计表（94件）

编号	形状				尺寸（厘米）	保存状况	备注
	A型（79）	B型（1）	C型（8）	D型（6）	内径×外径×厚		
H22②：106	√				5.7×8.2×1.15	残	
H22②：107			√		4×6.4×1.9	残	齿轮状
H22②：108			√		4.1×7.1×1.1	残	
H22②：156				√	6×7.6×4	残	
H22①：157				√	5.6×6.2×3.5	残	
H22①：158				√	6×7.4×3.7	残	
H22②：159				√	4×5.2×2.6	残	
H22②：160				√	6×7.4×4.1	残	
H22①：161				√	6×7.2×3.8	残	
H22②：162			√		7×10.8×3.3	残	螺旋状
H22②：163			√		5.6×7.4×0.8	残	齿轮状
H22①：164			√		6×8×0.8	残	齿轮状
H22①：165			√		5×6.4×1	残	螺旋状
H22①：166			√		6×7.6×1	残	螺旋状
H22①：167			√		4.6×6.4×0.6	残	齿轮状
H22②：168	√				6×8×1.1	残	
H22②：169	√				5×7.6×0.8	残	
H22②：170	√				6×8×1.1	残	
H22②：171	√				6×7.8×1.1	残	
H22①：172	√				4.4×5.6×0.6	残	
H22①：173	√				6×8×1.1	残	
H22②：176	√				4.8×6.4×0.6	残	

编号	形状				尺寸（厘米）	保存状况	备注
	A 型（79）	B 型（1）	C 型（8）	D 型（6）	内径 × 外径 × 厚		
H22 ②：177	√				6.8×9×0.8	残	
H22 ②：178	√				4×5.8×0.7	残	
H22 ②：179	√				5.8×8×1.1	残	
H22 ②：180	√				4.6×6.6×0.7	残	
H22 ①：181	√				5×7.6×1	残	
H22 ①：182	√				4.2×6×0.65	残	
H22 ②：183	√				6.6×8.6×0.7	残	
H22 ②：184	√				5×6.6×1.1	残	
H22 ②：185	√				5.6×8×1.2	残	
H22 ②：186	√				6×7×0.8	残	
H22 ①：187	√				6×8×0.9	残	
H22 ②：188	√				6×8.4×0.7	残	
H22 ①：189	√				4×5.6×0.6	残	
H22 ②：190	√				5×6.4×0.7	残	
H22 ①：191	√				5.2×7×0.5	残	
H22 ①：192	√				6×7.6×1	残	
H22 ②：193	√				6×8×1.1	残	
H22 ②：194	√				4×5.8×0.6	残	
H22 ②：195	√				6×8×0.65	残	
H22 ①：196	√				3.8×5×0.55	残	
H22 ②：197	√				6×7.6×0.9	残	
H22 ①：198	√				4×6×0.5	残	
H22 ①：199	√				6×7.8×1.05	残	
H22 ①：200	√				5.2×6.6×1.1	残	
H22 ②：201	√				5.2×7×0.7	残	
H22 ②：202	√				6.8×8.4×1.1	残	
H22 ②：203	√				4×5.6×0.55	残	
H22 ①：204	√				5×6.6×0.95	残	
H22 ②：205	√				4×6×0.65	残	
H22 ①：206	√				6×7.6×0.65	残	
H22 ①：207	√				4.4×6×0.6	残	
H22 ②：208	√				5.2×7.6×0.9	残	
H22 ②：209	√				4×5.6×0.8	残	
H22 ②：210	√				4×5.6×0.7	残	
H22 ②：211	√				5.8×7.6×0.6	残	
H22 ②：212	√				4.4×6×0.5	残	

编号	形状				尺寸（厘米）	保存状况	备注
	A 型（79）	B 型（1）	C 型（8）	D 型（6）	内径 × 外径 × 厚		
H22②：213	√				4×5.8×0.55	残	
H22②：214	√				4×5.6×1	残	
H22②：215	√				4×5.8×0.55	残	
H22②：216	√				4×5.8×0.55	残	
H22②：217	√				4.4×5.8×0.6	残	
H22①：218		√			4×5.2×0.65	残	
H22②：219	√				4.6×6.4×0.6	残	
H22②：221	√				4×5.6×0.6	残	
H22②：222	√				6×8×0.7	残	
H22②：223	√				6×7.8×1	残	
H22①：224	√				4×5.8×1	残	
H22①：225	√				6×7.6×0.7	残	
H22①：226	√				4×5.6×0.55	残	
H22①：227	√				3.8×5.2×0.6	残	
H22①：228	√				5×6.2×0.6	残	
H22②：229	√				4×5.6×0.6	残	
H22①：230	√				4×5.6×0.55	残	
H22①：231	√				6×8×0.8	残	
H22②：232	√				6×7.6×0.65	残	
H22①：233	√				5×6.4×0.7	残	
H22①：234	√				4×5.8×0.6	残	
H22②：235	√				4×6×0.7	残	
H22①：242	√				5×7×0.85	残	
H22①：243	√				6×8×0.8	残	
H22②：244	√				4×5.6×0.6	残	
H22②：245	√				4×5.8×0.5	残	
H22①：246	√				4×5.8×0.5	残	
H22②：247	√				3.6×4.8×0.5	残	
H22②：248	√				6×8×0.7	残	
H22①：249	√				6×7.6×0.65	残	
H22①：250	√				4×5.6×0.6	残	
H22①：251	√				4×5.4×0.7	残	
H22②：252	√				4×5.4×0.75	残	
H22②：253	√				3×4.4×1.25	残	
H22②：254	√				5.8×7×0.8	残	
H22②：255	√				5×6.4×0.5	残	

陶环　94件，均残（表一七二）。

A型

标本H22②：106，泥质褐陶。内径5.7、外径8.2、厚1.15厘米（图三三一，1）。

C型

标本H22②：108，泥质灰陶。齿轮状。手工捏制。内径4、外径6.4、厚1.9厘米（图三三一，2）。

标本H22②：107，泥质褐陶。横截面呈等腰三角形，一周有四个两两对称的"U"形缺口，现仅残留两个缺口。器表磨光。内径4.1、外径7.1、厚1.1厘米（图三三一，3）。

隼形陶饰　1件。

标本H22②：105，泥质褐陶。手工捏制成鸟头状，形象逼真，装饰于器表上。残长5、宽3.2厘米（图三三〇，12；彩版四七，5）。

（2）石器

石纺轮　1件完整。

标本H22②：27，系凝灰岩磨制而成。形状呈扁平圆形，中部对钻有一小圆孔。直径7.4厘米（图三三一，4；彩版四八，5）。

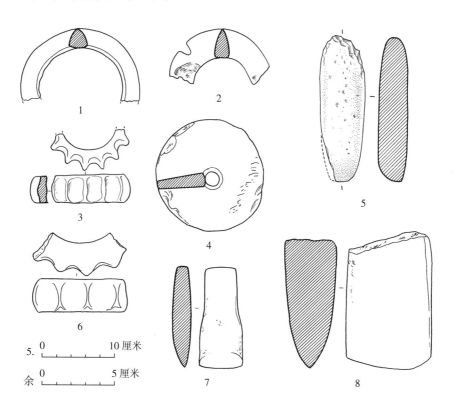

图三三一　H22出土器物

1. A型陶环（H22②：106）　2、3. C型陶环（H22②：108、H22②：107）　4. 石纺轮（H22②：27）　5. 石杵（H22②：238）　6. 石环（H22②：12）　7. 石凿（H22②：42）　8. 石斧（H22②：10）

石斧　1件，残。长条形。

标本H22②：10，系辉长岩制成。顶部残断。平面近长方形，平刃，横剖面呈长方形，棱角较为显著。器身有琢制痕迹。残长8.1、宽6、厚2.3厘米（图三三一，8；图版五八，6）。

石凿　1件，近长方形。

标本H22②：42，系变玄武岩加工而成。平面近长梯形，平顶，刃部略弧，较为锋利，横剖面呈圆角长方形。器身柄部有明显琢制的麻点痕迹，整器磨制精细。长6.7、刃宽3、顶宽2.2、厚1.3厘米（图三三一，7；彩版四八，2）。

石环　1件，残。

标本H22②：12，辉长岩质。齿轮状，横截面呈方形。磨制。内径7、外径11、厚2.2厘米（图三三一，6）。

石杵　1件，略残。

标本H22②：238，系辉绿岩加工而成。体呈圆角长条形。器表密布琢制的麻点。长19.4、宽5.8、厚4厘米（图三三一，5；图版五八，7）。

（3）骨器、牙饰、蚌器

骨锥　1件，残。

标本H22①：31，系兽类管骨劈裂磨制而成。器身柄端残缺，锋部较为尖锐光滑，通体磨光。残长7.3、横截面厚0.3厘米（图三三二，5）。

骨镞　1件，残。

标本H22①：13，锋部略残，一面带有棱脊，一面较平，两翼刃部较为锋利，铤部圆锥状，较短。器表磨光，并留有纤细的擦痕。残长6.6厘米（图三三二，2；图版五八，9）。

骨笄　3件，均残。器表磨制较光。横截面为圆形或椭圆形。

标本H22①：2，横截面为椭圆形，形似锥状，末端残断，锋部尖锐、锋利。器表磨光。残长4.4厘米（图三三二，4）。

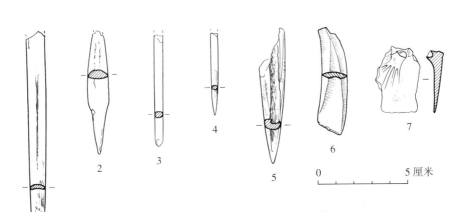

图三三二　H22出土器物

1、3、4. 骨笄（H22②：41、H22①：51、H22①：2）　2. 骨镞（H22①：13）
5. 骨锥（H22①：31）　6. 牙饰（H22①：220）　7. 蚌刀（H22①：97）

标本H22②：41，器身修长，形似柳叶状，一端残缺，尖端圆钝。在残断一边刻有一凹槽，尖端的一面留有骨头的原面。通体磨光。残长11.7厘米（图三三二，1；图版五八，12）。

标本H22①：51，残长6厘米（图三三二，3）。

牙饰　1件，残。

标本H22①：220，系猪的獠牙加工而成。平面呈刀形，两端略残，一面保持牙齿的原状，一面两侧留有切割的痕迹。残长5.8、宽0.9~1.5厘米（图三三二，6）。

蚌刀　1件，残。

标本H22①：97，系蚌片加工而成。一端残损，一端平齐。刃部经火烧烤，后经磨制，较为锋利。长3.5、残宽2.4厘米（图三三二，7）。

另外，在H22中还发现一些与庙底沟文化一期或二期特征接近的陶器。分别介绍如下。

尖底瓶　均残。

Ⅱ式

标本H22②：260，泥质褐陶。口径5、残高4.6厘米（图三三三，4）。

标本H22②：261，泥质黄褐陶，质略粗，微含细砂。器表饰斜线纹。口径5、残高5.6厘米（图三三三，5）。

罐　复原3件。

Aa型Ⅰ式　均残。

标本H22①：265，夹砂褐陶。器表饰平行弦纹，纹痕较深。口沿内外抹光。口径24.8、残高6厘米（图三三四，4）。

B型Ⅱ式　均残。

标本H22④：113，夹砂红陶。颈下饰两组对称的豆蔻状附加堆纹，每组两条，器表通饰数道平行划纹加斜细绳纹。口沿内外及颈部抹光。口径14.2、残高11.4厘米（图三三三，3）。

G型Ⅰ式　复原1件。

标本H22①：85，夹细砂红陶。口外侈，圆唇，沿面有一周凹槽，深腹微鼓，平底。器上部饰对称的两条形扁耳，器表为素面。口沿内外抹光，口部和器身略有变形，器内可见泥条盘筑的痕迹。口径24~27.4、底径14、高32.4厘米（图

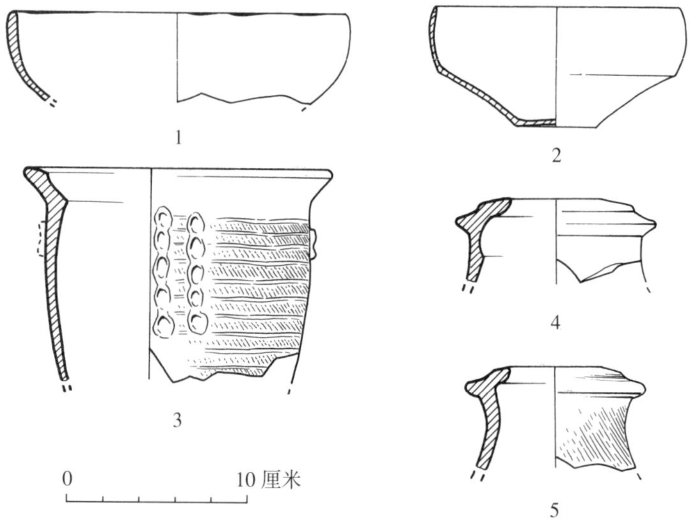

0　　　　　　　10厘米

图三三三　H22出土一、二期陶器

1、2. B型Ⅰ式钵（H22②：263、H22①：175）　3. B型Ⅱ式罐（H22④：113）　4、5. Ⅱ式尖底瓶（H22②：260、H22②：261）（3为二期，余为一期）

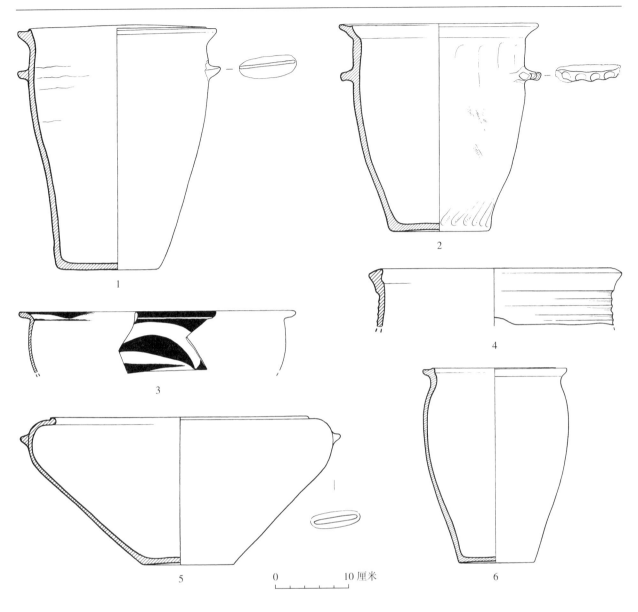

图三三四　H22出土一、二期陶器

1. G型Ⅰ式罐（H22①：85）　　2、6. G型Ⅱ式罐（H22①：72、H22①：84）　3. Aa型Ⅰ式盆（H22①：271）　4. Aa型Ⅰ式罐
（H22①：265）　5. Ⅰ式瓮（H22①：76）（2、6为二期，余为一期）

三三四，1；图版五五，1）。

　　G型Ⅱ式　复原2件。

　　标本H22①：72，夹细砂黄褐陶。外折沿、沿面微凹，圆唇，深腹略鼓，底部内凹。素面，上腹部饰对称的两鸡冠状錾。口沿内外显见抹光痕迹，器表留有制陶时拍打的斜向印纹，器底有使用的磨痕，器内可见手工制作痕迹。口径24.2、底径14、高27.6厘米（图三三四，2；图版五五，2）。

　　标本H22①：84，夹细砂红陶。口外侈，沿面微凹，圆唇，深腹微鼓，底部内凹。素面。

口径16.6、底径10.4、高26厘米（图三三四，6；图版五五，4）。

H22①：85、H22①：72、H22①：84这三件标本从形态上看，接近G型罐，但其陶质为夹细砂，素面，与G型罐为夹砂陶、器表饰绳纹有所不同。

盆　均残。

Aa型Ⅰ式

标本H22①：271，泥质红陶。敛口，唇沿外卷，弧腹内收，腹较深。唇部饰一周黑彩，沿面以黑彩绘有弧形三角纹等图案，腹部仅残留有部分图案，纹饰有弧形三角纹等。口径36、残高8.2厘米（图三三四，3）。

钵　均残。

B型Ⅰ式

标本H22①：175，泥质陶，红顶，黄褐腹。敛口，圆唇，上腹外弧，下腹曲收，底部微凹。素面。该器制作精致，器表打磨光滑，器壁较薄，器底上留有明显的使用磨痕。口径13.6、底径4.5、高6.5厘米（图三三三，2；彩版四三，3）。

标本H22②：263，泥质陶，红色顶，略泛黄，褐色腹。微敞口，圆唇，腹部斜收。唇部饰有一周黑彩。器表及器内明显经刮修。口径18.4、残高4.8厘米（图三三三，1）。

瓮　复原1件。

Ⅰ式

标本H22①：76，泥质灰陶。敛口，圆唇，阔肩，腹部斜收，底部内凹。素面。器表上部饰对称的条形扁耳。口沿及器上部显见横向刮修痕迹，腹部磨光，底部有使用的磨痕。口径33.8、肩宽41.5、底径12.4、高19.6厘米（图三三四，5；图版五七，1）。

8. H45

位于ⅠT0401东北角。开口于④层下，被H19、H20打破，打破H22。坑口距地表1.65米。平面形状呈圆形，坑壁较直，平底。口径2.1、底径1.9、深0.92米。坑内堆积为较软的深灰色土，并夹杂有红烧土块。出土有少量陶片。另外还出土磨石1件（图三三五）。

H45出土陶片极少，可辨器形有罐、盆、钵、器盖等，分别占该坑可辨器形的40%、10%、40%、10%。陶系、纹饰情况详见表一七三。出土物按质地分别介绍如下。

（1）陶器

罐　均残。

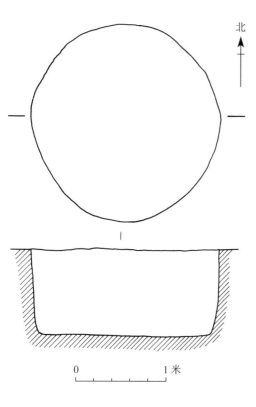

图三三五　H45平、剖面图

表一七三　H45 陶系、纹饰统计表

纹饰＼陶系	泥质陶			夹砂陶			合计	百分比（％）
	红	灰	小计	红	灰褐	小计		
素面	33	4	37	7		7	44	44
绳纹				12	10	22	22	22
线纹	21		21				21	21
彩陶	11		11				11	11
指窝纹	1		1				1	1
绳＋弦纹				1		1	1	1
合计	66	4	70	20	10	30	100	100
百分比（％）	66	4	70	20	10	30	100	

E型Ⅲ式

标本H45：4，泥质红陶。窄沿，圆唇，沿面一周略向内凹，高领内斜，颈部饰有一周指窝纹，腹部微鼓。素面。口沿内外显见慢轮修制的痕迹。口径33.8、残高15厘米（图三三六，3）。

钵　均残。

A型Ⅲ式

标本H45：3，泥质红陶。敛口，圆唇，弧腹内收。唇部饰有一周黑彩，器表残留一圆点纹。口沿内外均见慢轮修制痕迹，器表及器内打磨较为光滑。口径31、残高5.6厘米（图三三六，2）。

碗　复原1件。

标本H45：1，夹砂红陶。敞口，圆唇，腹部斜收，平底。素面。器表较为粗糙，并有抹光痕迹。口径11.4、底径2.8、高3.5厘米（图三三六，5）。

（2）石器

磨石　1件。

标本H45：2，为闪长岩加工而成。平面形状呈长方形，棱角较明显。正面有因长期使用而磨损的痕迹。长10.4、宽5.7、厚3.1~3.9厘米（图三三六，4；图版六四，2）。

此外，极少量陶片与庙底沟文化二期特征接近。介绍如下。

盆　均残。

Aa型Ⅱ式

标本H45：5，泥质陶，上腹部红，下腹褐色。直口微敛，沿外撇，圆唇，弧腹内收。唇部饰有一周黑彩，沿面亦以黑彩绘有纹饰，器表磨光。口径32.8、残高8.6厘米（图三三六，1）。

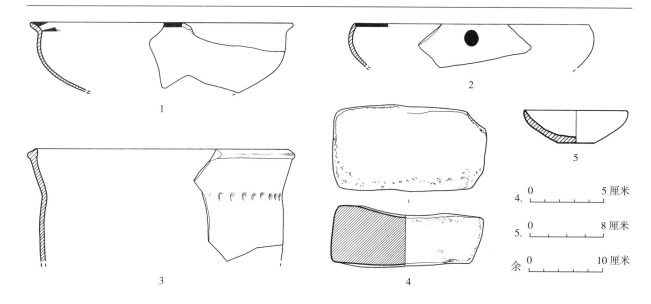

图三三六　　H45出土器物

1. Aa型Ⅱ式陶盆（H45：5）　2. A型Ⅲ式陶钵（H45：3）　3. E型Ⅲ式陶罐（H45：4）　4. 磨石（H45：2）　5. 陶碗（H45：1）
（1为二期，余为三期）

9. H63

位于ⅡT2303西北角，部分在ⅡT2304南部。开口于①层下，打破H68。坑口距地表0.3米。平面形状大体呈椭圆形，斜壁，平底。口径2.4~3.6、底径2.05~3.25、深0.8米。在坑内北端有一近长方形生土平台，台面平整，长1.5、宽0.6、高0.3米。坑壁的东部生土台下距坑口0.7米处有一直径0.1、深0.12米的小洞，洞口朝向西南。

坑内堆积大致可分三层：

第①层：厚0.4米左右，为较松软的黑色土，并夹杂有烧土点、白灰点、料姜石等。在其底部有一东西长1.4、南北宽1米的踩踏面。

第②层：厚0.14~0.24米，为较硬的黄色土，泛白，内夹杂有草拌泥等。

第③层：厚0.1~0.2米，为稍硬的灰黄色土，包含物极少。

H63出土物较少，包含有少量陶片。出土动物骨骼可鉴定属种的有圆顶珠蚌、猪、小猪、獐等（图三三七）。

H63内堆积依土质土色分为三层，但观察各层出土陶器，其组合为瓶、罐、盆、钵、瓮、杯、灶、器盖等，并没有变化，同时器形也无变化，且出土物较少，故不做分层叙述。陶系、纹饰情况详见表一七四。出土物分别介绍如下。

葫芦口瓶　均残。

B型Ⅲ式

标本H63：7，泥质褐陶。颈腹交接处饰有一周篦点纹，器表饰交错线纹。器内有明显的泥条盘筑痕迹。残高15厘米（图三三八，7）。

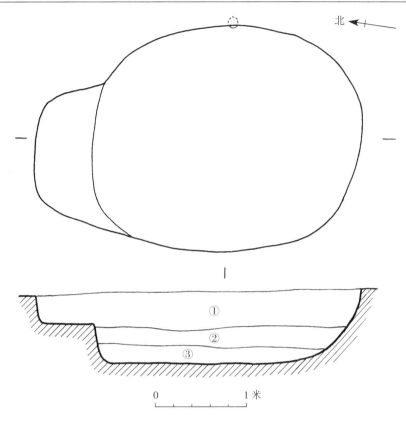

图三三七　H63平、剖面图

表一七四　H63 陶系、纹饰统计表

陶系 纹饰	泥质陶					夹砂陶				合计	百分比（%）
	红	黄褐	褐	灰	小计	红	黄褐	灰褐	小计		
素面	30	11	34	41	116	4	5		9	125	32.72
绳纹						55		47	102	102	26.70
线纹	85	20	22		127					127	33.25
彩陶	26				26					26	6.81
弦纹						1			1	1	0.26
弦 + 堆纹			1		1					1	0.26
合计	141	31	56	42	270	60	5	47	112	382	100
百分比（%）	36.91	8.12	14.66	10.99	70.68	15.71	1.31	12.30	29.32	100	

罐　均残。

B型Ⅲ式

标本H63：11，夹砂红陶。器表饰平行弦纹。口径28.8、残高9厘米（图三三八，1）。

侈沿罐　均残。

标本H63：9，夹砂褐陶。侈口，圆唇，束颈，鼓腹。肩部饰有数道横向弦纹，腹部饰斜绳纹。口沿内外及颈部抹光，器表留有明显烟熏的炱痕。口径13.4、腹径16.2、残高9.6厘米（图三三八，2）。

盆 复原1件。

D型Ⅲ式

标本H63：2，泥质褐陶。叠唇内敛，腹部斜收，下腹部略呈反弧状，平底。素面。沿面及沿下经刮修，器底有使用的磨痕。口径29、底径12.4、高14.5厘米（图三三八，3；图版五九，1）。

陶豆 均残。

标本H63：1，夹砂红陶。侈口，圆唇，圈足，足部残缺。素面。口径8.1、残高6.7厘米（图三三八，4）。

陶杯 1件，残。

A型

标本H63：3，泥质红陶。口径6.4、底径4.5~5.2、高5.9厘米（图三三八，5；彩版四七，1）。

陶环 1件，残。

A型

标本H63：5，泥质灰陶。横截面呈弯月状。内径4、外径7、厚0.8厘米（图三三八，6）。

同时，在H63中还发现少量与庙底沟文化二期特征接近的陶器。介绍如下。

尖底瓶 均残。

Ⅳ式

标本H63：6，泥质红陶，略泛黄。器表饰交错线纹。口沿内外及颈部显见慢轮修制的痕迹。口径4.4、残高7厘米（图三三九，2）。

盆 均残。

B型Ⅱ式

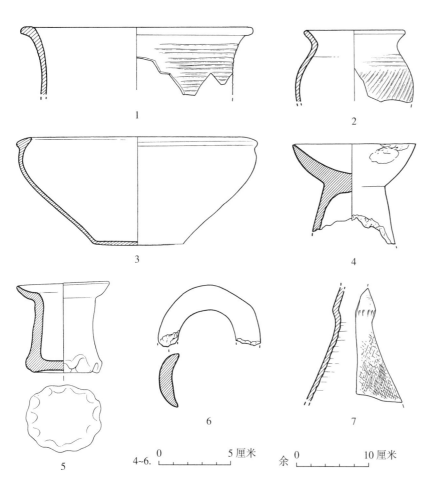

图三三八 H63出土陶器

1. B型Ⅲ式罐（H63：11） 2. 侈沿罐（H63：9） 3. D型Ⅲ式盆（H63：2） 4. 豆（H63：1） 5. A型杯（H63：3） 6. A型环（H63：5） 7. B型Ⅲ式葫芦口瓶（H63：7）

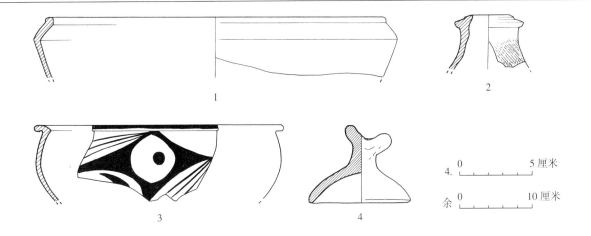

图三三九 H63出土二期陶器

1. Ⅱ式瓮(H63:8)　2. Ⅳ式尖底瓶(H63:6)　3. B型Ⅱ式盆(H63:10)　4. Cb型Ⅱ式器盖(H63:4)

标本H63:10，泥质褐陶。唇部饰有一周黑彩，器表以黑彩绘有由圆点、斜线、弧形三角等组成的纹饰。口沿内外明显可见慢轮修制的痕迹，器表打磨较为光滑。口径31.6、腹径33.6、残高10.2厘米（图三三九，3）。

瓮　均残。

Ⅱ式

标本H63:8，泥质灰陶。口沿内外显见慢轮修制的痕迹，器表有明显的斜向刮修痕迹。从器内明显看出其口沿为帮包口。口径44.2、肩宽49.6、残高7.6厘米（图三三九，1）。

器盖　复原1件。

Cb型Ⅱ式

标本H63:4，夹细砂红陶。形如倒扣的喇叭状，敞口，圆唇，顶部捏制有双角式扁纽。素面。口径6.5、高5.2厘米（图三三九，4）。

10. H77

位于ⅠT0702东部。开口于④层下，打破H78及生土层。坑口距地表2.05米。平面形状呈圆形，直壁，平底。口径1.8、深0.9米。在坑壁及坑底均分布有一些零乱而无规律的小洞，直径在0.04~0.12、深0.08~0.12米之间。坑内堆积为松软的灰褐色土，并夹杂有少量的动物骨头等，同时出土有少量陶片，另外还有陶环、陶球、磨石等小件器物的出土。动物骨头可鉴定属种的有中华圆田

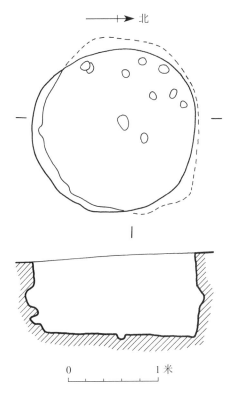

图三四〇 H77平、剖面图

表一七五　H77 陶系、纹饰统计表

纹饰＼陶系	泥质陶					夹砂陶				合计	百分比（%）
	红	黄褐	褐	灰	小计	红	黄褐	灰褐	小计		
素面	35	55	57	95	242		23	50	73	315	54.03
绳纹						67		87	154	154	26.42
线纹	70		15	6	91	4			4	95	16.29
彩陶	12				12					12	2.06
绳+堆纹						1		6	7	7	1.20
合计	117	55	72	101	345	68	27	143	238	583	100
百分比（%）	20.07	9.43	12.35	17.33	59.18	11.66	4.63	24.53	40.82	100	

螺、圆顶珠蚌、猪、梅花鹿等（图三四〇；彩版四〇，2）。

　　H77出土的陶器比较单纯，主要为庙底沟文化三期，其组合为瓶、罐、盆、钵、灶、器盖等，分别占该坑可辨器形的4%、24%、20%、46%、2%、4%。其中泥质陶较夹砂陶多，前者以红陶为主，后者则以灰褐为主。纹饰主要为素面，其次是绳纹和线纹（表一七五）。出土物分别介绍如下。

　　尖底瓶　均残。

　　Ⅵ式

　　标本H77∶27，质略粗，微含细砂，黄褐陶。口沿内外抹光。口径4.8、残高4厘米（图三四一，4）。

　　罐　均残。

　　Ab型Ⅲ式

　　标本H77∶29，夹砂褐陶。平沿，尖唇，沿面压印绳纹，鼓腹，腹上饰有两对称的鸡冠状鋬。器表饰交错绳纹。口沿内外及颈部显见慢轮修制的痕迹。口径23.8、腹径32、残高12.5厘米（图三四一，1）。

　　B型Ⅲ式

　　标本H77∶30，夹砂褐陶。器表饰交错绳纹加横向弦纹，并在上腹部残留一豆瓣状附加堆纹。口沿内外抹光。口径12.8、残高7.4厘米（图三四一，2）。

　　F型Ⅲ式　较少。

　　标本H77∶28，泥质红陶。折沿，尖唇，鼓腹。唇部饰有一周黑彩，器表以黑彩绘有带状纹、花蕾状纹，现仅残留部分图案。该器器表打磨较为光滑。口径16、残高3.8厘米（图三四一，3）。

　　彩陶罐　均残。

　　标本H77∶26，泥质褐陶。敛口，圆唇外卷，弧腹内收。唇部饰一周黑彩，器顶以黑彩绘

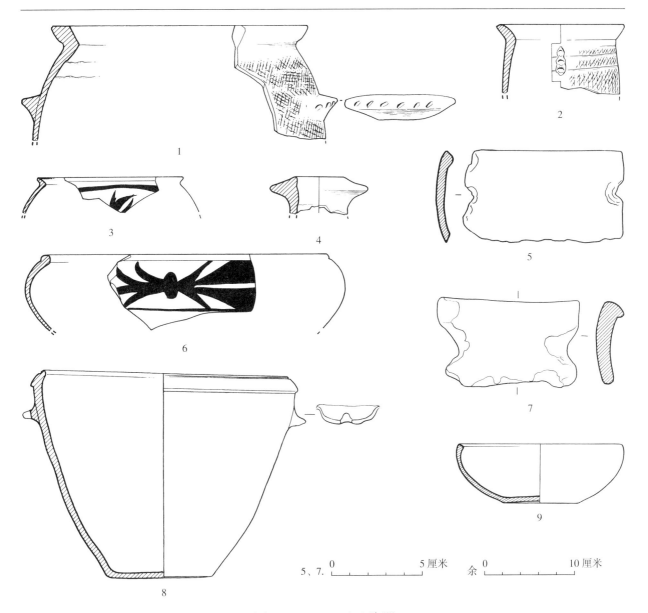

图三四一　H77出土陶器

1. Ab型Ⅲ式罐（H77：29）　2. B型Ⅲ式罐（H77：30）　3. F型Ⅲ式罐（H77：28）　4. Ⅵ式尖底瓶（H77：27）　5、7. A型刀（H77：9、H77：8）　6. 彩陶罐（H77：26）　8. C型Ⅲ式盆（H77：6）　9. C型Ⅲ式钵（H77：7）

有两道带状纹，其间以黑彩绘有由圆点、弧线三角纹等组成的图案，圆点形似两个相对而飞的鸟头，现残留部分图案。器表明显经刮修，器内抹光。口径29.4、腹径35、残高8厘米（图三四一，6）。

盆　复原1件。

C型Ⅲ式

标本H77：6，泥质红陶，至底部逐渐过渡为灰褐色。敛口，宽沿，叠唇，沿面有一周凹弦纹，腹部斜收，平底。上腹部饰对称的两条形扁耳，耳中部有一手指按压的指窝纹，器表

表一七六　H77 陶环统计表（11件）

编号	形状				尺寸（厘米）	保存状况
	A 型（10）	B 型	C 型	D 型（1）	内径 × 外径 × 厚	
H77：1	√				5.2×7.6×0.65	残
H77：2	√				4×6.2×0.65	残
H77：3	√				4×5.6×0.55	残
H77：4	√				4.2×6×0.75	残
H77：5	√				4.2×6×0.65	残
H77：10	√				4×5.8×0.5	残
H77：11	√				4×5.6×0.65	残
H77：12	√				4×5.4×0.55	残
H77：13	√				4×5.8×0.6	残
H77：14	√				4×5.6×0.5	残
H77：15				√	4×6.4×2.5	残

为素面。器表经刮修，器内抹光，器底有使用的磨痕。口径26.6、底径11.4、高22厘米（图三四一，8；彩版四四，1）。

钵　复原1件。

C型Ⅲ式

标本H77：7，泥质陶，深灰色顶，浅灰色腹。敛口，方唇，斜弧腹，底部内凹。素面。器表有明显的横向刮修痕迹。口径18、底径8.2、高6.2厘米（图三四一，9；图版五九，2）。

陶刀　6件，复原2件。

A型

标本H77：8，泥质红陶。整器平面大体呈长方形，刀背保留陶钵口沿原状，两端各打制有一三角形缺口。刃部双面打制，并有使用的磨痕，较为圆钝。长7.9、宽4.6厘米（图三四一，7）。

标本H77：9，泥质红陶。器身两侧各打制有一三角形缺口。刃部单面打制，并留有锯齿状使用痕迹。长8.8、宽4.9厘米（图三四一，5）。

陶环　11件，均残（表一七六）。

11. H97

位于ⅢT2302东北角。开口于①层下，被G3打破，打破生土。坑口距地表0.5米。平面形状呈椭圆形，坑壁较直，平底。口径2.16~2.64、深0.4~0.6米。底东部沿坑壁有一半圆形小坑，略呈锅底状，口径为0.7~1.15、深0.14米。在坑的西南部有两个较为平整的生土台阶，第一台阶距坑口0.11、宽约0.58、高0.15米，第二台阶宽0.56、高0.16米。坑体用细碎的料姜石处理。坑内堆积为松软的灰色土。出土陶片较少。动物骨头可鉴定属种的有猪、梅花鹿等

（图三四二）。

H97出土陶片极少，主要以庙底沟文化三期为主，陶器有瓶、罐、盆、钵、瓮、釜等，分别占该坑可辨器形的3.45％、62.07％、13.79％、13.79％、3.45％、3.45％。陶系、纹饰情况详见表一七七。出土物分别介绍如下。

尖底瓶　均残。

V式

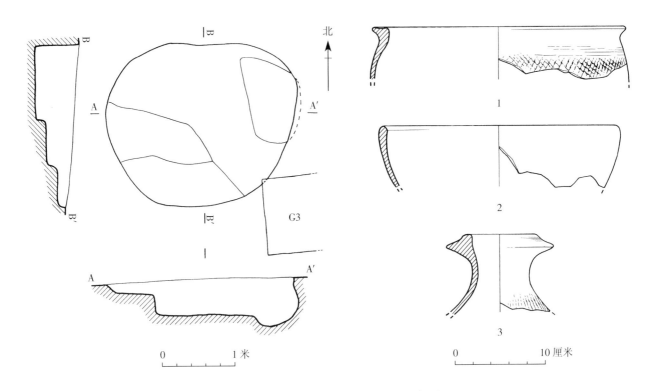

图三四二　H97平、剖面图及出土陶器

1. Aa型Ⅱ式罐（H97：8）　　2. C型Ⅲ式钵（H97：6）　　3. V式尖底瓶（H97：7）

表一七七　H97 陶系、纹饰统计表

陶系 纹饰	泥质陶					夹砂陶			合计	百分比（％）
	红	黄褐	褐	灰	小计	红	灰褐	小计		
素面	60	6	6	58	130	5		5	135	47.70
绳纹						66	15	81	81	28.62
线纹	44	6	2	6	58				58	20.50
彩陶	8				8				8	2.83
弦纹						1		1	1	0.35
合计	112	12	8	64	196	72	15	87	283	100
百分比（％）	39.58	4.24	2.83	22.61	69.26	25.44	5.30	30.74	100	

标本H97：7，夹细砂黄褐陶，质略粗。敞口，沿内一周略内弧，双唇仍保留，上唇低矮，唇间槽痕不显著，颈部内收，颈下外撇。器表饰线纹。口沿内外及颈部抹光。口径6、残高8.2厘米（图三四二，3）。

钵　均残。

C型Ⅲ式

标本H97：6，泥质陶，黄褐色顶，褐色腹。直口微敛，圆唇，弧腹斜收。素面。器表打磨较为光滑，沿内有明显慢轮修制的痕迹。口径24.8、残高6.6厘米（图三四二，2）。

此外，还发现有极少量具有庙底沟文化二期特征的陶器。介绍如下。

罐　均残。

Aa型Ⅱ式

标本H97：8，夹砂红陶。平折沿，尖圆唇，沿面略内弧，内沿加厚，鼓腹。器表饰交错绳纹。口沿内外抹光。从其内明显可看出其口沿的制法为帮包沿。口径24.2、残高5.6厘米（图三四二，1）。

12. H100

位于ⅢT1601北部，部分在ⅡT1601内。开口于①层下，被M6打破，打破H38、H66及生土。坑口距地表0.4米。平面形状大体呈不规则圆形，坑壁略内收，底部较平。口径4.3~5.5、深2.6米。该坑坑壁为清楚的生土边，未见加工痕迹。坑内南部距坑口1~1.1、距坑底1~1.6米处为一生土台，宽0.14~1.76米，台面略斜向坑底，其南部为一圆形坑，口径2.66、深1米，斜壁，平底。在圆形坑的西南部有五个台阶，台壁较直，自西向东旋转而下，直到底部。第一台阶距坑口0.98、宽0.84、高0.16米，第二台阶宽0.33、高0.16米，第三台阶宽0.4、高0.24米，第四台阶宽0.46、高0.26米，第五台阶台壁内收呈斜坡状，宽0.28、高0.4米。此外，南壁上分布有6个小洞，距坑口1.5~1.76米之间，直径0.08~0.12、深0.15~0.2米。

坑内堆积可分两层。

第①层：厚0.9~1.14米，为较硬的深灰色土，并夹杂有石块等物。出土有较多的陶片及动物骨头，并有陶环、陶杵、石铲、骨锥、骨镞、角锥等小件器物的出土。动物骨头出土较多，经鉴定的动物属种主要有圆顶珠蚌、蚌、鲤鱼、雉、草兔、狗、猪、獐、梅花鹿、绵羊、牛等11种。

第②层：厚1.3~1.6米，为松软的黑灰色土，并夹杂有少量的动物骨头。出土陶片较多，并有陶环、陶刀、陶纺轮、骨锥、角锥等小件器物的出土。出土动物骨头可鉴定的属种仅绵羊一种（图三四三）。

H100内堆积依土质土色分为两层，但各层所出陶器除钵、罐的形制略有变化外，其他陶器的特征基本一致。陶器主要有瓶、罐、盆、钵、瓮、灶、盘、器盖等，分别占该坑可辨器形的5.56%、32.41%、20.82%、26.85%、7.87%、0.93%、0.93%、4.63%。陶系、纹饰情况详见表一七八、一七九。以下按质地介绍出土物。

（1）陶器

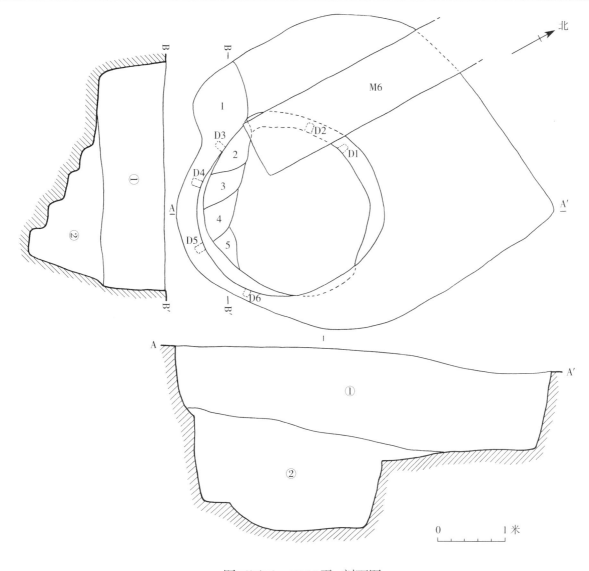

图三四三　H100平、剖面图

尖底瓶　均残。

Ⅴ式

标本H100①：31，夹细砂红陶，略泛黄。敛口，双唇不明显，颈部内收，颈下外撇，肩部残缺，腹部略呈亚腰形，尖底。器表通饰斜向线纹，上腹部饰横向弦纹加斜线纹。口沿及颈部有明显慢轮修制的痕迹。口径6、残高约75.5厘米（图三四四，1）。

标本H100①：48，质略粗，微含细砂，黄褐陶。口径6、残高4厘米（图三四四，4）。

标本H100①：49，质略粗，微含细砂，黄褐陶。肩部饰竖线纹。器内留有明显的泥条盘筑痕迹。口径6、残高9.2厘米（图三四四，3）。

罐　复原3件。

Aa型Ⅲ式　均残。

表一七八　H100 ①陶系、纹饰统计表

陶系 / 纹饰	泥质陶						夹砂陶					合计	百分比(%)
	红	黄褐	褐	灰	黑灰	小计	红	黄褐	灰褐	灰	小计		
素面	135	41	55	368	274	873	28	5	12	8	53	926	53.09
绳纹				65		65	268		98		366	431	24.71
线纹	298	15	34	7		354						354	20.30
彩陶	8					8						8	0.46
弦纹							2		2		4	4	0.23
绳 + 篦纹									1		1	1	0.06
绳 + 弦纹							4				4	4	0.23
绳 + 指窝纹									11		11	11	0.63
乳丁 + 叶脉纹				5		5						5	0.29
合计	441	56	89	445	274	1305	302	5	124	8	439	1744	100
百分比(%)	25.29	3.21	5.10	25.52	15.71	74.83	17.31	0.29	7.11	0.46	25.17	100	

表一七九　H100 ②陶系、纹饰统计表

陶系 / 纹饰	泥质陶						夹砂陶				合计	百分比(%)
	红	黄褐	褐	灰	黑灰	小计	红	灰褐	灰	小计		
素面	218	53	251	29	21	572	46	78	48	172	744	57.41
绳纹							112	81		193	193	14.89
线纹	168	41	21	7		237		62		62	299	23.07
彩陶	47					47					47	3.63
弦纹							13			13	13	1.00
合计	433	94	272	36	21	856	171	221	48	440	1296	100
百分比(%)	33.41	7.25	20.99	2.78	1.62	66.05	13.20	17.05	3.70	33.95	100	

　　标本H100②：56，夹砂灰褐陶。肩部饰有两对称的鸡冠状錾，并饰横向交错绳纹，肩部以下饰斜向交错绳纹。口径32、残高23.2厘米（图三四五，1）。

　　C型Ⅲ式　复原1件。

　　标本H100①：20，夹细砂灰陶。敛口，尖圆唇，腹部圆鼓，平底。素面。口沿内外有明显慢轮修制的痕迹，器表及器内抹光，从器内明显可以看出其制法为泥条盘筑。口径17.6、腹径40.4、底径17.6、高37.2厘米（图三四五，2；图版五九，6）。

　　F型Ⅲ式　复原1件。

　　标本H100①：19，夹细砂红陶，略泛黄。折沿，圆唇，深腹略鼓，平底。上腹部以黑彩绘有由两组对称的弧三角纹及弧线等组成的五个椭圆形几何状纹饰，下部图案已脱落不清，

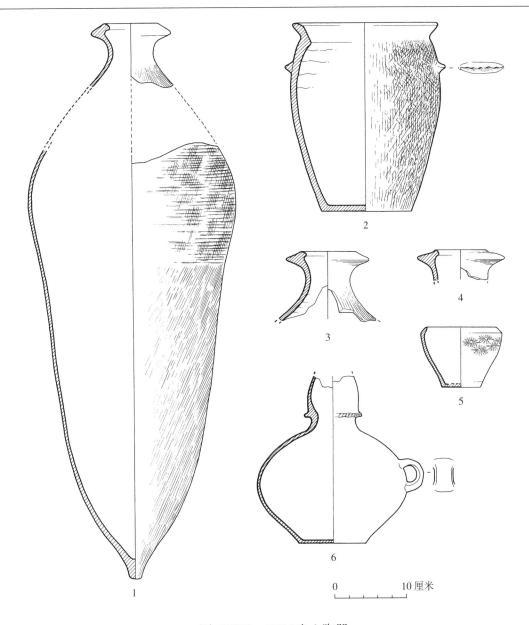

图三四四　H100出土陶器

1、3、4. V式尖底瓶（H100①：31、H100①：49、H100①：48）　2. G型Ⅲ式罐（H100②：34）
5. C型Ⅲ式盆（H100②：30）　6. 小口壶（H100②：32）

仅留有小部分。口沿内外有明显的慢轮修制痕迹，器底有使用的磨痕。口径29、腹径35.2、底径14、高49.4厘米（图三四五，3；图版五九，5）。

G型Ⅲ式　复原1件。

标本H100②：34，夹砂红陶。宽折沿，圆唇，肩部饰有两对称的鸡冠状錾，鼓腹，下腹斜收，平底。器表通饰交错绳纹。口沿内外抹光，器内有明显泥条盘筑的痕迹。口径17、腹径20.8、底径12.3、高25.2厘米（图三四四，2；图版六〇，1）。

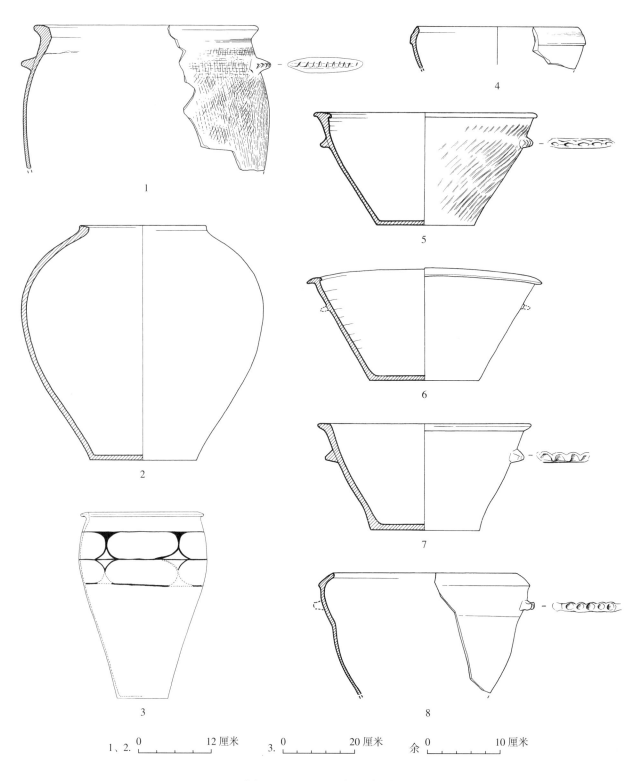

图三四五　H100出土陶器

1. Aa型Ⅲ式罐（H100②：56）　　2. C型Ⅲ式罐（H100①：20）　　3. F型Ⅲ式罐（H100①：19）　　4、8. C型Ⅲ式盆
（H100②：52、H100①：51）　　5~7. 直壁盆（H100②：21、H100②：35、H100②：22）

盆　复原1件。

C型Ⅲ式　复原1件。

标本H100②:30，泥质陶。敛口，圆唇，上腹微鼓，下腹略曲，平底。器表上部拍印有叶脉状纹饰和乳丁状纹饰。口沿及器表下部有刮修痕迹，器内抹光。口径9、腹径11.2、底径5.2、高8厘米（图三四四，5；图版五九，4）。

标本H100①:51，残，泥质陶，红色顶，灰色腹。器表为素面。腹部偏上饰有两对称的鸡冠状錾。口径25、残高16厘米（图三四五，8）。

标本H100②:52，残，泥质红陶。素面。口径22、残高5.6厘米（图三四五，4）。

直壁盆　复原3件。

标本H100②:21，泥质灰陶。直敞口，宽沿，圆唇，沿面略凹，内沿卷曲呈凸棱状，腹部斜收，上腹部饰有对称的两鸡冠状錾，平底。器表通饰斜向篮纹。口沿内外有慢轮修制的痕迹，近器底部有明显的刮削痕迹，从器内可以看出该器的制作方法为泥条盘筑。口径25.6、底径13.2、高15厘米（图三四五，5；彩版四四，3）。

标本H100②:22，夹细砂红陶。敞口，圆唇，腹部斜收，上饰有两对称的鸡冠状錾，平底。素面。口径25.6、底径15、高14.2厘米（图三四五，7；图版六〇，4）。

标本H100②:35，泥质褐陶。敞口，口为椭圆形，圆唇，沿面鼓起，沿内有一周内卷的凸棱，浅腹斜收，平底。上腹外两鸡冠状錾已脱落，仅残留有粘贴錾手的印痕。素面。口径25.7~28.2、底径15、高15厘米（图三四五，6；图版六〇，5）。

钵　复原5件。

C型Ⅲ式

标本H100②:7，泥质陶，黄褐色顶，褐色腹。敛口，唇沿内卷，弧腹内收，器壁较薄，底部内凹。素面。器表有明显刮修痕迹，器内抹光，器底有使用的磨痕。口径21.5、底径9.5、高10.4厘米（图三四六，1；图版六一，1）。

标本H100①:8，夹细砂黄褐陶。直口微敛，圆唇，沿内有一周凸棱，弧腹斜收，平底。素面。器表及器内抹光，近器底有明显的刮削痕迹，器底见切割痕迹。口径16.4、底径8.4、高6.2厘米（图三四六，8；图版六一，3）。

标本H100①:23，泥质陶，红色顶，灰褐色腹。敛口，唇沿内卷，弧腹斜收，底部内凹。素面。器表可见刮修痕迹，器内抹光，器底有刮削印痕。口径22、底径9.2、高9.8厘米（图三四六，2；图版六〇，7）。

标本H100②:26，泥质陶，红色顶，褐色腹。直口微敛，圆唇，沿内有一周凸棱，弧腹内收，器壁较薄，底部内凹。素面。器内及器表有明显的横向刮修痕迹，器底有使用的磨痕。口径18.8、底径6、高7.2厘米（图三四六，14；图版六〇，6）。

标本H100②:27，泥质陶，黄褐色顶，褐色腹。敛口，唇沿内卷，弧腹内收，器壁较薄，底部内凹。素面。器顶部有两个未钻通的小圆孔，器表有明显的横向刮修痕迹，器底略见使用的磨痕。口径21.6、底径11.1、高12厘米（图三四六，3；图版六一，2）。

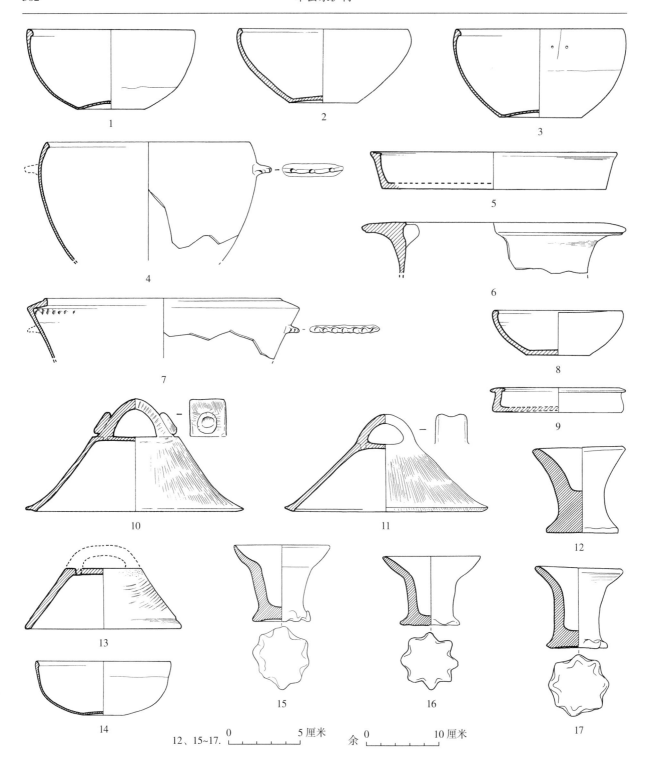

12、15~17. 　0 　　　　 5 厘米
　　　　　　　　 ⊢――――⊣
余 　 0 　　　　 10 厘米
　　 ⊢――――⊣

图三四六　H100出土陶器

1~4、8、14. C型Ⅲ式钵（H100②：7、H100①：23、H100②：27、H100②：54、H100①：8、H100②：26）　5、9. 盘
（H100②：33、H100②：10）　6. Ⅲ式灶（H100①：80）　7. Ⅲ式瓮（H100②：53）　10、11. Aa型Ⅲ式器盖（H100②：29、
H100①：25）　12. C型杯（H100②：42）　13. Ac型Ⅲ式器盖（H100①：24）　15、16. A型杯（H100②：37、H100②：44）
17. B型杯（H100②：43）

标本H100②：54，残，泥质灰陶。敛口，弧腹，腹部偏上饰有两对称的鸡冠状錾。素面。口径27、残高14.2厘米（图三四六，4）。

盘　复原2件。

标本H100②：10，夹砂灰陶。宽沿内敛，沿面微鼓，圆唇，浅腹，腹部外斜，平底。素面。口径14.8、底径18、高3.1厘米（图三四六，9；图版六〇，3）。

标本H100②：33，夹细砂黄褐陶。口微敞，圆唇，内沿有一周凸棱，且内沿略低于外沿，斜腹，大平底。素面。沿面及器表有明显的抹光痕迹。口径31、底径30.5、高5厘米（图三四六，5；图版六〇，2）。

瓮　均残。

Ⅲ式

标本H100②：53，夹细砂褐陶。素面。肩下饰有两对称的鸡冠状錾，口内肩腹交接处有一周手指按压的指窝纹。口径32、残高8厘米（图三四六，7）。

缸　均残。数量较少。

标本H100①：50，夹细砂灰陶。敛口，圆唇，口部断面呈"丁"字形，腹壁较直，微内收。素面。器表打磨较为光滑。口径48、残高13厘米（图三四七，1）。

小口壶　数量较少。

标本H100②：32，残，泥质褐陶。葫芦小口，口部残损，束颈，颈部饰一周花边，鼓腹，腹侧附有一环状单扁耳，平底。素面。器表磨光，器内抹光。腹径20.7、底径9.2、残高22.2厘米（图三四四，6；彩版四四，2）。

灶　均残。

Ⅲ式

标本H100①：80，夹砂黄褐陶。直口微敞，宽平沿，圆唇，唇下有一周凹槽，沿面略外斜，沿内加厚，并有一周凹槽，凹槽上残留有一隼形泥突，筒腹、灶门、下腹部及底部残缺。素面。沿面打磨光滑，上饰红色陶衣，沿内及沿下有明显慢轮修制的抹痕。口径24、残高6.8厘米（图三四六，6）。

器盖　复原2件。

Aa型Ⅲ式　复原2件。

标本H100①：25，夹砂褐陶。形如倒扣的喇叭状，敞口，尖唇，沿内有一周凸棱，平顶，顶上饰马鞍状提柄，器柄与器顶的连接方法为榫卯法。器表通饰竖向线纹，器内抹光。口径25、高13厘米（图三四六，11；图版五九，3）。

标本H100②：29，夹砂褐陶。形如覆钵，喇叭形口，圆唇，沿面有一周浅凹槽，内沿有一周凸棱，平顶，顶上有以榫卯结构镶嵌的桥形提柄，提柄两侧分别贴有对称的附加泥饼。器表及提柄通饰细线纹。近器顶明显经刮削，沿面饰斜向细绳纹，沿内抹光。口径27.2、高15厘米（图三四六，10；彩版四四，4）。

Ac型Ⅲ式　均残。

标本H100①：24，夹砂褐陶，提柄残缺。器表纹饰似篮纹，近器顶经刮削。口径20、残高8厘米（图三四六，13）。

杯　4件。

A型　复原2件。

标本H100②：37，泥质红陶。敞口，圆唇，腹部斜直，底部内凹。素面。底部为一周用手指捏制的锯齿状花边。口沿内外磨光。口径6.6、底径4、高5.1厘米（图三四六，15）。

标本H100②：44，夹砂褐陶。口径6.8、底径4、高4.7厘米（图三四六，16；图版六四，1）。

B型　复原1件。

标本H100②：43，夹砂红陶。喇叭口，圆唇，筒形腹，底部略凹，并被捏制成齿轮状。素面。口沿内外有明显的抹光痕迹。口径5.6、底径4.1、高5.4厘米（图三四六，17）。

C型　复原1件。

标本H100②：42，夹细砂红陶。喇叭口，圆唇，腹部斜收，底部略凹并外撇。素面。口沿内外有明显的抹光痕迹，系手工捏制而成。口径5.5、底径5、高5.7厘米（图三四六，12；图版六四，1）。

陶刀　7件，2件完整。

A型

标本H100②：40，系泥质线纹灰陶片加工而成。平面形状呈长方形，刀背略经磨制，两侧分别打制有三角形缺口。刃部单面打制，较为锋利，并留有使用的痕迹。长8.2、宽4.4厘米（图三四七，2）。

标本H100①：41，系泥质彩陶钵的口沿残片加工而成。平面形状呈圆角长方形，刀背保留陶钵唇沿的原状，两侧均打制有三角形缺口。刃部单面打制，较为锋利，并留有使用的钝锯齿状痕迹。长7、宽4.2厘米（图三四七，3）。

B型

标本H100①：38，泥质红陶。器表上部残留三条划痕。刃部单面磨制。残长4.6、宽4厘米（图三四七，4）。

陶环　16件，1件完整（表一八〇）。

C型

标本H100②：46，泥质灰陶。形似齿轮状。内径2.9~3、外径4.6~6、厚1.4厘米（图三四七，6；图版六四，3）。

陶纺轮　1件，完整。

标本H100②：45，夹细砂褐陶。形如圆锥状，平底，中部戳有一小圆孔。素面。直径4.8、厚2.6厘米（图三四七，5；图版六四，4）。

陶杵　1件，完整。

标本H100①：2，夹砂灰陶。形近哑铃状，束腰。素面。系手工捏制而成。长12.5厘米

表一八〇　H100 陶环统计表（16件）

编号	形状				尺寸（厘米）	保存状况	备注
	A 型（11）	B 型（1）	C 型（4）	D 型	内径 × 外径 × 厚		
H100 ②：46			√		（2.9~3）×（4.6~6）×1.4	完整	
H100 ②：57	√				5.4×8×1	残	
H100 ①：58	√				4.8×6.6×0.75	残	
H100 ②：59	√				4×5.8×0.55	残	
H100 ①：60	√				5×6.8×0.6	残	
H100 ②：61	√				4×5.6×1.55	残	
H100 ②：62	√				5.2×6.8×1.3	残	
H100 ①：63	√				5×6.8×0.75	残	
H100 ②：64	√				4×5.6×0.75	残	
H100 ①：65	√				4×6×0.75	残	
H100 ①：66		√			3.6×4.8×0.6	残	
H100 ①：67	√				4×5.2×0.7	残	
H100 ①：68	√				4.4×6.2×0.75	残	
H100 ①：69			√		6×7.8×1.3	残	螺旋状
H100 ②：70			√		6×9.6×1.4	残	残存两缺口
H100 ②：71			√		5.6×9.8×0.95	残	残存两缺口

（图三四七，8；彩版四七，6）。

（2）石器

石铲　1件，磨制精细。

标本H100①：1，残，系辉石岩加工而成。通体磨制精细、光滑，器身呈扁平长方形，弧刃，较为锋利。残长11.3、宽5.6、厚1.3厘米（图三四七，9）。

（3）骨、角器

骨锥　3件，较完整。器身磨光。一端尖锐。

标本H100②：5，柄端保留骨关节原状，锋部残损，并留有磨制所留的斜向擦痕。残长9.7厘米（图三四七，10；图版六四，9）。

标本H100②：9，器身较为扁平。器一端平齐，一端经磨制，尖锐锋利。长14厘米（图三四七，7；彩版四八，4）。

标本H100①：18，柄端平齐，略有朽蚀，锋部尖锐、锋利。长12.7厘米（图三四七，11；图版六四，9）。

骨器　1件，完整。

标本H100②：15，系鹿角加工而成，并经磨制。器身一端为平刃，较为锋利，一端为锥

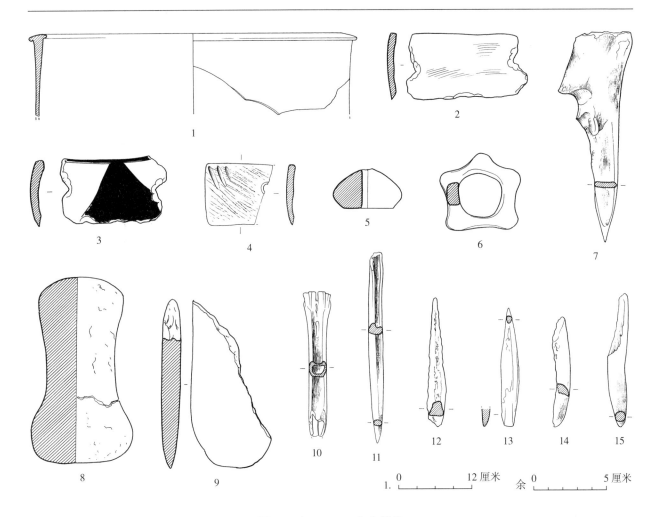

图三四七　H100出土器物

1. 陶缸（H100①：50）　　2、3. A型陶刀（H100②：40、H100①：41）　　4. B型陶刀（H100①：38）　　5. 陶纺轮（H100②：45）
6. C型陶环（H100②：46）　　7、10、11. 骨锥（H100②：9、H100②：5、H100①：18）　　8. 陶杵（H100①：2）　　9. 石铲
（H100①：1）　　12. 骨镞（H100①：6）　　13. 骨器（H100②：15）　　14、15. 角锥（H100②：39、H100①：36）

状，较为尖锐。长7.9厘米（图三四七，13；彩版四八，6）。

　　骨镞　1件。

　　标本H100①：6，半成品。长8.6厘米（图三四七，12）。

　　角锥　2件，均残。

　　标本H100②：39，系鹿角加工的半成品。残长7.4厘米（图三四七，14）。

　　标本H100①：36，器柄端残断，锋部呈圆锥状。残长8.3厘米（图三四七，15）。

　　另外，在H100中还发现一些具有庙底沟文化一、二期特征的陶器。介绍如下。

　　罐　均残。

　　Aa型Ⅱ式

　　标本H100②：55，夹砂黄褐陶。肩部分别饰两组对称的鸡冠状錾和豆瓣状附加堆纹。器

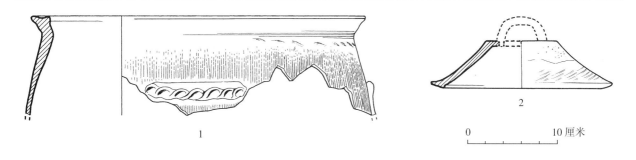

图三四八　H100出土一、二期陶器

1. Aa型Ⅱ式罐（H100②：55）　　2. Aa型Ⅰ式器盖（H100②：28）（1为二期，2为一期）

表饰细密的竖向绳纹。口径30.2、残高10.6厘米（图三四八，1）。

器盖　均残。

Aa型Ⅰ式

标本H100②：28，夹砂黄褐陶，提柄残缺，仅见镶嵌提柄的榫眼。器表饰有模糊的篮纹，并留有烟熏的炱痕。口径17.2、残高5厘米（图三四八，2）。

13. H109

位于ⅡT0901西部，开口于③层下，打破H105、H118及生土层。坑口距地表0.92米。平面形状呈圆形，口小底大，呈袋状，坑壁规整，底部平坦。口径约2.5、底径3.3~3.6、深1.6~2.06米。整个坑底用一层厚0.02~0.04米的硬面处理，较为规整，坑底中心偏东有一长1.1、宽0.8米的近长方形的火烧面，火烧面西部偏北为一草拌泥做成的"U"形灶坑，灶长0.44、宽0.38、残高0.1、壁厚0.08米，灶口向南，口宽0.22米，灶膛内与底部均烧成青灰色，底部火烧痕迹厚达0.15米，紧贴灶的西北放置一小陶瓶，灶的西边放置两块并在一起的石头，灶的东边偏北放置一块石头，石头的上面都比较平整，厚约0.12~0.15米，是柱础还是供使用者围坐在灶旁的石凳，不得而知。另外，在该坑南边，距坑口1米处，靠坑壁的填土中见一小孩的头骨及其他部分骨骼，头向朝东，骨架上面覆盖0.1~0.15米的黄土，下铺垫0.1米左右的黄土，骨架东西长0.5、宽0.12~0.13米。该坑底部经精心处理，并有长期使用的灶等遗迹，所以它很可能就是当时人们居住的房子。发掘中没有发现上下用的土台阶，解决上下问题的一类工具可能是木梯，这种方法在民族志中已有发现。

坑内堆积可分两层：

第①层：厚0.8~1.1米，为土质松软的黄灰色土，此堆积由南向北呈斜坡状分布。出土有较多陶片及陶环等小件器物。动物骨头经鉴定的属种有猪、小猪等，小孩头骨发现于该层。

第②层：厚0.44~0.8米，为土质松散的浅灰色土，出土有较多的陶片及动物骨头等，并有陶环、陶杯等小件器物。出土动物骨头可鉴定属种的有雉、草兔、貉、猪等（图三四九；彩版四一）。

H109出土陶器主要有瓶、罐、盆、钵、瓮、灶、釜、器盖等，分别占该坑可辨器形的

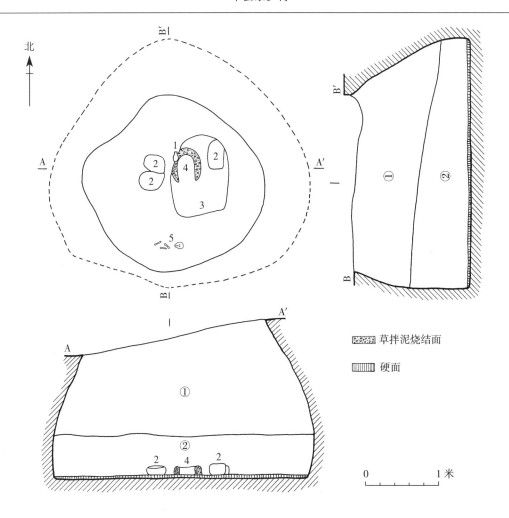

图三四九　H109平、剖面图

1. 陶瓶　2. 石块　3. 火烧红色灶面　4. 灶膛　5. 人骨

表一八一　H109 ① 陶系、纹饰统计表

陶系 纹饰	泥质陶					夹砂陶				合计	百分比（%）
	红	黄褐	褐	灰	小计	红	黄褐	灰褐	小计		
素面	87		64	40	191	13	7	20	40	231	41.18
绳纹						126		44	170	170	30.30
线纹	120	7	7		134					134	23.88
彩陶	22				22					22	3.92
弦纹							1		1	1	0.18
绳 + 弦纹						2			2	2	0.36
绳 + 堆纹								1	1	1	0.18
合计	229	7	71	40	347	141	8	65	214	561	100
百分比（%）	40.82	1.25	12.65	7.13	61.85	25.13	1.43	11.59	38.15	100	

表一八二　H109②陶系、纹饰统计表

陶系 纹饰	泥质陶					夹砂陶			合计	百分比（%）
	红	黄褐	褐	灰	小计	红	灰褐	小计		
素面	75	5		203	283	9		9	292	54.37
绳纹						78	23	101	101	18.81
线纹	87	13	9		109	1		1	110	20.48
彩陶	30				30				30	5.59
弦纹						1		1	1	0.19
绳+堆纹						2		2	2	0.37
线+弦纹						1		1	1	0.19
合计	192	18	9	203	422	92	23	115	537	100
百分比（%）	35.76	3.35	1.68	37.80	78.59	17.13	4.28	21.41	100	

4.04%、32.32%、14.14%、28.28%、3.03%、2.02%、1.01%、15.15%。陶系、纹饰情况详见表一八一、一八二。该坑堆积根据土质、土色分为两层，其中②层很可能为此单位废弃时的堆积，而①层为废弃后的堆积，但其中出土的陶器变化并不大，说明其堆积形成的时间不是很长。出土物分别介绍如下。

尖底瓶　均残。

Ⅵ式

标本H109②：28，质略粗，微含细砂，黄褐陶。器表饰线纹。从器内明显可看出其口沿的制法为帮包口。口径6.2、残高5厘米（图三五〇，6）。

罐　均残。

Ab型Ⅲ式

标本H109②：29，夹砂褐陶。肩部饰交错绳纹，并有两对称的鸡冠状鋬。其口部的制法为帮包口。口径15.6、残高7.2厘米（图三五〇，5）。

盆　均残。

Aa型Ⅲ式

标本H109②：30，泥质红陶。唇部饰有一周黑彩，器表以黑彩绘有由圆点纹、弧形三角纹等组成的图案。口径26.2、残高4.4厘米（图三五〇，1）。

钵　均残。

A型Ⅲ式

标本H109②：31，泥质红陶。敛口，圆唇，弧腹斜收。唇部饰有一周黑彩，器表以黑彩绘有由圆点、弧形三角等组成的图案。器表打磨较光滑，沿内有明显慢轮修制的痕迹。口径29.2、残高5厘米（图三五〇，2）。

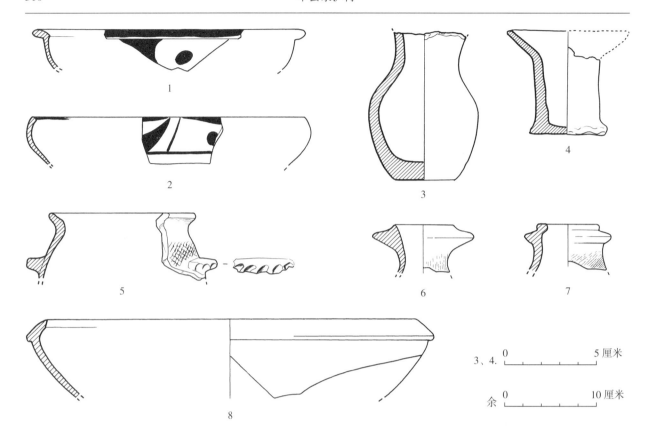

图三五○　H109出土陶器

1. Aa型Ⅲ式盆（H109②:30）　2. A型Ⅲ式钵（H109②:31）　3. 小口瓶（H109②:4）　4. B型陶杯（H109②:6）　5. Ab型Ⅲ式罐（H109②:29）　6. Ⅵ式尖底瓶（H109②:28）　7. Ⅲ式尖底瓶（H109②:32）　8. C型Ⅱ式盆（H109②:33）（7、8为二期，余为三期）

小口瓶　数量较少。

标本H109②:4，泥质褐陶。口部残缺，细颈，鼓腹，平底。素面。底部有使用的磨痕。腹径6、底径3.4、残高7.9厘米（图三五○，3；彩版四四，6）。

杯　2件，残。

B型

标本H109②:6，夹砂红陶。素面。口径6.5、底径4.1、高5.5厘米（图三五○，4）。

此外，还发现一些与庙底沟文化二期特征接近的陶器。介绍如下。

尖底瓶　均残。

Ⅲ式

标本H109②:32，泥质褐陶。器表饰斜线纹。口径4.4、残高4.8厘米（图三五○，7）。

盆　均残。

C型Ⅱ式

标本H109②:33，泥质灰陶。素面。口沿内外显见慢轮修制的痕迹，器表明显经刮修。

表一八三 H109 陶环统计表（22 件）

编号	形状				尺寸（厘米）	保存状况	备注
	A 型（19）	B 型	C 型（1）	D 型（2）	内径 × 外径 × 厚		
H109 ②：1	√				6.2×8×0.95	残	
H109 ②：2	√				4×5.2×0.65	残	
H109 ②：3	√				4.4×5.3×0.7	残	
H109 ②：5	√				3.8×5.1×0.6	残	
H109 ②：7	√				5.4×6.8×0.7	残	
H109 ②：8	√				4×6×0.7	残	
H109 ②：9	√				4×5.6×0.6	残	
H109 ②：10	√				6×7.6×0.95	残	
H109 ②：11	√				3.8×5.2×0.6	残	
H109 ②：12	√				4×5.2×0.7	残	
H109 ②：13	√				3.8×5.4×0.55	残	
H109 ②：14	√				4×5.4×0.6	残	
H109 ①：15	√				5×6.5×0.9	残	
H109 ②：16	√				3.6×5×0.6	残	
H109 ②：17	√				4×5.3×0.5	残	
H109 ②：18	√				4×5.4×0.65	残	
H109 ②：19	√				4.6×6.2×0.8	残	
H109 ②：20	√				4×5.6×0.85	残	
H109 ②：21	√				4×5.6×0.65	残	
H109 ②：22			√		8×14.4×1.2	残	外缘残留一缺口
H109 ②：23				√	5.8×7.2×3.05	残	
H109 ②：24				√	4.2×6.4×2	残	

口径40.4、残高8.4厘米（图三五〇，8）。

陶环 22件，均残（表一八三）。

14. H116

位于ⅡT1602东部，为将其全部发掘，向东扩方2米。开口于①层下，被M7打破，同时打破H128及生土层。坑口距地表0.35米。平面形状呈椭圆形，坑壁较直，略带收分，底部北高南低。口径2~3、底径1.9~2.8、深1.6~2.4米。在坑的南壁上部有一自下而上的通孔，并与坑口上部的圆孔相通。通孔高约0.1、宽0.1米，圆孔直径0.1~0.12米，通孔呈"n"状。坑底为一厚0.04~0.18米的草拌泥，北部草拌泥下摆放有四块大石头，其下为较纯净的黄沙土。另外，在近坑底的南边出土一件可复原的彩陶盆。

根据土质土色及包含物，坑内堆积可分六层：

第①层：厚0.2~0.36米，为较松软的浅灰色土，出土有较多的陶片和动物骨头，另有陶环、陶刀、陶球、石球、磨石、骨凿等小件器物。出土动物骨骼的属种有中华圆田螺、圆顶珠蚌、貉、猪、小猪、獐等。

第②层：厚0.14~0.5米，为松软的灰色土，夹杂有动物骨头等，出土有较多的陶片，另有陶环、陶刀、圆陶片、陶球等小件器物的出土。

第③层：厚约0.2米，为较硬的红烧土堆积，较为细密，包含物较少，出土有少量陶片和动物骨头以及陶环、陶球、石镰等小件器物。出土动物骨骼的种属有猪、獐等。

第④层：厚0.06~0.5米，为松软的灰色土，出土有少量陶片，另有陶环、陶刀、圆陶片、陶球、骨锥等小件器物的出土。

第⑤层：厚0.34~0.74米，为松散的灰褐色土，夹杂有动物骨头等，出土有少量陶片，另有陶环、陶刀、陶球、圆陶片、陶塑、石斧、骨锥等小件器物的出土。出土动物骨的属种有鹤、雉、猪、獐等。

第⑥层：厚0.04~0.16米，为疏松的深灰色土，出土有极少量的碎陶片，其下为草拌泥堆积，草拌泥覆盖或镶嵌着四块大石块，再下是生土。可辨别的动物属种仅猪一种（图三五一）。

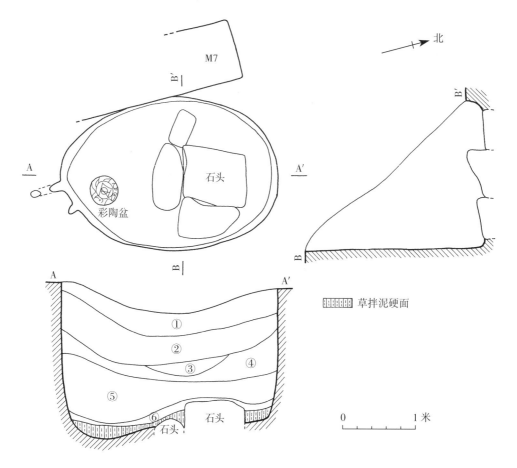

图三五一 H116平、剖面图

　　H116内堆积依据土质土色的变化分为六层，但观察各层出土器物，特别是陶器，其特征没有明显变化，均具有庙底沟文化三期特征。陶器主要有瓶、罐、盆、钵、瓮、釜、器盖等，分别占该坑可辨器形的6.10%、25.82%、21.13%、30.04%、3.29%、0.47%、13.15%。

表一八四　H116①陶系、纹饰统计表

陶系　纹饰	泥质陶					夹砂陶					合计	百分比(%)
	红	黄褐	褐	灰	小计	红	黄褐	褐	灰褐	小计		
素面	129	13		124	266	39			64	103	369	39.17
绳纹						97	27	121	49	294	294	31.21
线纹	116	15	26		157						157	16.67
彩陶	106				106						106	11.25
弦纹				1	1			12		12	13	1.38
绳+堆纹								3		3	3	0.32
合计	351	28	26	125	530	136	27	136	113	412	942	100
百分比(%)	37.26	2.97	2.76	13.27	56.26	14.44	2.87	14.44	11.99	43.74	100	

表一八五　H116②陶系、纹饰统计表

陶系　纹饰	泥质陶					夹砂陶				合计	百分比(%)
	红	黄褐	褐	灰	小计	红	褐	灰褐	小计		
素面	66	6	4	28	104		10		10	114	35.74
绳纹						23	47	36	106	106	33.23
线纹	49	5	13	5	72					72	22.57
彩陶	23				23					23	7.21
弦纹						1		3	4	4	1.25
合计	138	11	17	33	199	24	57	39	120	319	100
百分比(%)	43.26	3.45	5.33	10.34	62.38	7.52	17.87	12.23	37.62	100	

表一八六　H116③陶系、纹饰统计表

陶系　纹饰	泥质陶					夹砂陶			合计	百分比(%)
	红	黄褐	褐	灰	小计	红	褐	小计		
素面	20	6	7	23	56	5		5	61	46.57
绳纹						12	19	31	31	23.66
线纹	20		6	7	33				33	25.19
彩陶	6				6				6	4.58
合计	46	6	13	30	95	17	19	36	131	100
百分比(%)	35.12	4.58	9.92	22.90	72.52	12.98	14.50	27.48	100	

表一八七　H116④陶系、纹饰统计表

陶系＼纹饰	泥质陶					夹砂陶				合计	百分比（%）
	红	黄褐	褐	灰	小计	红	褐	灰褐	小计		
素面	22	5	5	19	51			5	5	56	43.41
绳纹						6	14	10	30	30	23.26
线纹	14		17	4	35					35	27.13
彩陶	7				7					7	5.43
绳＋弦＋堆纹									1	1	0.77
合计	43	5	22	23	93	6	14	16	36	129	100
百分比（%）	33.33	3.88	17.05	17.83	72.10	4.65	10.85	12.40	27.90	100	

表一八八　H116⑤陶系、纹饰统计表

陶系＼纹饰	泥质陶					夹砂陶				合计	百分比（%）
	红	黄褐	褐	灰	小计	红	褐	灰褐	小计		
素面	52	8	10	31	101	8		1	9	110	46.41
绳纹						15	31	5	51	51	21.52
线纹	33	9	17		59					59	24.90
彩陶	17				17					17	7.17
合计	102	17	27	31	177	23	31	6	60	237	100
百分比（%）	43.04	7.17	11.39	13.08	74.68	9.71	13.08	2.53	25.32	100	

陶系、纹饰情况详见表一八四～一八八。以下依质地不同分别介绍出土物。

（1）陶器

尖底瓶　均残。

Ⅴ式

标本H116①：51，质较粗，微含细砂，黄褐陶。口径5.3、残高4.1厘米（图三五二，7）。

标本H116①：52，质略粗，微含细砂，黄褐陶。口沿内外及颈部有明显同心圆状抹光痕迹。口径6、残高3厘米（图三五二，8）。

盆　复原1件。

Ab型Ⅲ式　复原1件。

标本H116⑤：12，泥质灰陶。微敞口，宽沿外折，圆唇，下腹微曲，底部微凹。素面。口沿上留有慢轮修制痕迹，器表较为光滑。口径38、底径12.2、高14厘米（图三五二，1；图版六一，8）。

C型Ⅲ式　均残。

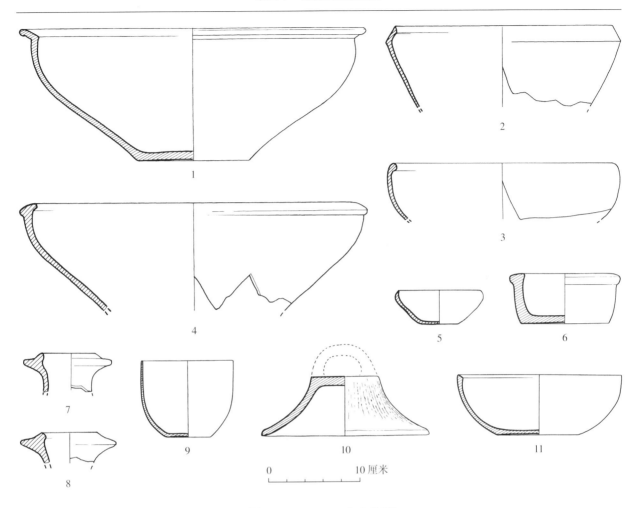

图三五二　H116出土陶器

1. Ab型Ⅲ式盆（H116⑤：12）　2. C型Ⅲ式盆（H116①：48）　3、11. C型Ⅲ式钵（H116①：47、H116①：24）　4. D型Ⅲ
式盆（H116①：55）　5. 碗（H116①：29）　6. 盘（H116①：8）　7、8. V式尖底瓶（H116①：51、H116①：52）　9. 深腹钵
（H116①：26）　10. Aa型Ⅲ式器盖（H116①：27）

标本H116①：48，泥质褐陶。素面。口径23.4、残高8.6厘米（图三五二，2）。

D型Ⅲ式　均残。

标本H116①：55，泥质灰陶。素面。口沿内外残留有红色颜料。口径34、残高11.4厘米
（图三五二，4）。

钵　复原1件。

C型Ⅲ式　复原1件。

标本H116①：24，泥质陶，灰褐色顶，下腹为深灰色。口微敛，圆唇，斜弧腹，底部微
凹。素面。口径18.4、底径8.8、高6.3厘米（图三五二，11；图版六一，5）。

标本H116①：47，残，泥质陶，红色顶，灰褐色腹。素面。口径23、残高6厘米（图
三五二，3）。

深腹钵　数量极少。复原1件。

标本H116①∶26，泥质红陶。直口，方唇，腹较直，底部微凹。素面。器壁较薄，器表光滑。口径10、底径4.7、高8.2厘米（图三五二，9；彩版四四，4）。

碗　复原1件。

标本H116①∶29，泥质红陶。敛口，尖唇，腹部微曲，平底。素面。口沿内外及器表有慢轮修制的痕迹，近器底有明显的刮削痕迹。口径9、底径4、高3.6厘米（图三五二，5）。

盘　复原1件。

标本H116①∶8，泥质灰陶。敛口，厚圆唇，腹部略内收，底微凹。素面。器壁较厚，器表经刮修，器内抹光。口径9.4、底径9.6、高5.4厘米（图三五二，6）。

器盖　均残。

Aa型Ⅲ式

标本H116①∶27，夹砂红陶。敞口，圆唇，形如倒扣的喇叭状，提柄残缺。器表饰竖绳纹。口径18.5、残高6.2厘米（图三五二，10）。

陶刀　3件，2件完整。

B型　1件。

标本H116⑥∶33，泥质红陶。刃部单面磨制。残长4、宽4.5厘米（图三五三，1）。

C型　1件，完整。

标本H116⑤∶34，泥质褐陶。平面大体呈圆角长方形。刀背及两侧经磨制，刃部单面磨制，较钝。长7.5、宽4.4厘米（图三五三，2）。

陶环　65件，2件完整（表一八九）。

A型　45件。均为素面。

标本H116③∶37，残，泥质褐陶。内径4.6、外径6.1、厚1厘米（图三五三，14）。

标本H116④∶40，泥质灰陶。剖面近等腰三角形。素面。外缘一面磨平。内径5.5、外径7.2、厚0.8厘米（图三五三，5；彩版四七，4）。

标本H116⑤∶41，泥质灰陶。剖面近等腰三角形。素面。两面内侧略经磨平。内径4、外径5.9、厚0.95厘米（图三五三，4；彩版四七，4）。

B型　9件，皆残，外侧均有一周圆棱。

标本H116②∶35，泥质灰陶。内径5.4、外径6.8、厚1厘米（图三五三，7）。

标本H116⑤∶36，泥质灰陶。内径5.2、外径6.8、厚1.15厘米（图三五三，9）。

标本H116③∶38，泥质灰陶。内径6、外径7.2、厚0.9厘米（图三五三，10）。

C型　8件，均残。

标本H116①∶39，泥质灰陶。齿轮状。内径4、外径7、厚1.3厘米（图三五三，8）。

D型　3件，均残。

陶球　11件，6件较完整。泥质，褐或灰陶。素面。

标本H116⑤∶44，泥质灰陶。器表刻划有两周"十"字形凹槽，似为系绳之用。直径

表一八九 H116 陶环统计表（65 件）

编号	形状				尺寸（厘米）	保存状况	备注
	A 型（45）	B 型（9）	C 型（8）	D 型（3）	内径 × 外径 × 厚		
H116 ③：37	√				4.6×6.1×1	残	
H116 ④：40	√				5.5×7.2×0.8	完整	
H116 ⑤：41	√				4×5.9×0.95	完整	
H116 ②：35		√			5.4×6.8×1	残	
H116 ⑤：36		√			5.2×6.8×1.15	残	
H116 ③：38		√			6×7.2×0.9	残	
H116 ①：39			√		4×7×1.3	残	
H116 ①：56	√				6×7.6×1	残	
H116 ①：57	√				4.2×5.8×0.9	残	
H116 ①：58	√				4×5.8×1	残	白色
H116 ①：59	√				5.2×6.6×0.9	残	
H116 ①：60	√				4×5.8×1.45	残	
H116 ①：61	√				4×5.2×1	残	
H116 ①：62	√				4×5.6×1.05	残	
H116 ②：63	√				4.2×5.6×0.5	残	
H116 ②：64	√				5.6×7.6×1	残	
H116 ②：65	√				5.2×6.8×0.9	残	
H116 ②：66	√				4×6×1.3	残	
H116 ②：67	√				5.2×6.8×1.1	残	
H116 ②：68	√				3.8×5.6×1.1	残	
H116 ②：69	√				5×6.6×1	残	
H116 ②：70	√				4.4×6×0.9	残	
H116 ②：71	√				5.4×6.8×0.9	残	
H116 ②：72	√				5×6.6×0.85	残	
H116 ②：73	√				3.5×4.8×0.8	残	
H116 ②：74	√				5.4×7×0.85	残	
H116 ②：75	√				4×5.5×1.1	残	
H116 ②：76	√				4×5.6×1	残	
H116 ②：77	√				3.6×5×0.95	残	
H116 ③：78	√				5.4×7×1	残	
H116 ③：79	√				5.3×6.8×0.9	残	
H116 ③：80	√				4.4×6×1	残	
H116 ③：81	√				4.6×6.1×0.8	残	
H116 ④：82	√				5.4×7×0.75	残	

编号	形状				尺寸（厘米）	保存状况	备注
	A 型（45）	B 型（9）	C 型（8）	D 型（3）	内径 × 外径 × 厚		
H116④：83	√				3.2×4.8×0.8	残	
H116④：84	√				5.8×7.4×0.65	残	
H116⑤：85	√				4.6×6.4×1.4	残	
H116⑤：86	√				4.6×6.2×0.7	残	
H116⑤：87	√				4×5.6×1	残	
H116⑤：88	√				3.9×5.6×0.85	残	
H116⑤：89	√				4×5.6×0.8	残	
H116⑤：90	√				4×5.6×1.1	残	
H116⑤：91	√				4×6×0.6	残	
H116⑥：92	√				3.6×5.6×1.4	残	
H116⑥：93	√				5.2×7×0.9	残	
H116⑥：94	√				4.8×6.4×0.85	残	
H116⑥：95	√				4×5.8×0.9	残	
H116⑥：96	√				5.6×6.4×0.75	残	
H116⑥：97	√				4×5.5×1	残	
H116⑤：98				√	4×6.6×1.95	残	
H116③：99				√	4×5×2.2	残	
H116②：100				√	5×6.8×1.8	残	
H116⑤：101		√			5×6.2×0.8	残	
H116⑤：102		√			5.2×6.6×0.65	残	
H116②：103		√			5.2×7×0.9	残	
H116④：104		√			5.2×7×1.3	残	
H116④：105		√			3.8×5.2×1	残	
H116②：106		√			6×7.6×0.9	残	
H116⑥：107			√		6×8.8×2.4	残	
H116⑥：108			√		5.2×7.4×1.6	残	
H116⑤：109			√		6×8×1.3	残	
H116⑥：111			√		5.4×7.6×1.4	残	
H116②：112			√		4×6.2×1.1	残	
H116①：113			√		4×6.7×1.05	残	
H116②：114			√		3.6×6×0.75	残	

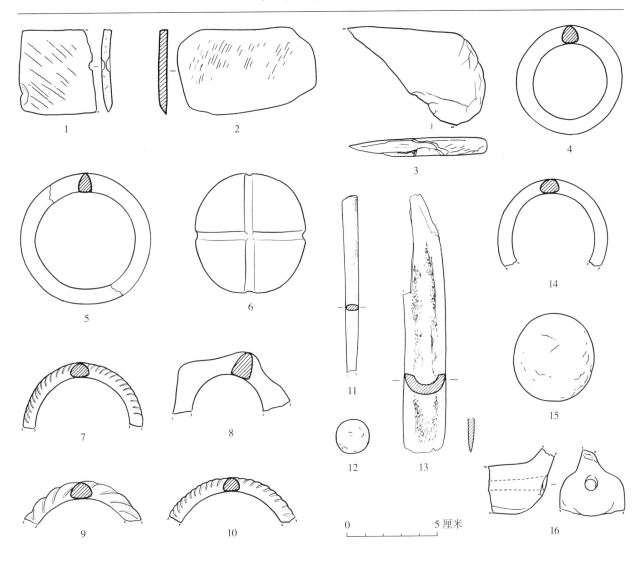

图三五三　H116出土器物

1. B型陶刀（H116⑥：33）　　2. C型陶刀（H116⑤：34）　　3. 石镰（H116③：43）　　4、5、14. A型陶环（H116⑤：41、
H116④：40、H116③：37）　6、12、15. 陶球（H116⑤：44、H116③：45、H116④：46）　7、9、10. B型陶环（H116②：35、
H116⑤：36、H116③：38）　8. C型陶环（H116①：39）　　11. 骨笄（H116①：4）　13. 骨凿（H116①：5）　16. 陶塑
（H116⑤：42）

6~6.4厘米（图三五三，6；图版六四，5）。

　　标本H116③：45，泥质褐陶。直径1.8厘米（图三五三，12）。

　　标本H116④：46，泥质褐陶。直径4.5厘米（图三五三，15）。

　　陶塑　1件。

　　标本H116⑤：42，残，泥质红陶。可能为鸟类或其他禽类，现仅残存前半身和颈部，颈下有一孔。手工捏制。残长3.7、现高3.5厘米（图三五三，16；图版六四，7）。

　　（2）石器

　　石镰　1件，完整。

　　标本H116③：43，凝灰岩，系残石锛加工而成。平面形状呈锥状。侧面单面磨制成刃，刃部内弧，较为锋利。残长7.5、残宽5厘米（图三五三，3）。

　　（3）骨器

　　骨凿　1件，残。

　　标本H116①：5，系鹿角劈裂加工而成。平面略成长条形，横断面呈"U"形。柄端略残，刃端经磨光，较为锋利。残长13.8厘米（图三五三，13）。

　　骨笄　4件，均残。

　　标本H116①：4，横断面为椭圆形，较为扁平。柄端略残，锋部残缺。器身磨制精致，较为光滑。残长9.4厘米（图三五三，11）。

　　另外，在H116中还出土一些与庙底沟文化一、二期特征接近的陶器。介绍如下。

二期：

　　罐　均残。

　　Ab型Ⅱ式

　　标本H116①：53，夹砂红陶。肩部饰有两个一组的纽扣状附加泥饼，器表通饰交错绳纹。口径24.2、残高5.6厘米（图三五四，1）。

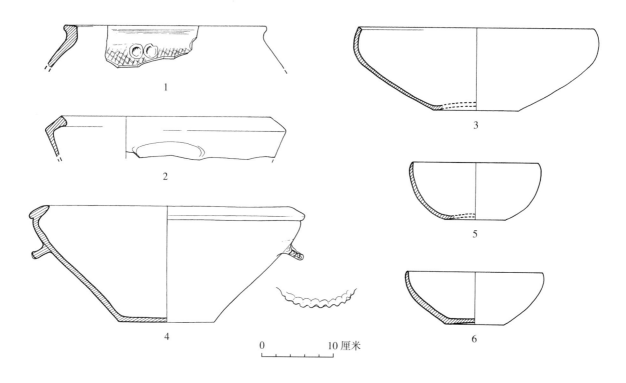

0　　　　　10厘米

图三五四　H116出土二期陶器

1. Ab型Ⅱ式罐（H116①：53）　　2. Ⅱ式瓮（H116①：49）　　3. A型Ⅱ式钵（H116②：32）　　4. D型Ⅱ式盆（H116②：25）

5、6. C型Ⅱ式钵（H116①：30、H116①：1）

盆　复原1件。

D型Ⅱ式

标本H116②：25，泥质灰陶。敛口，宽沿内收，叠唇，上腹部饰对称的两鸡冠状鋬，下腹部略成反弧状，平底。素面。口沿、器内抹光，器表经刮修，器底有使用的磨痕。口径32.6、底径13.2、高15.4厘米（图三五四，4；图版六一，7）。

钵　复原3件。

A型Ⅱ式　复原1件。

标本H116②：32，泥质红陶，略泛黄。敛口，圆唇，弧腹斜收，底部内凹。素面。器表经磨光，器底有使用的磨痕。口径31.5、底径11.8、高11厘米（图三五四，3；图版六一，4）。

C型Ⅱ式　复原2件。

标本H116①：1，泥质陶，黑灰色顶，灰色腹。敞口，圆唇，弧腹斜收，底部内凹。素面。沿内有明显的横向磨光痕迹，器底有使用的磨痕。口径18.5、底径8、高7厘米（图三五四，6）。

标本H116①：30，泥质红陶。直口，圆唇，弧腹斜收，底部内凹。素面。器表经刮修，器底有使用的磨痕。口径17、底径8、高7.6厘米（图三五四，5）。

瓮　均残。

Ⅱ式

标本H116①：49，夹砂红陶。器表陶衣脱落，仅见少量的灰褐色陶衣残留于器表。素面。肩下可见粘贴双鋬的痕迹。口径28、残高5.8厘米（图三五四，2）。

一期：

尖底瓶　均残。

Ⅱ式

标本H116①：54，泥质红陶，略泛黄。器表饰交错线纹。口径4.4、残高18厘米（图三五五，3）。

罐　均残。

Aa型Ⅰ式

标本H116①：50，夹砂红陶。器表饰粗疏的斜绳纹。口径32、残高12.2厘米（图三五五，1）。

盆　复原1件。

Aa型Ⅰ式　复原1件。

标本H116①：13，泥质红陶。敛口，唇沿外卷，弧腹曲收，凹底。唇部饰一周黑彩，沿面以黑彩绘有三弧形三角纹，间饰不相等柳叶纹。腹部以黑彩绘有圆点、回旋勾连纹、倒三角纹、弧线纹等构成的两组图案。该器体略扁，容积较大，沿下显见慢轮修整的痕迹，器表、器内打磨较为光滑，器底有明显的使用磨痕。口径35.4、底径11.4、高15.6厘米（图三五五，6；彩版四五）。

图三五五 H116出土一期陶器

1. Aa型Ⅰ式罐（H116①：50） 2、6. Aa型Ⅰ式盆（H116①：133、H116①：13） 3. Ⅱ式尖底瓶（H116①：54） 4. C型Ⅰ式钵（H116⑤：31） 5. Ⅰ式釜（H116①：28）

标本H116①：133，残，泥质红陶。体略扁，容积较大。敛口，圆唇，唇沿外卷，弧腹内收，底部残缺。唇部饰有一周黑彩，沿面仅残留有一弧形三角纹，器表仅残留有由圆点、弧形三角、斜线、涡纹等组成的部分图案。沿下有明显的慢轮修制痕迹，沿面及器表打磨光滑。口径34、残高11厘米（图三五五，2）。

钵 复原1件。

C型Ⅰ式

标本H116⑤：31，泥质陶，黑灰色顶，灰色腹。侈口，圆唇，沿外略内凹，斜弧腹内收成凹底。素面。口沿内外有明显慢轮修制的痕迹，器底有使用的磨痕。口径19.6、底径6、高5.8厘米（图三五五，4）。

釜　复原1件。

Ⅰ式

标本H116①：28，夹砂红陶。敞口，沿外撇，圆唇，斜肩微鼓，圜底。肩部饰弦纹，并残留一菱形附加堆纹，最大径上饰一周花边纹，底为素面，其上有明显烟炱痕迹。口径14.4、腹径24、高13.5厘米（图三五五，5）。

陶环　65件，2件完整（表一八九）。

15. H133

位于ⅠT0602中部。开口于④b层下，被H127、H144打破，打破生土层。坑口距地表2.15米。平面形状呈椭圆形，坑壁斜直。口径2.5~3.88、底径1.5~1.98、深2.62米。北部距坑口1.58米处为一宽约1.2米的弯月形平台，台面平整光滑，平台南为一椭圆形坑，斜壁，平底，底部铺垫一层厚约0.15米的黄沙土。在坑的周壁和平台上分布有许多小洞，直径约在0.05~0.17、深0.07~0.16米之间。坑内堆积基本为疏松的灰色土，在南部距坑口0.75米处的灰土中，有一处呈斜坡状分布、厚约0.4、宽1.9米的表面凹凸不平的灰褐色硬土，这些硬土很可能因房屋坍塌而形成，在硬土下的灰土中，夹杂有大量的红烧土块、草木灰烬等。上述迹象表明，该坑很可能与人类居住有关。堆积中的包含物较为丰富，出土有大量陶片及动物骨头等，另有陶环、陶刀、陶球、石斧、石镰、石镞、骨锥等小件器物的出土。动物骨头可鉴定种属的有圆顶珠蚌、草兔、猪、獐、梅花鹿等（图三五六；图版五三，1）。

H133出土遗物较多，种类也比较丰富，陶、石、骨器均有。从出土陶器的特征看，这个单位应为泉护村遗址庙底沟文化最晚期的遗存。陶器主要有瓶、罐、盆、钵、瓮、灶、釜、缸、器盖等，分别占该坑可辨器形的8.00%、25.99%、17.43%、40.86%、0.29%、0.57%、0.86%、3.14%、2.86%。陶系情况是夹砂陶在数量上与泥质陶基本持平或已超越，前者以褐陶最多，后者以灰陶为主，红陶也较多，纹饰以素面、绳纹为主，彩陶极少（表一九○）。陶器特征与庙底沟文化一、二期差别较大。以下按质地分别介绍出土物。

（1）陶器

尖底瓶　均残。

Ⅴ式

标本H133：65，微含细砂，黄褐陶。器表饰线纹。口径6.6、残高4.6厘米（图三五七，2）。

标本H133：127，质略粗，微含细砂，黄褐陶。口径5.4、残高5.6厘米（图三五七，9）。

Ⅵ式

标本H133：66，夹细砂红陶，略泛黄。器表饰线纹。口径6.6、残高6厘米（图三五七，5）。

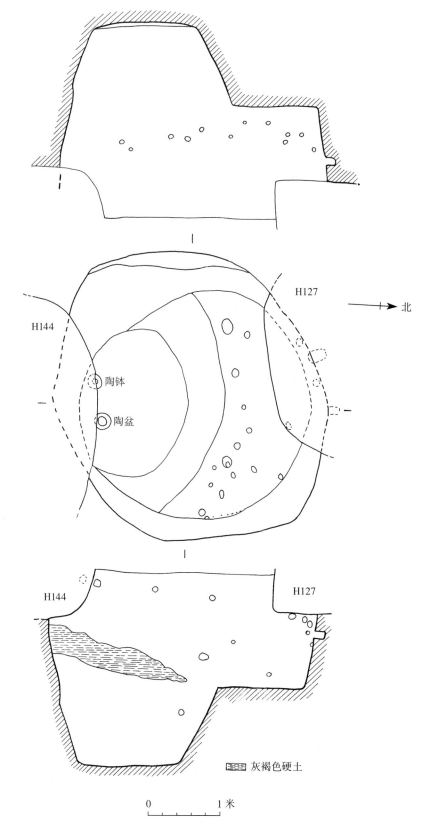

陶钵

陶盆

H144

H127

北

H144

H127

灰褐色硬土

0　　　　　　1 米

图三五六　H133平、剖面图

表一九〇　H133 陶系、纹饰统计表

纹饰 ＼ 陶系	泥质陶					夹砂陶					合计	百分比(%)
	红	黄褐	褐	灰	小计	红	黄褐	灰褐	灰	小计		
素面	138	117	623	278	1156	158	22	39	149	368	1524	40.49
绳纹						530	24	175	729	1458	1458	38.73
线纹	57	114	407	46	624						624	16.58
彩陶	70				70						70	1.86
弦纹			3		3			3	3	6	9	0.24
篦点纹				17	17						17	0.45
绳 + 弦纹								2	2	4	4	0.11
绳 + 堆纹						27			27	54	54	1.43
绳 + 弦 + 堆纹								2	2	4	4	0.11
合计	265	231	1033	341	1870	715	46	221	912	1894	3764	100
百分比(%)	7.04	6.14	27.44	9.06	49.68	19.00	1.22	5.87	24.23	50.32	100	

标本H133：67，夹细砂黄褐陶。口径8、残高4.4厘米（图三五七，8）。

罐　均残。

Aa型Ⅲ式

标本H133：60，夹砂红陶，胎夹黑芯。颈下饰数道横向划纹兼交错绳纹。从器内可以看出口沿的制作方法为帮包口。口径26、残高9厘米（图三五七，6）。

Ab型Ⅲ式

标本H133：129，夹砂褐陶。折沿，圆唇，沿内加厚，鼓腹。器表饰斜绳纹，并在器表上抹泥以加固破损的陶器。从器内及断面可看出其口沿的制法为沿包帮。口沿内外抹光。口径29.4、残高7.8厘米（图三五七，4）。

B型Ⅲ式

标本H133：53，夹砂红陶。器表饰平行划纹。口沿内外抹光。口径15、残高8厘米（图三五七，15）。

G型Ⅲ式

标本H133：62，夹砂灰陶。折沿，尖圆唇，束颈，溜肩，鼓腹。肩部饰有三等分两个一组的豆蔻状附加堆纹，器表通饰竖向绳纹。口沿内外抹光，从器内可以看出口部的制作方法为帮包口。口径12、残高12厘米（图三五七，12）。

缸　均残。

标本H133：54，夹细砂褐陶。直口，平沿，圆唇，沿内有一周凸棱，断面呈"丁"字形，深腹微鼓。素面。器表有明显的横向刮修痕迹，从器内明显可以看出口沿的制作方法为帮包口，器身的制作方法为泥条盘筑。该器烧制火候不均，器表有红色和灰色斑块。口径

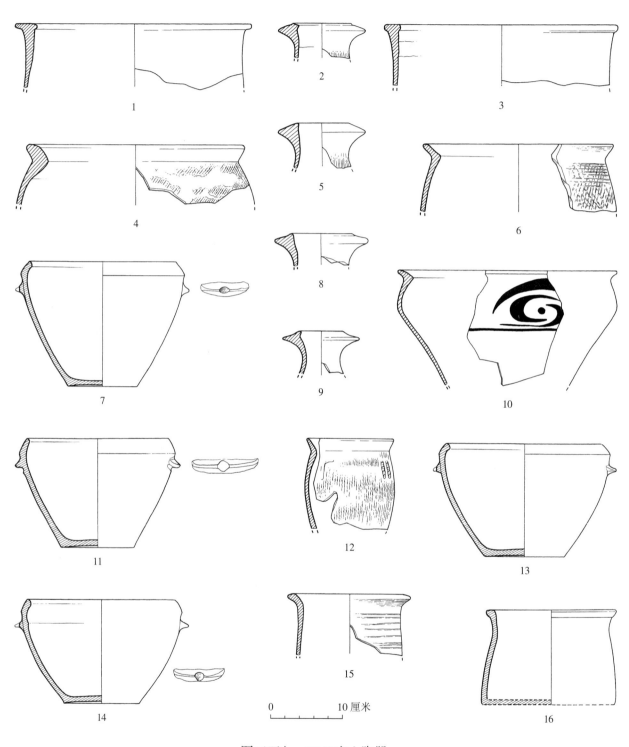

图三五七　H133出土陶器

1、3. 缸（H133:55、H133:54）　2、9. V式尖底瓶（H133:65、H133:127）　4. Ab型Ⅲ式罐（H133:129）　5、8. Ⅵ式尖底瓶（H133:66、H133:67）　6. Aa型Ⅲ式罐（H133:60）　7、11、13、14. C型Ⅲ式盆（H133:24、H133:27、H133:26、H133:25）　10. B型Ⅲ式盆（H133:63）　12. G型Ⅲ式罐（H133:62）　15. B型Ⅲ式罐（H133:53）　16. 器座（H133:29）

33.2、残高8.2厘米（图三五七，3）。

标本H133∶55，夹细砂灰褐陶。素面。口径26.8、残高8.8厘米（图三五七，1）。

盆　复原4件。

B型Ⅲ式　均残。

标本H133∶63，泥质黄褐陶。器表以黑彩绘有由圆点纹、涡纹、条带纹等组成的图案。口径25.6、残高15.4厘米（图三五七，10）。

C型Ⅲ式　复原4件。均为素面。

标本H133∶24，泥质红陶。敛口，深腹斜收，底部内凹。腹上部饰对称的条形耳，耳中间压印一指窝纹。素面。器表、器内有明显的刮修痕迹。口径20.2、底径9.5、高16.6厘米（图三五七，7；图版六二，1）。

标本H133∶25，泥质陶，黄褐色顶，灰色腹。腹上部饰对称的条形耳，耳中间压印一指窝纹。口径20.3、底径10.2、高13.8厘米（图三五七，14）。

标本H133∶26，泥质红陶。腹上部饰对称的条形耳，耳中间压印一指窝纹。口径21.4、底径10.8、高15厘米（图三五七，13）。

标本H133∶27，泥质红陶。腹上部饰对称的条形耳，耳中间压印一指窝纹。口径19.4、底径10、高14.4厘米（图三五七，11；图版六二，2）。

器座　复原1件。

标本H133∶29，泥质灰陶。直口微敛，圆唇，腹部外斜，平底。素面。口沿及器内抹光，颈部经刮修。器内壁上残留有少量红色颜料痕迹。口径18、底径18.3、高12.6厘米（图三五七，16；图版六二，5）。

钵　复原3件。

A型Ⅲ式　均残。

标本H133∶51，泥质黄褐陶。素面。口径24.2、残高7.4厘米（图三五八，10）。

B型Ⅲ式　均残。数量极少。

标本H133∶126，泥质黑灰陶。素面。器表打磨光滑。口径16.2、残高4.2厘米（图三五八，5）。

C型Ⅲ式　复原3件。

标本H133∶16，泥质红陶。敛口，圆唇，腹部内收，底部微凹。素面。器表、器内显见刮修痕迹，沿内抹光。器底有使用的磨痕。口径20.4、底径10.4、高11.2厘米（图三五八，7；彩版四六，6）。

标本H133∶18，夹砂红陶。敞口，方唇内斜，沿面微凹，沿内有一周弧形凹槽，腹部斜收，底部内凹。素面。口沿抹光，下腹部经刮修。口径16.2、底径7.6、高5.8厘米（图三五八，4；图版六一，6）。

标本H133∶30，泥质红陶。敛口，圆唇，深腹斜收，底部内凹。素面。器表及器内显见刮修痕迹。口径20.7、底径9.5、高11.8厘米（图三五八，9）。

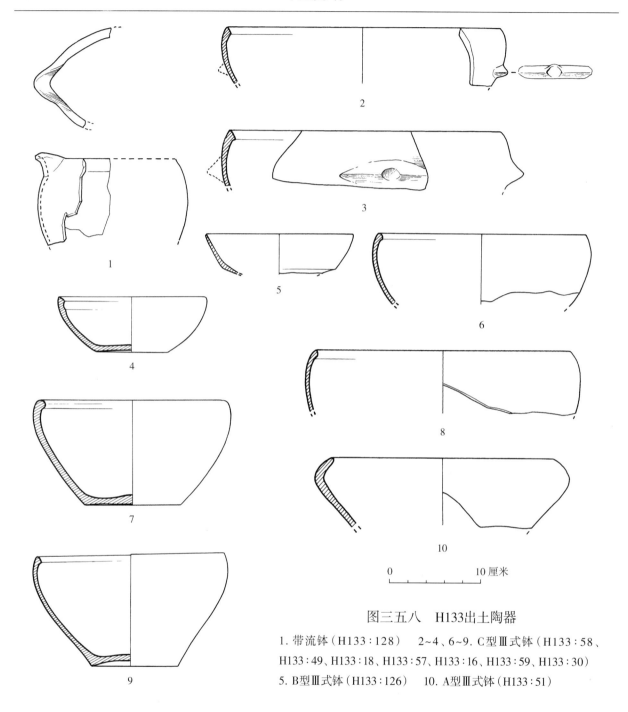

图三五八　H133出土陶器

1. 带流钵（H133：128）　2~4、6~9. C型Ⅲ式钵（H133：58、
H133：49、H133：18、H133：57、H133：16、H133：59、H133：30）
5. B型Ⅲ式钵（H133：126）　10. A型Ⅲ式钵（H133：51）

　　标本H133：49，残，泥质灰陶。素面。腹上饰有对称的条状菱形錾，錾的中部按压有一指窝。口径29.6、残高6厘米（图三五八，3）。

　　标本H133：57，残，泥质褐陶。素面。胎夹黑芯。口径21.8、残高7.2厘米（图三五八，6）。

　　标本H133：58，残，泥质红陶。素面。腹部饰有两对称的条状錾，錾中部按压有一指窝。口径28.8、残高6厘米（图三五八，2）。

标本H133：59，残，泥质褐陶。素面。口径28、残高6.8厘米（图三五八，8）。

带流钵　均残。

标本H133：128，泥质黄褐陶。敛口，圆唇，口沿一侧有流，沿内一周加厚，深弧腹。素面。口径约13、残高9.8厘米（图三五八，1）。

碗　复原4件。

标本H133：2，泥质红陶。敞口，圆唇，腹部斜收，平底。素面。器表及器内有明显的慢轮修制痕迹，近器底经刮削。口径7.5、底径4.2、高2.3厘米（图三五九，3；图版六二，3）。

标本H133：23，泥质红陶。口微敛，圆唇，弧腹内收，底部内凹。素面。沿面磨光，器表经刮修。口径10.2、底径4.8、高3.4厘米（图三五九，6；图版六二，4）。

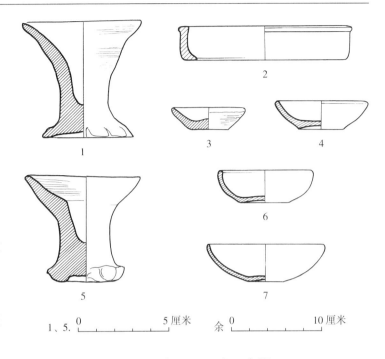

图三五九　H133出土陶器

1. A型杯（H133：17）　2. 盘（H133：35）　3、4、6、7. 碗（H133：2、H133：31、H133：23、H133：28）　5. B型杯（H133：48）

标本H133：28，泥质红陶。敞口，圆唇，斜弧腹，底部内凹。素面。口径12.8、底径3.8、高4厘米（图三五九，7）。

标本H133：31，泥质红陶。敞口，圆唇，腹部斜收，底部内凹。素面。器表磨光，近器底经刮削。口径10.2、底径4.8、高5厘米（图三五九，4）。

盘　复原1件。

标本H133：35，泥质褐陶。直口微敛，平沿，圆唇，腹部较直，底空。素面。器表胎质脱落较为严重。口径19.2、底径18、高3.5厘米（图三五九，2）。

器盖　复原1件。

Aa型Ⅲ式　均残。

标本H133：34，夹砂灰褐陶。器表通饰斜绳纹。口径30.6、残高10厘米（图三六〇，1）。

Ab型Ⅲ式　复原1件。

标本H133：32，夹砂褐陶。敞口，沿外卷，圆唇，形如覆钵，桥形提柄。素面。器表较为粗糙，并有横向抹痕，提柄上的抹痕较为明显。口径31、高13厘米（图三六〇，2；彩版四六，1）。

标本H133：33，残，夹砂灰褐陶。素面。口径30.8、残高9.4厘米（图三六〇，3）。

Cb型Ⅲ式　均残。

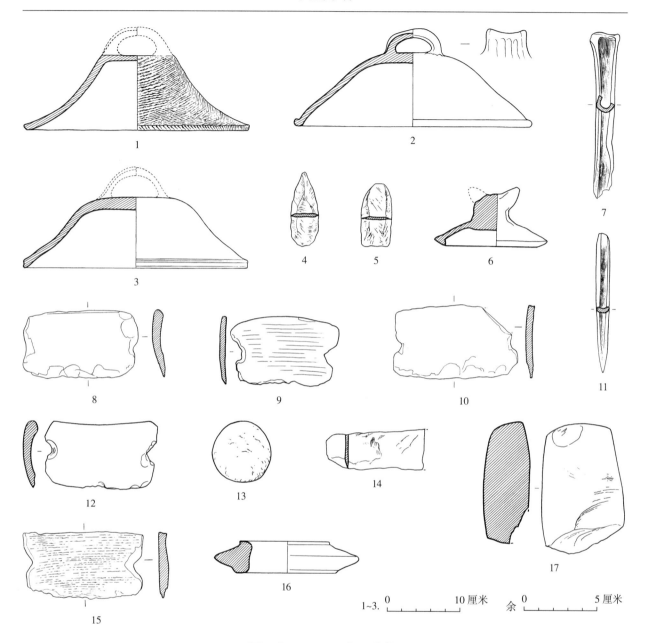

图三六〇　H133出土器物

1. Aa型Ⅲ式陶器盖（H133：34）　　2、3. Ab型Ⅲ式陶器盖（H133：32、H133：33）　　4、5. 石镞（H133：12、H133：3）　　6. Cb型Ⅲ式陶器盖（H133：45）　　7、11. 骨锥（H133：43、H133：6）　　8~10、12、15. A型陶刀（H133：9、H133：47、H133：7、H133：13、H133：15）　　13. 陶球（H133：11）　　14. 石镰（H133：10）　　16. D型陶环（H133：46）　　17. 石斧（H133：8）

标本H133：45，夹砂红陶。素面。沿内有一周凸棱，器顶捏制有双角式扁纽。唇沿内外抹光。口径6.2、高4厘米（图三六〇，6）。

杯　10件，复原2件。

A型　复原1件。

标本H133：17，泥质红陶。喇叭口，腹部斜收，底部内凹外撇，并被压切成花边状。素

表一九一　H133 陶刀统计表（16 件）

编号	形状			尺寸（厘米）
	A 型（15）	B 型	C 型（1）	长 × 宽
H133：7	√			7.5×4.5
H133：9	√			7.9×4.5
H133：13	√			7.7×4.4
H133：15	√			8.2×4.5
H133：47	√			7.5×4.8
H133：99	√			6.2×4.42
H133：100	√			7.3×4.2
H133：101	√			8.1×4.65
H133：102	√			7.73×5.05
H133：103	√			8.5×4.9
H133：104	√			7.2×4.6
H133：105	√			6.5×4.4
H133：106	√			残长 6.5×4.8
H133：107	√			残长 4.85×4.37
H133：108	√			残长 3.85×4.55
H133：109			√	残长 5.3×5

面。口径6、底径5、高6.2厘米（图三五九，1；彩版四七，3）。

B型　复原1件。

标本H133：48，夹砂红陶。喇叭口，圆唇，筒状腹，底部内凹外撇，并被捏制成花瓣状。素面。口径6、底径4.5~4.8、高5.6厘米（图三五九，5）。

陶刀　16件，5件完整（表一九一）。

A型

标本H133：7，系泥质褐陶片加工而成。整器平面大体呈长方形，刀背经磨光，两端各打制一缺口。刃部双面打制，较为锋利。长7.5、宽4.5厘米（图三六〇，10）。

标本H133：9，系泥质黄褐陶片加工而成。刃部双面打制，较为锋利。长7.9、宽4.5厘米（图三六〇，8）。

标本H133：13，系泥质红陶片加工而成。刃部单面打制，较为锋利，并留有锯齿状使用痕迹。长7.7、宽4.4厘米（图三六〇，12）。

标本H133：15，系泥质红陶片加工而成。刃部较钝。长8.2、宽4.5厘米（图三六〇，15）。

标本H133：47，系泥质红陶片加工而成。平面呈圆角长方形，一角残缺，刀背打制平齐，两端各打制一个缺口。刃部双面打制，较为锋利。长7.5、宽4.8厘米（图三六〇，9）。

表一九二　H133 陶环统计表（32 件）

编号	形状				尺寸（厘米）	保存状况	备注
	A 型（27）	B 型（2）	C 型（1）	D 型（2）	内径 × 外径 × 厚		
H133：46				√	4.6×10×2.15	完整	
H133：68	√				6.4×8.6×0.6	残	
H133：69	√				4.6×6.2×0.8	残	
H133：70	√				5.4×7×1.1	残	
H133：71	√				4.3×6.4×0.55	残	
H133：72	√				4×5.6×0.5	残	
H133：73	√				4.4×6.8×0.6	残	
H133：74	√				5.2×7.6×0.6	残	
H133：75	√				4.6×7×0.58	残	
H133：76	√				4.4×7×0.78	残	
H133：77	√				4×6.8×0.72	残	
H133：78	√				3.6×5.8×0.65	残	
H133：79	√				5.4×7.6×0.48	残	
H133：80	√				4.6×6.4×0.65	残	
H133：81	√				4.4×6×0.56	残	
H133：82	√				5.3×7.2×0.8	残	
H133：83	√				4.2×5.8×0.5	残	
H133：84	√				4×5.5×0.5	残	
H133：85	√				5.2×7.3×0.7	残	
H133：86	√				4.5×6×0.55	残	
H133：87	√				4.4×6×0.76	残	
H133：88	√				4.6×6.6×0.87	残	
H133：89	√				4×6×0.7	残	
H133：90	√				3.8×5×0.45	残	
H133：91	√				4×6.4×1.9	残	
H133：92	√				5.6×7.1×1	残	
H133：93	√				4.6×6.2×0.77	残	
H133：94	√				3.4×4.7×0.6	残	
H133：95		√			3.6×5.2×0.8	残	
H133：96		√			6.6×8.2×1.05	残	
H133：97			√		3.6×5.8×0.9	残	齿轮状
H133：98				√	6×7.6×4	残	

陶环　32件，1件完整（表一九二）。

D型

标本H133：46，夹细砂红陶。系重唇尖底瓶的口沿加工而成，残断一端经磨制。内径4.6、外径10、厚2.15厘米（图三六〇，16）。

陶球　1件，残。

标本H133：11，泥质红陶。素面。直径4.1厘米（图三六〇，13；图版六四，6）。

（2）石器

石斧　1件，长条形。

标本H133：8，系辉长岩加工而成。平面呈圆角梯形，横剖面呈圆角长方形，弧顶，刃部残缺。残长8.6、宽4.6~5.8、厚3厘米（图三六〇，17；图版六四，10）。

石镰　1件，残。

标本H133：10，系凝灰岩双面打制而成。平面呈长方形，器身扁薄。刃部有明显的使用痕迹，较为锋利。残长6.7、宽2.2~2.7厘米（图三六〇，14；图版六四，11）。

石镞　2件，1件完整。系凝灰岩磨制而成，整器呈宽叶形。

标本H133：3，残长4.1厘米（图三六〇，5）。

标本H133：12，长4.8厘米（图三六〇，4；彩版四八，1）。

（3）骨器

骨锥　2件，1件完整。器体磨光。

标本H133：6，系动物管骨磨制而成。器表通体磨光，较为光滑，柄端平齐，锋部尖锐、锋利。长9.3厘米（图三六〇，11；彩版四八，9）。

标本H133：43，略残，系兽类肢骨劈裂加工而成。柄端保持骨关节原状，锋部残缺，器表有磨光的纤细划痕。残长11.1厘米（图三六〇，7）。

另外，在H133中还发现少量与庙底沟文化二期特征接近的陶器。介绍如下。

盆　均残。

Aa型Ⅱ式

标本H133：61，泥质红陶。唇部及沿面内侧均饰一周黑彩，器表以黑彩绘有圆点纹、"勿"字形纹等。口径29.6、残高10.2厘米（图三六一，2）。

瓮　均残。

Ⅱ式

标本H133：64，夹细砂褐陶。

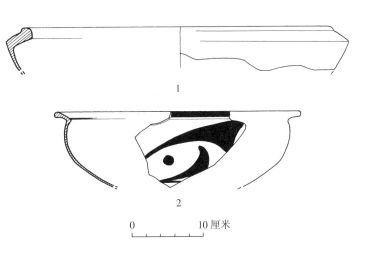

图三六一　H133出土二期陶器

1. Ⅱ式瓮（H133：64）　2. Aa型Ⅱ式盆（H133：61）

素面。口径40、残高6厘米（图三六一，1）。

16. H134

位于ⅠT1607中部偏西，部分伸入ⅠT1707内。开口于①层下，被M14打破，打破H122、H123及生土层。坑口距地表0.3米。平面形状大体呈椭圆形，坑壁内收。口径1.9~4.3、深1.05米。在坑底东西两端分别有两个近椭圆形小坑，直径分别为1.4、1.34~1.58、深0.28米，在坑底中部形成一个宽约0.9米的生土平台。

坑内堆积可分两层：

第①层：厚0.53~0.6米，为疏松的灰色土，包含物较为丰富。出土有较多陶片及动物骨头，另有陶环、陶刀、骨锥等小件器物的出土。

第②层：厚0.07~0.22米，为较硬的经水浸泡的杂色土，包含物较少。出土有少量陶片及动物骨头，另有陶环、陶刀等小件器物的出土。

该坑出土的动物骨骼经鉴定的属种有圆顶珠蚌、蚌、猪、小猪、獐、梅花鹿、马鹿、绵羊等（图三六二）。

H134内堆积依据土质土色的变化分为2层，出土物主要集中于①层，②层较少，故无法确定层位间器物的变化。陶器主要有瓶、罐、盆、钵、器盖、瓮、釜等，分别占该坑可辨器形的8.61%、45.70%、9.93%、27.81%、4.64%、2.65%、0.66%。陶系、纹饰情况详见表一九三。出土物按质地分别介绍如下。

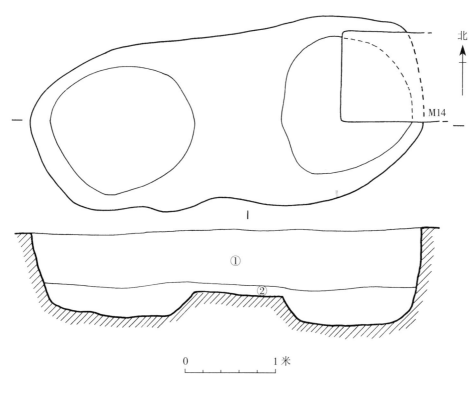

图三六二　H134平、剖面图

表一九三　H134 陶系、纹饰统计表

纹饰 ＼ 陶系	泥质陶					夹砂陶				合计	百分比（%）
	红	褐	灰	黑灰	小计	红	灰褐	灰	小计		
素面	204	60	318	1	583	24	5		29	612	31.78
绳纹						494	226		720	720	37.38
线纹	469		14		483					483	25.08
彩陶	91				91					91	4.72
弦纹								1	1	1	0.05
绳 + 弦纹						8	8		16	16	0.83
绳 + 附纹						3			3	3	0.16
合计	764	60	332	1	1157	529	239	1	769	1926	100
百分比（%）	39.67	3.11	17.24	0.05	60.07	27.47	12.41	0.05	39.93	100	

（1）陶器

葫芦口瓶　均残。

A型Ⅲ式

标本H134①：21，泥质灰陶。腹部通饰交错线纹。口径3.8、残高10厘米（图三六三，1）。

罐　复原2件。

Ab型Ⅲ式　均残。

标本H134①：20，夹砂红陶。肩部饰对称的两鸡冠状鋬。器表饰绳纹。口径21.6、残高9.4厘米（图三六三，3）。

B型Ⅲ式　复原1件。

标本H134①：4，夹砂红陶。沿外折，圆唇，上腹较直，下腹呈反弧状，底部微凹。上腹部饰有七道凹弦纹，并饰三个竖条形锯齿状附加堆纹，中腹部饰一周篦点纹，下腹为素面，并有明显的竖向抹痕，底部有使用的磨痕。口径13.4、底径7.7、高15.2厘米（图三六三，10；图版六三，1）。

F型Ⅲ式　均残。

标本H134①：45，泥质黄褐陶，陶质较粗。沿外撇，方唇，鼓腹。器表以黑彩绘有似破土而出的豆芽。口径29.6、残高10.1厘米（图三六三，5）。

G型Ⅲ式　复原1件。

标本H134①：5，夹砂灰褐陶。沿外撇，圆唇，腹部微鼓，平底。腹部饰斜绳纹与下腹部的竖绳纹交错。口沿、颈部抹光，器表留有烟熏的痕迹，底部有使用的磨痕。口径16.8、底径9.2、高19.4厘米（图三六三，9；图版六三，2）。

盆　均残。

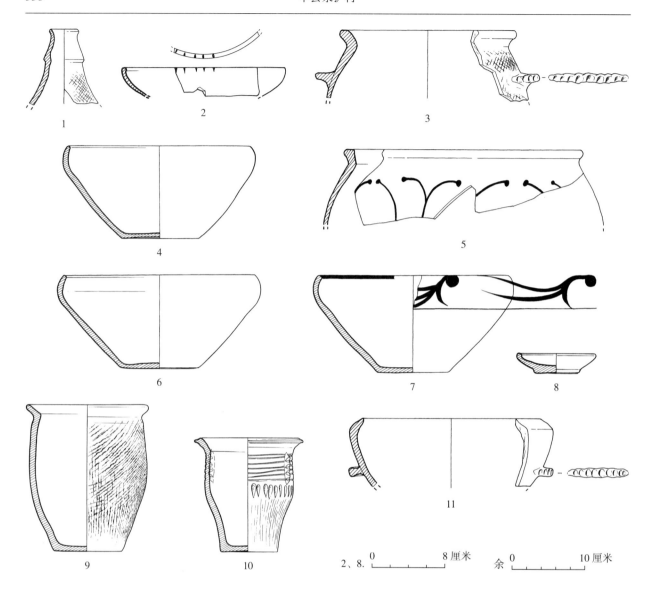

图三六三　H134出土陶器

1. A型Ⅲ式葫芦口瓶（H134①：21）　2、4、6、7. A型Ⅲ式钵（H134①：15、H134①：6、H134①：13、H134①：12）　3. Ab型Ⅲ式罐（H134①：20）　5. F型Ⅲ式罐（H134①：45）　8. 碗（H134①：11）　9. G型Ⅲ式罐（H134①：5）　10. B型Ⅲ式罐（H134①：4）　11. C型Ⅲ式盆（H134①：18）

C型Ⅲ式

标本H134①：18，质略粗，微含细砂，红陶。敛口，宽斜沿，尖唇，弧腹内收，腹上饰有对称的两鸡冠状錾。口径24、残高9厘米（图三六三，11）。

钵　复原2件。

A型Ⅲ式

标本H134①：6，泥质陶，红顶，腹部黄褐色。敛口，圆唇，腹部微曲，下腹斜收，底微凹。素面。器表较为光滑，并隐约可见刮修痕迹。口径25.2、底径10.6、高12.4厘米（图三六三，4；图版六二，8）。

标本H134①：12，残，泥质黄褐陶。敛口，圆唇，腹部斜收。沿面饰一周黑彩，器顶上仅残留两个由圆点、弧线等组成的简化鸟纹，亦用黑彩绘之。口径26、底径9.5、高13厘米（图三六三，7；图版六二，6）。

标本H134①：13，泥质红陶。敛口，圆唇，上腹微曲，下腹斜直，平底。素面。器表有明显的横向刮痕，器底有使用的磨痕。口径26.2、底径10.8、高12.4厘米（图三六三，6；图版六二，7）。

标本H134①：15，残，泥质陶，红色顶，褐色腹。口较直，方圆唇，沿内有一周凸棱，斜弧腹。沿面至器顶以黑彩绘有五个水滴状纹饰。器表磨光，器内抹光。口径16.8、残高3厘米（图三六三，2）。

碗 复原1件。

标本H134①：11，泥质红陶。敞口，圆唇，斜腹内收，饼形足，微凹。素面。口径8.6、底径4.6、高2.1厘米（图三六三，8；图版六三，5）。

瓮 均残。

Ⅲ式

标本H134①：16，微含细砂，灰褐陶。阔肩，素面。器内有泥条盘筑痕。口径42、残高13.6厘米（图三六四，1）。

杯 2件，复原1件。

B型 残。

标本H134②：10，夹细砂红陶。喇叭形口，方唇，筒腹微鼓，底部内凹外撇，被捏成花边状。素面。口沿内外抹光。口径5.2、底径4、高6.3厘米（图三六四，3）。

C型 复原1件。

标本H134①：2，泥质红陶。侈口，圆唇，腹部斜收，底部内凹外撇。素面。手工捏制。口径4、底径3.2、高4.1厘米（图三六四，2）。

陶刀 5件，1件完整（表一九四）。

B型

标本H134①：9，系夹细

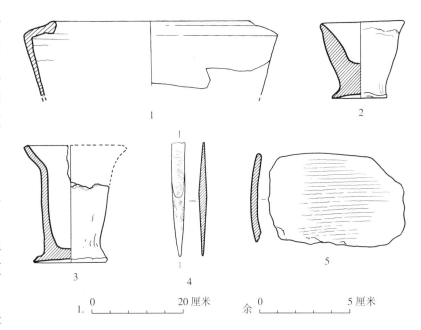

图三六四 H134出土器物

1. Ⅲ式陶瓮（H134①：16） 2. C型陶杯（H134①：2） 3. B型陶杯（H134②：10） 4. 骨锥（H134①：1） 5. B型陶刀（H134①：9）

表一九四　H134 陶刀统计表（5 件）

编号	形状			尺寸（厘米）	备注
	A 型（2）	B 型（1）	C 型（2）	长 × 宽	
H134 ①：9		√		7.5×4.8	
H134 ①：40			√	7.4×4.8	
H134 ①：41	√			残长 5.5×4.8	
H134 ①：42	√			残长 3.05×4.95	
H134 ②：43			√	残长 3.4×5	无刃

表一九五　H134 陶环统计表（16 件）

编号	形状				尺寸（厘米）	保存状况	备注
	A 型（12）	B 型（2）	C 型（2）	D 型	内径 × 外径 × 厚		
H134 ①：24	√				3.8×5.5×0.6	残	
H134 ①：25	√				4.6×6.2×1.43	残	
H134 ①：26	√				4.8×6.6×0.7	残	
H134 ①：27	√				3×4.8×0.63	残	
H134 ①：28	√				4×5.5×0.65	残	
H134 ①：29	√				4×5.6×0.72	残	
H134 ②：30	√				4×5.1×0.65	残	
H134 ②：31	√				5.4×6×0.8	残	
H134 ②：32	√				5.2×7.4×0.6	残	
H134 ②：33	√				4.6×6.6×0.75	残	
H134 ②：34	√				3.4×5×1.05	残	
H134 ②：35	√				5.2×6.6×0.83	残	
H134 ②：36		√			4×5.3×0.68	残	
H134 ②：37		√			4×5.3×0.55	残	
H134 ②：38			√		4.2×7×1	残	齿轮状
H134 ②：39			√		4×6.6×0.9	残	齿轮状

砂红陶片加工而成。平面形状呈圆角长方形。刀背较为平直，并经磨光，其两侧的一侧保留原陶片的残断面，一侧单面打制成刃，刃部单面打制，较为锋利。长7.5、宽4.8厘米（图三六四，5）。

陶环　16件，均残（表一九五）。

（2）骨器

骨锥　通体磨制较光。

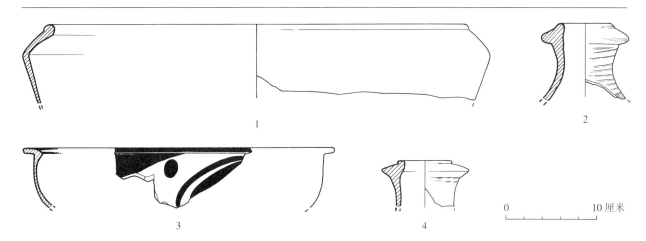

图三六五　H134出土一、二期陶器

1. Ⅱ式瓮（H134①：17）　2. Ⅳ式尖底瓶（H134①：22）　3. Aa型Ⅰ式盆（H134①：23）　4. Ⅲ式尖底瓶（H134①：19）
（3为一期，余为二期）

标本H134①：1，残，平面呈柳叶状，侧面为菱形，一端窄扁，已残断，器表留有纤细的磨痕和斜向锯痕，锋端锐利光滑。残长6.1厘米（图三六四，4）。

另外，在H134中还发现一些与庙底沟文化一、二期特征接近的陶器。介绍如下。

尖底瓶　均残。

Ⅲ式

标本H134①：19，泥质红陶，略泛黄。口径5、残高5厘米（图三六五，4）。

Ⅳ式

标本H134①：22，泥质黄褐陶。颈部饰有不规整的横向划纹，腹部饰竖向线纹。口径4.6、残高8厘米（图三六五，2）。

盆　均残。

Aa型Ⅰ式

标本H134①：23，泥质红陶。敛口，唇沿外卷，圆唇，弧腹斜收。沿面以黑彩绘有柳叶状纹，器表以黑彩绘有由圆点、弧形三角等组成的图案。口径29.6、残高6.4厘米（图三六五，3）。

瓮　均残。

Ⅱ式

标本H134①：17，微含细砂，灰褐陶。广肩，素面。口径44、残高8.2厘米（图三六五，1）。

17. H137

位于ⅠT1808北部，部分伸入到探方的北壁中。开口于①层下，打破H153、H154、H158及生土层。坑口距地表0.35米。为全面发掘此坑，将探方向北扩方2.4米。该坑平面形状大体呈椭圆形，坑壁较直，唯东南部台阶以上坑壁外鼓，其底部较平。口径3.06~4.06、深2.32

米。在坑内东南有两个台阶，距坑口1.6米，第一台阶宽约0.65、高0.16米，为弯月状；第二台阶宽约0.5、高0.3米，直到坑底。在坑内北部有一生土台，距坑口1.64米，台面微斜向坑底，宽约0.74米，距坑底0.5米。坑内堆积较松软的黑灰色土，并夹杂有少量石块、鹿角、残骨块等，出土有较多的陶片，另有陶环、陶刀、陶纺轮、陶球、石球、骨锥等小件器物的出土。出土动物骨头可鉴定的属种有圆顶珠蚌、猪、獐、梅花鹿、绵羊等（图三六六）。

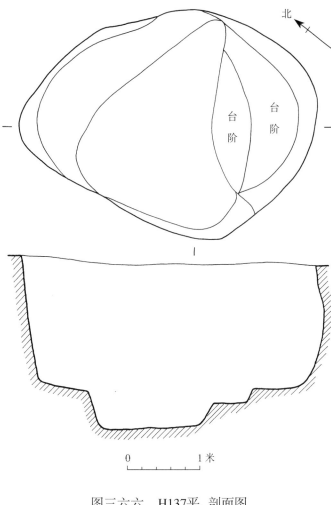

图三六六 H137平、剖面图

H137出土陶器较多，主要有瓶、罐、盆、钵、器盖、豆、釜、灶等，分别占该坑可辨器形的9.21%、47.28%、8.37%、29.28%、4.18%、0.84%、0.42%、0.42%。陶系、纹饰情况详见表一九六。以下按质地分别介绍出土物。

（1）陶器

尖底瓶 均残。

V式

标本H137：29，质略粗，微含细砂，黄褐陶。器表较为粗糙。口径4.5、残高7.6厘米（图三六七，2）。

标本H137：32，夹细砂红陶。肩

表一九六 H137 陶系、纹饰统计表

纹饰 \ 陶系	泥质陶				夹砂陶			合计	百分比（%）
	红	灰	黑灰	小计	红	灰褐	小计		
素面	723	377	19	1119	110	21	131	1250	47.95
绳纹					361	146	507	507	19.45
线纹	670	89		759				759	29.11
彩陶	85			85				85	3.26
绳＋弦纹					6		6	6	0.23
合计	1478	466	19	1963	477	167	644	2607	100
百分比（%）	56.69	17.88	0.73	75.30	18.30	6.40	24.7	100	

部饰横向弦纹加斜向线纹。口径6.3、残高14.2厘米（图三六七，1）。

罐　复原1件。

Aa型Ⅲ式　均残。

标本H137：26，夹砂红陶。肩部饰数个豆瓣状附加堆纹，器表通饰交错绳纹。口径27.4、腹径29.2、残高13.4厘米（图三六七，6）。

C型Ⅲ式　复原1件。

标本H137：17，泥质红陶。折沿，尖圆唇，鼓腹，下腹内收，底微凹。素面。底部有使用的磨痕。这件标本在形态上与C型Ⅲ式罐相近，只是这个罐较小。口径11.1、腹径12.6、底径7.2、高11.2厘米（图三六七，3；图版六三，4）。

盆　均残。

Aa型Ⅲ式

标本H137：24，泥质红陶。唇饰一周黑彩，腹部以黑彩绘有三角纹等。口径23、残高4.8厘米（图三六七，7）。

C型Ⅲ式

标本H137：22，泥质褐陶。素面。口径19.2、残高7厘米（图三六七，13）。

彩陶盆残片

标本H137：31，泥质红陶。器表以黑彩绘有由鸟羽纹、弧三角纹及条带纹等组成的图案。残高9.8厘米（图三六七，11）。

钵　复原4件。

C型Ⅲ式

标本H137：2，泥质陶，顶为褐色，下腹部为黑灰色。敛口，圆唇，腹部斜收，平底。素面。器表有明显的刮修痕迹，器内经磨光。口径22、底径8.8、高11.2厘米（图三六七，10；图版六三，8）。

标本H137：11，泥质陶，黄褐色顶，褐色腹。敛口，圆唇，斜弧腹，底部内凹。素面。上腹部经刮修，下腹部磨光。口径22、底径8.6、高8.8厘米（图三六七，17）。

标本H137：14，泥质褐陶。敛口，圆唇，斜弧腹，底部内凹。素面。器表有明显的刮修痕迹，器底部有使用的磨痕。口径18.4、底径4.8、高6.8厘米（图三六七，14）。

标本H137：13，泥质红陶。敛口，圆唇，腹部斜收，平底。素面。沿面及器内抹光，器表有明显的刮修痕迹。口径20.6、底径10.2、高9.8厘米（图三六七，16）。

瓮　均残。

Ⅲ式

标本H137：25，陶质略粗，微含细砂，灰陶。素面。残高4厘米（图三六七，4）。

陶豆　复原1件。

标本H137：5，泥质红陶。敞口，圆唇，高圈足。素面。足为手工捏制。口径11.4、底径5、高6厘米（图三六七，8；图版六三，3）。

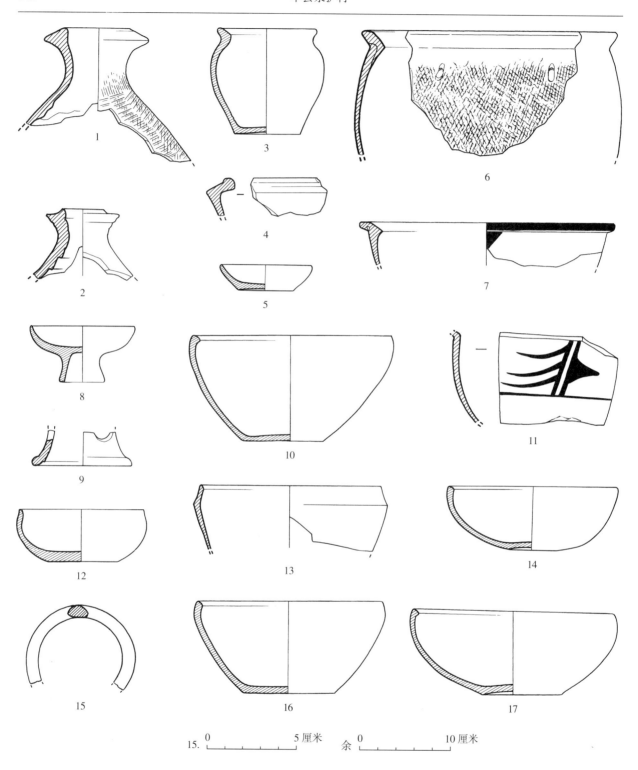

图三六七　H137出土陶器

1、2. V式尖底瓶（H137：32、H137：29）　3. C型Ⅲ式罐（H137：17）　4. Ⅲ式瓮（H137：25）　5、12. 碗（H137：16、H137：15）　6. Aa型Ⅲ式罐（H137：26）　7. Aa型Ⅲ式盆（H137：24）　8、9. 豆（H137：5、H137：21）　10、14、16、17. C型Ⅲ式钵（H137：2、H137：14、H137：13、H137：11）　11. 彩陶盆残片（H137：31）　13. C型Ⅲ式盆（H137：22）　15. A型陶环（H137：18）

标本H137：21，柄座部残片，泥质灰陶。形状呈倒扣的喇叭状，圆唇，其上饰有数个镂孔。素面。底径11、残高3.8厘米（图三六七，9）。

碗　复原2件。

标本H137：15，泥质黄褐陶。口微敛，圆唇，弧腹，平底。素面。口径13.8、底径7.4、高5.5厘米（图三六七，12）。

标本H137：16，泥质红陶。敞口，圆唇，斜腹内收，底部内凹。素面。口径10、底径6、高2.8厘米（图三六七，5；图版六三，6）。

陶刀　11件，均残（表一九七）。

B型

标本H137：19，系泥质线纹红陶片加工而成。刃部双面磨制，较为锋利。残长5、宽4.5厘米（图三六八，1）。

陶环　35件，均残（表一九八）。

A型

标本H137：18，泥质黄褐陶。剖面近等腰三角形。素面。内径4.6、外径6、厚1.1厘米（图三六七，15）。

陶球　1件，完整。

标本H137：7，泥质褐陶。通体饰有密集的小麻点。直径1.5厘米（图三六八，4）。

陶纺轮　1件，完整。

标本H137：3，泥质红陶。略呈算盘珠状，弧顶，中部有一圆形通孔。素面。直径5.5、厚2.2厘米（图三六八，3）。

表一九七　H137 陶刀统计表（11 件）

编号	形状			尺寸（厘米）
	A 型（8）	B 型（2）	C 型（1）	长 × 宽
H137：19		√		残长 5×4.5
H137：63	√			残长 9×4.5
H137：64	√			残长 7.8×4.85
H137：65	√			残长 6.3×5.3
H137：66	√			残长 5.3×3.9
H137：67	√			残长 4.3×3.9
H137：68	√			残长 4.2×4.4
H137：69	√			残长 4.5×4.7
H137：70	√			残长 4.9×4.5
H137：71		√		残长 4×4.1
H137：72			√	残长 4.2×4.5

表一九八　H137 陶环统计表（35 件）

编号	形状				尺寸（厘米）	保存状况	备注
	A 型（30）	B 型	C 型（5）	D 型	内径 × 外径 × 厚		
H137：18	√				4.6×6×1.1	残	
H137：82	√				5.6×7.6×0.85	残	
H137：83	√				4.2×6.2×0.53	残	
H137：84	√				5.2×6.8×1	残	
H137：85	√				5.3×6.6×1.33	残	
H137：33	√				4.6×6.4×0.85	残	
H137：34	√				4.6×6.9×0.9	残	
H137：35	√				4.7×6.6×0.6	残	
H137：36	√				5.2×6.4×1.1	残	
H137：37	√				4,8×6.2×1.05	残	
H137：38	√				3.8×5.2×0.65	残	
H137：39	√				5×6.8×0.6	残	
H137：40	√				4.4×6.2×0.6	残	
H137：41	√				4×5.4×0.63	残	
H137：42	√				4.2×6.4×0.6	残	
H137：43	√				4.8×6.4×0.6	残	
H137：44	√				4.4×6×0.75	残	
H137：45	√				4×5.6×0.7	残	
H137：46	√				4.7×6.2×1.1	残	
H137：47	√				5.4×7.2×0.8	残	
H137：48	√				4.8×6.6×0.6	残	
H137：49	√				4×5.6×0.7	残	
H137：50	√				3.6×5×0.7	残	
H137：51	√				4.6×6.4×0.56	残	
H137：52	√				3.8×5.3×0.65	残	
H137：53	√				4×6×0.75	残	
H137：54	√				4.6×6.4×1	残	
H137：55	√				6×8.8×0.95	残	
H137：56	√				4.6×6.2×0.8	残	
H137：57	√				4.4×6.4×0.6	残	
H137：58			√		4.4×7.6×1.3	残	齿轮状
H137：59			√		3.6×5.8×0.7	残	齿轮状
H137：60			√		4×5.7×0.7	残	细密凸棱（齿轮状）
H137：61			√		4.3×6.3×0.8	残	细密凸棱
H137：62			√		4.8×7×0.9	残	细密凸棱

（2）石器

石球　2件，完整。素面，器表有明显的琢制痕迹。

标本H137：4，系花岗岩加工而成。直径3.5厘米（图三六八，5；图版六四，8）。

标本H137：9，系料姜石制成。直径4.8厘米（图三六八，2）。

（3）骨器

骨锥　2件，完整。一端尖利。

标本H137：1，系动物骨劈裂加工而成。器身保留原劈裂面，锋部尖锐，并经磨光。长13.1厘米（图三六八，6）。

标本H137：6，系兽类肢骨磨制而成。器身管状，柄端保持骨关节原状。锋端尖锐，异常锋利。长11.7厘米（图三六八，7）。

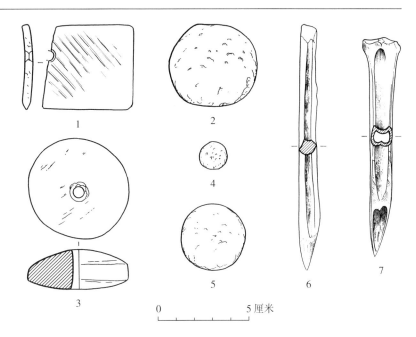

图三六八　H137出土器物

1. B型陶刀（H137：19）　2、5. 石球（H137：9、H137：4）　3. 陶纺轮（H137：3）　4. 陶球（H137：7）　6、7. 骨锥（H137：1、H137：6）

此外，在H137还出土一些与庙底沟文化二期特征接近的陶器。介绍如下。

尖底瓶　均残。

Ⅳ式

标本H137：28，泥质红陶，略泛黄。器表饰斜线纹。口径6、残高7.8厘米（图三六九，4）。

罐　均残。

Ab型Ⅱ式

标本H137：27，夹砂红陶。折沿，圆唇，沿内一周内凹，束颈，鼓腹。器表饰竖向绳纹。口径26.4、残高9厘米（图三六九，3）。

标本H137：30，夹砂红陶。肩部饰有纽扣状附加堆纹，颈下饰横向绳纹，腹部饰斜绳纹。口径36、残高8.8厘米（图三六九，1）。

钵　复原1件。

A型Ⅱ式　均残。

标本H137：20，泥质红陶，略泛黄。敛口，圆唇，弧腹斜收。唇部饰有一周黑彩，器表以黑彩绘有由圆点、平行线、弧形三角纹等组成的图案，仅残存一组，其地纹图案形似瓢虫。残高6厘米（图三六九，5）。

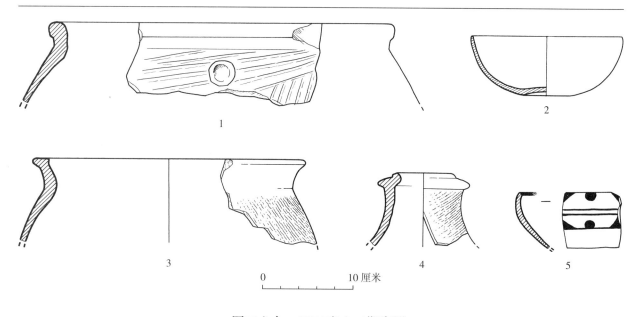

图三六九　H137出土二期陶器

1、3. Ab型Ⅱ式罐（H137：30、H137：27）　2. C型Ⅱ式钵（H137：8）　4. Ⅳ式尖底瓶（H137：28）　5. A型Ⅱ式钵
（H137：20）

C型Ⅱ式　复原1件。

标本H137：8，泥质红陶，红顶，褐腹。敞口，圆唇，斜弧腹，底部内凹。素面。口径16.6、底径5、高6.4厘米（图三六九，2；图版六三，7）。

18. H141

位于ⅠT0601西部，部分伸入到ⅠT0501内。开口于④b层下，被H23、H113、H144打破，打破H47。坑口距地表2.1米。平面形状大体呈椭圆形，坑壁较直，唯东南壁向外倾斜，坑底北部高于南部0.04米，西部高于东部0.12米。口径2.2~3.16、深2.34米。西部为一弯月状平台，台面平整，距坑口1.1、宽1.26米。平台的东部偏北为一斜坡状台阶，直到坑底，该斜坡距台面高为0.48、宽0.6米。坑内堆积松散的灰色土，在距坑口1.9米处，有一层厚约0.2米的白色草木灰烬，内夹杂有较多的螺壳以及少量的草拌泥块、红烧土块、动物骨头等。该坑堆积中上部夹杂陶片较少，下部较多，另有陶环、陶刀、石斧、石凿、骨锥、骨笋等小件器物的出土。出土动物骨头经鉴定的属种有猪、小猪、獐、梅花鹿、绵羊、牛等（图三七〇；图版五三，1）。

H141所出器物以庙底沟文化三期为主，陶器主要有瓶、罐、盆、钵、瓮、灶、器盖等，分别占该坑可辨器形的11.11%、29.63%、14.81%、35.57%、3.70%、0.74%、4.44%。陶系及纹饰情况详见表一九九。出土物按质地分别介绍如下。

（1）陶器

尖底瓶　均残。

Ⅴ式

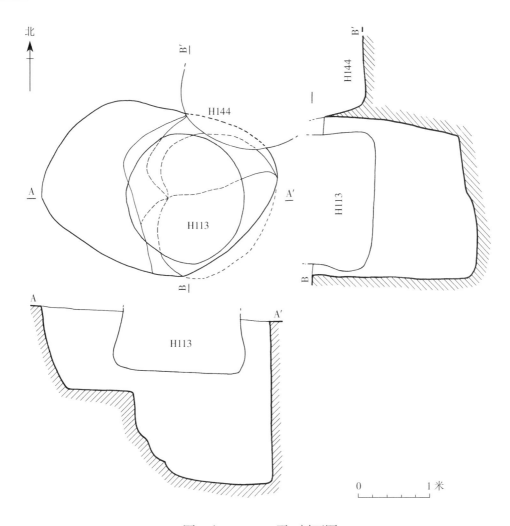

图三七〇　H141平、剖面图

表一九九　H141 陶系、纹饰统计表

纹饰 \ 陶系	泥质陶					夹砂陶					合计	百分比（%）
	红	黄褐	褐	灰	小计	红	黄褐	褐	灰	小计		
素面	168	59	160	100	487	44	15	19	68	146	633	45.70
绳纹		3			3	37	75	53	65	230	233	16.82
线纹	206	50	121	26	403						403	29.10
彩陶	110				110						110	7.94
弦纹	1				1						1	0.07
绳+弦纹						1				1	1	0.07
绳+堆纹						1	3			4	4	0.29
合计	485	112	281	126	1004	83	93	72	133	381	1385	100
百分比（%）	35.02	8.08	20.29	9.10	72.49	5.99	6.72	5.20	9.60	27.51	100	

标本H141：14，泥质红陶，器内陶色为灰色。通体饰线纹，颈至腹部饰有十道凹弦纹。口径4.8、腹径25.8、残高28.2厘米（图三七一，4）。

标本H141：23，质略粗，微含细砂，黄褐陶。口径6、残高5厘米（图三七一，3）。

葫芦口瓶　均残。

A型Ⅲ式

标本H141：25，质略粗，微含细砂，黄褐陶。肩部饰竖线纹。器内明显可见泥条盘筑痕迹。口径5、残高11.2厘米（图三七一，2）。

罐　均残。

Aa型Ⅲ式

标本H141：26，夹砂红陶。颈下饰有数道横向划纹加斜绳纹，肩部饰斜绳纹。口径37.8、残高13厘米（图三七一，7）。

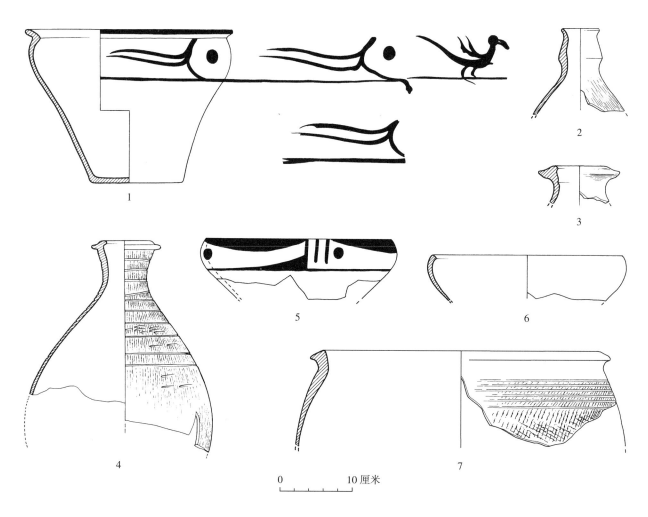

图三七一　H141出土陶器

1. B型Ⅲ式盆（H141：9）　2. A型Ⅲ式葫芦口瓶（H141：25）　3、4. V式尖底瓶（H141：23、H141：14）　5. A型Ⅲ式钵（H141：47）　6. C型Ⅲ式钵（H141：22）　7. Aa型Ⅲ式罐（H141：26）

盆　复原1件。

B型Ⅲ式

标本H141∶9，泥质红陶。敛口，沿外撇，圆唇，深腹微曲，平底。唇部饰有一周黑彩，腹部以黑彩绘有由一个象生鸟纹和三个简化鸟纹组成的图案，其下饰一周条带纹。如果将图案展开看，条带纹似平静的水面，而鸟在水面上作收翅滑翔状，或正在捕捉水中的鱼儿或欲要在水上降落，泉护先民们用精湛技艺将这一瞬间定格在了彩陶上。器口沿及器表有明显的刮修痕迹。口径27.5、底径12.5、高20.4厘米（图三七一，1；彩版四六，3）。

钵　均残。

A型Ⅲ式

标本H141∶47，泥质陶，红色顶，灰色腹。敛口，圆唇，弧腹斜收。唇部饰有一周黑彩，器表以黑彩绘有由垂弧、圆点、弧形三角、竖线纹等组成的图案，其下以带状纹绕器一周，图案的地纹是典型的"西阴纹"。器表有明显的刮修磨痕，沿内有明显慢轮修制的痕迹。口径24.8、残高8厘米（图三七一，5）。

C型Ⅲ式

标本H141∶22，泥质陶，黄褐色顶，灰色腹。素面。口径24.8、残高6厘米（图三七一，6）。

碗　复原1件。

标本H141∶8，泥质黄褐陶。口微敛，圆唇，腹部斜收，底部微凹。素面。器顶有明显的

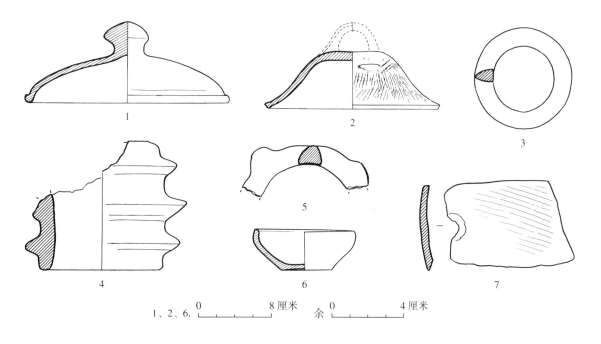

图三七二　H141出土陶器

1. B型Ⅲ式器盖（H141∶11）　2. Aa型Ⅲ式器盖（H141∶10）　3. A型陶环（H141∶15）　4、5. C型陶环（H141∶12、H141∶21）　6. 碗（H141∶8）　7. A型陶刀（H141∶13）

磨光痕迹。口径11、底径5.4、高4.4厘米（图三七二，6；图版六五，1）。

器盖　复原1件。

Aa型Ⅲ式　均残。

标本H141：10，夹砂褐陶。喇叭形口，方唇，形如覆钵。器表饰斜绳纹。器内显见抹光痕迹。口径18.8、残高6.1厘米（图三七二，2）。

B型Ⅲ式　复原1件。

标本H141：11，夹细砂灰褐陶。敞口，沿外卷，圆唇，形如覆钵，蘑菇状提柄。素面。器表抹光。口径22.4、高8.6厘米（图三七二，1；彩版四六，2）。

陶环　15件，1件完整（表二○○）。

A型　1件完整。

标本H141：15，泥质灰陶。横截面呈等腰三角形。素面。内径3.5、外径5.4、厚0.7厘米（图三七二，3；图版六七，1）。

C型　均残。

标本H141：12，泥质褐陶。体宽，外侧有两周平行深凹槽。素面。内径5、外径8.5、宽6.9、厚6.72厘米（图三七二，4；图版六七，2）。

标本H141：21，泥质褐陶。横截面大体呈等腰三角形，外侧有四个乳突，现仅残留两

表二○○　H141陶环统计表（15件）

编号	形状				尺寸（厘米）	保存状况
	A型（12）	B型（1）	C型（2）	D型	内径×外径×厚	
H141：12			√		5×8.5×6.72	残
H141：15	√				3.5×5.4×0.7	完整
H141：21			√		5.5×7.5×1.4	残
H141：31	√				5.4×7.4×0.6	残
H141：32	√				5.6×7.6×0.8	残
H141：33	√				4.4×6.8×0.6	残
H141：34	√				5.6×8.2×0.9	残
H141：35	√				4×5.7×0.68	残
H141：36	√				4×5.7×0.51	残
H141：37	√				4.8×6.2×0.86	残
H141：38	√				4.4×6×0.63	残
H141：39	√				4×5.6×0.5	残
H141：40	√				3.8×5.1×0.44	残
H141：41	√				4.8×6.4×0.72	残
H141：42		√			4.6×5.8×0.5	残

个，内侧有一周弧形凹槽。素面。内径5.5、外径7.5、厚1.4厘米（图三七二，5）。

陶刀　4件，均残。

A型

标本H141：13，系夹细砂灰褐陶片加工而成。刃部单面磨制。残长6.7、宽4.6厘米（图三七二，7）。

（2）石器

石斧　1件，长条形。

标本H141：2，残，由麻岩琢磨而成。残长9.8、宽5.1厘米（图三七三，8）。

石凿　1件，完整。

标本H141：3，系麻岩磨制而成，长4.8、宽2.1厘米（图三七三，6）。

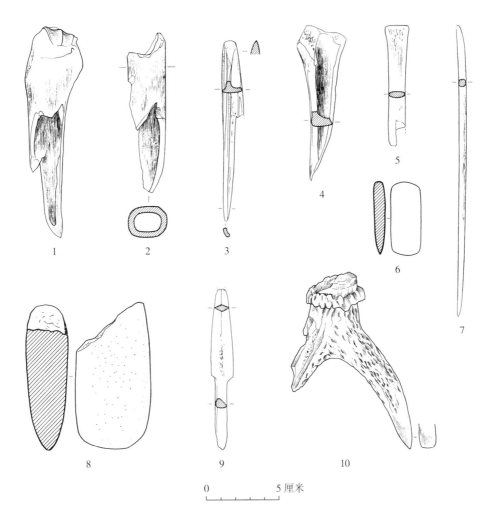

0　　　　　5厘米

图三七三　H141出土器物

1、2、4. 骨锥（H141：4、H141：20、H141：17）　3. 骨器（H141：18）　5. 骨笄（H141：19）

6. 石凿（H141：3）　7. 骨簪（H141：1）　8. 石斧（H141：2）　9. 骨镞（H141：16）　10. 角凿（H141：28）

（3）骨、角器

骨锥 3件，2件完整。器身磨光，一端尖锐。

标本H141：4，系动物肢骨加工而成。一端保持骨节的原状，一端劈裂成尖状，较为锋利。长14.1厘米（图三七三，1）。

标本H141：17，未经打磨。长10.3厘米（图三七三，4；图版六七，4）。

标本H141：20，未经打磨，可能为骨料。长10.7厘米（图三七三，2）。

骨镞 1件，通体磨光。

标本H141：16，残，器表略有朽蚀，锋部略残，两面有脊，刃锋利，断面为菱形。铤部呈四棱状，尾端略残。残长10.7厘米（图三七三，9；图版六七，7）。

骨簪 1件，完整。

标本H141：1，器身磨制精细，一端尖锐，一端圆钝。横截面为圆形或半圆形。长19.6厘米（图三七三，7；图版六七，5）。

骨器 1件。

标本H141：18，一端铲形，刃部略弧、锋利，锋部锥形，较为尖锐。系磨制而成，通体磨制精细、光滑。长12.1厘米（图三七三，3；图版六七，4）。

骨笄 1件，残。

标本H141：19，体扁。残长8厘米（图三七三，5；图版六七，8）。

角凿 1件。

标本H141：28，系鹿角（梅花鹿）加工而成。鹿角主枝劈裂残断，眉枝尖端两面磨制成

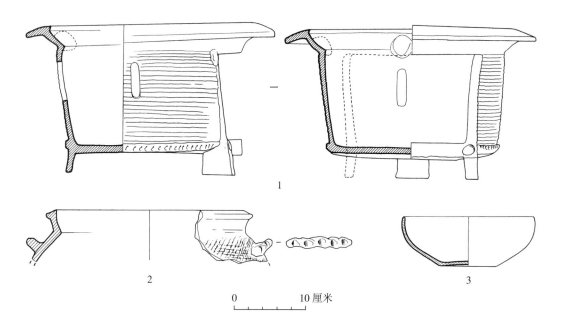

图三七四 H141出土一、二期陶器

1. I式灶（H141：6） 2. Ab型II式罐（H141：24） 3. C型II式钵（H141：5）（1为一期，余为二期）

刃，较为锋利，角柄一周有砍剁痕迹。通高12、刃宽1.1厘米（图三七三，10；图版六七，6）。

另外，在H141中还发现一些与庙底沟文化一、二期特征接近的陶器。分别介绍如下。

罐　均残。

Ab型Ⅱ式

标本H141：24，夹砂黄褐陶。肩部饰有两对称的鸡冠状錾，并饰交错绳纹，腹部通饰斜绳纹。口径25.8、残高7厘米（图三七四，2）。

钵　复原1件。

C型Ⅱ式

标本H141：5，泥质红陶，器顶三分之二为灰褐色。直口微敛，圆唇，腹部斜收，底部内凹。素面。器表光滑，器内抹光。口径17.8、底径7.6、高6.6厘米（图三七四，3；彩版四六，5）。

灶　复原1件。

Ⅰ式

标本H141：6，夹砂红陶。宽沿外折，圆唇，沿内有一周内弧，筒腹，平底，下附三足。在沿内等距离设有三个鹰喙状泥突，起支撑陶釜、使釜灶间保持一定距离，以便通风过火，除此之外，为保持良好的通风效果，在灶身还设了三个竖条形镂孔。灶门略呈倒梯形，上端两侧各饰有隼头形泥饰，现已残缺，下端两侧各贴有一圆形泥饼，沿面磨光，沿内及沿外抹光，灶身外侧施整齐的平行弦纹，底部为一周锯齿状花边。口径28、底径22、高17.2厘米（图三七四，1；图版六五，5）。

19. H144

位于ⅠT0601北部，部分伸入ⅠT0602内。开口于④b层下，打破H133、H141及生土层。坑口距地表2.1米。平面形状大体呈椭圆形，底部东高西低呈缓坡状。口径2.38~3.5、深0.92米。坑内堆积较硬的灰褐色土，并夹杂有少量的红烧土块、石块等物，出土有少量陶片及动物骨头等。出土动物骨骼经鉴定的属种有猪、小猪、梅花鹿等（图三七五；图版五三，1）。

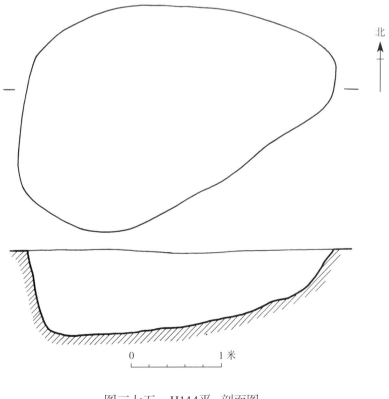

图三七五　H144平、剖面图

表二〇一　H144 陶系、纹饰统计表

纹饰＼陶系	泥质陶					夹砂陶				合计	百分比（%）
	红	黄褐	褐	灰	小计	红	褐	灰褐	小计		
素面	38	25	32	60	155		36	18	54	209	44.56
绳纹						45		116	161	161	34.33
线纹	24	3	10	9	46	12		11	23	69	14.71
彩陶	15				15					15	3.20
绳＋堆纹						5		10	15	15	3.20
合计	77	28	42	69	216	62	36	155	253	469	100
百分比（%）	16.42	5.97	8.96	14.71	46.06	13.22	7.67	33.05	53.94	100	

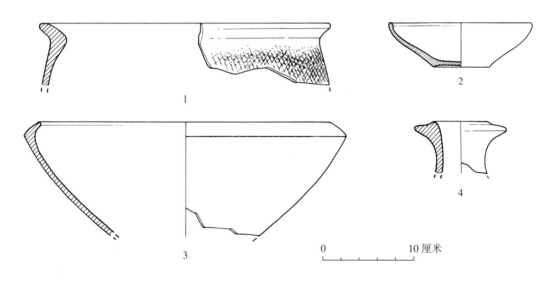

0　　　　　　　　　10 厘米

图三七六　H144出土陶器

1. Aa型Ⅲ式罐（H144：11）　2. 浅腹钵（H144：1）　3. D型Ⅲ式盆（H144：12）　4. Ⅵ式尖底瓶（H144：10）

　　H144出土陶器主要有瓶、罐、盆、钵、瓮、灶、器盖等，分别占该坑可辨器形的9.09%、48.86%、12.50%、22.73%、3.41%、1.14%、2.27%。陶系、纹饰情况详见表二〇一。出土物分别介绍如下。

　　尖底瓶　均残。

　　Ⅵ式

　　标本H144：10，夹细砂黄褐陶。口径5.8、残高5.5厘米（图三七六，4）。

　　罐　均残。

　　Aa型Ⅲ式

　　标本H144：11，夹砂褐陶。敛口，圆唇，沿内加厚，鼓腹。器表饰交错绳纹。口沿内外抹光。口径31.8、残高6.6厘米（图三七六，1）。

盆　均残。

D型Ⅲ式

标本H144：12，泥质黄褐陶。素面。器表有明显的刮修磨痕。口径32、残高12厘米（图三七六，3）。

浅腹钵　复原1件。

标本H144：1，泥质红陶。敞口，圆唇，腹部微曲，底部内凹。素面。器表、器内经刮修。口径15.6、底径6、高4.6厘米（图三七六，2）。

20. H152

位于ⅠT2609北部偏东，部分延伸到探方外。开口于②层下，东北部被一扰坑打破，并打破生土层。坑口距地表2.34~2.9米。平面形状大体呈椭圆形，坑壁内收，底部北高南低，且凹凸不平。口径3~3.5、底径2.34~2.9、深0.74米。周壁距坑口0.15~0.55米间分布有11个小洞，直径0.04~0.08米，D1深0.1米，D2深0.12米，D3深0.04米，D4深0.08米，D5深0.04

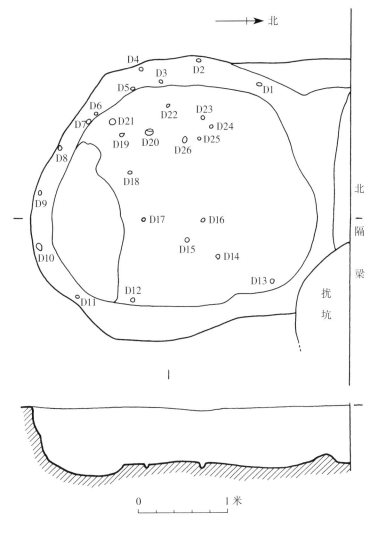

图三七七　H152平、剖面图

米，D6深0.06米，D7深0.04米，D8深0.08米，D9深0.12米，D10深0.06米，D11深0.04米，底部亦分布有15个小洞，直径0.04~0.09米，D12深0.05米，D13深0.06米，D14深0.08米，D15深0.06米，D16深0.07米，D17深0.04米，D18深0.04米，D19深0.06米，D20深0.1米，D21深0.04米，D22深0.06米，D23深0.06米，D24深0.05米，D25深0.05米，D26深0.26米。在底部南端有一椭圆形锅底状小坑，口径0.78~1.69、深0.15米。北端有一宽0.14~0.52、高0.1米的生土梁，其外没有发掘，被压在北隔梁下。坑内堆积较松软的浅灰色土，出土有少量陶片，并有陶刀等小件器物的出土。根据该坑的形状及其周壁和底部分布的柱洞分析，很可能与当时人类居住有关，但由于没有全面发掘，对其用途无法进一步判断（图三七七）。

H152出土陶器极少，主要有罐、盆、钵、瓮、器盖等，分别占该坑可辨器形的38.10%、19.05%、28.57%、4.76%、9.52%。陶系、纹饰情况详见表二〇二。出土物分别介绍如下。

罐　均残。

表二〇二　H152 陶系、纹饰统计表

纹饰 ＼ 陶系	泥质陶					夹砂陶				合计	百分比（%）
	红	黄褐	褐	灰	小计	红	褐	灰褐	小计		
素面	48	12	11	32	103	7		2	9	112	48.48
绳纹								64	64	64	27.71
线纹	16	11		3	30					30	12.99
彩陶	6				6					6	2.60
绳＋弦纹							5	3	8	8	3.46
绳＋堆纹							2		2	2	0.87
绳＋弦＋堆纹								5	5	5	2.16
绳＋堆＋指窝纹								4	4	4	1.73
合计	70	23	11	35	139	7	7	78	92	231	100
百分比（%）	30.30	9.96	4.76	15.15	60.17	3.03	3.03	33.77	39.83	100	

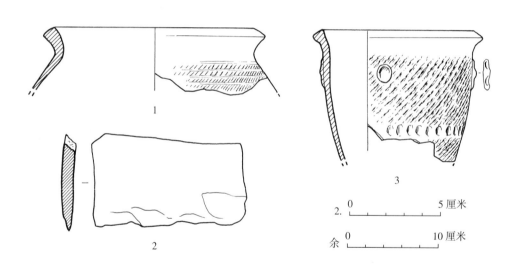

图三七八　H152出土陶器

1. Ab型Ⅲ式罐（H152：5）　2. C型陶刀（H152：1）　3. B型Ⅱ式罐（H152：6）（3为二期，余为三期）

Ab型Ⅲ式

标本H152：5，夹砂灰褐陶。肩部饰数道平行弦纹，器表饰斜绳纹。口径22、残高7.2厘米（图三七八，1）。

陶刀　1件，完整。

C型

标本H152：1，系泥质灰陶片加工而成。平面大体呈长方形，刀背及两侧保留陶片的残断面，刃部一面磨制，一面打制，并留有锯齿状使用痕迹。长8.3、宽4.4~4.9厘米（图三七八，2）。

同时，在本单位中还出土有极少量具有庙底沟文化二期特征的器物。介绍如下。

罐　均残。

B型Ⅱ式

标本H152：6，夹砂褐陶。敞口，方唇，颈下分别饰有两两对称的纽扣状泥饼和豆瓣状附加堆纹，瘦深腹。腹中部饰有一周指窝纹，器表通饰斜绳纹。下腹部有明显的竖向刮修痕迹。口径16.6、残高14.6厘米（图三七八，3）。

21. H160

位于 Ⅰ T2308东南部，开口于②层下，被M17打破，打破生土层。坑口距地表0.7米。为全面发掘此坑，将探方向南部扩方1米。该坑平面形状大体呈椭圆形，坑壁内收。口径2.1~3.4、底径1.4~1.6、深2.1米。坑

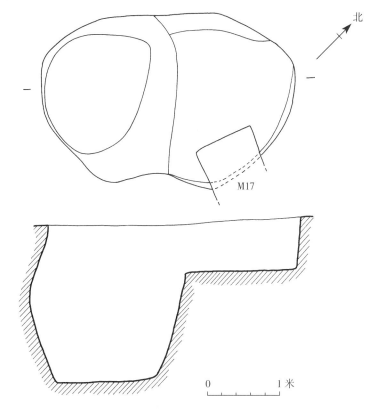

图三七九　H160平、剖面图

底东北部距坑口0.68米处有一宽1.6米的生土平台，与其东南部形成一个口径1.86~2.18、底径1.34~1.68、深1.4米的近半圆形小坑，小坑西南部坑壁外鼓，东北部坑壁内收，底部较平。该坑堆积疏松的浅灰色土，出土有较多的陶片和少量的动物骨头，另有陶环、陶刀、陶支垫、骨镞等小件器物的出土。出土动物骨骼可鉴定的属种有猪、獐等（图三七九）。

H160出土陶器主要有瓶、罐、盆、钵、器盖、盂等，分别占该坑可辨器形的11.94%、50.00%、0.75%、29.10%、7.46%、0.75%。陶系、纹饰情况详见表二〇三。出土物按质地介绍如下。

（1）陶器

尖底瓶　均残。

Ⅵ式

标本H160：27，质略粗，黄褐陶。直口，斜沿，双唇不明显。器表通饰斜线纹。口径6、残高6.4厘米（图三八〇，8）。

罐　复原1件。

Aa型Ⅲ式　均残。

标本H160：29，夹砂黄褐陶。敛口，圆唇，溜肩，鼓腹。沿面压印一周绳纹，颈部饰有一周枣核状戳刺纹，肩部饰有履带状附加堆纹，器表通饰交错绳纹。从陶片的断面看，器口

表二〇三　H160 陶系、纹饰统计表

纹饰 ＼ 陶系	泥质陶			夹砂陶			合计	百分比（%）
	红	灰	小计	红	灰褐	小计		
素面	438	250	688	203	47	250	938	43.65
绳纹				408	202	610	610	28.39
线纹	408	24	432				432	20.10
彩陶	95		95				95	4.42
弦纹				19		19	19	0.88
附加堆纹		5	5	18	12	30	35	1.63
绳 + 弦纹				20		20	20	0.93
合计	941	279	1220	668	261	929	2149	100
百分比（%）	43.79	12.98	56.77	31.08	12.15	43.23	100	

的接法是沿包帮。残高9.6厘米（图三八〇，9）。

Ab型Ⅲ式　均残。

标本H160∶26，夹砂黄褐陶。肩部饰有两对称的鸡冠状錾，现仅残留錾手痕迹。颈部压印有一周篦点状纹，器表通饰交错绳纹。口径19、残高7厘米（图三八〇，1）。

C型Ⅲ式　复原1件。

标本H160∶6，泥质灰陶。敛口，圆唇，鼓腹，下腹呈反弧状，平底。素面。口径15、腹径19.8、底径9.2、高16.2厘米（图三八〇，5；图版六六，1）。

F型Ⅲ式　均残。

标本H160∶28，泥质褐陶。唇饰一周黑彩，沿面以黑彩绘有圆点纹等图案，器表以黑彩绘有由倒三角、圆点、柳叶状纹等组成的图案，其地纹形似蝴蝶。器表磨光。口径15.2、残高11厘米（图三八〇，2）。

夹砂小罐　复原1件。

标本H160∶10，夹砂红陶。口敞微，方唇，腹部微鼓，平底。沿面饰绳切纹，器表饰斜绳纹，近器底部饰数道横绳纹。口径8、底径5.8、高8.3厘米（图三八〇，4）。

盆　均残。

C型Ⅲ式

标本H160∶16，泥质褐陶。腹部残留一小部分条形錾痕迹。素面。器表磨光。口径28.8、残高6厘米（图三八一，6）。

直壁盆　复原1件。

标本H160∶8，泥质红陶。敞口，圆唇，腹部斜直，饼形底。素面。上腹部饰对称的两鸡冠状錾。口径29.5、底径16.4、高15.4厘米（图三八一，1；图版六六，2）。

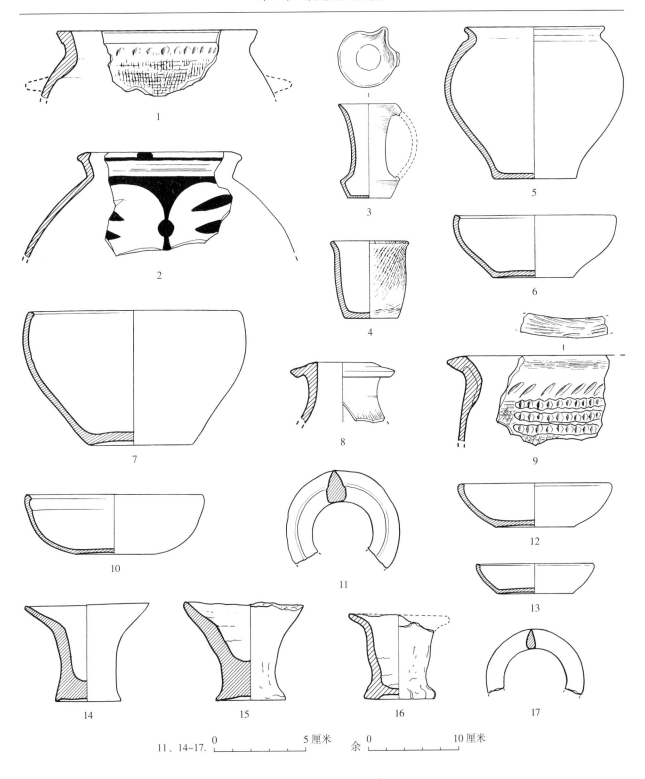

图三八〇　H160出土陶器

1. Ab型Ⅲ式罐（H160：26）　　2. F型Ⅲ式罐（H160：28）　　3. 带流单把杯（H160：5）　　4. 夹砂小罐（H160：10）　　5. C型Ⅲ式罐（H160：6）　　6、7、10. C型Ⅲ式钵（H160：15、H160：7、H160：14）　　8. Ⅵ式尖底瓶（H160：27）　　9. Aa型Ⅲ式罐（H160：29）　　11、17. A型陶环（H160：22、H160：21）　　12、13. 浅腹钵（H160：11、H160：12）　　14、15. C型杯（H160：3、H160：25）　　16. A型杯（H160：24）

折沿盆　复原1件。

标本H160：9，夹砂红陶。方唇，宽沿向外斜下折，浅腹，下腹呈反弧状，底部内凹。素面。沿面抹光，其上残留一圆形小孔，腹部显见横向刮痕。口径28、底径12.2、高9.2厘米（图三八一，9；图版六六，4）。

钵　复原3件。

C型Ⅲ式　复原3件。

标本H160：7，泥质红陶。敛口，圆唇，上腹微鼓，下腹斜收，底部内凹。素面。器表及沿内经磨光，器底下腹部及器底内外显见刮痕，器底上略见使用的磨痕。口径23.2、底径11.4、高14.4厘米（图三八〇，7；图版六六，3）。

标本H160：14，泥质红陶。敛口，圆唇，腹部斜收，底部内凹。素面。沿内有一周刮削痕迹。口径19.4、底径8.4、高6.4厘米（图三八〇，10；图版六五，3）。

标本H160：15，泥质黄褐陶。敛口，方唇，曲腹，底部微凹。素面。器表有明显的横向刮痕。口径17.5、底径8.9、高6.6厘米（图三八〇，6；图版六五，4）。

浅腹钵　复原2件。

标本H160：12，泥质红陶。口微敛，圆唇，腹部斜收，底微凹。素面。沿外有明显的横向磨光痕迹。口径13、底径8.3、高3.2厘米（图三八〇，13）。

标本H160：11，夹砂红陶。直口，圆唇，腹部斜收，底部内凹。素面。器表磨光，器内抹光，器底有使用的磨痕。口径16、底径8.4、高5.7厘米（图三八〇，12；图版六五，2）。

杯　9件，2件较完整。

A型　均残。

标本H160：24，夹砂红陶。素面。口径6.5、底径4、高4.5厘米（图三八〇，16）。

C型　2件较完整。

标本H160：3，泥质褐陶。喇叭形口，圆唇，筒状腹，底部内凹略外撇。素面。口沿内外抹光。口径6.5、底径3.6、高5.1厘米（图三八〇，14）。

标本H160：25，夹砂红陶。喇叭形口，圆唇，腹部斜收，底部内凹外撇。素面。口沿内外抹光，手工捏制。口径7、底径3.8、高5.2厘米（图三八〇，15）。

带流单把杯　复原1件。

标本H160：5，泥质红陶，泛黄。敞口，束腰，平底，把手残。素面。器表打磨较光。口径6.2、底径4.7、高10.1厘米（图三八〇，3；彩版四六，4）。

陶刀　9件，5件完整。

A型　4件完整。

标本H160：4，系泥质红陶片加工而成。整器大体呈长方形，刀背打制平齐，两端各打制一个缺口。刃部双面打制，较为锋利。长9.5、宽4.5厘米（图三八一，2）。

标本H160：17，系泥质灰陶片加工而成。整器大体呈圆角长方形，一角残缺，刀背打磨平直，两端各打制一三角形缺口。刃部单面打制，较钝。长6.7、宽4.1厘米（图三八一，11）。

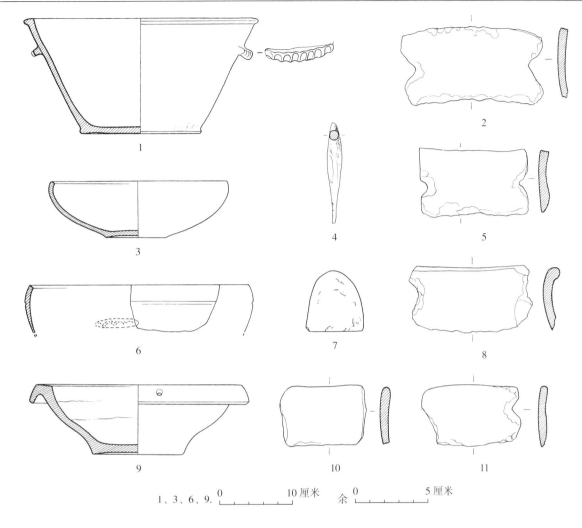

图三八一　H160出土器物

1. 陶直壁盆（H160∶8）　2、5、8、11. A型陶刀（H160∶4、H160∶18、H160∶20、H160∶17）　3. A型Ⅰ式陶钵（H160∶13）
4. 骨镞（H160∶1）　6. C型Ⅲ式陶盆（H160∶16）　7. 陶支垫（H160∶23）　9. 陶折沿盆（H160∶9）　10. C型陶刀
（H160∶19）（3为一期，余为三期）

标本H160∶18，系泥质褐陶片加工而成。整器平面大体呈长方形，刀背略经磨光，较为平直，两端各有一三角形缺口。刃部单面磨制，另一面略经打制，经使用刃部变得较为圆钝。长7.5、宽4.3厘米（图三八一，5）。

标本H160∶20，系泥质红陶钵的口沿残片打制而成。整器平面大体呈圆角长方形，刀背保留陶钵口沿的原状。两端各打制一三角形缺口，刃部单面打制，较为锋利。长8.4、宽4.3厘米（图三八一，8）。

C型　1件完整。

标本H160∶19，系泥质黄褐陶片加工而成。刀背保留陶钵口沿的原状，两端较为平直，刃部一面打制，另一面略经打制。长5.8、宽3.9厘米（图三八一，10）。

陶环　3件，均残。

A型

标本H160：21，泥质灰陶。素面。内径3.4、外径5.4、厚0.5厘米（图三八〇，17）。

标本H160：22，残，夹细砂红陶。为尖底瓶的口部磨制而成，剖面大体呈等腰三角形。素面。内径3.4、外径6.4、厚1.1厘米（图三八〇，11）。

陶支垫　1件，完整。

标本H160：23，泥质灰陶。陀螺状，弧顶，平底。素面。底径3.9、高4厘米（图三八一，7；图版六七，3）。

（2）骨器

骨镞　1件，较完整。

标本H160：1，器身呈枣核状，横断面为圆形，锋部圆钝，铤部较短，呈圆锥状，略残。通体磨光，一面略有朽蚀。残长6.7厘米（图三八一，4；图版六七，9）。

同时，此单位还出土具有庙底沟文化一期特征的陶器。介绍如下。

钵　复原1件。

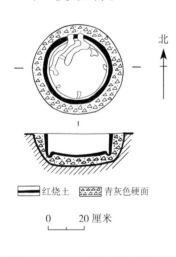

图三八二　Z2平、剖面图

A型 I 式

标本H160：13，泥质陶，红顶，褐腹。敛口，方唇，斜弧腹，底部内凹。素面。器表有明显的横向刮修痕迹。口径25、底径8.2、高7.5厘米（图三八一，3）。

22. Z2

位于 I T0402东南角，西为Z3，相距0.3米。开口于②层下，打破③层及H20。灶口距地表1米。平面呈圆形，壁较直，底略呈锅底状。口径0.34、底径0.33、深0.12米。内填松散的灰色土，并夹杂有大量的红烧土等物，出土有少量的泥质及夹砂红陶、灰陶。可辨器形有陶鬲等器物的口沿残片。灶壁与灶底均烧成坚硬的厚0.01~0.15米的青灰色硬面，其底部有许多不规则的小孔，灶外红烧土厚约0.06米（图三八二；图版五三，2）。

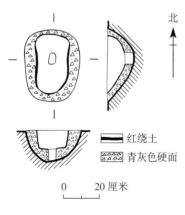

图三八三　Z3平、剖面图

23. Z3

位于IT0402东南角，东距Z2约0.3米。开口于②层下，打破③层及H20。坑口距地表1米。平面形状大体呈椭圆形，东西两壁略内收，北壁弧收，灶壁均烧成厚约0.04~0.07米的暗红色硬面，南部呈斜坡状伸入灶底，底部呈锅底状。口径0.18~0.38、深0.1米。内填较松散的灰色土，并夹杂有大量的红烧土等物，出土有极少量的泥质及夹砂红、灰陶。无可辨器形。另外，在灶底中部有一长方形坑窝，长0.06、宽0.04、深0.06米（图三八三；图版五三，2）。

陕西省考古研究院田野考古报告　第53号

华县泉护村

——1997年考古发掘报告

陕西省考古研究院
渭南市文物旅游局　编著
华 县 文 物 旅 游 局

文物出版社

北京·2014

The Quanhucun Site in Huaxian County

A Report of the 1997-Year Excavation

By

Shaanxi Provincial Institute of Archaeology

Weinan Municipal Administration of Cultural Relics and Tourism

Huaxian County Administration of Cultural Relics and Tourism

Cultural Relics Press

Beijing · 2014

第四章　其他时期遗存

第一节　周代遗存

泉护村1997年的发掘中还发现有少量的西周及东周时期遗存。

一　西周遗存

在部分地层及庙底沟文化灰坑的上层发现了少量西周陶器，推测可能是混入或扰乱形成的。

甗　标本ⅠT0401③：5，夹砂灰褐陶，口部及腰部以下残缺。通饰竖绳纹。残高23.2厘米（图三八四，1）。

鬲　标本H9：30，夹砂灰陶，敞口，圆唇，领外翻，腹部微鼓，裆部内凹，袋足，无实足根。口沿内外及颈部抹光，器表通饰斜绳纹。口径21、腹径23.4、高20.5厘米（图三八四，2）。

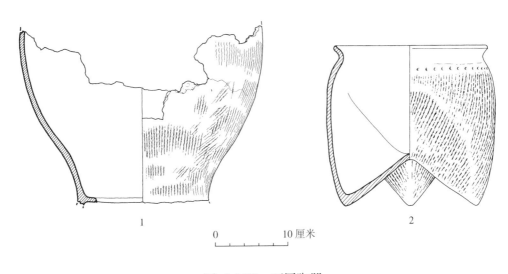

0   10厘米

图三八四　西周陶器

1.甗（ⅠT0401③：5）　2.鬲（H9：30）

二 东周遗存

发现3座瓮棺及1座土坑墓（附表二）。

1. W1

位于ⅠT0301中部偏北。开口于①层下，打破H18及生土。墓口距地表0.9米。平面形状近长方形，竖穴土圹，墓底较平，长0.9、宽0.35、深0.16米。内填松散的灰色五花土。葬具仅残留陶鬲1件，竖立放置于墓圹中，内葬散乱的小孩骨殖，属二次葬，葬式不清，年龄、性别不详（图三八五；图版六八，1）。

陶鬲

标本W1:1，夹砂灰陶。侈口，方唇，领外翻，鼓腹，宽弧裆，矮实足根。器表通饰交错绳纹，足上饰麦粒状纹。口沿内外抹光，器表有烟熏的炱痕，裆部被火烧成暗红色。口径24.2、腹径29.6、高27.9厘米（图三八六；彩版五〇，1）。

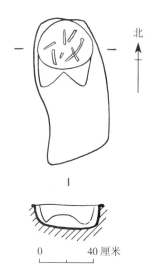

图三八五　东周W1平、剖面图

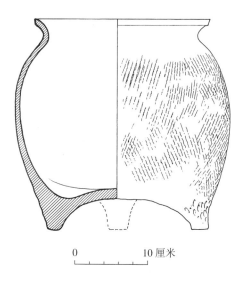

图三八六　东周W1出土陶鬲（W1:1）

2. W2

位于ⅢT2401东北部。开口于①层下，打破生土层。墓口距地表0.4米，平面形状呈不规则形，竖穴土圹，墓底呈锅底状，墓口长0.78、宽0.6、深0.64米。内填较为松散的黄灰色五花土。葬具由1件陶瓮和1件陶盆组成，倒置放于墓圹中，陶盆紧扣于陶瓮的口部，陶瓮近底部有一圆形钻孔，其内骨殖已朽（图三八七；彩版四九，1）。

陶盆

标本W2:1，泥质灰陶。敞口，沿外折，方唇，折腹，下腹部微内弧，平底。器表上腹部磨光，沿面及器内有数道轮制的同心圆划痕，器内中部有一周凹槽，器表下腹部明显经刮修。口径40.2、底径21.4、高14.8厘米（图三八七，1；图版六九，1）。

陶瓮

标本W2:2，泥质灰陶。直口，小矮领，圆唇，鼓肩，深腹，平底。器表素面，折肩处刻划有五条竖线状纹，近底部有一小圆孔。口沿及器表有明显的轮制痕迹。口径30.1、腹径63.6、底径23.2、高53厘米（图三八七，2；图版六九，1）。

3. W3

位于ⅠT2109东南部。开口于①层下，打破H161及

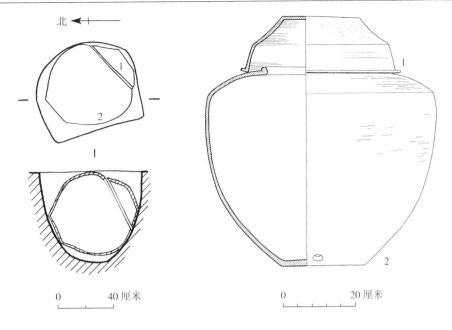

图三八七　东周W2平、剖面图及出土葬具

1. 陶盆　2. 陶瓮

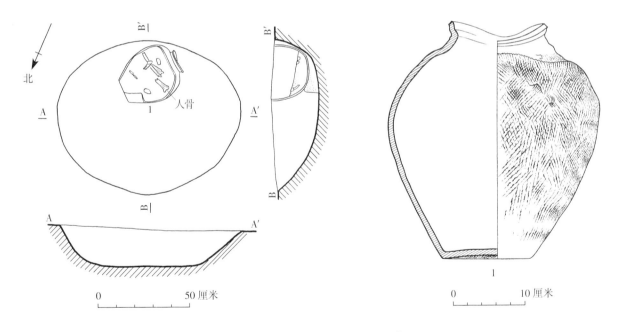

图三八八　W3平、剖面图及出土葬具

1. 陶罐

生土层。墓口距地表0.25米。平面呈椭圆形，竖穴土圹，墓壁内收，底部较平，口径0.8~1、深0.2米。内填较为松散的灰白色五花土。葬具仅残留陶罐1件，横置于墓圹中，其内葬有散乱的人骨、木炭屑等，并见明显的火烧痕迹（图三八八；图版六八，2）。

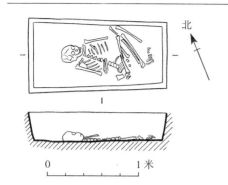

图三八九　东周M17平、剖面图

陶罐

标本W3：1，夹砂灰陶。口部及腹部烧制变形，凹底。器表饰交错绳纹。腹部另一面破损。内见小孩骨殖。口径11~12.7、腹径29、底径12.2、高31.4厘米（图三八八，1；彩版五○，2）。

4. M17

位于 I T2308东南部。开口于②层下，打破H160及生土层。墓口距地表0.7米。方向290°。平面呈长方形，竖穴土圹，口大底小，墓底较平。口长1.5、宽0.7~0.8、底长1.4、宽0.6~0.7、深0.3米。内填疏松的灰色五花土。葬具不清，内葬有人骨一具，骨架保存较为完整，仰身屈肢葬，头向西，面向上。无随葬品（图三八九；彩版四九，2）。

第二节　汉、唐遗存

泉护村1997年发掘中发现有16座汉墓及与其相关的5条围沟、3眼井和1座唐代墓葬（附表二、三）。

一　汉代墓葬

1. M1

位于IVT3972西南部。墓葬上部被破坏，开口层位不清，打破H02及生土层。方向98°。为长方形竖穴土洞墓，墓道长2.2、宽0.7、深1.1米。墓室进深2.4、宽0.7~0.84、高1.1米。内填较硬的灰黄色五花土，夹杂有少量的陶片、料姜石等物。葬具腐朽严重，其周围散见数枚棺钉，在墓室中部发现人骨一具，保存状况较好，头向西北，面部向上，仰身直肢。经鉴定为一成年男性。发现随葬品有陶罐1件和"大泉五十"铜钱2枚，置于墓主人头部（图三九○）。

（1）陶器

陶罐　1件。

标本M1：1，泥质灰陶。敛口，尖圆唇，矮领，圆鼓腹，下腹内收呈反弧状，凹底。肩部压印一周菱形方格纹。器表有明显的横向磨光痕迹。口径8、腹径18.8、底径8.6、高14.2厘米（图三九一，1；图版六九，2）。

（2）铜钱

2枚，均为"大泉五十"。锈蚀较严重。圆形方孔（穿），有郭，钱文较粗。

标本M1：2-1，直径2.8、穿边长0.8、厚0.2厘米（图三九一，2）。

2. M4

位于 I T0302、T0402中部。开口于①层下，打破②层、H59及生土层。墓口距地表0.95

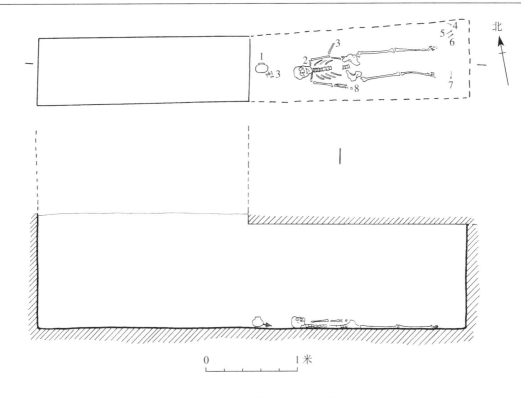

图三九〇　汉代M1平、剖面图

1. 陶罐　2. 铜钱两枚（大泉五十）　3. 动物骨　4~8. 铁钉

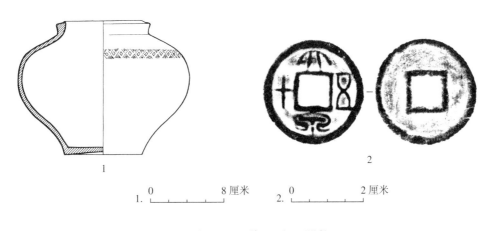

图三九一　汉代M1出土器物

1. 陶罐（M1∶1）　2. "大泉五十"铜钱（M1∶2-1）

米。方向85°。由墓道、封门、墓室三部分组成。其墓道为长方形口斜坡状，长8.5、宽0.8、深4.75米。封门为顺砖错缝平砌，中部外鼓，立缝间夹有砖楔，现仅残存五层，残高0.32米。墓室为长方形土洞，地面为顺砖错缝平砌，周围紧贴地面一周为顺砖立砌。进深3.2、宽1、高1.15米。内填松软的黄褐色五花土。仅见残头骨于墓室南壁，葬式不清，年龄、性别不

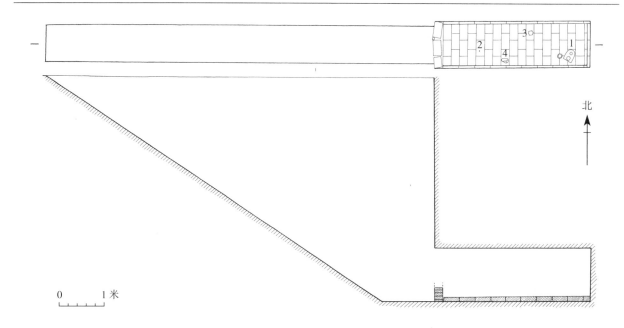

图三九二　汉代M4平、剖面图

1. 陶灶　2. 铜泡钉　3、4. 陶罐残片

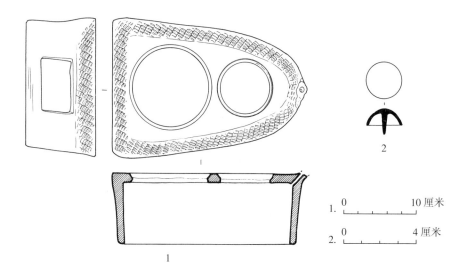

图三九三　汉代M4出土器物

1. 陶灶（M4：1）　2. 铜泡钉（M4：2）

详，葬具无存，发现有铜泡钉一枚。随葬品只见陶灶1件、陶罐残片2件，均位于墓室后半部（图三九二）。

（1）陶器

灶　1件。

标本M4：1，夹砂灰陶。体呈长条形，前端平齐，后端圆弧，灶面前后分别设置有两圆形火口，其周围及灶体上端压印有绳纹，灶门位于前端，形状为方形，烟囱略残，位于灶体后端。长27、宽18.6、高9.5厘米（图三九三，1；图版六九，3）。

（2）铜泡钉

标本M4：2，钉帽呈蘑菇形，钉体细长。直径（外）1.9、高1.4厘米（图三九三，2）。

3. M5

位于ⅡT1702东南部。开口于①层下，打破②层及生土层。墓口距地表0.5米。方向

180°。长方形斜坡墓道砖室墓。由墓道、封门、墓室三部分组成。其墓道平面为长方形，两壁较直，底为斜坡。长5.4、宽0.7、深2.6米。内填松软的黄灰色五花土。封门为顺砖平砌封堵，残留一层两块。墓室已坍塌，根据残留现状看应为砖券顶，仅存两层顺砖错缝平砌的墓壁，墓底平坦，用条形砖铺成"人"字形。进深2.6、宽0.9、高1.3米。内填五花土及残砖块等物。根据出土铁棺钉分析，葬具为一木棺，由于盗扰严重，木棺及骨殖均已无存。在墓室的西南角发现陶罐1件，中部出土"大泉五十"铜钱26枚、残铁环1件（图三九四）。

（1）陶器

罐 1件。

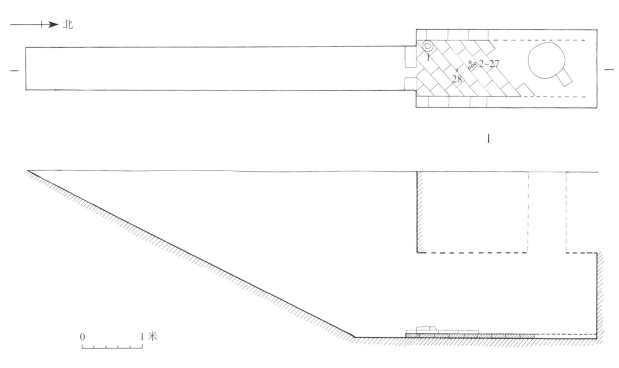

图三九四 汉代M5平、剖面图

1. 陶罐 2~27. 铜钱 28. 残铁环

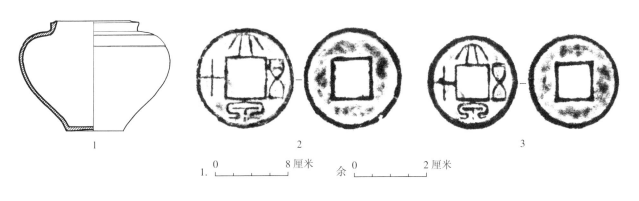

图三九五 汉代M5出土器物

1. 陶罐（M5:1） 2、3. "大泉五十"铜钱（M5:2、M5:3）

标本M5：1，泥质灰陶。敛口，尖圆唇，沿面有一周凹槽，鼓腹，最大腹径偏上，下腹部曲收呈反弧状，凹底。肩部饰有两周平行弦纹。器表明显经刮修。口径8.2、腹径16.6、底径6.2、高11.8厘米（图三九五，1；图版六九，4）。

（2）铜钱

26枚。为大泉五十。出土时锈蚀较严重，呈绿色。圆形方孔（穿），有郭。

标本M5：2，钱文细长。直径2.8、穿边长0.8、厚0.2厘米（图三九五，2）。

标本M5：3，钱文略粗。直径2.7、穿边长0.9、厚0.2厘米（图三九五，3）。

4. M6

位于ⅡT1602西部。开口于①层下，打破②层及生土层。墓口距地表0.32米。方向180°。由墓道、封门、墓室三部分组成。墓道平面为长方形，两壁较直，底为斜坡。长7、宽0.8、深2.8米。内填较为松软的黄灰色五花土。条砖封门，为顺砖错缝平砌，宽1.3、残高0.42米。墓室为长方形砖室，券顶，周壁为顺砖错缝平砌，墓底以条砖铺成"人"字形，现仅残留前半部，进深4.7、宽0.94、高1.5米。内填松软的黄色五花土和淤土。由于盗扰严重，葬具形制与结构不清，人骨散乱，葬式不详，年龄、性别无法鉴定。在墓室的中部随葬有"五铢"铜钱43枚。另外，在该墓室的前端一侧有一残宽0.6米的"人"字形铺地砖与M5相连接，表明M6与M5为两年代接近的葬墓（图三九六）。

铜钱　43枚。为五铢钱。出土时皆锈蚀严重。圆形方孔（穿），有郭。"五"字交笔弯曲，"金"字头呈三角，上部较下部小，"朱"字两边均较折。

标本M6：1，直径2.6、穿边长1、厚0.12厘米（图三九七，1）。

标本M6：2-1，直径2.55、穿边长0.95、厚0.14厘米（图三九七，2）。

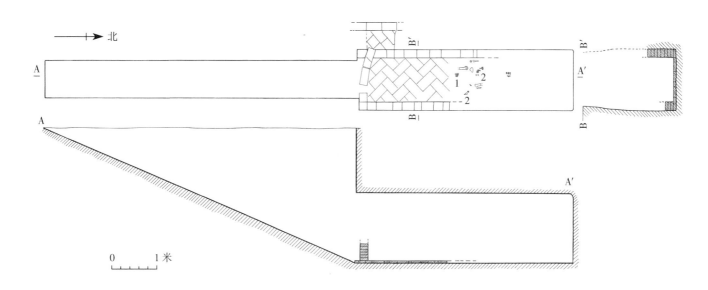

图三九六　汉代M6平、剖面图

1、2. "五铢"铜钱

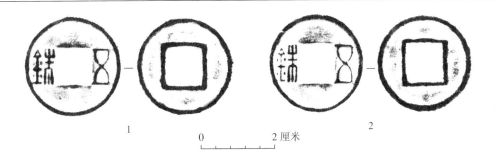

图三九七　汉代M6出土"五铢"铜钱

1. M6:1　2. M6:2-1

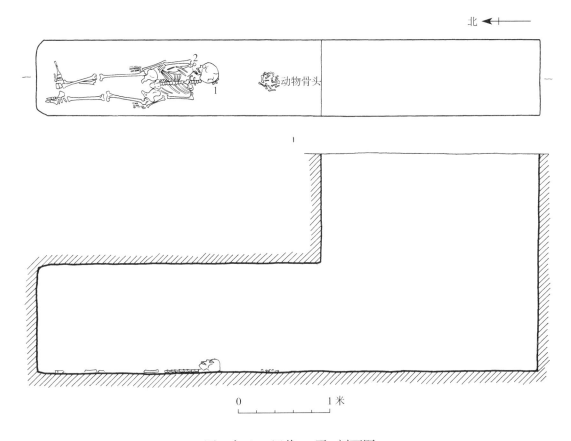

图三九八　汉代M7平、剖面图

1."货布"铜钱　2."货泉"铜钱

5. M7

位于ⅡT1602东南部。开口于①层下，打破②层及生土层。墓口距地表0.35米。方向90°。长方形竖穴土洞式墓。墓道为长方形竖穴，墓壁较直，底部平坦，长2.4、宽0.8、深2.3米。墓室为长方形土洞，进深3.1、宽0.8、高1.16米。内填较为疏松的黄灰色五花土。土洞内葬人骨一具，仰身直肢，头向南，面向东，年龄、性别不详。在人头骨的下面及右肩处随葬有铜钱"货泉"2枚、"货布"1枚，墓室的南端发现一堆动物骨头（图三九八；彩版四九，3）。

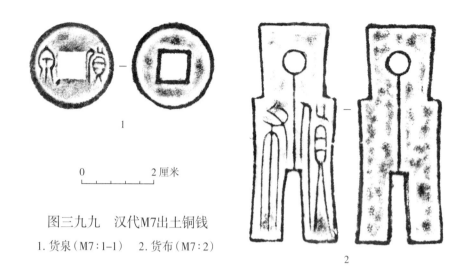

图三九九　汉代M7出土铜钱

1. 货泉（M7:1-1）　2. 货布（M7:2）

铜钱　3枚，"货布"1枚、"货泉"2枚。

标本M7:1-1，为"货泉"铜钱。圆形方孔（穿），有郭。直径2.2、穿边长0.7、厚0.15厘米（图三九九，1）。

标本M7:2，为"货布"铜钱。首上有一圆形穿，穿及四周均有郭。长5.8、宽2.35、厚0.2厘米（图三九九，2）。

6. M8

位于ⅢT2101、T2201北部。开口于①层下，打破H67、H91及生土。墓口距地表0.2米。方向82°。由墓道、封门、墓室三部分组成。墓道为长方形斜坡状，长7.6、宽0.8、深3.7米。封门无存，从残存迹象看，应为土坯封堵。墓室为土洞式，进深3.9、前宽1.36、后宽1.64、洞高1.36米。内填松软的黄灰色五花土。葬具不清，骨架仅残留上半部，头向东，面向上，年龄、性别不详。在墓室的前端偏北处，随葬有陶壶、陶鼎、陶罐、陶甑各1件，其西部发现有动物骨头，已腐朽不清，在人骨的左侧随葬有27枚"五铢"铜钱（图四〇〇）。

（1）陶器

罐　1件。

标本M8:4，泥质灰陶。敞口，圆唇，沿面一周内弧，束颈，鼓腹，下腹内收，平底。上腹部有明显轮修所留的细密平行弦纹。口径5.5、腹径10.4、底径4.4、高11.8厘米（图四〇一，3；图版六九，5）。

甑　1件。

标本M8:1，泥质灰陶。直口，平沿外折，尖唇，弧腹内收，平底，器底由内向外戳刺有一"米"字形箅孔。素面。口径11.4、底径4.2、高8.6厘米（图四〇一，4）。

鼎　1件。

标本M8:3，泥质灰陶。敛口，盖缺失，口外饰两对称的附耳，弧腹，圜底，底上饰三蹄足，其中一足缺失。器表饰有两道模糊的平行弦纹。口径10、通高14.2厘米（图四〇一，2）。

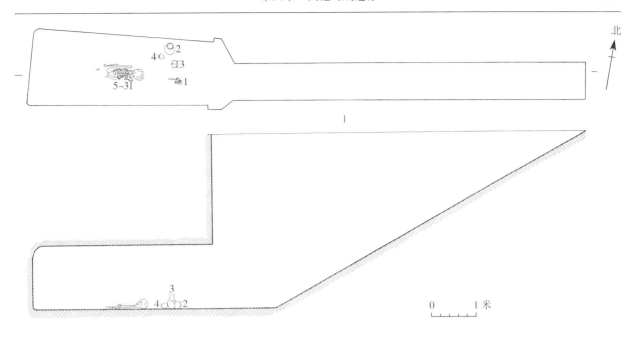

图四〇〇　汉代M8平、剖面图

1. 陶瓿　2. 陶壶　3. 陶鼎　4. 陶罐　5~31. "五铢"铜钱

壶　1件。

标本M8：2，泥质灰陶。盘口，口较直，束颈，鼓腹，假圈足，平底。颈部与最大腹部分别绘有一周倒三角纹，肩部绘有卷云纹、弧边三角纹、彩带纹、交错斜线纹等图案，色彩主要为橘红色、白色两种颜色。口径11.8、腹径23.8、底径13.2、高32.4厘米（图四〇一，1；图版七〇，1）。

（2）铜钱

27枚。均为五铢钱。出土时锈蚀较严重，呈绿色。圆形方孔（穿），有郭。"五"字交笔弯曲，"金"字头呈三角形，"朱"字上部两边较直，下部两边略弧。

标本M8：5，直径2.5、穿边长1、厚0.14厘米（图四〇一，5）。

标本M8：6，直径2.6、穿边长1、厚0.2厘米（图四〇一，6）。

标本M8：7，直径2.6、穿边长1、厚0.12厘米（图四〇一，7）。

标本M8：8，直径2.5、穿边长1、厚0.1厘米（图四〇一，8）。

7. M9

位于ⅡT1902中部。开口于①层下，打破H86及生土层。墓口距地表0.5米。方向6°。由墓道、封门、墓室三部分组成。内填较为松软的灰黄色五花土。墓道平面大体呈长方形，两壁较直，底部为斜坡状，长4.3、宽0.7~0.88、深2.38米。封门无存。墓室为土洞式，平面呈长方形，进深4.26、宽1.54~1.78、高2.16米。墓室内未发现有葬具的痕迹，其内发现一具人骨，保存状况较差，头向南，面向上，仰身直肢，为成年男性。随葬品位于骨架的右侧，随葬有陶罐7件、陶鼎1件、陶盒2件、陶灶1件、陶壶1件、小陶釜1件、铁剑1把、"五铢"铜钱

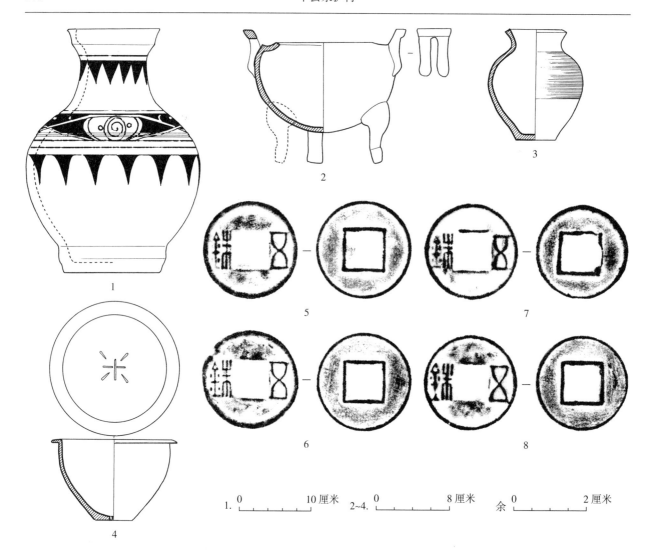

图四〇一　汉代M8出土器物

1. 陶壶（M8：2）　2. 陶鼎（M8：3）　3. 陶罐（M8：4）　4. 陶甑（M8：1）　5~8. "五铢"铜钱（M8：5~M8：8）

32枚（图四〇二）。

（1）陶器

罐　7件。

标本M9：1，泥质灰陶。侈口，唇沿低矮，广肩，曲腹，近器底一侧有一小圆孔，底微凹。素面。口沿内外轮修磨光，器表有明显的刮削痕迹，器底上有明显的同心圆状切割痕迹。口径12.2、底径6.8、高8.4厘米（图四〇三，8；图版七一，2）。

标本M9：2，泥质灰陶。口外侈，圆唇，束颈，颈部较直，鼓腹，凹底。上腹部饰有细密平行弦纹，下腹部素面。口沿内外及颈部磨光，腹部经刮修，底部有明显制陶时留下的同心圆状切割痕迹。口径6.2、腹径10.2、底径5.5、高10.8厘米（图四〇三，10；图版七〇，3）。

标本M9：3，泥质灰陶。口外侈，矮领，沿内有一周浅凹槽，鼓腹，平底。器表上部饰有

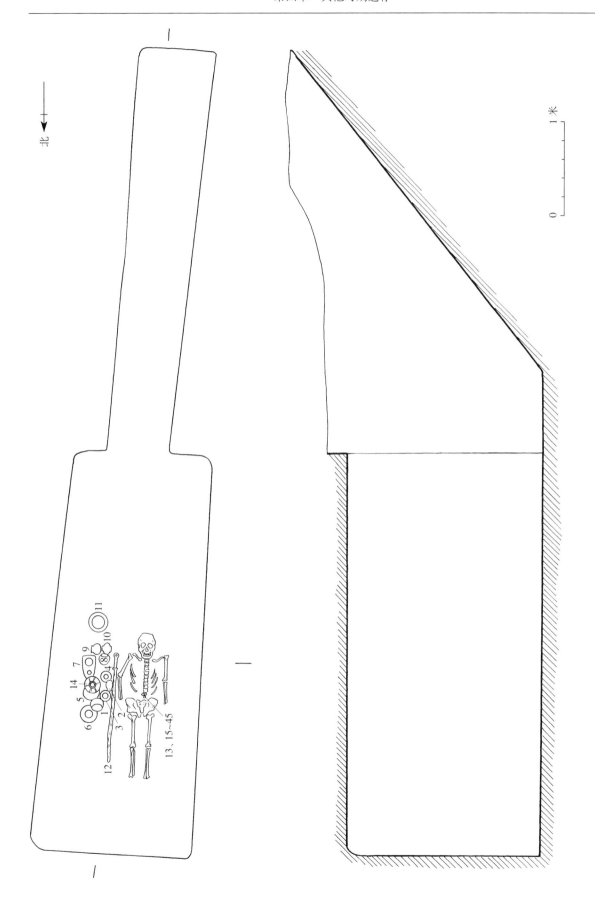

北

1 米

0

图四〇二　汉代M9平、剖面图

1~4、8~10. 陶罐　5. 陶鼎　6、14. 陶盒　7. 陶灶　11. 陶壶　12. 铁剑　13、15~45. "五铢" 铜钱

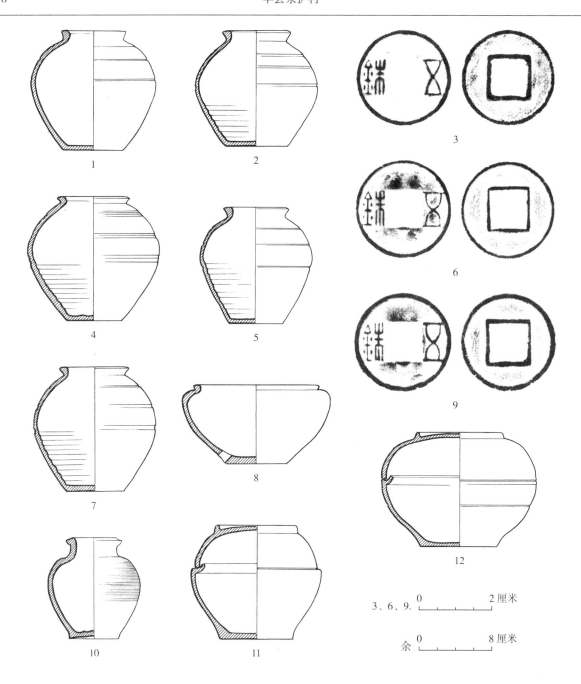

图四〇三　汉代M9出土器物

1、2、4、5、7、8、10. 陶罐（M9：3、M9：4、M9：8、M9：9、M9：10、M9：1、M9：2）　3、6、9.“五铢”铜钱
（M9：15、M9：16、M9：17）　11、12. 陶盒（M9：6、M9：14）

三周平行凹弦纹，下腹部素面，并有明显的竖向刮修痕迹。口径7.2、腹径7.8、底径6.5、高
12.8厘米（图四〇三，1；图版七〇，2）。

标本M9：4，泥质灰陶。与M9：3形态、纹饰、制法基本一致，唯尺寸略有不同。口径
7.4、腹径13.5、底径7.2、高12厘米（图四〇三，2；图版七〇，5）。

　　标本M9：8，泥质灰陶。特征基本同M9：3。口径7.9、腹径14、底径8.1、高13厘米（图四〇三，4；图版七一，1）。

　　标本M9：9，泥质灰陶。特征基本同M9：3。口径7.2、腹径13.2、底径6.3、高12.5厘米（图四〇三，5；图版七一，3）。

　　标本M9：10，泥质灰陶。特征基本同M9：3。口径7.5、腹径14、底径6.8、高13.2厘米（图四〇三，7；图版七〇，4）。

　　盒　2件。

　　标本M9：6，泥质灰陶。子母口，由盒体和盒盖两部分组成。盒体为敛口，曲腹，下腹部斜收呈反弧状，平底。盖为覆钵状，敞口，方唇，弧腹内收，圈足状把手，表面彩已脱落。盒体口径13.3、底径8.2、高8.1厘米，盒盖口径14.5、高4.6厘米，通高12.3厘米（图四〇三，11；图版七一，4）。

　　标本M9：14，泥质灰陶。子母口，由盒体和盒盖组成。盒体为敛口，弧曲腹，平底。盖为覆钵状，敞口，方唇，弧腹内收，圈足。盖体上有彩绘，已脱落。盒体口径14.4、底径8.4、高7.6厘米，盒盖口径16.3、高5.1厘米，通高12.2厘米（图四〇三，12）。

　　鼎　1件。

　　标本M9：5，泥质灰陶。子母形口，口外饰有对称的双附耳，双耳外撇，圆弧腹，圈底，底侧设三蹄形足。鼎盖呈覆钵状。器腹饰两道浅凹弦纹，盖为素面。鼎身口径10、腹径13.6、高12.2厘米，盖口径12.5、高3.5厘米，通高15厘米（图四〇四，3；彩版五〇，3）。

　　灶　1件。

　　标本M9：7，泥质灰陶。灶体略呈长方体，前端平齐，后端圆弧。灶面前后各有一圆形火口，火口上分别置一陶釜，其中前端陶釜上置一陶盆（甑），火口周围灶面压印有波浪纹、菱形几何纹图案，烟囱位于灶面末端，灶门为半圆形，位于灶体前侧。长25.8、宽13.8、通高13.6厘米（图四〇四，1；图版七二，4）。

　　壶　1件。

　　标本M9：11，泥质灰陶。盘口外侈，颈部内收，鼓腹，假圈足，平底。其颈部一周绘有五个连续的倒三角纹，腹部绘有三组由倒三角纹、卷云纹等组成的图案，现仅残留彩绘痕迹，颜色不辨。口沿内外及颈部有明显轮制痕迹，腹部有数道竖向划痕。口径15.8、腹径25、底径17.2、高32厘米（图四〇四，2；彩版五〇，4）。

　　（2）铁器

　　铁剑　1件。

　　标本M9：12，锈蚀严重，柄及剑身均残。剑身截面为菱形。残长53.6厘米（图四〇四，4）。

　　（3）铜钱

　　32枚。均为"五铢"钱。出土时锈蚀较严重，呈铜绿色。圆形方孔（穿），有郭。

　　标本M9：15，"五"字交笔微曲，"金"字头呈三角形，四点均匀，"朱"字两端略弧，上

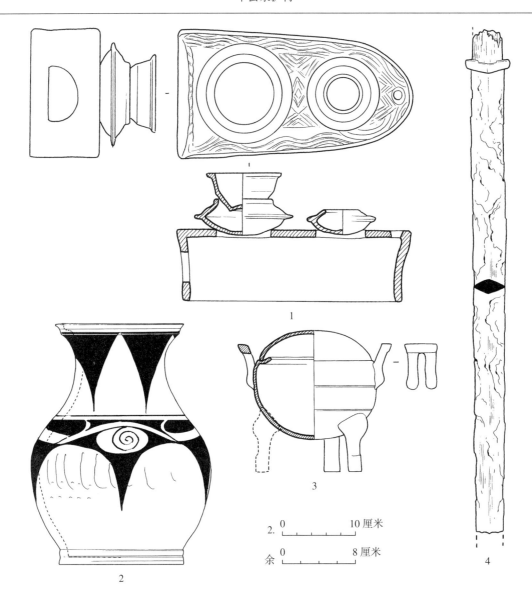

图四〇四　汉代M9出土器物

1. 陶灶（M9：7）　2. 陶壶（M9：11）　3. 陶鼎（M9：5）　4. 铁剑（M9：12）

端较下端小。直径2.5、穿边长1、厚0.1厘米（图四〇三，3）。

标本M9：16，"五"字交笔弯曲，上端较下端大，"金"字头呈三角形，"朱"字上部两端较直，下部微曲，上部较下部短。直径2.55、穿边长1、厚0.16厘米（图四〇三，6）。

标本M9：17，特征基本同M9：16。直径2.6、穿边长1、厚0.2厘米（图四〇三，9）。

8. M10

位于ⅢT1901北部。开口于①层下，被M8打破，并打破H86、H88及生土层。墓口距地表0.45米。方向272°。由墓道、封门和墓室三部分组成。墓道平面呈长方形，底为斜坡状，两壁较直，仅发掘了一小部分，长度不清，宽0.82、深2.8米。封门用条砖封堵，为顺砖错缝平砌，中部外鼓成弧形，宽1.26、高1.38米。墓室为长方形砖室，直壁，周壁用顺砖错缝平砌，在高0.9米处开始用顺砖错缝券成拱形顶，底以条砖铺成"人"字形。墓室进深3.68、宽0.9、高1.14米。内填较为松软的黄灰色五花土。其葬具应为一木棺，已朽，形制结构不清，棺内人骨腐朽严重，葬式不清，年龄、性别不详。随葬品有陶壶2件、陶罐5件、陶灶1件、"五铢"铜钱22枚（图四〇五）。

（1）陶器

壶　2件。

标本M10：1，泥质灰陶。盘口外侈，厚圆唇，颈部内收，溜肩，鼓腹，平底。颈部上下饰两道平行凹弦纹，肩部上端饰有两周凸弦纹，下端饰有一周倒三角纹，其间饰两对称的铺首衔环及由神兽祥云构成的图案。口沿内外有明显的轮修磨痕，下腹部见横向刮修痕迹，底部有明显的同心圆状切割痕迹。口径12、腹径26、底径12.6、高30厘米（图四〇六，1；图版七二，3）。

标本M10：2，与M10：1形态、图案基本一致。口径12、腹径26、底径12.6、高30.4厘米

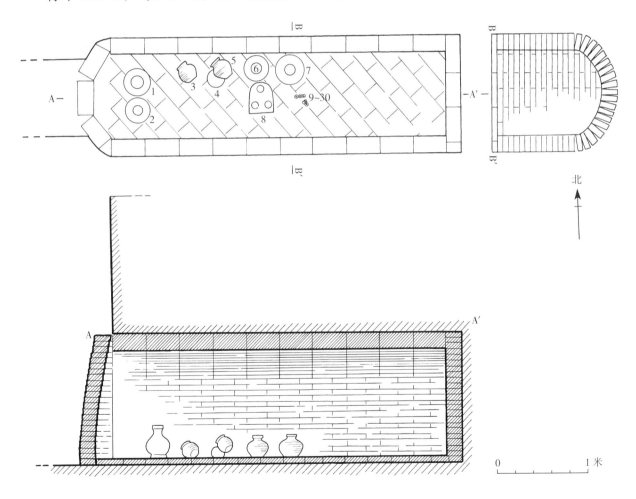

图四〇五　汉代M10平、剖面图

1、2. 陶壶　3~7. 陶罐　8. 陶灶　9~30. 铜钱

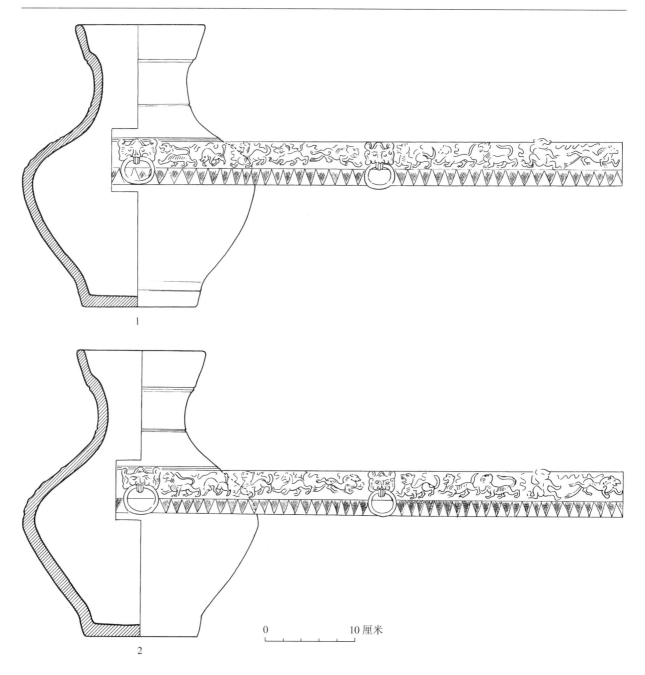

图四〇六　汉代M10出土陶壶

1. M10∶1　2. M10∶2

（图四〇六，2；图版七二，5）。

罐　5件。

标本M10∶3，泥质灰陶。侈口，沿外折，方唇，束颈，溜肩，鼓腹，下腹斜收成平底。肩部饰有两周平行弦纹。口沿内外显见轮修痕迹。口径10.4、腹径16.6、底径6.8、高14.2厘米（图四〇七，1；图版七二，2）。

标本M10：4，泥质灰陶。侈口，沿外撇，方唇，唇面略内凹，束颈，鼓腹，下腹部略呈反弧状，平底微凹。肩部饰有两周凹弦纹。口沿内外显见轮修痕迹，最大腹部有明显的刮削痕迹，下腹部未经修整。口径9、腹径16.6、底径7、高14.8厘米（图四〇七，2；图版七二，1）。

标本M10：5，泥质灰陶。侈口，沿外撇，方唇，唇部有一周凹槽，束颈，鼓腹，下腹斜收成平底。肩部饰有两周平行凹弦纹。口沿内外磨光，肩部至最大腹部有明显的横向刮修痕迹。口径9.6、腹径16.2、底径6.4、高15.6厘米（图四〇七，3）。

标本M10：6，泥质灰陶。侈口，沿外折，方唇，束颈，溜肩，鼓腹，平底。肩部饰两周凹弦纹。口沿内外显见轮修痕迹，纹痕较浅，最大腹部明显经刮削。口径9.2、腹径16.2、底径6.4、高14.8厘米（图四〇七，4；彩版五〇，5）。

标本M10：7，泥质灰陶。侈口，沿外撇，方唇，唇部一周略内弧，鼓腹，下腹内收，平

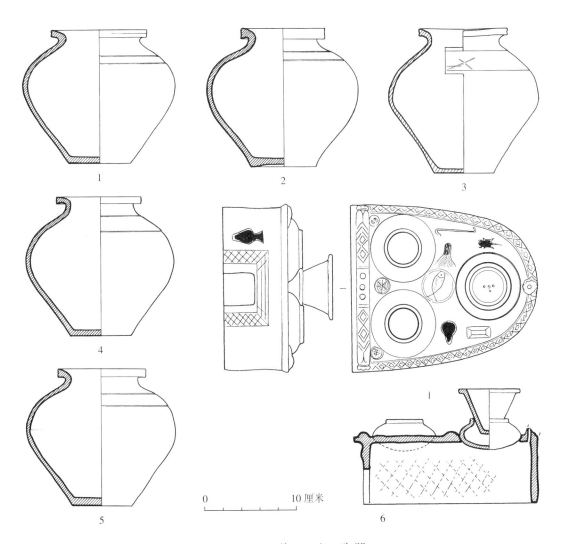

图四〇七　汉代M10出土陶器

1~5.罐（M10：3、M10：4、M10：5、M10：6、M10：7）　6.灶（M10：8）

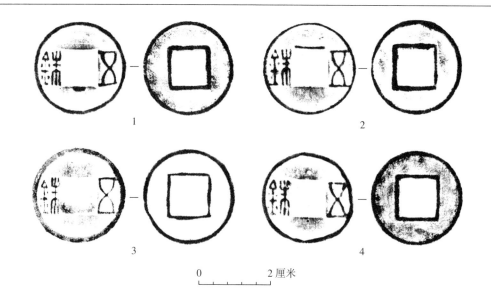

0　　　2厘米

图四〇八　汉代M10出土"五铢"铜钱
1. M10：9　2. M10：10　3. M10：11　4. M10：12

底。肩部饰两周平行凹弦纹。口沿内外有明显的轮修痕迹，最大腹部有明显的横向刮削痕迹。口径9.6、腹径16.3、底径6.6、高14.6厘米（图四〇七，5；图版七一，5）。

灶　1件。

标本M10：8，泥质灰陶。体呈马蹄形，灶面前有出檐，后有一截尖圆锥形烟囱，灶面上有三个连釜火口，火口两前一后，其后连釜火口上置一陶甑。在灶面周边模印有菱形纹以及蝉、乳丁纹等，连釜火口的周围模印有火钩、鱼、筛、算、勺、刷等图案，灶两侧饰有网格纹。灶门为方形连地灶门，其两侧饰有网格纹，并在一侧饰（模印）有一瓶。灶面长20.7、宽18、通高12.4厘米（图四〇七，6；彩版五〇，6）。

（2）铜钱

22枚。均为"五铢"钱。锈蚀较严重。圆形方孔（穿），有郭。

标本M10：9，"五"字交笔弯曲，"金"字头呈三角形，"朱"字两头弧折，上端较下端小。直径2.5、穿边长1、厚0.1厘米（图四〇八，1）。

标本M10：10，基本同M10：9。直径2.45、穿边长1、厚0.2厘米（图四〇八，2）。

标本M10：11，基本同M10：9。直径2.5、穿边长1、厚0.15厘米（图四〇八，3）。

标本M10：12，"五"字交笔微曲，"金"字头呈三角形，"朱"字两头弧折，上端较下端小。直径2.5、穿边长1、厚0.1厘米（图四〇八，4）。

9. M11

位于ⅢT1901南部偏西。墓口叠压于①层下，打破H89及生土层。墓口距地表0.45米。方向270°。长方形斜坡墓道土洞式墓，由墓道、封门和墓室三部分组成。墓道平面呈长方形，底为斜坡状，直壁，长5.7、宽0.74~0.86、深3.4米。封门由于盗扰严重，现已无存。墓室为

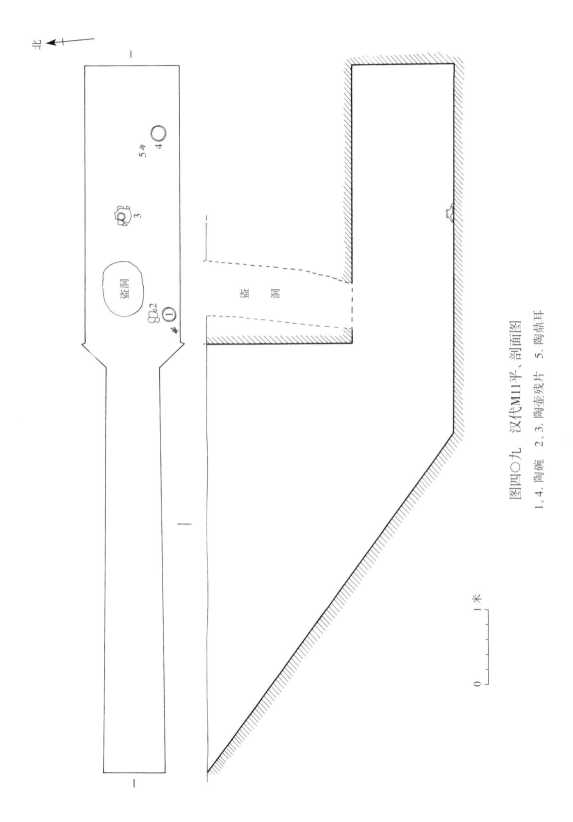

图四〇九 汉代M11平、剖面图

1、4. 陶碗 2、3. 陶壶残片 5. 陶鼎耳

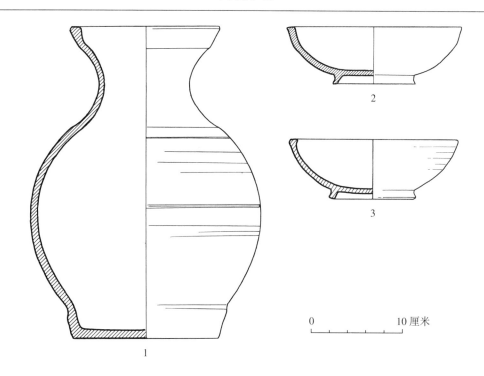

图四一○　汉代M11出土陶器
1. 壶（M11∶2）　2、3. 碗（M11∶1、M11∶4）

长方形土洞，平底，进深3.7、宽1.3、高1.4米。内填疏松的黄灰色五花土。葬具不清，人骨已朽，仅残留有极少量的肋骨。随葬品残存陶碗2件、陶壶残片2件、鼎耳1件（图四○九）。

碗　2件。

标本M11∶1，泥质灰陶。敞口，方唇，弧腹，圈足。素面。口沿内外有明显的轮修痕迹，下腹部明显经刮修。口径17.2、底径9、高6.1厘米（图四一○，2）。

标本M11∶4，泥质灰陶。形态与M11∶1同，唯尺寸有所不同。口径17.5、底径9.5、高6.4厘米（图四一○，3）。

壶　2件。

标本M11∶2，泥质灰陶。盘口微敞，束颈，圆鼓腹，假圈足，平底。器表有数道平行弦纹。口沿内外及上腹部经轮修磨光，下腹部有明显的横向刮削痕迹。口径14.5、腹径25.4、底径16、高33.2厘米（图四一○，1）。

10. M12

位于ⅡT2103东北角。开口于①层下，打破H94及生土层。墓口距地表0.4米。方向6°。由墓道、封门、墓室三部分组成。墓道伸入到探方壁内，没有发掘，形状不清。封门用石块错缝封堵，其顶部距地表0.25米，宽1.2、高0.96米。墓室为近长方形土洞，墓底较平。进深2.16、宽0.96~1.16、高0.9米。内填较为松软的黄灰色五花土。葬具为一木棺，已朽，根据灰迹可知木棺长1.9、宽0.48~0.54米。棺内葬有一具人骨，为一成年女性，保存完好，仰身直肢，头向北，面向西。在骨架的上腹部至右下肢，随葬有30枚"五铢"铜钱（其内有剪轮五铢铜钱），棺内东北角随葬有铜顶针1枚（图四一一；彩版四九，4）。

（1）铜器

顶针　1枚。

标本M12：5，已锈蚀，铜绿色。环状，较宽，表面有一周小突起，其上布满凹痕。内径1.74、外径1.94、高1厘米（图四一二，1）。

（2）铜钱

30枚。均为五铢钱。出土时皆锈蚀严重，部分字迹难以辨认。圆形方孔。

标本M12：1，有郭。"五"字交笔弯曲，"金"字头为三角形，"朱"字两头弧折，上端较下端小，"金"字比"朱"字低矮。直径2.5、穿边长0.9、厚0.1厘米（图四一二，2）。

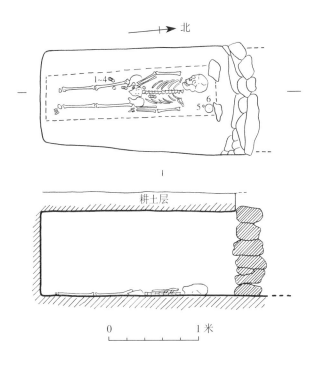

图四一一　汉代M12平、剖面图

1~4.铜钱　5.铜顶针　6.铜镜

标本M12：3-1，有郭。"五"字交笔弯曲，较细长，"金"字头为三角形，"朱"字两头弧折。直径2.6、穿边长0.9、厚0.14厘米（图四一二，4）。

标本M12：2，剪轮五铢，字迹不清。直径2.2、穿边长0.9、厚0.08厘米（图四一二，3）。

标本M12：4，剪轮五铢。直径1.8、穿边长0.9、厚0.05厘米（图四一二，5）。

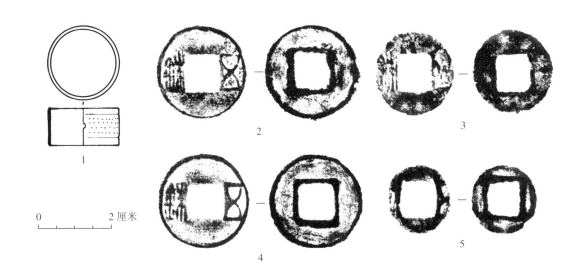

图四一二　汉代M12出土器物

1.铜顶针（M12：5）　2~5."五铢"铜钱（M12：1、M12：2、M12：3-1、M12：4）

11. M13

位于ⅡT2104西南部。开口于①层下，打破生土层。墓口距地表0.5米。坐北朝南，方向5°。该墓形制为竖穴土洞式，墓道与墓室基本等宽。由墓道、封门、墓室三部分组成。内填较为疏松的灰色五花土。墓道为长方形竖穴土圹，两壁较直，底为斜坡状，长1.65、宽0.9~1、深1.76米。封门用石块和土坯封堵，宽0.98、残高0.56、厚0.4米。墓室为长方形土洞，进深2.75、宽1~1.1、高0.8米。葬具应为一木棺，已腐朽，形制与结构不清，仅见数枚铁棺钉，其内葬有人骨一具，保存状况较差，头向北，面向上，仰身直肢，年龄、性别不清。随葬仅存铜镜1枚，位于头部，残铁器1件，位于肩部，以及散见于骨架之间和墓道中的"五铢"铜钱9枚（图四一三）。

（1）铜器

铜镜　1枚。

标本M13：5，圆形，镜面微外弧，半球状纽，圆形纽座，三角形缘。纽座外饰流云纹，再向外与缘之间有两组凸弦纹，弦纹之间饰放射和锯齿纹各一周。直径8.5、缘厚0.3厘米（图四一四，5）。

（2）铜钱

9枚。出土时锈蚀较严重，呈铜绿色。圆形方孔（穿）。

标本M13：1，有郭。"五"字交笔弯曲，"金"字头呈三角形，四点不甚均匀，"朱"字两头成尖头状，尖头微弧。直径2.5、穿边长0.9、厚0.12厘米（图四一四，1）。

标本M13：2-1，有郭。基本同M13：1，不同的是"朱"字两头弧折。直径2.5、穿边长

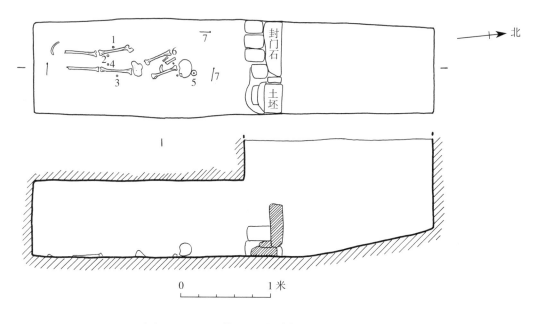

图四一三　汉代M13平、剖面图

1~4. 铜钱　5. 铜镜　6. 铁器　7. 铁棺钉

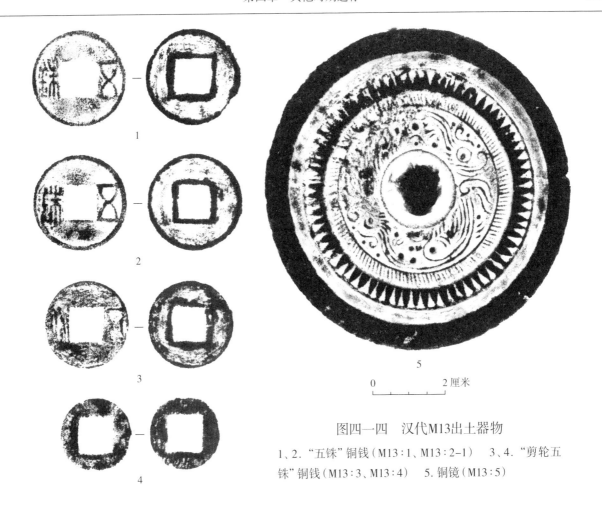

图四一四　汉代M13出土器物

1、2.“五铢”铜钱（M13：1、M13：2-1）　3、4.“剪轮五铢”铜钱（M13：3、M13：4）　5.铜镜（M13：5）

0.9、厚0.1厘米（图四一四，2）。

标本M13：3，剪轮五铢。锈蚀较严重，字迹不甚清楚，隐约可见“五铢”字样。直径2.3、穿边长0.9、厚0.1厘米（图四一四，3）。

标本M13：4，剪轮五铢。锈蚀严重，隐约可见“五铢”字样。直径1.9、穿边长1、厚0.08厘米（图四一四，4）。

12. M14

位于ⅠT1707、ⅠT1807内。开口于①层下，打破生土层。墓口距地表0.5米。坐东面西，方向90°。由墓道、封门、甬道、前室和后室五部分组成。墓道平面为长方形，两壁较直，底为斜坡状，内填松散的灰色五花土，长2.2、宽1、深0.9米。封门仅残留有砖槽，形状不清，宽1.2米。甬道已坍塌，结构不详，底部较平，长0.6米。前室为长方形砖室，券顶，前室严重破坏，仅残留部分墓壁及铺地砖，墓壁为顺砖错缝平砌，地面为横向条砖错缝平砌而成，长3.7、宽2、残高0.5米。后室为长方形土洞，平底，进深2.5、宽1、残高0.5米。葬具不清，葬式不详，在前室和后室葬有散乱的人骨两具，年龄、性别无法鉴定（图四一五）。

13. M15

位于ⅠT1807东北部。开口于①层下，打破生土层。墓口距地表0.3米。坐西向东，方向

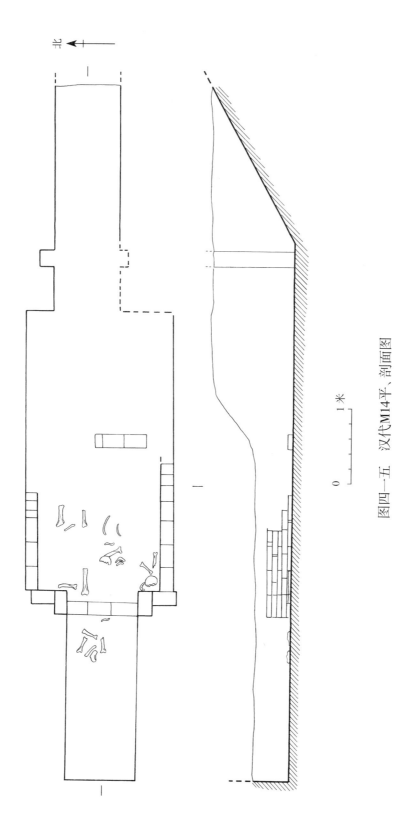

图四一五　汉代M14平、剖面图

90°。由墓道、封门和墓室三部分组
成。墓道平面为长方形，两壁较直，
底部为斜坡状，长4、宽0.86、深0.46
米。封门由石块封堵，宽0.95、高0.44
米。墓室大体为长方形土洞，长2.34、
宽0.68~1.08、残高0.44米。葬具腐朽
严重，仅残留棺木痕迹和铁棺钉，棺
内葬有人骨一具，保存较为完整，仰
身直肢，头向东，面向上。随葬"五
铢"铜钱5枚（图四一六）。

铜钱 5枚。均为五铢钱。锈蚀较
严重。圆形方孔（穿），有郭。

标本M15:1，"五"字交笔弯曲，
"金"字头呈三角形，四点外撇，
"朱"字两头较折。直径2.5、穿边长
1、厚0.1厘米（图四一七，1）。

标本M15:2，锈蚀很严重，字迹难
以辨认。无郭。直径2.5、穿边长0.9、
厚0.09厘米（图四一七，2）。

14. M18

位于ⅢT1502的西北和ⅢT1602的
北部。开口于①层下，打破生土层。
墓口距地表0.45米。方向275°。由墓
道、封门和墓室三部分组成。墓道为
长方形，直壁，底为斜坡状，长5.4、
宽0.7、深2.6米。封门为顺砖错缝平
砌，高0.9、宽1.02米。墓室先开挖出
长4.3、宽1.54、深2.6米的圆角长方形

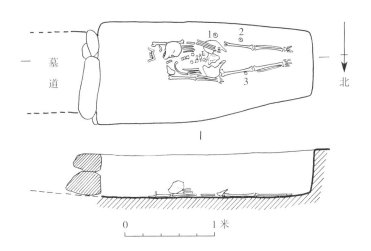

图四一六 汉代M15平、剖面图

1~3."五铢"铜钱

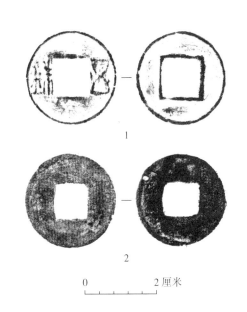

图四一七 汉代M15出土"五铢"铜钱

1. M15:1 2. M15:2

土圹，再用立砖错缝顺砌出一周墓壁，在0.9米高处用立砖斜砌，后以两层平砖封顶，墓室
的地面靠两侧壁和中部一小段用顺砖平砌铺就，进深3.3、宽0.8、高1.1米。墓内填较硬的褐
色五花土，并夹杂有黄色小土块。棺木腐朽不清，仅残留数枚铁棺钉，人骨腐朽严重，仰
身直肢，头向西，面向不清，年龄、性别不详。在墓室的西端靠近南壁处随葬有陶盆2件、
陶灶1件、陶罐1件，墓室东北角随葬有陶罐1件，人骨架周围随葬有"货布"铜钱9枚（图
四一八）。

（1）陶器

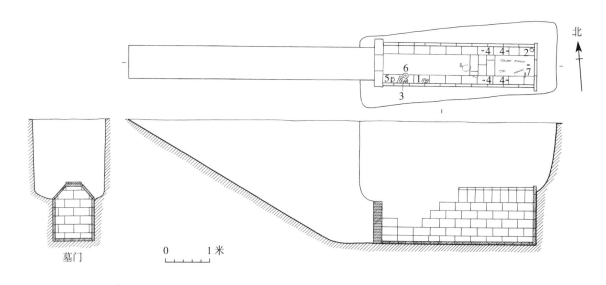

图四一八　汉代M18平、剖面图

1、2.陶罐　3.陶灶　4."货布"铜钱　5、6.陶盆　7.铁棺钉

罐　2件。

标本M18：1，泥质灰陶。直口微敛，方唇，矮领，阔肩，鼓腹，下腹内收呈反弧状，凹底。素面。肩部饰有一周凹弦纹。最大腹部明显经刮修。口径5.6、腹径16.1、底径8、高10.3厘米（图四一九，4）。

标本M18：2，质地、形态与M18：1大体相同。口径8.5、腹径17.4、底径7、高12.2厘米（图四一九，1）。

灶　1件。

标本M18：3，泥质灰陶。略呈马蹄形，灶体前端平齐，并有出檐用以挡火，后端圆弧，上设有一附加泥突为烟囱，灶面上模制有前后两个连釜火口，连釜火口上置有陶盆和甑各一件，并在灶面火口周围模印有铲、钩、勺、刷、算、筛、鱼等，灶面前端模印有网格纹，网格纹的中部压印有三个小乳丁。灶门位于灶体前端，形状为方形，灶檐下饰有菱形网格纹，灶门一周饰三道凸棱，左右两边分别模印有一陶瓶和一吹箫乐人。长23.9、宽16.7、灶面高9.6、通高18厘米（图四一九，2）。

盆　1件。

标本M18：5，泥质灰陶。敛口，平折沿，折腹，底内凹。素面。口径13、底径4、高4.7厘米（图四一九，3）。

（2）铜钱

9枚。均为"货布"。锈蚀严重。首上有一圆形穿，穿下面及背部脊线直贯布身，穿及四周均有周郭。

标本M18：4-1，钱的正面铸篆文"货布"二字，"货"字匕部呈圆弧状，"贝"上部作椭圆形，"布"字头微大，"巾"部头呈小圆弧状。长5.7、宽2.2、厚0.2厘米（图四一九，5）。

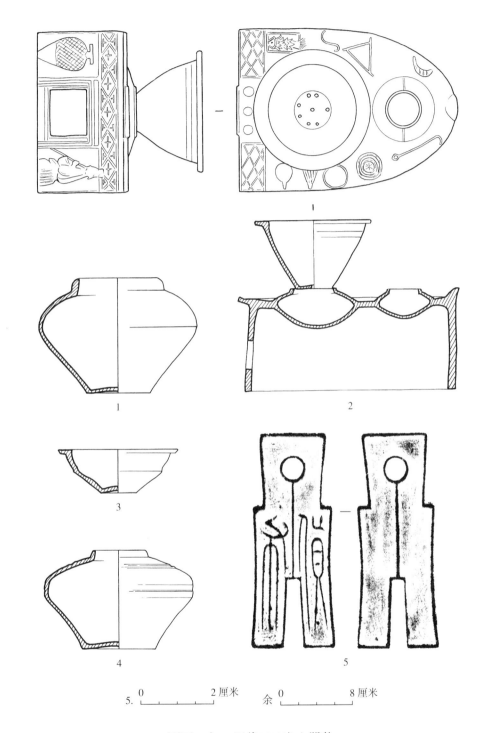

5.
0　　　2厘米

余
0　　　8厘米

图四一九　汉代M18出土器物

1、4.陶罐（M18：2、M18：1）　2.陶灶（M18：3）　3.陶盆（M18：5）　5.“货布”铜钱（M18：4-1）

二　汉代围沟

　　共发现5条沟，编号为G1~G5，主要分布于发掘区的西部（其中，大部分处在Ⅱ区内，Ⅲ区仅有一小部分），受发掘范围的限制，均未全面揭露。从其层位关系、分布范围以及形制与出土遗物看，这5条沟应为分布在这一区域汉代墓葬的围沟。以下分别予以介绍。

1. G1

　　位于ⅡT1401和ⅢT1401西部，南北向分布。开口于②层下，打破H52、H130、H140。平面呈不规则条带状，剖面为"U"形，在发掘区内南北长10、宽0.7~1.15、深1~1.15米。内填较为松散的灰黄色土，出土有汉代砖块、瓦片以及极少量庙底沟文化二期的陶片等。

2. G2

　　位于ⅡT1501东部，一小部分伸入到ⅢT1501内，并在一近代扰坑内中断，南北向分布。开口于②层下，打破H51、H52、H129、H130。平面呈不规则条带状，剖面为"U"形，在发掘区内南北长5.75、宽约1.15、深0.75米。内填较硬的灰褐色土，并夹杂有少量的动物骨等物，出土有汉代砖块、瓦片以及极少量庙底沟文化一期的陶器碎片。

3. G3

　　位于ⅡT1802偏东部，向南途经ⅡT1801、ⅢT1801，由ⅢT1802西折，经ⅢT2202，终结于ⅢT2302。总的趋势为南高北低，且西部高于东部。开口于②层下，打破H166、H35、H71、H56、H70、H82、H81、H49、H87、H97、H99、G5。平面呈不规则曲尺形条带状，剖面为"U"形，总长22.35、宽0.7~1.2、深0.5~0.7米。内填疏松的浅灰色土，无分层现象，包含有汉代绳纹瓦片、砖块以及极少量庙底沟文化三期的陶器残片。

4. G4

　　位于ⅢT1802中部偏南，在本探方仅有一小部分，南部伸向探方外，南北向分布。开口于②层下，打破③层。平面形状为不规则条带状，剖面呈"U"形，在本探方长1.6、宽0.7、深0.7米。内填疏松的浅灰色土，并夹杂有红烧土等，出土有汉代布纹瓦片、砖块以及极少量的庙底沟文化陶片。

5. G5

　　位于ⅢT2201、ⅢT2202西部，为西北—东南走向，南部伸入到发掘区外。开口于①层下，打破F2、G3。平面呈不规则条带状，剖面呈倒梯形，在其东壁上残留有长0.7、高0.5米的残砖块、石块垒砌的遗迹。该沟在发掘区内长8.5、宽0.85~1.1、深0.5米。内填较硬的褐色杂土，出土有庙底沟文化陶片。

三　汉代井

　　汉代井3眼，均未完全发掘，每眼仅发掘了一小部分。编号为J1~J3。

1. J1

　　位于ⅡT1702西北角，开口于①层下，打破H103，井口距地表0.35米。平面形状呈圆形，直壁，仅发掘深1.4米，井口直径0.9米。井壁两面留有高0.2、宽0.2、深0.07~0.1米的脚窝，两脚窝上下相距0.7米。井内堆积较硬的灰色土和纯净的淤积土，出土有汉代砖块、瓦片等物，并含有零星的碎陶片和大量石块等物。

2. J2

位于ⅡT2104东部，开口于①b层下，井口距地表0.75米。平面形状呈圆形，直壁，仅发掘深1.3米，井口直径0.9米。内填较硬的浅灰色土，包含有零星的小石块等物，出土有汉代砖块、瓦片和极少量的碎陶片。

3. J3

位于ⅠT2408西部，开口于②层下，打破H172，井口距地表0.7米。平面形状呈圆形，直壁，仅发掘深0.5米，井口直径1.34米。内填较为疏松的浅灰色土，出土有少量的汉代砖块、瓦片等物。

四 唐代墓葬

1座（M16）。

M16

位于ⅠT2108中部。开口于①层下，打破H146及生土层。墓口距地表0.25米。方向270°。通长5.3米，由墓道、封门、墓门和墓室组成。内填松散的灰色五花土。墓道平面呈长方形，两壁较直，底为斜坡状，长2.5、宽1.08~1.2、深0.85米。封门无存（应为土坯封门）。墓门为土洞，进深0.25、宽1、高0.9米。墓室为土洞，顶部已坍塌，墓室末端呈流线

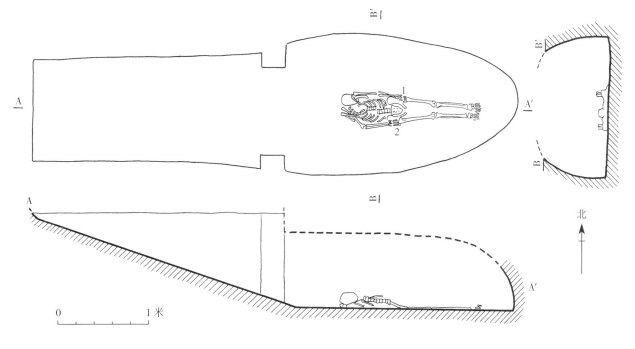

图四二〇 唐代M16平、剖面图

1. 铜带扣 2. 铜泡

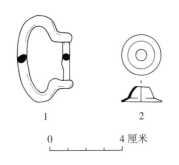

图四二一 唐代M16出土器物

1. 铜带扣（M16:1） 2. 铜泡（M16:2）

型，进深2.6、宽1.5、高0.95米。葬具为一木棺，已朽，形制与结构不清，棺内葬有人骨一具，保存较为完整，仰身直肢，头向西，面向上。残存铜带扣1件、铜泡1件（图四二〇）。

铜带扣 1件。

M16:1，带扣为椭圆形环，中部扣针缺失。通长4.5厘米（图四二一，1）。

铜泡 1件。

M16:2，形似帽状。底径2.2、高1厘米（图四二一，2）。

第五章　动物遗存分析

一　前　言

依据本报告对泉护村庙底沟文化的分期，在一期遗存中发现有动物遗骸保存的单位30个，二期51个，三期42个。动物骨骼主要出自二期堆积内，其次为三期，一期出土的动物骨骼数量相对较少。在发掘过程中，对个别灰坑运用了干筛法，获得了一批比较完整的动物遗存，增加了分析古代人类的食物结构、古环境的可信度。我们对出土的庙底沟文化时期的动物标本按发掘单位逐一进行了系统的鉴定，全部标本可分为兽类、鸟类、龟鳖类、鱼类及蚌类，至少代表33个属种（附表四）。每个遗迹单位及各期的动物数量、种属见附表五至七。遗址中不可鉴定的动物数量分布情况见附表八。

二　分类简述

1. 中华圆田螺　*Cipangopaludina cathayensis*

材料：共发现该类完整螺壳1297件，还有一些破碎螺壳未作统计。在遗迹中的主要分布（10件以上）详见表二〇四。

描述和讨论：总的特征是壳大而薄呈圆锥形，有六个相当膨凸的螺环，各螺环均匀增长。体螺环膨凸而宽大，其高度是壳高的5/7。壳口呈卵圆形，上端呈角状，轴唇不加厚。壳面有细的生长纹。该类动物遗存发现的数量最多，在有些遗迹中大量存在，如H80中就有400多件（彩版五一，1），不同于关中其他新石器时代遗址。中华圆田螺可能是当时人类捕捞的主要对象，也是主要的食物来源之一。

2. 硬环棱螺　*Bellamya lapidea*

材料：该类标本发现的数量较少，共9件（H46①D：1、H46⑥D：1~5、H131②D：7、H146③D：5和ⅠT0301③D：8）。其中前8件为二期，最后1件为三期。

表二〇四　中华圆田螺在灰坑中的主要分布表

H01	H02	H46①	H46④	H46⑤	H53	H71②	H88	H80	H156
319	308	17	51	10	20	27	10	408	37

描述：标本（H46①D∶1）壳较小，右旋壳（彩版五一，2）。呈宽锥形，有五个均匀增长的螺环，壳面较平，体螺环高而宽，其上有三条旋棱。螺塔底约占壳高的1/4；壳口呈梨形，上端呈尖角状；壳表面有细生长线。

3. 圆顶珠蚌 *Unio douglasiae*

材料与最小个体数：共129件标本，其中左半壳65，右半壳64件。全部材料可代表的最小个体数为65个。在遗迹中的分布见附表五。

描述与讨论：标本大小不一，长28~60毫米，宽16~28毫米。

标本H100①D∶13为一保存相当完整的右半壳（彩版五一，3）。蚌壳呈长卵圆形，前部短圆，后部窄扁，壳面有卵圆形的生长线。在100多件标本中属最大的一件，长60、宽28毫米。其余绝大多数标本与该标本接近或略小。

标本H80D∶6为一最小的且保存完好的右半壳（彩版五一，4）。长28、宽16毫米。与其大小接近的仅有4件标本。

标本H28∶147为一保存较好的右半壳。其上有两个大小几乎相等的钻孔（图四五，2），可能是当时的人们为了装饰自己，悬挂在脖子上有意识加工的。

圆顶珠蚌目前在我国境内分布很广，在关中临潼的姜寨遗址[1]、康家遗址[2]及丹江上游的巩家湾新石器遗址[3]均有出土，尤其是巩家湾遗址出土了大量的蚌壳。由于其营养丰富且分布较广，应是古人类的一种食物来源。但在该遗址有一件标本为装饰品（H28∶147），看来它的用途除了食用，还有装饰的功用。泉护村遗址紧靠渭河和沟峪河，蚌壳和田螺应是拾之即来的，这次发现大量的田螺和蚌壳也说明古人食物的多样性。

4. 蚌 *Unionidae*

全为残碎片，无一件完整的，共计69件。由于保存较少且缺乏对比标本，无法做进一步的鉴定。在遗迹中的分布见附表五。

5. 鲤鱼 *Cyprinus carpio*

材料：下咽喉齿4件（H22①D∶34、H100①D∶1、H143D∶1、H01D∶46）。前两者为庙底沟三期，后两者为庙底沟二期。

描述：标本H100①D∶1保存较好（彩版五一，5），齿式为1·1·3，牙齿呈臼齿状，咀嚼面具有沟纹。

6. 草鱼 *Ctenopharyngodon idellus*

材料：下咽喉齿1件（H01D∶48）（彩版五一，6），牙面为毛刷状。

7. 鲶鱼 *Silurus* sp.

材料：右胸鳍刺2件（H9②D∶1、H74①D∶2）。

---

① 祁国琴：《姜寨新石器时代遗址动物群的分析》，《姜寨》，文物出版社，1988年。
② 刘莉等：《陕西临潼康家龙山文化遗址1990年发掘动物遗存》，《华夏考古》2001年第1期。
③ 胡松梅：《陕西丹凤巩家湾新石器时代动物骨骼分析》，《考古与文物》2001年第6期。

描述：标本H9②D：1，长78、近端关节宽16.2毫米（彩版五一，7），和郑州西山[1]的胸鳍接近。

标本H74①D：2较小，长32、近端关节宽8毫米（彩版五一，8）。

鲶鱼、鲤鱼在我国的分布很广，现除西藏地区尚未发现外，其他各省均有记载。从鱼骨全部出自灰坑这点来看，它们可能是被泉护村人们作为食物。但从整体来说，数量较少，很大程度上与发掘时由于体积小而未能完全采集有关。

8. 鱼　Pisces

材料：匙骨1件（H4①D：1），脊椎骨1件（H20D：1）。

描述：椎骨（H20D：1）前后呈凹形，直径较大，为14毫米，和西安半坡[2]的鲤科（Cyprinidae）胸椎接近（彩版五二，1）。匙骨（H4①D：1）保存较完整（彩版五一，9），由于缺乏对比标本，无法做进一步的鉴定。

9. 龟　*Geoclemys* sp.

材料：完整的腹甲板一片（H01D：1）（彩版五二，2）及左股骨1件（H01D：48）（彩版五二，5），和甘肃大地湾[3]龟腹甲板大小接近。

10. 鳖　*Amyda* sp.

材料：背甲肋板两片（H05D：1和H22①D：1）。

描述：标本（H22①D：1）为完整的一片背甲肋板，长56、中间宽17毫米（彩版五二，3）。背面呈小麻点状，内面光滑。

11. 苍鹰　*Accipiter gentilis*

材料：完整的左尺骨1件（H86D：1）（彩版五二，8），全长95.4、远端宽7.8、近端宽10.6毫米，比鸡的细长。近端的弯曲度小，整个骨干较直，关节面也不同于鸡。

苍鹰为森林鸟类，栖息在针叶林、阔叶林和混交林的山麓。以啮齿动物、鸟类及其他小型动物为食。在高树上营巢，主要以松树枝搭成较厚的皿形巢。属中型猛禽，全长55厘米左右。分布广泛，为民间驯鹰的主要对象。

12. 雕　*Aquila* sp.

材料：右肱骨骨干一件（H105③D：1）；右侧跗跖骨远端一件（H74①D：1）。

描述：标本（H105③D：1）为右肱骨骨干远端一件（彩版五二，6），保存长度72毫米，骨管粗，骨壁极薄，远端仅有0.3毫米厚，骨干骨壁较厚为0.7毫米。

标本（H74①D：1）为右侧跗跖骨远端（彩版五二，9），保存长57、远端宽15毫米。远端比鸡的跗跖骨略宽。掌面为宽阔的"V"形谷，而鸡的掌面为向后伸出的片状嵴。背面凸起成尖端向上的"V"字形。远端关节面平齐，属滚轴式的树栖鸟类，不同于鸡的三角形

---

[1] 陈全家：《郑州西山遗址出土动物遗存研究》，《考古学报》2006年第3期。

[2] 李有恒等：《陕西西安半坡新石器时代遗址中之兽类骨骼》，《古脊椎动物与古人类》1959年第4期。

[3] 祁国琴、林钟雨、安家瑷：《大地湾遗址动物遗存鉴定报告》，《秦安大地湾》，文物出版社，2006年。

式的地栖鸟类[①]。雕善飞，栖息于深山幽谷之中，捕食野兔、小羊、羚羊等。像这样凶猛的鸟，很难捕捉，可能是泉护村人偶获的。

13. 雕鸮 *Bubo bubo*

材料：右侧跗跖骨远端1件（H18D：1）（彩版五二，4），保存长63、远端宽18.4毫米。

描述：远端明显宽于鸡的跗跖骨。跖骨掌面为宽阔的"V"形谷，从下往上愈来愈深。而鸡的掌面为向后伸出的片状嵴。背面远端较平，近端凹陷。3个跖骨滑车的形态各异，其中内侧的第Ⅱ跖骨滑车相对较宽，滑车翼发育，表现为向内后侧突出明显；居中的第Ⅲ跖骨滑车前沟较深，但内外侧不对称，略向外侧倾斜，外支向后比较突出，位置在3个滑车中最高；第Ⅳ跖骨滑车向外后侧突出。3个跖骨滑车中第Ⅱ跖骨滑车最宽大，第Ⅲ跖骨滑车次之，第Ⅳ跖骨滑车最窄，第Ⅳ跖骨滑车的外髁向外延伸。从前侧视，3个跖骨滑车近乎在一条直线上，这一特点与地栖鸟类存在明显的不同。由上下位于同一直线和前后近于同一平面的3个跖骨滑车形成了猛禽类跗跖骨特有的"滚轴模式"。

雕鸮（又名猫头鹰、夜猫子）栖息于各种生态环境，由平原至海拔4000米均有。独居，夜行，白天隐身于密林中。视觉敏锐，飞行轻捷，鸣叫声凄厉，性凶猛。留鸟。以各种鼠类为食，兼食兔类、蛙、刺猬、昆虫、雉及其他鸟类。

14. 鹤 *Grus* sp.

材料：左右肱骨各一件（H116⑤D：1、H62D：2）。

描述：标本（H116⑤D：1）为基本完整的右肱骨（彩版五二，7），肱骨头内侧的小结节嵴缺失，近端内侧有较大的气窝；骨干较细而弯曲。远端外髁大而向上收缩，内髁小向下伸出。全长172、近端宽17.5、远端宽25毫米。

标本H62D：2为左肱骨近端1件，保存长度56毫米。和标本H116⑤D：1完整的右肱骨相比，略大一些。

鹤属于大型涉禽类，常活动于平原水际或沼泽地带，食各种小动物和植物，喙、翼和胫跗骨很长。

15. 雉 *Phasianus* sp.

材料：胸骨2件（H05D：4、H38D：1）（彩版五三，2）；左肩胛骨1件（H22②D：10），右肩胛骨2（H22①D：21、22）；乌喙骨共6件，左边1件（H07D：1），右边5件（H22①D：23、H22②D：1、H61D：1、H62D：3、H100①D：14）（彩版五三，1）；左肱骨1件（H118⑤D：1），右肱骨2件（H38D：2、H41D：1）；右桡骨1件（H22①D：24）；右盆骨残2件（H22①D：25、H38D：3）；股骨8件，左边2件（H22①D：26、27）（彩版五三，3），右边6件，其中1件（H22②D：2）完整，近端由于骨折而变形，1件（H100①D：15）为远端，4件（H05D：5、H46④D：1、H109②D：1、H116⑤D：2）为中间骨干部分；胫骨共9件，左边7件，完整1件（H131②D：1），近端1件（H118⑤D：2），骨干1件（H22①D：28），

---

① 张玉光：《鸟类跗跖骨远端形态的两种模式及其栖息行为》，《四川动物》2006年第1期。

表二〇五　雉骨的分布状况及数量统计表

骨骼的名称	部位			总数量	文化分期			
	左	中	右		一期	二期	三期	其他
胸骨		2		2	1	1		
肩胛骨	1		2	3			3	
乌喙骨	1		5	6		2	4	
肱骨	1		2	3	1	2		
桡骨			1	1			1	
盆骨			2	2	1		1	
股骨	2		6	8		2	6	
胫骨	7		2	9		3	5	M2 填土 1
跗跖骨	2		3	5	1	1	3	
总数	14	2	23	39	4	11	23	1

远端4件（H22①D：29、H22①D：30、H61D：2、M2D：5），右边近、远端各1件（H22②D：3、H22①D：31）；跗跖骨共5件，左边2件（H22①D：32、H68①D：1），右边3件（H22①D：33、H22②D：4、H61D：3）。另在G3中，有属于同一个体的鸡骨有：左乌喙骨、左肱骨近端、右尺桡骨、右胫骨远端。总之，雉的标本数量较多，共39件，各部分数量保存不一，见表二〇五。胫骨数量最多，为9件，其中左胫骨的数量为7件，至少代表7个个体。

描述和讨论：

标本H38D：2为基本完整的右肱骨（彩版五三，4），肱骨头缺失，近端内侧有较大的气窝；骨干较细而弯曲。远端外髁大而向上收缩，内髁小向下伸出。全长75、近端宽17.5、远端宽12毫米。

标本H131②D：1为完整的左胫骨（彩版五三，5），全长99、近端宽15.5、远端宽9.7毫米。胫骨的尺寸和半坡的胫骨（通过图版进行对比）大小一样。

标本H61D：3为完整的右跗跖骨（彩版五三，6），全长68、近端宽11、远端宽11毫米。在内侧有尖锐的距，有发育的跗后根脊，从存在大的跗跖距分析，应属于老年雄雉。

将这批标本和现代家养母鸡标本对比发现，尺寸明显小于现代的家鸡。但汉代G3的鸡标本和现代的家鸡大小接近。

16. 雀形目　Passeriformes

2件仅保留骨干的胫骨部分，整体细小。较粗大的一件标本（H46④D：11）为左胫骨，保留长度52毫米（彩版五三，7），较细小的一件标本（H01D：47）为右胫骨，保留长度37毫米（彩版五三，8），如果复原完整的话，应该分别有70毫米和50毫米左右，从数据看应为雀形目中较大的成员，如灰喜鹊、画眉等。由于材料太少且仅保存骨干部分，缺失两端的关节面，难以做进一步的鉴定。

17. 金丝猴　*Rhinopithecus roxellana*

材料：右髂骨近端1件（H86D：4），与西北大学地质系古脊椎动物标本室的现生金丝猴髂骨大小和结构基本一致，只是髂骨上端内缘比西大标本稍薄稍宽一些，比猕猴的明显大。保留长度为84毫米，最大宽度43毫米。

18. 刺猬　*Erinaceus europaeus*

材料：完整的右下颌1件（H68①D：2）（彩版五三，9），牙齿仅保留i1和p4的齿根。颊齿齿槽长18.1毫米，形状、大小和五庄果墚①、姜寨遗址②的刺猬几乎一样。

19. 草兔　*Lepus capensis*

材料：右下颌2件（ⅡT1801②D：1、H41D：2），前者牙齿保存完整，后者缺失牙齿；左肱骨2件（H87D：1、H118①D：1），前者完整，后者保存近端部分；右桡骨近端1件（H100①D：2）；左右盆骨各1件（H109②D：2、H33D：1）（彩版五四，6）；左胫骨远端1件（H118①D：2）（彩版五四，8）；右胫骨4件（H133D：1、ⅡT1601②D：1、H164D：1、H46④D：2），第一件保存完整，第二件为近端部分，后两件为远端部分；掌、跖骨各1件（H07D：2、H100①D：3）。

描述与讨论：标本ⅡT1801②D：1为保存基本完整的右下颌（彩版五四，5），缺失部分角突。下颌牙齿式为1·0·2·3，不同于上颌的2·0·3·3，两枚前白齿最发达，冠面高于臼齿冠面，p3向后倾斜，比其他牙齿大。m3较小，呈圆柱状，极度前倾。测量数据如下：

下齿列长……………………16毫米

齿隙长………………………19毫米

下颌骨垂直部高……………34毫米

和草兔形态特征、大小接近。

标本H87D：1为完整的左肱骨（彩版五四，7），保留长度85、远端宽8毫米，滑车上孔为椭圆形，滑车嵴明显。

草兔也叫蒙古野兔，个体较大，重4~6斤，分布很广，欧洲、非洲、北亚均有，在我国广布于东北、内蒙古、河北、宁夏、陕西、山西、甘肃、新疆、山东、河南以及长江流域各省。

草兔栖息于低洼地、草甸、田野、树林、草丛或灌木丛。主要以草类为食，也以嫩枝、树皮、树苗、农作物幼苗、蔬菜和豆类等为食。

20. 仓鼠　*Cricetulus* sp.

材料：左右下颌骨各1件（H01D：2、H05D：2）；左右肱骨各1件（H01D：3、M2填土D：1）；右股骨近端1件（H01D：4）。

描述：标本H01D：2为保留c和m2的完整左下颌1件（彩版五四，2），标本H05D：2为保

---

① 胡松梅、孙周勇：《陕北靖边五庄果墚动物遗存及古环境分析》，《考古与文物》2005年第6期。

② 祁国琴：《姜寨新石器时代遗址动物群的分析》，《姜寨》，文物出版社，1988年。

留c、m1和m2的基本完整右下颌1件（彩版五四，1），缺失角突部分。i1细长锋利。m1最长，前面为一单个的齿突，后面为两对齿突。m2较m1小，为两对齿突。臼齿从m1到m3有依次减小的趋势。

H01D：2臼齿齿槽长7毫米

H05D：2臼齿齿槽长5.7毫米

M2填土D：1为一完整的右肱骨，长26.6毫米，近端关节面宽5.6毫米，远端关节面宽7毫米。

21. 甘肃鼢鼠　*Myospalax cansus*

材料：带有完整右下颌的残头骨1件（H46②D：1）；单个的残头骨5件（H9①D：1、H11D：1、H95D：1、H80D：1、ⅠT0602①D：1）；左上门齿2件（H01D：5、6）；同一个体的完整右股骨和胫骨各1件（H68①D：3）；完整的右股骨2件（H20D：2、ⅠT0401③D：1），左胫骨近端1件（H9①D：2），代表的最小个体数为6个。

标本描述与讨论：

标本H80D：1为缺失大部分鼻骨、右颧骨、部分左颧骨、部分右顶骨及枕骨和左右听泡的头骨一件（彩版五四，3），头骨的盾面在人字嵴的后面明显的向后突出。外鼻骨缝在其前部向两侧外边膨胀，后缘呈锯齿型。门齿孔一半在前颌骨范围内，另一半在上颌骨范围内，颧弧的前部比后部稍宽，左右上齿列呈前窄后宽的"八"字形排列。M1稍大，内、外侧各有两个凹角，呈交错排列，使其咀嚼面呈前后交错排列的三角形齿环。M2、M3较小，咀嚼面呈"3"字型。M3长超过M1的1/2，内侧仅有一个凹角，后端没有一向后外斜伸的小突起，外侧有两个凹角。测量数据见表二〇六。

标本H9①D：1为缺失前颌骨及左右颧骨的头骨一件（彩版五四，4），基本特征与头骨H80D：1相同，听泡不隆突。枕骨脊发育。测量数据见表二〇六。

表二〇六　甘肃鼢鼠头骨测量数据表　　　　（单位：毫米）

标本 参数	H9①D：1	H11D：1	H46②D：1	H95D：1	H80D：1	ⅠT0602①D：1	甘肃鼢鼠[1]
颅基长					47.7		
颧宽						31.2	21~36.4
眶间宽	6.5	7.2			6.1	7.1	5.2~8.3
齿隙长					15.6		
后头宽			30.2				24.5~35.8
听泡长/宽	10.6 / 7.6		11 / 8	10.5 / 8			
上齿列长	11	11.7（齿根）		10.1	11.2	10.2	9.8~11.5
下齿列长			11.1				

---

① 王廷正、许文贤：《陕西啮齿动物志》，陕西师范大学出版社，1992年。

从表二〇六测量数据可看出，这些数据除H80D：1颅基长略大外，其余数据都在甘肃鼢鼠的范围内，特征也和甘肃鼢鼠一致。

甘肃鼢鼠主要栖息于黄土高原及黄土丘陵的农田、林区和荒坡上。终生营地下生活。

22. 中华竹鼠 *Rhizomys sinensis*

材料：完整的左下门齿1枚（H107④D：1）（彩版五三，10）。

描述和讨论：唇侧外表上半部分有一层棕红色的釉质，舌侧呈浅粉红色的釉质。横断面为三角形。磨蚀面呈铲状。宽6.7毫米，和西安半坡遗址[1]的中华竹鼠大小一致。

中华竹鼠在临潼白家村、西安半坡、临潼姜寨、宝鸡北首岭、华县泉护村及安阳殷墟遗址均有报道，说明在黄河中游的新石器时代乃至历史时期，这种动物还广泛存在，而目前在关中平原已无踪迹，说明泉护村遗址一带的生态环境在几千年中确实发生了变化。这种变化一方面和气候变化密不可分，另一方面和人类的开发有关。

23. 狗 *Canis familiaris*

材料：属于同一个体的部分上颌骨、基本完整的下颌骨、右肩胛骨近端、左右肱骨远端各1件（G3D：2）（彩版五五，1）；左右上颌骨各1件（H18D：2、ⅠT0502③D：1）；左下颌2件（H68③D：1、ⅠT0301③D：1）；右下颌3件（H41D：3、H46④D：3、H127D：1）；左肩胛骨1件（ⅠT0502③D：2）；左桡骨远端1件（H100①D：4）；残左髋骨1件（H164D：2）；右股骨近端1件（H17D：1）；完整的左胫骨1件（H165D：1）；左跟骨1件（H165D：2）。

典型标本描述与讨论：4件下颌枝下缘向下弯曲成弧形，下颌也变短，咬肌窝变浅。标本前后均有不同程度的缺失。测量数据见表二〇七。

从表二〇七测量数据可看出，除G3D：2（汉代）较小外，其余下颌骨的各项数据与姜寨[2]、靖边五庄果墚[3]及榆林火石梁[4]遗址的狗大小接近。

标本H165D：1为完整的左胫骨1件（彩版五五，2），最大长238.7毫米，近端最大宽37毫

表二〇七　狗下颌测量数据表　　　　　　　　　　　　　　　（单位：毫米）

参数 \ 标本	H68③D：1	ⅠT0301③D：1	H127D：1	H41D：3	H46④D：3	G3D：2
角突至冠状突高						32.8
下颌骨高／厚（p4前缘）	20.2／9	／10	20／10.5		／10.4	13.8／7.8
p1—m3长			66.7			56.4
m1长／宽	19／7.3			19.4／7.7		18.3／7.7

---

[1] 李有恒等：《半坡新石器时代遗址中之兽骨骨骼》，《古脊椎动物与古人类》1959年第4期。

[2] 祁国琴：《姜寨新石器时代遗址动物群的分析》，《姜寨》，文物出版社，1988年。

[3] 胡松梅、孙周勇：《陕北靖边五庄果墚动物遗存及古环境分析》，《考古与文物》2005年第6期。

[4] 胡松梅、张鹏程、袁明：《榆林火石梁遗址动物遗存研究》，《人类学学报》2008年第3期。

米，远端最大宽28毫米，在其远端有明显的两条锯痕。

标本H165D：2为完整的左跟骨1件（彩版五五，3），最大长55毫米。

24. 貉　*Nyetereutes proycyonoides*

材料：基本完整的左右下颌骨各1件（H35D：1、H95D：2）（彩版五六，1、2），缺失肱骨头的较完整右肱骨1件（H74②D：1）。属于同一个体的缺失两端关节头的左尺骨、桡骨各1件（H109②D：3），左桡骨骨干1件（H116①D：1）。

描述与讨论：从下颌骨的总体特征观察，其下颌体显得细而长，尤其是H95D：2，水平枝下缘平直，有2个颏孔。角突和次角突发育。前臼齿4枚排列紧密，从p1到p4牙齿依此增大，p1严重退化，为单根单尖，p2和p3单尖双齿根，p4主尖后发育一小附尖。下臼齿3枚，下列齿m1长大于m2+m3的长度，三角座的三尖发育而高于跟座诸尖，下原尖大并高于下前尖和下后尖，下跟凹深，下次尖略大于下内尖；m2小，齿冠近长方形，但齿尖齐全；m3未保存，从齿根看，极小，为单齿根。

从表二○八测量数据可看出，H95D：2比H35D：1明显低矮，可能属性别的差异。泉护村的标本略小于赵宝沟，接近西山和河姆渡。比现生种细长。

表二○八　貉下颌骨测量数据与对比表　　　（单位：毫米）

标本 参数	泉护村		赵宝沟[1]	河姆渡[2]	西山[3]	现生种[4]
	H35D：1	H95D：2				
p1–m3	44.3	43.7	46~46.5	35.4~46.3	42~45	42
p1–p4	21.8	22.9	24.3~25		21~23	
m1–m2	17.8	17	20	17.3~21.2	17~19	18.5
m1–m3	21.2	20.6	21.5~23.5	23	20~22	21
m1 长／宽	12 / 4.9	11.3 / 4.3	11~13 / 4.5~5.5		11~12.5 / 5	
m2 长／宽	5.5 / 4		6.2~7 / 4~5.3		6~7/4	
m1 前位高	12	10.7	11.5~12.5	11.7~14.5	11	13.5
m3 后位高	19.6	17.3	18.5~20.7		17~18	

标本H74②D：1为基本完整的右肱骨，滑车上孔明显，为一圆形。保存最大长117.7毫米，下端宽25.5毫米。

25. 狗獾　*Meles meles*

材料：右下颌2件（H22②D：5、H07D：3）；左、右肩胛骨各1件（H07D：4、H62D：4）

---

① 中国社会科学院考古研究所：《敖汉赵宝沟——新石器时代聚落》，中国大百科全书出版社，1997年。

② 魏丰、吴伟棠、张明华、韩德芬：《浙江余姚河姆渡新石器时代遗址动物群》，海洋出版社，1990年。

③ 陈全家：《郑州西山遗址出土动物遗存研究》，《考古学报》2006年第3期。

④ 陈全家：《郑州西山遗址出土动物遗存研究》，《考古学报》2006年第3期。

（彩版五五，6）；右肱骨远端1件（H07D：6）（彩版五七，1）；右尺骨1件（H07D：5）
（彩版五六，4）。

描述：标本H22②D：5为保存c–m1的完整右下颌1件（彩版五五，5），m2仅保留齿槽
孔，m1磨蚀严重，跟座上的齿质点已全部被磨平，为一中老年个体。咬肌窝大而深，角突的
位置偏下，略低于齿冠面。

标本H07D：3为保存c、p3–m1的完整右下颌1件（彩版五五，4），m2仅保留齿槽孔，底
缘较平直。m1的齿座呈一明显的三角形，即原尖、前尖和后尖明显不在同一直线上，跟座呈
一凹陷的盆状。边缘由两个外尖和三个内尖构成。齿尖均未磨蚀，为一年轻个体。

两件下颌骨标本的测量数据见表二○九。

表二○九　狗獾下颌骨测量数据表　　　　　（单位：毫米）

标本 ＼ 参数	m1 长／宽	颌体高		齿列长		
		m1 前位高（内侧测量）	m2 后位高（内侧测量）	p2–m2	p2–p4	m1–m2
H22②D：5	15.5／7.3	13.3	18	36	14.5	21
H07D：3	14.2／6.2	11.2	17	34.3	13	21

标本H07D：6为右肱骨远端1件（彩版五七，1），髁上孔发育小，为短椭圆形，不同于猫
的长椭圆形。仅保存23.4毫米长，下端宽25.2毫米。

26. 猫 *Felis* sp.

材料：可能属于同一个体的左右下颌、左右肱骨和股骨各1件，左胫骨近端1件，右盆骨1
件（H172D：1）；右肱骨近端1件（H35D：2）；完整的左盆骨1件（H35D：3）；左胫骨近端1
件（H130D：1）（彩版五七，2）。

描述：标本H172D：1为保存p4和m1的左下颌，p3仅保留齿根部分，p4和m1磨蚀严重（彩
版五六，3）。臼齿仅一枚即裂齿m1，具双刃型，前、后叶近于等长。比榆林火石梁[1]遗址的
豹猫和西安半坡[2]的狸略小。测量数据如下：

p4宽……………………………3毫米

m1长/宽……………………… 8/3.8毫米

标本H172D：1为完整的右肱骨，最大长度105.6毫米。髁上孔发育，为一窄长的椭圆形。
没有滑车上孔，上端宽17.7毫米，前后径21.5毫米，下端宽18.2毫米，这些数据都在家猫
（*Felis domestica*）的范围内[3]。

标本H35D：3为完整的左盆骨（彩版五六，5）。最大长79毫米，髋臼长11毫米，髂骨干

---

① 胡松梅、张鹏程、袁明：《榆林火石梁遗址动物遗存研究》，《人类学学报》2008年第3期。

② 李有恒等：《半坡新石器时代遗址中之兽骨骨骼》，《古脊椎动物与古人类》1959年第4期。

③ B. 格罗莫娃著，刘后贻等译：《哺乳动物大型管状骨检索表》，科学出版社，1960年。

最小宽/高为4.5/9.5毫米。

比较与讨论：从标本的形态特征和大小看，这些标本无疑都属于猫属（*Felis*）动物，由于材料有限且保存不好，难以做进一步研究。

27. 虎　*Panthera tigris*

材料：残右下颌骨1件（柳枝南关村采）。

描述：标本为残右下颌骨1件。牙齿保存p3—m1，i和c仅保留齿槽孔，下颌枝部分缺失（彩版五七，3），从下颌齿式为3·1·2·1和m1为双刃型分析，应为猫科动物。下犬齿孔特别粗大。下颌体下缘平直，下第四前臼齿（p4）略小于臼齿（m1），明显大于p3。下颏孔三个，呈直角三角形分布。下齿列长在雄性虎的范围内。测量数据见表二一〇，略大于榆林火石梁。该标本的下颏孔为三个，上面的一个颏孔明显小于下面的两个。而榆林新机场的虎下颌骨为两个颏孔，前面的颏孔明显大于后面的。

表二一〇　虎下颌骨测量数据对比表　　　　　　（单位：毫米）

标本 参数	柳枝南关村 采	榆林火石梁[1] 8001	河姆渡[2] YH16.1	《中国动物志·兽纲》 第八卷《食肉目》[3]
下齿列长（i1前缘 –m1后缘）	133.1	123.3		123~137.2 ♂； 100.5~107 ♀
颊齿长（c前缘 –m1后缘）	129	121.8		
p3长/宽	18 / 8.6	16.0 / 8.3		
p4长/宽	26 / 13.3	25.2 / 12.3	23 / 11.5	
m1长/宽	28 / 14.6	26.1 / 12.7	25.5 / 12.5	
下颌骨高（p3前缘）	51.5	44.7		
犬齿齿冠前后最大径	29.4（齿槽孔）	27		
犬齿齿冠左右最大径	18（齿槽孔）	18		

28. 马　*Equus* sp.

材料：下颌联合部1件（ⅡT1701①D：1）；左下颌上升枝后半部分1件（H25D：1）；右桡骨远端1件（H18D：3）；左掌骨近端外侧1件（W3D：1）；右掌骨远端内侧1件（W3D：2）；完整右盆骨1件（ⅡT1601②D：2）（彩版五七，6）；右胫骨远端1件（ⅠT0502③D：3）；左跖骨近端1件（ⅠT0502③D：4）；左右第Ⅱ趾骨各1件（H8D：1、H41D：4）。共计10件。其中一期1件：ⅡT1601②D：2；二期3件：H8D：1、H25D：1、H41D：4；三期3件：H18D：3、ⅠT0502③D：3、ⅠT0502③D：4；西周2件：W3D：1、

---

① 胡松梅、张鹏程、袁明：《榆林火石梁遗址动物遗存研究》，《人类学学报》2008年第3期。

② 魏丰、吴伟棠、张明华、韩德芬：《浙江余姚河姆渡新石器时代遗址动物群》，海洋出版社，1990年。

③ 高耀亭：《中国动物志·兽纲》第八卷《食肉目》，科学出版社，1987年。

W3D：2；近现代地表1件：ⅡT1701①D：1。

描述和讨论：标本H18D：3为右桡骨远端1件（彩版五七，4），保存长度136.4毫米，远端宽75、关节面宽62毫米。

标本ⅠT0502③D：3为右胫骨远端1件（彩版五七，5），保存长度175毫米，远端宽74、厚44毫米。

两件第Ⅱ趾骨（H8D：1、H41D：4）保存完整（彩版五七，7），测量数据如表二一一。

表二一一　马第Ⅱ趾骨测量数据表　　　　　（单位：毫米）

标本 参数	H8D：1	H41D：4
长	45.5	41
中间宽	43.3	41.2
上端宽	51.7	46.7
下端宽	45.7	44.8

由于马的材料实在太少，连一枚完整的牙齿也未保存，无法进一步鉴定它们的种。

现代的普氏野马只分布在新疆的东北部和蒙古西北部，但在晚更新世的旧石器时代中、晚期遗址中，普氏野马化石大量存在且分布范围很广，如许家窑遗址、涝池河地点、大窑遗址、资阳人遗址、萨拉乌苏遗址、峙峪遗址、环县楼房子遗址及甘肃庆阳等，其中许家窑、峙峪遗址出土马的最小个体数分别达到360和120个个体[1]。但在全新世的新石器时代遗址中，马骨数量明显减少，一般仅零星分布，从报道的资料可知，只有7处遗址出土马骨，它们是距今10000年左右的河北徐水南庄头遗址[2]、距今6000多年的西安半坡遗址[3]、距今5000~4500年的师赵村与西山坪遗址的马家窑类型堆积中[4]、距今4500~4000年的河南汤阴白营遗址[5]、山东历城城子崖遗址[6]、华县南沙遗址[7]、宝鸡关桃园新石器时代遗址西王村类型[8]，泉护村遗址庙底沟文化一、二、三期都出土有少量马骨，这应是第八处出土马骨的新石器时代遗址，其他马骨为西周时期。发掘和调查的新石器时代遗址的数量远远大于旧石器时代中、晚遗址，但马骨的数量和在遗址中出现的概率却明显减少，这应与全新世气候变

---

① （日）吉崎昌一著，曹兵海、张秀萍译：《马和文化》，《农业考古》1987年第2期。

② 李珺：《徐水南庄头遗址又有重要发现》，《中国文物报》1998年2月11日。

③ 李有恒等：《半坡新石器时代遗址中之兽骨骨骼》，《古脊椎动物与古人类》1959年第4期。

④ 周本雄：《师赵村与西山坪遗址的动物遗存》，《师赵村与西山坪遗址》，中国大百科全书出版社，1999年。

⑤ 安阳地区文物管理委员会：《河南汤阴白营龙山文化遗址》，《考古》1980年第3期。

⑥ 傅斯年等：《城子崖》，国立中央研究院历史语言研究所，1934年。

⑦ 王志俊等：《中国北方家马起源问题的探讨》，《考古与文物》2001年第2期。

⑧ 胡松梅：《宝鸡关桃园遗址动物遗存分析》，《宝鸡关桃园》，文物出版社，2007年。

暖有密切的关系，因为马主要生活在干燥寒冷的草原环境中。

29. 家猪　*Sus domesticus*

材料与最小个体数：灰坑中的材料：头骨残块288件，上颌骨1件，左上颌95件、右上颌85件；下颌联合部36件；左下颌167件；右下颌180件；寰椎18件；枢椎6件；左肩胛骨45件，右肩胛骨54件；左肱骨近端42件、远端43件；右肱骨近端35件、远端33件；左尺骨43件，右尺骨34件；左桡骨近端28件、远端7件；右桡骨近端32件、远端6件；完整的左侧掌骨23件，近、远端各3件；完整的右侧掌骨15件，近、远端分别为1和2件；指骨6件；不完整的左盆骨32件，右盆骨41件；左股骨近端26件、远端20件；右桡骨近端27件、远端16件；左胫骨近端48件、远端15件；右胫骨近端9件、远端6件；左跟骨12件，右跟骨12件；左距骨5件，右距骨3件；左跖骨完整13件，远端6件；右跖骨完整10件，远端4件；趾骨1件。灰坑中数量最多的是右下颌180件，最小个体数为180。

描述与讨论：猪的骨骼在遗址中数量最多，但保存较差，通过对数量最多的右下颌骨中牙齿的萌发、脱落及磨蚀情况的观察可看出（表二一二），在泉护村遗址的猪类动物中，存在一定年龄的类群。在可观察年龄的133件右下颌中，主要为5~12个月的个体63件，占总数的47.37%，其次为两个月以下的个体16件，占可观察标本的12.03%；其他各年龄阶段的猪相对较少，更详细的情况见表二一三。在可观察年龄的120件左下颌中，12~17个月的个体数量明显较右下颌多，为20件，占总数的16.67%（表二一四）。由此可看出：泉护村的古人类主要以20个月以下的未成年猪类为食（不论左下颌还是右下颌），但主要集中在5~17个月，这

表二一二　家猪右下颌牙齿萌发及磨蚀情况表

个体年龄估计	标本编号	典型标本保存情况	牙齿萌发磨蚀情况
0~1周	3件（H22①D：35、H22①D：36、H28D：4）	标本 H22①D：35 为带有 di1 和 dp4 的下颌骨（彩版五八，1）	dp4 刚刚露出齿槽, dp3 牙胚已形成
4~7周	13件（H9①D：25、H22①D：37、H28D：5、H28D：6、H41D：16、H41D：17、H53D：2、H105③D：5、H116①D：4、H116⑤D：5、H118①D：4、H141D：13、H164D：11）	标本 H28D：5 带有 di2、dp3-dp4（彩版五八，2）	全为乳前臼齿, dp2 刚刚露出齿槽, dp4 未磨蚀, m1 齿槽口已张开, 可看到 m1 牙胚
2~4月	10件（H20D：12、H28D：7、H67D：5、H100①D：16、H116①D：5、H116①D：6、H118①D：5、H164D：12~14）	标本 H116①D：5 带有 dp3-dp4（彩版五八，3）	dp4 稍磨蚀, 主尖磨出齿质点。dp2 露出齿槽, m1 未萌出
4~5月	8件（H28D：8、H35D：20、H67D：6、H71①D：2、H87D：6、H105②D：5、H109②D：4、H164D：15）	标本 H71①D：2 带有 dp3-dp4（彩版五八，5）	m1 刚刚露出齿槽

个体年龄估计	标本编号	典型标本保存情况	牙齿萌发磨蚀情况
5~6 月	19 件（H9 ① D：26、H9 ① D：27、H22 ① D：38、H32D：1、H46 ③ D：1、H46 ⑥ D：6、H53D：3、H68 ③ D：3、H78D：3、H82D：4、H108D：4、H108D：5、H116 ① D：7、H130D：11、H130D：12、H134D：14、H141D：14、H164D：16、H164D：17）	标本 H82D：4 带有 dp3-m1（彩版五九，3）	m1 完全萌出但未磨蚀，dp3 稍磨蚀
7~10 月	21 件（H35D：21、H46 ③ D：2、H68 ③ D：4、H71 ② D：2、H82D：5、H86D：5~8、H100 ① D：17、H105 ② D：6、H105 ② D：7、H105 ③ D：6、H105 ③ D：7、H116 ① D：8、H131 ② D：8、H134D：15、H164D：18、H164D：19、H165D：6、H165D：7）	标本 H68 ③ D：4 带有 dp3-m1（彩版五九，2）	m1 稍磨蚀，主尖磨出齿质点，m2 刚刚露出齿槽，dp2 稍磨蚀，p1 齿槽孔已存在
10~12 月	23 件（H4 ② D：4、H8D：4、H9 ① D：28、H9 ① D：29、H22 ① D：39~42、H34D：1、H35D：22、H35D：23、H67D：7、H71 ① D：3、H71 ① D：4、H84D：4、H105 ③ D：8、H108D：6、H116 ① D：9、H130D：13、H164D：20、H164D：21、H165D：8、H166D：2）	标本 H164D：20 带有 c、p1、dp2-m2（彩版五八，4）	m2 完全萌出但未磨蚀，c 已完全萌出，dp4 主附点全部磨蚀
12~17 月	9 件（H9 ① D：30、H9 ② D：18、H108D：7、H134D：16、H158D：19、H164D：22~24、H165D：9）	标本 H134D：16 带有 c、p1-m2（彩版五九，4）	m2 稍磨蚀，主尖磨出齿质点，p3-p4 中级萌出，m3 未萌出
17~19 月	7 件（H4 ① D：5、H9 ② D：19、H9 ④ D：1、H28D：9、H68 ① D：4、H68 ③ D：5、H84D：5）	标本 H68 ③ D：5 带有 i2、p3-m2（彩版五九，1）	p3-p4 齿质点轻微磨蚀，m1 主、附尖釉质圈相连，形成梅花状釉质圈，m2 磨蚀较轻，主、附尖形成齿质点，m3 和 i2 刚刚露出齿槽
19~21 月	9 件（H8D：5、H9 ① D：31、H9 ① D：32、H28D：10、H41D：18、H53D：4、H68 ① D：5、H133D：9、H166D：3）	标本 H9 ① D：31 带有 i1-i3、c、m1-m3（彩版五九，5）	m3 完全萌出且前叶磨出齿质点，m2 磨出梅花状釉质圈，m1 几乎磨平
大于 21 月	11 件（H9 ② D：20、H22 ② D：11、H35D：24、H68 ③ D：6、H77D：2、H105 ④ D：1、H118 ① D：6、H164D：25、H165D：10、H166D：4、H168D：1）	标本 H105 ④ D：1 带有 p3-m3（彩版五九，6）	m3 全部磨出齿质点，但尚未见到 1 件 m3 磨蚀得很深的标本

表二一三　根据右下颌（133件）统计的家猪死亡年龄分布表　　　　　（单位：月）

月龄	<2	2~4	4~5	5~6	7~10	10~12	12~17	17~19	19~21	>21
个体数	16	10	8	19	21	23	9	7	9	11
百分比（%）	12.03	7.52	6.02	14.29	15.79	17.29	6.77	5.26	6.77	8.27

表二一四　根据左下颌（120件）统计的家猪死亡年龄分布表　　　　　（单位：月）

月龄	<2	2~4	4~5	5~6	7~10	10~12	12~17	17~19	19~21	>21
个体数	16	7	5	30	15	11	20	8	6	2
百分比（%）	13.33	5.83	4.17	25	12.5	9.17	16.67	6.67	5	1.67

应是家猪的特征。从肱骨远端骨骺未愈合或刚愈合看，也说明主要为1岁及其1岁以下的猪。该遗址猪类的另一显著特点是乳猪较多，以H22①为例，从保存的左肱骨数量分析，至少有7个个体，从仅保存的1件下颌骨（H22①D：35）分析，应为小于1周的乳猪。从右下颌数量为12分析，该灰坑同时至少也有12个较大个体的猪。乳猪的存在可能不是人类有目的屠宰的结果，而很可能是分娩时或出生后不久由于抵抗力差自然死亡的结果。从遗址整体猪年龄分布情况为倒"V"看，应为人类有意识饲养和屠宰的结果。猪的屠宰年龄与驯养水平有关，时代愈早则年龄越大。

30. 獐 *Hydropotes inermis*

材料和最小个体数：左上颌2件（H35D：4、H41D：5）；右上颌1件（H35D：5）；右上犬齿2件（H118⑤D：3、H63D：1）；基本完整的下颌骨2件（H146②D：1、ⅠT0501④D：1）；左下颌6件（H4②D：1、H22①D：2、H35D：6、H122D：1、H158D：1、M2填土D：2）；右下颌4件（H38D：4、H71①D：1、H130D：2、H131②D：2）；左、右肩胛骨中段各1件（H38D：5、H38D：6）；左肩胛骨远端6件（H22①D：3、H22①D：4、H133D：2、H147D：1、ⅠT0401③D：2、ⅡT1701①D：2）；右肩胛骨远端6件（H01D：7、H01D：8、H22①D：5、H22①D：6、H116①D：2、H158D：2），近端残片3件（H01D：9、H01D：10、ⅠT0401④D：1）；寰椎2件（ⅠT0601②D：1、ⅠT0502③D：1）；左肱骨完整1件（H8D：2），近端5件（H22①D：7、H22①D：8、H160D：1、ⅠT0401④D：2、ⅡT1501②D：1），远端6件（H9①D：3、H53D：1、H130D：3、H146②D：2、H146③D：1、ⅡT1701②D：1）；右肱骨完整3件（H100①D：5、H133D：3、H133D：4），近端2件（H22①D：9、H105③D：2），远端6件（H22①D：10、H28D：1、H35D：7、H130D：4、H133D：5、H164D：3）；左桡骨完整1件（H86D：2），近端1件（H9②D：2），远端3件（H116⑤D：3、H41D：6、H41D：7）；右桡骨完整1件（H22②D：6），近端3件（H20D：3、H35D：8、H134D：1），远端1件（H22①D：11）；左尺骨近端1件（ⅢT1501②D：1）；右

尺骨近端2件（H01D：11、H122D：2）；左掌骨完整2件（H22②D：7、H146③D：2），近端1件（H01D：12），远端2件（H9②D：3、H130D：5）；右掌骨完整1件（H20D：4），近端2件（H9②D：4、H158D：3），远端3件（H4①D：2、H9②D：5、H38D：7）；基本完整的左侧盆骨4件（H01D：13、H22①D：12、ⅠT0601③D：1、H160D：2），左髂骨3件（H46④D：4、H105③D：3、ⅡT1701②D：2），左坐骨2件（H9②D：6、H146③D：3）；右髂骨3件（H01D：14、H164D：4、H78D：1），右髋臼窝3件（H9②D：7、H62D：5、H121D：1），右坐骨4件（H9②D：8、H9②D：9、H78D：2、G3D：3）；左股骨近端4件（H01D：15、H41D：8、ⅠT0601③D：2、ⅡT1501②D：2），远端6件（H01D：16、H4①D：3、H9②D：10、H20D：5、H33D：2、H131②D：3）；右股骨完整1件（H151D：1）；近端7件（H01D：17、H01D：18、H9①D：4、H41D：9、H95D：3、H116③D：1、H164D：5），远端9件（H01D：19、H18D：4、H22①D：13、H22①D：14、H46④D：5、H108D：1、H134D：2、H160D：3、ⅠT0601③D：3）；左胫骨远端4件（H9②D：11、H22①D：15、H38D：8、H141D：1）；右胫骨近端5件（H62D：6、H105②D：1、H133D：6、H158D：4、ⅠT0601③D：4），远端5件（H01D：20、H22①D：16、H68②D：2、ⅠT0502③D：5、ⅡT1601②D：3）；左跟骨7件（H01D：21、H9①D：5、H20D：6、H38D：9、H38D：10、H161D：1、H164D：6）；右跟骨2件（H22①D：17、H82D：1）；左距骨4件（H01D：22~24、H80D：2）；右距骨1件（H156D：1）；左跖骨完整2件（H146③D：4、H165D：3），近端2件（H68②D：1、H62D：7），远端2件（H9②D：12、H137D：1）；右跖骨近端3件（H122D：3、H146②D：3、H158D：5），远端7件（H4②D：2、H35D：9、H116⑤D：4、ⅠT0302②D：1、ⅠT0401④D：3、ⅠT0702③D：1、ⅡT1701②D：3）；第Ⅰ指骨（趾骨）5件（H01D：25~27、H38D：11、H116①D：3）；第Ⅱ指骨（趾骨）6件（H01D：28~32、H4②D：3）；第Ⅲ指（趾）骨1件（H07D：7）。数量最多的为右股骨远端10，其最小个体数为10。

典型标本描述与讨论：

标本H41D：5为保存P3-M3的左上颌1件（彩版六〇，1），齿冠低。臼齿磨蚀中等，为一青年个体。P3-M3长41毫米，M1-M3长28.5毫米。

标本H118⑤D：3为右上犬齿1枚（彩版六〇，2），尖部有明显的磨蚀痕迹，齿根封闭，齿尖部分向外撇。牙齿扁长，呈镰刀状，外面凸内面平，长66.5毫米，最大宽11.5毫米，与西安半坡、安阳殷墟及姜寨的獐犬齿大小接近。

标本H146②D：1为一不完整的下颌骨，左侧完整，保存p2-m1；右侧缺失dp4后的部分，保存p2-dp4。吻部缺失（彩版六〇，3）。水平枝在联合部处变得很薄，其上沿明显地向上突出，并在其外侧形成明显的凹窝。凹窝之后有一呈水平方向的椭圆形颏孔。在齿隙外侧，有一长条形的内凹。水平支内外侧较凸，m1下缘向下突出明显。下颌骨在角突和关节突之间向内凹进。角突呈半圆形明显的向后下方突出。冠状突向后外方倾斜。牙冠低，齿柱明显。m2齿槽口已张开，但尚未萌出，dp4尚存，为一5个月左右的婴儿。测量数据见表二一五。

表二一五　獐下颌骨测量数据表　　　（单位：毫米）

项目 \ 标本	H146①D：1	H35D：6	M2填土D：2	ⅠT0501④D：1	H122D：1	西安半坡[1]
p2-m3 长		60	58	54		52.0~60.5
p2-p4 长	26.1（乳臼齿长）	26.5	23	22		
m1-m3 长		34	34	32	33	
p2 前位 高	10	12.5	13	14		
p2 前位 厚	4	6	5	4.5		
m1 前位 高	12.5	16	17	15	15	
m1 前位 厚	8	9	8	6.5	7	
m3 后位 高		26		22.5		
m3 后位 厚		10.5		7.8		
m3 长		14.2	13	14	13	
m3 宽		7	6	7	6	

　　标本ⅠT0501④D：1为一不完整的下颌骨，缺失上升枝、部分角突及吻部（彩版六〇，4）。牙齿保存p3-m3，p2仅保留齿槽孔，m1磨蚀严重，已看不出花纹，m2、m3磨蚀中等，为一壮年个体。臼齿向前向内微倾，齿冠较低。m2齿柱明显。水平支外侧较凸，内侧较平。其他特征同上。测量数据见表二一五。

　　其他几件左下颌骨的牙齿保存和年龄特征见表二一六。

　　下颌骨共11件，其中下颌骨2件，左下颌6件，右下颌3件。在左下颌中，可供观测牙齿萌发、脱落及磨蚀情况的标本有8件（表二一六），至少代表8个个体。獐年龄的判断参考黄麂颊齿的生长序列与月龄的关系[2]。从表二一六中可看出：8个个体中，有婴儿3个，占总数的37.5%；青少年个体4个，占总数的50%；成年1个，占总数的12.5%。没有老年个体，青壮年个体占绝大部分，这说明獐不属于自然死亡（年幼和年老的个体占绝大部分），应是人类为了获取肉食而狩猎的结果。

　　标本ⅠT0401③D：2为一不完整的左肩胛骨，缺失肩胛岗和颈侧缘（彩版六〇，6）。肩胛窝为圆形，喙突呈扁长条形且在前部向内弯，测量数据见表二一七。

　　标本H133D：3为一完整的右肱骨（彩版六一，1），肱骨头呈舌状向后翻，大结节很大，斜向内倾斜，大结节嵴明显。外侧上髁内凹且明显小于内侧上髁，内侧上髁略向外突出，滑车嵴明显且平行滑车内外侧缘。测量数据见表二一八。

　　标本H22②D：6为一完整的右桡骨（彩版六一，2），中间部分扁，远近端向后弯，远端

① 李有恒等：《半坡新石器时代遗址中之兽骨骨骼》，《古脊椎动物与古人类》1959年第4期。
② 盛和林等：《哺乳动物野外研究方法》第五章第二节《年龄鉴定方法》，中国林业出版社，1992年。

表二一六 獐左下颌骨牙齿萌发及磨蚀情况表

标本编号	标本保存情况	牙齿萌发、脱落及磨蚀情况	个体年龄估计
H146②D：1	保留 dp2-m1	m2 齿槽口张开	婴儿，5 个月
H158D：1	保留 m1-m2	m2 露出齿槽一半	婴儿，7 个月
H4②D：1	保留 m1-m2	m2 刚开始磨蚀	婴儿，10 个月
ⅠT0501④D：1	保留 p3-m3	嚼面全为齿质，m1 磨蚀严重，m2、m3 磨蚀中等	壮年个体
H35D：6	保留 p3-m3，p2 保留齿根	m1 磨蚀中等，m3 前叶稍磨蚀	青年个体
M2 填土 D：2	保留 p3-m3，m3 后断失	m3 轻微磨蚀	青年个体
H22①D：2	仅保留 m1-m2	m2 轻微磨蚀	少年个体
H122D：1	保留 p4-m3	m3 轻微磨蚀	青年个体

表二一七 獐肩胛骨测量数据表 （单位：毫米）

项目 \ 标本		H22① D：3	H22① D：4	H22① D：5	H116① D：2	ⅡT1701① D：2	H133D：2	H147D：1	ⅠT0401③ D：2
肩胛结最大长（GLP）		26.5	23	27	27	27	27.5	26	25
肩臼	长（LG）	19	17	19	19	19	19	18.8	
	宽（BG）	18	16.5	18	18.5	18.5	19	17.4	19.5
肩颈最小长（SLC）		11	10	11	14.8	11		12	11
对角线高（DHA）									132

表二一八 獐肱骨测量数据表 （单位：毫米）

项目 \ 标本		H133D：3（右）	H133D：4（右）	H133D：5（右）	Ⅱ130D：4（右）	H9①D：3（左）
近端	宽	30	29.5			
	长	36				
远端	长	26	25	24.5	24.5	24.5
	宽	26	25	26	24	23.5
全长		143	+132（稍残）			
骨干最小径		11	11			

前面有明显的呈平行的两条嵴，内侧嵴比外侧嵴长，内侧嵴长26毫米，外侧嵴长17毫米。测量数据见表二一九。

标本H20D：4为一完整的右掌骨（彩版六一，4）近端关节面扁，为半圆形，背面炮骨愈合缝浅呈线状，掌面凹槽明显，为浅的"U"形谷。测量数据见表二二〇。

标本H22①D：12为一基本完整的左盆骨（彩版六一，3），髋臼窝外缘呈波浪状，坐骨髋臼窝关节末端引长。髋臼长度为28毫米。

标本H151D：1为一完整的右股骨（彩版六一，5），股骨头圆且向大转子方向延伸，大转子略高于股骨头。远端的外髁向外突出明显且大于内髁，内嵴比外嵴高而大。腘窝位于外髁的上侧。测量数据见表二二一。

胫骨仅保存远、近端，测量数据见表二二二。

跟骨基本保存完整，标本H161D：1为一完整的左跟骨（彩版六〇，5），最大长59毫米，

表二一九　獐桡骨测量数据表　　　　（单位：毫米）

项目 \ 标本	本文标本				郑州西山[①]				
	H22② D：6	H86 D：2	H9② D：2	H134 D：1	T1807 D：2	F144 D：4	H1930	H1311 D：1	H888 D：2
全（最大）长	132	11.4			138	130			
近端最大宽	21	18	20.4	22	21	20	22	21	
近端关节面宽	20	18	19.8	20	20	19	21	20	
骨干最小宽	120	10.5	12	12	13	12	13	14	14
远端最大宽	20	18.5			21	20			22

表二二〇　獐掌骨测量数据与对比表　　　　（单位：毫米）

项目 \ 标本	本文标本						姜寨[②]	
	H20D：4（右）	H22②D：7（左）	H158D：3（右）	H9②D：4（右）	H38D：7（右）	H01D：12（左）	HG4D：6	H104D：2
全（最大）长	129.5	139.5					137	125
近端宽	18.5	19	19	20		19	18.7	19
近端长	12.7	11.7	14	13		13		
远端宽	18	18.7			18		18.5	18.7
远端长	12	11.2			12.1			

① 陈全家：《郑州西山遗址出土动物遗存研究》，《考古学报》2006年第3期。

② 祁国琴：《姜寨新石器时代遗址动物群的分析》，《姜寨》，文物出版社，1988年。

最大宽17.5毫米，其他跟骨测量数据见表二二三。

标本H01D：22为一基本完整的左距骨（彩版六二，2），测量数据见表二二四。

标本H165D：3为一完整的左跖骨（彩版六一，6），近端关节面为大半圆形，背面炮骨愈合缝深，呈一窄的凹槽且偏向外侧，掌面凹槽明显，为浅的"U"形谷，但短于掌骨的凹槽。测量数据见表二二五。

表二二一　獐股骨测量数据表　　　　　　　（单位：毫米）

项目＼标本	H151 D：1	ⅡT1501② D：2	H9① D：4	H116③ D：1	H22① D：13	H46④ D：15	H22① D：14
全（最大）长	182						
近端宽	42	46	41	41.5			
远端宽	34.5				33	26.5	34
骨干最小径	13						

表二二二　獐胫骨测量数据表　　　　　　　（单位：毫米）

项目＼标本		H105②D：1	H22①D：15	H22①D：16	ⅠT0502③D：5	H68②D：2
近端宽		31				
远端	宽		18.5	23	25	24
	厚		13	18.5	20	19.5

表二二三　獐跟骨测量数据表　　　　　　　（单位：毫米）

项目＼标本	左					右
	H01D：21	H9①D：5	H20D：6	H161D：1	H164D：6	H22①D：17
最大长	55		56	59		62
最大宽	16	18	18	17.5	17.5	19

表二二四　獐距骨测量数据表　　　　　　　（单位：毫米）

项目＼标本	左				右
	H01D：22	H01D：23	H01D：24	H80D：2	H156D：1
长	29	27	26	28	25
宽	18	17	16.5	18.5	16.5

表二二五 獐跖骨测量数据表 （单位：毫米）

标本 项目	H165 D：3	H122 D：3	H146③D：4 滑车脱落	H137 D：1	ⅠT0401 ④D：3	H116⑤ D：4	H4② D：2	ⅡT1701② D：3	ⅠT0702 ③D：1
全（最大）长	154								
近端长	20	20	18						
近端宽	20	21	18						
远端长	15			14	15	14.5	14.5	13.5	14
远端宽	21.5			22	22	21	21	20.4	21.7
骨干最小宽	11		10						

讨论：獐栖息于江岸湖边的灌丛中，以青草为食，现多分布在长江下游的沼泽地带，在关中地区几乎绝迹，说明古时候的气候和生态环境与现在相比，发生了明显的变化。据说獐肉很好吃，泉护村、半坡新石器时代的人把它作为主要的猎捕对象。

大量獐骨的存在一方面说明遗址周围有沼泽地带，有高大的草丛；另一方面也说明当时的气候比现在湿润和温暖一些。

31. 梅花鹿 *Cervus nippon*

材料和最小个体数：残头骨2件（H147D：2、H158D：6）；带部分额骨的左角基部5件（H134D：3、H158D：7、ⅠT0502③D：6、ⅠT0502③D：7、M2填土D：3）；自然脱落的左角基部2件（H137D：2、ⅡT1801②D：2）；左角中部残段3件（H35D：10、ⅡT1801①D：1、ⅠT0501④D：2）；带少部分额骨的右角基部1件（H11D：2）；自然脱落的右角基部4件（H01D：33、H130D：6、H134D：4、H172D：2）；右角中部残段4件（H22①D：18、H79D：1、ⅠT0202②D：1、ⅠT0202③D：1）；分不出左右的残块或残段角28件；左上颌骨2件（H14D：1、H67D：1）；右上颌3件（H14D：2、H131②D：4、M2填土D：4）；右上前臼齿1枚（H14D：3）；左右下颌各1件（H28D：2、H100①D：11）；寰、枢椎各2件（ⅠT0301③D：2、H46④D：6、H17D：2、H137D：3）；左肩胛骨4件（H9①D：6、H9②D：13、H9③D：1、H131②D：5）；右肩胛骨远端5件（H01D：34、H01D：35、H22②D：8、H141D：2、H147D：3），残片2件（H01D：36、H01D：37）；左肱骨近端2件（H67D：2、H134D：5），远端7件（H01D：38、H01D：46、H9①D：7~9、H35D：11、H137D：4）；右肱骨近端3件（H01D：39、H22①D：19、H22②D：9），远端9件（H68③D：2、H140D：1、H158D：8~10、H164D：7、ⅠT0201③D：1、ⅠT0301③D：3、ⅡT1601②D：4）；左尺骨近端4件（H8D：3、H133D：7、ⅠT0202②D：2、ⅠT0602④D：1）；右尺、桡骨一起2件（ⅠT0302②D：2、ⅡT1801①D：2）；右尺骨近端7件（H77D：1、H131①D：1、H134D：6、H134D：7、ⅠT0201③D：2、ⅠT0301③D：4、ⅡT1601②D：5）；

左桡骨近端6件（H9①D：10、H35D：12、H97D：1、H127D：2、H158D：11、H158D：12），远端3件（H01D：40、H127D：3、H166D：1）；右桡骨近端8件（H01D：41、H22①D：20、H134D：8、H137D：5、H141D：3、H144D：1、H147D：4、ⅡT1801①D：3），远端4件（H9②D：14、H158D：13、H164D：8、ⅠT0501④D：3）；左掌骨完整1件（ⅠT0502①D：1），近端3件（H62D：8、H158D：14、ⅠT0502①D：2），远端2件（H20D：7、ⅡT1501②D：3）；右掌骨近端1件（H122D：4），远端1件（H9②D：15）；无法辨别左右的掌骨远端1件（H01D：47）；残左盆骨5件（H35D：13、H141D：4、H158D：15、H164D：9、H01D：48），髂骨3件（H82D：2、ⅠT0201③D：3、ⅠT0301③D：5），坐骨1件（H141D：5）；残右盆骨（H158D：16、H162D：1），髂骨残片1件（H01D：42）；左股骨近端2件（H9①D：11、H35D：14），远端6件（H9①D：12、H35D：15、H134D：9、H134D：10、H149D：1、H156D：2）；右股骨近端2件（H01D：43、ⅠT0502①D：3），远端5件（H9③D：2、H16D：1、H64②D：1、ⅠT0201③D：4、ⅠT0501④D：4）；左胫骨近端7件（H01D：44、H01D：45、H05D：3、H131②D：6、H141D：6、H147D：5、ⅠT0301③D：6），远端7件（H35D：16、H105③D：4、H131①D：2、H134D：11、H158D：17、ⅠT0502③D：8、ⅡT1701①D：3）；右胫骨近端5件（H9②D：16、H20D：8、H46④D：7、H162D：2、ⅠT0301③D：7），远端6件（H16D：2、H46④D：8、H141D：7、H158D：18、ⅡT1701①D：4、ⅡT1401②D：1）；左跟骨3件（H35D：17、H133D：8、ⅠT0501④D：5）；右跟骨1件（H9②D：17）；左距骨6件（H9①D：13、H11D：3、H20D：9、H164D：10、H172D：3、ⅠT0202②D：3）；右距骨2件（H20D：10、H82D：3）；左跖骨远端2件（H105①D：1、H130D：7）；右跖骨远端2件（H16D：3、ⅡT1801①D：4）；第Ⅰ指骨5件（H14D：4、H14D：5、H141D：8、ⅠT0302②D：3、ⅠT0501④D：6）；第Ⅲ指骨3件（H62D：9、H141D：9、ⅠT0501④D：7）；左中央跗骨1件（H141D：10）。数量最多的为右肱骨远端9，其最小个体数为9。若分期计算：一期个体数为2（按右肱骨远端计算），二期个体数为5（按右肱骨远端计算），三期个体数为4（按左肱骨远端计算）。

典型标本描述与讨论：

标本H158D：6为一残头骨（彩版六二，1），保存额骨、顶骨和少部分枕骨。额骨上的鹿角是被人为砍掉的，有明显的砍砸痕迹。骨缝明显，呈锯齿形，冠状缝呈"人"字形，"人"字缝呈向前的弧形。骨壁较厚。

标本ⅠT0502③D：6为一保存鼻骨之后的左侧头骨部分（彩版六二，3），眉枝以上的主枝缺失。头骨的额部前面平，眶上孔圆，眶上沟短而深；顶骨短，冠状缝明显，呈"八"字形。角环的前上方不远处分出眉枝，眉枝与主枝分叉处外侧较凹，内侧较平，角环上方前后有沟棱。眉枝尖部缺失，保存长14厘米，基部横切面为椭圆形，向上变圆变光滑，其他部分角表面布满了瘤，测量数据见下表二二六。

标本ⅡT1801②D：2为一自然脱落的残左角（彩版六二，4），保留第一和第二枝分叉部分。角环基本呈圆形，角环之上约9厘米处分出眉枝。眉枝向前伸出，与主枝之间的夹角约

100°。眉枝基部扁。眉枝上方21厘米处分出第二枝。主枝与第二枝的夹角为钝角。主枝粗壮近四棱柱，前面有两条较深的沟棱。角环上方有一圈呈放射状的密而小的沟棱，其他部分角表面布满了瘤。眉枝上部内侧分出一乳突状的特小枝，属鹿角的变异。

标本H134D：3为一带少量额骨的左角基部，眉枝受损而断失，主枝在眉枝上部被砍断，形成一小的陡坎，在其内侧有三道短而深的砍痕（彩版七〇，7）。该标本眉枝分叉较标本ⅠT0502③D：6高2厘米。

其他保存较好的鹿角标本测量数据见表二二六。4件标本有砍砸痕迹。

表二二六　梅花鹿鹿角测量数据与对比表　（单位：毫米）

项目＼标本		左						右		赵宝沟[1]	姜寨[2]
		ⅠT0502③D：6	H134D：3	ⅡT1801②D：2	H137D：2	H158D：7	ⅠT0502③D：7	H01D：33	H130D：6		
角柄长（头骨—角环长）		25	21			22	23				
角环到眉枝分叉长		71	92	90	80		111	100		41.5	42~107
角环	前后径长	52	54	72	60		51.5	92		44.5	
	内外径长	47.5	54	69	58		51.5	64.5		38	
角柄	前后径长	36	37			40	42	46		25	
	内外径长	30	33			33	37	33.5		23	
第一主枝	前后径长	43	39	65	57	38	45		46		
	内外径长	33	36	48	47	36	38	41	35		

标本H14D：2为保存P3—M2的右上颌一段（彩版六二，5），齿冠低，牙齿下大上小，整个牙列斜向后外方，臼齿近方形，磨蚀中等，为一青年个体。测量数据见表二二七。

标本H131②D：4为保留DP4—M2的右上颌一段（彩版六二，6），齿冠低，牙齿下大上小，臼齿近方形，齿柱明显，磨蚀轻，为一年轻个体。

标本H28D：2为保留dp3—m3的左下颌一件（彩版六三，1），dp2断失，齿冠低，牙齿下大上小，臼齿长方形，m1齿柱明显，m3刚刚萌出齿槽，dp4尚存，为一年轻个体。前乳臼齿磨蚀深，臼齿磨蚀轻微。测量数据如表二二八。

标本H9②D：13为一不完整的左肩胛骨（彩版六三，4），缺失近端部分和肩胛岗。远端保存完好。肩胛窝为圆形，喙突呈扁长条形且在前部向内弯，保存的肩胛岗部分平直且偏向颈侧缘，颈侧缘薄而弯曲度大，胸侧缘厚弯曲度小。测量数据见表二二九。

---

① 中国社会科学院考古研究所：《敖汉赵宝沟——新石器时代聚落》，中国大百科全书出版社，1997年。
② 祁国琴：《姜寨新石器时代遗址动物群的分析》，《姜寨》，文物出版社，1988年。

表二二七　梅花鹿上颌骨测量数据表　　　　　　（单位：毫米）

项目 标本	P3－M1	M1		M2	
		长	宽	长	宽
H14D：2	44	17	16		17
H131②D：4		16	15	19	16

表二二八　梅花鹿下颌骨测量数据表　　　　　　（单位：毫米）

项目 标本	dp2－m3 长	dp2－dp4 长	dp2 前		m1 前		m3	
			高	厚	高	厚	长	宽
H28D：2	96	43	19	10	30	16	20	7.5

表二二九　梅花鹿肩胛骨测量数据表　　　　　　（单位：毫米）

标本 项目	H01 D：34	H01 D：35	H9② D：13	H22② D：8	H147 D：3	H9① D：6	H9③ D：1
肩胛结最大长（GLP）	45	43	47	44	46	43	
肩臼　长（LG）	30	32	35.5	32.5	35	33	36.5
宽（BG）	30	30	32.5	29.5	33	31	35.5
肩胛颈最小长（SLC）		25	25.2		23	24	27
沿肩胛岗的高（HS）				196			

　　标本H22②D：8为一不完整的右肩胛骨（彩版六三，5），颈侧缘保存基本完好，胸侧缘保存较少，肩胛窝为圆形，喙突呈扁长条形且在前部向内弯，保存的肩胛岗部分直且偏向颈侧缘，沿肩胛岗的高为202毫米，其他测量数据见表二二九。

　　标本ⅠT0301③D：2为一基本完整的寰椎（彩版六三，2），缺失后面的关节突和后翼部分，整体形状呈蝶状，两翼呈弧形，前椎孔呈椭圆形，后椎孔呈圆形，横孔从腹侧看为一圆形孔，从背侧看为两个相连的圆孔。前面最大宽76毫米，前关节面宽63毫米，后关节面宽50毫米，背腹弓高51毫米。

　　标本H17D：2为一基本完整的枢椎（彩版六三，3），棘突背侧稍残。有大的棘突呈翼状，椎体的两侧有小而圆的横孔，在横孔前约2厘米处两侧各有一较大而圆的圆孔。横突正前方左右两侧各有一扁长的椭圆形孔。齿突呈半圆形向背侧倾斜，前关节突呈弧形。棘突最大长度71毫米，椎体最大长（包括齿突）80毫米。前关节面最大宽56毫米，后关节突间最大宽41毫米，椎体最小宽35.5毫米，两侧横突宽54毫米。

标本H134D：5为左肱骨近端一件（彩版六四，2），保留长度62毫米，肱骨头呈舌状向后翻，大结节很大，斜向内倾斜。测量数据见表二三〇。

标本H9①D：7为左肱骨远端一件（彩版六四，5），保留长度162毫米，外侧上髁内凹且明显小于内侧上髁，内侧上髁略向外突出，滑车嵴明显且平行滑车内外侧缘。外侧上髁嵴明显。测量数据见表二三〇。

标本H134D：6为右尺骨近端一件（彩版六五，1），保留长度82毫米。喙突多褶皱且比羊的窄，冠状突的关节面明显窄于羊，远端已被磨制成骨锥。测量数据见表二三一。

标本H158D：13为右桡骨远端一件（彩版六四，7），保留长度172毫米，中间部分扁，横截面为半圆，远端向后弯，呈梯形，远端前面有明显的呈平行的两条嵴，以区别于羊类。内侧嵴比外侧嵴长，内侧嵴长45毫米，外侧嵴长35毫米。测量数据见表二三二。

标本ⅠT0502①D：1为完整的左掌骨一件（彩版六四，6），测量数据见表二三三。

标本H158D：14为左掌骨近端一件，保留长度136毫米，近端关节面扁，为半圆形，背面炮骨愈合缝浅，呈线状。掌面凹槽明显，为浅的"U"形谷。测量数据见表二三三。

标本ⅡT1501②D：3为左掌骨远端一件，保留长度174毫米，远端关节面扁，为半圆形，背面炮骨愈合缝浅，呈线状。掌面凹槽中部明显，为浅的"U"形谷，远端平。远端滑车内轮比外轮宽。测量数据见表二三三。

标本H158D：15为残左盆骨一件（彩版六五，3），髋臼窝保存完整，髋臼窝外缘呈波浪状，坐骨髋臼窝关节末端引长。测量数据见表二三四。

表二三〇　梅花鹿肱骨测量数据表　（单位：毫米）

项目	标本	H01D：38	H134D：5	H9①D：7	H137D：4	H158D：8	H68③D：2	ⅠT0201③D：1
近端	宽	54	54					
	长	77.5	71					
远端	长			43	50	43	54	45
	宽			42	45	42		

表二三一　梅花鹿尺骨测量数据表　（单位：毫米）

项目 \ 标本	H134D：6	ⅠT0202②D：2	ⅡT1801①D：2	ⅠT0602④D：1
鹰嘴最小宽	34	36	29	41
钩状突至后缘的最短距离	39	39	33	43
冠状突的关节面宽	23	23	20	24

表二三二　梅花鹿桡骨近、远端测量数据表　　　　　　（单位：毫米）

项目	标本	H22①D：20	H134D：8	H137D：5	H147D：4	H127D：3	H158D：13	H166D：1	ⅠT0501④D：3
近端	宽	43	42	43	46				
	长	24.5	23	24	24				
远端	宽					40.5	41	46	44
	长					28	29	33.5	30

表二三三　梅花鹿掌骨测量数据表　　　　　　（单位：毫米）

项目	标本	H122D：4	H62D：8	H158D：14	ⅡT1501②D：3	ⅠT0502①D：1	ⅠT0502①D：2	H9②D：15
近端	宽	39	36	35		30	33	
	长	26	22	23		25	24	
远端	宽				34	30		32
	长				24.5	22		21
骨干最小宽						19		
最大长						217		

表二三四　梅花鹿髋臼窝测量数据表　　　　　　（单位：毫米）

项目	标本	H158D：15	H162D：1	H141D：4	H164D：9
髋臼窝	宽	39			
	长	40	44	51	47

　　标本H35D：14为左股骨近端一件（彩版六四，3），保留长度121毫米。股骨头圆且向大转子方向延伸，大转子明显高于股骨头。转子窝比牛的陡直。近端宽65毫米，股骨头最大厚29毫米。和郑州西山遗址标本（F85D：1）大小一样。略大于大地湾的标本（近端宽61毫米）。

　　标本ⅠT0201③D：4为右股骨远端一件（彩版六四，4），保留长度87毫米。远端的外髁向外突出明显且大于内髁，内嵴比外嵴高而大。腘窝位于外髁的上侧。远端宽57毫米。

　　标本H147D：5为左胫骨近端一件（彩版六五，5），保留长度171毫米。内髁内缘为弧形，外髁外缘稍残。前面有强烈的胫骨脊，略弯向外侧。肌腱沟夹角位于胫骨脊外侧。测量数据见表二三五。

标本ⅠT0502③D：8为左胫骨远端一件，保留长度156毫米。测量数据如表二三五。

标本ⅠT0501④D：5为一完整的左跟骨（彩版六五，4），最大长105毫米，最大宽33毫米，略大于郑州西山标本H996D：1（最大长98毫米，最大宽31毫米）。

标本H172D：3为一完整的左距骨（彩版六四，1），测量数据见表二三六。

标本H105①D：1为左跖骨远端一件（彩版六五，6），保留长度222毫米，背面炮骨愈合缝深，呈一窄的凹槽且偏向外侧，掌面凹槽明显，为浅的"V"形谷，但短于掌骨的凹槽。测量数据见表二三七。

表二三五　梅花鹿胫骨近、远端测量数据表　（单位：毫米）

项目 \ 标本	泉护村									郑州西山[1]
	H147 D：5	ⅠT0301 ③D：6	H35 D：16	ⅠT0502 ③D：8	H131① D：2	H134 D：11	ⅡT1701 ①D：3	ⅡT1401 ②D：1	H105③ D：4	
近端宽	53.7	59								64
远端 宽			37.5	40	38	38	39.5	42	42	40
远端 厚			30	32	29	30	30	28.5	33	

表二三六　梅花鹿距骨测量数据表　（单位：毫米）

项目 \ 标本	左					右	
	H9①D：13	H11D：3	H20D：9	H164D：10	H172D：3	H20D：10	H82D：3
长	41	48	46	47	50	47	43
宽	27.5	30	27.5	31	32	28.5	26

表二三七　梅花鹿跖骨远端测量数据与对比表　（单位：毫米）

项目 \ 标本	左		右		赵宝沟[2]
	H105①D：1	H130D：7	H16D：3	ⅡT1801①D：4	
远端 宽	32.5	34	34	35	33
远端 长	22	23	23	23	24
骨干最小宽	17				

[1] 陈全家：《郑州西山遗址出土动物遗存研究》，《考古学报》2006年第3期。

[2] 中国社会科学院考古研究所：《敖汉赵宝沟——新石器时代聚落》，中国大百科全书出版社，1997年。

32. 马鹿　*Cervus elaphus*

材料和最小个体数：独枝的幼年鹿角2件（H134D：12、H151D：2）；左尺骨近端1件（H84D：1）；右股骨近端2件（H46④D：9、10）；右胫骨远端1件（ⅠT0201③D：5）；左跟骨1件（H105②D：2）；左中央跗骨1件（H28D：3）。其中H28D：3为一期，H134D：12和ⅠT0201③D：5为三期，其余5件为二期。若按分期统计个体数，其最小个体数为4。

描述与讨论：马鹿的标本数量明显少于梅花鹿，也没有可供鉴定的标准成年角，仅有2件幼年的独枝角，和大地湾遗址马鹿保存情况相同。标本H134D：12为一保存完整的独枝角，保存长度320毫米，横截面基本为圆形。在靠近角盘处，角表面长有竖沟和骨质瘤，其余部分稍光滑（彩版六六，3）。另一件鹿角仅保存84厘米长，为鹿角的基部，表面同样长有竖沟和骨质瘤。

标本H105②D：2为完整左跟骨1件（彩版六六，2），比黄牛的跟骨略小，和黄牛有明显的区别，主要表现在鹿的前关节面近于直角，牛的略弯；距骨关节面鹿的呈鞋底状，牛的呈中间有一纵嵴的圆形。跟骨头前后径33毫米，左右径28.9毫米，其余测量数据和肢骨测量数据见表二三八。

从表二三八测量数据看，这些标本全部在马鹿的范围内，马鹿属大型的鹿类。

表二三八　马鹿肢骨测量数据与对比表　　　　（单位：毫米）

测量项目		泉护村标本		对比标本
股骨近端	宽	H46④D：9（彩版六六，1）	80	（72~95）前苏联[1]
尺骨半月切迹	宽	H84D：1	37	36（34~38）（n=3）敖汉赵宝沟[2]
右胫骨下端	宽	ⅠT0201③D：5	50	51（48~54）（n=11）敖汉赵宝沟[3]
	长		37	39.4（34~44）（n=11）敖汉赵宝沟[4]
跟骨	宽	H105②D：2	37	32.8（25.5~39）（n=14）敖汉赵宝沟[5]
	全长		129	118（97~131）（n=9）敖汉赵宝沟[6]

33. 青羊（斑羚）　*Naemorhedus goral*

材料：仅有带少量额骨的右角心1件（H62D：12）。

描述和比较：标本H62D：12为一带少量额骨的右角心（彩版七〇，5），角尖部残，较粗短，基部横切面圆形，向后上方斜伸，表面有细小的沟槽。残角长70毫米，角基前后径25毫

---

[1] B. 格罗莫娃著，刘后贻等译：《哺乳动物大型管状骨检索表》，科学出版社，1960年。
[2] 中国社会科学院考古研究所：《敖汉赵宝沟——新石器时代聚落》，中国大百科全书出版社，1997年。
[3] 同[2]。
[4] 同[2]。
[5] 同[2]。
[6] 同[2]。

米，角基左右径26毫米。和宝鸡关桃园遗址[①]的青羊角大小接近。从保留的矢状缝看，两角角基甚为靠近，仅为约14毫米。

青羊雌雄两性均具角，为典型的林栖动物，栖息生境多样，从亚热带至北温带地区均有分布，可见于山地针叶林、山地针阔混交林和山地长绿阔叶林，但未见于热带森林中。常在密林间的陡峭崖坡出没。

34. 黄牛 *Bos* sp.

材料和最小个体数：角底部残段1件（H130D：9）；属于同一个体的带有P4-M3的左、右上颌各1段（H46②D：2）；左上P3或P4一枚（H90D：2）；左、右上臼齿各1枚（ⅠT0401③D：3、H14D：7）；左下颌3件（ⅠT0202②D：4、ⅠT0201③D：6、ⅠT0301③D：10）；右下颌5件（H9①D：19、H25D：3、H35D：19、ⅡT0901②D：3、ⅡT1801②D：3）；残左下m3一枚（H18D：9）；寰椎1件（H17D：3）；残枢椎2件（H11D：4、H123D：1）；属于同一个体的骶骨2件（H172D：8）；残右骶骨1件（H14D：8）；左肩胛骨1件（H9①D：20）；左肱骨近端1件（H80D：5），远端5件（H18D：10、H38D：13、H41D：10、H61D：5、ⅠT0302②D：4）；右肱骨远端3件（H17D：4、H25D：4、ⅠT0301③D：11）；左尺、桡骨连在一起的2件（H9①D：21、ⅠT0502③D：16）；左尺骨近端1件（H100①D：12）；右尺骨近端2件（H127D：4、ⅡT1601②D：7）；左、右桡骨近端各1件（H18D：11、H27D：1）；左桡骨远端1件（ⅠT0202②D：5）；缺失远端骨骺和部分近端的右桡骨1件（ⅡT0901②D：4）；左掌骨近端1件（ⅡT1701①D：6），远端2件（H9①D：22、H41D：11）；右掌骨远端3件（H14D：9、H14D：10、H18D：12）；第Ⅰ指骨1件（H130D：10）；第Ⅱ指骨6件（H25D：5、H25D：6、H67D：4、ⅠT0502③D：17、2件无号）；第Ⅲ指骨2件（H25D：7、H41D：12）；左右髋臼各1件（H9①D：23、H14D：11）；右股骨头2件（H14D：12、H41D：13）；右股骨远端3件（H14D：13~15）；右胫骨近端1件（H17D：5），远端2件（H25D：8、ⅠT0601③D：5）；左距骨近端2件（H17D：6、ⅠT0301③D：12）；右跖骨远端1件（H105①D：2）；左跟骨1件（H17D：7）；右跟骨2件（H25D：9、ⅠT0501④D：8）；左距骨2件（H18D：13、14）；右距骨1件（ⅠT0502③D：18）；中央跗骨左右各2件（H9③D：3、ⅡT1701①D：7、H14D：16、H141D：12）；第Ⅰ趾骨6件（H41D：14、H25D：10、H18D：15、ⅠT0502③D：19、ⅠT0502③D：20、ⅠT0401④D：4）；第Ⅱ趾骨3件（H9①D：24、ⅠT0501④D：9、ⅠT0301③D：13）。数量最多的为右下颌骨和左肱骨远端5，其最小个体数为5。

典型标本描述与讨论：

标本H130D：9为残牛角一段，保存长度70毫米，上面布满纵纹和小孔。

标本H46②D：2为同一个体的左右上颌各1段（彩版六六，4），左上颌保留DP3-M2及DP2齿根部分，右上颌保留DP3-M2，前乳白齿DP3磨蚀严重，M1齿柱明显，M2仅萌出齿槽一半，

---

① 胡松梅：《宝鸡关桃园遗址动物遗存分析》，《宝鸡关桃园》第六章，文物出版社，2007年。

为一16月龄左右的幼年个体。测量数据见表二三九。

标本ⅡT1801②D：3为保留dp2-m3的右下颌一件（彩版六六，5），m3后断失，齿冠高而直，臼齿长方形，m1和m2齿柱明显，m3萌出齿槽一半，dp2-dp4尚存，p2和p3刚刚萌出齿槽正在替换dp2和dp3，p3萌出比p2略高，说明前臼齿萌出的顺序有先后，顺次为p3、p2和p4。dp4磨蚀严重，为一24月龄左右的青/少年个体。臼齿磨蚀轻微。测量数据见表二四〇。

标本H35D：19为保留dp2-m1的右下颌一件（彩版六七，1），m1后断失，齿冠高而直，臼齿长方形，m1齿柱明显，dp2-dp4尚存，dp4磨蚀中等，比标本ⅡT1801②D：3年龄略小，为一22月龄左右的青/少年个体。m1磨蚀轻微。测量数据见表二四〇。

肱骨主要为远端8件，近端1件，测量数据见表二四一。

标本H9①D：21为残左尺桡骨近端一件（彩版六七，4），缺失尺骨结节，保留长度156毫米。喙突残缺。冠状突的关节面明显比鹿的长。桡骨近端最大宽92毫米，近端关节面最大宽85毫米，尺骨冠状突的关节面宽54毫米。

标本H14D：9为右掌骨远端一件（彩版六七，5），保留长度131毫米，横截面为半圆形，背面炮骨愈合缝浅，呈线状。掌面平。测量数据见表二四二。

标本H17D：7为一基本完整的左跟骨（彩版六七，3），缺失跟骨头和载距突外缘，内侧

表二三九　牛上颌骨 H46 ② D：2 测量数据表　　　　　（单位：毫米）

项目＼标本	M1 左	M2 左	M1 右	M2 右	DP2-DP4	M1-M2	DP2-M2
长	30	32	30	32	60	61	119
宽	20	16	20	16	60	61	119

表二四〇　牛下颌骨测量数据表　　　　　（单位：毫米）

项目＼标本		ⅡT1801 ② D：3	H35D：19
dp2-m3 长		161.5	
dp2-dp4 长		58	57.5
m1-m3 长		107	
dp2 前	高	39	32
	厚	28.5	21
m3 前	高	60	
	厚	25	
m3	长	42	
	宽	11	

被火烧过。残长130毫米，比马鹿的跟骨略大。

标本H18D：13为一完整的左距骨（彩版六七，2），测量数据见表二四三。

标本H9③D：3为一完整的左中央跗骨（彩版六五，2），形状近方形。上内侧关节面窄而长，后部内侧有一明显的突起，外侧关节面近方形。最大宽56毫米，长55毫米。

标本ⅠT0301③D：12为左距骨近端一件（彩版六七，6），保留长度120毫米，近端关节面为大半圆形，背面炮骨愈合缝深，呈一窄的凹槽且偏向外侧，掌面凹槽不明显，为浅的"V"形谷。近端宽、长分别为51、52毫米。

标本H105①D：2为右距骨远端一件（彩版六八，1），保留长度122毫米，背面炮骨愈合缝深，呈一窄的凹槽且直通滑车，掌面平。远端宽、长分别为55、31毫米。

从牙齿保存较好的3件看，dp4尚存，说明牛的未成年个体占较大比例，没有老年个体。

表二四一　牛肱骨测量数据表　　（单位：毫米）

项目	标本	ⅠT0302②D：4	H17D：4	ⅠT0301③D：11	H41D：10
远端	宽	77	85		
	滑车宽	73.5	75	89	71

表二四二　牛掌骨测量数据表　　（单位：毫米）

项目	标本	左近	左远		右远		
		ⅡT1701①D：6	H41D：11	H9①D：22	H14D：9	H18D：12	H14D：10
近端	宽	58					
	长	34					
远端关节面	宽		70	68	67	61	61
	长		38.5	35	34	32	31

表二四三　牛距骨测量数据表　　（单位：毫米）

项目	标本	左		右
		H18D：13	H18D：14	ⅠT0502③D：18
内侧最大长		65	67	67.5
内侧最大厚		38		42
外侧最大长		70	73	72
外侧最大厚		40	41	44
远端最大宽		46	49	47

这种死亡年龄和野生牛自然死亡（老年和幼年个体较多）的年龄不相符合，也和耕牛（成年个体较多）的年龄不相符合，应和屠宰年龄相关。加之牛掌骨和跖骨远、近端的测量数据也在二里头遗址[①]家黄牛的测量范围内，因此，初步推断应为家黄牛，主要用于屠宰提供肉食而不是耕作。

35. 绵羊　*Ovis* sp.

材料和最小个体数：残头骨3件（H9①D：14、H14D：6、H61D：4）；羊角残段1件（H134D：13）；保存左颧骨及左上P4、M1、M3的残头骨1件（H9①D：15），左上颌1件（H9①D：16）、右上颌2件（ⅡT0901②D：1、ⅡT1701①D：5）；单个的左上臼齿1枚（ⅡT1501②D：4）；右上臼齿3枚（H9①D：17、H62D：10、ⅡT1501②D：5）；左下颌8件（H18D：5、H105②D：3、H87D：2、ⅠT0201③D：7、ⅠT0502③D：9、ⅠT0502③D：10、ⅡT1501②D：6、ⅡT1501②D：7）；右下颌6件（H46⑤D：1、H46⑤D：2、H147D：6、H172D：4、ⅠT0502③D：11、ⅡT1501②D：8）；左下m3一枚（H90D：1）；寰椎1件（H18D：6）；寰枢椎相连1件（ⅡT1501②D：9）；枢椎1件（G3D：4）；左肩胛骨远端2件（H149D：2、ⅡT1501②D：10）；右肩胛骨远端5件（H9①D：18、H84D：2、H137D：6、H80D：3、G3D：5）；左肱骨远端2件（ⅠT0301③D：8、ⅡT1501②D：12）；右肱骨远端1件（ⅡT1501②D：11）；右尺骨近端（G3D：6）；左桡骨近端2件（ⅡT1501②D：13、14）；右桡骨近端4件（H122D：5、ⅠT0502③D：12、ⅢT1501②D：2、ⅢT1501②D：3）；左掌骨完整1件（H86D：3），近端2件（ⅠT0601④D：1、ⅡT1501②D：15），远端3件（H33D：3、H118①D：3、H172D：5）；右掌骨近端4件（H108D：2、ⅠT0502③D：13、ⅡT1501②D：16、ⅡT1501②D：17），远端1件（H172D：6）；左髂骨上部3件（H18D：7、H25D：2、H87D：3），带坐骨的左髋臼窝部分1件（H84D：3）；右髋臼1件（H87D：4），坐骨1件（H87D：5），髂骨1件（H73D：1）；左股骨近端2件（ⅡT1401②D：2、ⅡT1701②D：5），远端2件（H156D：3、ⅡT1501②D：18）；右股骨近端1件（H71②D：1），远端4件（H67D：3、H165D：4、ⅠT0502③D：14、ⅡT1701②D：4）；缺失两端骨骺的左胫骨2件（H151D：3、ⅠT0502③D：15），远端4件（H07D：8、H130D：8、H80D：4、H165D：5）；右胫骨3件，近端关节头1件（ⅡT0901③D：1），骨干1段（ⅡT0901②D：2），远端1件（H38D：12）；左跖骨完整1件（ⅡT1601②D：6），远端3件（H18D：8、H141D：11、ⅠT0301③D：9）；右跖骨近端1件（ⅡT1501②D：19），远端2件（H4①D：4、H62D：11）；左跟骨1件（H20D：11）；第Ⅰ趾（指）骨4件（H13D：1、H35D：18、H100②D：1、H172D：7）；另有可能属于同一个体的四肢骨骨架1件（G3D：7），包括左右肩胛骨、右尺骨近端、左右桡骨、左右盆骨、右股骨、左右胫骨。在H100①中，也有属于同一个体的羊骨架1具（H100①D：6）（彩版六八，3），包括带P2-M1的右上颌一段，左右下颌骨、肱骨、胫骨、掌骨和跖骨各1件，残左肩胛骨1件，左桡骨1件，左髂骨上部1件，右跟骨1件。另在

---

① 杨杰：《河南偃师二里头遗址的动物考古学研究》（中国社会科学院研究生院硕士论文，2006年）。

H100①中有：同一个体左右下颌后半段各1件（H100①D：7）（彩版六九，2），右胫骨近端1件（H100①D：8），左胫骨远端1件（H100①D：9），右跗骨远端1件（H100①D：10），第Ⅲ指（趾）骨1件（H07D：9）。数量最多的为左下颌骨10，其最小个体数为10。

典型标本描述与讨论

标本H9①D：14为一不完整的头骨（彩版六八，2），仅保留大部分额骨、顶骨和部分枕骨，从冠状缝呈"人"字形，"人"字缝呈直线的特征看，应为绵羊。

标本ⅡT1701①D：5为带P2-M3的右上颌1件（彩版六九，1），齿冠高而直，不同于鹿（低而斜），无齿柱，M3磨蚀中等，为一青壮年个体。P3-M3长70.5毫米，M1-M3长47.5毫米，P2-P4长24毫米。

左下颌10件，右下颌8件，没有1件保存完整，测量数据见表二四四。牙齿高而直，牙根深直达下颌的下缘，无齿柱。

根据下颌骨上恒齿的萌出和第三臼齿磨蚀程度可将羊的死亡年龄划分为四个阶段，即m1萌出，约6月龄；m2萌出，约12月龄；m3萌出和前臼齿全部替换乳臼齿，24月龄；m3磨至齿冠中下部，嚼面全为齿质，为30月龄以上的老年羊。羊死亡年龄统计见表二四五。从死亡年龄看，主要为20~30月的成年个体，其次为12~20月的少年个体。无老年个体，这种死亡年龄和野生羊自然死亡（老年和幼年个体较多）的年龄不相符合，加之下颌骨测量数据也落在朱开沟[①]、沣西[②]、二里头[③]羊的数据测量范围内。因此，初步推断应为家绵羊。

表二四四　羊下颌骨测量数据表　　　　　　（单位：毫米）

项目 \ 标本		ⅠT0201 ③D：7	ⅠT0502 ③D：9	ⅡT1501 ②D：7	ⅡT1501 ②D：8	ⅠT0502 ③D：10	H100①D：6
p2-p4长		24					
m1-m3长		45		54	54		50.5
p2前位	高	14					
	厚	10					
m1前位	高	23			22		
	厚	14		15	14.5		
m3后位	高			43.5		39	
	厚			14.5		15	
m3	长		22		21	21	20
	宽		7.6		7.2	7.8	7

① 黄蕴平：《内蒙古朱开沟遗址兽骨的鉴定与研究》，《考古学报》1996年第4期。
② 袁靖、徐良高：《沣西出土动物骨骼研究报告》，《考古学报》2000年第2期。
③ 杨杰：《河南偃师二里头遗址的动物考古学研究》（中国社会科学院研究生院硕士论文，2006年）。

标本G3D：5为一不完整的右肩胛骨（彩版六九，3），保留远端和颈侧缘，肩胛骨结节大而厚且短，喙突钩不如鹿明显，肩胛窝不如鹿的圆，即长略大于宽。测量数据见表二四六。

标本ⅡT1501②D：12为一不完整的左肱骨远端（彩版六九，4），外侧上髁内凹且和内侧上髁大小接近，而鹿内外侧上髁大小悬殊。内侧上髁略向外突出，滑车嵴明显且平行滑车内外侧缘。远端最大宽32毫米。

羊的桡骨全为近端，测量数据如表二四七。

标本H86D：3为一完整的左掌骨（彩版六九，5），近端关节面扁，呈半圆形。背面炮骨愈合缝几乎看不到，而鹿的掌骨愈合缝很明显。羊掌面亦平，而鹿掌面凹槽明显。从掌骨远端两滑车脊是平行的特征及测量数据看，应为绵羊。山羊掌骨远端两滑车脊相向靠拢。测量数据见表二四八。

标本H84D：3为一不完整的左盆骨（彩版七〇，1），髂骨和耻骨缺失，髋臼窝保存完

表二四五　羊死亡年龄分布表

年龄（月） 个体数 部位	＜6 （m1 未萌出）	6~12 （m1 萌出）	12~20 （m2 萌出）	20~30 （m3 和前臼齿萌出）	＞30 （m3 磨蚀重）	小计
左下颌骨		1	2	6		9
右下颌骨	1		2	5		8
小　计	1	1	4	11		17
百分比（%）	5.88	5.88	23.53	64.71		

表二四六　羊肩胛骨测量数据表　（单位：毫米）

标本 项目	ⅡT1501②D：11	H84D：2	H80D：3	G3D：5
肩胛结最大长（GLP）	33.5		32.5	37
肩臼　长（LG）	22	25	27.5	27
肩臼　宽（BG）	21	22.5	24.5	24.5
肩胛颈最小长（SLC）	20	16	21.4	19.3

表二四七　羊桡骨测量数据表　（单位：毫米）

标本 项目	ⅡT1501②D：13 （左）	H122D：5 （右）	ⅠT0502③D：12 （右）	ⅡT1501②D：14 （左）
近端最大宽	33	31.5	31	30
近端关节面宽	30	30	29	29

整，坐骨髋臼窝关节末端圆而平滑，和鹿的关节末端引长形成的不同。髋臼窝的长度30毫米。

标本ⅡT1701②D：4为一右股骨远端（彩版七〇，2），保存长度130毫米，骨干呈圆筒形，滑车关节面较宽，外髁向外突出明显且大于内髁，内嵴比外嵴高而大。腘窝位于外髁的上侧。测量数据见表二四九。没有1件完整的股骨，均为远端和近端。

标本H151D：3为一完整的左胫骨骨干（彩版七〇，4），两端骨骺均脱落，为一年轻个体。近端部分的横断面呈三角形，近端骨干的内侧部分明显呈弧形。胫骨脊总是向外侧弯曲。远端横断面呈梯形，内侧比外侧长。测量数据见表二五〇。

表二四八　羊掌骨测量数据表　　　　　　　（单位：毫米）

项目 \ 标本		H86 D：3	H100① D：6	ⅠT0601 ④D：1	H108 D：2	ⅡT1501 ②D：17	H118① D：3	H172 D：5
全（最大）长		137.5	137					
近端	宽	26.8	23.4	23.5	26	24		
	长	18	17.5					
远端	宽	29					22	22
	长	18	16					17
骨干最小宽			13.5					12
上端宽指数（上端宽/全长×100）		19.4	17.1					

表二四九　羊股骨测量数据表　　　　　　　（单位：毫米）

项目 \ 标本	ⅡT1701②D：4	ⅡT1501②D：18	H165D：4
远端宽	37	37	40

表二五〇　羊胫骨测量数据表　　　　　　　（单位：毫米）

项目 \ 标本		ⅡT0901 ③D：1	H80D：4	H165D：5	H130D：8	H151D：3	ⅠT0502 ③D：15
近端宽		38					
远端	宽		29	31.5	26.5		
	厚		23	21	20		
骨干最小宽						14	14.5

表二五一　羊跖骨测量数据表　　　　　　　　　　　　　（单位：毫米）

项目 \ 标本		ⅡT1601②D：6	H100① D：6	H18D：8	H4① D：4	H141 D：11	ⅡT1501 ②D：22
全（最大）长		124.5（远端骨骺脱落，未测量在内）	147.5				
近端	长	19	20.5				20
	宽	20	21				19.5
远端	长		16	15	16	17	
	宽			24	27	26	
骨干最小宽		11	12	13			
上端宽指数 （上端宽／全长 ×100）			14.2				

标本ⅡT1601②D：6为一完整的左跖骨（彩版七〇，3），远端骨骺脱落，说明为一年轻个体。近端关节面较长为大半圆形，背面炮骨愈合缝几乎看不到，而鹿的很明显。掌面远端平，近端为宽浅的"U"形。而鹿掌面凹槽明显。测量数据见表二五一。

三　各遗迹单位动物骨骼保存分布情况

H01

中华圆田螺　319

圆顶珠蚌　左3　右1

蚌　残片9

鲤鱼　下咽喉齿1

草鱼　下咽喉齿1

雉　左肱骨近端1　左尺骨1　右掌骨3　左、右跗趾骨各1

雀形目　胫骨骨干1

龟　完整的腹甲板1片　左股骨1

仓鼠　左下颌骨1　左肱骨1　右股骨近端1

甘肃鼢鼠　左上门齿2

小猪　右下颌骨1　左肱骨2　右肱骨1　右胫骨1

猪　顶枕骨1　头骨残块10　左上颌骨2　右上颌骨1　右肩胛骨远端1　寰椎2　枢椎1
　　左肱骨远端2　左桡骨残1　右尺桡骨近端1（连）　右桡骨远端1　右Ⅳ掌骨1　右Ⅲ
　　掌骨1　侧掌骨5　右坐骨残1　左股骨远端1　右胫骨远端1　腓骨残1　左Ⅳ跖骨Ⅲ2
　　左Ⅲ跖骨1　第Ⅰ指骨2　第Ⅲ指骨2

獐　右肩胛骨远端2　右肩胛骨近端残片2　右尺骨近端1　左掌骨近端1　左盆骨1　右髂

骨1　左股骨近端1　左股骨远端1　右股骨近端2　右股骨远端1　左胫骨远端1　左跟骨1　左距骨3　跖骨远端残块1　第Ⅰ指骨3　第Ⅱ指骨5

梅花鹿　残右角1　角残块2　右肩胛骨远端2　右肩胛骨胸侧缘和颈侧缘残片各1　左肱骨远端2　右肱骨近端1　左桡骨残远端1　右桡骨近端残1　掌骨远端残1　左盆骨残1　左髂骨残片2　右股骨近端残块1　左胫骨近端2

H02

中华圆田螺　308

圆顶珠蚌　左右各4

猪　右下颌骨2　左肩胛骨近端残2　寰椎左侧一半1　右肩胛骨远端1　右尺骨近端1　左坐骨残块1　右胫骨残1　腓骨残1　左跟骨残块1　右Ⅳ跖骨近端1

梅花鹿　角残片1

H05

鳖　肋骨板1

雉　胸骨1　右股骨骨干1段

仓鼠　右下颌骨1

猪　左上颌骨2　左肱骨远端1　左髂骨残片1　左胫骨残1

梅花鹿　左胫骨近端1

H07

圆顶珠蚌　左右各1

蚌　残片5

雉　左乌喙骨1

草兔　掌骨1

狗獾　右下颌骨1　左肩胛骨1　右肱骨远端1　右尺骨1

猪　左上颌骨2　左下颌骨2　右下颌骨1　头骨残块1　右肩胛骨1　腓骨残1

梅花鹿　角1

獐　第Ⅲ指（趾）骨1

绵羊　左胫骨远端1　第Ⅲ指（趾）骨1

H4①

中华圆田螺　3

圆顶珠蚌　左1

鱼　匙骨1

猪　头骨残块2　左上颌2　右上颌3　左下颌6　右下颌2　下颌残块3　左肩胛骨1　左第Ⅳ完整掌骨1　左股骨近端1　右股骨远端1　右胫骨远端1　右跟骨1

獐　右掌骨远端1　左股骨远端1

绵羊　右跖骨远端1

H4②

中华圆田螺 2

圆顶珠蚌 右2

蚌 残片2

猪 头骨8块 上颌1块 左下颌骨6 右下颌1 右肱骨远端1 左尺骨远端1 左胫骨近端1 左跟骨2

獐 左下颌骨1 左距骨远端1 第Ⅱ指骨1

H8

马 左第Ⅱ趾骨1

猪 右顶枕骨残片2 左、右下颌各2 右肩胛骨近端1 右肱骨远端1 左尺骨近端1 左桡骨近端2 左胫骨近端1 左胫远端1

獐 缺失肱骨头的左肱骨1

梅花鹿 角残片1 左尺骨近端1

H9①

中华圆田螺 1

圆顶珠蚌 左1右2

蚌 残片3

甘肃鼢鼠 残头骨1 左胫骨近端1

猪 顶枕骨1 左顶枕骨1 残片14 带牙的左上颌6 右上颌3 下颌联合部分3 左下颌8 右下颌8 寰椎1 骶骨残1 左、右肩胛骨远端各2 右肱骨远端1 右肱骨骨干1 左尺骨近端1 左桡骨远端1 左第Ⅱ、Ⅲ掌骨各1 右残盆骨1 右股骨远端2 左右胫骨各1 左跟骨、距骨各1 左第Ⅳ跖骨2

獐 左肱骨远端1 右股骨近端1 左跟骨1

梅花鹿 左肩胛骨1 左肱骨远端3 左桡骨近端1 左股骨近远端各1 左距骨1

绵羊 保存额、顶、枕骨的残头骨1 保存P4、M1、M3的左上颌1段 单个的右上臼齿1枚 右肩胛骨远端1

牛 右下颌1 左肩胛骨1 同一个体的左尺桡骨近端各1 左掌骨远端1 左髋臼1 第Ⅱ趾骨1

H9②

鲶鱼 鳍刺1

猪 顶枕骨1 额骨1 左顶骨1 左额骨2 右顶枕骨1 右额骨2 枕骨1 左上颌骨4 右上颌骨2 下颌骨联合部1 左下颌骨9 右下颌骨7 左肩胛骨2 右肩胛骨4 左肱骨远端4 右肱骨近端1 右肱骨远端2 右尺骨近端2 右桡骨远端1 左髂骨残1 左股骨远端2 右胫骨2 左距骨1

獐 左桡骨近端1 左掌骨远端1 右掌骨近端1 右掌骨远端1 左坐骨1 右髋臼窝1

右坐骨2　左股骨远端1　左胫骨远端1　左距骨远端1

梅花鹿　左肩胛骨1　右桡骨远端1　右掌骨远端1　右胫骨近端1　右跟骨残1

H9③

猪　头骨残片5　左上颌4　右上颌3　下颌联合部1　左下颌3　左肩胛骨远端2　右肩胛骨远端1　左肱骨远端2　右肱骨远端1　右尺骨近端1　左、右残盆骨各1　左、右股骨骨干各1　左、右胫骨近端各1　左、右腓骨近端各1

梅花鹿　左肩胛骨远端1　右股骨远端1

牛　左中央跗骨1

H9④

猪　头骨残片1　右上颌2　联合部1　左下颌4　右下颌3　枢椎1　左尺近端1　左桡骨远端1　左第Ⅲ跖骨1

H10

中华圆田螺　残1

猪　门齿1

H11

甘肃鼢鼠　残头骨1

猪　头骨残块2　右肩胛骨2　左桡骨近端1

梅花鹿　（保存角环和角柄）的右鹿角1　完整的左距骨1

牛　枢椎1

H13

绵羊　第Ⅰ指（趾）骨

H14

猪　枕骨1　下颌联合部1　左下颌骨1　右下颌骨联合部1　左尺骨近端1　左桡骨近端1　右桡骨近端1　右桡骨完整骨干1（小）　左胫骨近端1　基本完整的左胫骨2（一大一小）　右胫骨近端1　右跟骨1　第Ⅱ节指（趾）骨1

梅花鹿　左上颌1　带有P2–M2的右上颌骨1　右上前臼齿1　第Ⅰ指骨2

绵羊　头骨残块1

牛　右上臼齿1枚　残右骶骨1　右掌骨远端2　残右盆骨1　右股骨头1　右股骨远端3　右中央跗骨1

H16

猪　带P4–M2的右上颌1　左下颌前端1　右肩胛骨各2　右肱骨远端1

梅花鹿　鹿角残片1　右股骨远端1　右胫骨远端1　右距骨远端1

H17

中华圆田螺　7

蚌　残片7

狗　右股骨近端1

猪　顶枕骨1　左下颌体1段　无牙的右下颌骨前端1　右尺骨近端1

梅花鹿　角残块1　枢椎1

牛　寰椎1　右肱骨远端1　右胫骨近端1　左距骨近端1　左跟骨1

H18

中华圆田螺　5

蚌　残片3

雕鸮　右跗跖骨远端1

狗　带P3、M2的左上颌1

马　右桡骨远端1

猪　带顶枕骨的头骨2　左、右上颌各1段　左肩胛骨1　右肩胛骨3　右肱骨骨干1（缺失近、远端骨骺）　右肱骨远端2　基本完全的左桡骨1　左桡骨远端1　右第Ⅳ掌骨1　左髂骨2　左股骨远端1

小猪　头骨残片1　左下颌1

獐　右股骨远端1

绵羊　带m3的左下颌体1　寰椎1　左髂骨上部1　左距骨远端1

牛　残左下m3一枚　左肱骨远端1　左桡骨近端1　右掌骨远端1　左距骨2　第Ⅰ趾骨1

H20

鱼　脊椎骨　1

甘肃鼢鼠　完整的右股骨1（幼年个体）

猪　头骨残块5　门齿2　左上颌骨1　右前颌骨1　下颌联合部1　右下颌骨1　左下m3一枚　左右肩胛骨远端各1　左尺骨近端1　侧掌骨1　右髋骨1　左股骨远端1　左胫骨（基本完全）1　左胫骨近端1　左胫骨远端1　腓骨1

獐　右桡骨近端1　右掌骨1　左股骨远端1　左跟骨1

梅花鹿　角1段　右胫骨近端1　左右距骨各1个　左掌骨远端1

绵羊　左跟骨1

H22①

中华圆田螺　2

圆顶珠蚌　左5右9

蚌　残片10

雉　右肩胛骨2　左乌喙骨1　右桡骨1件　右盆骨残1　左股骨2　左胫骨3　右胫骨1　左右跗跖骨各1

鲤鱼　下咽喉齿1

鳖　背甲片1

猪　残头骨1　头骨残片29　左、右上颌各5　下颌联合部2　左下颌7　右下颌12　寰椎

2　左肩胛骨3　右肩胛骨1　右肱骨远端1　左尺骨1　右尺骨1　右桡骨1　左、右第Ⅲ掌骨各1　左盆骨5　左股骨远端1　左胫骨近端3　左、右腓骨各2　左距骨2　右距骨3

小猪　下颌骨1　左肩胛骨3　右肩胛骨2　左肱骨7　右肱骨6　左尺骨3　右尺骨1　左桡骨4　右桡骨1　左盆骨4　左股骨4　右股骨6　左胫骨3　右胫骨5

獐　带有m1–m2的左下颌1　左、右肩胛骨各2　左肱骨近端2　右肱骨近端1　右肱骨远端1　右桡骨远端1　左盆骨1　右股骨远端2　左、右胫骨远端各1　右跟骨1

梅花鹿　右角中部1段　另有角残块3　右肱骨头1　右桡骨近端1

H22②

中华圆田螺　1

圆顶珠蚌　右1

蚌　残片1

雉　左肩胛骨1件　左乌喙骨1　右股骨1　右胫骨1　右跗跖骨1

狗獾　完整的右下颌骨1

猪　顶枕骨2　左额骨1　头骨残块4　舌骨1　左下颌2　右下颌5　右肩胛骨近、远端各1　左肱骨2　右肱骨残1　左尺骨近端2　左桡骨近端1　第Ⅱ指骨1　右髂骨1　左股骨远端1　右距骨2

小猪　右桡骨1　左、右股骨各1　左胫骨1

獐　右桡骨1　左掌骨1

梅花鹿　右肩胛骨远端1　右肱骨头1

H25

圆顶珠蚌　左1右2

马　左下颌上升枝后半部分1

猪　右髋臼1　左股骨骨骺远端1　右胫骨骨干1

绵羊　左髂骨1

牛　右下颌1　右肱骨远端1　第Ⅱ指骨2　第Ⅲ指骨1　左胫骨远端1　右跟骨1　第Ⅰ趾骨1

H27

梅花鹿　角上部分分叉1

牛　右桡骨近端1

H28

中华圆田螺　11

圆顶珠蚌　左7右5

蚌　残片2

猪　顶枕骨2块　左右额骨残片各2　左额骨残片1　头骨残片4　左上颌2　左下颌骨残块

　　　　1　右下颌骨4　寰椎、枢椎各1　左右肩胛骨残块各1　左肱骨近端1段　左右肱骨远端各1段　右尺骨远端1段　右桡骨远端1段　右髋骨2　右股骨近端2段　右股骨远端2段

　　小猪　右额骨残片1　左下颌骨2　右下颌骨4　荐椎1　左肩胛骨1　同一个体的左右肩胛骨各1　左肱骨4　右肱骨1　左尺骨完整3　右尺骨近端完整1段　左右桡骨各3　左股骨1　右股骨近端2段　左右胫骨各1　腓骨2段　第Ⅰ指骨1

　　獐　右肱骨远端1段

　　梅花鹿　左下颌骨1

　　马鹿　左中央跗骨1个

H31

　　猪　右肩胛骨1　左肱骨远端1　残左盆骨1

H32

　　猪　顶枕骨1　带P3－M2的左、右上颌各1　基本完整的下颌1　左肩胛远端1　右肱骨1（缺失近远端骨骺部分）　同一个体的右尺、桡骨各1

H33

　　草兔　完整右盆骨1

　　猪　右下颌前段1

　　獐　左股骨远端1

　　绵羊　左掌骨远端1

H34

　　猪　带p3、dp4－m2的右下颌1

H35

　　蚌　残片1

　　貉　左下颌1

　　猫　完整的左盆骨1　右肱骨近端1

　　猪　右额骨1　不同年龄的猪右下颌5　右肱骨近端1　右桡骨近端2　左股骨近端1　右股骨远端1　左胫骨远端1

　　獐　带P2－M3的左上颌1　带DP2－M2的右上颌一段　基本完整的左下颌1　右肱骨远端1　右桡骨近端1　右跖骨远端1

　　梅花鹿　带分叉的左角残块1　左肱骨远端1　左桡骨近端1　左髂骨1　左股骨近端1　左股骨远端1　左胫骨远端1　完整左跟骨1

　　绵羊　第Ⅰ指（趾）骨1

　　牛　带p2、p3、dp4和m1的右下颌1

H38

　　中华圆田螺　3

　　雉　胸骨和右盆骨各1　右肱骨1

　　猪　带P4-M2的右上颌2　右下颌前半段1　左肩胛中段1　左、右尺骨近端各1　左桡骨
　　　　近端1　右盆骨残块1　左跟骨1　左Ⅳ右Ⅲ掌骨各1　第Ⅱ指骨1

　　獐　右下颌前半段1　左、右肩胛骨中段各1　右掌骨远端1　左胫骨远端1　左跟骨2　第
　　　　Ⅰ指骨1

　　绵羊　右胫骨远端1

　　牛　保存骨干及远端的左肱骨1

H41

　　雉　完整右肱骨1

　　草兔　牙齿缺失的右下颌1

　　狗　带m1的右下颌1（表面风化严重）

　　马　第Ⅱ趾骨

　　猪　头骨残块9　带牙的左上颌3　右上颌3　左下颌2　带牙的右下颌4　左、右肩胛骨中
　　　　部分各1　完整左肱骨1　远端1　完整右肱骨1　右肱骨头1　近端1　远端2　左、右
　　　　尺骨近端各1　完整左桡骨1　右桡骨近端1　属于同一个体的左右第Ⅲ、Ⅳ掌骨各1
　　　　左第Ⅲ掌骨1　右髋臼部分1　右股骨远端1　左、右胫骨近端各1　左、右跟骨各1

　　小猪　左、右肱骨各1　右尺骨1

　　獐　带P3-M3的左上颌1　左桡骨远端2　左、右股骨近端各1

　　牛　左肱骨远端1　左掌骨远端1　第Ⅲ指骨1　右股骨头1　第Ⅰ趾骨1

H44

　　猪　带m1的左下颌1段　左腓骨1段

H46①

　　中华圆田螺　17

　　硬环棱螺　1

　　圆顶珠蚌　左3右2

　　猪　头骨残片1　未带牙的右下颌前端1

H46②

　　甘肃鼢鼠　带有完整右下颌的残头骨1

　　猪　头骨残块1　右肱骨1　右第Ⅳ掌骨1　右胫骨1

　　牛　属于同一个体的带有P4-M3的左、右上颌各1段

H46③

　　猪　额顶骨1　顶枕骨1　右额骨1　枕骨残片1　左下颌3　右下颌2　右肩胛骨1　左肱骨
　　　　1　右股骨远端1　右胫骨远端1　右距骨1

H46④

　　中华圆田螺　51

圆顶珠蚌　左1

雀形目　胫骨骨干1

雉　右股骨骨干1段

草兔　右胫骨远端1（烧骨）

狗　带部分m1及m2的右下颌1

猪　左枕骨1　头骨残块7　左下颌5　右下颌2　左肩胛远端1　寰椎1　左肱骨近端1　左、右肱骨远端各2　左桡骨1　左第Ⅲ掌骨1　左股骨近端1　左胫骨2　右胫骨1　右腓骨1

小猪　左肱骨2　尺骨近端左2右1　完整右股骨1

獐　左髂骨的上部分1　右股骨远端1

梅花鹿　寰椎左半边部分1　右胫骨近远端各1

马鹿　右股骨近端2

H46⑤

中华圆田螺　10

绵羊　右下颌2

H46⑥

中华圆田螺　10

硬环棱螺　5

猪　头骨残块1　带dp4–m1的右下颌1　左尺骨近端1

H53

中华圆田螺　20

圆顶珠蚌　左1右3

猪　带P3–M3的右上颌1　不同年龄的右下颌3　右髋臼1　左股骨近端1

獐　左肱骨远端1

H55

圆顶珠蚌　左2右1

H61

圆顶珠蚌　左1　残1

雉　左乌喙骨1　左胫骨1　右跗跖骨1

猪　带p3–m2的左下颌1段

绵羊　带部分额、顶骨的残头骨1

牛　左肱骨远端1

H62

圆顶珠蚌　左右各1

蚌　残片1

鹤　左肱骨近端1

雉　左鸟喙骨1

狗獾　右肩胛骨远端1

猪　头骨残块2　左下颌1　右下颌3　左肱骨远端5　右肱骨远端1　左、右尺骨近端各2　完整左桡骨2　右桡骨完整1　近端1　左右第Ⅲ掌骨各1　右胫骨远端1　左腓骨远端1　右跟骨1　左第Ⅲ跖骨1　右第Ⅳ跖骨1

小猪　完整的右肱骨1

獐　右髋臼部分1　右胫骨近端1　左距骨近端1

梅花鹿　左掌骨近端1　第Ⅲ趾（指）骨1

绵羊　右上臼齿1枚　右跖骨远端1

青羊　带部分额骨的右角1

H63

圆顶珠蚌　左右各1

猪　头顶骨1　右眼眶部1　下颌联合1　带m2的左下颌后半段1

小猪　右肱骨1

獐　右上犬齿1

H64①

中华圆田螺　1

圆顶珠蚌　左3

蚌　残片1

猪　侧掌骨1

小猪　左肱骨1

梅花鹿　角残块1段

H64②

梅花鹿　右股骨远端1

H64③

中华圆田螺　1

猪　左下颌角1

H66

猪　左额骨部分1　枕骨片1　左下颌3　下门齿1　左胫骨近端1　远端2

H67

蚌　残片1

猪　左顶骨1　枕骨1　带M1-M2右上颌1　带P3-M1的右上颌1　左下颌1　右下颌4　右肩胛远端1　同一个体左侧第Ⅲ、Ⅳ掌骨各1　右髋臼1　左距骨1

小猪　左下颌1　左胫骨1

梅花鹿　带P3-P4的左上颌1段　左肱骨近端1

绵羊　右股骨远端1

牛　第Ⅱ指骨1

H68①

中华圆田螺　18

圆顶珠蚌　左2

蚌　残片2

雉　左跗跖骨1

甘肃鼢鼠　同一个体的完整右股骨和胫骨各1

刺猬　完整的右下颌1

猪　保存左右额骨的头骨1　左枕骨部分1　左上颌2　带C、P3-P4右上颌1（犬齿大，为
　　一雄性个体）　左右下颌各1　左肩胛1　右肩胛中部1　左肱骨2　左右肱骨近端各1
　　（2肱骨骨骺脱落）　左肱骨远端1　第Ⅱ指骨1　右髂骨1　右胫骨1　另有属于同一
　　个体的不完整的骨架一具，包括：脊椎5　左、右尺桡骨各1　左Ⅲ、Ⅳ掌骨各1　右
　　第Ⅲ掌骨1　左、右盆骨各1　左、右股骨各1　左、右胫骨各1　腓骨1残　左、右跟
　　骨各1　左、右距骨各1　左第Ⅲ、Ⅳ跖骨1　右第Ⅳ跖骨1

小猪　左额骨1　头骨残片3　左上颌1　左下颌1　右下颌骨2　左肩胛骨1　左肱骨4
　　右肱骨2　左尺桡骨1（同一个体）　右桡骨2　尺骨3（黏合一体）　左股骨5　右股
　　骨4　左胫骨5　右胫骨4　右髂骨3

H68②

猪　头骨残片2　带m3的左下颌1　右肱骨远端1

小猪　左胫骨1

獐　右胫骨远端1

H68③

圆顶珠蚌　右残片1

蚌　残片3

狗　带p4-m2的左下颌1

猪　左顶骨残片1　带P2、P3-M3的右上颌1（M3正在萌出）　带牙齿的右下颌4

獐　左跖骨近端1

梅花鹿　右肱骨远端1

H69

猪　头骨残块1　听泡1　枕骨片1　右肩胛骨远端1

H71①

圆顶珠蚌　左1

猪　头骨残片12　左上颌前半段1　右上颌1　下颌联合部3　右上颌前半段2　右下颌4

左肱骨近端1　右桡骨近端1　左坐骨1　右胫骨近端1

小猪　右尺骨近端1

獐　带dp4的右下颌1

H71②

中华圆田螺　27

猪　左、右额骨各1　左顶枕骨1　枕骨片2　头骨残片5　带M2-M3的左上颌1　缺失上升枝的下颌骨1　左下颌2　右下颌3　右肩胛远端1　右肱骨近、远端各1　右桡骨近端1　左、右掌骨各2　右髋骨上部1　左股骨远端2　左跟骨1

绵羊　右股骨近端1

H73

中华圆田螺　2

圆顶珠蚌　左2

蚌　残片1

猪　带C、P1、P2的右上颌前半段1　右肱骨远端1　左股骨远端骨骺1

绵羊　右髋骨1

H74①

雕　右侧跗趾骨远端1

鲶鱼　鳍刺1

猪　左顶骨1　右顶骨2　头骨残片2　右下颌角1　右肱骨远端1　右股骨近端1

H74②

貉　右肱骨1

猪　顶枕骨1　头骨残块4　带m1-m2的左下颌1段　带dp4的右下颌前半段1　右肩胛骨1　左尺骨近端1

H75

猪　头骨残片3　上臼齿2枚　右胫骨近端1　左跟骨1

H77

中华圆田螺　2

圆顶珠蚌　左2

猪　头骨残片2　带M1-M2的左上颌1段（牙齿磨蚀严重）　带DP4-M2的右上颌1　下门齿3枚　右肩胛残片1　左股骨远端1

梅花鹿　右尺骨近端1

H78

蚌　残片1

猪　带P4-M2的右上颌1段　带dp4-m1的右下颌1段

獐　右髋骨上段1　右坐骨1

H79

猪　带右额及左、右顶枕骨的残头骨1

梅花鹿　右角中部残段

H80

中华圆田螺　408

圆顶珠蚌　左3右1

甘肃鼢鼠　残头骨1

猪　头骨残块1　左上颌骨1　左肩胛骨远端1　右肩胛骨中段1　右桡骨近端1　右股骨远端1

獐　左距骨1

牛　左肱骨近端1

绵羊　右肩胛骨远端1　左胫骨远端1

H82

中华圆田螺　5

蚌　残片1

猪　带额顶骨的左头骨1　左额骨1　枕骨片1　右顶骨1　残块2　带P3—M1的左上颌1（M2正在萌出）　左下颌5（其中4带牙）　右下颌3　右肱骨远端1　右桡骨1　左、右胫骨各1　右胫骨近端骨骺1

獐　右跟骨1

梅花鹿　左髂骨上段1　右距骨1

H84

猪　左、右上颌各2　基本完好的下颌1　左、右下颌骨各1　左肩胛1

马鹿　左尺骨近端1

绵羊　右肩胛骨远端1　残左盆骨1

H86

苍鹰　左尺骨1

金丝猴　右髂骨近端1

猪　顶枕骨部分1　枕骨片1　残额骨片1　带dp4—m1的左、右下颌后半段各1　带联合部的右下颌2　右肱骨1　左Ⅲ掌骨近端1　右胫骨1

獐　左桡骨完整1

绵羊　左掌骨完整1

H87

中华圆田螺　1

圆顶珠蚌　左1右3

蚌　残片　1

草兔　左肱骨1

猪　顶枕骨部分1　左额骨1　左上颌1段（无牙）　右上颌4（带牙）　下颌联合部1　右下颌2　寰枢椎各2　右肩胛骨2　左肱骨远端2　右肱骨远端4　左尺骨近端2　右尺骨近端2（小）　右桡骨1　右髂骨上部1　左股骨1　右股骨3　左胫骨近端2　左距骨1

绵羊　带m1的左下颌1段　左髂骨上部1　右髋臼窝1　右坐骨1

H88

中华圆田螺　10

H90

猪　右盆骨1

绵羊　左下m3一枚

牛　左上P3或P4一枚

H91

猪　上颌骨1（M2还未萌出）　左、右腓骨各1

小猪　左尺骨1

H95

甘肃鼢鼠　头骨1

貉　右下颌1

猪　带P4-M2的左上颌2段（M3正在萌出）　带P4-M1的右上颌1　左下颌4　右肩胛骨中部1　左尺骨1　左髂骨上部1　左坐骨上部1　右股骨近端1　左胫骨骨干及远端1　右胫骨远端2

獐　右股骨近端1

H97

猪　右额、顶骨1　前颌骨1　带p4-m2的左下颌2　右肱骨远端1

梅花鹿　左桡骨近端1

H100①

圆顶珠蚌　右1

蚌　残片1

鲤鱼　下咽喉齿1

雉　左乌喙骨1　右胫骨远端1

草兔　右桡骨近端1　完整距骨1

狗　左桡骨远端1

猪　保存额、顶、枕骨的头骨1　左额骨1　头骨残片4　左上颌3　下联合部1　左下颌4　右下颌6　左肩胛远端2　右肱骨近端1　左、右肱骨远端各2　左桡骨远端1　左、右髂臼各1　右胫骨远端1

　　獐　完整右肱骨1

　　梅花鹿　角残片2　单个的右下颌1

　　绵羊　属于同一个体的羊骨架1具，包括带P2—M1的右上颌一段，左右下颌骨、肱骨、胫
　　　　　骨、掌骨和跖骨各1，残右肩胛骨1，左桡骨1，左髂骨上部1，右跟骨1
　　　　　同一个体左右下颌后半段各1　左胫骨远端1　右胫骨近端1　右跖骨远端1

　　牛　左尺骨近端1

H100②

　　绵羊　第Ⅰ趾骨1

H105①

　　猪　左下颌1　左肱骨远端1　左桡骨1

　　梅花鹿　左跖骨远端1

　　牛　右跖骨远端1

H105②

　　猪　顶、枕骨1　头骨残片5　左上颌2　右上颌6　联合部1　左下颌4　右下颌6　左肩胛
　　　　骨远端1　右肩胛骨中段1　缺失关节头的左肱骨1　左肱骨远端1　右桡骨完整1　右
　　　　桡骨近端1　左第Ⅲ掌骨1　残左、右盆骨各1　右股骨远端1　左胫骨近端1

　　獐　右胫骨近端1

　　马鹿　左跟骨1

　　绵羊　左下颌1

H105③

　　雕　右肱骨骨干1

　　猪　带额、顶、枕骨的头骨1　左额骨2　右额、顶、枕1　头骨残片10　左上颌8　右上颌
　　　　3　左下颌5　右下颌5　寰椎1（残）　左肱骨4（完整2，远端2）　左尺骨远端3　右
　　　　尺骨近端1　右桡骨近端1段　左、右盆骨（残）各1　左髂骨1　左股骨远端1　左胫
　　　　骨骨干1　左胫骨远端1　左、右腓骨各1　左跟骨1　右距骨1　右第Ⅲ、Ⅳ跖骨各1

　　小猪　右额、顶、枕1

　　獐　右肱骨近端1　左髂骨近端1

　　梅花鹿　左胫骨远端1

H105④

　　中华圆田螺　1

　　圆顶珠蚌　左右各2

　　猪　带牙的左、右上颌各1　带牙的左、右下颌各1

H107①

　　猪　带额、顶、枕骨的头骨1　左额骨1　左上颌骨1　下联合部2　右下颌骨1　枢椎1左
　　　　肩胛骨1　右坐骨1　左骨胫骨近端1

H107②

　　猪　头骨残片1　左桡骨1　左髋骨1　右胫骨远端1

H107③

　　猪　右顶、枕骨1　左下颌骨1　左肩胛骨1　左、右肱骨近端各1　左Ⅳ掌骨2　侧掌骨1　第Ⅱ指骨1　右坐骨1　左、右腓骨各1　左跟骨1

　　小猪　右肩胛骨1　左桡骨远端1　完整左胫骨1　左跟骨1　第Ⅱ指骨1

H107④

　　中华竹鼠　左下门齿1枚

　　猪　左上颌骨1　左肩胛骨近端1　右肩胛骨残片1　左尺骨1　左坐骨1　左胫骨远端1

H108

　　圆顶珠蚌　左1右2

　　蚌　残片1

　　猪　头骨残片11　带M2-M3的左上颌1段　左下颌2段　右下颌4段　寰椎1　带肩胛岗的左肩胛残片1　左肱骨远端2　左尺骨近端2　左桡骨近端3　右桡骨近、远端各1　右髋臼部分1　右坐骨1　左股骨近端1（骨骺脱落）　右胫骨近端1　左第Ⅲ跖骨1　第Ⅰ趾（指）骨1

　　小猪　头骨残块6块　右肩胛骨1　另有大小不同的特小猪2（包括：左肩胛1　大小不同的左肱骨2　右肱骨1　右尺、桡骨各1　左胫骨1）

　　獐　右股骨远端1

　　绵羊　右掌骨近端1

H109①

　　猪　头骨残片1　带dp4右下颌1段　右尺骨近端1　左胫骨近端1

　　小猪　右桡骨1　右股骨1

H109②

　　雉　右股骨骨干1段

　　草兔　左盆骨1

　　貉　属于同一个体的缺失两端关节头的左尺、桡骨各1

　　猪　左额骨1　左顶骨1　左枕髁1　带p3-p4的右下颌1　左肱骨1　左股骨远端1

H110

　　猪　左顶枕骨残片2　左额骨残片2　左下颌角1　完整的寰椎1　右股骨远端1　基本完整的左第Ⅲ跖骨1

H113

　　猪　左髂骨1

H116①

　　中华圆田螺　2

　　圆顶珠蚌　左右各1

　　貉　左桡骨骨干1

　　猪　头骨残片2　左上颌骨6　右上颌骨3　左下颌骨4　右下颌骨7　下颌骨残片2　左肩胛骨1　左肱骨近端2　左肱骨远端1　右尺骨近端1　右桡骨近端2　右第Ⅳ掌骨远端1　第一指骨1　左胫骨远端1　右胫骨1　腓骨1（残）　左跟骨残1　右跟骨1　左第Ⅲ跖骨1

　　小猪　顶、枕骨1

　　獐　右肩胛骨远端1　第Ⅰ指（趾）骨1

H116③

　　猪　右上颌骨1　右第Ⅲ掌骨1　右髋骨远端1　右胫骨近端1

　　獐　右股骨近端1

H116⑤

　　鹤　完整的右肱骨1

　　雉　右股骨骨干1段

　　猪　左下颌骨1　右下颌骨1　左肩胛骨远端1　右肩胛骨近端1　左第Ⅳ跖骨远端1

　　獐　左桡骨远端1　右跖骨远端1

H116⑥

　　猪　右上颌骨1　左下颌骨1　右下颌骨1　右肩胛骨残1

H117

　　猪　顶枕骨3　左上颌骨4　左前颌骨1　左下颌骨1　右肩胛骨远端1　右尺骨1　左髋臼窝1段

H118①

　　草兔　左肱骨近端1　左胫骨远端1

　　猪　左顶、枕骨1　左上颌骨1　右下颌骨1　右肱骨近端1段　右髋骨1　左股骨近端1段　左胫骨近端1　左跟骨1

　　小猪　左顶、枕骨1　左下颌骨1　右下颌骨2　右下颌联合部1　右肱骨2　左股骨近端1

　　绵羊　左掌骨远端1

H118⑤

　　圆顶珠蚌　右1

　　雉　左肱骨1　左胫骨近端1

　　猪　顶、枕骨1　枕骨2　右额骨带眼眶1　头骨残块1　右上颌骨1　右肩胛骨1　左肱骨远端1　左桡骨远端1　左髂骨上段1　左胫骨近端1

　　獐　右上犬齿1个

H118⑥

　　猪　头骨残块2　右上颌骨1　左下颌骨2　枢椎1　右肩胛骨残片3　左残片1　左尺骨1

左桡骨完整1　右桡骨近、远端各1　左第Ⅲ、Ⅳ掌骨各2　右髋骨1　右股骨远端1　左胫骨远端1　右胫骨近端1　右胫骨远端1　左腓骨近端1　右跟骨1　左第Ⅳ距骨1

H121

獐　右髋臼窝1

H122

猪　左额骨1　左下颌骨1　下联合部1　寰椎1　右肱骨远端1　右尺骨近端1　右髋骨1　右股骨远端1

獐　左下颌1　右尺骨近端1段　右距骨远端1段

梅花鹿　右掌骨近端1

绵羊　右桡骨近端1

H123

圆顶珠蚌　左1

蚌　残片1

猪　右下犬齿1　枢椎1　左髋骨1

牛　枢椎1

H125

猪　带眼眶的右额骨1　右上颌骨1　脊椎1

H127

狗　右下颌骨1

猪　左肱骨远端1

梅花鹿　左桡骨近端1段　左桡骨远端1段

牛　右尺骨近端1

H130

圆顶珠蚌　左右各2

猫　左胫骨近端1

猪　带额顶枕骨的头骨1　额骨2　右额骨1　头骨残片9　前颌骨1　左上颌骨2　右上颌骨2　左下颌骨5　右下颌骨3　下联合部1　残犬齿1　左右肩胛骨各1　左肱骨近端1　左肱骨远端3　右肱骨远端2　左右尺骨各1　左桡骨远端1　右第Ⅲ掌骨1　右坐骨1　右股骨完整1　右股骨远端1　左胫骨远端2　右跟骨1　右Ⅲ、Ⅳ距骨各1

獐　右下颌1　左、右肱骨远端各1　左掌骨远端1

梅花鹿　右鹿角基部1　左距骨远端1

绵羊　左胫骨远端1

牛　残牛角1　第Ⅰ指骨1

H131①

猪　左上颌1

梅花鹿　右尺骨近端1　左胫骨远端1

H131②

硬环棱螺　1

蚌　残片2

雉　左胫骨1

猪　额骨1　头骨残片2　右上颌1　下颌联合部2　左下颌骨1　左、右尺骨各1　左盆骨1　右坐骨1

獐　右下颌骨1　左股骨远端1

梅花鹿　右上颌骨1　残左肩胛骨1　左胫骨近端1

H133

圆顶珠蚌　左1　右1

草兔　完整的右胫骨1

猪　左上颌骨1　左下颌骨4　右下颌1　左肩胛骨1　右肱骨近端1　右尺骨近端1　右髂骨1　左股骨1　左、右胫骨各1　右跟骨1

獐　左肩胛骨远端1　完整右肱骨2　右肱骨远端1　右胫骨近端1

梅花鹿　左尺骨近端1　左跟骨1

H134

圆顶珠蚌　左1

蚌　残片1

猪　顶、枕骨1　左上颌骨1　下颌联合部1　左下颌骨3　右下颌骨2　右肩胛骨1　右股骨远端1　左胫骨近端1

小猪　右尺骨近端1　左髂骨1　右坐骨1　左股骨远端1　左胫骨2

獐　右桡骨近端1　右股骨远端1

梅花鹿　左、右角各1　残角段1　左肱骨近端1　右尺骨近端2　右桡骨近端1　左股骨远端2　左胫骨远端1

马鹿　角第一枝叉1

绵羊　残羊角1段

H137

圆顶珠蚌　右1

猪　头骨残片2　左上颌骨1　右前颌1　下颌联合部1　左下颌骨1　右下颌骨关节突1　左肩胛骨中段1　右肩胛骨中段1、远端1　左肱骨远端3　右肱骨远端1　左坐骨2　左胫骨远端1　左第Ⅳ跖骨1

獐　左跖骨远端1

梅花鹿　左角基部1　枢椎1　左肱骨远端1　右桡骨近端1

绵羊　右肩胛骨远端1

H138

圆顶珠蚌　右1

猪　左下颌骨1　右下颌骨1　左肱骨远端1

梅花鹿　残角段1

H140

猪　左、右下颌骨各1

梅花鹿　右肱骨远端1

H141

猪　头骨残块1　左上颌骨1　左、右前颌骨各1　左下联合部1　右下颌骨1　寰椎1　左
　　肱骨远端1　左桡骨近端1　左第Ⅲ掌骨1　侧掌骨1　右股骨远端1　腓骨1

小猪　带额、顶、枕骨的头骨1　左上颌骨2　右上前颌1　右上颌骨1　左下联合部1　左
　　下颌骨3　右下颌骨2　左肱骨1　左、右桡骨各1　左、右髂骨各1　左股骨2　右股
　　骨1　左、右胫骨各1　腓骨1

獐　左胫骨远端1

梅花鹿　右肩胛骨远端1　右桡骨近端1　左髂骨1　左坐骨1　左胫骨近端1　右胫骨远端
　　1　左中央跗骨1　第Ⅰ指骨1　第Ⅲ指骨1

绵羊　左跖骨远端1

牛　右中央跗骨1

H143

鲤鱼　下咽喉齿1

猪　头骨残块3　右下颌骨1　左坐骨1　左胫骨1

H144

猪　侧掌骨近端1　右坐骨1　左Ⅲ跖骨1

小猪　左胫骨1

梅花鹿　右桡骨近端1

H145

猪　头骨残片1　左上颌骨1

H146②

猪　头骨残块1　寰椎1　左肱骨远端1　右尺骨近端1　右第Ⅲ掌骨1　左髂骨远端1　右
　　股骨1　右距骨1　左第Ⅲ、Ⅳ跖骨各1

小猪　左胫骨1

獐　下颌骨1　左肱骨远端1　右距骨近端1

H146③

硬环棱螺　1

猪　右额骨1　头骨残块2　左上颌骨1　右上颌骨1　右肱骨近端1　右桡骨远端1　左跟

骨1

猹　左肱骨远端1　左掌骨1　左坐骨1　左距骨1

H147

猪　右下颌残块1　左肱骨近端1　两端残的左胫骨1

猹　左肩胛骨远端1

梅花鹿　顶枕骨1　右肩胛骨远端1　右桡骨近端1　左胫骨近端1

绵羊　右下颌骨1

H149

中华圆田螺　10

猪　左额骨2　右额骨1　头骨残块7　左上颌骨1　左下颌骨1　左下颌骨残片1　右肱骨
远端1　左尺骨近端1　右尺骨近端2　左桡骨近端1　右桡骨远端1　左胫骨近端1

梅花鹿　左股骨远端1

绵羊　左肩胛骨远端1

H150

猪　左尺骨近端1

H151

蚌　残片5

猪　顶、枕骨1　头骨残块1　左肱骨远端1

猹　完整右股骨1

马鹿　第一枝角的底部1

绵羊　左胫骨1

H156

中华圆田螺　37

猪　头骨残块1　左前颌1　左下颌骨1　寰椎2　左肩胛骨近端1　右肩胛骨远端1　左尺
骨近端1　右盆骨1　左股骨远端1

猹　右距骨1

梅花鹿　左股骨远端1

绵羊　左股骨远端1

H158

猪　右额、顶、枕骨1　右额骨1　右顶、枕骨1　左顶、枕骨1　头骨残块10　右上颌骨
1　下颌骨联合部1　右下颌骨2　寰椎1　左肱骨远端1　左尺骨近端1　左第Ⅲ掌骨1
右跟骨1

猹　左下颌骨1　右肩胛骨远端1　右掌骨近端1　右胫骨近端1　右距骨近端1

梅花鹿　头骨1　左角1　右肱骨远端3　左桡骨近端2　右桡骨远端1　左掌骨近端1
左、右髂臼窝各1　左、右胫骨远端各1

H159

　圆顶珠蚌　左2右1

　猪　左下颌骨1　左肩胛骨残块1　左股骨远端骨骺1　右跟骨1

H160

　猪　头骨残块2　右顶、枕骨1　右上颌1　左下颌骨1　无牙的右下颌骨前段1　左肱骨近端1　右肱骨远端1　左胫骨近端1　左第Ⅳ跖骨1

　獐　左肱骨近端1　左髋骨带关节窝1　右股骨远端1

H161

　猪　无牙的左下颌骨1　左股骨远端1

　獐　左跟骨1

H162

　猪　右肱骨1个

　梅花鹿　右髋骨窝1　右胫骨近端1段

H164

　草兔　右胫骨远端1

　狗　左髋骨1

　猪　顶枕骨2　右头骨4　头骨残块4　左上颌骨4　右上颌骨6　下颌联合部4　左下颌骨12　右下颌骨15　左下颌骨残块3　寰椎1　左肩胛骨近端2　左、右肱骨远端1　左髋骨1　左胫骨近端2　远端左右各1　腓骨1段

　獐　右肱骨远端1　右髂骨1　右股骨近端1　左跟骨1

　梅花鹿　右肱骨远端1　右桡骨远端1　残左盆骨1　左跟骨1

H165

　狗　完整左胫骨1　左跟骨1

　猪　顶、枕骨3　左顶、枕骨1　右额骨带眼眶1　头骨残片8　上颌骨1　左上颌骨2　右上颌骨2　下颌骨联合部4　左下颌骨5　右下颌骨4　右肩胛骨1　右肱骨远端1　右尺骨1　右髋骨1　左胫骨远端2　右胫骨远端1　左第Ⅲ跖骨1

　小猪　额骨1　前颌骨1

　獐　完整的左跖骨1

　梅花鹿　残角1

　绵羊　右股骨远端1　左胫骨远端1

H166

　猪　顶、枕骨1　左下颌骨1　右下颌骨3

　梅花鹿　左桡骨远端1

H167

　圆顶珠蚌　左右各4

猪　左第Ⅲ跖骨1

H168

猪　左顶骨1　头骨残块1　左上颌骨1　大小不同的左下颌骨各1　右下颌骨2　右肩骨残
　　块1　右尺骨近端1　左髋骨1　左股骨远端1

H172

蚌　残片2

猫　可能属于同一个体的左右下颌、左右肱骨和股骨各1件　左胫骨近端1　右盆骨1

梅花鹿　右角基部1　左距骨1

绵羊　右下颌1　左右掌骨远端各1　第Ⅰ指骨1

牛　骶骨1

H173

猪　左顶骨1　头骨残片1　左上颌1　左下颌骨1　左肱骨近端1

丨T0201③

圆顶珠蚌　左右各1

猪　左额骨1　左上颌骨2　右上颌骨2　左下颌骨3　右下颌骨2　左肩胛骨1　左肱骨远
　　端2　右肱骨远端1　左胫骨近端1、远端2　左Ⅳ跖骨1

梅花鹿　角残块1　右肱骨远端1　右尺骨近端1　右髂骨残块1　右股骨远端1

马鹿　右胫骨远端1

绵羊　左下颌骨1

牛　左内侧下颌骨残片1

丨T0202②

猪　左肱骨远端1

梅花鹿　右角中部1　左尺骨近端1　左距骨1

牛　左下颌骨远端1　左桡骨远端1

丨T0202③

梅花鹿　右角中部1

丨T0301③

中华圆田螺　1

硬环棱螺　1

蚌　残片1

狗　左下颌骨1

猪　枕骨1　左上颌骨1　右上颌骨1　下颌骨前半段1　右下颌骨1　左肩胛骨1　左肱骨
　　远端1　左尺骨近端2　右坐骨1　左距骨残块1

梅花鹿　角残块2　寰椎1　右肱骨远端1　右尺骨近端1　左髂骨残块1　右胫骨近端1
　　左胫骨近端1

绵羊　左肱骨远端1　左跖骨远端1

牛　左下颌1　右肱骨远端1　左跖骨近端1　第Ⅱ趾骨1

人　小孩头骨残片1

|T0302②

圆顶珠蚌　右1

猪　右上颌骨1　左肩胛骨远端1

獐　右跖骨远端1

梅花鹿　连在一起的右尺桡骨近端1　第Ⅰ指骨1

牛　左肱骨远端1

|T0401③

甘肃鼢鼠　完整的右股骨1

猪　顶枕骨1　残片1　下颌骨联合部2　左下颌骨2　右肩胛骨残1　左胫骨近端1　右胫
骨近端1

獐　左肩胛骨远端1

梅花鹿　角2（侧枝）

牛　左上臼齿1

|T0401④

猪　下颌联合部1　左肱骨远端1　右胫骨近端关节面1

獐　右肩胛骨近端残1　左肱骨近端1　右跖骨远端1

牛　第Ⅰ趾骨1

|T0501④

圆顶珠蚌　右1

猪　头骨残块3　带有P3–M2右上颌1　左下颌1　寰椎1　右胫骨远端1

獐　属于同一个体的左、右下颌各1

梅花鹿　右角中部1段（可看到二处分叉，即第二、第三和第四枝的分叉）　右桡骨远端
1　第Ⅰ指（趾）骨1　右股骨远端1　左跟骨1　第Ⅲ指（趾）骨1

牛　右跟骨1　第Ⅱ趾骨1

|T0502①

猪　左跟骨2　右股骨远端骨骺1

梅花鹿　左掌骨完整1　左掌骨近端1　右股骨近端1

|T0502③

圆顶珠蚌　左右各2

狗　右上颌骨1　左肩胛骨1

马　右胫骨远端1　左跖骨近端1

猪　顶、枕骨1　右下颌骨2　左肩胛骨1　左尺骨近端2　右髂骨残1　右坐骨1　左距骨1

小猪　左股骨残1

獐　寰椎1　右胫骨远端1

梅花鹿　左角带左边头骨1　左角带残头骨1　残角1　左胫骨远端1

绵羊　左下颌骨2　右下颌骨1　右桡骨近端1　右掌骨近端1　右股骨远端1　左胫骨残1

牛　左尺桡骨连在一起1　第Ⅱ指骨1　右距骨1　第Ⅰ趾骨2

‖T0601②

獐　寰椎1

‖T0601③

猪　下颌联合部1　左肱骨远端1　右尺骨近端1　右距骨1

獐　左盆骨1　左股骨近端1　右股骨远端1　右胫骨近端1

牛　左胫骨远端1

‖T0601④

猪　顶枕骨1　左上颌骨1　右下颌骨联合部1　左下颌骨1　右下颌骨2

绵羊　左掌骨近端1

‖T0602①

甘肃鼢鼠　残头骨1

‖T0602②

猪　左下颌骨联合部1

‖T0602④

猪　左下颌骨残片1　右肩胛骨1　右股骨残块1　右跟骨1

梅花鹿　左尺骨近端1

‖T0702③

猪　右上颌骨1　右下颌骨1　左尺骨近端1

獐　右跖骨远端1

‖T0901②

猪　左顶枕骨1　右前上颌骨1　左下颌骨1　右下颌骨1　左肩胛骨残1　右肩胛骨1　右肱骨远端1　左尺骨1　左桡骨1　左Ⅳ掌骨1　残腓骨1　左跟骨1

小猪　右下颌骨1　左肩胛骨近端1

绵羊　右上颌骨1　右胫骨骨干1

牛　右下颌前段1　右桡骨残1

‖T0901③

猪　额骨1　头骨残块1　左上颌骨1　右上颌骨3　左下颌骨1　左肱骨1　左尺骨近端1　左桡骨1　右Ⅳ掌骨1　腓骨1　右跟骨1　右第Ⅳ跖骨1

绵羊　右胫骨近端1

‖T1401②

猪　右下颌骨1　寰椎1　左残股骨1

梅花鹿　右胫骨远端1

绵羊　左股骨近端　1

ⅢT1501②

猪　头残块1　左右上颌骨各1　左下颌骨2　右下颌骨2　右肩胛骨远端1　右肱骨远端1
右尺骨近端1　左Ⅳ掌骨1　左股骨近端残块1

獐　左尺骨近端1

绵羊　右桡骨近端2

ⅡT1501②

圆顶珠蚌　右1

猪　右顶枕骨1　头骨残块1　左上颌骨2　右上颌骨2　左下颌骨3　左下颌骨关节突1
右下颌骨1　右肩胛骨远端1　左肱骨远端1　左坐骨残块1

梅花鹿　角1（残块）　左掌骨远端1

獐　左肱骨头1　左股骨近端1

绵羊　单个的左右上臼齿各1枚　左下颌骨2　右下颌骨1　寰枢椎相连1　左肩胛骨远端1
左、右肱骨远端各1　左桡骨近端2　左掌骨近端1　右掌骨近端2　左股骨远端1　右
跖骨近端1

ⅡT1601②

草兔　右胫骨近端1

马　完整右盆骨1

猪　顶枕骨2　下联合部2　左下颌骨2　右下颌骨2　右髋臼窝1　左髂骨1　腓骨1（残）

梅花鹿　角残片1　右尺骨近端1　右肱骨远端1

獐　右胫骨远端1

绵羊　左跖骨1

牛　右尺骨近端1

ⅡT1701①

马　下颌联合部1

猪　右上颌骨1　左下颌骨1　右肱骨远端残块1　右胫骨远端1

獐　左肩胛骨远端1

梅花鹿　左、右胫骨远端各1

绵羊　右上颌1

牛　左掌骨近端1　左中央跗骨1

ⅡT1701②

猪　左下颌角1　右肩胛骨1　左肱骨近端1

獐　左肱骨远端1　左髂骨1　右跖骨远端1

绵羊　左股骨近端1　右股骨远端1

ⅡT1801①

　　猪　左桡骨近端1

　　梅花鹿　左角中部1段　角残段1　右尺桡骨近端1（连）　右桡骨近端1　右跖骨远端1

ⅡT1801②

　　草兔　右下颌骨1

　　梅花鹿　残左角基部1

　　牛　右下颌骨1

ⅡT1901②

　　猪　左顶枕骨1　右肩胛骨近端1　右肱骨远端1　右髋臼窝1　左、右胫骨近端各1

　　小猪　左下颌1

ⅡT2308①

　　猪　左肩胛骨远端1

M2（填土中）

　　鸡　左胫骨远端1

　　仓鼠　完整右肱骨1

　　獐　带p2-m3的左下颌1

　　梅花鹿　带有M2-M3的右上颌一段　带少量额骨的左角角柄1　角环1

W1

　　不完整的小孩骨架：头骨片8　下颌骨1　肱骨2（残）　胫骨2

　　猪　头骨残片1

W3（该处标本均被火烧过）

　　马　左掌骨近端外侧1　右掌骨远端内侧1

　　猪　右尺骨近端1　右股骨远端1

G2

　　猪　右下颌骨1

G3

　　犬类　幼年残头骨

　　鸡　可能属于同一个体的左乌喙骨、左肱骨近端、右尺桡骨、右胫骨远端各1

　　狗　可能属于同一个体的部分上颌骨、右肩胛骨远端、基本完整的下颌骨、左右肱骨远端各1

　　猪　左肱骨完整1　右肱骨完整2、远端2　左桡骨远端1　右桡骨远端1

　　小猪　左尺骨近端2　右尺骨远端1　右桡骨近端1　左股骨远端1　右胫骨1

　　獐　右坐骨残1

　　绵羊　左肩胛骨1　右肩胛骨2　枢椎1　右股骨远端1　左、右胫骨远端各1　左、右桡骨

近端各1　左、右桡骨远端各1　左、右尺骨近端各1　左、右髂骨各1

四　小　结

1. 遗址中动物群的成员

泉护村遗址中共出土33种动物，按它们和人类的关系及在遗址中数量的多少（附表四）可分为四大类：

一是由人类饲养或可能饲养的动物：狗、猪、绵羊、黄牛。

二是主要的狩猎和捕捞的动物：獐、梅花鹿、中华圆田螺、圆顶珠蚌。

三是偶然猎获和捕捞的动物：金丝猴、马鹿、青羊、马、草兔、獾、虎、猫、竹鼠及各种鱼类、龟鳖类和鸟类。其中金丝猴、虎、獐、梅花鹿、马鹿、竹鼠现已在此绝迹，其余为现仍生活在该地的种类。

四是穴居的动物：仓鼠、甘肃鼢鼠，有可能是在遗址废弃后进入原遗址所在地。

从附表四可看出，该遗址以大量饲养动物：猪、羊、牛的出现为其特点，尤其是猪的标本无论是数量还是最小个体数都占到哺乳动物总数的75%以上，与关中的白家、半坡、姜寨新石器遗址动物群基本相同。不同的是：（1）绵羊的数量较多，从年龄特征、测量数据及H100①中发现基本完整的一具羊骨架分析，应为我国目前新石器时代发现最早的家养绵羊。（2）该遗址有大量的中华圆田螺和圆顶珠蚌；（3）小猪的数量明显增多，就H22①而言，从骨骼数量判断至少有7个小猪，骨骼大小接近，可能为一窝小猪；（4）猪的屠宰年龄整体偏小，猪的屠宰年龄与驯养水平有关，时代愈早则年龄越大，到泉护村庙底沟文化时，关中地区从白家文化到半坡文化，已有两千年的驯养历史，所以泉护村猪的屠宰年龄偏小也是情理之中的；发现野生动物的种类和数量也较多，这和泉护村遗址现在所处的地理位置（周围有河流和山区）有很大的关系。在遗址周围野生动物资源非常充足的情况下，古代的人类也不需要花费太大的代价去饲养家畜，尤其是在农业发展的初级阶段。（5）该遗址的鸟类属种较多，尤其出现了隼形目的鹰科动物——苍鹰、雕及鸮形目鸱鸮科动物——雕鸮（俗称猫头鹰）。这几种鸟应和人类的关系比较密切，在遗址中以它们为素材的陶器（陶鸮鼎）、饰件（隼形陶饰）及陶器上出现的彩绘鸟都可以证明这一点。但从遗址中出土鸟骨数量较少分析，作者认为是古人对鹰的图腾崇拜或作为族徽，就像半坡人崇拜鱼一样，至少说明当时还没有大量养鹰。现在的蒙古人对鹰也非常崇拜，他们依旧有鹰的文身和养鹰的嗜好。有些阿拉伯国家也养鹰。

2. 遗骸保存特征与先民行为

泉护村遗址是渭河流域一处延续了四五百年的重要庙底沟文化遗址。除发掘出一定数量的文化遗物外，还出土了大量的动物骨骼。特别值得指出的是，由于科学发掘和详尽的记录，可以对动物居群进行详细的分期研究，为气候环境演化提供了可靠的资料。泉护村遗址中的脊椎动物遗骸代表着28个种类的326个个体。所发掘的标本十分破碎，无一完整头骨及大型管状骨。不同部位骨骼的破碎具有明显规律，即头骨比肢骨残破，肢骨近端比远端残破，少量完整骨骼完全限于没有食用价值的肢骨末端的坚实部分，如腕骨、跟骨、距骨、指（趾）骨及小型动物的长骨如獐的肱骨和股骨等。管状骨的保存状况也是远端多于近端，如梅花鹿的肱骨远端（15件）是近端（5件）的3倍，这是由于近端骨质较疏松不易保存，肌肉、脂肪较多易被食肉动物啃咬的缘故。骨骼断口类型基本属于螺旋状断裂，往往发生在动物死亡不久骨骼尚具弹性阶段[①]。碎骨形态以长条状为主，实验证明在骨干中部受力时，长骨一般会沿骨干纵轴的纤维质延伸方向产生破裂[②]，这无疑是先民砸骨取髓的结果。只有少量骨骼表面有啮齿动物的啃咬痕迹和风化痕迹，断裂处棱角分明，属于快速埋藏类型。这类骨骼埋藏前在地表暴露一般不超过2~3年[③]，是就地破碎、就地埋藏的产物，也反映泉护村先民们有着较多的生活活动，才使文化层有较快的堆积速度。泉护村遗址动物遗骸的最小个体数多是以下颌计算而来，其他部位骨骼损失量大，肋骨也较少，这些部位的骨骼可能已被食用。

3. 遗址当时的自然环境

探索新石器遗址周围的环境，可从多方面入手，现在主要根据发现的动物尤其是哺乳动物作一分析。

哺乳动物一般可分为家养和野生两类，对自然环境的分析主要依靠野生动物，家养动物只是作为必要的补充。在该遗址中，野生动物主要为獐和梅花鹿，其次为马鹿、马、草兔、貉、獾、虎、猫、鸟、中华竹鼠、仓鼠等，其中草兔和马都是生活在草原区的典型动物。马的数量虽然很少，但至少可以说明遗址周围有较为开阔的草原。马在其他新石器遗址（半坡、关桃园）中的骨骼数量也很少，但不一定代表遗址周围马的数量就真的很少，这主要是新石器时代的人类没有把马作为主要的狩猎对象。

食肉动物虎、猫和灵长类动物金丝猴的偶然出现，说明遗址周围有一定面积的森林；貉是在河滨捕食鱼类及小动物的兽类。

马鹿和梅花鹿因其角部粗大，在密林中生活有许多不便，一般栖息于较大的混交林或高山的森林草原，也有在稀疏灌丛中生活的。

青羊为典型的林栖动物，常在密林间的陡峭崖坡出没。

獐骨的大量存在一方面说明遗址周围有沼泽地带，有高大的草丛；另一方面也说明当时的气候比现在湿润和温暖一些。现代獐常栖息在河岸芦苇丛中、山边林地及沼泽草地等环境中，现多分布在长江下游，在关中地区几乎绝迹。

竹鼠的存在说明当时周围有竹林。

家养牛科动物羊和牛（最小个体数16）的出现也从侧面说明当时遗址周围的环境有草原存在。牛的数量在遗址中相对羊来说较少。鹿科动物梅花鹿、马鹿数量较多（最小个体数为

① 张云翔、薛祥煦：《甘肃武都龙家沟三趾马动物群埋藏学》，地质出版社，1995年。

② 张俊山：《峙峪遗址碎骨的研究》，《人类学学报》1991年第4期。

③ Behresmeyer A K. Taphonomic and ecologic information from bone weathering. *Paleobiology*. 1978.4(2): 152-162.

15），它们是林、灌环境的典型代表，以采食鲜嫩植物为主。鹿科动物与牛科动物的比例厘定了动物群的性质，是判断动物群生态类别、恢复自然环境的标志。

整个遗址兽骨中家猪是主体，占整个兽骨个体数的77％左右。家猪的数量是农产品剩余量的间接反映，人类有了农业剩余产品才会大量饲养家猪，这也说明当时的气候非常适合农作物的生长，风调雨顺。反之，当气候环境恶劣，农业歉收，植被类型转变时，先民们自然会减少家猪的饲养量，而更多以野生动物作为肉食的主要补充。从一期到三期野生动物与家养动物的比例逐渐减少看（附表七），这一方面说明随着种植业的发展，粮食的产量愈来愈高，人类饲养家畜的数量也在逐渐增加；另一方面也说明遗址周围环境逐渐恶化，野生动物相对数量逐渐减少，人类更多的依赖家养动物，加之人类大量采伐树木，致使环境不断恶化，最终导致该遗址的消失。

综上所述，当时遗址周围的环境以草原为主，草原上有各种羊、牛、马、兔等食草动物，不远处有一定面积的森林、疏林、灌丛及竹林的自然景观，其间有虎、猫等食肉动物和各种鹿类动物及金丝猴、青羊和竹鼠的出没。泉护村庙底沟文化的气候属于全新世大暖期的太平洋期，东洋界动物獐、金丝猴和竹鼠的存在也可说明这一点，当时的气温应比现在高1~2℃。

4. 经济类型和食物

从遗址中动物骨骼出土的属种和数量（附表五）来看，泉护村人赖以生存的动物资源是非常丰富的，但主要是兽类中的猪、羊、獐、梅花鹿、牛、狗等，以猪、羊等为主的家畜动物占86.5％，其中猪78.17％（两个月以下的猪除外）、羊4.37％、牛和狗分别为1.98％；以獐和梅花鹿等为主的野生动物占13.5％（图四二二），从泉护村人对动物资源的利用情况可见他们同时从事农业、狩猎、畜牧和捕捞。其中以猪、羊和牛这三种动物的畜养为主，其次为狩猎。结合遗址中出土的石质生产工具如石镰、刀、斧、铲、锛、凿来看，当地居民从事大量的农业生产。经济生产的类型决定人们的食物来源与组成，虽然目前尚无较好的方法准确断定各类食物的比重和详细的食谱，但从以上的讨论可看出，泉护村人的食物中动物占有重要地位。这类动物的标本中都有一少部分经烧焦变黑炭化，说明当时人们对肉食的加工方法，有一小部分仍用火直接烤熟。从现代人类学的资料来看，一个部落的经济食物情况比较复杂，如鄂伦春人采集27种植物作为辅助食物，非洲南部的昆桑人，其所在地区有500多种动植物，他们所能利用的达150种植物和100种动

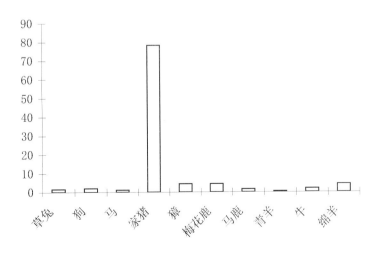

图四二二　食用动物百分比统计图

物[①]。由此可以看出考古遗址中的动物骨骼可能仅是当时古人类一个主要的动物食谱，而不是全面的。这和发掘的面积及筛选的程度有关，也和当时人们战胜凶猛野兽的能力——生产力有关。发掘面积越大，筛选愈全面，生产力愈高，越接近古人类的食物结构。

5. 骨骼痕迹分析

（1）风化作用

除极个别标本如羊左跖骨风化较严重外，其余标本表面风化较轻甚至无风化，这一方面说明动物骨骼在地表暴露的时间较短就被埋起来，另一方面说明土壤的酸碱性适中。

（2）动物作用

动物的作用主要表现在啮齿类动物的咬痕，这类标本共计3件。标本ⅠT0401③D：4为猪的左胫骨远端一件，在其内侧中间和前棱脊上分别有明显的咬痕（彩版七一，3），骨骼的表面形成大量细密、排列整齐的平行齿痕，上下齿痕间形成凸起的嵴；标本H105②D：4为一年轻猪的右胫骨远端，在其前侧中段反复被啃咬过（彩版七一，4），形成两条较长且高起的棱脊。标本H9①D：33为猪的右侧第Ⅲ掌骨，在其掌面形成明显的咬痕（彩版七一，5）。啮齿类动物常常是为了磨牙，形成的齿痕在骨干上较多，这3件标本的咬痕全在骨干上，因骨干的骨质较硬。肉食动物是为了食用骨骺，因此咬痕常常在骨体两端膨大的部分。该地区啮齿类较少，因此在骨骼上，啮齿类的咬痕也不多。

（3）人工作用

在泉护村遗址中，发现有砍、锯、磨痕等人工痕迹。

砍痕标本在鹿角上较多，在骨骼上共2件。标本H41D：15为猪的右胫骨远端1件，在其后内侧棱上有两条粗而短的砍痕（彩版七一，2），断口呈锯齿形。从其被砍的部位分析，应为截取骨料和取骨髓所为。胫骨后面由于根系的腐蚀作用形成线状和鸡爪形两种根系。标本H108D：3为猪的右胫骨近端1件，在其内侧棱上有八条深浅不同的粗而短的砍痕（彩版七〇，6）。其方向与骨干长轴垂直，呈水平方向。从其所在的部位看，应为分离股骨和胫骨时，砍断肌腱和韧带所形成的。

在4件鹿角标本（H22①D：18、H130D：6、H134D：3、ⅠT0202③D：1）（彩版七一，6；彩版七〇，7；彩版七一，1）上有砍痕，先沿一周砍，最后折断，形成斜坡状的断面。这种砍痕是为截取角料时所形成的。

锯痕标本共计2件。标本H165D：1为狗的完整左胫骨1件（彩版五五，2），在其远端形成两条较长的连起来呈一半圆形的锯痕，分析应为截取中间的骨管（料）时形成的。但最终没有成功，半途而废。

标本ⅠT0202③D：1除有砍痕外，还有锯痕。锯痕平直（彩版七一，1）。

磨痕标本较多。主要是加工骨器时形成的，标本H134D：6为梅花鹿的右尺骨近端1件，在

① 童恩正：《人类与文化》第64~81页，重庆出版社，2004年。

其远端周边均有磨制的痕迹，最终形成一骨锥（彩版六五，1）。

从以上分析可看出，人类在动物骨骼上所形成的痕迹有两类，一种是肢解动物、剔取肌肉、敲骨取髓和刮皮毛时所形成的痕迹，这种痕迹叫屠宰痕，是无意中形成的，但分布也有一定的规律性[1]；另一种是加工骨器和雕刻纹饰过程中所形成的各种痕迹，是人们有意识、有目的的一种活动。

附记：本章猛禽类标本的鉴定主要是由北京自然博物馆著名的鸟类专家张玉光博士完成，鱼的匙骨由中国科学院古脊椎动物与古人类研究所著名鱼类专家张江勇研究院鉴定，西北大学赵聚发高级技师为标本的修复和整理做了很多工作，在此深表谢忱。

---

[1] 胡松梅：《旧石器考古遗址中动物骨骼的屠宰痕迹与其解剖位置的关系》，《旧石器时代论集——纪念水洞沟遗址发现八十周年》，文物出版社，2006年。

第六章 结　语

第一节　泉护村庙底沟文化遗存

庙底沟文化是泉护村遗址分布范围最大、文化内涵最为丰富的古代文化遗存，在本次发掘的94个探方及其扩方（面积约2474.18平方米）内均发现了庙底沟文化遗存。根据层位关系及出土物的类型学分析，泉护村庙底沟文化遗存可以分为三期。

一　泉护村庙底沟文化各期的特征及其关系

第一期遗存较多，主要遗迹有H4、H27、Y2、Y3、Z5、Z6等58个单位，其中灰坑数量最多，并有少量陶窑、灶。

灰坑形状以椭圆形为主，其次为圆形，此外还有较多不规则形灰坑。

本期的遗迹中虽然没有发现特征明显的房址，但从部分灰坑的结构、尺寸及残留迹象看，它们很可能与当时人们的居住有关。如H38，底径3.2米，底部面积约为8平方米，坑底东半部高出西半部0.14米，形成了一个较为规整的近长方形平台，平台长3.2、宽1.58米，这可能是供人们居住用的土床。坑底靠西壁处有一半圆形草拌泥硬面，硬面上摆放有3块石头，组成一简易灶。又如H47，形制近椭圆形，底径为2.2~4.12米，周壁及底部有草拌泥痕迹，且经火烧烤。还有H68，形状基本呈椭圆形，底径为2.6~3.8米，坑壁用料姜石处理，并有规律的分布着10个小洞孔，坑底有规律的分布着许多石块。所以，像泉护村H38这类"灰坑"，已经具备了史前房址的一些基本要素，只是在建筑的形式上有所不同，泉护村庙底沟文化一期居民很可能使用过这种地穴式房屋。

这期的主要陶器有Ⅰ、Ⅱ式尖底瓶，AⅠ、BⅠ式葫芦口瓶，AaⅠ、AbⅠ、BⅠ、CⅠ、DⅠ、EⅠ、FⅠ式罐，AaⅠ、AbⅠ、BⅠ、CⅠ、DⅠ式盆，AⅠ、BⅠ、CⅠ式钵，Ⅰ式瓮，Ⅰ式灶，AaⅠ、AbⅠ式器盖等（图四二三）。另外还有大量的陶杯。陶器中泥质陶较夹砂陶为多，泥质陶一般质地细腻，且多为颜色较亮的红陶，主要用以制作盆、钵、瓶等器物。夹砂陶主要用于制作各种罐、釜、灶等器物。主要陶器的特征归纳如下：尖底瓶基本为陶质细腻的红陶，口双唇特征比较明显，器表多饰较粗疏的斜线纹。葫芦口瓶陶质陶色与尖底瓶大致相同，其中A型葫芦口瓶瓶口细长，B型瓶口相对较粗。A型罐多为夹砂红陶，沿内有一周凹槽，沿外有一周凸棱，器表饰较粗疏的绳纹，以斜绳纹为主。A型盆大部分为泥质红陶，上腹较直，下腹缓曲，腹最大径在器中部偏上，容积较大，器表多饰黑彩，彩陶图案较繁冗；B型盆也大多为泥质红陶，弧腹，最大径在器中部微偏上，容积较大，数量较A型盆少，以彩陶居多，素面的较少；C型盆基本是泥质红陶，外唇明显，腹相对较浅，口沿斜度较小，素面；D型盆也基本为泥质红陶，叠唇，素面。钵陶质较细，都为红陶，A型钵直口微敛，多方圆唇，下腹微外鼓，彩陶较多；C型钵敞口，浅弧腹。瓮为泥质灰陶，此时期最大特征是肩部圆鼓。

陶器制法均为手制，主要是泥条盘筑和手工捏制两种。较大型器物，如尖底瓶、葫芦口瓶、罐、瓮等均为泥条盘筑，在这些器物内壁经常可以看到泥条盘筑的痕迹。小型器如杯、小碗、陶塑等为手工捏制而成，部分器壁留有手指痕。多数器物口沿经慢轮修整，内、外壁经刮修、磨光，部分器物口沿、器表有慢轮加工的同心圆状痕。

第一期遗存中发现的工具有石斧、石镞、陶刀、骨锥、角锥等，其中陶刀的数量最多。一期饰品有陶环、骨笄等，其中陶环最多。

第二期遗存发现最多，这一时期的遗迹有H8、H174、H01~06、F1、F2、Y1、Z1、Z4、Z7、Z12、Z13等90个单位，其中仍以灰坑占绝大多数，同时还有陶窑及一些零散的灶坑等。

灰坑形状以圆形和椭圆形为主，少量为长方形、不规则形等。

第二期部分灰坑也应为房址，如H46，平面形状基本为椭圆形，平底。口径3.7~4.3、深4.02米。坑的东北部有上下用的盘旋状生土台阶，直至坑底，坑壁、坑底的局部均发现有表面不平整的草拌泥加工痕迹。坑底西南部有一口径1.84~2.6、深0.5米的近半圆形小坑，其西南壁与大坑坑壁重合，平底，在小坑的南侧有一片厚约1厘米的红烧土层，红烧土的正北有一近方形小灶，灶壁用草拌泥加工，因长期烧烤形成一层青灰色硬面。H61，坑口径东西长2.96、南北长2.7、底径2.7~3、深0.88米，平面形状大体呈椭圆形，平底，在坑底中心有一直径0.76~1、深0.1米的椭圆形灶坑，周壁经火烧成坚硬的红褐色硬面，灶底较平，坑底东部靠近坑壁处有一圆形柱础，较为坚硬，直径约0.3米。又如H87，口径3.8~4.9、底径3.5~4.3、深3.06米，平面形状大体呈椭圆形，北壁和南壁带有收分，东壁和西壁底部分向外伸出，底部平坦，东部偏北为一高0.6、宽1.62米的扇形生土平台，近底部的南壁上有火烧的痕迹，并在坑底中心偏北有一个圆形柱洞。这些特征均与一期的与居住有关的"灰坑"有着密切的关联。

陶器组合主要为Ⅲ、Ⅳ式尖底瓶，AⅡ、BⅡ式葫芦口瓶，AaⅡ、AbⅡ、BⅡ、CⅡ、DⅡ、EⅡ、FⅡ式罐，AaⅡ、AbⅡ、BⅡ、CⅡ、DⅡ式盆，AⅡ、BⅡ、CⅡ式钵，Ⅱ式瓮，Ⅱ式灶，AaⅡ、AbⅡ式器盖等（见图四二三），陶杯的数量仍然很多。个别器物在这期所占比例有所变化，如盆的数量较一期为少。二期早段器物陶质、陶色与一期相比没有大的差异，但从晚段开始，陶质开始变粗，陶色偏黄，特别是泥质陶，变化较明显。同时彩陶数量也略有减少，夹砂罐器表多饰较细密的交错绳纹。此外，尖底瓶和葫芦口瓶器物饰较细密线纹，多数为交错弦纹。陶器的制作方法与一期基本相同。

　　此期主要陶器的特征为：Ⅲ式尖底瓶还保留有双唇痕迹，唇沿微斜，颈部变细，器表饰较细密交错线纹，这一时期出现较多黄褐陶尖底瓶。部分葫芦口瓶陶质变粗，亦见较多黄褐陶，其中A型葫芦口瓶瓶口变长，B型口部变短，器表饰较细密交错线纹。A型罐仍以夹砂红陶为主，出现少量黄褐陶、灰褐陶，器表饰较细密交错绳纹。A型盆以泥质红陶为主，陶质开始变粗，陶色偏黄，出现黄褐陶，腹最大径靠近口沿，相对容积变小；B型盆仍以泥质红陶为主，出现黄褐陶，弧腹，上腹较直，下腹斜收，最大径在器上部，容积相对变小；C型盆基本还是泥质红陶，陶色变黄，出现黄褐陶、褐陶等，器物的外唇不甚明显，腹较深，口沿斜度变大；D型盆相对一期双唇不甚明显。A型钵陶质开始变粗，口微敛，多圆唇，深腹，下腹弧曲，彩陶减少；C型钵陶质虽以泥质红陶为主，但质地开始变粗，陶色变黄，出现黄褐陶、褐陶等，敞口，弧腹较深，出现敛口钵。瓮肩部微折。

　　本期工具有石斧、石凿、石镞、磨石、磨棒、石刀等和陶刀、蚌刀、骨锥、骨凿、角锥等。刀等收割类工具的数量有了明显增加。

　　三期遗存发现较少，遗迹主要有H9、H133、H134、H136、H07、Z2、Z3等41个单位。此期遗迹数量最少，仍以灰坑为主。

　　三期灰坑形状基本为椭圆形、圆形。

　　从部分灰坑的形制看，也可能是房址，如H109，平面形状为圆形，底径为3.3~3.6米，坑壁规整，整个坑底用一层厚2~4厘米的硬面处理，较为规整，坑底中心偏东处为一长1.1、宽0.8米的近长方形的火烧面，火烧面西部偏北为一草拌泥做成的"U"形灶坑，灶长44、宽38、残高10、壁厚8厘米，灶膛以及其底部均已烧成青灰色，底部火烧痕迹厚达15厘米，灶的西边放置两块并在一起的石头，东边偏北亦放置一块石头，石头的上面都比较平整，应是柱础或供使用者围坐的石凳。

　　本期出土陶器主要有Ⅴ、Ⅵ式尖底瓶、AⅢ、BⅢ式葫芦口瓶，AaⅢ、AbⅢ、BⅢ、CⅢ、EⅢ、FⅢ式罐，AaⅢ、AbⅢ、BⅢ、CⅢ、DⅢ式盆，AⅢ、BⅢ、CⅢ式钵，Ⅲ式瓮，Ⅲ式灶，AaⅢ、AbⅢ式器器盖等（见图四二三），组合与一、二期相比变化不大，唯部分器物的数量有所变化。陶系变化较大，陶质粗糙，陶色多为黄褐色。尖底瓶、葫芦口瓶器表饰细密的交错线纹，夹砂罐器表饰细密的交错绳纹，彩陶数量很少。陶器制作方法与一、二期没有大的变化。

　　这一时期主要陶器的特征发生了较大的变化。尖底瓶陶质多较粗，陶色偏黄，常见敞口，双唇基本消失，器表饰较细密的交错线纹。葫芦口瓶陶质、陶色、纹饰情况同于尖底瓶，其中A、B型瓶口均较短。A型罐以夹砂红陶为主，陶色偏暗黄，出现较多黄褐陶、灰褐陶，沿外折，沿内一周较平或微鼓。A、B型盆陶系、纹饰基本相同，陶质变粗，陶色偏黄，彩陶较少；C型盆陶质较粗，陶色偏黄，黄褐陶较多，双唇近于消失，深腹，口沿斜度很大，部分已近于直口；D型盆仅留有双唇痕迹，腹斜收较甚，腹较浅。钵陶质较粗，陶色偏暗偏黄，其中A型钵敛口，深腹，下腹弧曲，彩陶极少；C型钵陶质较粗，陶色较黄，黄褐陶居多，微敛口，腹较前两式为深，下腹内曲，器物制作较粗糙。瓮肩部折角甚小。

总体上看，泉护村庙底沟文化三期遗存的遗迹以圆形或者不规则形的灰坑为主。三期都存在一些圆形大灰坑，根据其构造、大小及堆积看，这些坑最初的功能可能与居住有关，坑的口径一般在3~6米，深约2~3米，坑内堆积呈多层分布，堆积中夹杂有大量灰烬，坑的底部或有灶坑、或处理平整，有的还留有成组的生活用具，个别保留有上下的台阶。这种坑由于发掘时原来的地面已遭破坏，没有发现当时建筑的柱洞，只在坑壁上发现一些规律不明显的小洞，所以，目前尚难对其建筑技术作进一步分析。这种形制的坑在1958~1959年泉护村、1957~1958年华阴西关堡的发掘中均有发现，在庙底沟、西阴以及灵宝西坡遗址也发现了类似的坑[1]。考虑到同类遗址少见或者不见普通居住用的房子的情况，估计它可能和当时居民的居住相关，这也从另一个方面反映出泉护村庙底沟文化三期遗存之间的密切关系。

最能体现出泉护村三期遗存关系的是发现的大量陶器。

陶器依陶质分为泥质陶和夹砂陶两大类，一期泥质陶占绝大多数，为69.44%，夹砂陶为30.56%；二期泥质陶数量减少，夹砂陶数量增加，但泥质陶仍占64.49%，夹砂陶为35.51%；三期泥质陶占48.6%，夹砂陶则为51.4%，泥质陶与夹砂陶的数量基本持平。一期泥质红陶最多，占41.42%，其次为泥质灰陶和夹砂红陶、灰褐陶，分别占13.71%、13.86%、12.79%，夹砂黄褐陶数量最少，仅占0.46%。二期泥质红陶数量减少，占34.47%，泥质灰陶和夹砂红陶、灰褐陶数量增多，分别占14.84%、16.83%、14.44%，夹砂黄褐陶所占比例最小，但较一期增加1倍多，占0.95%。三期夹砂红陶则占最大比例，为34.52%，其次为泥质红陶，占26.89%。

陶器素面数量最多，一期占42.46%，二期占38.67%，三期占40.38%，变化不大。素面器物大部分为钵，少量为罐、盆、盘等。

绳纹数量仅次于素面。一期较线纹少，占23.92%，而线纹则为25.72%，二、三期数量较多。绝大多数单独装饰于夹砂罐上，极少量的和附加堆纹、指窝纹、弦纹等其他纹饰构成组合纹饰施于夹砂罐上。纹饰多数施于器物肩部，少数通体施纹。纹样的排列特点是多数横向或横斜向施于器表。

线纹数量较多。一期较绳纹多，占25.72%，二、三期所占比例减小，分别为19.89%、20.41%，而绳纹则为30.55%、33.13%。多施于尖底瓶和葫芦口瓶上，极少部分见于夹砂罐等器物上。绝大多数单独施于器表，极少部分和附加堆纹、弦纹构成组合纹饰多施于器物肩腹部。

彩陶数量较少。主要绘于钵、盆和罐等泥质陶器的外壁上腹和口沿部，多为黑彩，极少

[1] 黄河水库考古队华县队：《陕西华县柳枝镇考古发掘简报》，《考古》1959年第2期；中国社会科学院考古研究所陕西工作队：《陕西华县西关堡新石器时代遗址发掘》，《考古学集刊·6》，中国社会科学出版社，1989年；黄河水库考古队：《庙底沟与三里桥》，科学出版社，1959年；山西省考古研究所：《西阴村史前遗存第二次发掘》，《三晋考古（第二辑）》，山西人民出版社，1996年；河南省文物考古研究所等：《河南灵宝市西坡遗址2001年春发掘简报》，《华夏考古》2002年第2期。

量紫红彩。纹样主要由圆点、弧线、弧形三角、涡纹、斜线等构成各种图案。

弦纹数量较少。一期较多，占0.94%，二、三期数量减少，分别为0.63%、0.12%。极少部分单独施加，大部分和线纹、绳纹、戳刺纹、附加堆纹、指窝纹等组合施于器表。

此外，还有附加堆纹、篦点纹、指窝纹等，这些纹饰和绳纹、线纹等组合施于器表，各期变化不大。

陶器主要有尖底瓶、葫芦口瓶、罐、盆、钵、瓮、灶、器盖、杯、小碗等。其中罐的数量最多，所占比例达30%左右；其次是盆和钵，一～三期盆和钵所占比例分别为24.5%、22.44%，16.99%、20.46%，20.86%、28.99%；再次是尖底瓶。其余器类数量相对较少。

陶器制法均为手制，方法主要是泥条盘筑法，在一些较大型的器物，如尖底瓶、葫芦口瓶、罐、瓮等器物的内壁经常可以看到泥条盘筑的痕迹。中型器物，如部分盆、钵等可能为泥片贴筑法制成。小型器如杯、小碗等为手工捏制而成，器壁偶见手指印痕。多数器物口沿经慢轮修整，内、外壁经刮修、磨光，部分器物口沿、器表有慢轮加工的痕迹。

从这些分析可以看出，泉护村庙底沟文化三期遗存的陶器有着基本一致的陶器组合、相对稳定的陶系和陶器纹饰以及相同的制陶工艺等等。

泉护村庙底沟文化三期之间的年代关系已经被层位学所证明。通过对各期陶器的类型学观察，可以明显感到，三期的器物之间既相互联系又有所区别，其中，一、二期之间的关系明显较二、三期密切。

之所以将一、二期分别对待，是因为它们各自的陶器特征存在明显的变化。一期泥质陶陶质细腻，陶色较纯，基本都为红陶；二期偏晚开始，陶质变粗，陶色渐次发黄，出现黄褐陶等。器形方面变化也较明显，如尖底瓶，从一期的双唇明显到二期的不甚明显，底由细长到粗大；葫芦口瓶，一期口较细长，二期开始变粗短；A型罐，一期口部特征为沿内有一周凹槽，沿外有一周凸棱，二期沿外凸棱消失，沿内一周内弧；瓮，一期肩部圆鼓，二期则微折。纹饰方面变化也较大，如施于尖底瓶和葫芦口瓶器身的线纹，一期的线纹较粗疏，二期则较细密；主要施于A型罐上的绳纹，一期较粗疏，多为斜绳纹，没有交错绳纹，二期则主要为细密的交错绳纹。

三期与一、二期比较，变化更大，但陶器群的整体特征并没有达到质变的程度。

首先是陶器组合基本没有变化。一、二、三期主要陶器都是双唇口尖底瓶、葫芦口瓶、各类罐、盆、钵、釜灶等，这几类器物在数量上占绝大多数。

其次是器形的变化都是发展中的变化。如尖底瓶整体形态没有大的变化，仅仅是口部从双唇口明显到最后的逐渐消失，从唇沿较长到逐渐变短以致最后消失；葫芦口瓶口部虽然随着时间的推移逐渐变短，但其造型没有大的变化，仍是葫芦口、鼓腹、平底；A型罐，一期敛口，沿内有一周凹槽，二期口微敛，沿内凹槽消失，发展到三期为敞口，随着时间的推移A型罐陶质、陶色、器物口部有一定的变化，但这种变化从器物总体发展看只是微变，罐的总体形态没有大的变化。

再次是纹饰方面也没有质的变化。线纹、绳纹与二期特征基本一致，彩陶的基本元素主要是圆点、斜线、弧形三角等，只是由这些元素组成的图案到三期时有所简化，一、二期相对较繁冗。

另外，陶器制作技术也没有突破。从出土陶器及其残片的断茬观察，一期到三期的器物制作方法主要是泥条盘筑、泥片贴筑、手工捏制等，同时使用了慢轮修整、磨光等技术。

综上分析，泉护村庙底沟文化三期遗存的文化面貌、特征既相互区别，又彼此联系，它们应该是同一个考古学文化的不同发展阶段。这种文化以双唇口尖底瓶、葫芦口平底瓶、绚丽多彩的彩陶盆、钵、形态各异的夹砂罐、釜、灶等这样一组特色鲜明的陶器为突出特征，与以陕西关中、晋中南、豫西等地区为中心，分布和影响几乎遍及整个黄河中游地区的庙底沟文化有着密切的关系，当属一种考古学文化[1]。

二 泉护村庙底沟文化与周边同期文化的关系

庙底沟文化是我国最早发现并认识的一种考古学文化，关于它的时空范围、文化特征乃至谱系等问题都有了比较系统的研究成果。本次泉护村发现的庙底沟文化遗存只是在某些方面深化了对该文化相关问题的认识。

《华县泉护村》报告根据该遗址1958年的发掘资料，对泉护村庙底沟文化进行分期[2]，这种探索不仅首次实现了对庙底沟文化的分期，同时也开启了中国考古学对一个考古学文化进行分期研究的先河。从近年对庙底沟文化研究的成果看，不论是"三期说"[3]，还是"三期五段说"[4]，都与当年泉护村庙底沟文化分期的大框架吻合。

1997年泉护村遗址发现的庙底沟文化遗存中，尖底瓶仍然是最富特色的标型器，它基本经历了由重唇口—退化的重唇口—敞口这样一个完整的发展过程，据此及其他器物的演变规律，我们将泉护村庙底沟文化分为三期。一期遗存与余西云关于庙底沟文化分期中的Ⅲ段相近，二期遗存与其Ⅳ段相似，三期遗存与其Ⅴ段基本接近。可以看出，如果依现有的分期成果，泉护村庙底沟文化遗存主要集中在整个庙底沟文化发展阶段的中晚期，没有发现早期遗存。整体来看，本次发掘的庙底沟文化遗存基本与《华县泉护村》的一期文化遗存相当，只是第三期的部分器物在形态上可能要略晚于泉护一期三段。

从目前考古发现看，庙底沟文化陶器群及聚落形态的基本特征具有很大一致性。总的来看，关中东部、关中西部、豫西晋南区等与泉护村庙底沟文化遗存关联性较大，但同时也表现出其不同的区域特征。

---

① 王炜林：《关于庙底沟文化两问题的思考》，《中国文物报》1998年12月16日、23日第三版；王炜林：《从泉护村遗址的发掘看庙底沟文化的相关问题》，《史前研究（2002）》，三秦出版社，2004年。
② 北京大学考古学系、中国社会科学院考古研究所：《华县泉护村》，科学出版社，2003年。
③ 余西云：《庙底沟文化——中国文明的滥觞》，科学出版社，2006年。
④ 余西云：《庙底沟文化——中国文明的滥觞》，科学出版社，2006年；戴向明：《庙底沟文化的时空结构》，《文物研究》第15辑，2005年。

关中东部典型的庙底沟文化遗存除华县泉护村外，华阴西关堡[①]、南城子[②]等遗址也是这一时期的重要代表。

从公布的资料看，该区域西关堡、南城子等庙底沟文化遗存的陶系以细泥红陶为主，其次为夹砂粗红陶，此外还有少量夹砂粗灰陶、细泥灰陶，细泥黑陶最少。纹饰方面，以绳纹为最多，还有弦纹、乳丁纹、附加堆纹和彩陶等。器形以罐、尖底瓶、盆、钵、瓮、灶、釜、器盖等为主。这些特征均与泉护村庙底沟文化基本相同。从发展阶段来看，南城子T3④：44的夹砂罐，沿内有一周凹槽，器表饰较粗疏绳纹，与泉护村庙底沟文化Aa型Ⅰ式罐（如H68②:13）特征基本相同。与南城子T3④：44同出的彩陶盆、灶、瓮、素面叠唇盆等，也皆与泉护村庙底沟文化一期同类陶器特征相似。同时，南城子T6A④：6的夹砂罐，沿内微内弧，器表饰较细密绳纹，与泉护村庙底沟文化二期Ab型Ⅱ式罐特征接近。可以看出，南城子与泉护村庙底沟文化遗存一、二期有较多共同点。

同一区域的西关堡庙底沟文化遗存也与泉护村同类遗存有着密切的关系，如其出土的深腹彩陶盆T101A⑤：35，卷沿，深腹，器表绘写实鸟纹，与泉护村B型Ⅲ式盆H141：9器形、纹饰几乎别无二致。

关中西部庙底沟文化遗存以宝鸡福林堡一期[③]、北首岭[④]、扶风案板仰韶中期[⑤]、彬县水北[⑥]等遗存为代表。

此区遗存的陶系、纹饰、器形、陶器组合也与泉护村庙底沟文化基本一致，仅仅在某些器类方面有微许差别。如纹饰方面，以绳纹和线纹为主，与泉护村庙底沟文化相同，但彩陶比例明显减少，以水北遗址为例，仅占4.2%，白衣彩陶基本不见，彩陶图案中没有网格纹，鸟纹罕见等[⑦]，而泉护村庙底沟文化彩陶图案则多花瓣纹、鸟纹。器形方面，此区的漏斗形器常见，而泉护村遗址罕见漏斗形器，这一区域的器座也与泉护村有别，多以环状为主，釜也不同于泉护村。关中西部的庙底沟文化遗址中常见一种上腹饰密集弦纹的直腹或鼓腹罐，这种器物尽管也见于泉护村等关中东部遗址，但数量相对较少，其口沿多为铁轨式，在案板遗址的一期二段中即有此类陶罐的发现，如案板H27，这个单位的陶片中既包含有杯形口尖底瓶、变体鱼纹盆等半坡文化遗存，又存在多件重唇口尖底瓶等具有庙底沟文化特征的陶器，可以把这类遗存看做是早于泉护村庙底沟文化一期的遗存。或许，泉护村这种罐与半坡文化的弦纹直腹罐或小平底罐有发展演变关系。

---

① 中国社会科学院考古研究所陕西工作队：《陕西华阴西关堡新石器时代遗址发掘》，《考古学集刊·6》，文物出版社，1983年。

② 中国社会科学院考古研究所陕西工作队：《陕西华阴南城子遗址的发掘》，《考古》1984年第3期。

③ 宝鸡市考古工作队、陕西省考古研究所宝鸡工作站：《宝鸡福临堡》，文物出版社，1993年。

④ 中国社会科学院考古研究所：《宝鸡北首岭》，文物出版社，1983年。

⑤ 西北大学文博学院考古专业：《扶风案板遗址发掘报告》，科学出版社，2000年。

⑥ 陕西省考古研究院、咸阳市文物考古研究所：《陕西彬县水北遗址发掘报告》，《考古学报》2009年第3期。

⑦ 王炜林：《从泉护村遗址的发掘看庙底沟文化的相关问题》，《史前研究》，2002年。

关中西部的庙底沟文化经历了和泉护村基本一致的历程，以福临堡遗址庙底沟文化遗存陶器为例。其尖底瓶Y1：1，双唇明显，唇沿较长，与泉护村庙底沟文化 I 式尖底瓶特征基本一致；尖底瓶H114：15，双唇有所退化，唇沿变短，与泉护村庙底沟文化 III 式尖底瓶特征接近。它们分别代表了泉护村庙底沟文化的一、二期。其夹砂罐H10：1沿内微内弧，器表饰较细密斜绳纹，与泉护村庙底沟文化二期G型罐特性较相似。F3、F7、H37、H40、H53等单位出土的陶器接近于泉护村庙底沟文化三期，但从器物形态上看，似乎与三期有较多不同。张天恩认为宝鸡福临堡二期是一种处于庙底沟文化与半坡四期文化之间的过渡类型[1]，但从尖底瓶的形态上看，福临堡二期似乎早于泉护村庙底沟文化三期，从目前的资料看，关中西部没有发现与泉护村庙底沟文化三期类似的遗存。

豫西晋南区的庙底沟文化以河南陕县庙底沟[2]、山西夏县西阴村[3]、翼城北橄[4]等遗址为代表。

这一区域的庙底沟文化遗存主要有双唇口尖底瓶、曲腹盆、曲腹钵、瓮、釜、灶、器盖、陶杯等，与泉护村庙底沟文化遗存器物组合基本一致，并且其标志性器物尖底瓶与泉护村有着基本相同的发展规律[5]。

庙底沟遗址庙底沟文化的陶系方面以泥质红陶为主，有少量灰陶和个别黑陶，而泉护村庙底沟文化一、二期泥质陶较夹砂陶多，到三期时则夹砂陶较泥质陶略多，同时二期晚段即出现部分灰、灰黑陶，到三期时陶质粗糙，黄褐陶较多。庙底沟的纹饰方面以线纹为主，素面较多，而泉护村则以素面为主，其次是绳纹和弦纹。器形方面都以瓶、罐、盆、钵等为主，但庙底沟的尖底瓶比较纤细，不见带耳的平底瓶。另外，庙底沟有少量的鼎等泉护村罕见的器物。

西阴遗址出土庙底沟遗存与泉护村存在诸多相似，但也有少许的不同。纹饰方面，此区彩陶所占比例较大，如西阴村H34彩陶占15%、H39彩陶占20%等，高于泉护村彩陶在陶器纹饰中所占的比例。此外，彩陶图案中很少见鸟纹。器形方面，西阴村的曲腹钵（如H39：1、H30：2）、折口钵（如H34：50、H34：49）等在泉护村很少见到，且折口钵的形态与泉护村的此类陶器相比，腹部较长。不见泉护村 IV、V 式尖底瓶、折肩瓮，夹砂罐腹部较鼓（如H39：35、H34：25），同时此区的釜形鼎（西阴村G1：4）、釜形罐等器物在泉护村没有发现。另外，西阴村那种口沿较高的尖底瓶（壶形口尖底瓶）不见于泉护村，而泉护村略带敞口的尖底瓶在西阴村没有发现。

---

[1] 张天恩：《试论福临堡仰韶晚期文化遗存》，《考古与文物》1987年第6期。

[2] 中国社会科学院考古研究所：《庙底沟与三里桥》，文物出版社，2011年。

[3] 李济：《西阴村史前的遗存》，清华学校研究院丛书第3种，1927年；山西省考古研究所：《西阴村史前遗存第二次发掘》，《三晋考古（第二辑）》，山西人民出版社，1996年。

[4] 山西省考古研究所：《山西翼城北橄遗址考古发掘报告》，《文物季刊》1993年第4期；宋建忠、薛新民：《北橄遗存分析——兼论庙底沟文化渊源》，《考古与文物》2002年第4期。

[5] 王炜林：《从泉护村遗址的发掘看庙底沟文化的相关问题》，《史前研究》，2002年。

北橄四期的双唇口尖底瓶，与泉护村庙底沟文化一期的尖底瓶特征相近[①]，但其上唇较高，未发现曲腹的盆和钵，也无鸡冠状器耳，夹砂罐种类很少。同时，北橄遗址中还有可能早于重唇口尖底瓶的壶形口尖底瓶，与壶形口共出的还有葫芦口瓶，这些器物及其常见的鼓肩瓮、宽沿盆等与庙底沟文化中晚期的同类器相比，显现出较大的原始性，表明北橄四期遗存的年代比泉护村一期更早。

总体上看，豫西晋南区庙底沟文化遗存各个时段发展的序列比较完整，而泉护村庙底沟文化主要以中晚期为主，缺乏早期遗存。

以郑州西山遗址[②]为例来讨论泉护村与郑州地区同时期遗存的关系。西山遗址二、三、四期为庙底沟文化遗存，陶系方面以泥质红陶为主，有较多泥质灰陶，此外还有少量夹蚌陶，而泉护村庙底沟文化虽以泥质红陶为主，但泥质灰陶很少，且没有发现夹蚌陶。纹饰方面，以素面为主，此外还有弦纹、线纹、附加堆纹等，彩陶较少，彩绘颜色有红、褐、黑等，与泉护村相比，白衣彩陶较具代表性。器形方面，主要有罐、鼎、尖底瓶、瓮、盆等，作为泉护村基本器形的绳纹罐、釜、灶在这里并不多见，而泉护村则缺少郑州地区常见的鼎类器形。可见，泉护村庙底沟文化与郑州地区同期文化差别还是比较大的。

根据以上分析，泉护村庙底沟文化遗存与关中东部庙底沟文化遗存基本相同，与关中西部较接近，同时与晋西南地区的庙底沟文化遗存相似点也较多，但与郑州地区差别较大。同时，关中地区的庙底沟文化遗存主要为中晚期遗存，而晋西南则存在早期遗存，庙底沟文化的晚期遗存在各区均很少见。

三　泉护村庙底沟文化时期的环境与经济形态

1. 自然环境

泉护村遗址位于渭河盆地的东部地带，坐落于黄土台塬上，地势高亢宽阔，遗址北眺渭河，南依秦岭少华山，其东侧是源于秦岭、归流渭河的沟峪河，西侧是宽约10余米的老峪沟，20世纪50年代，老峪沟还有小股的流水[③]。遗址与渭河之间有约6千米的距离，是以黄土状砂土构成的渭河一级阶地及宽阔的高河漫滩，与少华山之间的距离约2.2千米，是由北向南逐渐升高的山前平缓阶地和坡地，主要由不规整的砾石和砂砾组成，这种地理环境为生活在这里的先民们提供了良好的生产和生活场所。

遗址中出土动、植物遗存的分析结果是认识庙底沟文化时期泉护村环境的重要依据。

1997年泉护村遗址中共出土33种动物，按它们和人类的关系及在遗址中数量的多少可分为四大类：

一是由人类饲养或可能饲养的动物，如猪、绵羊、黄牛、狗等。

① 宋建忠、薛新民：《北橄遗存分析》，《考古与文物》2002年第5期。
② 国家文物局领导培训班：《郑州西山仰韶时代城址的发掘》，《文物》1999年第3期。
③ 北京大学考古学系、中国社会科学院考古研究所：《华县泉护村》，科学出版社，2003年。

二是主要的狩猎和捕捞的动物，如獐、梅花鹿、中华圆田螺、圆顶珠蚌等。

三是偶然猎获和捕捞的动物，如马鹿、青羊、马、草兔、獾、虎、猫、竹鼠及各种鱼类、龟鳖类和鸟类等。

四是穴居的动物，如仓鼠、甘肃鼢鼠等，这其中不排除遗址废弃后的进住者。

从第五章统计可以看出，泉护村庙底沟文化时期的动物群以大量饲养猪、羊、牛等为其特点，尤其是猪的标本无论是数量还是最小个体数都在哺乳动物中占绝大多数，和关中新石器时代同期遗存的动物群特征基本相同。但泉护村庙底沟文化时期的动物群也有自身的特点，主要表现在两个方面，一是有大量的中华圆田螺和圆顶珠蚌等软体动物，二是野生动物的种类和数量较多。这两个特征或许与泉护村遗址周围的河流及山川有一定关系。

分析遗址中某个时期动物群尤其是野生动物群的变化是探索当时环境的一个有效手段。泉护村庙底沟文化时期的野生动物主要为獐和梅花鹿，其次为马鹿、马、草兔、獾、虎、猫、鸟、中华竹鼠、仓鼠等。其中，草兔和马是生活在草原区的典型动物，马的数量虽然很少，但至少可以说明遗址周围有较为开阔的草原；食肉动物虎和猫的偶然出现，说明遗址周围有一定面积的森林；马鹿和梅花鹿因其角部粗大，在密林中生活有许多不便，一般栖息于较大的混交林或高山的森林草原，也有在稀疏灌丛中生活的；青羊为典型的林栖动物，常在密林间的陡峭崖坡出没；獐骨的大量存在一方面说明遗址周围有沼泽地带，有高大的草丛，另一方面也说明当时的气候比现在湿润和温暖一些；竹鼠的存在说明当时周围有竹林。中华圆田螺属生活于湖泊、河流、池塘及稻田内，尤其喜栖息在水草茂盛的水域，常以水生植物和低等藻类为食，肉可食用。

家养牛科动物羊和牛的出现也从侧面说明当时遗址周围的环境有草原存在。鹿科动物梅花鹿、马鹿数量较多，它们是林、灌环境的典型代表，以采食鲜嫩植物为主。鹿科动物与牛科动物的比例厘定了动物群的性质，是判断动物群生态类别、复原自然环境的标志。从两者数量几乎相等分析，遗址周围的森林和草原面积可能相当。

通过对上述这些动物生活习性的分析，基本可以对当时的自然环境作这样的复原，当时遗址周围的环境以草原为主，草原上有各种羊、牛、马、兔等食草动物，不远处有一定面积的森林、疏林及灌丛的自然景观，其间有虎、猫等食肉动物和各种鹿类动物及羚羊的出没。

泉护村遗址发现的粮食遗存除了有传统的北方旱作农业常见的粟和黍外，还多次发现了稻谷的遗迹和实物，这至少说明当时的气候比现在温暖和湿润。

据研究，庙底沟文化的气候属于全新世大暖期的太平洋期，从泉护村东洋界动物獐和竹鼠的存在以及稻谷遗存的发现也可证明这一点，当时的气温应比现在高1~2℃。

2. 经济形态

（1）农业经济

所谓农业经济是指以种植业和由种植业提供饲料来源的家畜饲养业为主要生产部门的一种经济形式。

粟和黍这两种小米的组合是典型的古代中国北方旱作农业的特点，早在距今8000年前的兴隆洼文化时期，这两种谷物品种就已经同时存在了[①]，由于其具有耐旱、成熟期短、耕作技术简单及产量较高等特点，所以很快就被黄土地带的先民所接受。在半坡遗址的F2、F37、M152等半坡文化房子或墓葬出土的陶器中均发现了粟和黍的标本，H115更是有数斗之多，在北首岭、元君庙、姜寨等半坡文化单位中也有发现，泉护村庙底沟文化时期，粟和黍不仅同时存在，而且黍的植硅体含量一直处于优势地位，粟则始终处于较低的含量[②]。据赵志军对陶寺、新砦、二里头和王城岗等四个遗址浮选获得的植物遗存研究，直至公元前2500~前1500年，中原的农业经济在整体上仍然延续着中国古代北方旱作农业的传统，即以种植粟和黍两种小米为主[③]。

稻作农业起源于长江流域地区，以往的考古发掘证实，早在仰韶时期，稻谷已经北传到黄河流域[④]。泉护村遗址所在地的黄土台塬多为来自西伯利亚的黄土堆积和来自秦岭的山地粗碎屑堆积，富含各种腐殖质，土质肥沃，非常适合农业的经营，加上其平坦的地势、丰沛的地下和地上水源以及庙底沟文化时期相对温暖的气候等这些有利条件，为泉护先民认识和经营稻作农业创造了条件。1997年，在对庙底沟文化二期的H1堆积进行浮选时发现了两粒稻米，经鉴定为粳稻。实际上早在1958年，黄河水库考古队在泉护村发掘时就发现了类似稻壳的遗迹[⑤]，只是未经进一步研究，大家对此并没有引起足够重视。2007年，中国科学院地质与地球物理研究所对泉护村遗址多处灰坑剖面进行实地考察，并选择一处出露条件较好的剖面，系统采集了植硅体分析样品和年代学样品。结果显示，在剖面的底部，水稻、黍、粟三种农作物都已经出现，距今年代不少于5570年。也就是说，大约在庙底沟文化时期，泉护村遗址的确已经有了水稻。

泉护村的炭化稻米，不仅是渭水流域新石器时代遗址中首次发现的稻米实物，也是目前我国发现最偏西北的史前稻米实物。泉护村庙底沟文化居民应该是我国北方较早认识和经营稻作的先民，这一认识对研究关中地区的史前农业以及我国稻作农业的发展过程具有重要的意义。

泉护村庙底沟文化时期的农业经济还可以从其发现的生产工具及家畜的饲养得以体现。1997年发掘的庙底沟文化时期的生产工具中发现与收割谷物有关的工具陶刀268件、石刀7件，另外还发现了相当数量的可能与粮食加工有关的石磨盘和石杵等。由此可见，农业在泉护村庙底沟文化时期占了相当重要的地位。

据对泉护村出土动物骨骼的研究可知，泉护村庙底沟文化先民曾经大量饲养了家畜，猪、羊、牛的出现为其特点，尤其是猪的标本无论是数量还是最小个体数都占到哺乳动物总

① 赵志军：《从兴隆洼遗址浮选结果谈中国北方旱作农业起源问题》，《东亚古物（A卷）》，文物出版社，2004年。
② 张健平、吕厚远：《泉护村遗址植硅体分析报告》，见本书附录二。
③ 赵志军：《公元前2500年~公元前1500年中原地区农业经济研究》，《科技考古（第二辑）》，科学出版社，2007年。
④ 吴耀利：《黄河流域新石器时代的稻作农业》，《农业考古》1994年第1期。
⑤ 黄河水库考古队华县队：《陕西华县柳枝镇考古发掘简报》，《考古》1959年第2期。

数的75%以上，这和关中的白家、半坡、姜寨新石器遗址动物群基本相同。家猪的数量是农产品剩余量的间接反映，由此可推想该文化农业的发达程度，人类有了农业剩余产品才会大量饲养家猪的。

另外，在泉护村还发现了几例马的骨骼标本，但它不大可能是已经驯化的马。最新的研究成果认为，马被驯化的证据可能最早见于哈萨克斯坦的波太（Botai）遗址，距今大约5500年[①]。

（2）狩猎与采集

从遗址出土的动物骨骼看，狩猎和采集在泉护村庙底沟文化先民的经济生活中也占了一定比例，而且因为这里优越的环境以及狩猎采集业一年四季均可进行的特点，使得狩猎采集业成为当时比较可靠的生业活动。泉护村庙底沟文化遗存中发现的动物骨骼经鉴定的有獐、梅花鹿、马鹿、青羊、马等，另外，在该遗址发现了大量的中华圆田螺和圆顶珠蚌，这在北方其他同时期遗址中是罕见的，这些软体类动物可能只是在一定的季节才能采集到的，我们现在还无法知晓它们在当时人们食谱中所占的比重，但这无疑是个重要的发现。由于没有发现诸如野果、野菜等植物的种子类遗存，我们对泉护村庙底沟文化先民的采集业尚缺乏足够的认识，但大量纺轮的发现，显示出当时人们可能采集野麻一类的植物，以供纺织缝纫衣物之用。

四 泉护村遗址聚落研究需要探索的问题

从两次发掘的成果看，泉护村庙底沟文化时期的聚落总体感觉是灰坑多，陶窑也比较多，但缺乏与居住有关的遗迹。第一次发掘中发现的F201，面积达225平方米，其所在位置及规模都显示出它不可能是当时的普通居房。1997年对泉护村遗址发掘的资料显示，当时普通的居住形式可能与遗址中常见的并且具有一定分布规律的大灰坑有关，这些坑的口径3~6、深约2~3米，坑内堆积呈多层分布，堆积中夹杂有大量灰烬，坑的底部或有灶坑、或处理平整，有的或留有成组的生活用具，个别保留有上下的台阶。由于发掘时原来的地面已经破坏，没有发现当时建筑的柱洞，所以，尚难对这种建筑作进一步分析。事实上，这种形制的坑在1958~1959年泉护村的发掘中以及1957~1958年华阴西关堡的发掘中均有发现，在庙底沟、西阴以及灵宝西坡遗址也发现了类似的坑[②]。考虑到同类遗址少见或者不见普通居住用的房子的情况，我们将这类坑和居住联系在一起。这个发现也使关中东部庙底沟文化房子普遍阙如的现状有了新的诠释。在庙底沟文化聚落形态的研究中，关于其房屋建筑，从剖面形

---

① 李水城、吴小红、王恺：《马的管理与驯化：科技考古的最新成果》，《中国文物报》2009年6月5日第7版。

② 黄河水库考古队华县队：《陕西华县柳枝镇考古发掘简报》，《考古》1959年第2期；中国社会科学院考古研究所陕西工作队：《陕西华县西关堡新石器时代遗址发掘》，《考古学集刊·6》，中国社会科学出版社，1989年；黄河水库考古队：《庙底沟与三里桥》，科学出版社，1959年；山西省考古研究所：《西阴村史前遗存第二次发掘》，《三晋考古（第二辑）》，山西人民出版社，1996年；河南省文物考古研究所等：《河南灵宝市西坡遗址2001年春发掘简报》，《华夏考古》2002年第2期。

态上看，基本可以分为地面式和半地穴式两种，而在泉护村我们发现了地穴式房子。以往的研究往往将人类建筑发展的规律定义为：地穴—半地穴—地面建筑这样一个模式，也有学者认为庙底沟文化的建筑形式与地理及气候环境有关，庙底沟文化半地穴式房屋主要集中在西北部黄土高原地区，而地面式建筑则主要限于东南部的浅山平原地带[①]。泉护村这种地穴式建筑的发现，不论从建筑史的角度，还是从文化行为的模式上看，都需要对这个问题进行重新思考。需要说明的是，1997年在泉护村发掘时，将这种原本是地穴式房屋建筑的遗迹全部按灰坑编号了，当时之所以这样定名是因为这种遗迹相对较深，在没有搞清其性质前需要有一个相对模糊的概念作为缓冲，而其平面形状及其较深的特征也符合我们传统对灰坑概念的界定。

关于庙底沟文化时期的公共墓地，现在仍然是学术界需要探讨的一个问题，在关中地区，我们至今还没有发现一个具有典型意义的庙底沟文化公共墓地。2004年，河南省文物考古研究所与中国社会科学院考古研究所联合组成考古队对西坡遗址进行了考古钻探，在遗址南部发现了西坡遗址的墓地，并且于2005年对其中的部分墓葬进行了发掘[②]，这是庙底沟文化核心地区首次发现的这一时期的墓地，意义非常重大。从发表的资料看，以M14为代表的西坡墓地出土的腹部带单耳、颈部有凸棱的小口平底瓶、釜及灶的风格与泉护村M701及庙底沟文化三期的同类器相同，另外，西坡墓葬的形制、随葬品的种类及陈放位置也与泉护村M701相似。因此，这批墓葬的年代与泉护村庙底沟文化三期大体相当。那么，是否可以此为线索探寻泉护村庙底沟文化的墓地呢？参加西坡考古工作的同仁"强烈地感到：泉护村墓地极有可能就在M701附近，或者说在该墓以西，至少不出泉护村村南（太平庄东）的高台地一带"[③]。遗憾的是，由于种种原因，到目前为止，我们还没有用考古工作去检验这个猜测。但即便是在这里发现了墓地线索，由于它所依托的是M701，因此，其年代大概也很可能会与之相去不远。事实上，西坡也没有找到相当于泉护村庙底沟文化一、二期的墓葬。所以，寻找庙底沟文化墓地仍是今后泉护村遗址需要继续探索的问题。

关于泉护村遗址聚落研究还有一个重要课题是环壕问题。考古资料业已证明，半坡文化时期，在聚落的周围一般都挖有完整的环壕作为防御或防洪设施，而在1997年我们对泉护村遗址发掘以前，有关庙底沟文化聚落环壕的报道却非常罕见。因此，1997年，我们在对高速公路建设用地范围进行发掘的同时，还东西沿着高速公路，南北沿着生产路，分别穿越遗址中心，在长数百米、宽3~40米的范围内进行了密集钻探，在遗址周围并没有发现类似环壕一类设施。没有环壕似乎是当时所认识的庙底沟文化一个特征，因此，我们曾经得出庙底沟文化的聚落在整体布局上给人留下一种开放的感觉[④]。现在看来，这种认识未免偏颇，新的

① 余西云：《西阴文化——中国文明的滥觞》，科学出版社，2006年。
② 河南省文物考古研究所、中国社会科学院考古研究所河南一队等：《河南灵宝市西坡遗址墓地2005年发掘简报》，《考古》2008年第1期。
③ 马萧林、李新伟：《华县泉护村遗址的墓地在哪里？——灵宝西坡墓地发掘启示》，《中国文物报》2007年1月5日第7版。
④ 王炜林：《从泉护村遗址的发掘看庙底沟文化的相关问题》，《史前研究·2002》，三秦出版社，2004年。

考古资料不仅证明了这个时期的聚落遗址中有壕[1]，而且是规模浩大的环壕，庙底沟文化很可能继承了半坡文化在聚落周围设壕的传统，并且将其发展到极致[2]。但泉护村遗址有没有壕，是否是环壕，仍需进一步探索。

第二节　其他时期遗存

一　西周时期遗存

遗址发掘到的周代遗存并不多，西周中晚期遗存只发现了少量陶器，均出自地层及庙底沟文化灰坑的上层，推测可能是混入或扰乱形成的。

出土的陶器可辨识的仅两件。出土一件陶鬲，夹砂灰陶，敞口，圆唇，领外翻，腹部微鼓，裆部内凹，袋足，无实足根。口沿内外及颈部抹光，器表通饰斜绳纹。一件陶甗，夹砂灰褐陶，口部及腰部以下残缺。通饰竖绳纹。均为夹砂陶，器表饰绳纹。从陶器的陶质、陶色，以及器物的形制看与关中及周围地区西周时期的文化遗存面貌相近。如出自H9的陶鬲与周原遗址墓葬出土的陶鬲（M2:1）均为憋裆、袋状锥足，其年代大致为西周中期早段[3]。

二　东周遗存

仅发现3座瓮棺葬及1座土坑墓（M17）。出土有陶鬲、罐、瓮、盆。整体器形、纹饰与关中地区东周时期的同类器较为相似。

M17为一小墓。虽无可疑判定年代的随葬品出土，但是其标志性的屈肢葬为我们分期断代提供了依据。屈肢葬是秦墓的典型特征，春秋战国时期一直流行。

三　汉、唐遗存

汉代遗迹有16座墓葬、5条围沟、3眼井。墓葬主要有洞式和砖石之分，随葬品有陶器、铁器、铜器及货币等。其中陶器数量最多，器形有罐、灶、仓、盒、釜、碗、熏炉、盆、壶、鼎等；铜器有铜镜、铜泡、顶针等；铁器有剑，货币有大泉五十、五铢、货布、货泉等。据其文化特征判断，时代大约为西汉晚期至新莽时期。

唐代遗迹仅有唐墓1座，为土洞室墓，仅能从其中出土的铜带扣对其年代做出大致判定。

---

[1] 河南省文物考古研究所、中国社会科学院考古研究所河南一队等：《河南灵宝市西坡遗址墓地2005年发掘简报》，《考古》2008年第1期。

[2] 陕西省考古研究院自2004年起至今，对位于高陵县泾河工业园区北区的杨官寨遗址进行了长达五年的考古，现在已经证明，在遗址北区发现有庙底沟文化时期的梯形环壕，环壕宽约9~13、深4、周长约1945米，环壕内面积达24万平方米，是目前所知最大的环壕聚落。

[3] 陕西省考古研究院、北京大学考古文博学院、中国社会科学院考古研究所周原考古队：《周原——2002年度齐家制玦作坊和礼制考古发掘报告》（下），科学出版社，2010年。

附表一　灰坑登记表

编号	位置	层位关系	形状	尺寸（米）			年代	出土物	备注
				口径	底径	深			
H3	ⅠT0202	H7→H3→H9、H54	不明	残长 1.76	残宽 0.16~0.7	1.04	三期	无可辨器形	
H4	ⅠT0906	④→H4→生土	不规则形	长 3.66、宽 2.04		1.06	一期	陶罐 AbⅠ1、BⅠ1、CⅠ2，深腹罐1，盆 AaⅠ1、BⅠ1、DⅠ1、钵 AⅠ3、BⅠ1、CⅠ4，碗1，杯 D1、E1，陶刀 B2、C4，陶环 A13、B12、C2、D1，圆陶片4，舌状陶片1；石斧3，石饼1，石铲1，石镞1，石锛1，环石1，石纺轮1；角锥1	
H7	ⅠT0202	H7→H3→H9、H54	长方形	长 2.25、宽 0.95	残长1.3、宽 0.95	1.05	三期		陶片极少
H8	ⅠT0201	M3、H9→H8	圆形	3.54		1.72	二期	陶钵 CⅡ1，陶杯 A2，陶环 A2，器盖 AcⅠ，圆陶片1；骨镞1残	斜坡状堆积，坑壁有12个小洞
H9	ⅠT0202	H3、H55→H9→H8、H18、H54	圆形	3.5~4.34		3	三期	陶钵 AⅢ1、CⅠ1、CⅢ1，罐 C1，盂1，杯 A10、B1、C5、D1，碗4，圈足器1，小口瓶1，圆陶片2，陶刀 A15，陶纺轮2，陶环 A43、B1、C3、D2；石球1，石镞1；骨锥1，骨镞1，角锥1	坑的南部外围有11个小洞，东壁有三级台阶
H10	ⅠT0402	②→H10→H20、H59	椭圆形	1.34~1.8		0.6	三期	陶钵 CⅠ1，环 A3，圆陶片2，陶球1	堆积中有大量红烧土块
H11	ⅠT0301	③a→H11→H9、H17、H18	椭圆形	2~2.6	1.8~1.9	0.7	三期		
H12	ⅠT0401	M3→H12→H22	刀把状	长 2.5、宽 0.8~1.2		0.4	三期	陶纺轮 B1	
H13	ⅠT0502	③→H13→H47	椭圆形	1.08~1.41	0.76~1.09	0.26	二期	陶刀 A1	

编号	位置	层位关系	形状	尺寸（米）			年代	出土物	备注
				口径	底径	深			
H14	ⅠT0502	③→H14 →生土	椭圆形	0.75~1.15		0.31	二期		
H15	ⅠT0502	H25→H15 →Z4	圆角方形	1.6~0.94		0.22	二期		
H16	ⅠT0401	③b→H16 →H22	椭圆形	1.7~2.7		0.84	三期	陶环 A2、C1；石环 1	
H17	ⅠT0301	H11→H17 →H18	椭圆形	1.9~2.3	1.5~1.7	0.7	三期	陶碗 2，陶刀 A2，陶环 A2；骨簪 3，骨耜 1	
H18	ⅠT0301	H11、H9、H17 →H18→生土	椭圆形	3.86~4		1.74	三期	陶环 A10、B1、C1、D2，陶刀 A1，圆陶片 5；石斧 1；骨镞 1	坑周壁有多个小洞，西壁有踩踏面
H19	ⅠT0501	③→H19 →H45、H47	圆形	1.16		0.72	三期		坑壁、坑底分布不规则小洞
H20	ⅠT0402	H10→H20 →H45、H22、H59	圆形	2.44~2.62	2.4	1.4	三期	陶碗 1，环 A2，陶刀 A1，圆陶片 1，陶球 1；骨锥 2	坑东、西壁分别有小洞
H22	ⅠT0401	H12、H16、H20、H45→ H22→生土	椭圆形	3.4~4.24		3.1	三期	陶罐 GⅠ1、GⅡ2、GⅢ2，盆 BⅢ1、CⅢ2，直壁盆 3，网纹盆 1，钵 AⅢ1、CⅢ4，碗 1，盘 3，盂 1，圜底形器 1，单把杯 1，陶杯 A16、B5、C2，器盖 AaⅢ1，瓮Ⅰ1，陶刀 A37、B14，陶环 A79、B1、C8、D6，圆陶片 3；石纺轮 1，石斧 1，石凿 1，石环 1，石杵 1，磨石 1，石饼 2，石刀 1，石纺轮 1；骨锥 1，骨镞 1，骨笄 3；牙饰 1 残；蚌刀 1 残	距坑口 1 米处分别有不规则小洞
H23	ⅠT0501	②→H23 →H141	椭圆形	1.6~2.85		0.32	三期	陶刀 B1，陶纺轮 1	

编号	位置	层位关系	形状	尺寸（米）			年代	出土物	备注
				口径	底径	深			
H24	ⅠT0302	H9→H24 →生土	圆形	1.1	1.9	1	二期		坑底部有一层红烧土硬面，并有一小坑
H25	ⅠT0502	③→H25 →H15	长方形	0.5~3.2		0.8	二期		
H26	ⅡT1301	④a→H26 →H40、H43、 H44	椭圆形	1.6~2.5		0.6	二期	陶环 A13、B1	锅底状
H27	ⅡT1501	②→Z2→ H27→生土	菱形	长 1.78、 宽 1.3		0.27	一期		
H28	ⅡT1701	M5→H28 →H56、H65	椭圆形	3.54~4.16		2.1	一期	陶罐 AaⅠ1、EⅠ1，盆 AaⅠ3、DⅠ2、直口盆 1，钵 AⅠ2，CⅠ2，器盖 AbⅠ1、BⅠ1，陶刀 B5、C2，陶纺轮 3，陶环 A61、B22、C9、D1，陶珠 1 残，圆陶片 3，舌状陶片 1 残；石锛 1，石刀 2；骨簪 2 残，骨锥 1；蚌饰 1	
H30	ⅡT1301	④a→H30 →H36	不规则形， 锅底状	2.34		0.34	一期	陶钵 BⅠ1	并有一层料姜石硬面
H31	ⅡT1401	②→H31→ H32、H33、H34	椭圆形 锅底状	1.1~1.7		0.32	二期	陶环 A1；石斧 2	
H32	ⅡT1401	H31→H32 →H33、H34	不规则形	长 1.53、 宽 1.25		0.3	二期	陶钵 1，环 A2	
H33	ⅡT1401	H32→H33 →H40	椭圆形 锅底状	1.2~2.1		0.5	二期	陶钵 CⅢ1，盘 1，陶刀 A1，	未发掘完
H34	ⅡT1401	H31、H32 →H34	不规则形	1.56~2.2		0.4	一期	陶盆 BⅠ1；石刀 1	
H35	ⅡT1801	G3→H35→ H56、H166	圆形 锅底状	3		1.32	二期	陶灶Ⅰ1，杯 B2，陶环 C3，陶刀 A1，圆陶片 1，陶刮削器 1；骨簪 1 残，角锥 1 残	

编号	位置	层位关系	形状	尺寸（米）			年代	出土物	备注
				口径	底径	深			
H36	ⅡT1301	H30→H36→生土	椭圆形	2.36	1.96	0.8	一期		
H38	ⅡT1601	M7、H100→H38→H66	椭圆形	3.1~3.3	3~3.2	1.7	一期	陶罐Aa Ⅰ1、Ab Ⅰ1，弦纹盆1，钵A Ⅰ1、C Ⅰ1，浅腹钵1，甑1，盘1，器盖Cb1，陶刀A1、B8、C2，陶环A26、B11、C4、D3，圆陶片6；磨石2，石镞1，石刀1；骨簪3	很可能是房子
H40	ⅡT1301	H26、H33、H61→H40→生土	不规则圆形	2.34	1.9	0.2	一期		出土遗物少
H41	ⅡT1301	④b→H41→生土	不规则形	长3.6、宽3.1		1.6	二期	陶刀B5，陶纺轮A2，陶塑1，陶环A27、D3，圆陶片3，陶球1	周壁有孔洞，底为红褐硬面
H42	ⅡT1301	H42→H43、H44	圆形	2	1.48	0.3	一期		
H43	ⅡT1301	H26、H42→H43→生土	圆形	1.82	1.82	0.27	一期		遗物少
H44	ⅡT1301、ⅢT1301	H26、H43、H61→H44→H69	近方形	长3.6、宽1.7		1.75	一期	陶环A3、C1，陶球1	
H45	ⅠT0401	H19、H20→H45→H22	圆形	2.1	1.9	0.92	三期	陶碗1；磨石1	遗物少
H46	ⅠT0501	F1→H46→④	椭圆形	3.7~4.3		4.02	二期	陶罐B Ⅰ1、C Ⅱ1、D Ⅱ1、G Ⅱ1、G Ⅰ1，夹砂小罐2，深腹罐1，缸1，盆Aa Ⅱ2，盘1，钵A Ⅰ1、A Ⅱ10、C Ⅰ3、C Ⅱ6，带流钵1，圜底钵2，碗6，盂3，器盖Ac Ⅰ1、Ac Ⅱ2，杯B2、C2、D7、E2，陶球5，陶纺轮6，陶环A74、B7、C2、D2，陶刀A1、B16、C6，网坠1；石凿1，石环2，环石1；骨锥2	坑壁、底局部有不平整的草拌泥加工痕迹

编号	位置	层位关系	形状	尺寸（米）			年代	出土物	备注
				口径	底径	深			
H47	ⅠT0501	H13、H19、H141→H47→生土	椭圆形	2.2~4.12		2.68	一期	陶罐 GⅠ1，盆 DⅠ1，钵 AⅠ3、CⅠ1，器盖 AbⅠ1，杯 A1，陶刀 C1，陶环 A12、B2、C9、D2；角凿 1	西壁发现不规则小洞，坑内东北部有一小坑
H49	ⅢT1801	G3、H81→H49→Z9	圆形	1.74	0.94	0.26	三期		
H50	ⅢT1802	G3→H50→生土	椭圆形	1.9	1.48	0.76	三期		
H51	ⅡT1501	G1、G2、H52、H130→H51	圆形	0.9	0.9	0.78	一期		
H52	ⅡT1501	G1、G2→H52→H51	椭圆形	东西2.84，南北2.02	东西3.08，南北2.02	0.26~1.33	一期	陶罐 AbⅠ1，盆 DⅠ1，钵 CⅠ1，甑1，杯 D1	坑底中部有一直径0.18米柱洞，坑底周壁有8个小柱洞
H53	ⅡT1801	②→H53→H56→生土	椭圆形	2.46~2.74	2.63	2.7	一期	陶罐 AaⅠ1，盆 CⅠ1，陶环 A15、C2	坑底规律排列18个小柱洞
H54	ⅠT0202	H7、H9、H55→H54→生土	圆形	残长0.74			三期		
H55	ⅠT0202	③→H55→H9、H54	半圆形	直径1.6~2.4		1.25	三期		
H56	ⅡT1801	G3、H28、H53→H56→H70	圆形	3.36		1.78	一期	陶环 A5	
H57	ⅢT1301	③→H57→④	圆形锅底状	0.8		0.66	一期	陶甑1，环 C1，陶垫1	
H58	ⅢT1301	④→H58→生土	圆形锅底状	0.78	0.66	0.2	一期		
H59	ⅠT0402	M4、H10、H20→H59→生土	圆形	2.4		0.5	二期		
H60	ⅡT1601	M6→H60→H65	不规则形	残1.5~2.5		0.6	一期	陶釜Ⅰ1	
H61	ⅢT1301	④→H61→H40、H44、H69	椭圆形	3~3.4	2.7~3	0.88	二期	陶钵 AⅡ2，陶环 A4、B1、C1、D1，圆陶片1	坑底东部有一圆形柱础

编号	位置	层位关系	形状	尺寸（米）			年代	出土物	备注
				口径	底径	深			
H62	ⅢT2301	②→H62 →生土	椭圆形	2.5~5.3	2.7~4	3.12	二期	陶夹砂素面罐1，双鋬盆1，钵AⅠ1、AⅡ3、BⅡ2、CⅠ3、CⅡ7，碗1，器盖CbⅡ1，陶刀B7，陶环A42、B4、C3、D5，圆陶片5；石刀1，石斧1，石环2残，石纺轮1，石球2，环石1；骨锥1，骨簪1	坑口北端有三级台阶
H63	ⅡT2303	①→H63 →H68	椭圆形	2.4~3.6	2.05~3.25	0.8	三期	陶盆DⅢ1，陶杯1残，陶环A1，器盖CbⅡ1	
H64	ⅡT2303	H76→H64 →H68	近圆角方形	南北3.3、东西2.52	南北2.65、东西2.25	1.54	一期	陶钵CⅠ1，器盖CaⅠ1，陶纺轮1，陶环A15、B5、C5，陶刀B1、C2，圆陶片2；石斧1，石球4，环石1，研磨石1；骨簪1	
H65	ⅡT1601	M6、H28、H60 →H65→生土	椭圆形	2~2.78		0.8	一期		底部有一层踩踏面
H66	ⅡT1601	H38、H100→ H66→H155	椭圆形	3.6~4	2.6	0.8	一期	陶盆BⅠ1，钵AⅠ1，陶环A4，圆陶片1；骨簪1残	
H67	ⅢT2101、 ⅢT2201	M8→H67→ F2、H87、H91	椭圆形 锅底状	2.9~3.32	2.3~2.72	2.9	二期	陶罐BⅡ1，陶刀A1、B2、C3，陶环A52、B5、C6、D3，陶纺轮1，陶祖2，圆陶片4，陶球1；石刀1	
H68	ⅡT2303	H63、H64→ H68→生土	椭圆形	2.6~3.8		1.7	一期	陶罐AaⅠ1，钵AⅠ1、BⅠ1、CⅠ4，碗1，瓮Ⅰ1，陶刀B3，陶环A17、B17、C15、D1，陶网坠1，刮削器1，圆陶片2，陶球2；石斧1，磨石2；骨锥1	坑底有规律的分布许多石块，坑底靠近东壁处发现草拌泥墩

编号	位置	层位关系	形状	尺寸（米）			年代	出土物	备注
				口径	底径	深			
H69	ⅢT1301	H40、H44、H61 →H69→生土	整体形状不明	长1.76、宽0.78~0.9		1.2	一期		
H70	ⅡT1801	G3、H56→H70→生土	椭圆形	0.56~1.06		0.98~1.3	一期		
H71	ⅡT1801	G3→H71→H82、H135、H174	椭圆形锅底状	3.44~4.2	2~2.8	2.82	二期	陶葫芦口瓶AⅡ1，盆AbⅡ1、CⅡ1，卷唇盆1，钵AⅡ1、CⅡ3，浅腹钵1，器盖AcⅡ1，杯A2、B1、D3，陶刀B3、C2，陶环A36、B1、C1、D2，陶球6，纺轮1；石斧1，环石2	坑南有生土台阶，周壁有七个孔洞
H72	ⅠT0702	②→H72→H73	圆形	2.3	1.8	0.5	三期		
H73	ⅠT0702	H72→H73→H80	不规则锅底状	1.55~3.4		1.4	三期	陶环A1，陶球2；石环1，石刀1	
H74	ⅡT2302	H83、H84→H74→生土	圆形	5.12		1.62	二期	陶罐AbⅠ1，夹砂素面罐1，盆AaⅡ2、AbⅡ1、DⅠ、DⅡ1，钵AⅡ4、BⅠ1、CⅠ1、CⅡ1，碗1，盘1，杯D1、E1，环A51、B2、C4、D3，陶刀B2、C1，圆陶片6，陶球1；磨石1，研磨石1，石饼1	坑内西北部有一台阶，周壁有柱洞
H75	ⅡT2202	①→H75→生土	椭圆形	1.44~1.86		0.2	二期		
H76	ⅡT2202、ⅡT2203	①→H76→H64、H92	椭圆形	1.53~2.2	2.6~3.14	2.52	一期	陶环A4、B3，圆陶片1；磨石2；骨鱼叉1	
H77	ⅠT0702	④→H77→H78	圆形	1.8		0.9	三期	陶盆CⅢ1，钵CⅢ1，陶刀A2；陶环A10、D1，陶球2；磨石1，石镞1	
H78	ⅠT0702	H77→H78→生土	不规则形	1.15~1.4		0.4	一期	陶环A1、D1	

编号	位置	层位关系	形状	尺寸（米）			年代	出土物	备注
				口径	底径	深			
H79	ⅠT0702	④→H79	椭圆形	0.7~1.12		0.7	二期	陶环A4、C2	
H80	ⅠT0702	H73→H80→生土	椭圆形	0.7~1.4		1.1	二期	陶钵B1, 陶环A1、D1, 陶刀A3, 圆陶片3	
H81	ⅡT1801	G3→H81→H49、H82	圆形	1.24		0.9	三期	陶钵C2	
H82	ⅡT1901	M10、H49、H71、H81→H82→生土	椭圆形袋状	1.84~2.48	2.56~3.08	3.04	二期	陶罐DⅡ1, 盆BⅡ1, 碗2, 杯C1、D4, 陶环A5、B1、C1、D2, 陶刀B1, 圆陶片1; 石斧1, 磨石1, 石杵1	坑底用细青沙处理, 坑壁用石块拍打, 并有柱洞
H83	ⅡT2301	H85→H83→H74	椭圆形	1.55~2.24		0.4	二期		坑底中部有一柱洞
H84	ⅡT2302	H85→H84→H74	椭圆形	3.2~4.26		2	二期	陶钵CⅡ2, 陶环A11、D1, 圆陶片1, 多边形陶片1; 磨石1, 石饼1, 研磨石1, 磨棒1, 环石1; 骨簪2	
H85	ⅡT2301	②→H85→H83、H84	圆形锅底状	1.4		0.45	二期		
H86	ⅡT1901	M9、H88→H86→H135	圆形	3.2	3	3.56	二期	陶敛口鼓腹罐1, 盆AaⅠ1、AaⅡ1, 直壁盆1, 钵AⅡ2、CⅠ2, 碗2, 器盖CaⅡ1, 陶环A35、B2、C10、D7, 陶刀A1、B3、C4, 陶纺轮3, 圆陶片1, 陶球1, 环状圆陶片1; 石斧1, 石环1, 石杵1	

编号	位置	层位关系	形状	尺寸（米）			年代	出土物	备注
				口径	底径	深			
H87	ⅢT2101	G3、H67→H87→生土	椭圆形	3.8~4.9	3.5~4.3	3.06	二期	陶尖底瓶Ⅳ1，罐BⅡ1、DⅠ2、EⅡ2、GⅡ2，盆AaⅡ3，直壁盆1，钵AⅡ4、CⅡ5，浅腹钵1，带流钵1，瓮Ⅱ2，碗4，杯A1、B2、D8、E1，器盖AaⅡ1、AbⅡ1、AcⅡ1、C1，器座2，陶刀A4、B12，陶纺轮1，陶环A156、B3、C5，圆陶片2，陶球16，陶铲1，陶哨1残；环石1，石凿1；骨笄1，角锥1	东北部有一生土台，底部有6个柱洞
H88	ⅢT1901	M10→H88→H86	圆角长方形	长3.4、宽1.5	长3.2、宽1.5	1.12	一期		坑底有一椭圆形灶坑
H89	ⅢT2001	M11→H89→生土	椭圆形	1.25~2.25	1.25~2.31	0.8	二期		
H90	ⅢT2001	Y1→H90→Z12	圆形	2.3		0.2~0.5	二期	陶环A4、C2	
H91	ⅡT2101	M8、H67→H91→Y3→生土	椭圆形	2.7~3.4		0.8~1.28	一期	陶罐CⅠ1，盆AbⅠ1，钵AⅠ1，陶环A8、B8、C1、D1，陶刀B1，器座1；石饼2，石拍1	西壁有台阶，坑底为踩踏面
H92	ⅡT2203	H76→H92→生土	椭圆形	1.7~2.33	1.3~1.5	1.14	一期	陶环A2；磨石1	
H93	ⅡT2203	①→H93→生土	椭圆形	2.25~2.33		0.62	二期	陶素面小盆1；石环1残	坑东北部为一生土台
H94	ⅡT2103	M12→H94→生土	圆角长方形	长3、宽2		1.08	一期	陶祖1残，环A2	坑内南端有一生土台

编号	位置	层位关系	形状	尺寸（米）			年代	出土物	备注
				口径	底径	深			
H95	ⅡT2102	①→H95 →H94、H96 →生土	椭圆形	2.4~3.1	2.35~3.1	1.7~2	一期	陶罐DⅠ1、EⅠ1、盆BⅠ1、钵AⅠ2、CⅠ1、陶刀B1、C3、陶环A12、B9、C3、陶纺轮1、圆陶片8、陶球2；石球2	坑底部为硬质踩踏面
H96	ⅡT2102	H95→H96 →生土	圆形	1.45	1.45	0.45	一期		
H97	ⅢT2302	G3→H97 →生土	椭圆形	2.16~2.64		0.4~0.6	三期	陶环A2、C2，陶刀B1	坑南部有两级台阶
H98	ⅢT1701	①→H98 →生土	圆形	1.1		0.65	二期		
H99	ⅢT2202	G3→H99 →生土	圆角长方形	1.05~1.2	1.05~1.2	0.65	一期	陶环A2、B1、C2	
H100	ⅢT1601	M6→H100 →H38、H66	不规则圆形	4.3~5.5		2.6	三期	陶罐CⅢ1、FⅢ1、GⅢ1，盆CⅢ1，直壁盆3，钵CⅢ5，盘2，杯A2、B1、C1，器盖AaⅢ2，陶刀A6、B1，陶环A11、B1、C4，陶纺轮1，陶杵1，圆陶片1；石斧2，石铲1；骨锥3，骨器1，骨镞1，角锥2	有五级台阶
H101	ⅢT2302	①→H101 →生土	长方形	长1.6、宽1.2		0.2	二期		
H102	ⅢT2302	①→H102 →生土	长方形	长0.9、宽0.8		0.4	二期		
H103	ⅡT1702	J1→H103 →生土	椭圆形	1.98~2.9		0.5~1.5	一期	陶小盅1；石斧1	坑内周壁分布17个柱洞
H104	ⅡT0901	②→H104 →H105	圆形	1.56		0.2~0.4	二期		

编号	位置	层位关系	形状	尺寸（米）			年代	出土物	备注
				口径	底径	深			
H105	ⅡT0901	H104、H118 →H105→ H132	椭圆形 桶状	3.4~4.1		2.97	二期	陶罐 AbⅡ1、EⅡ1、GⅡ4，盆 AaⅠ1、AbⅡ1、DⅡ4，钵 AⅡ6、CⅡ7、CⅠ1，浅腹钵3，圜底钵1，碗1，盘3，盂1，过滤器1，杯B3，釜Ⅰ2，灶Ⅰ1、Ⅱ1，器盖 AaⅡ2、AbⅡ3、AcⅡ1、CaⅡ2，陶环A88、B2、C7、D5，陶刀B12、C5，陶纺轮2，圆陶片1，不明陶器1；石环2，环石1，石斧1，磨石2，石杵1；骨锥1，牙坠饰1	坑底经过处理，其东北有一长方形小坑
H106	ⅠT1408	①→H106→生土	圆形袋状	1.35	1.7	0.7	二期		
H107	ⅠT1407、ⅠT1408、ⅠT1507、ⅠT1508	①→H107→H138	椭圆形	3.9~5	2.8~4.22	2.1~2.3	二期	陶小口瓶1，罐BⅡ1、CⅡ3、DⅡ1、FⅡ2、GⅡ2，夹砂小罐3，盆 AaⅡ5、AbⅡ1、BⅡ1、DⅡ1，钵 AⅡ6、BⅡ3、CⅠ2、CⅡ5，浅腹钵1，碗4，瓮Ⅱ1，彩陶瓮1，敛口鼓腹瓮1，盘1，杯A8、B2、C1、D3、E3，灶Ⅱ1，釜Ⅰ1，器盖 AaⅡ1、CbⅡ1，钩状柄器盖1，柱状柄器盖1，器座1，漏斗1，陶纺轮1，陶球5，陶刀A3、B7、C3，陶环A24、B3、C2、D7，圆陶片4；石环1	坑北部有生土台

编号	位置	层位关系	形状	尺寸（米）			年代	出土物	备注
				口径	底径	深			
H108	ⅡT0701	②→H108→H117、H119、H120	椭圆形锅底状	2.41~4.1		0.46	一期	陶盆 D Ⅰ 2,钵 A Ⅰ 3、C Ⅰ 1,甑1,器盖 Aa Ⅰ 1,陶刀 C1,陶环 A22、B14、C2	
H109	ⅡT0901	③→H109→H105、H118	圆形袋状	2.5	3.3~3.6	1.6~2.06	三期	陶杯 B2 残,陶环 A19,C1、D2,圆陶片1,陶球1	坑底有灶坑，并发现人骨
H110	ⅠT1507	①→H110→H139	椭圆形	2.2~3.3		1.16	二期	陶浅腹钵1,瓦形器1,甑1,陶环 A8、B3、D1,圆盘形器盖1,陶刀 B1;磨石1,石杵1	坑底形成踩踏面
H111	ⅠT1507	①→H111→生土	椭圆形	0.72~1.04		0.4	二期		
H112	ⅠT0601	④a→H112→生土	圆形	1.7		1.98	二期		
H113	ⅠT0601	③→H113→H141	圆形袋状	1.1	1.8	0.87	三期	圆陶片1	
H114	ⅢT2402	①→H114→生土	圆角长方形	长1.1、宽0.6		0.65	二期	陶刀 B1、C1	
H115	ⅢT2401	①→H115→生土	长方形	长1.28、宽0.8		0.7	二期		
H116	ⅡT1602	M7→H116→H128	椭圆形	2~3	1.9~2.8	1.6~2.4	三期	陶盆 Aa Ⅰ 1、Ab Ⅲ 1、D Ⅱ 1,钵 A Ⅱ 1、C Ⅰ 1、C Ⅱ 2、C Ⅲ 1,深腹钵1,碗1,盘1,釜 Ⅰ 1,陶刀 A1、B1、C1,陶环 A45、B9、C8、D3,圆陶片3,陶球11,陶塑1;石镰1,磨石1,石球2,环石1;骨凿1,骨笄4	坑底有厚0.04~0.18米草拌泥,其下有四块大石
H117	ⅡT0701	H108、H120→H117→生土	圆形	2.3~2.7	1.2~1.4	2.54	一期	陶钵 A Ⅰ 1;骨笄1残	

编号	位置	层位关系	形状	尺寸（米）			年代	出土物	备注
				口径	底径	深			
H118	ⅡT0901	H109→H118→H105、H132	椭圆形	3~4.14	2.54~3.3	4.38	二期	陶罐BⅡ1，盆AaⅡ1、DⅡ1，钵AⅡ1、CⅠ1、CⅡ1、碗1、甑2、器盖AbⅠ1、AcⅠ1、CaⅡ1，陶环A33、B2、C3、D5，陶刀B1，多边形陶片1；磨石1、石球1、石环2、环石1；骨簪1	坑内周壁分布20个柱洞，坑底经加工
H119	ⅡT0701	H108→H119→H120	椭圆形锅底状	2.05~2.84	1.4~2	1.88	一期	陶钵AⅠ1	
H120	ⅡT0701	H108、H119→H120→H117	椭圆形锅底状	1.9~2.9		0.9	一期		
H121	ⅠT1708	①→H121→生土	不规则形锅底状	2.25~2.4		0.57	一期	陶罐GⅠ1，灶Ⅰ1，陶环A1	
H122	ⅠT1607、ⅠT1608、ⅠT1707、ⅠT1708	H123、H134→H122→生土	不规则圆形	3.9~4.6	3.3~4.32	1.3	一期	陶钵CⅠ2，陶坯碗1，陶刀B3，陶环A12、B4、C3；骨锥1	坑底可分东西两部，其间有过道
H123	ⅠT1507、ⅠT1508、ⅠT1607、ⅠT1608	H134、H138→H123→H122	椭圆形锅底状	1.65~3.36		0.76	一期	陶罐BⅠ1，钵AⅠ1、CⅠ1，陶环A5、B1、C1、D1，陶刀B1，圆陶片1	在坑的西南发现三节台阶
H124	ⅠT1407	①→H124→生土	椭圆形锅底状	1.7~2.2		0.34	一期	陶盆CⅠ1	坑底为草拌泥硬面
H125	ⅠT1506	①→H125→生土	圆形锅底状	2.76		0.37	一期	陶盆BⅠ1，圆唇盆1，钵AⅠ2，陶环A3	底部有较为平整的踩踏面
H126	ⅢT1401	②→H126→生土	圆形	1.52		0.46	二期		
H127	ⅠT0602	④a→H127→H133	椭圆形锅底状	1.8~2.4	2.6	1.02	三期	陶环A7	
H128	ⅡT1602	H38、H116→H128→生土	椭圆形	1.9~2.2		0.85	一期	陶环A2、C2	坑内东部有一生土台
H129	ⅢT1501	①→H129→H130	椭圆形锅底状	3.14~3.6		0.88	二期	陶环A2、C1，陶球1	

编号	位置	层位关系	形状	尺寸（米）			年代	出土物	备注
				口径	底径	深			
H130	ⅢT1501、ⅢT1401、ⅢT1501、ⅡT1401	G1、G2、H129→H130→H51、H140、H155	椭圆形	4.14~5.3	3.3~4.26	1.86	二期	陶罐 EⅡ1、GⅡ2，夹砂小罐1，盆 AbⅡ2，钵 AⅠ2、CⅠ1、CⅡ1，圜底钵1，碗1，盂1，陶球2，陶环 A23、B5、C17；石刀1，磨石1；骨簪1残，骨锥1残	
H131	ⅡT0801	②→H131→生土	圆形锅底状	4.02~4.25		2.1	二期	陶罐 GⅡ1，直壁罐1，钵 AⅡ6、CⅡ2，碗1，器盖 AaⅡ1，杯 B1、D1、E1，陶环 A12、D1，陶刀 A4、B1、C2，圆陶片1；石环1，磨石1；骨簪2	坑北部有一近弯月形生土台
H132	ⅡT0801	H105→H132→生土	椭圆形锅底状	1.2~1.4	1	1	二期		
H133	ⅠT0602	H127、H144→H133→生土	椭圆形	2.5~3.88	1.5~1.98	2.62	三期	陶盆 CⅢ4，器座1，钵 CⅢ3，盘1，杯 A5、B1、C4，碗4，器盖 AbⅢ1，陶刀 A15、C1，陶环 A27、B2、C1、D2，圆陶片2，陶球1；石斧1，石杵1，石镰1，石刀1，石镞2，环石2，石拍1；骨锥2	坑壁和平台上分布许多小洞
H134	ⅠT1607	M14→H134→H122、H123	椭圆形	1.9~4.3		1.05	三期	陶罐 BⅢ1、GⅢ1，钵 AⅢ2，杯 B1、C1，碗1，陶刀 A2、B1、C2，陶环 A12、B2、C2，圆陶片1；骨锥1	坑底有一生土台
H135	ⅡT1901	H86→H135→生土	椭圆形	1.1~1.4	1.1~1.4	0.86	二期		
H136	ⅠT1808	①→H136→H157	圆形	2.6		0.38	三期		坑底分布许多小洞

编号	位置	层位关系	形状	尺寸（米）			年代	出土物	备注
				口径	底径	深			
H137	ⅠT1808	①→H137 →H153、H154、H158	椭圆形	3.06~4.06		2.32	三期	陶罐CⅢ1、钵CⅡ1、CⅢ4、豆1、碗2、陶刀A8、B2、C1，陶环A30、C5，圆陶片4、陶球1、陶纺轮1；石斧1、石球2；骨锥2	坑东南有台阶，北部有一生土台，周壁有许多小洞
H138	ⅠT1507	H107→H138 →H123	椭圆形	2.6~4.7	2.1~3.9	1.5~1.6	二期	陶钵CⅠ1、碗1、器盖AaⅠ1、陶环A5、D1，陶刀A2、B1；石环1，环石2，研磨石1	
H139	ⅠT1507	H110、H138→ H139→生土	圆形	1.6		0.44	二期		
H140	ⅢT1401	G1、H130→ H140→生土	长方形	1.8~1.52		1.2	二期		
H141	ⅠT0601	H23、H113、H144→H141 →H47	椭圆形	2.2~3.16		2.3	三期	陶盆BⅢ1、钵CⅡ1、碗1、灶Ⅰ1、器盖BⅢ1，陶环A12、B1、C2，陶刀A1、D2、E1，圆陶片2；石斧1，石凿1；骨锥3、骨镞1、骨簪1、骨笄1、骨器1，角凿1	坑西有一弯月形平台
H142	ⅢT1401	②→H142 →生土	椭圆形	0.76~1.1		0.28~0.34	一期	陶刀C1	
H143	ⅢT1501	②→H143 →生土	圆形	1.7		0.4	二期		底部铺一层小石块
H144	ⅠT0601	④b→H144 →H133、H141	椭圆形	2.25~3.5		0.88	三期	陶浅腹钵1，环A4，陶刀A2	底部东高西低呈坡状
H145	ⅠT2208	②→H145 →生土	椭圆形	2.25~2.6	1.7~1.95	1	二期		西壁有脚窝
H146	ⅠT2108	M16→H146 →生土	椭圆形	2.1~3.04	2.1~2.9	1.04~1.2	二期	陶盆AaⅡ1、DⅡ1、钵AⅠ2、AⅡ2、CⅡ4，浅腹钵1、甑1、盂1、器盖AaⅡ1，陶环A14、C2，陶球2、圆陶片1；角锥1残	坑周壁有柱洞，底东部有一半圆形小坑

编号	位置	层位关系	形状	尺寸（米）			年代	出土物	备注
				口径	底径	深			
H147	ⅠT0601	④b→H147→生土	椭圆形	1.3~2.6		1.1	二期	陶器盖 Aa Ⅱ 1，杯 D2，陶刀 A1、B1、C1，陶环 A8、C2；石凿 1	
H149	ⅠT0601	④b→H149→生土	椭圆形锅底状	1.28		2.16	二期	陶钵 A Ⅱ 3、C Ⅰ 1、C Ⅱ 1，圆陶片 1，陶环 A10，陶刀 B1；石环 1	
H150	ⅠT2109	①→H150→H161	椭圆形	2.45~2.9		0.9~1.1	一期	陶环 B1，陶刀 B1、C1，圆陶片 2	
H151	ⅠT2608	②→H151→生土	椭圆形	2.9~3	1.5~2.4	1.92	二期	陶罐 G Ⅱ 1，碗 1，圆陶片 2，陶环 A10；骨簪 1	周壁有柱洞，底部有踩踏面，并有台阶
H152	ⅠT2609	②→H152→生土	椭圆形	3~3.5	2.34~2.9	0.74	三期	陶环 A1，陶刀 C1；磨石 1，石球 1	周壁有柱洞
H153	ⅠT1808	H137→H153→生土	不规则形	0.7~0.9		0.8	二期		
H154	ⅠT1808	H137→H154→生土	椭圆形袋状	1.25~1.65		0.3	二期		
H155	ⅢT1501	H66、H130→H155→生土	圆形	1.5		0.42	一期		
H156	ⅠT2309	②→H156→生土	椭圆形锅底状	2.7~3.1	2.2~2.6	1.26	二期	陶盆 Ab Ⅱ 2，钵 A Ⅱ 3、B Ⅱ 1、C Ⅱ 3，浅腹钵 1，陶杯 A1、B1，陶刀 1，陶环 A6、C1，圆陶片 1，陶球 5，陶铲 1；石环 1；骨锥 1	周壁分布有 6 个柱洞
H157	ⅠT1808	H136→H157→生土	椭圆形	1.35		0.5	二期		
H158	ⅠT1808	H137→H158→生土	圆形锅底状	2.15		1.25	二期		
H159	ⅠT1708	H173→H159→生土	椭圆形	1.8~2.7	1.8~2.1	0.9	一期	陶罐 C Ⅰ 1，陶环 D1	坑西部有一生土平台

编号	位置	层位关系	形状	尺寸（米）			年代	出土物	备注
				口径	底径	深			
H160	ⅠT2308	M17→H160→生土	椭圆形	2.1~3.4	1.4~1.6	2.1	三期	陶罐 C Ⅲ 1, 夹砂小罐 1, 直壁盆 1, 折沿盆 1, 钵 A Ⅰ 1、C Ⅲ 3, 浅腹钵 2, 杯 A1、C4、D1、E3, 带流单把杯 1, 陶环 A3, 陶刀 A4、C1、D2、E2, 陶支垫 1; 磨石 1; 骨镞 1	坑底东北部有一生土台, 坑底有一小坑
H161	ⅠT2109	W3、H150→H161→生土	椭圆形	1.05~1.4		0.1	一期		坑北部有一圆形小窝
H162	ⅠT1608	①→H162→生土	椭圆形	2.75~3.35		0.7	二期	陶罐 F Ⅱ 2、G Ⅰ 1、G Ⅱ 1, 盆 B Ⅱ 2, 直壁盆 1, 钵 A Ⅱ 1、C Ⅱ 1, 浅腹钵 1, 碗 2, 器盖 Aa Ⅱ 1	坑底东北部有一半圆状小坑
H163	ⅠT2508	②→H163→H164	圆形锅底状	1.2		0.24	二期		
H164	ⅠT2508	H163→H164→生土	椭圆形	2.8~5.7	2.6~2.7	2.22	二期	陶罐 E Ⅱ 1, 盆 Aa Ⅱ 1, 叠唇瓮 1, 陶纺轮 1, 陶环 A10、C1, 圆陶片 3, 多边形陶片 1, 陶刀 B1、E2	坑内北部有三级台阶
H165	ⅠT2408	②→H165→生土	不规则形锅底状	3.1~3.44	1.8~3	0.68	一期	陶盆 D Ⅰ 1, 钵 A Ⅰ 5、C Ⅰ 1, 陶环 A1, 圆陶片 2, 舌状陶片 1; 石环 1, 石球 1	坑壁北部有一柱洞, 东部有一生土台
H166	ⅡT1802	G3、H35、H174→H166→生土	不规则形	3.54~4.88		1.32	一期	陶罐 B1, 盆 Ab Ⅰ 1, 钵 C Ⅰ 2, 陶环 A1	坑内有两级台阶
H167	ⅠT2109	①→H167→生土	圆形	2.6		0.6~0.8	二期		周壁分布17个柱洞
H168	ⅠT2408	①→H168→生土	不规则形	2.64~2.7		0.28	一期	陶钵 A Ⅰ 1; 石拍 1	
H169	ⅠT2208	②→H169→生土	圆形	2.1		0.15	二期		
H170	ⅠT2108	H170→生土	不明				二期	陶环 C1	

编号	位置	层位关系	形状	尺寸（米）			年代	出土物	备注
				口径	底径	深			
H171	ⅠT2408	②→H171 →H172	圆形锅底状	1.54	1.36	0.3	二期		
H172	ⅠT2408	J3、H171→H172→生土	椭圆形袋状	1.75~2.42	2.5~3	2	一期	陶罐 Aa Ⅰ 1、C Ⅰ 1、夹砂素面罐1、深腹钵1、陶环 A2、圆陶片4；磨石1；骨凿1	
H173	ⅠT1708	①→H173 →H159	椭圆形	2.45~3.1	0.7~0.8	1.22	二期	陶环 A2、C1；石环1	坑东部有两级台阶
H174	ⅡT1902	H71→H174 →H166	椭圆形	1.96~2.42		0.98	二期	陶盘1	
H01	ⅣT3971	不清					二期	陶罐 B Ⅱ 1、G Ⅱ 1，盆 B Ⅱ 1，钵 A Ⅱ 2，碗2，陶杯 B2，敞口杯1，陶刀 A2、B1、C2，陶环 A38、D4，圆陶片2；石刀1，石凿1，三角形石核1；骨锥3残，骨笄2残，角锥1	二期偏晚（接近三期）
H02	ⅣT3972	M1→H02		1.62		0.56	二期	陶刀 B1，陶环 A7、C1，陶纺轮1，螺旋状器1	坑内北部有一台阶，坑口西部有两圆形柱洞
H04	ⅣT3374		圆角长方形	1.98	1.88	0.2	二期		
H07	ⅣT3971						三期		

说明：1. "年代"栏中，期别指庙底沟文化分期。

2. "出土物"栏中，陶器仅列出复原器物；小件器物全部列出。

附表二 墓葬登记表

编号	位置	层位关系	形状	尺寸（米）	年代	出土物	备注
M1	ⅣT3273	①→M1→H102	长方形竖穴土洞墓	墓道长 2.2、宽 0.7、深 1.1、墓室进深 4.6、宽 0.7~0.84、高 1.1	汉	陶罐 1；"大泉五十"铜钱 2 枚	人骨一具，保存较好，为成年男性
M2	ⅣT3273	①→M2→生土	长方形斜坡墓道砖室墓	墓道长 4.5、宽 0.9、深 1.7	汉	"五铢"铜钱几枚	券顶
M4	ⅠT0302、T0402	①→M4→H59	长方形斜坡墓道洞室墓	墓道长 8.5、宽 0.8、深 4.75，墓室进深 3.2、宽 1、高 1.15	汉	陶灶	残头骨
M5	ⅡT1702	①→M5→生土	长方形斜坡墓道砖室墓	墓道长 5.4、宽 0.7、深 2.6，墓室进深 2.6、宽 0.9、高 1.3	汉	陶罐 1；"大泉五十"铜钱 26；残铁环 1	人骨无存
M6	ⅡT1602	①→M6→②	长方形斜坡墓道砖室墓	墓道长 7、宽 0.8、深 2.8，墓室进深 4.7、宽 0.94、高 1.5	汉	"五铢"铜钱 43	由墓道、封门、墓室三部分组成。人骨散乱
M7	ⅡT1602	①→M7→②	长方形竖穴土洞墓	墓道长 2.4、宽 0.8、深 2.3，墓室进深 3.1、宽 0.8、高 1.16	汉	"货布"铜钱 1，"货泉"铜钱 2	人骨一具，仰身直肢，头向南，面朝东
M8	ⅢT2101、T2201	①→M8→H67、H91	长方形斜坡墓道土洞墓	墓道长 7.6、宽 0.8、深 3.7，墓室进深 3.9、前宽 1.36、后宽 1.64、高 1.36	汉	陶罐 1，壶 1，甑 1，鼎 1；"五铢"铜钱 27	由墓道、封门、墓室三部分组成。墓室西部有动物骨
M9	ⅡT1902	①→M9→H86	长方形斜坡墓道土洞墓	墓道长 4.3、宽 0.7~0.88、深 2.38，墓室进深 4.26、宽 1.54~1.78、高 2.16	汉	陶罐 7，鼎 1，盒 1，灶 1，壶 1；铁剑 1；"五铢"铜钱 32	随葬品位于骨架右侧
M10	ⅢT1901	M8→M10→H86、H88	长方形斜坡墓道砖室墓	墓道宽 0.82、深 2.8，墓室进深 3.68、宽 0.9、高 1.14	汉	陶罐 5，壶 2，灶 1；"五铢"铜钱 22	木棺，人骨腐朽严重
M11	ⅢT1901	①→M11→H89	长方形斜坡墓道土洞墓	墓道长 5.7、宽 0.74~0.86、深 3.4，墓室进深 3.7、宽 1.3、高 1.4	汉	陶碗 2，壶 2，鼎耳 1	人骨已朽，仅残留少量肋骨
M12	ⅡT2103	①→M12→H94	长方形土洞墓	墓室进深 2.16、宽 0.96~1.16、高 0.9	汉	"五铢"铜钱 30，铜镜 1，顶针 1	人骨保存较好，仰身直肢，头北面西
M13	ⅡT2104	①→M13→生土	竖穴土洞墓	墓道长 1.65、宽 0.9~1、深 1.76，墓室进深 2.75、宽 1~1.1、高 0.8	汉	铜镜 1，"五铢"铜钱 7，"剪轮五铢"铜钱 2	由墓道、封门、墓室三部分组成

编号	位置	层位关系	形状	尺寸（米）	年代	出土物	备注
M14	ⅠT1707、T1807	①→M14→H134	长方形斜坡墓道砖室墓	墓道长 2.2、宽 1、深 0.9，前室长 3.7、宽 2、残高 0.5，后室进深 2.5、宽 1、残高 0.5	汉		由墓道、封门、甬室、前室和后室组成
M15	ⅠT1807	①→M15→生土	长方形斜坡墓道土洞墓	墓道长 4、宽 0.86、深 0.46，墓室进深 2.34、宽 0.68~1.08、残高 0.44	汉	"五铢"铜钱 5	人骨一具，保存较好，仰身直肢，头东面上
M16	ⅠT2108	①→M16→H146	长方形斜坡墓道土洞墓	墓道长 2.5、宽 1.08~1.2、深 0.85、墓室进深 2.6、宽 1.5、高 0.95	汉	铜带扣 1，铜泡 1	人骨一具，保存较好，仰身直肢，头西面上
M17	ⅠT2308	②→M17→H160	长方形竖穴土圹墓	口长 1.5、宽 0.7~0.8，底长 1.4、宽 0.6~0.7、深 0.3	东周	无随葬品	人骨一具，保存较好，仰身屈肢，头西面上
M18	ⅢT1502	①→M18→生土	长方形斜坡墓道砖室墓	墓道长 5.4、宽 0.7、深 2.6，封门高 0.9、宽 1.02，墓室进深 3.3、宽 0.8、高 1.1	汉	陶罐 2，灶、盆 1；"货布"铜钱 9	人骨腐朽严重，仰身直肢，头向西
W1	ⅠT0301	②→W1→H18	近长方形竖穴土圹	长 0.9、宽 0.35、深 0.16	东周	陶鬲 1	
W2	ⅢT2401	①→W2→生土	不规则形竖穴土圹，墓底呈锅底状	墓口长 0.78 宽 0.6 深 0.64	东周	陶瓮 1、盆 1	
W3	ⅠT2109	①→W3→H161	椭圆形竖穴土圹	口径 0.8~1、深 0.2	东周	陶罐 1	

附表三　其他遗迹登记表

编号	位置	层位关系	形状	尺寸（米）	年代	出土物	备注
F1	ⅠT0501	③→F1→H46	圆形半地穴式		二期		房址中央及周围有 6 个柱洞
F2	ⅢT2201	G5、H67→F2→生土	椭圆形半地穴式	口径 3~4、深 0.62	二期		有踩踏面
Y1	ⅢT2101	①→Y1→H90		口径 0.28、底径 0.46、深 0.34，火道长 0.7、宽 0.16~0.18	二期		火膛平面为长方形，平底；火道呈 "U" 形
Y2	ⅡT2101	①→Y2→生土		长 1.5、宽 0.54 米，火膛口径 0.24~0.26、深 0.43 米	一期	陶夹砂素面罐 1，盆 CⅠ1，甑 1	由火膛、火道、窑床、窑室四部分组成
Y3	ⅡT2101	H91→Y3→生土			一期		由火膛、火道、窑床、窑室、烟囱五部分组成
Y5	ⅠT0402	②→Y5→生土		口径 0.28、底径 0.46、深 0.34，火道长 0.7、宽 0.16~0.18	三期		火膛平面为长方形，平底；火道呈 "U" 形
Z1	ⅠT0302	②→Z1→生土	圆形	口径 1、底径 0.8、深 0.25	二期		灶坑北部一周有 15 个排列无规律的小洞
Z2	ⅠT0402	②→Z2→H20	圆形	口径 0.34、底径 0.33、深 0.12	三期		
Z3	ⅠT0402	②→Z3→H20	椭圆形	口径 0.18~038、深 0.1	三期		灶底中部有一长方形坑窝
Z4	ⅠT0502	H15→Z4→④	椭圆形	残径 0.3~0.66、深 0.15	二期		
Z5	ⅡT1501	②→Z5→③	椭圆形		一期		
Z6	ⅡT1501	②→Z6→H27	椭圆形	口径 0.4~0.48、深 0.1	一期		
Z7	ⅠT0502	③→Z7→④	近圆角长方形	长 35、宽 24、深 24	二期		
Z9	ⅢT1801	H49→Z9→③	葫芦形	口东西长 0.38、南北宽 0.15~0.23、深 0.23	二期		
Z10	ⅢT1801	②→Z10→③	圆形	口径 0.53、深 0.36	二期		
Z11	ⅠT0702	③→Z11→④	略呈长方形	残长 0.7、宽 0.4、深 0.06	二期		
Z12	ⅢT2001	H90→Z12→生土	长方形	口残长 1.2、宽 0.9、深 0.3	二期		
Z13	ⅢT1601	②→Z13→生土		南北长 0.86、宽 0.21~0.46、深 0.2	二期		平面为葫芦形（原编号为 Y4）

编号	位置	层位关系	形状	尺寸（米）	年代	出土物	备注
G1	ⅡT1401	②→ G1 → H52、H130、H140	长方形		汉		南北向为长方形，中间窄，两边口较大，底部半圆
G2	ⅡT1501	②→ G2 → H51、H52、H129、H130	长方形		汉		
G3	ⅡT1802	②→ G3 → H49、H71	长方形		汉		平面为长方形，剖面为梯形
G4	ⅢT1802	②→ G4 →③	长方形筒状		汉		
G5	ⅢT2201	①→ G5 → F2、G3			汉		
J1	ⅡT1702	①→ J1 → H103	圆形口，直壁		汉		井壁有脚窝
J2	ⅡT2104	①b → J2 →生土	圆形口		汉		井壁有脚窝
J3	ⅠT2408	②→ J3 → H172			汉		周壁较直

附表四 遗址出土的动物群（33 种）

无脊椎动物	Invertebrate
腹足纲	Gastropoda
中腹足目	Mesogastropoda
田螺科	Viviparidae
中华圆田螺	*Cipangopaludina cathayensis*
硬环棱螺	*Bellamya lapidea*
瓣鳃纲	Lamellibranchia
真瓣鳃目	Eulamellibranchia
蚌科	Unionidae
圆顶珠蚌	*Unio douglasiae*
蚌	Unionidae
脊椎动物	Vertebrate
鱼纲	Pisces
骨鳔目	Ostariophysi
鲤科	Cyprinidae
鲤鱼	*Cyprinus carpio*
草鱼	*Ctenopharyngodon idellus*
鲶形目	Siluroids
鲶科	Siluridae
鲶鱼	*Silurus* sp.
爬行纲	Peptilia
龟鳖目	Testudoformes
鳖科	Trionychidae
鳖	*Amyda* sp.
龟科	Emydidae
龟	*Geoclemys* sp.
鸟纲	Aves
隼形目	Falconformes
鹰科	Accipitride
雕	*Aquila* sp.
苍鹰	*Accipiter gentilis*
鸮形目	Strigiformes
鸱鸮科	Strigidae
雕鸮	*Bubo bubo*
鹤形目	Gruiformes
鹤科	Gruidae
鹤	*Grus* sp.
鸡形目	Galliformes
雉科	Phasianidae
雉	*Phasianus* sp.
雀形目	Passeriformes

哺乳纲	Mammalia
灵长目	Primates
金丝猴	*Rhinopithecus roxellana*
食虫目	Insectivora
猬科	Erinaceidae
刺猬	*Erinaceus europaeus*
兔形目	Lagomorpha
兔科	Leporidae
草兔	*Lepus capensis*
啮齿目	Rodentia
仓鼠科	Cricetidae
仓鼠	*Cricetulus* sp.
甘肃鼢鼠	*Myospalax cansus*
竹鼠科	Rhizomyidae
中华竹鼠	*Rhizomys sinensis*
食肉目	Carnivora
犬科	Canidae
狗	*Canis familiaris*
貉	*Nyetereutes proycyonoides*
鼬科	Mustelidae
獾	*Meles meles*
猫科	Felidae
猫	*Felis* sp.
虎	*Panthera tigris*
奇蹄目	Perissodactyla
马科	Equidae
马	*Equus* sp.
偶蹄目	Artiodactyla
猪科	Suidae
家猪	*Sus domesticus*
鹿科	Cervidae
獐	*Hydropotes inermis*
梅花鹿	*Cervus nippon*
马鹿	*Cervus elaphus*
牛科	Bovidae
黄牛	*Bos* sp .
青羊	*Naemorhedus goral*
绵羊	*Ovis* sp.

附表五　各遗迹单位出土骨骼数量、种属统计表

文化类型	遗迹编号	动物属种数	骨骼总数量	属种的骨骼数量
庙底沟文化一期	H4 ①	6	32	中华圆田螺 3、圆顶珠蚌 1、鱼（种未定）1、猪 24、獐 2、绵羊 1
	H4 ②	5	30	中华圆田螺 2、圆顶珠蚌 2、蚌 2、猪 21、獐 3
	H27	2	2	梅花鹿 1、牛 1
	H28	8	95	中华圆田螺 11、圆顶珠蚌 12、蚌 2、猪 33、小猪 34、獐 1、梅花鹿 1、马鹿 1
	H34	1	1	猪 1
	H38	6	28	中华圆田螺 3、雉 3、猪 12、獐 8、绵羊 1、牛 1
	H44	1	2	猪 2
	H53	4	31	中华圆田螺 20、圆顶珠蚌 4、猪 6、獐 1
	H64 ①	5	8	中华圆田螺 1、圆顶珠蚌 3、蚌 1、猪 1、小猪 1、梅花鹿 1
	H64 ②	1	1	梅花鹿 1
	H64 ③	2	2	中华圆田螺 1、猪 1
	H66	1	9	猪 9
	H68 ①	7	109	中华圆田螺 18、圆顶珠蚌 2、蚌 2、雉 1、甘肃鼢鼠 2、刺猬 1、猪 41、小猪 42
	H68 ②	2	6	猪 4、小猪 1、獐 1
	H68 ③	6	13	圆顶珠蚌 1、蚌 3、狗 1、猪 6、獐 1、梅花鹿 1
	H69	1	4	猪 4
	H78	3	5	蚌 1、猪 2、獐 2
	H88	1	10	中华圆田螺 10
	H91	1	4	猪 3、小猪 1
	H95	4	18	甘肃鼢鼠 1、貉 1、猪 15、獐 1
	H108	5	50	圆顶珠蚌 3、蚌 1、猪 35、小猪 9、獐 1、绵羊 1
	H117	1	12	猪 12
	H121	1	1	獐 1
	H122	4	13	猪 8、獐 3、梅花鹿 1、绵羊 1
	H123	4	6	圆顶珠蚌 1、蚌 1、猪 3、牛 1
	H125	1	3	猪 3
	H150	1	1	猪 1
	H159	2	7	圆顶珠蚌 3、猪 4
	H161	2	3	猪 2、獐 1
	H165	5	47	狗 2、猪 39、小猪 2、獐 1、梅花鹿 1、绵羊 2
	H166	2	7	猪 6、梅花鹿 1
	H168	1	11	猪 11
	H172	5	17	蚌 2、猫 8、梅花鹿 2、绵羊 4、牛 1
	Ⅱ T1501 ②	5	35	圆顶珠蚌 1、猪 14、梅花鹿 2、獐 2、绵羊 16
	Ⅱ T1601 ②	7	19	草兔 1、马 1、猪 11、梅花鹿 3、獐 1、绵羊 1、牛 1
小计	30	17	642	

文化类型	遗迹编号	动物属种数	骨骼总数量	属种的骨骼数量
庙底沟文化二期	H8	4	17	马1、猪13、獐1、梅花鹿2
	H13	1	1	绵羊1
	H14	4	30	猪14、梅花鹿5、绵羊1、牛10
	H25	5	16	圆顶珠蚌3、马1、猪3、绵羊1、牛8
	H31	1	3	猪3
	H32	1	8	猪8
	H33	4	4	草兔1、猪1、獐1、绵羊1
	H35	8	32	蚌1、貉1、猫2、猪12、獐6、梅花鹿8、绵羊1、牛1
	H41	7	60	雉1、草兔1、狗1、马1、猪43、小猪3、獐5、牛5
	H46①	4	25	中华圆田螺17、硬环棱螺1、圆顶珠蚌5、猪2
	H46②	3	7	甘肃鼢鼠1、猪4、牛2
	H46③	1	14	猪14
	H46④	11	98	中华圆田螺51、圆顶珠蚌1、雀形目1、雉1、草兔1、狗1、猪29、小猪6、獐2、梅花鹿3、马鹿2
	H46⑤	2	12	中华圆田螺10、绵羊2
	H46⑥	3	18	中华圆田螺10、硬环棱螺5、猪3
	H61	5	8	圆顶珠蚌2、雉3、猪1、绵羊1、牛1
	H62	10	42	圆顶珠蚌2、蚌1、鹤1、雉1、狗獾1、猪27、小猪1、獐3、梅花鹿2、绵羊2、青羊1
	H67	5	21	蚌1、猪14、小猪2、梅花鹿2、绵羊1、牛1
	H71①	3	30	圆顶珠蚌1、猪27、小猪1、獐1
	H71②	3	57	中华圆田螺27、猪29、绵羊1
	H74①	3	10	雕1、鲶鱼1、猪8
	H74②	2	10	貉1、猪9
	H75	1	7	猪7
	H79	2	2	猪1、梅花鹿1
	H80	7	423	中华圆田螺408、圆顶珠蚌4、甘肃鼢鼠1、猪6、獐1、绵羊2、牛1
	H82	5	29	中华圆田螺5、蚌1、猪20、獐1、梅花鹿2
	H84	3	11	猪8、马鹿1、绵羊2
	H86	5	14	苍鹰1、金丝猴1、猪10、獐1、绵羊1
	H87	6	46	中华圆田螺1、圆顶珠蚌4、蚌1、草兔1、猪35、绵羊4
	H90	3	3	猪1、绵羊1、牛1
	H105①	3	5	猪3、梅花鹿1、牛1
	H105②	4	39	猪36、獐1、马鹿1、绵羊1
	H105③	4	62	雕1、猪57、小猪1、獐2、梅花鹿1
	H105④	3	9	中华圆田螺1、圆顶珠蚌4、猪4
	H107①	1	10	猪10

文化类型	遗迹编号	动物属种数	骨骼总数量	属种的骨骼数量
庙底沟文化二期	H107 ②	1	4	猪 4
	H107 ③	1	18	猪 13、小猪 5
	H107 ④	2	7	中华竹鼠 1、猪 6
	H110	1	8	猪 8
	H118 ①	3	19	草兔 2、猪 8、小猪 8、绵羊 1
	H118 ⑤	4	15	圆顶珠蚌 1、雉 2、猪 11、獐 1
	H118 ⑥	1	26	猪 26
	H130	7	62	圆顶珠蚌 4、猫 1、猪 48、獐 4、梅花鹿 2、绵羊 1、牛 2
	H131 ①	2	3	猪 1、梅花鹿 2
	H131 ②	6	20	硬环棱螺 1、蚌 2、雉 1、猪 11、獐 2、梅花鹿 3
	H138	3	5	圆顶珠蚌 1、猪 3、梅花鹿 1
	H140	2	3	猪 2、梅花鹿 1
	H143	2	7	鲤鱼 1、猪 6
	H145	1	2	猪 2
	H146 ②	2	14	猪 10、小猪 1、獐 3
	H146 ③	3	13	硬环棱螺 1、猪 8、獐 4
	H147	4	9	猪 3、獐 1、梅花鹿 4、绵羊 1
	H149	4	32	中华圆田螺 10、猪 20、梅花鹿 1、绵羊 1
	H151	5	11	蚌 5、猪 3、獐 1、马鹿 1、绵羊 1
	H156	5	50	中华圆田螺 37、猪 10、獐 1、梅花鹿 1、绵羊 1
	H158	3	41	猪 23、獐 5、梅花鹿 13
	H162	2	3	猪 1、梅花鹿 2
	H164	5	64	草兔 1、狗 1、猪 54、獐 4、梅花鹿 4
	H167	2	9	圆顶珠蚌 8、猪 1
	H173	1	5	猪 5
	Ⅰ T0302 ②	5	7	圆顶珠蚌 1、猪 2、獐 1、梅花鹿 2、牛 1
	Ⅰ T0602 ④	2	5	猪 4、梅花鹿 1
	Ⅱ T1401 ②	3	5	猪 3、梅花鹿 1、绵羊 1
	Ⅲ T1501 ②	3	15	猪 12、獐 1、绵羊 2
	Ⅱ T1701 ②	3	8	猪 3、獐 3、绵羊 2
	Ⅱ T1901 ②	1	7	猪 6、小猪 1
	H01	11	443	中华圆田螺 319、圆顶珠蚌 4、蚌 9、鲤鱼 1、草鱼 1、雉 7、龟 2、仓鼠 3、甘肃鼢鼠 2、猪 41、小猪 5、獐 30、梅花鹿 19
	H02	4	329	中华圆田螺 308、圆顶珠蚌 8、猪 12、梅花鹿 1
	H05	5	10	鳖 1、雉 2、仓鼠 1、猪 5、梅花鹿 1
小计	51	30	2460	

文化类型	遗迹编号	动物属种数	骨骼总数量	属种的骨骼数量
庙底沟文化三期	H9①	9	94	中华圆田螺 1、圆顶珠蚌 3、蚌 3、甘肃鼢鼠 2、猪 64、獐 3、梅花鹿 8、绵羊 4、牛 6
	H9②	4	71	鲶鱼 1、猪 54、獐 11、梅花鹿 5
	H9③	3	34	猪 31、梅花鹿 2、牛 1
	H9④	1	15	猪 15
	H10	2	2	中华圆田螺 1、猪 1
	H11	4	9	甘肃鼢鼠 1、猪 5、梅花鹿 2、牛 1
	H16	2	9	猪 5、梅花鹿 4
	H17	6	26	中华圆田螺 7、蚌 7、狗 1、猪 4、梅花鹿 2、牛 5
	H18	9	42	中华圆田螺 5、蚌 3、雕鸮 1、狗 1、马 1、猪 17、小猪 2、獐 1、绵羊 4、牛 7
	H20	6	33	鱼 1、甘肃鼢鼠 1、猪 22、獐 4、梅花鹿 4、绵羊 1
	H22①	9	204	中华圆田螺 2、圆顶珠蚌 14、蚌 10、雉 13、鲤鱼 1、鳖 1、猪 91、小猪 50、獐 16、梅花鹿 6
	H22②	8	45	中华圆田螺 1、圆顶珠蚌 1、蚌 1、雉 5、狗獾 1、猪 28、小猪 4、獐 2、梅花鹿 2
	H55	1	3	圆顶珠蚌 3
	H63	3	8	圆顶珠蚌 2、猪 4、小猪 1、獐 1
	H73	5	9	中华圆田螺 2、圆顶珠蚌 2、蚌 1、猪 3、绵羊 1
	H77	4	14	中华圆田螺 2、圆顶珠蚌 2、猪 9、梅花鹿 1
	H97	2	6	猪 5、梅花鹿 1
	H100①	11	64	圆顶珠蚌 1、蚌 1、鲤鱼 1、雉 2、草兔 2、狗 1、猪 31、獐 1、梅花鹿 3、绵羊 20、牛 1
	H100②	1	1	绵羊 1
	H109①	2	6	猪 4、小猪 2
	H109②	4	10	雉 1、草兔 1、貉 2、猪 6
	H113	1	1	猪 1
	H116①	5	47	中华圆田螺 2、圆顶珠蚌 2、貉 1、猪 39、小猪 1、獐 2
	H116③	2	5	猪 4、獐 1
	H116⑤	4	9	鹤 1、雉 1、猪 5、獐 2
	H116⑥	1	4	猪 4
	H127	4	5	狗 1、猪 1、梅花鹿 2、牛 1
	H133	5	24	圆顶珠蚌 2、草兔 1、猪 14、獐 5、梅花鹿 2
	H134	7	33	圆顶珠蚌 1、蚌 1、猪 11、小猪 6、獐 2、梅花鹿 10、马鹿 1、绵羊 1
	H137	5	25	圆顶珠蚌 1、猪 18、獐 1、梅花鹿 4、绵羊 1
	H141	5	47	猪 13、小猪 22、獐 1、梅花鹿 9、绵羊 1、牛 1
	H144	2	5	猪 3、小猪 1、梅花鹿 1
	H160	2	13	猪 10、獐 3

文化类型	遗迹编号	动物属种数	骨骼总数量	属种的骨骼数量
庙底沟文化三期	I T0201③	6	28	圆顶珠蚌 2、猪 18、梅花鹿 5、马鹿 1、绵羊 1、牛 1
	I T0202②	3	6	猪 1、梅花鹿 3、牛 2
	I T0202③	1	1	梅花鹿 1
	I T0301③	9	29	中华圆田螺 1、硬环棱螺 1、蚌 1、狗 1、猪 11、梅花鹿 8、绵羊 2、牛 4
	I T0401③	6	14	甘肃鼢鼠 1、猪 9、獐 1、梅花鹿 2、牛 1
	I T0401④	3	7	猪 3、獐 3、牛 1
	I T0501④	5	18	圆顶珠蚌 1、猪 7、獐 2、梅花鹿 6、牛 2
	I T0502①	2	6	猪 3、梅花鹿 3
	I T0502③	9	36	圆顶珠蚌 4、狗 2、马 2、猪 9、小猪 1、獐 2、梅花鹿 4、绵羊 7、牛 5
	I T0601②	1	1	獐 1
	I T0601③	3	9	猪 4、獐 4、牛 1
	I T0601④	2	7	猪 6、绵羊 1
	I T0602②	1	1	猪 1
	I T0702③	2	4	猪 3、獐 1
	II T0901②	3	18	猪 12、小猪 2、绵羊 2、牛 2
	II T0901③	2	15	猪 14、绵羊 1
	II T1801②	3	3	草兔 1、梅花鹿 1、牛 1
	H07	8	25	圆顶珠蚌 2、蚌 5、雉 1、草兔 1、狗獾 4、猪 8、獐 1、梅花鹿 1、绵羊 2
小计	42	21	1151	
近现代	I T0602①	1	1	甘肃鼢鼠 1
	II T1701①	6	11	马 1、猪 4、獐 1、梅花鹿 2、绵羊 1、牛 2
	II T1801①	2	6	猪 1、梅花鹿 5
	II T2308①	1	1	猪 1
小计	4	7	19	
东周	M2（填土中）	4	6	雉 1、仓鼠 1、獐 1、梅花鹿 3
	W1	2	14	小孩不完整骨骼 13、猪 1
	W3	2	4	马 2、猪 2
小计	2	3		
汉代	G2	1	1	猪 1
	G3	6	39	雉 4、犬类的幼年个体 1、狗 5、猪 7、小猪 6、獐 1、绵羊 15
小计	2	6	40	

附表六　动物群在各文化层中的分布情况

文化类型\\动物属种	庙底沟文化			东周（W1、W3）	采集
	一期	二期	三期		
中华圆田螺　*Cipangopaludina cathayensis*	●	●	●		
硬环棱螺　*Bellamya lapidea*		●	●		
圆顶珠蚌　*Unio douglasiae*	●	●	●		
蚌　Unionidae	●	●	●		
鲤鱼　*Cyprinus* sp.			●		
草鱼　*Ctenopharyngodon idellus*		●			
鲶鱼　*Silurus* sp.		●	●		
鳖　*Amyda* sp.		●	●		
龟　*Geoclemys* sp.		●			
雕　*Aquila* sp.		●			
苍鹰　*Accipiter gentilis*		●			
雕鸮　*Bubo bubo*			●		
鹤　*Grus* sp.		●	●		
雉　*Phasianus* sp.	●	●	●		
金丝猴　*Rhinopithecus roxellana*		●			
刺猬　*Erinacrus europaeus*	●				
甘肃鼢鼠　*Myospalax cansus*	●	●	●		
仓鼠　*Cricetulus* sp.		●			
中华竹鼠　*Rhizomys sinensis*		●			
草兔　*Lepus capensis*	●	●	●		
狗　*Canis familiaris*	●	●	●		
貉　*Nyetereutes proycyonoides*	●	●	●		
狗獾　*Meles meles*		●	●		
猫　*Felis* sp.	●	●			
虎　*Panthera tigris*					●
马　*Equus* sp.	●	●	●	●	
家猪　*Sus domesticus*	●	●	●	●	
獐　*Hydropotes inermis*	●	●	●		
梅花鹿　*Cervus nippon*	●	●	●	●	
马鹿　*Cervus elaphus*	●	●	●		
青羊　*Naemorhedus goral*		●			
牛　*Bos* sp.	●	●	●		
绵羊　*Ovis* sp.	●	●	●		
种属合计	17	30	22	3	1

附表七　各期文化层动物骨骼的数量及对应的最小个体数

动物种类	可鉴定标本数量				最小个体数			
	文化分期				文化分期			
	一期	二期	三期	总数	一期	二期	三期	总数
中华圆田螺　*Cipangopaludina cathayensis*	69	1204	24	1297	69	1204	24	1297
硬环棱螺　*Bellamya lapidea*		8	1	9		8	1	9
圆顶珠蚌　*Unio douglasiae*	33	53	43	129	18	27	23	68
蚌　Unionidae	15	21	33	69				
鲤鱼　*Cyprinus* sp.		2	2	4		2	2	4
鲶鱼　*Silurus* sp.		1	1	2		1	1	2
草鱼　*Ctenopharyngodon idellus*		1		1		1		1
鱼　Pisces	1		1	2				
鳖　*Amyda* sp.		1	1	2		1		1
龟　*Geoclemys* sp.		2		2		1		1
雕　*Aquila* sp.		2		2		1		1
苍鹰　*Accipiter gentilis*		1		1		1		1
雕鸮　*Bubo bubo*			1	1			1	1
鹤　*Grus* sp.		1	1	2		1	1	2
雉　*Phasianus* sp.	4	18	23	38	1	2	3	6
金丝猴　*Rhinopithecus roxellana*		1		1		1		1
刺猬　*Erinacrus europaeus*	1			1	1			1
草兔　*Lepus capensis*	1	7	6	14	1	2	1	4
甘肃鼢鼠　*Myospalax cansus*	3	4	5	12	1	2	2	5
仓鼠　*Cricetulus* sp.		4		4		2		2
中华竹鼠　*Rhizomys sinensis*		1		1		1		1
狗　*Canis familiaris*	3	3	7	13	1	2	2	5
貉　*Nyetereutes proycyonoides*	1	2	3	6	1	1	1	3
狗獾　*Meles meles*		1	5	6		1	1	2
猫　*Felis* sp.	8	3		11	1	1		2
马　*Equus* sp.	1	3	3	7	1	1	1	3
家猪　*Sus domesticus*	423	871	723	2015	43	100	92	235
獐　*Hydropotes inermis*	30	86	71	187	2	3	6	11
梅花鹿　*Cervus nippon*	15	85	103	203	2	5	4	11
马鹿　*Cervus elaphus*	1	5	2	8	1	2	1	4
青羊　*Naemorhedus goral*		1		1		1		1
牛　*Bos* sp.	5	35	43	83	1	2	2	5
绵羊　*Ovis* sp.	27	33	49	108	2	3	6	11

动物种类	可鉴定标本数量				最小个体数			
	文化分期				文化分期			
	一期	二期	三期	总数	一期	二期	三期	总数
合计	641	2460	1151	4245	146	1380	175	1701
哺乳动物（NISP/NMI）合计	507	1147	1032	2693	58	130	119	307
野生哺乳动物的（NISP/NMI）	61	203	199	463	11	23	17	51
家养哺乳动物的（NISP/NMI）	446	943	832	2230	47	107	102	256
野生哺乳动物（NISP/NMI）/家养哺乳动物					23.4	20.6	16.7	
鹿科动物					3	7	5	15
牛科动物					3	5	8	16

NISP: 可鉴定标本数（number of identified specimens）

MNI: 最小个体数（minimum number of individual）

附表八 不可鉴定动物骨骼统计表

遗迹单位	脊椎骨数量	肋骨数量	碎骨		备注	小计
			管状骨	片状骨	烧、切痕等	
H01	34	57	9	114	烧骨 62	276
H02	4	5	2	1	烧骨 2	14
H05	7	12		8	烧骨片 4	31
H07	2	6		13	烧骨 9	30
H4 ①	3	4		17		24
H4 ②	2	8	1	14		25
H8		4		12		16
H9 ①	2	9	1	35		47
H9 ②	9	17	2	21	烧骨 2	51
H9 ③	5	20		1		26
H9 ④	1	3	1	13		18
H11		4	1	16		21
H14	2	2	2	29		35
H16	1	1	1	4		7
H17	2	3	1	32		38
H18	2	6	3	16	烧骨 2	29
H20	2	11	3	37	烧骨片 1	54
H22 ①	6			1		7
H22 ②	2	15		5	烧骨 1	23
H25	1	4		15		20
H28	15	65		45	烧骨 3	128
H31				1		1
H33	3	1				4
H35	1	5	1	23		30
H38		23		10	烧骨 1	34
H41	1	11	3	10	烧骨 1	26
H44		5		2		7
H46 ②	1					1
H46 ④	8	21	2	32	烧骨 9	72
H46 ⑥	2	5		21		28
H53	1					1
H62	7	3		35	烧骨 2	47
H63	2	3		3		8
H64	2			1		3

遗迹单位	脊椎骨数量	肋骨数量	碎骨		备注	小计
			管状骨	片状骨	烧、切痕等	
H64 ③				1		1
H66	1	4			烧骨 2	7
H67	1		1	1		3
H68 ①	2	22		7		31
H68 ②		6				6
H68 ③	2			2		4
H69		8		7		15
H71 ①	5	4		2		11
H71 ②	5	5	3	5		18
H73	1	2		2	烧骨 1	6
H74 ①			1			1
H74 ②			2			2
H75		1				1
H77	2	6		7		15
H77	1	3		1		5
H78		3		1		4
H80	1			4		5
H82	2	2		6		10
H86			2	1		3
H87	5	9	5			19
H90			1			1
H91			1			1
H95	2	1		8		11
H97				1		1
H100	11	11	2	10		34
H105 ①	2			4		6
H105 ②	9	6	2	10		27
H105 ③	9		4	9		22
H105 ④	1			4		5
H107	3	9	1	11	烧骨 3	27
H108 ①	3	28	2	11	烧骨 2	46
H109 ①		1		2		3
H109 ②		1		2		3
H110	1	3		2		6

遗迹单位	脊椎骨数量	肋骨数量	碎骨		备注	小计
			管状骨	片状骨	烧、切痕等	
H116	4	14	3	7	烧骨 2	30
H116 ③	5		17	13		35
H116 ⑤	1	4		2	烧骨 3	10
H117	3		1	1		5
H118 ①		6		2		8
H118 ⑤	6	7				13
H118 ⑥		9		1		10
H121	1			3		4
H122	4	3			烧骨 2	9
H123	1		1	3		5
H127		1		2		3
H130	2	5		14		21
H131 ②	3	2		3		8
H133	5	4	1	5	烧骨 3	18
H134	1	2		2		5
H137	5	7	3	10	烧骨 3	28
H138 ①	1	1		1		3
H140		1		2		3
H141	4	16		30		50
H145				2		2
H146 ①	8	22	4	4		38
H146 ②	1	12		3	烧骨 1	17
H147	4					4
H149	2	2		6		10
H150		2		5		7
H151	1	1				2
H156		5		6	烧骨 1	12
H158		3		9	烧骨 9	21
H159		1				1
H160	1	3		7		11
H164	9	6	3	3		21
H165	2	1	1	4		8
H166	1			2		3
H168	3	8		4		15

遗迹单位	脊椎骨数量	肋骨数量	碎骨		备注	小计
			管状骨	片状骨	烧、切痕等	
H173	2	14	1			17
Ⅰ T0201 ③	5	11		18		34
Ⅰ T0202 ②		5		5		10
Ⅰ T0301 ③	2	12	3	41		58
Ⅰ T0302 ②	5			23		28
Ⅰ T0401 ③	3	7	2	5		17
Ⅰ T0403 ④		1				1
Ⅰ T0501 ④	5			29		34
Ⅰ T0501 ③	2	3		3		8
Ⅰ T0502 ③	4	10	2	26		42
Ⅰ T0601 ③	2			8	烧骨 1	11
Ⅰ T0602 ④				3		3
Ⅰ T0702 ③			1			1
Ⅰ T0702 ③	2	2	3	5		12
Ⅱ T0901 ①		1		11		12
Ⅱ T0901 ②		1	1			2
Ⅱ T1401 ②	1					1
Ⅱ T1501 ②	31	35	2	32		100
Ⅱ T1601 ②	1	8		6		15
Ⅱ T1701 ②	5	6		15		26
Ⅱ T1701 ③		8		6		14
Ⅱ T1801 ①				2		2
Ⅱ T1901 ②				2		2
Ⅱ T2303 ①		4		1		5
Ⅱ T2308 ①		4				4
W3				1		1
G2	1			1		2
G3	23	42	13	30		108
小计	130	371	790	122	1137	132	2552

附录一　泉护村遗址石器岩石类型鉴定报告

胡西顺　胡松梅

（西北有色地质研究院　陕西省考古研究院）

泉护村遗址是渭河流域一处重要的新石器时代庙底沟文化遗址，其中出土了大量石器，主要为磨制石器，也有个别打制石器。磨制石器有生产和生活用具，如石斧、石刀、石凿、石铲、石球、磨石等，也有一些装饰品，如玉质石刀、石环等。通过对石料的系统鉴定，发现泉护村人类对石料的选择加工已积累了一定的经验，根据石器的不同功能选择不同质地的岩性。以下简单介绍其石料的主要岩石类型和产地来源（附表）。

一　岩石类型

（1）辉石岩（Pyroxenite）：俗称墨玉、墨绿玉，岩石呈灰黑色、墨绿色，中粗粒等粒结构，主要由辉石组成，常具蛇纹石化形成绿色色彩。岩石致密，一般需长久的琢磨才能成为理想的工具。用这种石料加工的工具一般比较光滑。常用来加工装饰品和石凿、石刀、石锛等磨制工具。

（2）辉长岩（Gabbro）：岩石呈灰黑色，粗粒等粒结构，主要由辉石、斜长石组成。岩石结构均匀、质地致密坚硬，加工比较困难，一般需长久的琢磨才能成为理想的工具。一般用来制作打制工具，用来加工石环、石斧、石球等工具。

（3）辉绿岩（Diabase）：岩石呈灰绿色，细粒至中粒结构，岩石致密坚硬，加工比较困难，一般需长久的打磨才能成为理想的工具。用这种石料加工石锛、石斧、石杵等耐打击的磨制工具。

（4）闪长岩（Diorite）：岩石呈浅灰、灰绿等色，粒状结构，主要由斜长石、角闪石组成，含少量辉石、黑云母、石英。岩石坚硬，结构均匀，一般用来加工石球、石环等工具。

（5）角闪花岗岩（Granite）、白岗岩（Alaskite）：花岗岩呈浅肉红色、浅灰色，由石英、钾长石、斜长石、角闪石组成；白岗岩呈灰白色，由石英、长石组成，不含暗色矿物。岩石呈粗粒华岗结构，致密坚硬，一般用来加工石球、石拍、石斧等工具。

（6）玄武岩（Basalt）：岩石灰黑色，细晶或隐晶结构，致密均匀，一般用来加工石刀、石凿等磨制工具。

（7）安山岩（Andesite）：岩石呈深灰、紫色、绿色，由斜长石、角闪石组成，有时具杏仁构造。一般用来加工石刀、石斧、石凿等磨制工具。

（8）凝灰（千枚）岩（Tuff phyllite）：常呈灰色、灰红色，千枚理构造，由细碎屑组成，岩石较软，易磨制，用来加工石刀、石镞、石镰等刮削器和环石、石拍等工具。

（9）斜长角闪（片）岩、角闪岩（Amphibolite）：岩石呈深绿色，主要由角闪石组成，含少量斜长石。矿物颗粒粗，岩石致密较坚硬。是加工磨制石器较为理想的材料，用来加工石斧、石凿、石铲、石饼、石环、环石等工具。

（10）黑云斜长片岩、片麻岩：岩石呈灰黑色、灰白色，片理、片麻理定向构造发育，易加工成薄片状，用于加工石铲、石饼、石刀、石环、石球等工具。

（11）角闪斜长片麻岩、斜长角闪片麻岩（Hornblende actinolite gneiss）：岩石呈灰白色，片麻理定向构造发育，岩石较易打磨，主要用来加工石斧、磨棒、石饼、环石、石杵、石球等工具。

（12）绿泥斜长片岩：岩石呈灰绿色，主要由绿泥石、斜长石组成，绿泥石是角闪石蚀变形成。岩石硬度中等，易加工，仅有一件石斧由其加工而成。

（13）二云母片岩、黑云母片岩：岩石呈深灰色、灰绿色，片粒发育，主要由黑云母组成，有时含白云母，含少量石英。岩石硬度较小，易剥成片，用来加工石环、石饼、石刀等工具。

（14）花岗片麻岩：岩石呈灰白色，主要由长石、石英、角闪石组成，矿物颗粒粗大，发育片麻理定向构造，沿片麻理易加工，主要用来加工石拍等工具。

（15）石英岩（Quartzite）：岩石呈灰白色、次紫红色，主要由石英组成，石英具重结晶现象，有的含磁铁矿。岩石坚硬质脆，主要用来加工石球、石拍、石饼等工具。

（16）大理岩（Marble）：呈纯白色或灰白色，中粗粒重结晶结构，主要由方解石、白云石组成，结构致密均匀，硬度小，易磨制。主要用来加工石刀等工具。纯白色者类似"汉白玉"，可制作玉器。

（17）料姜石：呈浅黄白色，主要矿物成分为方解石，另有白云石和高岭石等，高岭石含量4%~8%。是一种灰岩或白云质灰岩受风化淋滤（蚀）而形成的钙质或镁钙质结核，多赋存于石灰岩和白云岩风化后而形成的红土层中，形状各异，大小不等。硬度小。主要用来加工石球。

（18）细砂岩、砂岩：岩石呈紫灰色、灰白色、浅灰绿色，细粒砂状结构，主要由石英、长石、绿泥石等矿物组成，结构较均匀，硬度中等。主要用作磨石。

（19）脉石英（Quartz）：灰白色，粗粒结构，硬度大，由石英组成。岩石坚硬，不易加工，仅有一件石器基本上保持河流磨蚀的形状。

（20）硅质岩：呈浅紫灰色，岩石致密坚硬。加工难度大，加工的工具结实耐用，仅有一件石斧由此磨制加工而成。

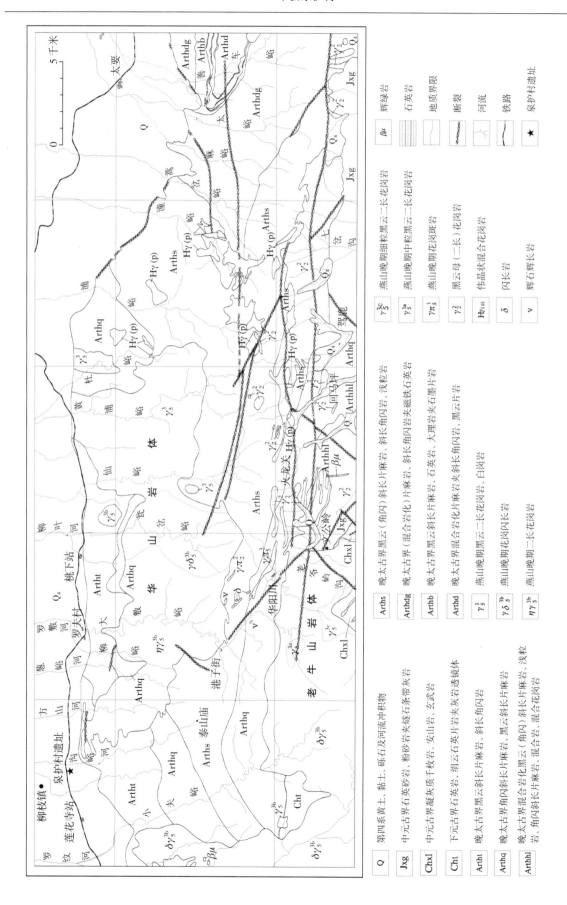

图一 泉护村遗址石料分布地质图

（21）高岭石化长石（脉）岩：岩石灰白色，致密状结构，硬度较小，易磨制加工，易穿孔。有一件石斧由此磨制加工而成。

（22）角砾岩（Breccia）：岩石呈青灰色，角砾状结构，角砾主要成分为灰岩，钙质、铁质胶结，可能为断层角砾岩。有一件石凿由此磨制加工而成。

二　岩石的时代及其产地

以上所述的石料主要见于渭水以南的秦岭山中和山前，其中片麻岩、片岩、斜长角闪岩、角闪岩、花岗片麻岩、磁铁石英岩、大理岩产于太古代太华群，细砂岩、砂岩、安山岩、玄武岩、凝灰千枚岩、硅质岩产于中元古代，辉长辉石岩可能形成于加里东期，闪长岩、闪长花岗岩、白岗岩等岩浆岩以及辉绿岩、高岭石化长石（脉）岩、脉石英等脉岩主要形成于燕山期，料姜石形成于第四纪。

从地理位置看，太古代太华群的片岩、片麻岩、斜长角闪岩、角闪岩、花岗片麻岩以及闪长花岗岩等岩石主要分布在遗址南侧附近的秦岭北坡，产于太华群地层中的石英岩在华县高塘及潼关蒿岔峪至善车峪一带出露，太华群地层中的大理岩分布在华县太平峪、马峪，辉绿岩在西边的小夫峪西侧小沟以及大敷峪沟垴火龙关局部分布，混合花岗岩分布于华阴县杜峪，中元古代细砂岩、砂岩、安山岩、玄武岩、凝灰千枚岩、硅质岩分布于大敷峪沟垴文公岭、老爷岭沟一带，辉长岩、辉石岩、闪长岩等分布于大敷峪华阳川一带，石英脉在华阳川一带密集分布，白岗岩主要分布于华山周围华县葱峪至华阴县杜峪，料姜石产于秦岭山前沟谷中第四系底部（图一）。

在交通极为不便的条件下，泉护村人类所取的石料不可能取自进山距离很远的秦岭山中，而应为就近取材，取自山谷口的河道中的冲积物，脉石英、角砾岩保留磨蚀特征也可佐证这一点。从大部分石料的岩石产于大敷峪沟内可以推断，石料大部分取自敷峪河，表明泉护村人类经常活动在罗纹河到敷峪河一带。而从石器的石料中有黑云母片岩、石英岩，则表明泉护村人类的石料来源向西最远可能到达20千米远的赤水河，向东最远可能已到达40千米远的潼关蒿岔峪至善车峪一带。

三　石器原料的选择与岩石性质的关系

泉护村古人就地选择了秦岭北坡的二十多种岩石原料。按成因分类，主要为变质岩，其次为岩浆岩，个别为沉积岩。变质岩由于其特殊的构造：如板状、片状、片麻状和千枚状，是加工各种"片状"石器的理想材料。磨石主要为沉积岩的中细砂岩，这也符合现代人的观念。石球要求硬度大、结构均匀，因此各种片理不发育的岩浆岩、石英岩石料是加工石球较理想的材料。辉石岩（也叫墨玉、墨绿玉）由于质地尚佳，主要用来加工各种装饰品。石斧由于要求硬度较大，主要为岩浆岩。泉护村古人对石料加工利用的选择，是华夏远古人类辛勤劳动与聪明智慧的体现。

附表　石器石料鉴定一览表

编号	名称	岩性	岩石时代	产地及来源
H3：1	石凿	辉石岩	加里东期	秦岭北坡大敷峪沟
H4①：2	石斧	角闪斜长片麻岩	太古代	秦岭北坡大敷峪沟
H4①：8	石斧	变安山岩	中元古代	秦岭北坡大敷峪沟
H4①：36	石铲	黑云斜长片岩	太古代	秦岭北坡广泛发育
H4①：37	石锛	闪长岩	燕山期	秦岭北坡大敷峪沟
H4①：38	石纺轮	辉石岩	加里东期	秦岭北坡大敷峪沟
H4①：58	石饼	黑云母（石英）片岩	太古代	秦岭北坡善车峪
H4①：59	环石	斜长角闪片麻岩	太古代	秦岭北坡大敷峪沟
H9③：15	石镞	凝灰千枚岩	中元古代	秦岭北坡大敷峪沟
H18：3	石斧	安山岩	中元古代	秦岭北坡大敷峪沟
H22②：10	石斧	辉长岩	加里东期	秦岭北坡大敷峪沟
H22②：12	石环	辉长岩	加里东期	秦岭北坡大敷峪沟
H22②：27	石纺轮	凝灰千枚岩	中元古代	秦岭北坡大敷峪沟
H22②：42	石凿	变玄武岩	中元古代	秦岭北坡大敷峪沟
H22①：237	石饼	黑云角闪片麻岩	太古代	秦岭北坡小夫峪—葱峪
H22②：238	石杵	辉绿岩	燕山期	大敷峪沟、罗纹河
H22①：276	石刀	辉石岩	加里东期	秦岭北坡大敷峪沟
H28：3	石锛	辉绿岩	燕山期	大敷峪沟、罗纹河
H28：10	石刀	黑云母片岩	太古代	秦岭北坡善车峪
H28：145	石刀	细砂岩	中元古代	秦岭北坡大敷峪沟
H31：11	石斧	斜长角闪岩	太古代	秦岭北坡小夫峪—仙峪
H31：2	石斧	硅质岩	中元古代	秦岭北坡大敷峪沟
H34：3	石刀	凝灰千枚岩	中元古代	秦岭北坡大敷峪沟
H37：3	石斧	辉绿岩	燕山期	大敷峪沟、罗纹河
H38：12	石刀	辉石岩	加里东期	秦岭北坡大敷峪沟
H38：89	磨石	砂岩	中元古代	秦岭北坡大敷峪沟
H38：90	磨石	（硅化）斜长角闪片岩	太古代	秦岭北坡小夫峪—仙峪
H41：19	石刀	凝灰千枚岩	中元古代	秦岭北坡大敷峪沟
H45：2	磨石	闪长岩	燕山期	秦岭北坡大敷峪沟
H46④：91	石凿	斜长角闪岩	太古代	秦岭北坡小夫峪—仙峪
H46②：206	石环	辉长岩	加里东期	秦岭北坡大敷峪沟
H46③：207	石环	斜长角闪片岩	太古代	秦岭北坡小夫峪—仙峪
H46⑤：208	环石	斜长角闪片岩	太古代	秦岭北坡小夫峪—仙峪
H48④：2	石斧	斜长角闪岩	太古代	秦岭北坡小夫峪—仙峪
H48③：3	石凿	斜长角闪片岩	太古代	秦岭北坡小夫峪—仙峪

续附表

编号	名称	岩性	岩石时代	产地及来源
H62：27	石环	辉长岩	加里东期	秦岭北坡大敷峪沟
H62：29	石刀	变安山岩	中元古代	秦岭北坡大敷峪沟
H62：32	环石	斜长角闪片岩	太古代	秦岭北坡小夫峪—仙峪
H62：33	石纺轮	辉长岩	加里东期	秦岭北坡大敷峪沟
H62：104	石环	闪长岩	燕山期	秦岭北坡大敷峪沟
H62：105	环石	闪长岩	燕山期	秦岭北坡大敷峪沟
H62：106	石斧	斜长角闪岩	太古代	秦岭北坡大敷峪沟
H64③：9	石球	辉长岩	加里东期	秦岭北坡大敷峪沟
H64①：11	石球	石英岩	太古代	秦岭北坡
H64①：16	石斧	斜长角闪岩	太古代	秦岭北坡大敷峪沟
H64①：17	环石	黑云斜长片岩	太古代	秦岭北坡广泛发育
H64①：18	石球	辉长岩	加里东期	秦岭北坡大敷峪沟
H64①：46	石球	闪长岩	燕山期	秦岭北坡大敷峪沟
H64②：50	石拍	脉石英	燕山期	秦岭北坡
H64②：51	石拍	白岗岩	燕山期	华山岩体
H67：96	环石	云母片岩	太古代	秦岭北坡善车峪
H68③：88	石斧	黑云角闪片麻岩	太古代	秦岭北坡小夫峪—柳峪
H71①：84	环石	斜长角闪岩	太古代	秦岭北坡小夫峪—仙峪
H71①：85	石斧	高岭石化长石脉岩	燕山期（？）	秦岭北坡
H73：1	石凿	蛇纹石化辉石岩	加里东期	秦岭北坡大敷峪沟
H73：10	石环	闪长岩	太古代	秦岭北坡大敷峪沟
H74②：6	石饼	斜长角闪片岩	太古代	秦岭北坡小夫峪—仙峪
H74②：112	石拍	石英岩	太古代	秦岭北坡
H77：24	磨石	细砂岩	中元古代	秦岭北坡大敷峪沟
H77：25	石镞	凝灰千枚岩	中元古代	秦岭北坡大敷峪沟
H82：01	磨石	斜长角闪片岩	太古代	秦岭北坡小夫峪—仙峪
H82：32	石斧	闪长岩	燕山期	秦岭北坡大敷峪沟
H84：29	石环	辉长岩	加里东期	秦岭北坡大敷峪沟
H84：31	环石	黑云角闪片麻岩	太古代	秦岭北坡小夫峪—柳峪
H84：32	石拍	石英岩	太古代	秦岭北坡
H84：33	石饼	斜长角闪片岩	太古代	秦岭北坡小夫峪—仙峪
H84：34	磨石	细砂岩	中元古代	秦岭北坡大敷峪沟
H86：1	石杵	角闪斜长片麻岩	太古代	秦岭北坡小夫峪—大敷峪
H86：11	石斧	辉石岩	加里东期	秦岭北坡大敷峪沟
H86：14	石环	辉石岩	加里东期	秦岭北坡大敷峪沟

编号	名称	岩性	岩石时代	产地及来源
H87：2	石刀	玄武岩	中元古代	秦岭北坡大敷峪沟
H87：67	环石	斜长角闪岩	太古代	秦岭北坡小夫峪—仙峪
H87：69	石凿	角砾岩		秦岭北坡大敷峪沟
H87：281	石拍	白岗岩	燕山期	华山岩体
H91：8	石饼	黑云斜长片岩	太古代	秦岭北坡善车峪
H91：15	石饼	石英岩	太古代	秦岭北坡
H91：37	石拍	花岗片麻岩	太古代	秦岭北坡大敷峪沟
H93：2	石环	斜长角闪岩	太古代	秦岭北坡小夫峪—仙峪
H95：63	石球	料姜石	第四纪	秦岭山前
H100 ①：1	石铲	辉石岩	加里东期	秦岭北坡大敷峪沟
H100 ①：77	石铲	角闪岩	太古代	秦岭北坡小夫峪—仙峪
H100 ②：78	石斧	斜长角闪岩	太古代	秦岭北坡小夫峪—仙峪
H100 ②：79	石斧	斜长角闪片岩	太古代	秦岭北坡小夫峪—仙峪
H103 ②：1	石斧	斜长角闪片岩	太古代	秦岭北坡小夫峪—仙峪
H105 ①：9	环石	（绿泥石化）黑云斜长片岩	太古代	秦岭北坡大敷峪沟
H105 ②：18	石杵	斜长角闪片麻岩	太古代	秦岭北坡小夫峪—大敷峪
H105 ③：33	石凿	玄武岩	中元古代	秦岭北坡大敷峪沟
H105 ①：220	环石	（绿泥石化）黑云斜长片岩	太古代	秦岭北坡大敷峪沟
H110：7	石杵	角闪岩	太古代	秦岭北坡小夫峪—仙峪
H110：27	磨石	斜长角闪片岩	太古代	秦岭北坡小夫峪—仙峪
H116 ③：43	石镰	凝灰千枚岩	中元古代	秦岭北坡大敷峪沟
H116 ①：128	环石	斜长角闪片岩	太古代	秦岭北坡小夫峪—仙峪
H116 ①：129	磨石	砂岩	中元古代	秦岭北坡大敷峪沟
H118 ①：3	石拍	砂岩	中元古代	秦岭北坡大敷峪沟
H118 ①：5	磨石	砂岩	中元古代	秦岭北坡大敷峪沟
H118 ①：80	石环	斜长角闪岩	太古代	秦岭北坡小夫峪—仙峪
H118 ①：81	环石	斜长角闪片岩	太古代	秦岭北坡小夫峪—仙峪
H131 ②：49	磨石	粉砂岩	中元古代	秦岭北坡大敷峪沟
H133：3	石镰	凝灰千枚岩	中元古代	秦岭北坡大敷峪沟
H133：126	石环	斜长角闪岩	太古代	秦岭北坡小夫峪—仙峪
H133：8	石斧	辉长岩	加里东期	秦岭北坡大敷峪沟
H133：10	石镰	凝灰千枚岩	中元古代	秦岭北坡大敷峪沟
H133：12	石镞	凝灰千枚岩	中元古代	秦岭北坡大敷峪沟
H133：122	环石	斜长角闪片岩	太古代	秦岭北坡小夫峪—仙峪
H133：123	石刀	石英岩	太古代	秦岭北坡高塘

编号	名称	岩性	岩石时代	产地及来源
H133：124	石拍	凝灰千枚岩	中元古代	秦岭北坡大敷峪沟
H137：4	石球	花岗岩	燕山期	秦岭北坡罗纹河—大敷峪
H137：9	石球	料姜石	第四纪	秦岭山前
H137：79	石球	黑云斜长片麻岩	太古代	秦岭北坡分布广泛
H137：81	石斧	混合花岗岩	燕山期	秦岭北坡杜峪
H138②：5	研磨石	花岗岩	燕山期	秦岭北坡大敷峪沟、罗纹河
H138①：15	环石	凝灰千枚岩	中元古代	秦岭北坡大敷峪沟
H138①：16	环石	凝灰千枚岩	中元古代	秦岭北坡大敷峪沟
H138②：17	石环	斜长角闪岩	太古代	秦岭北坡小夫峪—仙峪
H138②：18	石拍	角闪二长花岗岩	燕山期	秦岭北坡大敷峪沟、罗纹河
H147：7	石凿	变安山岩	中元古代	秦岭北坡大敷峪沟
H152：4	磨石	砂岩	中元古代	秦岭北坡大敷峪沟
H156：38	石环	云母（石英）片岩	太古代	秦岭北坡大敷峪沟
H160：41	磨石	砂岩	中元古代	秦岭北坡大敷峪沟
H165：18	石环	斜长角闪岩	太古代	秦岭北坡小夫峪—仙峪
G3：01	石斧	辉长岩	加里东期	秦岭北坡大敷峪沟
ⅠT0501④：6	石刀	大理岩	太古代	秦岭北坡处仁峪
ⅠT0601③：1	环石	斜长角闪片岩	太古代	秦岭北坡小夫峪—仙峪
ⅠT0702③：4	石斧	辉绿岩	燕山期	秦岭北坡大敷峪沟、罗纹河
ⅡT1601②：1	石凿	蛇纹石化辉石岩（墨玉）	加里东期	秦岭北坡大敷峪沟
ⅡT1702②：1	石环	黑云母片岩	太古代	秦岭北坡善车峪
ⅡT2108①：1	石斧	斜长角闪岩	太古代	秦岭北坡小夫峪—仙峪
ⅣT3971②：2	石斧	绿泥斜长片岩	太古代	秦岭北坡大敷峪沟

附录二　泉护村遗址植硅体分析报告*

张健平　吕厚远

（中国科学院地质与地球物理研究所古生态研究实验室）

一　分析材料与方法

2007年7月，在陕西省考古研究院专家的带领下，对泉护遗址已经发掘过的多处灰坑剖面进行了实地考察，并选择一处出露条件较好的剖面，系统采集了植硅体分析样品和年代学样品。

采样剖面位于柳枝镇西泉护村（丰良大队）以南，310国道以北约500米处（北纬34° 31.844′，东经109° 51.691′，海拔370米），剖面厚约1.8米，根据沉积物颜色、成分、结构以及出土陶片的性质等，在野外将该剖面自上而下分为五层：（1）0~0.1米，现代耕作层，（2）0.1~0.3米，黄色–土黄色粉沙质土，疏松，见陶片。（3）0.3~0.6米，浅黄色–黄色粉沙质黄土层，见陶片、炭屑。（4）0.6~1.2米，灰色–暗灰色灰层，堆积疏松、均匀，见陶片及水生螺类壳体，螺壳完整。（5）1.2~1.8米，浅黄色粉沙质黄土层，见水生螺类壳体。对暴露在剖面外层约10厘米厚的沉积物进行了清理，在确保对沉积物颜色、岩性发生明显变化的层位进行取样后，其他层位按照10厘米间距取样，共采集了18个植硅体分析样品，同步采集了6个^{14}C年代样品。

植硅体实验室分析，采用重液浮选的方法：

具体步骤如下：（1）每个样品定量取1毫升放入试管，加30%H_2O_2，使其充分反应；（2）加蒸馏水并离心清洗3次，加入石松孢子药片及10%HCl，放入沸水中加热15分钟；（3）加蒸馏水并离心清洗3次；（4）加比重为2.35的溴化锌重液进行浮选；（5）将浮选出的样品洗净，用中性树脂制成固定玻片待用。

在400倍光学显微镜下对薄片中植物硅酸体进行鉴定。每个样品分别鉴定两次，第一次统计所有类型的植硅体，每个样品统计600粒以上，计算了每个类型的百分含量（单个类型

* 该项分析研究工作由“十一・五”国家科技支撑计划重点项目“中华文明探源工程（2006BAK21B02）课题”资助。

数与所有类型统计数的比值×100%）。第二次只统计可明确鉴定为水稻（*Oryza sativa*）、黍（*Panicum miliaceum*）和粟（*Setaria italica*）的植硅体类型，每样统计200粒以上，同样计算了每个类型的百分含量（单个类型数与这三种农作物类型总的统计数的比值×100%）。棒型、刺棒型植硅体单体长度大于10微米，黍、粟稃壳植硅体单片内包含的特殊纹饰多于2个以上的植硅体个体记入统计范围。多个单一个体相连的植硅体形态（如并排哑铃型、气孔型）按照一个个体计算。

选取了6个层位的样品进行^{14}C年龄分析，其中0.2~0.3、0.7~0.8、1.3~1.4米处的3个样品，由中国科学院广州地球化学研究所AMS-^{14}C制样实验室和北京大学核物理与核技术国家重点实验室测试完成。0.5~0.6、0.9~1.0、1.1~1.2米层位的3个样品，由中国科学院地质与地球物理研究所核素与碳十四年代实验室完成。

具体结果见表一，剖面中的6个年龄数据，中下部0.9~1.0、1.1~1.2米处2个样品的年龄数据，与地层层序不一致，初步分析认为0.9~1、1.1~1.2米两处的样品是用全岩有机碳测试，年龄可能偏老。本分析报告暂时只选择距今2155±101（0.2~0.3米）、2593±205（0.5~0.6米）、4593±119（0.7~0.8米）、5571±65（1.3~1.4米）4个年代数据作为剖面的年龄框架。

表一　泉护村剖面^{14}C测年结果

深度（米）	实验实编号	^{14}C年龄（距今）	校正年龄（距今）	测年材料
0.2~0.3	GZ1956*	2131±43	2155±101	土壤
0.5~0.6	109**	2510±114	2593±205	土壤
0.7~0.8	GZ1955*	4061±51	4593±119	富含炭屑灰
0.9~1.0	108**	5066±74	5974±148	富含炭屑灰
1.1~1.2	104**	6058±394	6919±748	富含炭屑灰
1.3~1.4	GZ1954*	4846±50	5571±65	富含炭屑土

＊中国科学院广州地球化学研究所–北京大学核物理与核技术国家重点实验室加速器分析测试，用CalPal软件校正年龄。
＊＊中国科学院地质与地球物理研究所（核素与^{14}C年代实验室）液闪法测试^{14}C年龄，用Calib Rev 5.0.1软件校正年龄。

二　分析结果

（1）常见植硅体类型及黍、粟稃壳植硅体形态区分

泉护村剖面18个样品鉴定出植硅体25种类型，统计14628粒个体。该剖面中植硅体组合与自然剖面有较大的差别，所有样品中都发现含有农作物植硅体类型，主要农作物植硅体有水稻壳乳突状突起植硅体、并排哑铃型、水稻扇型，黍、粟稃壳植硅体（图一），黍颖片植硅体。其他类型主要有哑铃型、齿型、棒型、尖型、帽型、塔型、方型、气孔型和无法鉴定的稃壳类植硅体等。

对于黍、粟植硅体的区分鉴定一直是植硅体形态学研究的一个难点，中国科学院地质与

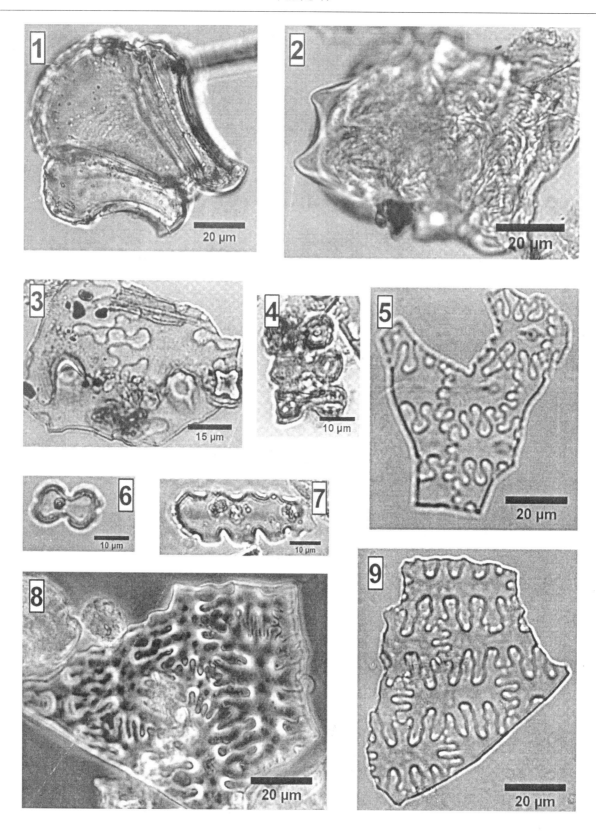

图一　泉护村遗址中常见植硅体类型

1.水稻扇型　2.水稻壳植硅体　3、5.粟稃壳植硅体　4.水稻哑铃型　6.哑铃型　7.齿型　8、9.黍稃壳植硅体

地球物理研究所古生态实验室，近年来从山东、河北、山西、陕西、甘肃等地以及国家种质资源中心采集（收集）了21个品种的现代黍、粟样品，对每个品种小穗中的颖片、内外稃片进行了系统的分析，发现区分粟、黍壳体植硅体的五类鉴定特征（待发表），参考现代植物样品稃壳植硅体形态标本及鉴定特征，对泉护遗址中发现的粟、黍类植硅体进行鉴定和统计（图一）。

（2）泉护村遗址剖面植硅体组合类型变化

根据剖面中主要农作物植硅体及植硅体组合含量变化特点，自下而上可以分为三个带（图二）。

Z1带（1.8~1.3米）：本带含量最多的是黍稃壳植硅体（13.1%~21.3%）、哑铃型（10.7%~22.4%）和棒型植硅体（10.1%~15.3%）（图二），粟稃壳植硅体含量只有约2.5%~7.1%，水稻植硅体从最底部的样品中已经出现，但含量不高（2.8%~6.5%）。其他类型常见刺棒型、帽型、尖型和无法鉴定的稃壳类植硅体。本带中的重要特点，农作物中黍类稃壳植硅体占绝对优势，三种农作物从剖面底部即开始出现。

Z2带（1.3~0.7米）：本带黍类稃壳植硅体百分含量迅速降低，平均为（7.6±1.8）%左右，水稻含量明显增加，最高达到11%以上。粟含量变化不大，始终处于较低值（1.1%~3.8%），呈下降趋势。该带哑铃型含量有所增加，零星出现水稻并排哑铃型植硅体，气孔类植硅体的含量在这一阶段由3.3%上升到9.7%。其他类型中无法区分的稃壳类型含量较多。

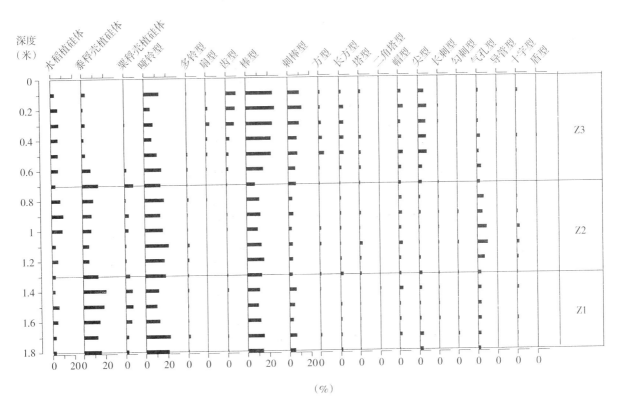

图二　泉护村遗址剖面主要植硅体组合百分比图示

Z3带（0.7~0米）：农作物中水稻的含量一直保持在（6.4±1.8）%左右。水稻扇型从0.4米处开始出现，一直持续到剖面顶部。黍和粟的含量则呈逐步下降趋势。其他类型中指示冷干环境的齿型、尖型、棒型、刺棒型、帽型含量增多，哑铃型含量减少。

三 结论与讨论

（1）泉护村遗址植硅体记录的农作物种类

灰坑中沉积物的堆积过程决定了它的沉积系列与自然剖面有很大的差异，既不可以按照自然沉积剖面的方法对不同样品层位年龄进行插值，也无法根据植硅体组合，讨论当时的植被和环境特点。但我们可以通过特征农作物的植硅体形态的出现或消失，在可以接受的时间框架内，来追踪当时原始农业的特点。

图三给出了三种农作物（水稻、黍、粟）常见植硅体形态的变化特点和地层年龄的对应关系，结果显示以下三个特点：1）在剖面的底部，水稻、黍、粟三种农作物都已经出现，年龄至少不小于5570年；2）在整个剖面记录中黍的植硅体含量，始终大于粟的含量；3）5570年以后水稻植硅体含量明显增加，距今2500年左右，水稻扇型的出现和增加，说明上部地层保存了更多的水稻茎叶物质。

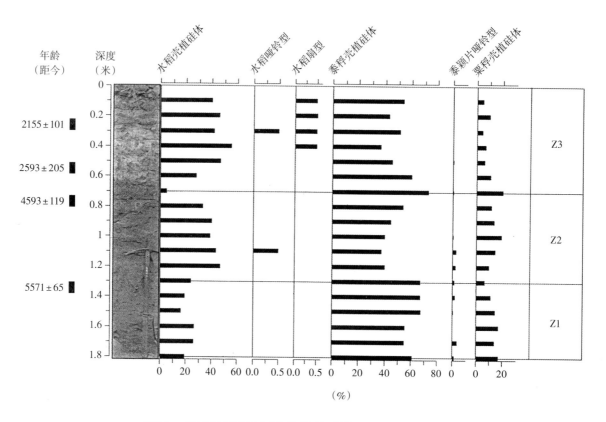

图三 泉护村剖面主要农作物植硅体百分比图示

（单个类型数与三种农作物类型总的统计数比值×100%）

（2）农作物植硅体的统计与鉴定问题

尽管对如何区分野生与栽培水稻植硅体还存在一些争议，但对于在没有野生水稻生长条件的关中地区，无论是从当时的气候环境、古人类生产能力和文明发展的程度，以及在时间和空间上与早期中原及长江流域稻作农业的联系来看，目前最合理的解释是，泉护村遗址中发现的水稻植硅体是古代人类种植的结果。水稻植硅体形态（乳突状突起、扇形）具有一定厚度，致密，不易破碎（导致个体统计量相对低），而黍、粟植硅体则成片状，在外力作用下易破碎（形成个体统计量相对高）。因此，剖面中植硅体鉴定结果，某种程度上可能会低估了水稻的实际百分含量。

迄今，关于考古遗存中黍、粟农作物的鉴定还不够深入，已有的报告多是通过浮选法浮选出的炭化果实来进行鉴定和区分的，取得了许多重要成果，但是炭化果实不宜保存，且形态会发生变化。植硅体形态鉴定能够克服农作物炭化果实不宜保存及形变的影响，具有区分黍、粟稃壳植硅体形态的能力，可以和炭化果实的鉴定相互补充。泉护村遗址中前人曾经报道发现有粟的遗存（《考古》1959年第2期），本次工作通过对泉护剖面植硅体的系统分析，结果表明该遗址中黍、粟和水稻是共同存在的，自剖面底部开始，黍的植硅体含量一直处于优势地位，而粟则始终处于较低的含量。当然单个灰坑中发现的粟、黍稃壳植硅体含量的相对多少，并不能够反映当时农作物种植的真实情况。

此外，在样品的鉴定过程中，还经常见到一些目前还无法鉴定的其他植物的植硅体类型，推测和人类种植的其他植物有关，有待做进一步的基础研究工作。

附记： 感谢参加此项工作野外考察的人员，张小虎、杨小燕、马平志、吴乃琴、李丰江、付成等。实验室分析工作由张健平完成。

附录三　泉护村遗址出土植物遗存报告

赵志军

（中国社会科学院考古研究所）

　　泉护村遗址位于陕西华县境内，是一处以庙底沟时期文化遗存为主的新石器时代考古遗址，[14]C测定的绝对年代在距今6000～5000年间。1997年，陕西省考古研究所对泉护村遗址进行了发掘，在发掘过程中于南台地H01文化堆积中发现了少量的炭化植物遗存，随即采集并送交中国社会科学院考古研究所植物考古实验室进行鉴定和分析。

　　通过显微镜观察，在这份植物遗存样品中发现了14粒炭化植物种子，经鉴定分别属于水稻（*Oryza sativa*）（彩版七二，2~4）、黍（*Panicum miliaceum*）（彩版七二，1）和扁担杆（*Grewia biloba*）（彩版七二，5）三种植物。

　　泉护村遗址出土的水稻遗存是炭化的稻米（去壳的裸米），共计10粒，其中完整的有6粒。通过对完整稻米的测量，泉护村出土稻米的平均粒长为4.45毫米，粒宽为2.63毫米，粒厚是2.00毫米，长宽比的平均值为1.72（表一）。现代籼稻的长宽比值一般在2.3以上，粳稻长宽比在1.6~2.3之间。如仅根据测量数据，泉护村遗址出土的炭化稻米似乎应该属粳稻类型，但实际问题并不是这样简单。首先，利用稻粒形态特征判别水稻品种是相对的，因为判别的标准即长宽比值是根据一般的规律人为设定的；其次，长宽比值作为判别标准一般用于带壳的稻谷，而泉护村遗址发现的都是裸露的稻米，原来设定的判别界限是否适用需要检

表一　泉护村出土炭化稻米测量数据表

粒长（毫米）	粒宽（毫米）	粒厚（毫米）	长宽比值
4.35	2.71	2.05	1.61
4.68	2.48	1.65	1.89
5.39	3.26	2.88	1.65
3.89	2.85	2.00	1.36
4.38	2.52	2.05	1.74
4.02	1.96	1.38	2.05

验；其三，泉护村遗址出土的是炭化稻米，一般而言，植物籽粒经过火的烧烤多少都会有些变形，而稻米在炭化后的形态变化规律目前还不清楚。因此，根据形态和测量数据判断考古出土水稻品种仅具参考价值。另外，从表中还可以看出，这些炭化稻米的测量数值存在差异，其中有一粒最为特殊，其长宽比值超过2，而且粒长和粒宽的数值也很小，怀疑属于未成熟稻粒。

泉护村遗址出土炭化黍的数量很少，仅发现3粒，但都是完整的。这三粒黍的籽粒近圆球状，最大直径接近2毫米，籽粒表面较粗糙，胚部很短，因炭化爆裂呈"V"状。

除水稻和黍两种谷物外，在泉护村遗址样品中还发现了一粒名为"扁担杆"的植物种子，也已炭化。这粒种子呈长椭圆形，表面有网状，侧面平直，粒长4.70、宽3.91毫米。扁担杆是一种属于椴树科的灌木，现今主要分布在南方的丘陵地带。扁担杆的核果呈橙红色，形似小孩子的拳头，所以扁担杆也被称作"孩儿拳"。

在泉护村遗址出土植物遗存中发现有炭化黍粒，这说明庙底沟时期先民的农业生产活动中包括黍的种植。泉护村遗址位于渭水下游地区，即陕晋豫三省交界之处，属于古代中国北方旱作农业分布的核心区域。大量的考古发现证实，粟和黍两种小米的农作物组合是典型的古代中国北方旱作农业的特点，因此，在泉护村遗址发现有黍的遗存不足为奇。但是，在这份样品中未见到粟，有些反常，估计是样品的量太少所致。

作为古代中国北方旱作农业分布区域内的一处庙底沟时期的考古遗址，泉护村出土水稻遗存不论从地点上还是时代上看都很重要。如果这些水稻是在当地生产的，说明在距今6000~5000年间的庙底沟时期，陕西关中地区已经开始种植稻谷。但是，由于出土的稻米数量非常少，很难再做更多的分析和推断，例如，稻作农业在当时该地区的发展程度，稻作生产在该文化经济生活中的地位等问题，还需要更多的资料才能开展分析和讨论。

根据植物志的描述，扁担杆是一种很有用的植物，其茎秆的表皮纤维质地柔软，可作人造棉，去皮后的茎秆可编织各种用具。但古人是否意识到这些功能，并利用了扁担杆，目前不可得知。

附录四 泉护村遗址出土木炭AMS^{14}C年龄测定数据报告单

卢雪峰

（西安加速器质谱中心）

送样人	孙安娜						
联系地址	陕西省考古研究院						
	实验室编号	野外编号	δ^{13}C（‰）		pMC（%）		^{14}C Age（a BP）	
			δ^{13}C	Error（1σ）	pMC	Error（1σ）	^{14}C Age	Error（1σ）
测定结果	XA3011	H53	−24.34	0.40	55.14	0.17	4781	24
	XA3012	H28	−23.06	0.33	55.22	0.17	4770	25
	XA3013	H22	−25.31	0.32	56.92	0.17	4527	23
	XA3014	H47	−23.86	0.31	55.42	0.16	4741	23
	XA3015	H46	−24.39	0.42	57.09	0.22	4503	31
	XA3016	H68	−22.95	0.31	55.02	0.16	4800	23
	XA3017	H9	−24.41	0.29	56.64	0.19	4566	27
	XA3018	H64	−27.56	0.32	55.56	0.16	4721	23
	XA3019	H150	−26.35	0.25	55.77	0.20	4690	29
	XA3020	H137	−23.67	0.41	56.43	0.21	4596	31
	XA3021	W3	−20.54	0.29	72.54	0.21	2579	23

说明：计算年龄所用的^{14}C半衰期为5568年。

附录五　泉护村遗址¹⁴C年代测定结果分析

陕西省考古研究院

2008年，我们曾将1997年发掘泉护村遗址时，在庙底沟文化时期灰坑中采集到的10个木炭样品及1个周代瓮棺中的木炭样品送交西安加速器质谱中心进行¹⁴C年代测定。经研究，泉护村庙底沟文化的考古遗存初步可以分为三期，这10个样品中，属于一期的有6个，二期的1个，三期的3个。采集样品所测定结果见下表。

西安加速器质谱中心用Ocal 3.10程序对所得¹⁴C数据进行树轮校正，结果见表，并得到树轮校正后¹⁴C年代数据分布图（见图）。从所得结果可以看出，泉护村庙底沟遗存的¹⁴C年代经树轮校正后日历年代大致分布在公元前3640~前3100年之内，其中一期的日历年代大致分布在公元前3640~前3370年之内，三期的日历年代大致分布在公元前3500~前3100年之内。由于二期仅有一个数据，无法做进一步的分析。周代瓮棺的¹⁴C年代经树轮校正后日历年代落在公元前810~前660年之间。

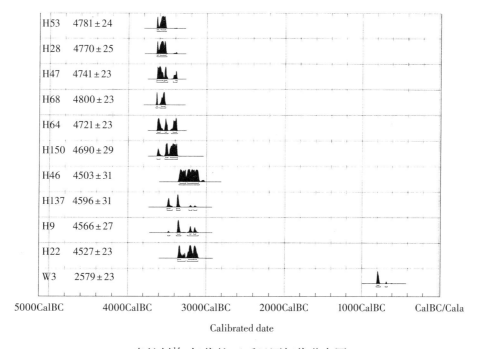

泉护村¹⁴C年代校正后日历年代分布图

泉护村遗址碳十四年代数据表

实验室编号	野外编号	考古分期	碳十四年代（BP）		树轮校正后日历年代（BC）	
			¹⁴C 年代	误差	1σ（68.2%）	2σ（95.4%）
XA3011	H53	庙底沟文化一期	4781	24	3640（6.8%）3620 3590（61.4%）3530	3640（14.0%）3620 3610（81.4%）3520
XA3012	H28	庙底沟文化一期	4770	25	3640（6.7%）3620 3600（61.5%）3520	3640（95.4%）3510
XA3014	H47	庙底沟文化一期	4741	23	3640（50.5%）3560 3540（14.3%）3510 3400（3.4%）3380	3640（59.9%）3550 3540（19.2%）3500 3430（16.3%）3380
XA3016	H68	庙底沟文化一期	4800	23	3640（12.2%）3630 3580（56.0%）3530	3650（18.4%）3620 3600（77.0%）3520
XA3018	H64	庙底沟文化一期	4721	23	3630（24.7%）3590 3530（11.4%）3510 3430（32.0%）3380	3640（36.2%）3550 3540（20.5%）3490 3450（38.7%）3370
XA3019	H150	庙底沟文化一期	4690	29	3520（15.2%）3490 3460（53.0%）3370	3630（9.9%）3590 3530（85.5%）3370
XA3015	H46	庙底沟文化二期	4503	31	3340（20.9%）3260 3240（47.3%）3100	3350（95.4%）3090
XA3020	H137	庙底沟文化三期	4596	31	3500（28.5%）3460 3380（39.7%）3340	3500（38.9%）3430 3380（46.0%）3330 3220（5.7%）3180 3160（4.8%）3120
XA3017	H9	庙底沟文化三期	4566	27	3370（42.6%）3330 3210（14.9%）3190 3160（10.7%）3130	3490（3.5%）3460 3380（47.6%）3320 3240（44.3%）3100
XA3013	H22	庙底沟文化三期	4527	23	3360（16.1%）3320 3220（27.5%）3170 3160（24.7%）3120	3360（28.4%）3260 3240（67.0%）3100
XA3021	W3	周代	2579	23	800（68.2%）770	810（89.7%）750 690（5.7%）660

编后记

　　《华县泉护村——1997年考古发掘报告》是参加1997年泉护村考古工作的全体人员的共同成果。先后参与本报告整理编写工作的人员有：王炜林、邢福来、李岗、孙周勇、胡松梅、孙安娜、马明志、郭小宁、杨利平、马平志、韩生、王文学、孙仲光等。报告的第一章、第六章由王炜林执笔，第五章由胡松梅执笔，其余各章由王炜林确定体例后，分别由郭小宁、马平志等完成初稿，并最后由王炜林统一修改定稿。郭小宁、马平志为报告的整理、编写和校对付出了较多的精力。

　　报告的石器岩石类型鉴定由西北有色地质研究院胡西顺和我院胡松梅研究员完成，植硅体分析报告由中国科学院地质与地球物理研究所古生态研究实验室张健平、吕厚远研究员完成，出土植物遗存分析报告由中国社会科学院考古研究所赵志军完成，放射性碳年龄测定由中国科学院地球环境研究所西安加速器质谱中心卢雪峰研究员完成，英文提要由南京大学历史系张良仁教授翻译。书中插图由刘军幸、孙安娜完成，器物和现场照片由张明惠及考古队拍摄，遗址的航拍照片由西安大地测绘工程有限责任公司提供。

　　早在1958年，北京大学就曾对泉护村遗址进行过发掘，并且开创性的对其中的一期文化（即庙底沟文化）进行了分期。所以，我们在泉护村考古，一开始就有一种被无形东西"束缚"的感觉，本能曾经鼓励大家去挣脱这种"束缚"，但后来在对自己发掘的资料进行了系统梳理后，我们发现，前人在泉护村树立起的是一杆庙底沟文化演进的标尺。

　　与科学版的《华县泉护村》相比，本报告最大的特色是对发掘资料的系统公布，这或许对研究者全面认识泉护村遗址有所裨益。为探寻这个遗址庙底沟文化不同时期器物的特征，在报告的整理编写中，我们首先依据层位关系对典型单位的器物进行了分析，并依此划分器物的型式和发展期别。如果说这种划分是一种主观的考量，那么接下来按期别对遗迹单位逐个进行介绍，尤其是对晚期单位中发现的早期遗存的交代，应该说是对上述所谓主观分析的一个补充，这或许是考古报告编写体例上的一种创新，这种做法有助于把握考古遗存的客观性和发掘者在认识这些遗存时的主观性之间的矛盾。

　　由于田野考古工作任务繁重，加上其他一些原因，对1997年泉护村发掘资料的整理工作断断续续历时了10余年，报告中难免会有许多谬误，但终于可以付梓出版了。此时此刻，我们要感谢曾经对这项工作给予指导的石兴邦、张忠培、巩启明、魏京武、李伯谦、陈雍、赵辉、李水城、朱延平、杨晶、杨亚长、张天恩等先生，感谢国家文物局、陕西省文物局等有关部门和领导。宋新潮、韩伟、吴镇锋、尹申平、王占奎、曹玮等先生及渭南市文物局的崔景贤局长等都曾对这项工作给予了大力支持，在此表示衷心感谢。

编者

2014年9月11日

Abstract

The Quanhucun site is located at the eponymous village in Liuzhi Town, Huaxian County, Shaanxi Province, 6km to the north of the Wei River, bordering the Yuanjunmiao site across the Gouxi River to the east and the Laxigou to the west. The site is 935,000 square meters in dimension and the largest one of the Miaodigou period in the eastern Guanzhong Plain known to date.

In 1958 and 1959, the Huanghe Reservoir Expedition excavated the site. In 1997, at the call of the State Key Construction Project "Lintong-Weinan Highway", the Shaanxi Province Institute of Archaeology re-excavated the site.

The 1997-year excavation exposed altogether 1497.25 square meters, uncovering 223 structural features of various periods, including 184 trash pits, 2 houses, 5 kilns, 18 tombs, 3 urn burials, and 11 hearths. It also uncovered a large quantity of pottery, stone, bone, and horn artifacts as well as faunal and botanical remains. The majority of them are of the Miaodigou period; among them are over 1000 items of restorable pottery wares and about 100 items of painted pottery, which greatly enrich the data of the Miaodigou culture of the Eastern Guanzhong Plain.

In keep with the principles of objective and scientific reporting, this monograph lays out the excavation materials as full as possible. In order to characterize the artifacts of the Miaodigou culture chronologically, the writers first analyzed the index units according to their stratigraphic positions, and sorted out the typological sequence and chronology of the artifacts. If such typological seriation is subjective, it is followed by an objective description of each archaeological feature and artifacts therein, especially archaic artifacts present in some features. In addition to the detailed account of the features and artifacts, this monograph presents a number of analytical papers of the faunal and botanical materials and stone artifacts from the site.

This monograph therefore not only presents the entire body of the materials derived from the 1997-year excavation, but it also embodies an innovation in the way of writing: it will help the readers to understand the objectivity of the archaeological features and the subjectivity of the interpretation of the excavators.

遗址航片

1. 由北向南

2. 由南向北

遗址外景

遗址发掘现场

张忠培先生到工地视察

1. H28、H53、H65、H56

2. H47

3. Y2

一期遗迹

彩版六

一期H38

1. Ab型 I 式罐（H4①：30）

3. Aa型 I 式盆（H4①：20）

2. B型 I 式罐（H4①：13）

5. C型 I 式钵（H4②：18）

4. B型 I 式盆（H4①：32）

6. 碗（H4①：14）

一期H4出土陶器

1. Aa型 I 式盆（H28：28）

2. Aa型 I 式盆（H28：29）

3. Aa型 I 式盆（H28：30）

4. 蛙纹彩陶片（H28：32）

一期H28出土陶器

一期H28出土B型Ⅰ式陶器盖（H28：158）

1. Ab型Ⅰ式器盖（H28：21）

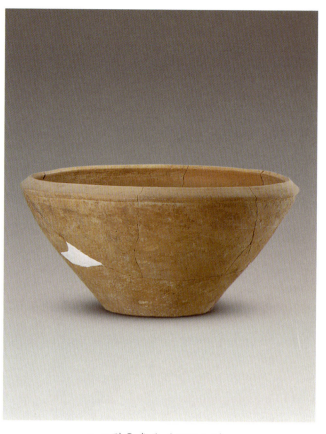

2. D型Ⅰ式盆（H47：4）

4. D型杯（H52：2）

5. Ca型Ⅰ式器盖（H64③：7）

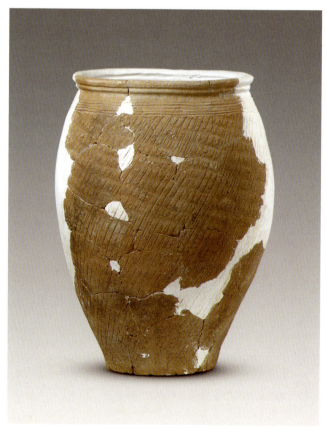

3. Ab型Ⅰ式罐（H52：1）

一期H28、H47、H52、H64出土陶器

1. Aa型Ⅰ式（H66：3）

2. B型Ⅰ式（H125：2）

一期H66、H125出土陶盆

1. E型Ⅰ式罐（H95：25）

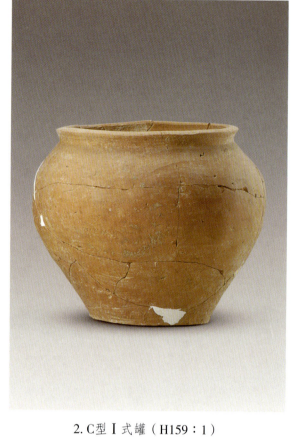

2. C型Ⅰ式罐（H159：1）

3. Aa型Ⅰ式罐（H172：4）

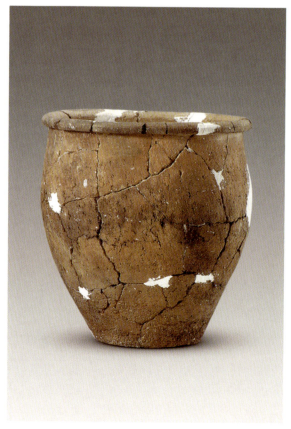

4. 夹砂素面罐（H172：3）

一期H95、H159、H172出土陶器

1. 陶纺轮（H28：9）　　　　2.小陶盅（H103①：4）　　　　3. C型陶刀（H47：18）

4. 石球（H64①：11）　　　　5. 骨簪（H64①：6）

6. 陶环：C型（H68③：23）、
B型（H68③：4）（左—右）

7. 石锛（H28：3）　　　　8. 骨鱼叉（H76①：6）　　　　9. 骨锥（H122①：4）

10. 骨凿（H172：1）　　　　11. C型陶环（H108：11）　　　　12. 石斧（H103②：1）

一期H28、H47、H64、H68、H76、H103、H108、H122、H172出土器物

1. H84

2. H74、H83、H84

二期遗迹

1. H87

2. H105

二期H87、H105

二期 H107

1. H118

2. Ⅰ式灶（H35：3）（一期）　　　　　3. G型Ⅰ式罐（H46⑤：36）（一期）

二期H118及H35、H46出土陶器

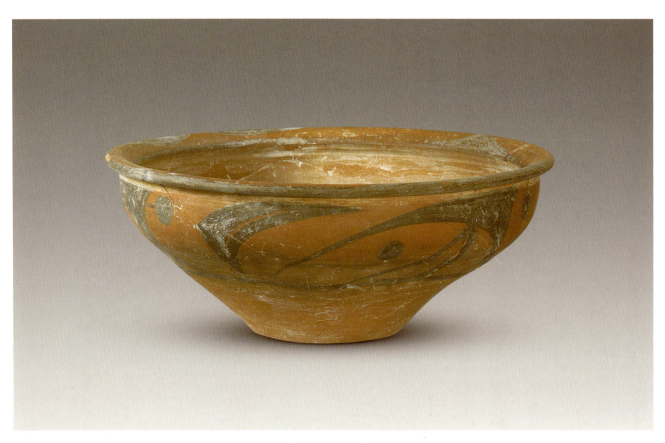

1. Aa型Ⅱ式（H46⑤：12）

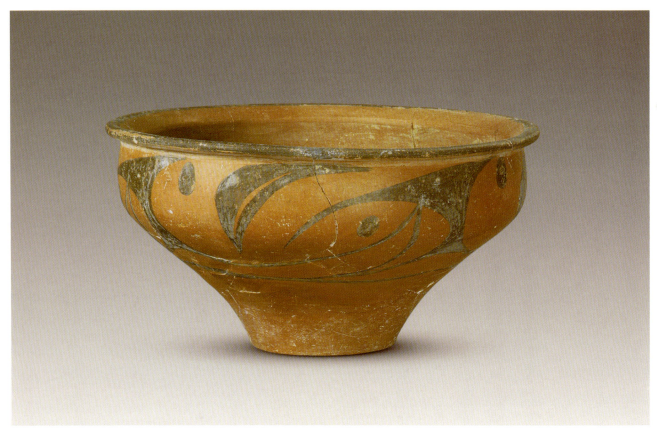

2. Aa型Ⅱ式（H46③：220）

二期H46出土陶盆

1. A型Ⅱ式钵（H46④：100）

2. C型Ⅰ式钵（H46⑤：20）（一期）

3. 盂（H46⑤：55）

4. 盘（H46①：59）

5. 鸟头状陶器（H62：2）

6. 陶祖（H67：9）

二期H46、H62、H67出土陶器

二期H71出土B型Ⅱ式陶盆（H71①：3）

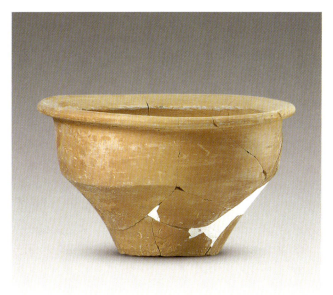

2. B型Ⅱ式盆（H82①：7）

1. A型Ⅱ式葫芦口瓶（H71①：16）

3. D型Ⅱ式罐（H82①：10）

二期H71、H82出土陶器

1. Aa型 I 式盆（H86：8）

2. A型 II 式钵（H86：21）

3. Aa型 II 式盆（H86：24）

4. A型 II 式钵（H87：30）

二期H86，H87出土陶器

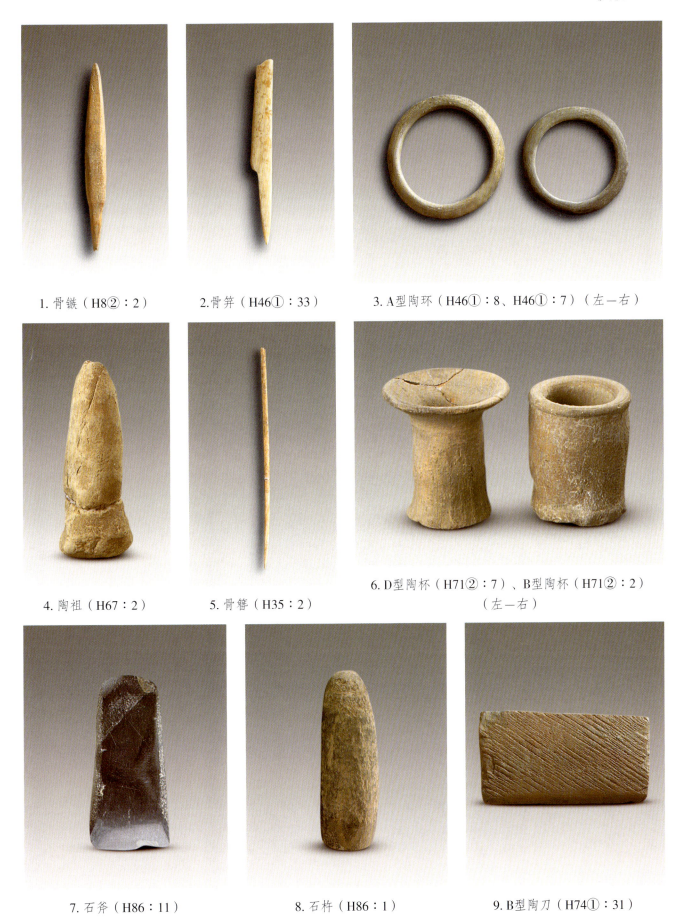

1. 骨镞（H8②：2）　　2.骨笄（H46①：33）　　3. A型陶环（H46①：8、H46①：7）（左—右）

4. 陶祖（H67：2）　　5. 骨簪（H35：2）　　6. D型陶杯（H71②：7）、B型陶杯（H71②：2）
（左—右）

7. 石斧（H86：11）　　8. 石杵（H86：1）　　9. B型陶刀（H74①：31）

二期H8、H35、H46、H67、H71、H74、H86出土器物

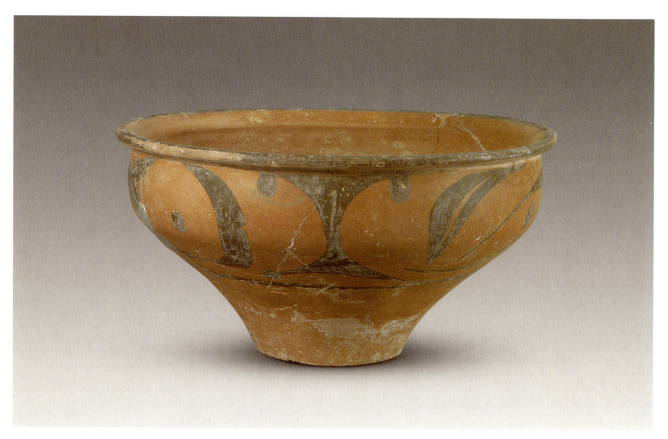

1. Aa型Ⅱ式盆（H87：2）

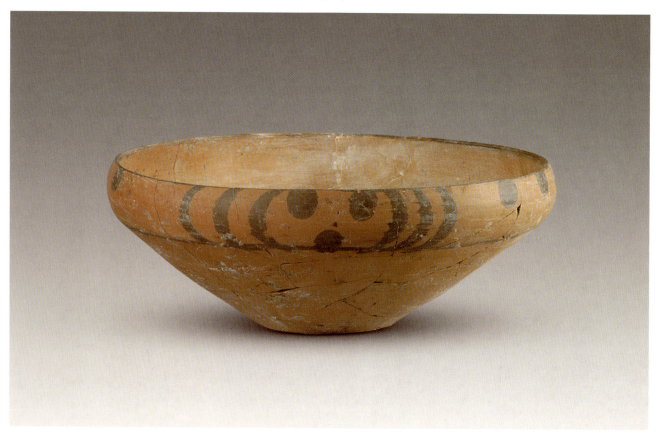

2. A型Ⅱ式钵（H87：284）

二期H87出土陶器

1. 器座（H87：288）　　　　　　　　2. Ⅱ式瓮（H87：287）

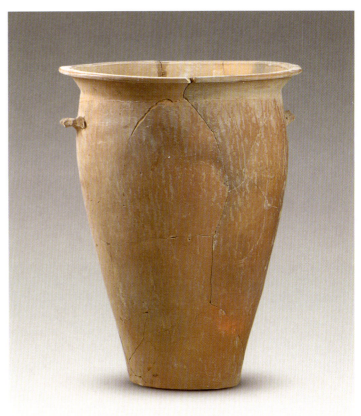

3. G型Ⅱ式罐（H105③：71）　　　　4. E型Ⅱ式罐（H87：24）

二期H87、H105出土陶器

1. A型Ⅱ式钵（H105②：46）

2. Aa型Ⅱ式器盖（H105②：58）

3. Ⅰ式釜（H105②：216）、Ⅰ式灶（H105②：218）
（一期）

4. Ⅱ式灶（H105③：12）

5. A型Ⅱ式钵（H105③：63）

6. C型Ⅱ式钵（H105③：54）

二期H105出土陶器

1. A型Ⅱ式钵（H105④：5）

3. B型Ⅱ式罐（H107①：33）

2. D型Ⅱ式盆（H105③：51）

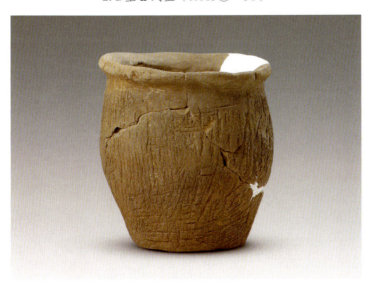

5. 夹砂小罐（H107②b：70）

4. G型Ⅱ式罐（H107①：50）

二期H105、H107出土陶器

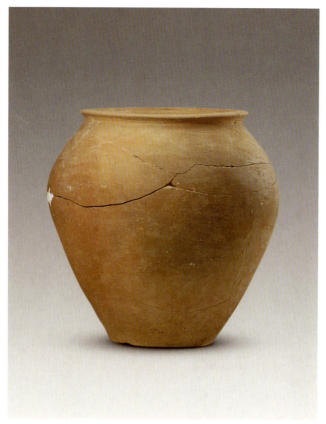

1. C型Ⅱ式罐（H107①：57）

2. 器座（H107②b：73）

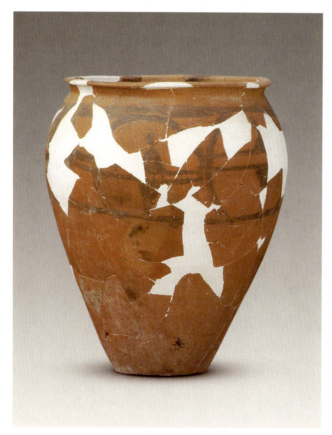

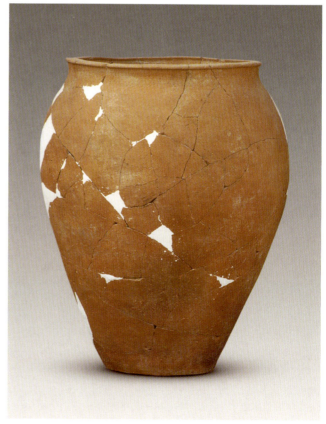

3. F型Ⅱ式罐（H107②b：68）

4. F型Ⅱ式罐（H107④a：89）

二期H107出土陶器

1. H107②b：64

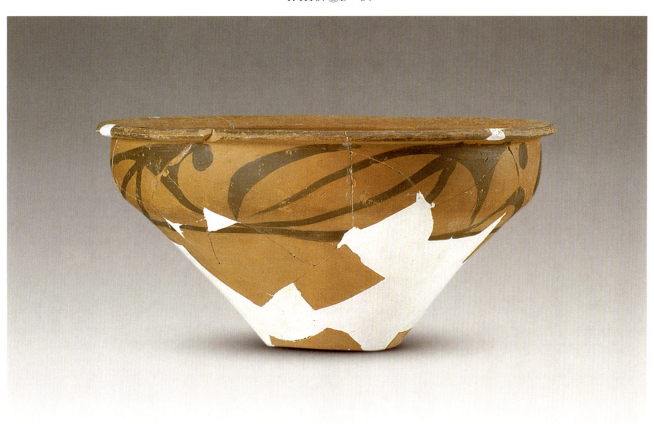

2. H107③b：83

二期H107出土Aa型Ⅱ式陶盆

1. Aa型Ⅱ式盆（H107③a：78）

2. Aa型Ⅱ式盆（H107③a：80）

3. A型Ⅱ式钵（H107③a：76）

4. Aa型Ⅱ式器盖（H107②a：86）

二期H107出土陶器

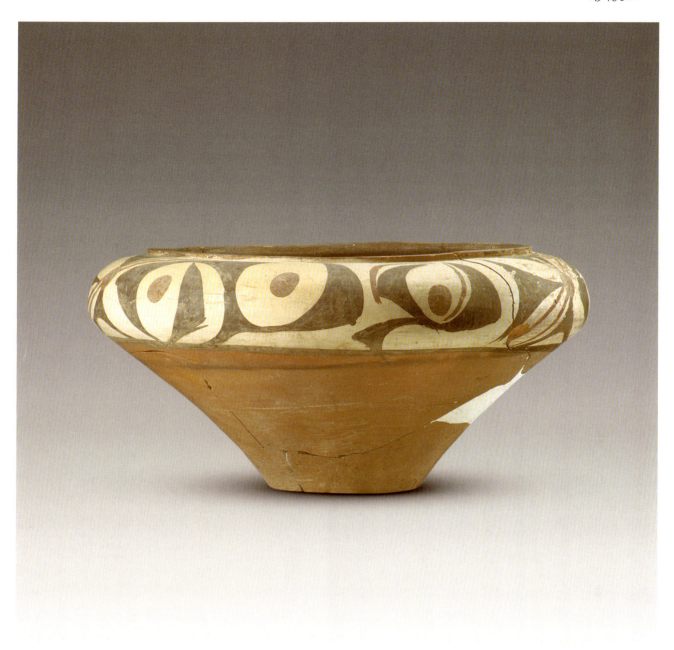

二期H107出土彩陶瓮（H107③a：82）

二期H130出土Ab型Ⅰ式陶盆（H130：20）（一期）

二期H118出土Aa型Ⅱ式陶盆（H118⑤：4）

彩版三四

1. F型Ⅰ式罐（H118⑥：9）（一期）

2. 彩陶残片（H118⑤：35）

3. 隼形陶饰（H138②：3）

4. 瓦形器（H110：3）

5. B型Ⅱ式钵（H1156：4）

二期H110、H118、H138、H156出土陶器

1. C型陶环（H87：76、H87：77）
（左—右）

2. 角锥（H87：65）

3. 骨锥（H156：3）

4. A型陶环（H87：74）

5. 不明陶器（H105②：95）

6. D型陶环（H110：9）

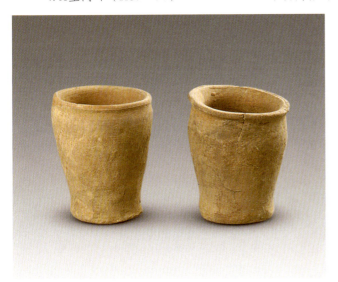

7. E型陶杯（H107④a：23、H107③a：93）（左—右）

8. B型陶杯（H105③：81、H105③：83）（左—右）

二期H87、H105、H107、H110、H156出土器物

1. G型Ⅰ式罐（H162：3）（一期）

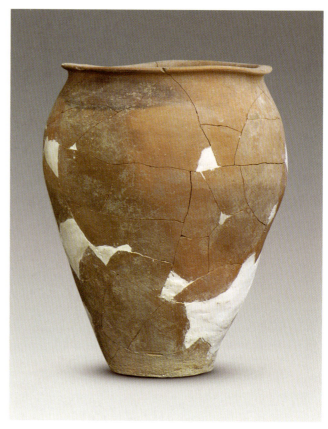

2. F型Ⅱ式罐（H162：10）

3. F型Ⅱ式罐（H162：2）

4. B型Ⅱ式盆（H162：8）

二期H162出土陶器

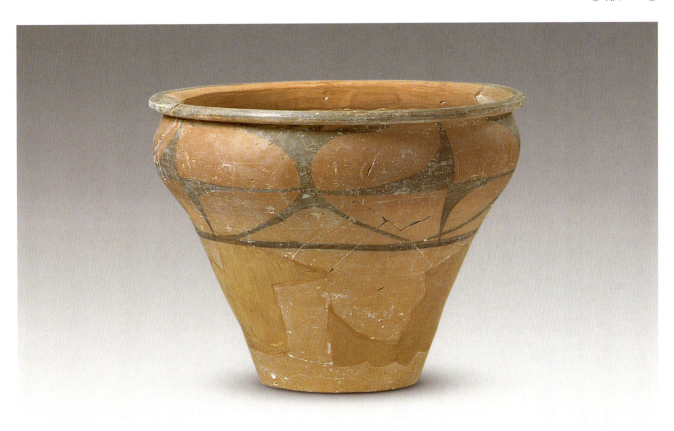

1. B型Ⅱ式盆（H01：5）

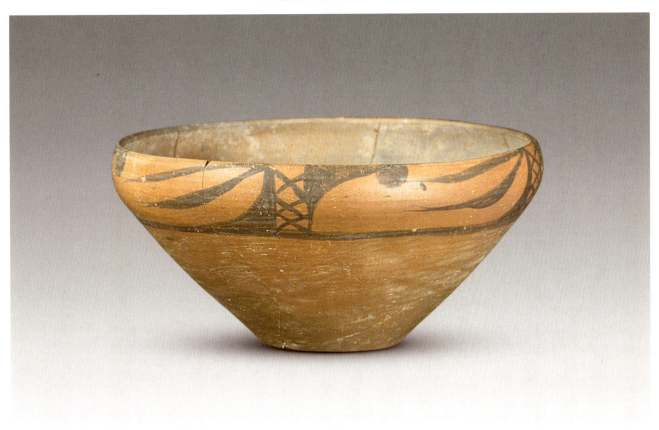

2. A型Ⅱ式钵（H01：1）

二期H01出土陶器

1. B型Ⅱ式盆（H01：6）

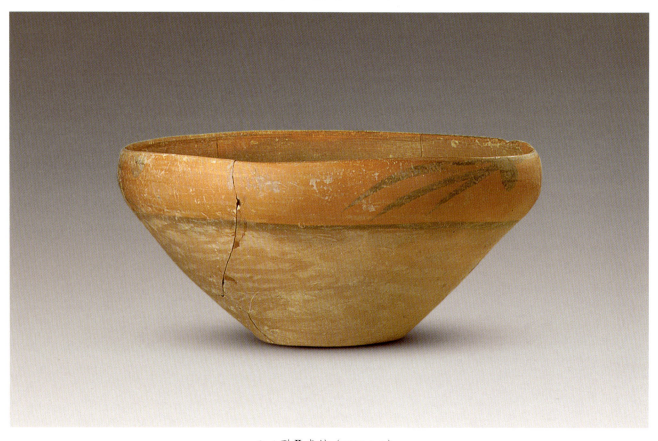

2. A型Ⅱ式钵（H01：4）

二期H01出土陶器

H54

H55

H9

H18

1. H9与H18、H54、H55之关系

2. H18

三期遗迹

1. H22

2. H77

三期H22、H77

1. H109

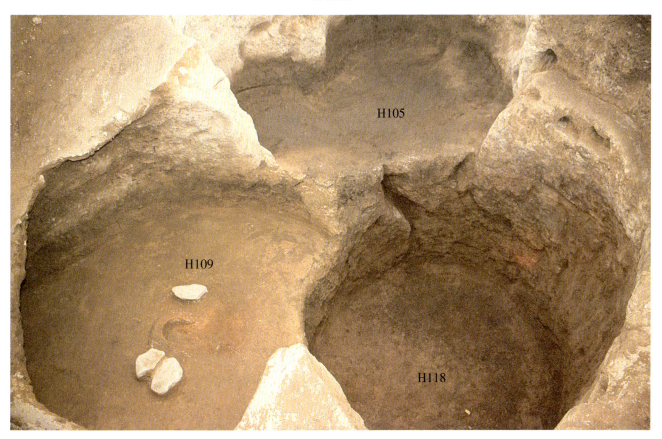

2. H109与H105、H118之关系（H105、H118为二期）

三期遗迹

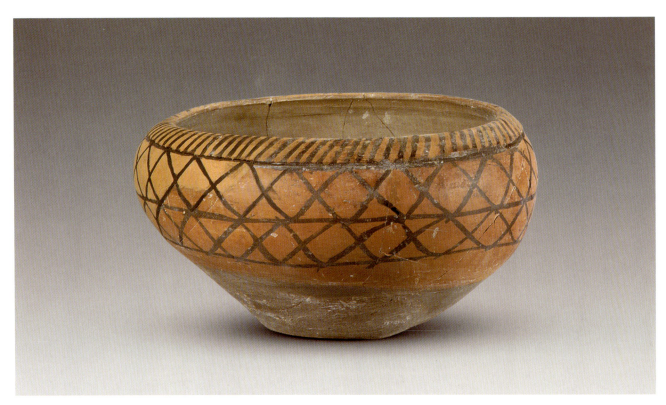

1. 网纹盆（H22②：174）

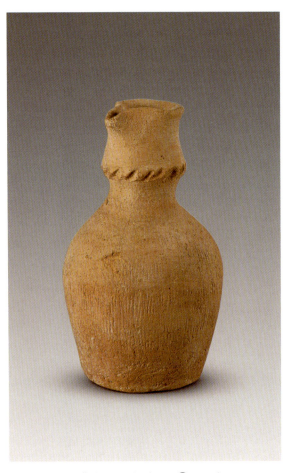

2. 带流小口瓶（H22②：49）

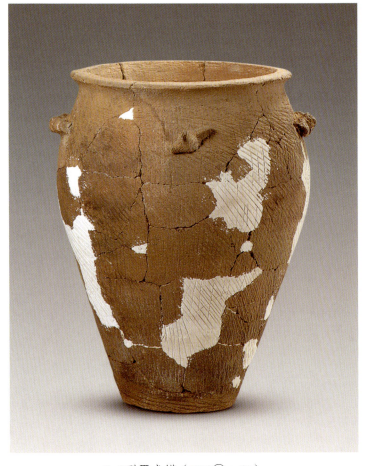

3. G型Ⅲ式罐（H22①：67）

三期H22出土陶器

1. A型Ⅲ式钵（H22①：77）

2. C型Ⅲ式钵（H22①：78）

3. B型Ⅰ式钵（H22①：175）（一期）

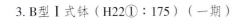

4. C型Ⅲ式钵（H22①：82）

5. C型Ⅲ式盆（H22①：48）

6. C型Ⅲ式盆（H22①：81）

三期H22出土陶器

1. C型Ⅲ式盆（H77：6）

4. Aa型Ⅲ式器盖（H100②：29）

2. 小口壶（H100②：32）

5. 深腹钵（H116①：26）

3. 直壁盆（H100②：21）

6. 小口瓶（H109②：4）

三期H77、H100、H109、H116出土陶器

三期H116出土Aa型Ⅰ式陶盆（H116：13）（一期）

1. Ab型Ⅲ式器盖（H133：32）

2. B型Ⅲ式器盖（H141：11）

3. B型Ⅲ式盆（H141：9）

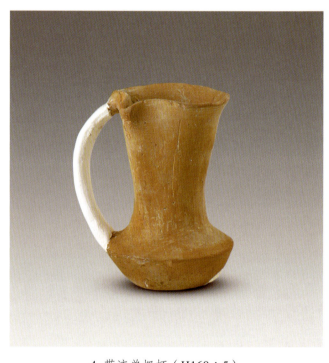

4. 带流单把杯（H160：5）

5. C型Ⅱ式钵（H141：5）（二期）

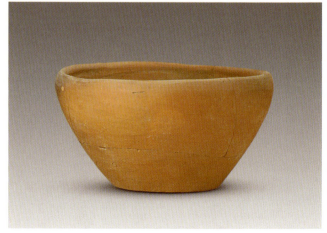

6. C型Ⅲ式钵（H133：16）

三期H133、H141、H160出土陶器

1. A型陶杯（H63∶3）

2. A型陶杯（H22②∶45）

3. A型陶杯（H133∶17）

4. A型陶环（H116④∶40、H116⑤∶41）（左—右）

5. 隼形陶饰（H22②∶105）

6. 陶杵（H100①∶2）

三期H22、H63、H100、H116、H133出土陶器

1. 石镞（H133：12）　　　2. 石凿（H22②：42）　　　3. 石镞（H9③：15）

4. 骨锥（H100②：9）　　　5. 石纺轮（H22②：27）　　　6. 骨器（H100②：15）

7. 角锥（H9③：4）　　　8. 骨镞（H17：7）　　　9. 骨锥（H133：6）

三期H9、H17、H22、H100、H133出土器物

1. W2（东周）

2. M17（东周）

3. M7（汉）

4. M12（汉）

东周、汉代墓葬

1. 鬲（W1：1）（葬具）（东周）

2. 罐（W3：1）（葬具）（东周）

3. 鼎（M9：5）（汉）

4. 壶（M9：11）（汉）

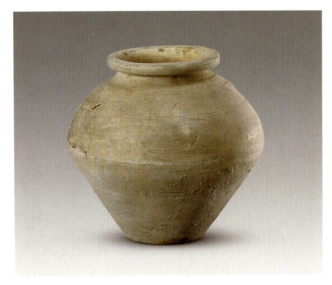

5. 罐（M10：6）（汉）

6. 灶（M10：8）（汉）

东周、汉代墓葬出土陶器

1. H80出土的中华圆田螺（二期）

2. 硬环棱螺（H46①D：1）（二期）

3. 圆顶珠蚌（H100①D：13）（三期）

4. 圆顶珠蚌（H80D：6）（二期）

5. 鲤鱼下咽喉齿（H100①D：1）（三期）

6. 草鱼下咽喉齿（H01D：48）（二期）

7. 鲶鱼鳍刺（H9②D：1）
　外视（三期）

8. 鲶鱼鳍刺（H74①D：2）
　外视（二期）

9. 鱼匙骨（H4①D：1）（一期）

动物骨骼

1. 鱼脊椎骨（H20D：1）（三期）

2. 龟腹甲板（H01D：1）腹视（二期）

3. 鳖肋板（H22①D：1）背、腹视（三期）

4. 雕鸮右侧跗跖骨远端（H18D：1）掌、背面视（三期）

5. 龟左股骨（H01D：48）前、后视（二期）

6. 雕右肱骨（H105③D：1）前、后视（二期）

7. 鹤右肱骨（H116⑤D：1）后、前视（三期）

8. 苍鹰左尺骨（H86D：1）前视（二期）

9. 雕右侧跗跖骨远端（H74①D：1）背、掌面视（二期）

动物骨骼

1. 雉右乌喙骨（H61D：1）后、前视（二期）

2. 雉胸骨（H05D：4）腹视（二期）

3. 雉左股骨（H22①D：26）前视（三期）

4. 雉右肱骨（H38D：2）前、后视（一期）

5. 雉左胫骨（H131②D：1）前视（二期）

6. 雉右跗跖骨（H61D：3）掌面视（二期）

7. 雀形目左胫骨（H46④D：11）后视（二期）

8. 雀形目右胫骨（H01D：47）前视（二期）

9. 刺猬右下颌（H68①D：2）舌侧视（一期）

10. 中华竹鼠左下门齿（H107④D：1）内侧视（二期）

1. 仓鼠右下颌（H05D：2）嚼、唇
面视（二期）

2. 仓鼠左下颌（H01D：2）唇侧视
（二期）

5. 草兔右下颌（ⅡT1801②D：1）
嚼、唇面视（三期）

6. 草兔右盆骨（H33D：1）外视
（二期）

3. 甘肃鼢鼠（H80D：1）头骨背、腹视（二期）

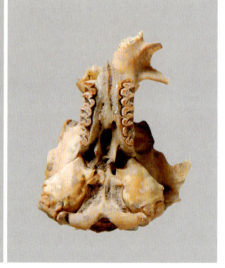

4. 甘肃鼢鼠（H9①D：1）头骨背、腹视（三期）

7. 草兔左肱骨（H87D：1）后视
（二期）

8. 草兔左胫骨远端（H118①D：2）
后视（二期）

动物骨骼

1. 狗下颌骨（G3D：2）嚼面视（汉）

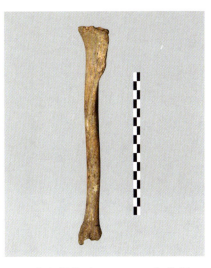

2. 狗左胫骨（H165D：1）前视
（一期）

3. 狗左跟骨（H165D：2）内侧视
（一期）

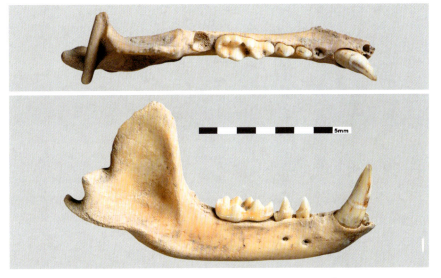

4. 狗獾右下颌（H07D：3）嚼、唇面视（三期）

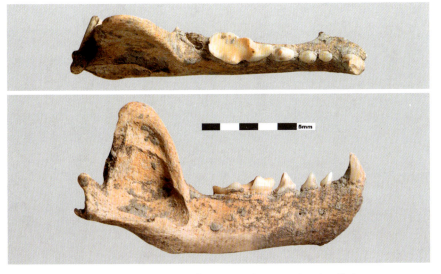

5. 狗獾右下颌（H22②D：5）嚼、唇面视（三期）

6. 狗獾左肩胛骨（H07D：4）外侧
视（三期）

动物骨骼

1. 貉右下颌（H95D：2）嚼、唇面视（一期）

4. 狗獾右尺骨（H07D：5）内视
（三期）

2. 貉左下颌（H35D：1）唇侧视（二期）

5. 猫左盆骨（H35D：3）外侧视
（二期）

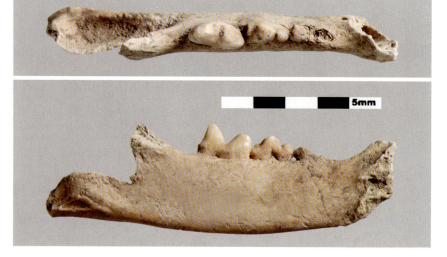

3. 猫左下颌（H172D：1）嚼、舌面视（一期）

6. 猫左肱骨（H172D：1）后视
（一期）

动物骨骼

1. 狗獾右肱骨远端（H07D：6）前、后视（三期）

2. 猫左胫骨近端（H130D：1）前视
（二期）

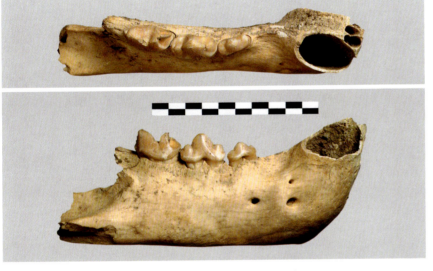

3. 虎的右下颌（采）嚼、唇面视

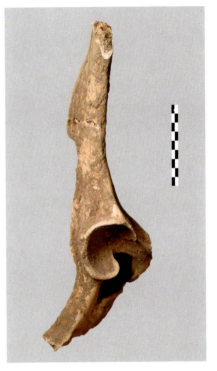

6. 马右盆骨（ⅡT1601②D：2）外
侧视（一期）

4. 马右桡骨远端（H18D：3）前视
（三期）

5. 马右胫骨远端（ⅠT0502③D：3）
前视（三期）

7. 马第Ⅱ趾骨（H41D：4、H8D：1）
背面视（左—右）（二期）

动物骨骼

1. 猪下颌（H22①D：35）嚼面视（三期）

3. 猪右下颌（H116①D：5）嚼面视（三期）

2. 猪右下颌（H28D：5）嚼面视（一期）

4. 猪右下颌（H164D：20）嚼面视（二期）

5. 猪右下颌（H71①D：2）嚼面视（二期）

动物骨骼

1. 猪右下颌（H68③D：5）嚼面视（一期）

2. 猪右下颌（H68③D：4）嚼面视（一期）

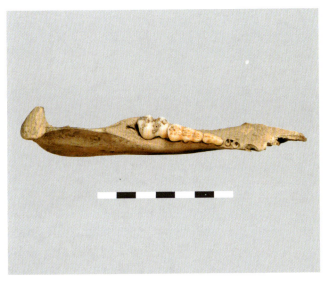

3. 猪右下颌（H82D：4）嚼面视（二期）

4. 猪右下颌（H134D：16）嚼面视（三期）

5. 猪右下颌（H9①D：31）嚼面视（三期）

6. 猪右下颌（H105④D：1）嚼面视（二期）

动物骨骼

1. 獐左上颌（H41D：5）嚼面视（二期）

2. 獐右上犬齿（H118⑤D：3）内侧
视（二期）

3. 獐下颌骨（H146②D：1）唇面视（二期）

5. 獐左跟骨（H161D：1）内视（一
期）

4. 獐下颌（ⅠT0501④D：1）嚼面视（三期）

6. 獐左肩胛骨（ⅠT0401③D：2）
外视（三期）

动物骨骼

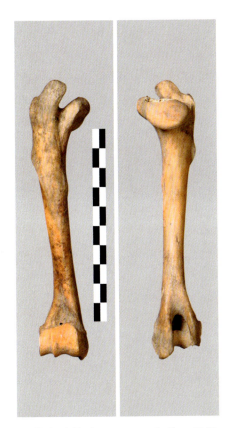

1. 獐右肱骨（H133D：3）前、后视
（三期）

2. 獐右桡骨（H22②D：6）后、前
视（三期）

3. 獐左盆骨（H22①D：12）外视
（三期）

4. 獐右掌骨（H20D：4）背、掌面
视（三期）

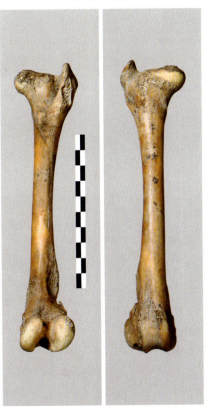

5. 獐右股骨（H151D：1）后、前视
（二期）

6. 獐左跖骨（H165D：3）背、掌面
视（一期）

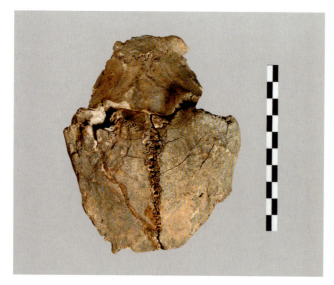

1. 梅花鹿残头骨（H158D：6）前视（二期）

2. 獐左距骨（H01D：22）后、前视（二期）

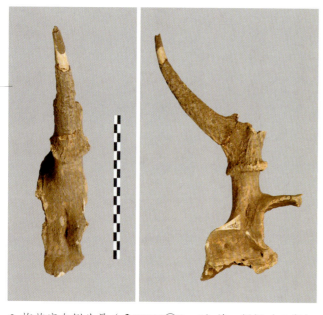

3. 梅花鹿左侧头骨（ⅠT0502③D：6）前、侧视（三期）

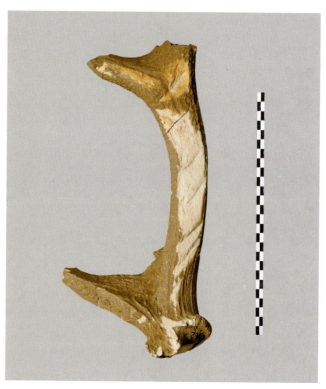

4. 梅花鹿左角（ⅡT1801②D：2）外视（三期）

5. 梅花鹿右上颌（H14D：2）嚼面视（二期）

6. 梅花鹿右上颌（H131②D：4）嚼面视（二期）

1. 梅花鹿左下颌（H28D：2）唇面视（一期）

2. 梅花鹿寰椎（ⅠT0301③D：2）背视（三期）

3. 梅花鹿枢椎（H17D：2）背视
（三期）

4. 梅花鹿左肩胛骨（H9②D：13）
外视（三期）

5. 梅花鹿右肩胛骨（H22②D：8）
外视（三期）

动物骨骼

2. 梅花鹿左肱骨近端（H134D：5）
后视（三期）

1. 梅花鹿左距骨（H172D：3）前、后视（一期）

3. 梅花鹿左股骨近端（H35D：14）前、后视（二期）

4. 梅花鹿右股骨远端
（ⅠT0201③D：4）前视（三期）

5. 梅花鹿左肱骨远端（H9①D：7）
后视（三期）

6. 梅花鹿左掌骨（ⅠT0502①D：1）
背、掌面视（三期）

7. 梅花鹿右桡骨远端（H158D：13）
前视（二期）

动物骨骼

1. 梅花鹿右尺骨近端（H134D：6）
外视（三期）

2. 牛（H9③D：3）左中央跗骨下、上视（三期）

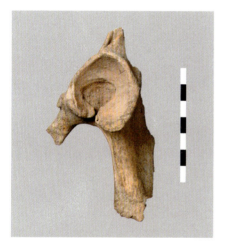

3. 梅花鹿残左盆骨（H158D：15）
外侧视（二期）

4. 梅花鹿左跟骨（ⅠT0501④D：5）内、外视（三期）

5. 梅花鹿左胫骨近端（H147D：5）前视（二期）

6. 梅花鹿左跖骨远端（H105①D：1）背、掌面视（二期）

动物骨骼

1. 马鹿右股骨近端（H46④D：9）前、后视（二期）

2. 马鹿左跟骨（H105②D：2）内视
（二期）

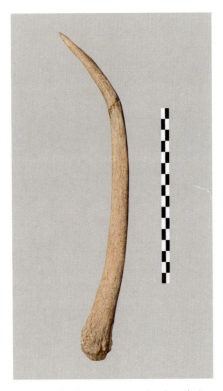

3. 马鹿角（H134D：12）（三期）

4. 牛上颌骨（H46②D：2）嚼面视（二期）

5. 牛右下颌骨（ⅡT1801②D：3）嚼面视（三期）

动物骨骼

1. 牛右下颌（H35D：19）嚼面视（二期）

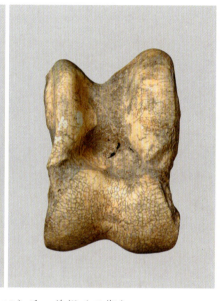

2. 牛左距骨（H18D：13）后、前视（三期）

3. 牛左跟骨（H17D：7）内侧视
（三期）

4. 牛左尺桡骨近端（H9①D：21）
前视（三期）

5. 牛右掌骨远端（H14D：9）前视
（二期）

6. 牛左距骨近端（ⅠT0301③D：12）
前视（三期）

动物骨骼

1. 牛右跗骨远端（H105①D：2）前视（二期）

2. 羊头骨（H9①D：14）顶视（三期）

3. 羊骨架（H100①D：6）背视（三期）

动物骨骼

1. 羊右上颌（ⅡT1701①D：5）嚼面视（近现代）

2. 羊左下颌（H100①D：7）唇面视（三期）

3. 羊右肩胛骨（G3D：5）外视
（汉）

4. 羊左肱骨远端（ⅡT1501②D：12）
后视（一期）

5. 羊左掌骨（H86D：3）背视（二
期）

动物骨骼

1. 羊左盆骨（H84D：3）外视（二期）

2. 羊右股骨（ⅡT1701②D：4）前视（二期）

3. 羊左跖骨（ⅡT1601②D：6）后、前视（一期）

4. 羊左胫骨骨干（H151D：3）前视（二期）

5. 青羊右角心（H62D：12）前、内侧视（二期）

6. 猪右胫骨近端（H108D：3）上的砍痕（一期）

7. 梅花鹿左角（H134D：3）内视（三期）

动物骨骼

1. 鹿角（ⅠT0202③D：1）上的锯痕和砍痕（三期）

2. 猪右胫骨远端（H41D：15）上的
砍痕（二期）

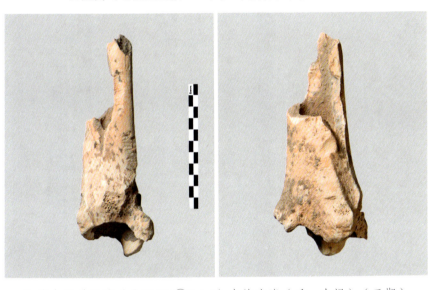

3. 猪左胫骨远端（ⅠT0401③D：4）上的咬痕（后、内视）（三期）

4. 猪右胫骨远端（H105②D：4）上
的咬痕（二期）

5. 猪第Ⅲ掌骨（H9①D：33）上的
咬痕（三期）

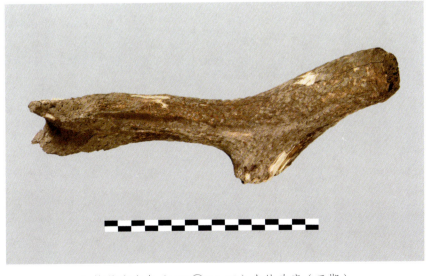

6. 梅花鹿鹿角（H22①D：18）上的砍痕（三期）

动物骨骼

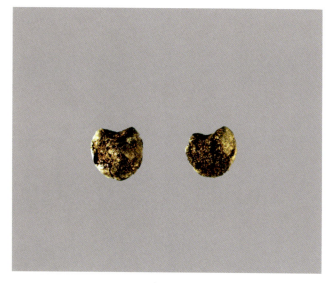

1. 炭化黍粒

2. 炭化稻米

3. 炭化稻米

4. 炭化稻米

5. 扁担杆植物种子

H01出土植物遗存

1. H28

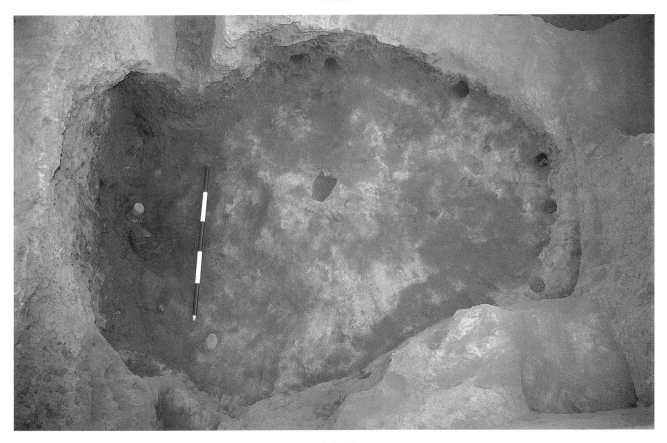

2. H52

一期 H28、H52

图版二

1. H53

2. H68

一期H53、H68

1. H122

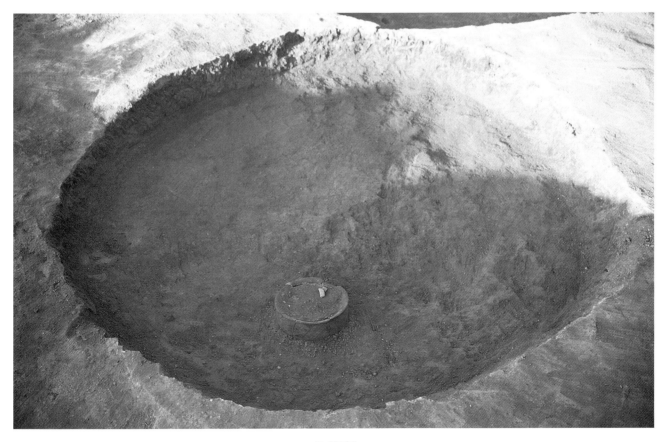

2. H125

一期H122、H125

1. C型Ⅰ式罐（H4①：34）

2. C型Ⅰ式罐（H4①：19）

4. B型Ⅰ式钵（H4①：31）

3. 深腹罐（H4①：33）

5. D型Ⅰ式盆（H4①：29）

一期H4出土陶器

1. A型Ⅰ式钵（H4①：24）

2. A型Ⅰ式钵（H4①：25）

3. A型Ⅰ式钵（H4①：26）

4. C型Ⅰ式钵（H4①：27）

5. Aa型Ⅰ式器盖（H4①：21）

6. C型Ⅰ式钵（H28：12）

7. A型Ⅰ式钵（H28：20）

8. C型Ⅰ式钵（H28：19）

一期H4、H28出土陶器

1. Aa型Ⅰ式罐（H28：26）

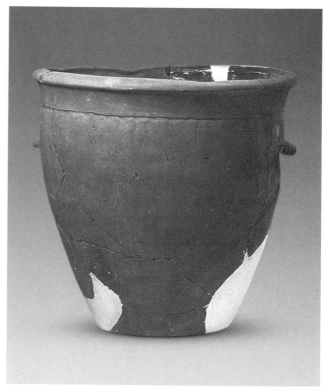

2. E型Ⅰ式罐（H28：24）

3. 直口盆（H28：23）

4. D型Ⅰ式盆（H28：31）

一期H28出土陶器

1. B型Ⅰ式钵（H30∶1）

2. C型Ⅰ式钵（H38∶19）

3. Aa型Ⅰ式罐（H38∶10）

4. 弦纹盆（H38∶21）

5. 甑（H38∶22）

6. Cb型Ⅰ式器盖（H38∶18）

一期H30、H38出土陶器

1. G型I式罐（H47：16）

2. 浅腹钵（H38：23）

3. A型杯（H47：1）

4. A型I式钵（H47：5）

5. A型I式钵（H47：7）

6. C型I式钵（H47：14）

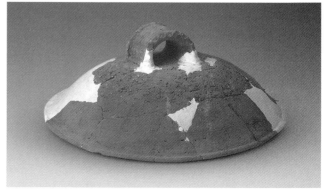

7. Ab型I式器盖（H47：15）

一期H38、H47出土陶器

1. C型陶刀（H4②：62）

2. 环石（H4①：59）

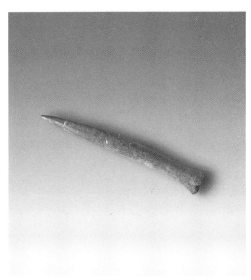

3. 骨锥（H28：2）

4. 石刀（H28：10）

5. 陶珠（H28：5）

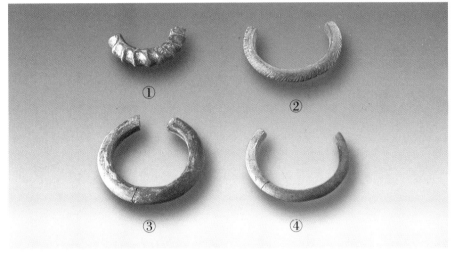

6. 陶环：①C型（H28：34）、②B型（H28：13）、③A型（H28：37）、
④A型（H38：36）

7. 石镞（H38：21）

8. 角凿（H47：2）

9. 石刀（H38：12）

一期H4、H28、H38、H47出土器物

图版一〇

1. 甑（H52：4）

2. C型Ⅰ式盆（H53：2）

3. 甑（H57：1）

4. C型Ⅰ式钵（H64③：15）

5. B型Ⅰ式盆（H66：2）

6. Aa型Ⅰ式罐（H68②：13）

一期H52、H53、H57、H64、H66、H68出土陶器

1. A型 I 式钵（H68②：17）

2. C型 I 式钵（H68②：12）

3. B型 I 式钵（H68②：18）

4. A型 I 式钵（H91：13）

5. I 式瓮（H68②：15）

一期H68、H91出土陶器

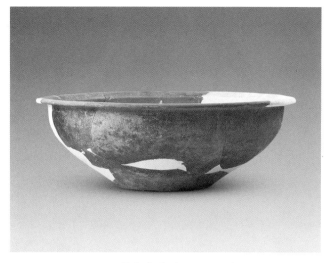

1. Ab型Ⅰ式盆（H91：10）

2. 器座（H91：12）

3. A型Ⅰ式钵（H95：22）

4. A型Ⅰ式钵（H95：19）

5. C型Ⅰ式罐（H91：11）

6. B型Ⅰ式盆（H95：24）

一期H91、H95出土陶器

1. 石球（H64①：18）　　　2. 陶纺轮（H64①：19）　　　3. 石斧（H64①：16）

4. 骨簪（H66：4）　　　5. B型陶刀（H68②：9）　　　6. 骨锥（H68②：21）

7. 石拍（H91：37）　　　8. 石饼（H91：8）　　　9. 陶纺轮（H95：1）

一期H64、H66、H68、H91、H95出土器物

1. D型Ⅰ式盆（H108：2）

2. D型Ⅰ式盆（H108：6）

3. Aa型Ⅰ式器盖（H108：7）

4. A型Ⅰ式钵（H108：4）

5. A型Ⅰ式钵（H108：5）

6. A型Ⅰ式钵（H119②：1）

一期H108、H119出土陶器

1. C型Ⅰ式钵（H122①：1）

2. C型Ⅰ式盆（H124：1）

3. A型Ⅰ式钵（H125：3）

4. A型Ⅰ式钵（H165：4）

5. A型Ⅰ式钵（H165：7）

6. A型Ⅰ式钵（H165：10）

7. C型Ⅰ式钵（H165：2）

8. C型Ⅰ式钵（H166：5）

一期H122、H124、H125、H165、H166出土陶器

1. B型Ⅰ式罐（H166：3）

2. 夹砂深腹罐（Y2：1）

3. A型Ⅰ式钵（H168：3）

4. Ab型Ⅰ式盆（H166：7）

5. C型Ⅰ式罐（H172：2）

6. 深腹钵（H172：5）

一期H166、H168、H172、Y2出土陶器

1. H46

2. H62

二期 H46、H62

1. H82

2. H110出土瓦形陶器

二期H82、H110

1. C型Ⅱ式钵（H8②：3）

2. C型Ⅱ式钵（H8②：5）

3. B型Ⅱ式盆（H46③：78）

4. B型Ⅱ式盆（H46③：80）

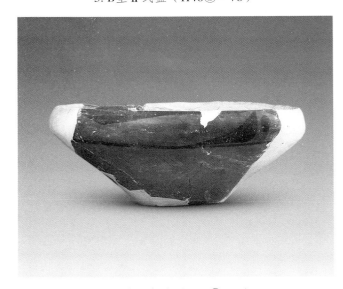

5. A型Ⅱ式钵（H46③：4）

6. A型Ⅱ式钵（H46④：45）

二期H8、H46出土陶器

1. G型 II 式罐（H46②：35）

2. 夹砂小罐（H46⑥：65）

3. F型 I 式罐（H46③：40）（一期）

4. 缸（H46①：222）

二期H46出土陶器

1. A型Ⅱ式钵（H46③：37）

2. A型Ⅱ式钵（H46⑤：60）

3. A型Ⅱ式钵（H46⑤：52）

4. C型Ⅱ式钵（H46④：44）

5. C型Ⅱ式钵（H46④：48）

6. 圜底钵（H46③：38）

7. C型Ⅱ式钵（H46③：43）

8. 圜底钵（H46⑤：53）

二期H46出土陶器

1. 凹底小罐（H46⑤：26）

2. 碗（H46④：73）

3. 带流钵（H46⑤：54）

4. 盂（H46⑥：69）

5. Ac型Ⅱ式器盖（H46⑤：58）

6. Ac型Ⅱ式器盖（H46⑥：64）

7. A型Ⅱ式钵（H61①：5）

二期H46、H61出土陶器

1. A型Ⅱ式钵（H61①：1）

2. 夹砂素面罐（H62：16）

3. Aa型Ⅱ式盆（H62：5）

4. 双鋬盆（H62：3）

5. A型Ⅱ式钵（H62：4）

6. A型Ⅱ式钵（H62：14）

二期H61、H62出土陶器

图版二四

1. A型Ⅱ式（H62：13）

2. B型Ⅱ式（H62：17）

3. C型Ⅱ式（H62：10）

4. C型Ⅱ式（H62：20）

5. A型Ⅰ式（H62：7）（一期）

6. C型Ⅰ式（H62：6）（一期）

7. C型Ⅰ式（H62：8）（一期）

8. C型Ⅰ式（H62：12）（一期）

二期H62出土陶钵

1. B型Ⅱ式罐（H67：7）

2. Ac型Ⅱ式器盖（H71①：23）

4. C型Ⅱ式盆（H71①：17）

3. 碗（H74①：1）

5. 卷唇盆（H71①：18）

6. C型Ⅱ式钵（H71①：22）

7. C型Ⅰ式钵（H74②：22）（一期）

二期H67、H71、H74出土陶器

1. Ab型Ⅰ式罐（H74②：24）（一期）

2. A型Ⅱ式钵（H74①：20）

3. A型Ⅱ式钵（H74①：18）

4. Aa型Ⅱ式盆（H74②：17）

5. Ab型Ⅱ式盆（H74①：23）

6. D型Ⅰ式盆（H74②：19）（一期）

7. D型Ⅱ式盆（H74②：14）

二期H74出土陶器

1. A型Ⅱ式钵（H74②：21）

2. A型Ⅱ式钵（H74②：25）

3. B型Ⅰ式钵（H74②：12）（一期）

4. 盘（H74②：10）

5. 碗（H82①：12）

6. C型Ⅱ式钵（H84：6）

7. C型Ⅰ式钵（H86：17）（一期）

8. Ca型Ⅱ式器盖（H86：30）

二期H74、H82、H84、H86出土陶器

1. 陶纺轮（H41：13、H41：1）（左—右）

2. 陶纺轮（H46⑤：5、H46⑤：17）（左—右）

3. 陶球（H46④：2、H46③：9）（左—右）

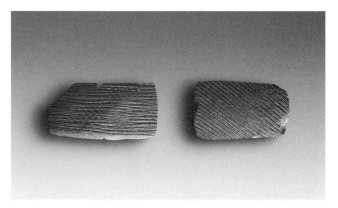

4. C型陶刀（H86：28、H86：7）（左—右）

5. D型陶环（H41：18）

6. D型陶环（H62：31）

7. 环石（H62：32）

8. 石凿（H46④：91）

9. 环状圆陶片（H86：31）

10. 骨锥（H46④：84）

二期H41、H46、H62、H86出土器物

1. 敛口鼓腹罐（H86：23）

2. D型Ⅰ式罐（H87：53）（一期）

3. A型Ⅱ式钵（H86：26）

4. 火种罐（H87：62）

5. Ⅳ式尖底瓶（H87：60）

二期H86、H87出土陶器

1. B型Ⅱ式罐（H87：55）

2. G型Ⅱ式罐（H87：54）

3. G型Ⅱ式罐（H87：56）

4. D型Ⅰ式罐（H87：52）（一期）

5. 直壁盆（H87：51）

6. 器座（H87：50）

二期H87出土陶器

1. E型Ⅱ式罐（H87：25）

2. Ⅱ式瓮（H87：61）

3. Aa型Ⅱ式盆（H87：27）

4. Aa型Ⅱ式盆（H87：28）

5. Aa型Ⅱ式盆（H87：63）

6. B型Ⅱ式盆（H87：59）

二期H87出土陶器

1. A型Ⅱ式钵（H87：29）

2. A型Ⅱ式钵残片（H89：1）

3. A型Ⅱ式钵（H87：31）

4. C型Ⅱ式钵（H87：34）

5. 碗（H87：33）

6. 浅腹钵（H87：36）

7. Ab型Ⅱ式器盖（H87：45）

8. Ac型Ⅱ式器盖（H87：46）

二期H87、H89出土陶器

1. Ab型Ⅱ式罐（H105②：15）

2. E型Ⅱ式罐（H105③：73）

3. Ab型Ⅱ式盆（H105③：76）

4. Aa型Ⅰ式盆（H105②：69）（一期）

5. G型Ⅱ式罐（H105②：24）

6. G型Ⅱ式罐（H105③：70）

1. G型Ⅱ式罐（H105③：75）

2. 盘（H105②：21）

3. 盘（H105②：64）

4. D型Ⅱ式盆（H105②：66）

5. D型Ⅱ式盆（H105③：67）

6. D型Ⅱ式盆（H105①：80）

7. A型Ⅱ式钵（H105③：72）

二期H105出土陶器

1. A型Ⅱ式钵（H105③：65）

2. A型Ⅱ式钵（H105③：78）

3. C型Ⅱ式钵（H105④：44）

4. C型Ⅱ式钵（H105②：57）

5. 浅腹钵（H105④：43）

6. C型Ⅱ式钵（H105③：62）

7. 圜底钵（H105③：59）

8. C型Ⅱ式钵（H105②：50）

二期H105出土陶器

1. C型Ⅱ式钵（H105③：47）

2. C型Ⅰ式钵（H105②：55）（一期）

3. 过滤器（H105③：68）

4. 盂（H105③：25）

5. Aa型Ⅱ式器盖（H105②：45）

6. Ab型Ⅱ式器盖（H105③：48）

7. Ac型Ⅱ式器盖（H105②：61）

1. 陶杯：B型（H87：1）、E型（H87：79）、D型
（H87：23）（左—右）

2. 陶球：上排：H87：269、H87：266、H87：70　下排：
H87：267、H87：264、H87：268、H87：272（左—右）

3. Ca型Ⅱ式器盖（H105③：85、H105②：84、
H105③：86）（左—右）

5. 石杵（H105②：18）

4. B型陶刀（H87：13、H87：19、H87：78）（上—下）

6. 骨笄（H87：7）

7. 骨锥（H105②：11）

二期H87、H105出土器物

1. Ⅰ式釜（H105③：52）（一期）

2. 夹砂小罐（H107①：5）

3. 小口瓶（H107②b：72）

4. C型Ⅱ式罐（H107②a：59）

5. G型Ⅱ式罐（H107②b：69）

6. D型Ⅱ式罐（H107②b：71）

二期H105、H107出土陶器

1. Aa型Ⅱ式盆（H107①：1）

2. Aa型Ⅱ式盆（H107①：49）

3. B型Ⅱ式盆（H107②b：65）

4. B型Ⅱ式盆（H107④a：92）

5. 漏斗（H107④a：88）

6. D型Ⅱ式盆（H107②b：67）

二期H107出土陶器

1. A型Ⅱ式钵（H107②b：63）

2. A型Ⅱ式钵（H107②c：74）

3. A型Ⅱ式钵（H107②a：77）

4. A型Ⅱ式钵（H107④a：79）

5. A型Ⅱ式钵（H107④a：87）

6. C型Ⅱ式钵（H107①：2）

7. B型Ⅱ式钵（H107③b：85）

8. C型Ⅱ式钵（H107②b：61）

二期H107出土陶器

1. B型Ⅱ式钵（H107②a：58）

2. B型Ⅱ式钵（H107③a：81）

3. C型Ⅱ式钵（H107①：52）

4. C型Ⅱ式钵（H107①：53）

5. Ⅱ式瓮（H107③a：75）

二期H107出土陶器

1. 敛口鼓腹瓮（H107③b：84）

2. Ⅰ式釜（H107①：55）、Ⅱ式灶（H107①：56）
（釜为一期）

3. 碗（H107①：15）

4. 圆盘形器盖（H110：1）

5. 甑（H110：4）

6. 浅腹钵（H110：5）

二期H107、H110出土陶器

1. B 型 II 式罐（H118⑥：19）

2. G 型 II 式罐（H130：16）

3. A 型 II 式钵（H118③：24）

4. Ab 型 I 式器盖（H118②：15）（一期）

5. 甗（H118③：11）

6. Ab 型 II 式盆（H130：19）

二期 H118、H130 出土陶器

1. 夹砂小罐（H130：3）

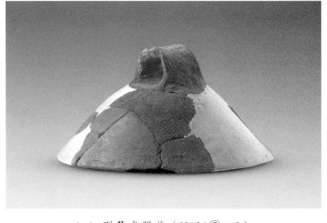

4. Aa型Ⅱ式器盖（H131②：8）

2. G型Ⅱ式罐（H130：21）

5. G型Ⅱ式罐（H131①：7）

3. 直壁罐（H131①：6）

6. E型Ⅱ式罐（H130：17）

二期H130、H131出土陶器

1. A型Ⅱ式钵（H131①：4）

2. A型Ⅱ式钵（H131②：10）

3. A型Ⅱ式钵（H131②：9）

4. A型Ⅱ式钵（H131②：13）

5. C型Ⅱ式钵（H131①：3）

6. C型Ⅰ式钵（H138②：7）（一期）

7. Aa型Ⅰ式器盖（H138②：8）（一期）

8. 盂（H146③：17）

二期H131、H138、H146出土陶器

1. D型Ⅱ式盆（H146③：7）

2. A型Ⅱ式钵（H146②：14）

3. 甑（H146①：13）

4. A型Ⅱ式钵（H149②：5）

5. A型Ⅱ式钵（H149②：6）

6. C型Ⅱ式钵（H149②：4）

7. C型Ⅰ式钵（H149②：2）（一期）

8. Aa型Ⅱ式器盖（H147：1）

二期H146、H147、H149出土陶器

1. G型Ⅱ式罐（H151：3）

2. G型Ⅱ式罐（H162：4）

3. 碗（H151：2）

4. C型Ⅱ式钵（H156：13）

5. A型Ⅱ式钵（H156：2）

6. Ab型Ⅱ式盆（H156：11）

7. A型Ⅱ式钵（H156：10）

8. C型Ⅱ式钵（H156：8）

二期H151、H156、H162出土陶器

1. 钩状柄器盖（H107②b：43）、柱状柄器盖
（H107④：110）（左—右）

2. A型陶环（H156：16）

3. A型陶刀（H107③a：94、H107④：109、H107②b：107）
（上—下，左—右）

4. 陶球（H107③a：103、H107②b：3）
（左—右）

5. C型陶环（H147：5）

6. 石凿（H147：7）

7. 石杵（H110：7）

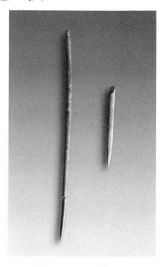

8. 骨簪（H131②：1、
H131②：14）（左—右）

二期H107、H110、H131、H147、H156出土器物

1. Aa型Ⅱ式器盖（H162：7）

2. 漏斗（H162：11）

3. 碗（H162：1）

4. 浅腹钵（H162：14）

5. B型Ⅱ式盆（H162：6）

6. Aa型Ⅱ式盆（H164：5）

二期H162、H164出土陶器

图版五〇

1. E型Ⅱ式罐（H164：6）

2. G型Ⅱ式罐（H01：7）

3. B型Ⅱ式盆（H01：10）

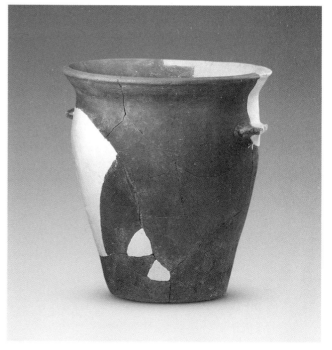

4. B型Ⅱ式罐（H01：3）

二期H164、H01出土陶器

1. Aa型Ⅰ式盆（H164：9）（一期）

2. 盘（H174：1）

3. Ca型Ⅱ式器盖（H01：41）

4. Aa型Ⅱ式钵（H01：9）

5. 碗（H01：2）

6. 碗（H01：8）

二期H164、H174、H01出土陶器

1. 陶纺轮（H164：1）

2. 螺旋状陶器（H02：17）

3. 研磨石（H138②：5）

4. 石凿（H01：108）

5. 骨笄（H01：22、H01：28）（左—右）

6. B型陶杯（H01：18）

二期H138、H164、H01、H02出土器物

1. H141、H133、H144之关系

2. Z2（左）、Z3（右）之关系

三期遗迹

1. 小口瓶（H9②：22）

2. 碗（H9①：27）

3. 盂（H9①：17）

4. C型Ⅰ式钵（H9③：23）（一期）

5. 碗（H22①：22）

6. Aa型Ⅲ式器盖（H22①：74）

7. D型Ⅲ式盆（H19：1）

三期H9、H19、H22出土陶器

1. G型Ⅰ式罐（H22①：85）（一期）

2. G型Ⅱ式罐（H22①：72）（二期）

3. G型Ⅲ式罐（H22①：68）

4. G型Ⅱ式罐（H22①：84）（二期）

三期H22出土陶器

1. 直壁盆（H22①：24）

2. 直壁盆（H22①：71）

3. 直壁盆（H22①：70）

4. C型Ⅲ式钵（H22①：80）

5. B型Ⅲ式盆（H22①：79）

6. C型Ⅲ式钵（H22①：69）

三期H22出土陶器

1. I 式瓮（H22①：76）（一期）

4. 盂（H22①：83）

2. 单把杯（H22①：87）

5. 盘（H22①：32）

3. 圜底器（H22①：73）

6. 盘（H22①：19）

三期H22出土陶器

1. 陶杯：A型（H9②：33）、C型
（H9④：34）（左—右）

2. 陶纺轮（H9③：37）

3. A型陶刀（H17：2）

4. A型陶刀（H22②：92、
H22②：102）（上—下）

5. 石斧（H18：3）

6. 石斧（H22②：10）

7. 石杵（H22②：238）

8. 石球（H9②：9）

9. 骨镞（H22①：13）

10. 骨锥（H20：6、H20：7）
（左—右）

11. 骨镞（H18：1）

12. 骨笄（H22②：41）

三期H9、H17、H18、H20、H22出土器物

1. D型Ⅲ式盆（H63：2）

2. C型Ⅲ式钵（H77：7）

3. Aa型Ⅲ式器盖（H100①：25）

4. C型Ⅲ式盆（H100②：30）

5. F型Ⅲ式罐（H100①：19）

6. C型Ⅲ式罐（H100①：20）

三期H63、H77、H100出土陶器

1. G型Ⅲ式罐（H100②：34）

2. 盘（H100②：33）

3. 盘（H100②：10）

4. 直壁盆（H100②：22）

5. 直壁盆（H100②：35）

6. C型Ⅲ式钵（H100②：26）

7. C型Ⅲ式钵（H100①：23）

三期H100出土陶器

1. C型Ⅲ式钵（H100②：7）

2. C型Ⅲ式钵（H100②：27）

3. C型Ⅲ式钵（H100①：8）

4. A型Ⅱ式钵（H116②：32）（二期）

5. C型Ⅲ式钵（H116①：24）

6. C型Ⅲ式钵（H133：18）

7. D型Ⅱ式盆（H116②：25）（二期）

8. Ab型Ⅲ式盆（H116⑤：12）

三期H100、H116、H133出土陶器

1. C型Ⅲ式盆（H133：24）

2. C型Ⅲ式盆（H133：27）

3. 碗（H133：2）

4. 碗（H133：23）

5. 器座（H133：29）

6. A型Ⅲ式钵（H134①：12）

7. A型Ⅲ式钵（H134①：13）

8. A型Ⅲ式钵（H134①：6）

三期H133、H134出土陶器

1.B型Ⅲ式罐（H134①：4）

2.G型Ⅲ式罐（H134①：5）

3.豆（H137：5）

4.C型Ⅲ式罐（H137：17）

5.碗（H134①：11）

6.碗（H137：16）

7.C型Ⅱ式钵（H137：8）（二期）

8.C型Ⅲ式钵（H137：2）

三期H134、H137出土陶器

1. 陶杯：A型（H100②：44）、C型（H100②：42）
（左—右）

2. 磨石（H45：2）

3. C型陶环（H100②：46）

4. 陶纺轮（H100②：45）

5. 陶球（H116⑤：44）

6. 陶球（H133：11）

7. 陶塑（H116⑤：42）

8. 石球（H137：4）

9. 骨锥（H100①：18、
H100②：5）（左—右）

10. 石斧（H133：8）

11. 石镰（H133：10）

三期H45、H100、H116、H133、H137出土器物

1. 碗（H141：8）

2. 浅腹钵（H160：11）

3. C型Ⅲ式钵（H160：14）

4. C型Ⅲ式钵（H160：15）

5. Ⅰ式灶（H141：6）（一期）

三期H141、H160出土陶器

1. C型Ⅲ式罐（H160：6）

2. 直壁盆（H160：8）

3. C型Ⅲ式钵（H160：7）

4. 折沿盆（H160：9）

三期H160出土陶器

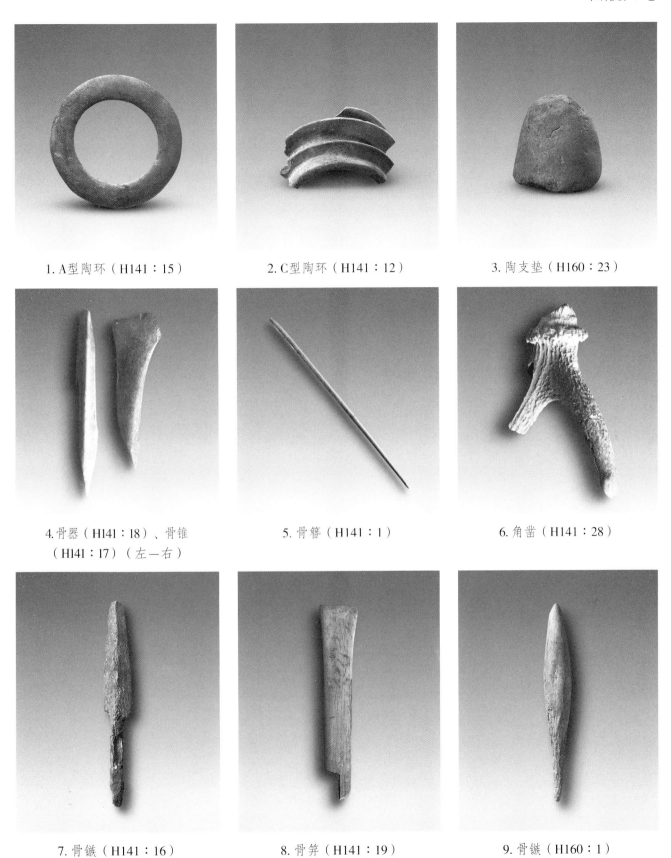

1. A型陶环（H141：15）　　　　2. C型陶环（H141：12）　　　　3. 陶支垫（H160：23）

4.骨器（H141：18）、骨锥　　　　5. 骨簪（H141：1）　　　　6. 角凿（H141：28）
（H141：17）（左－右）

7. 骨镞（H141：16）　　　　8. 骨笄（H141：19）　　　　9. 骨镞（H160：1）

三期H141、H160出土器物

1. W1

2. W3

东周瓮棺

1. 盆（W2：1）、瓮（W2：2）（东周）

4. 罐（M5：1）（汉）

2. 罐（M1：1）（汉）

5. 罐（M8：4）（汉）

3. 灶（M4：1）（汉）

东周、汉代墓葬出土陶器

1. 壶（M8：2）

2. 罐（M9：3）

4. 罐（M9：10）

3. 罐（M9：2）

5. 罐（M9：4）

汉代墓葬出土陶器

1. 罐（M9：8）

2. 罐（M9：1）

3. 罐（M9：9）

4. 盒（M9：6）

5. 罐（M10：7）

汉代墓葬出土陶器

1. 罐（M10：4）

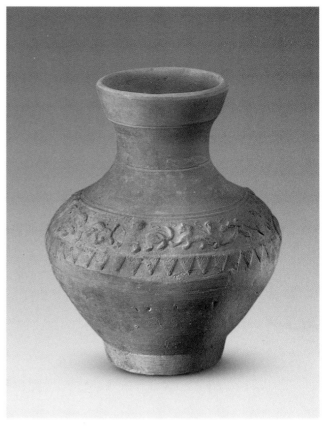

3. 壶（M10：1）

2. 罐（M10：3）

4. 灶（M9：7）

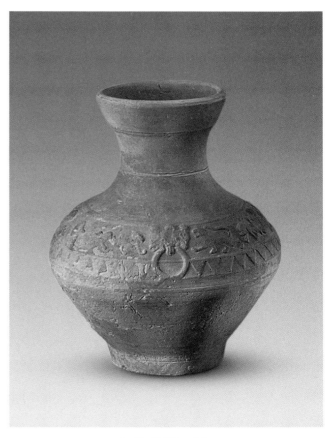

5. 壶（M10：2）

汉代墓葬出土陶器